柏谷嘉弘・靏岡昭夫 編

日本古典漢語語彙集成

第三冊 研究篇 續

勉誠出版

目次

序章……5
第一章　立野春節本白氏文集の性格……9
第一節　諸本の書誌……10
(一) 立野春節本白氏文集……10
(二) 金沢文庫本白氏文集……12
(三) 蓬左文庫本白氏文集……14
(四) 神田本　白氏文集……16
第二節　立野春節本巻第三・第四の日本漢語……17
(一) 日本漢語認定の規準……18
(二) 語数……19
第三節　神田本の日本漢語との比較……22
(一) 神田本の日本漢語……22
(二) 比較の方法……23
(三) 立野春節本との比較……24
(四) 神田本独自の日本漢語……25
第四節　結び……27
第二章　白氏文集の日本漢語……31
第一節　語数……32
(一) 本文の語数……32
(二) 注文の語数……36

第二節　語の形相……39
(一)「姓―官名」……39
(二)上人……48
(三)和漢混種語……56
(四)文選読……112
(五)多字語……115
第三節　日本漢語の読み……117
(一)声調……118
(二)声調と意味の識別……132
(三)頭子音……168
(四)韻(中心母音)……175
第四節　古典への影響……183
(一)訓点本と古典……183
(二)注目される語句……185
第五節　現代語との関連……200
第三章　語彙表……207
附　文選読……655

序章

日本漢語は、漢民族の言語である漢語、即ち、シナ語から日本語への借用語であり、日本語にとつては、外来語である。[注1]

日本語が最初に接した文字は漢字であり、その漢字の背景にある大陸の文物と漢語は、日本文化・日本語に絶大な影響を及ぼした。現代日本語の語彙の約半数が、日本漢語によつて占められてゐるのも、長年月に亘る摂取の結果である。

その摂取の実情と表現の実態を、実証的に解明しようとしたのが、前者『日本漢語の系譜』である。そこでは取り上げることができなかつた『白氏文集』を対象として、調査研究したのが本書である。

『白氏文集』は、『枕冊子』に「文は、文集、文選新賦……」と記され、また、『徒然草』にも「文は、文選のあはれなる巻々、白氏の文集……」と書かれてゐて、平安朝以来、我が国の知識人に愛読されたことは、周知の通りである。白樂天の生存中である平安前期承和年間に将来されると、時を移さず、我が国漢詩文に多大の影響を及ぼし、ついで、それは和歌・物語などの分野にも波及した。また、『白氏文集』の一要素である政治・法曹の方面においても著しい影響を与へた。[注2]

これに伴ひ、『白氏文集』から、多数の日本漢語が摂取されたことは、容易に推測されるところである。その実態を明らかにする爲には、『白氏文集』の点本による検証が必要である。

大江匡衡（九五二——一〇一二）の『江吏部集』（中）には、

近日蒙二綸命一點二文集七十巻一、夫江家之爲二江家一、白樂天之恩也……

と見えるので、十一世紀初頭、一條天皇の頃には、『白氏文集』の点本が存在したと、記録の上では知れる。しかしながら、現存する最古の点本は、天永四年（一一一三）加点の『神田本白氏文集』である。これは、巻第三・

第四の二巻のみの零本である。それ以後の古点本も、巻第三か、巻第四が主であり、鎌倉初期加点の「金澤文庫本」も二十數巻の零本である。

『白氏文集』七十五巻中、現存するのは七十一巻で、そのすべてに訓点が施してあるのは、「立野春節本」である。「蓬左文庫本」は、「道円本（那波本）」の本文七十一巻揃つてはゐるが、加点されてゐるのは五十七巻である。ともに江戸初期で時代は下るが、加点された巻数で、この二本に優るものを見ない。そこで、日本漢語の採録は、「立野春節本」を基幹とし、「蓬左文庫本」「金澤文庫本」を参照した。

このやうにして採録した日本漢語が、どの程度古い姿を保持してゐるかを調べたのが、第一章である。巻第三・第四で採録した日本漢語と、「神田本」の日本漢語とを比較して、約90％の割合で一致することが明らかとなり、「立野春節本」は江戸初期の点本ではあるが、その日本漢語は五百年以上も溯るものであると判明した。

第二章では、七十一巻全巻から採録した日本漢語について、語数・注目される語句・文選讀・音韻・古典作品への影響・現代語との関連など、種々の観点から検討・究明した。

第三章は、日本漢語約三万六千語の語彙表である。

「立野春節本」は、明の「馬元調校刊本」に訓点を付したもので、巻の順次が「蓬左文庫本」「金澤文庫本」とは異なる。そこで、各本の巻の対照表を次に掲げる。「蓬左文庫本」で( )内の巻は、訓点のない巻である。

略符号として、T……立野春節本　H……蓬左文庫本　K……金澤文庫本を使用する。

K	H	T
	1	1
	(2)	2
3	3	3
4	4	4
	(5)	5
6	6	6
	7	7
	8	8
9	9	9
	10	10
	11	11
12	12	12
	(13)	13
	14	14
	(15)	15
	16	16
17	17	17
	18	18
	19	19
	20	20
	51	21
52	52	22
	(53)	23
54	54	24
	55	25
	56	26
	57	27
	58	28
62	(62)	29
63	63	30
	64	31
65	65	32
	66	33
	(67)	34
68	68	35
	69	36

K	H	T
	(71)	37
21	21	38
22	22	39
	23	40
24	24	41
	25	42
	26	43
	(27)	44
28	28	45
	(29)	46
	30	47
	31	48
	32	49
33	33	50
	(34)	51
	35	52
	(36)	53
	37	54
38	38	55
39	39	56
	40	57
41	41	58
	42	59
	(43)	60
	44	61
	45	62
	46	63
47	47	64
	48	65
	49	66
	50	67
	59	68
	(60)	69
	61	70
	70	71

注

1　「日本漢語」の用語については、『東京大学国語研究室創設百年記念国語研究論集』平成九年九月刊予定に、拙論「日本漢語」を掲載する。参照されたい。

2　明法博士の惟宗允亮撰『政事要略』、北条実時『管見抄』など参照。

第一章　立野春節本白氏文集

第一節　はじめに

本章は、汲古書院刊『和刻本漢詩集成』第九・第十輯所收の『白氏長慶集』中の、巻第三及び巻第四の日本漢語について、その性格を明らかにしようとするものである。

先づ第一になすべきことは、日本漢語の認定である。この認定の際、金澤文庫本と蓬左文庫本の『白氏文集』巻第三・第四を参照した。また、異文については、平岡武夫・今井清校定『白氏文集』（京都大学人文科学研究所刊）を、参考にした。

次に、右の認定した日本漢語が、どの程度時代を遡れるか、を考察した。その為、加点年代の明確な最古の点本である神田本『白氏文集』巻第三・第四の日本漢語と比較した。そして、両書の日本漢語が、非常に大きな割合で一致し、信頼するに足るものであることを明らかにした。

以下、順序として、採録・参照・検討に使用した諸本について、述べることにする。

(一)　立野春節本

前記『和刻本漢詩集成』第九・第十輯所收本を、花房英樹氏に従ひ[注1]「立野春節本」と呼ぶ。巻初に「白氏長慶集巻第〇」とあり、巻末には同じ表題に「終」が加へられる。第六十八巻のみは、巻初に「白氏文集巻第六十八」

と記すが、巻末は「白氏長慶集巻第六十八終」である。
長文の跋文が付せられてゐるが、その後半を次に掲げる。

玆書雖有菅江之舊點世以不易獲也。時書林聞予偶得菅家点本而強求焉。予嘉其擴世與衆倶而許之。然而傳寫既多訓点間逸亡。仍私尋捜得別本於措大家秘府。於是乎彼此相交以隨其宜粗補闕略以爲全備。今所凋刻雖非那波先生所曽命之書移其序以附于玆所以然者欲令後世見此書者知於國朝刊玆集也。不始于今創於先生且又前賢之志與此書倶存而已矣

萬治元年十月中旬　立野春節

染翰于洛下蓬生巷

とあり、萬治元年（一六五八）に立野春節が菅家点を加点したものである。

本文については、長沢規矩也氏が「底本は明の萬暦中馬元調校本」と記し、[注2]花房英樹氏も次のやうに述べる。[注3]

馬元調校本を、時に那波本などによって校正し、「菅家点」を附したのが、立野春節による訓点本である。

付せられた訓点は、片仮名・返点の他に、次のものが見られる。

□音読符　□訓読符　□―□音合符　□―□訓合符　中人名符　中地名符　□□年号符　□□書名符

字音声点はないが、稀に片仮名による字音表記がある。

立野春節本を、以下で立野本と略称することがある。

(二) 金澤文庫本

大東急記念文庫藏金澤文庫本『白氏文集』の覆製本（勉誠社刊）によつた。完本ではなく、二十一巻で、[注4]内巻第三・第四は江戸初期の補写である。巻第九の奥書を次に示す。

寛喜三年辛卯二月廿日　寂有

同廿三日點了　右金吾校尉原奉重

嘉禎第二暮春十日比校摺本了

建長三年十二月四日傳下貴所之御本移點了

川瀬一馬氏は、次のやうに解説する。[注5]

豊原奉重が鎌倉初期、寛喜三年（一二三一）頃から貞永二年（四月十五日天福と改元）頃にかけて、約三箇年の歳月を要して書写した巻子本である……（中略）……本文の書写がすむと（原則として）直ぐに全巻に自づから朱墨両点を施しながら、校正を加へてゐる。その訓點は博士家の紀傳點である。

このやうに、金澤文庫本の書写・加点は一三世紀前半であるが、本稿で取り上げる巻第三・第四は、江戸初期の補写で、巻四の巻末に、「官本墨點　故本朱點　加青點者菅家訓也」とあり、ついで、跋文が四つある。第一〜第三の跋文の日付は次の通りである。

（第一）承久元年九月廿四日申出厳本移點畢　散位菅

（第二）弘安五年四月九日受菅家之秘説早實秀

（第三）寛永元年季冬　西山期遠子貞子元誌

第四の跋文は次の通りである。

右白氏新楽府文集第三第四両巻者拝出官本而写和訓。然後借秘出郎為景朝臣本則為訓點之規模。猶生畫重寫之以朱。右件之本者故人之點以墨菅家之訓以朱。蓋奥書云初本訓菅家本不相違者從初本朱墨校者為存両義也。今亦統三本。官本以墨後本以朱両訓無異者譲墨點。於菅家點者朱墨相共加青色點以作別之也

正保二季孟春下澣為知三點別暫加末　　藤資慶手印

これにより、巻三・巻四の二巻は、正保二年（一六四五）の資慶手写本の転写本であることが知れる。川瀬一馬氏は、次の如く時代を推定する。

本書の書體そのものは、正保頃の書写と見られる書き振りで、料紙その他もやはりその頃のものと認めて差支へないと思はれるので、正保二年に直ぐ続く頃の書写本であらう。注6

この説に従へば、立野春節本より約十年前の書写となる。

承久元年（一二一九）の最初の移点から、少くとも三回の転写を経てゐるが、菅原家の訓説が主で、それに他家の訓説が加はつてゐると思はれる。

訓点は、片仮名による音訓が豊富で、返り点の他に、立野本と同じ音読符・訓読符・音合符・訓合符・人名符・地名符・年号符が施されてゐる。たゞ、国名符のみ

□

と、立野本よりことなる。

(三)　蓬左文庫本

名古屋市蓬左文庫所藏『白氏文集』七一巻・目録二巻、全十八冊は、元和四年木活字本、所謂「道円本（那波本）」である。訓点が施してある巻は、全部で五六巻であり、その中には全巻でなく一部だけのものも含まれる。この書について、花房英樹氏は次の如く述べてゐる。

那波道円によって木活字本が印行され、この本によって文集が読まれ出すと、辛じて残存していた鈔本の訓点が求められ、そのまゝ鈔本による那波本校正のことが営まれた……（中略）……その方向を指示したのが林羅山である。羅山は金澤文庫本を中心とする諸本によって校正を始めた。しかし羅山とは別の立場で、慈眼大師天海僧正は、梶原性全本に據って那波本校正のことを試みた。ついで、この二つの立場を綜合するものも成った。蓬左文庫藏洛陽黙室主人校本である。これらの校本には、今は失われた舊鈔本の面影が存せられ、重要な意義が見出されるのである。[注7]

そして、「洛陽黙室主人」がどんな人か不明としながらも、左記巻第六巻末の奥書から「貞子元校本を承けるもの」とする

本云寛喜三年二月廿二日　唯房寂有書之
古點同廿四日朱點畢　右金吾校了在重
元和九年夏五月望日冩點焉　期遠子
寛永六年季夏廿六日冩之　洛陽黙室主人

寛永六年（一六二九）は、元和九年（一六二三）の六年後である。

また、巻第四の奥書には、金澤文庫本巻第四の奥書の第一～第三までが記されるが、第四の正保二年の資慶の分がない。これは、蓬左文庫本の移点が、金澤文庫本巻第四よりも早くて、寛永六年と正保二年との中間であることを示すものである。

これと共に、第三までの奥書を共有することは、両本ともに同系統の書、或いは同一の書から移点してゐることも覗へ、極めて近い関係にあることを示す。

また、第三の奥書の年月の記載が

寛永元季冬

であり、金澤文庫本の

寛永元年季冬（傍線　柏谷）

とは、一字異なる。その点、書陵部藏校本は

寛永元季冬

であり、[注8]蓬左文庫と一致する。両書の非常に親近な関係を示すものである。花房氏によれば、書陵部藏校本は「先ず羅山の校記を承ける。のみならず、陽明文庫藏校本の示すものをも承けている」[注9]ので、この二本とも密接な関連があると見られる。

書名符

訓点は片仮名・返点・音読符・訓読符・音合符・訓合符の墨点の他に、朱点の人名符・国名符・地名符・年号符・書名符がある。次に示す書名符以外は、立野春節本と同じである。

金澤文庫本を承け、書写系統からも、訓説は菅家説のものである。

(四) 神田本

『白氏文集』巻第三・第四の訓点資料として、神田本は最古のものである。惜しいことに、巻四の、巻頭本文二行程度が破損して失はれてゐる。

巻第三の奥書は

嘉承二年五月五日未時書寫畢
于時看侲子之射聞郭公之聲
藤原知明改茂明
天永四年三月廿八日晡時雨中點了
藤原茂明

であり、巻第四は

天永四年三月廿八日點了
藤原茂明

とある。藤原式家の当主で、後に文章博士になつた藤原茂明が、嘉承二年（一一〇七）に本文を書写し、天永四年（一一一三）に加点したものである。

本書については、太田次男・小林芳規著『神田本白氏文集の研究』（勉誠社刊）の詳細な研究がある。それによると、角筆点を含めて数次に亙つて訓点が施されてゐるが、菅原家訓を主として、大江家訓・藤原（日野）家訓が加へられ、角筆は藤原式家の訓説を施したものである。注10

ヲコト点は、既述の三書には見られなかつた星点などが多用されてゐるが、音読符・訓読符・音合符・訓合符は、三書と同じである。人名符だけが三書と異なり、左の通りである。

㈠人名符

国名符・地名符や年号符がないが、これは加点年代の古さを示すものである。

さて、以上略説した四書は、すべて菅原家の訓説を主としたものであり、その面でも比較参照に多大の便益があるものである。

第二節　立野春節本の日本漢語

萬治元年（一六五八）に菅家点を移した立野春節本の日本漢語を採録するにあたり、先づ、日本漢語と認定する規準を決める必要がある。同時に、訓読みの語、即ち、和語ではないので、和語と認める規準も必要になる。それら、二つの規準を次項で述べる。

また、一語一語について、金澤文庫本と蓬左文庫本について点検した。既述の通り、金澤文庫本の書写は正保二年（一六四五）の少し後で、立野春節本の約十年以前であり、蓬左文庫本は寛永六年（一六二九）以後・正保二年以前の移点である。三本の書写・移点は三十年以内であるので、同じ年代と認めてもよい。その上、三本ともに菅家点が中心なので、参照・点検するに適当である。

(一) 日本漢語認定の規準

『白氏文集』などの訓点資料を解読して得られる字音読みの語、即ち、日本漢語と認定する基準については、既に検定したことがある。[注11] 変更する必要がないので、それを次に列挙する。

一 字音が、仮名・類音字・ヲコト点で付記された語。
二 字音声点が付記された語。
三 音読符・音合符・呉音引符が付せられた語。
四 人名符・地名符・国名符・書名符等が付せられた語。
五 複合のサ変動詞となつてゐる語。
六 文選読になつてゐる語。
七 「たり・なり」が下接してゐる語。（所謂形容動詞の語幹）
八 同一資料の他の箇所に、一～七の語例がある語。
九 数を構成要素とする語。

以上であるが、このうち、七・九については特に慎重に検討して、決定する必要がある。

一方、右に対応する訓読みの語、即ち、和語と認定する基準については、次の如く考へる。

一 訓が仮名・ヲコト点で付記された語。

二　訓読符・訓合符が付記された語。
三　和語用言の活用語尾が付記された語。
四　同一資料の他の箇所に、一～三の語例がある語。

以上の如く、日本漢語と和語との認定規準を定めて、一語一語に適用して、日本漢語を採録する。が、どちらとも定めることのできない語がある。その場合は、金澤文庫本・蓬左文庫本のどちらか一書において、日本漢語と認められる場合には、それに従つた。

このやうな手続きを経ても猶、いづれとも定め難い例が、少数ながら残る。それについては、筆者の主観により断定した。具体例は次項で詳述する。

(二)　語　数

採録した部分は、巻第三の「序ノ曰ク……」以下の本文で、割注の部分は除いた。

前項の日本漢語の規準を適用して認定した語数と百分比を、第一表で示す。表では、立野春節本を「立」、金澤文庫本を「金」、蓬左文庫本を「左」と略記する。また、

○…日本漢語認定規準に合致する。
×…日本漢語認定規準に合致しない。

と、○×の記号を使用した。

第一表

	立○	立× 金○左○	立× 金○左×	立× 金×左○	立× 金×左×	（計）
語数	911	534	145	18	106	1714
百分比／1714	53.2	31.2	8.5	1.1	6.2	(100.2)

立野春節本で、前記規準に合致する日本漢語は九一一語である。これに、金澤文庫本のものを合すれば一五九〇語になり、蓬左文庫本のものを合すれば一四六三語となり、二本ともに合算すると一六〇八語に増大し、九四％に達する。

三本ともに規準に合致せず、さりとて和語の認定規準にも該当しない語で、筆者の主観的判断で日本漢語と認めた語が一〇六語ある。

そのうち一五語は詩の題である。立野春節本の序文には、詩題に続く注解がないが、金澤文庫本・蓬左文庫本には共にあり、そこでは音合符が付せられてゐて、音読した日本漢語である。しかしながら、立野春節本に無い本文なので、今、この主観的判断による日本漢語とした。

また、一〇六語のうち八三語は、一字語である。しかし、次例の如く、日本漢語の基準に合致する一字語の例は、数多くある。

扆イ　粟ショク　語コスル　角|　臣|　倹|ナル　實|ナリ　宴|ス　要ス　賀ス　感ス　先スル　任スル　稱ス　呉（国名）　胡（国名）　周（国名）　城（人名）　蠻（人名）　郎（人名）

それにも拘らず、一〇六語の約八〇%が一字語である。次にその語例を示す。（傍線を付した語は、巻第三・四以外の巻で、音読の確例があるもの。五〇語で、八三語の約六〇%を占める。）

夷　意　衣　音　雅　界　號　氣　義　舊　金　郷　曲　銀　句　華　蝗　官　闕　郡　絃　言　鼓　骨　讒
士　字　志　詩　資　辭　戎　將　章　賞　笙　象　主　書　食　信　新　性　生　税　簫　尺　節　仙　錢
祚　租　臺　堂　地　仗　帳　鄭　體　牒　鐵　傳　徳　妃　碑　美　匹　武　風　文　兵　妙　表　篇　辯
鳳　目　茗　紋　陽　亂　流　龍

次に一〇六語中三語は、立野春節本・金澤文庫本・蓬左文庫本の間で、異文、即ち、文字に差異があるので、加点を差控へたものと思はれる。次にその例を挙げる。

〇郷士（④5-11）[注12]　金澤文庫本左傍に「士イ女イ」と注記する。神田本は「士女」で、これと一致する。

〇慘氣（③11-4）　金澤文庫本「膚-血慘寒中氣入」、蓬左文庫本「膚血慘寒氣中人」で、神田本は蓬左文庫本と同文である。

〇征夫（④3-8）　蓬左文庫本は同文だが、金澤文庫本は右傍に「老イ人イ征イ」と注記する。神田本は「老-人」の右傍に「夫征」と注記する。

一〇六語中、残る四語は次のものである。

官租（④6-4）　失職（④11-16）　太師（④2-8）　林鼠（④13-17）

官租は、金澤文庫本に官（ヲホヤケノウチカラ）租（ノヲホチカラ）、蓬左文庫本に官租（ヲホヤケノヲホチカラ）とある。

失職は、金澤文庫本に失（ウシナヘル）職（ヲヲ）、蓬左文庫本に失（ヘル）職（ヲ）レである。

太師は、「太尉與太師」と「太尉」と対で表現されてゐる。金澤文庫本に「太尉（ヰト）」と音読され、それと対の「太師」も音読されたと思はれる。

林鼠は、金澤文庫本に林ノ鼠（ネズミ）、蓬左文庫本に林ノ鼠（ネズミ）と訓読されてゐる。

以上四語のうち、「太師」が音読の可能性最も高く、他の三語も、金澤文庫本・蓬左文庫本で訓読されてゐるのに、立野春節本では何らその徴がないので、音読された可能性は否めないものである。

以上で、立野春節本で採録した一七一四語の日本漢語認定の概要を明らかにした。

第三節　神田本の日本漢語との比較

(一)　神田本の日本漢語

一・四　神田本の項で述べた通り、『白氏文集』巻第三・第四の訓点資料として最古のものであり、しかも、加点者は藤原式家の家職を継承し、後に文章博士にまでなつた藤原茂明である。従つて、この点本から採録できる日本漢語は、十二世紀前半の非常に信頼のおけるものと言はねばならぬ。

前掲の太田次男・小林芳規著『神田本白氏文集の研究』に、訓読文索引が附せられてゐるので、そこに登録されてゐる日本漢語を、比較の対象とする。たゞし、右訓読文索引は、同書所載の訓読文に基づいて作製されてゐるので、改めて、各語ごとに、神田本の本文について、二・二の認定基準に合致するか、否かを点検した。

割注などの注文も、この訓読文の中にあるが、立野春節本で採録してないので、神田本でも採録しない。

(二)　比較の方法

比較するに当り、先づ、前記立野春節本の日本漢語一七一四語を、I確例とII推定例とに二分し、それぐの語が、神田本でどんなによまれてゐるか、調査した。そして、両者で同一のものを○、同一でないものを、左のA～Zに分類した。その項目と語例を掲げる。

I　立野春節本確例

		(立野本)		(神田本)
○	同一	衣－食	……	衣－食
A	訓読	讃ス	……	讃ホム
		酔－飽ニ	……	酔テ－飽ヌ
B	一部訓読	神速ナル	……	神コトクの速スミヤカナル
C	二語	一－丈－毯	……	一－丈の毯
D	異文	水－銀	……	銀－水
E	音読不明	葬スル	……	葬ル
L	欠文	三－四－重ナリ	……	(破損・欠)

II　立野春節本推定例

	（立野本）		（神田本）
X	訓読	音 ……	音
Y	音読不明	林鼠 ……	林鼠
Z	音読	流ナリ ……	流ナリ

右の項目に分類して、立野春節本と神田本との比較をする。

(三)　立野春節本との比較

立野春節本の日本漢語と、神田本との比較を、前項の項目により分類して、その語数と百分比を、第二表に示す。

第二表

	分類項目	語数	百分比／1714
I 確例	○	1564	91.24
	A	39	2.27
	B	11	0.64
	C	7	0.40
	D	57	3.33
	E	10	0.58
	L	13	0.76
II 推定例	X	6	0.35
	Y	4	0.23
	Z	3	0.17
	（計）	1714	99.97

第二表で、先づ注目されるのは、立野春節本の日本漢語一七一四語の九〇%以上の一五六四語が、神田本と一致することである。これは、立野春節本の訓点が、金澤文庫本・蓬左文庫本を参照すれば、日本漢語の面では、非常に誠實に継承してゐることを示すものである。

次に、表のA三九語は、神田本で訓読みの語が、立野春節で音読みに変化したものである。後代の訓点では、音読みの語が増加する傾向を示すものとも見られるが、次項でこれに関連して述べる所がある。

また、表のD五七語は、本文に差異がある為に、日本漢語が一致しないもので、写本間に不可抗力的に発生するものである。が、この三%の量は、さして大きいとは言へない。

その他の項目は、その語数も僅少で、余り重要な意義を持つとは考へられない。

以上、神田本の加点から五〇〇年以上も後の時代の転写・移点本が、表の「〇」項のやうに、非常に高い比率で一致することは、立野春節本の日本漢語研究上の資料的価値が大きい事を物語るものである。

四　神田本独自の日本漢語

前項では、立野春節本の日本漢語一七一四語が、神田本でいかに読まれてゐるかといふ点を中心に考察したのであるが、神田本では、それ以外に約一四〇語の日本漢語がある。その神田本独自の日本漢語が、立野春節本でいかに読まれてゐるかを考察した。その場合、三・二の分類項目に倣つて、次の項目に分類した。その項目と語例を次に掲げる。

III　神田本確例

（神田本）　（立野春節本）

A′　訓読　一－對　……　一對（ヒトカサネ）

E′　音訓不明　翁|　……　翁

L′　欠文　寒－氣　……　（異文・欠）

IV　神田本推定例

（神田本）　（立野春節本）

X′　訓読　朱　……　朱（ヘニヲ）

Y′　音訓不明　身　……　身

この項目別の語数と百分比を、第三表に示す。

第三表

	III確例			IV推定例		
分類項目	A′	E′	L′	X′	Y′	（計）
語数	108	14	1	13	3	139
百分比／139	77.69	10.07	0.72	9.35	2.16	99.99

第三表のA′は、神田本では日本漢語の確例であるが、立野春節本では和語として訓読みされてゐる語である。

それが約八割を占める点に注目される。

第二表のAは、立野春節本で日本漢語、神田本で和語として訓読みされたもので、第三表のA′と逆の関係にある。Aは三九語で、それと逆のA′は一〇八語あり、Aの三倍に近い量である。

従つて、後世の訓点で音読みの日本漢語が増加することは、一概に断定できない。

第四節　結び

『白氏文集』巻第三・第四の日本漢語として、これまで考察したのは、立野春節本の一七一四語と、神田本独自の一三九語とである。その中には、二・一の基準に合致する確定例の他に、主観的に断定した推定例がある。この推定例のうち、立野春節本・金澤文庫本・蓬左文庫本と神田本のいづれにも音読の表徴がない語は、疑問例として、除外するのが妥当と思はれる。それは、第二表のX六語、Y四語と、第三表のX′一三語、Y′三語とである。

『白氏文集』巻第三・第四の日本漢語の全語数は、一七一四語に一三九語を加へ、右のXYX′Y′の計二六語を減じて、一八二七語となる。この一八二七語のうち、立野春節本と神田本とで同一のものは一五六四語あり、八五・六%に達する。

神田本の加点年代から、五〇〇年以上経過した後代の転写・移点本が、こんなに高い比率で一致するのは、驚くべきことである。

立野春節本を基にして、更に金澤文庫本・蓬左文庫本を参照して採録できる『白氏文集』の日本漢語は、単に江戸時代初期のものだけでなく、もつと数百年遡れる性格を持つと言へよう。

金澤文庫本『白氏文集』の中で、巻第三・第四が江戸時代の補写であり、この両巻以外の巻々は、立野春節本より約四百年以前の貞永・建長の頃に加点されたことを考慮すれば、右の推定した性格は、一層妥当性を増すものである。

注

1 天理図書館善本叢書漢籍之部『文選　趙志集　白氏文集』解説二九ページ。宇都宮睦男『白氏文集訓点の研究』では、「明暦三年刊本」と呼ぶ。立野春節の移点跋文は萬治元年（一六五八）であり、明暦三年は一六五七年なので、この称を採らない。

2 『和刻本漢詩集成　第九輯』解題。

3 花房英樹『白氏文集の批判的研究』一一六ページ。

4 大東急記念文庫藏の二一巻が、勉誠社から覆製出版された。他に、天理図書館藏の巻第三三の一巻が、注**1**の書に収められてゐる。以上とは別に、文化庁に僚巻五巻がある。

5 「金澤文庫本白氏文集覆製解説」一ページ。

6 注5、四ページ。

7 注3、二二〇ページ。

8 注3、二二四ページ。

9 注3、二二五ページ。

10　大田次男・小林芳規『神田本白氏文集』二四〇～二四二ページ。
11　柏谷嘉弘『日本漢語の系譜』二七ページ。
12　（　）内は語の所在。上段の③・④が巻数、中段の数字が丁数、下段の数字が行数である。

付記　本稿で考察した日本漢語の語彙表は、『神女大国文』第5号に記載した。

第二章　白氏文集の日本漢語

第一節　語　数

既述の通り、立野春節本の本文は、明の馬元調校本であり、割注が存する。この注文は、金沢文庫本のものと比較すると、反切注・声調注などが添加されてゐて、すべての注文が、白居易によるものとは考へられない。その上、金沢文庫本は欠巻が多く、道円本は注文をすべて削除してゐる。このやうに、現存七十一巻の注文を知るすべがないので、本文と注文とは区別して、日本漢語を採録した。

㈠　本文の語数

本文から採録した異なり語数は、凡そ三万六千、延べ語数は、約十一万六千に達する。これを、「愛・飲・官」など漢字一字からなる一字語、「一時・花月・公卿」など漢字二字からなる二字語などと、構成する漢字の字数によって分類し、それ〴〵の語数と百分比を、第一表に示す。

第一表

	一字語	二字語	三字語	四字語	五字語	六字語	七字語	八字語	九字語	十字以上語	(計)
異なり語数A	3279	28164	3047	1141	309	185	81	50	35	46	36337

百分比／36337	延べ語数B	百分比／116732	平均使用度数B／A
9.02	37970	32.53	11.58
77.51	70801	60.65	2.51
8.39	5163	4.42	1.69
3.14	1802	1.54	1.58
0.85	479	0.41	1.55
0.51	255	0.22	1.38
0.22	118	0.10	1.46
0.14	50	0.04	1.0
0.10	36	0.03	1.03
0.13	58	0.05	1.26
(100.01)	116732	(99.99)	3.21

異なり語数は、二字語が最も多く、一字語がそれに次ぎ、三字語・四字語・五字語と、字数が増加するに応じて語数が減少する傾向は、『論語』・『遊仙窟』・『文選』などの異なり語数と、共通の傾向である。[注1]しかし、これらでは、一字語と二字語を合はせると90％以上になるが、『白氏文集』では86.5％で、90％に達しない。この点は、『本朝文粋』の87.3％と類似してゐる。[注2]

また、三字語が、一字語の約九割の語数である点も注目される。『論語』・『遊仙窟』・『文選』では、三字語は一字語の二割から三割程度の語数であるに過ぎないので、『白氏文集』の三字語は、これらに比べて非常に多いと言へる。『本朝文粋』の三字語は一字語の約八割五分を占めてゐて、[注3]『白氏文集』と類似する。

四字語・五字語・六字語・七字語と字数が多くなるにつれて、語数も急激に減少するが、これは、各作品に共通の一般的傾向である。

次に延べ語数は、二字語が最多である点は異なり語数と変らないが、百分比は異なり語数の77％から60％へと減少してゐる。それに対し、一字語は、異なり語数の9％から32％へと、飛躍的に増大してゐる。三字語は、五〇〇〇を超えるが、全体に占める割合は約4.4％と極めて小さい。四字語・五字語と字数の増加につれて、語数が少なくなる点は、異なり語数と同様である。

平均使用度数は、一字語が11.6回と断然多く、二字語の2.5回の4.5倍以上である。これは、一字語は特定の語が繰返し何回も使用されるのに対し、二字語はそれが少ないことを物語るものである。具体的に例示すれば、一字語で使用度数200回以上のもの、次の25語ある。

愛ス 意 可ス 客 感ス 間 卿 公 才 詩 書 臣 制 情 生ス 地 勅ス 題ス 天 文 命
禮 恩

100回以上のものは、次の51語である。

一 行 義 氣 興 吟ス 歸ス 兼 言 賢 功 座ス 散ス 事 師 死ス 辭ス 實 謝ス 守
宿ス 稱ス 職 性 政 生 詔 節 奏ス 忠 除ス 朕 通ス 得 徳 能 發ス 法 兵 變ス
奉ス 命ス 門 予 用 勞ス 老 吏 理 利 論ス

50回以上のものは、次の89語である。

乙 要 要ス 可 賀ス 害 甲 楽 感 漢 擬ス 期 期ス 郷 香 語 曲 琴 化 化ス 和 軍
郡 刑 景 業 獻ス 哭ス 作 士 死 詞 辭 狀 主 衆 書ス 俗 屬ス 食 仁 任ス 眞 神
親 小 鎖ス 善 選 錢 僧 存ス 他 大 對ス 體 宅 達ス 中 長ス 寵 丁 朝 轉ス 任
廢ス 拜ス 比ス 美 風 復ス 服ス 分 問 弊 表 報ス 封ス 僕 沒ス 餘 應ス 勞 令（法

令・命令）　令（長官）　領ス　樓　委ス　榮　詠ス

これに対し、二字語で、出例度数200回以上は、次の3語のみである。

刺史　天下　陛下

100回以上のものは、次の5語に過ぎない。

一人　今日　人間　前件　微之

50回以上のものは、次の45語で、一字語の半数である。

衣食　悠悠　一時　一日　江南　居易　曲江　元九　君子　國家　宰相　三年　司馬　十年　主人　春風

聖人　少年　千里　前後　蘇州　足下　池上　惆悵ス　長安　朝廷　天子　天地　東都　内外　二首　白日

白頭　白髮　萬里　賓客　不可　夫人　富貴　平生　夢得　明月　明年　樂天　王者

三字語では、使用度数100回以上のものはなく、50回以上のものに、次の2語があるのみである。

上柱國　節度使

四字以上の語では、平均使用度数は一回台であり、字数が多くなるにつれて使用度数が減少する傾向が見られる。

さて、使用度数の多い語には、詩文の主題と関連のあるものが見られる。その一は、白居易の官吏としての公的生活に関するものである。一字語の「可ス・官・卿・公・臣・制・勅ス・命・功・政・詔・奏ス・除ス・朕・得・法・兵・奉ス・命ス・乙・可・甲・軍・郡・刑・丁・朝・拜ス・表・封ス・令・令・領ス」と二字語の「刺史・陛下・國家・宰相・司馬・朝廷・天子・賓客・不可・夫人」と、三字語の「上柱國・節度使」が、それである。このうち、「可・可ス・不可」は、巻第四八～五三の「中書制誥」と巻第五四～五七の「翰林制誥」の巻々に、集中して使用される語であり、「甲・乙・丁・得」は、巻第六六・六七の両巻の「判」の中で集中して使用されてゐる。

その二は、白居易の私生活に関するものである。二字語の「微之・元九・足下・夢得・居易・樂天・江南・曲江・蘇州・長安・東都」がそれである。

その三は、詩作に関するものである。一字語の「感ス・題ス・吟ス・樂・感・香・曲・琴・作・詠ス」と、二字語の「春風・惆悵ス・白頭・白髪・明月」が、それである。

このやうに見てゆくと、二字語で多用される語の約半数が、上記の三項に関するものであり、残りの半数が一般用語である。それに対し、一字語では、上記三項に関する語は三割弱であり、一般用語が七割を占める。この一字語の一般用語が、多用されるものである。

(二) 注文の語数

詩文の文中の注は、小字二行の割注であるが、巻の標題や詩の題の注は、次の通り、小字一行のものが多い。

律詩凡一百首 24－1－5　放旅鴈元和十年冬作ス 12－7－8

これも注文として、採録の対象とした。

所在を示す数字は、上段が立野春節本の巻数、下段が丁数と行数である。最初の例の「24－1－5」は、二十四巻の一丁の五行である。以下同。

注文の中、次の(イ)～(ヘ)の類は、白居易の自注ではないと考へて、対象外とした。

(イ)　異文注　例　戯一作妁 8−8−15　鶴一作蛇 9−1−12　譬或作匹 17−3−6

(ロ)　反切注　例　閒居顔切 1−2−20　肪敷邦切 1−21−15　舳直六切 16−1−13

(ハ)　反切注＋意義注　例　槭止戟切隕落貌 11−12−13　磑魚胃切磨也 8−13−10　姹歯下切少女也 12−8−8

(ニ)　類音注　例　啅音卓 2−22−4　餻音高 6−6−5　⿰風問⿰風令音問令 6−12−12

(ホ)　音注＋又音注　例　颯悉合切又音立 2−6−8　瓌音回又姑回切 1−8−9　薙他計切又音雉 15−1−11

(ヘ)　字体注　例　糺同糾 2−22−11

(ト)　反切注＋字体注　例　蕊如累切俗作蘂 11−7−9

(チ)　反切注＋意義注＋異文注　例　臕卑遥切肥也或作膘

注文から採録した日本漢語の異なり語数は約千九百、延べ語数は約二千八百である。構成する漢字の数により分類して、第二表に示す。

第二表

	異なり語数C	百分比／1913	延べ語数D	百分比／2817
一字語	337	17.62	764	27.12
二字語	1101	57.55	1476	52.40
三字語	290	15.16	368	13.06
四字語	123	6.43	140	4.97
五字語	29	1.52	34	1.21
六字語	10	0.52	10	0.35
七字語	6	0.31	8	0.28
八字語	4	0.21	4	0.14
九字語	7	0.37	7	0.25
十字以上語	6	0.31	6	0.21
(計)	1913	100	2817	99.99

平均使用度数 D/C
2.27
1.34
1.27
1.14
1.17
1
1.33
1
1
1
1.47

異なり語数では、二字語が最も多く、一字語・三字語・四字語がこれに次ぎ、五字語からは急激に減少する傾向は、本文の場合と同様である。しかし、その百分比は、本文の場合と大分異なる。即ち、二字語は、本文の場合より20％減少して、57.6％であり、一字語・三字語は、本文の場合の約二倍の比率を占めてゐる。四字語・五字語も、本文の比率の約二倍である。

延べ語数も、二字語・一字語・三字語・四字語と多い順は、本文の場合と変らないが、百分比は、二字語が52％と全体の半分に減少し、一字語も、本文の場合より約5％減少して27％である。それに対して、三字語は13％で本文の場合の約三倍に増加し、四字語も本文の場合より三倍以上多い5％に増加してゐる。五字語以上でも、例数は少ないながら、百分比では増大してゐる。

平均使用度数は、一字語が最も大きく、二字語・三字語と少なくなる点、本文の場合と同様であるが、一字語の2.27回は、本文の場合の11.6回に比べると、格段に少ない。また、二字語以上で、すべて一回台であるが、本文の場合に比べて小さい価である。

因みに、一字語で、使用度数10回以上の語は「韻・官・作・作ス・詩・序」の6語であり、二字語では「杭州・五言・七言・蘇州・微之・夢得」の6語であり、三字語では「一百首」1語である。また5回以上の一字語は「號ス・感ス・曲・和ス・公・進・詔・撰ス・奏ス・宅・除ラル・敕・題・没ス・尉」の15語であり、二字語では、「江州・及第・去年・居易・元九・元和・刺史・司馬・思黯・前後・太宗・東都・分司・來詩・來篇・両韻・

盧山」の**17**語であり、三字語では、「河南尹・古調詩」の**2**語、四字語では、「中書舍人」**1**語である。注の性格上、白居易と関係の深い人名・地名・官名が多く含まれてゐる。

この注文の日本漢語で、本文の日本漢語と共通する語は1303語あり、それは1913語中の68.1％を占める。

第二節　語の形相

採録した日本漢語は、勿論理解語彙であるが、それを些細に観察すると、平安時代以後の表現語彙である日本漢語に、種々の影響を及ぼしてゐることが判明する。以下、順次述べる。

(一)「姓」――「職名」構成の語

人物の呼稱の語に、その人物の「姓」の次に、その人の「官職名」を付ける語構成のものが多数ある。その一部を次に例示する。

李校書　白學士　陳給事　曹供奉　劉和州　錢華州　陸刑部　周協律　楊戶部　崔湖州

楊工部　錢左丞　虞曹郎　程秀才　裴侍中　姚侍郎　韓侍郎　竇使君　張司業　牛司徒

白司馬　李司録　元拾遺　賈舍人　蕭尚書　崔常人　牛相公　姜相國　陳主簿　郭庶子

崔少尹　盧少卿　蘇少府　崔太守　嚴大夫　嚴中丞　李長官　舒著作　李都尉　張博士

周判官　張賓客　呉秘監　鄭秘書　陳府君　陸補闕　高僕射　杭楊州　嚴郎中　宗律師
杜録事　楊員外

右の例では、一字姓であるが、複姓の場合は、次例のやうに、二字の姓となる。

尉遲少尹　尉遲少監　令狐尚書　令狐僕射

また、一族に同じ官職の者が居る場合などには、排行を姓の次に付ける。その例、次の通りである。

元八侍御　元九侍御　崔二十四舎人　張十八秘書　竇七校書　楊六侍郎　庾三十二補闕
李二十常侍　劉二十八使君　王十七庶子

この「姓――職名」構成の日本漢語は、周知の通り、「清少納言・藤式部」など女房の呼稱に使用されてゐるが、『枕冊子』では「清僧都・藤侍從・藤大納言」と、この構成の語のみに、「漢音・呉音混在」の讀みがあることを、述べたことがある。注4

「姓――職名」構成の語は、女房名よりもむしろ、男性の呼稱に多く使用されてゐる。『本朝文粹』では、「菅相公・善相公・藤相公・野相公・後江相公・紀納言・橘贈納言・菅贈大納言・菅三品」などの作者名が記されてゐる。これらは、『白氏文集』だけの影響を受けたものとは言へないが、「姓――職名」の語構成に三字語が多いので、「菅原・三善・藤原・小野」などの二字の姓は、一字だけ採って、「菅相公・善相公・藤相公・野相公」などと三字語にしたものと思はれる。

では、この語構成の語は、我が國で、何時頃から使用されたのであらうか。我が國最初の漢詩集である『懷風藻』を見るに、作者名は、次例のやうに、「位官――姓名」と記されてゐて、「姓――官職」構成の語はない。

大納言直大二中臣朝臣大島　正三位大納言紀朝臣麻呂　贈正一位太政大臣藤原朝臣史　從二位大納言

大伴宿禰旅人　　従五位下常陸介春日藏人老　　左大臣正二位長屋王　　正三位式部卿藤原朝臣宇合

しかしながら、詩題の中には、「姓――官職」構成の、次の四語がある。（数字は、詩番号）

藤原大政83　　神納言95　　藤江守105　　藤太政119

「藤原大政」と「藤太政」は、贈太政大臣藤原史（不比等）であり、「神納言」は、中納言大神高市麻呂であり、「藤江守」は、近江守藤原仲麻呂である。そして、「藤原大政」は大津連首の詩題、「藤太政」は葛井広成の詩題、「神納言」は藤原萬里の詩題、「藤江守」は麻田連陽春の詩題にある語である。

麻田連陽春は、百済からの帰化人であり、[注5]葛井連広成は帰化人系の人であり、[注6]大津連首は、新羅へ留学した学問僧であり、藤原萬里は、不比等の第四子で、京家の祖である。これから推して、帰化人・留学僧など漢詩文に造詣の深い人たちが造語したと考へられる。また、四人の活動時期は、大体奈良遷都以後なので、八世紀の前半の作詩であり、その頃から「姓――官職」構成の三字語が使用され始めたと、推測される。

平安時代初期の勅撰漢詩集を検するに、「姓――官職」構成の語は、必ずしも多くはない。弘仁五年（八一四）成立と推定される[注7]『凌雲新集』では、次例の如く、「位官――姓名」の語構成で、『懐風藻』と同様である。

参議左近衛大将従三位兼行春宮大夫美作守藤原冬嗣　　左兵衛督従四位下兼行但馬守良岑朝臣安世　　従三位行常陸守菅野朝臣眞道　　従五位下行内膳正仲雄　　従七位上守少内記滋野宿禰貞主　　従五位上行式部少輔菅原朝臣清公

題詞でも、「左大将軍藤冬嗣・左金吾将軍藤緒嗣」などと、「官職――姓（一字）――名」の構成であるが、作者名に比べると簡略化されてゐるし、「一字姓」にして、唐名に模してゐる。この姓を省いて、「左衛督朝臣嘉通・進士貞主」と記された例もある。一例だけ、「豊後藤太守」があり、「任地――姓（一字）――官職」の語構成のものがある。

『凌雲新集』に次ぐ勅撰漢詩集『文華秀麗集』――弘仁九年（八一八）成立[注8]――では、作者名はすべて「巨識人・野岑守・滋貞主・良安世・菅清公」などと三字語で、一字姓の唐名に模してゐる。詩題の中には、「良將軍・毛学士・巨内記・野柱史・野内史・滋内史」と、「姓――官職」構成の語が見える。しかし、「官職――姓名」構成の「金吾將軍良安世・左兵衛佐藤原是雄・美州掾藤吉野・武藏錄事平五月・内史滋貞主」の語が多く、さらに「任地――姓――官職」の構成である「阿州伴掾・甲州藤判官・尚書良右丞」の語もある。このやうに、『文華秀麗集』では、「姓――官職」構成の三字語が、多く使用されてゐる。

次の勅撰漢詩集『經國集』――天長四年（八二七）成立――でも、作者名はすべて三字の唐名に模した語である。その例は次の通りである。

石宅嗣　良安世　滋貞主　巨識人　藤冬嗣　清夏野　淡三船　菅清公　菅清人　科善雄
嶋渚田　紀長江

詩題では、「姓――官職」構成の語は、次の三語ある。

良將軍　良納言　菅大夫

この他に、「伴秀才入道」の一語があり、この語構成は「伴秀才――入道」と考へられる。これは「姓――官職」構成が緊密に一語化してゐることを示すものと言えよう。

次に私撰漢詩集『本朝麗藻』――寛弘七年（一〇一〇）頃成立――を検すると、作者名には、

江以言　源孝道　江匡衡　藤爲時　菅宣義　善爲政

など、唐名に模したものに混じて、

源相公　源納言　源三品

の三語の「姓――官職」構成の語が、作者名として始めて登場する。

詩題には、この構成の語はなく、近似の構成である「姓――官職――名」・「任地――姓――官職」・「官職――姓――地位」などの構成の語がある。その例、次の通りである。

藤員外中丞惟成　菅中丞資忠　藤茂才連貢士　内史慶大夫保胤　飛州高使官　參州前員外源刺史

員外藤納言　翰林善学士　吏部橘侍郎　御史江中丞　李部橘侍郎　故工部橘郎中

次に、藤原明衡撰『本朝文粋』――康平年間（一〇五八～一〇六四）成立――を検するに、「姓――官職」構成の語が、作者名に、次の九語、出てくる。

菅三品　菅贈大相國　紀納言　後江相公　橘贈納言　善相公　江納言　野相公　菅相公

この他に「菅相公輔正」の一語があるが、「菅相公」とは別人であることを示す為に、名を加へたものである。これらの語の出度数、即ち、篇数は多くて、「菅贈大相國・紀納言・後江相公」は、30回以上、「菅三品」は、20回以上出例し、右の十名で百五十篇に垂んとする。それ以外の作者は、皇族――村上天皇・前中書王・後中書王――を除くと、三十数名で百五十数篇であり、「姓――官職」の作者名の詩篇が、全体の半数近くを占める。

さて、この十名は、すべて高位高官人であり、最下位は善相公こと三善清行の従四位下である。その上は、後江相公こと大江朝綱の正四位下であり、この二人以外は、従三位以上である。そして、三善清行も大江朝綱も、參議に列せられてゐて、官はすべて參議以上の人々である。

これに対して、右十名以外の作者三十数名は、一人を除いて、位は正四位下以下である。この一人は、藤原伊周で、儀同三司と記されてゐる。伊周は、道長との政争に敗れて、罪過を得て勢力を失墜したこと、周知の通りである。四位の人は、「源英明・江以言・江匡衡・高積善・善道統」の五名で、誰も参議には列せられてゐない。この五名以外は、すべて五位以下の人々であり、これら三十数名は、殆んど三字の唐名に模した語である。以上、「姓――官職」構成の名稱は、参議以上の公卿に対して使用し、三字の「擬唐名」は、非参議の四位と五位以下の地下に対して使用してゐることが、明らかになつた。

しかしながら、この「姓――官職」の呼稱は、常に、参議以上の公卿に対してのみ、使用されるのであろうか。参議以上と以下とに分けるのは、『本朝文粋』の編者藤原明衡が従四位下の非参議であつた故の、個人的事情によるものか、それとも当時の一般的な用法であつたのだろうか。この疑問を解明する為に、同じ藤原明衡撰の模範書簡文例集『雲州往來』の用例を検討する。

『雲州往來』は、勉誠社文庫84所收の二本、即ち、宮内廳書陵部藏『雲州往來』と、寛永十九年版『明衡消息』とにより、調査した。

書簡は、二百十八通で、差出人が明記されてゐるものは、約百二十通である。「官職」のみを記す「侍從・左近衛少將・右少弁・丹波守」などと、「官職――姓」を記す「左中將源・左兵衛藤・左衛門佐橘・雅楽頭平・文章博士菅原・美濃守高階・音博士清原」などのものが殆んどであり、「姓――官職」構成の語は皆無である。

しかし、名宛人・受取人と、話題の人物とには、「姓――官職」の語が、二十五例、使用されてゐる。それらについて、差出人と共に、官相当位を付して、次の第三表に示す。

	名宛人(読手)	官相当位	差出人(書手)	官相当位	所在ページ	書簡番号
a	藤中將殿	従四位下	左兵衛佐源	正六位下	4	3

	話題人物	官相当位	差出人（書手）	官相当位	所在ページ	書簡番号
b	菅文章博士閣下	従五位下	右大弁	従四位上	21	35
c	源少納言殿	従五位下	少将源	正五位下	46	127

	話題人物	官相当位	差出人（書手）	官相当位	所在ページ	書簡番号
d	藤李部	大輔正五位下 少輔従五位下	侍従源	従五位下	13	21
e	藤李部	（同右）	（無記入）		30 45	68 115
f	南亜相	従四位下	（同右）		37	180
g	藤左相	従三位	（同右）		37	180
h	藤兵衛佐	正六位下	（同右）		41	183
i	源侍従	従五位下	（同右）		41	183
j	藤翰林	従五位下	（同右）		43	27
k	江式部	大輔正五位下 少輔従五位下	（同右）		43	27
ℓ	藤少納言	従五位下	（同右）		55	106
m	藤相公	従三位	（同右）		58	205
n	在中將	従四位上	（同右）		61	63
o	江相公	正四位参議	（同右）		62	146

注、亜將は中將と解した。

	名宛人（読手）	官相当位	差出人（書手）	官相当位	所在ページ	書簡番号
p	藤拾遺尊閣座右	従五位下	左近少將源	正五位下	91	11

	話題人物	官相当位	差出人（書手）	官相当位	所在ページ	書簡番号
q	藤少納言	従五位下	左近少將源	正五位下	90	11
r	源武衛	督従五位上 佐従五位下	同右	同右	90	11
s	藤李部	大輔正五位下 少輔従五位下	同右	同右	90	11
t	源侍従	従五位下	同右	同右	90	11
u	藤翰林	従五位下	左近衛権少將	正五位下	127	27
v	江式部	大輔正五位下 少輔従五位下	同右	同右	127	27
w	藤李部	大輔正五位下 少輔従五位下	（無記入）		214	183
x	藤兵衛佐	正六位下	（同右）		214	183
y	源侍従	従五位下	（同右）		110	21

右の表で、参議以上の人は、o江相公・m藤相公・g藤左相の三人である。この三人以外の非参議の二十二人に対しても、「姓——官職」構成の呼称が使用されてゐる。従って、『本朝文粋』の用例から、参議以上の人に限定して「姓——官職」構成の呼称が使用されると、推定したのは、事実に反し、妥当ではないと判明した。

それでは、「姓――官職」構成の呼稱は、どんな性格をもつのであらうか。書簡では、差出人（書手）は、名宛人（受取人・読手）を高く待遇し、書手自身を低く待遇するのが通常である。『雲州往來』の往復書簡にも、起首に「謹言・謹上・謹啓」と記し、結尾には「跪言・頓首・誠惶誠恐謹言・恐惶謹言・言上如件」などと記し、本文では、名宛人に関して「貴命・奉案内・所被仰・相待給・可申奉持」と記し、差出人に関して「下官・愚老・愚息」などと記すのも、右の待遇意識が基調にあるからである。それで、差出人は「官職――姓」構成の語か、「官職」だけで署名し、名宛人を「姓――官職」構成か、「姓――官職――殿」の形式で書くのも、同じ待遇意識の表れである。そして、それは、次の対比においても明らかとなる。……の上が宛名であり、下がその返書の差出人である。数字は書簡番号である。

33右少弁殿（「官職――殿」）………34右少弁（「官職」）
41雅樂頭殿（「官職――殿」）………42雅樂頭平（「官職――姓」）
35菅文章博士閣下（「姓――官職――閣下」）………36文章博士菅原（「官職――姓」）

これらの例から、待遇上の上下は、次のものと考へられる。

「姓――官職」……「官職」……「官職――姓」

第三表のb・c・q・r・t・uの諸例では、差出人が名宛人よりも上位であるが、名宛人を「姓――官職」構成の名稱を使用してゐる。これは、待遇表現は、書手の主体的意識によるものであるからで、客観的な位階の上下によつて決定されるものではないからである。右の諸例では、官位の上下の差よりも、名宛人と差出人との関係を強く意識して高く待遇した結果、「姓――官職」形式の語を使用したものである。

以上の検討により、「姓――官職」構成の語は、高く待遇した呼稱であることが、明らかとなつた。そして、この考へは『本朝文粋』の例についても、矛盾する点はない。また、勅撰漢詩集で、作者名に「姓――官職」構成の語が皆無であるのも、勅撰集の性格上、至極当然のことと首肯できる。

㈡ 上人

採録した日本漢語の中には、僧を「〇〇上人」と呼ぶものが、25語ある。次は、その例である。

幽上人　休上人　光上人　廣宣上人　堅上人　済上人　次休上人　神照上人　正一上人
清間上人　石上人　宣上人　宗實上人　宗密上人　道宗上人　定光上人　如上人　文暢上
人　滿上人　明準上人　與果上人　朗上人　永謹上人　遠上人　律大徳宗上人

この「上人」は、次の『増一阿含経』や『麻訶般若経』に述べるやうに、もともと「徳行優れた人」の意であるが、「高徳の僧」に佛教関係で使用されたものである。

夫人處レ世有レ過能自改者、名二上人一、律缾沙王呼二佛弟子一爲二上人一（増一阿含経第三十九）

一心行二阿耨多羅三藐三菩提一、心不二散乱一、是名二上人一（麻訶般若経）

この稱号が、我が国で使用された最初は、管見では、『凌雲新集』の題詞の「海上人」である。次いで、『文華秀麗集』に「光上人・澄上人」が題詞にあり、『経国集』には「空海上人・淨上人・澄上人・南山智上人」が同じく題詞に使用され、『本朝麗藻』の題詞には「覺上人・故康上人・寂上人・寂照上人」がある。『本朝文粋』には『寂照上人』が題詞に使用されてゐる。吉川弘文館版の『国史大辞典』には、「僧綱位の律師相当位の法橋上人位に由来してか、法然上人源空、明恵上人高弁、思円上人叡尊のように、戒師や持戒持律堅固の僧の敬称にも用いている」とあるが、「法橋上人位」は貞観六年（八六四）に制定されたものである。しかし、それより前の『凌雲新集』（八一四成立）、『文華秀麗集』（八一八成立）、『経国集』（八二七成立）に既に「上人」の稱号が使用されてゐるので、「法橋上人位」制定より五十年以前から、「上人」は使用されてゐるのである。

さて、「上人」の読みについて、以下考察する。先づ、「上」と「人」の字音について、『廣韻』の韻目と声母、及び漢音・呉音を示す。

上　去声漾韻　禪母　漢音　シヤウ　呉音　ジヤウ

人　平声眞韻　日母　漢音　ジン　呉音　ニン

平安朝以来、凡その傾向として、佛教関係の経典は呉音で読誦され、経書・史書・文学などの漢籍は漢音で読誦された。それで、『白氏文集』の読みも、第三節で詳述する通り、漢音系が主流であるが、佛教語は呉音系である。漢音系の読みでは「シヤウジン」となるが、「上人」が佛教関係の語である点を考慮すれば、呉音系の「ジヤウニン」の読みとなる。しかし、現今通用の読みは「シヤウニン」であり、漢音と呉音とが混在してゐる。平安朝中葉に於いては、二字語の読みは、二字とも、漢音か呉音かに統一されてゐて、一字を漢音、他の一字を呉音で読む、漢音・呉音混在の例はない。[注9] それ故、漢音と呉音が混在する「シヤウニン」の読みには、疑問が存するのである。

それで、実際の読みの用例について、検討してゆく。

古辞書類では、『文明本節用集』――十五世紀後半成立[注10]――に、次のようにあるのが、最初である。

上〔ミヤウ・カミ・ノボル〕副〔フウ・ソエル〕寺〔ス・テラ・シ〕―人〔ニン・ヒト〕内有知恵外有勝行在人之上名上人云々

右の「⼀」は、直前の「上副寺」の第一字「上」の代替である。「人」の左の「シ丶」は朱筆で、「丶」は「ン」の古体字である。この例は、「シヤウニン」と「シヤウジン」の二種の読みがあることを示すものである。

文明十六年（一四八四）成立の『温故知新書』には、次のやうに「シヤウニン」の読みである。

聖人（シヤウニン）　上人（同）

また、天文十六年（一五四七）～十七年成立の『運歩色葉集』には、次の記載がある。

上人（ニン）　釈氏要覧云内二有徳外二有勝行在人之上故曰上人云々　志賀寺（シカテラノ）聖人（シヤウニン）

『黒本本節用集』――十六世紀中葉成立――注11には

明慧上人（ミヤウヱシヤウニン）

と、あり、同じ「明惠上人（みやうゑしやうにん）」の例が『和漢通用集』――元和寛永頃の書写――注12に見える。

また、延宝八年（一六八〇）成立の『合類節用集』には、次のやうに「シヤウニン」の読みが見える。

上人（シヤウニン）

以上、『文明本節用集』にある「シヤウジン」の読みは、それ以後の古辞書類には見出せず、すべて「シヤウニン」の読みである。

次に、漢字仮名交り文の文学作品では、多くの場合、「上人」と漢字表記であり、仮名表記の例は稀である。その数少ない仮名書き例を、次に列挙する。

御伽草子の『小敦盛』――室町時代十七世紀初成立――

しやうにん（2例）　しやう人（1例）

『義経記』十二行木活字本――江戸初期――巻第一「牛若貴船詣の事」

　しやう人（1例）

『竹斎』――元和中（一六一五～一六二四）刊――上巻

　しやうにん（1例）

『竹斎』――寛永十二年（一六三五）以前刊――上巻

　しやう人（1例）

以上が、江戸初期までの例であるが、すべて「シヤウニン」の読みである。

次に訓読資料では、『三體詩素本上』[注13]――天和二年（一六八二）版――に、十一例見出せる。最初の例aは序文の文中にあり、b～kは詩題にある例である。数字は注13のページ数を示す。

a　一‐山‐魁‐上‐人（イツサンノクワイシヤウニン）88

b　題ニ明慧上人房一（ダイスミヤウヱシヤウニンノハウ）98

c　重過文‐上‐人‐院一（カサネテヨギルブンシヤウニンノインニ）101

d　元達上人種レ藥（ゲンダツシヤウニンウユクスリヲ）115

e　酧ニ慈恩 文郁上人ニ（ムクフジヲンノブンイクシヤウニンニ）124

f　寄ニ靈‐一‐上‐人一（ヨスレイイチシヤウニン）142

g　酧ニ普‐選‐二‐上‐人一（ムクフフセンノジシヤウニン）146

h　別ニ至‐弘‐上‐人一（ワカルシコウシヤウシンニ）152

i　空寂寺 悼ニ元上‐人一（クウジヤクジニシテイタムゲンシヤウニンニ）152

j　送ニ普‐門上人一（ヲクルフモンシヤウニン）154

k　瀑‐布‐寺‐貞‐上‐人‐院（バクフジノテイシヤウニンノヰン）160

これは、「シヤウニン」が十例、「シヤウシン」がhの一例である。

右と同じ『三體詩』で、原題簽を欠くが、巻末刊記により、元禄八年（一六九五）刊行と知れる板本では、天和二年本と同じ十一例の上人がある。それを、天和二年本と対比して、a′～k′で例示する。

a′　一－山魁－上－人 170

b′　題 明慧上－人 房 178

c′　重過文－上－人 院 180

d′　元－達上人種 薬 190

e′　酎 慈恩 文－郁上－人 197

f′　寄 靈－一上－人 208

g′　酎 普－選二－上－人 212

h′　別 至－弘上－人 216

i′　空－寂－寺 悼 元－上－人 217

j′　送 普－門上－人 218

k′　瀑－布－寺貞－上－人院 223

この元禄八年刊本では、「シヤウニン」九例、「シヤウジン」c′h′の二例である。そのうちのh′の一例「至弘上人」は、天和二年本でも「シヤウジン」である。

既述の通り、「上人」の原義は「徳行の優れた人」であり、この意味の場合には漢音読み「シヤウジン」の可能性が大である。それ故、右のc（c′）とh（h′）の詩について、「上人」の意を検討する。先づ、hの詩は次の通りである。

h　別至－弘－上－人　同（柏谷注、嚴維）

最稱弘－偃少　早－歳草－茅居　年老從僧－律　生－知解佛書

衲衣求壊帛　野飯拾春蔬　章句無求断　時中學有餘

第三句・第四句と第五句「衲衣」から「至弘上人」は僧であることが判明する。次にc′の詩を記す。

c′　重過文上人院　李渉

南随越鳥北燕鴻　松月三年別遠公　無限心中不平事　一宵清話又成空

「遠公」は、晋の高僧恵遠であり、「文上人」を恵遠のやうな高僧に擬した表現であり、結句と相俟つて、「文上人」が僧侶であることが理解できる。

以上により、僧を対象とした「上人」を「シヤウジン」と読む例が確かめられた。これは『文明本節用集』の朱筆の「シン」が「シヤウジン」の読みであることを裏付けるものである。それで『白氏文集』の「上人」の読みは、「シヤウジン」の可能性が大きい。

ただ、『三体詩素本』と元禄八年本などで、「シヤウニン」の読みが圧倒的に多いのは、佛家の「シヤウニン」の読みが、世間で一般化してゐたので、それに影響されて「シヤウジン」の読みが衰退したと考へられる。

それにしても、佛家で「シヤウニン」と、漢音呉音混在の読みにする理由は、依然として疑問のまま残るのである。

実は、高僧の称に、「上人」の他に、「聖人」も使用された。「聖」の字音は、次の通りである。

聖　廣韻去聲勁韻　審母　漢音　セイ　呉音　シヤウ

「聖人」は、漢音読みで「セイジン」、呉音読みで「シヤウニン」である。この「シヤウニン」の読みで、高徳の僧の用例が『法華経』に見える。例へば、『妙一記念館藏　法華經巻六法師功徳品』には、次の例がある。

凡夫聲（ぼんぶしやう／ほんふのこゑ）　聖人聲（しやうにんしやう／しやうにんのこゑ）（下巻一〇一七ページ）

「凡夫」と「聖人」を対にしてあるので、「聖人」は高徳の僧の意である。『大般涅槃經』巻第十一にも、「佛菩薩」を「聖人」と名づけてゐる。その例文は、次の通りである。

以二何等故一名二佛菩薩一爲二聖人一耶。如レ是等人有二聖法一故常觀二諸法性空寂一故、以二是義故一故名二聖人一。有二聖戒一故復名二聖人一。有二聖定慧一故故名二聖人一。有二七聖財所謂信戒慚愧多聞知慧捨離一故名二聖人一。有二七聖覺一故故名二聖人一。以二是義一故復名二聖行一

この他、『中阿含經』『仁王般若經疏』『金剛般若疏』などに、高徳の僧を「聖人」と呼んでいる。そして、高徳の僧の意の「聖人」は、平安朝以来の、公家日記・『今昔物語集』・『正法眼藏』・仮名草子などに、使用しつづけられてゐる。その例の一部を次に列挙する。

依物忌、不參最講初、雜事等昨日以前仰置、此日皮聖人供養千部経千躰佛云々（『御堂関白記』寛弘七年〈一〇一〇〉三月二十一日）

建二立一間四面堂一、安二置丈六弥陀像一也、以二明賢聖人一爲二講師一、題名僧十口（金泥経一部 黒字経十部）展二供養講筵一也、院殿上人五六輩被來、聖人説法神妙也、聖人年七十三云々、多年籠二居横川一發菩提心之人也（『中右記』承德二年〈一〇九八〉八月二十七日）

去月十六日、所レ奉レ始之千手觀音、今朝使二少僧都覚晴（南京）供養一了。遣二中川聖人實範許一令レ供レ之（『台記』康治

元年〈一一四二〉八月六日）

今昔、南天竺ニ達磨和尚ト云フ聖人在リマシケ（『今昔物語集』巻第六第三話）

其ノ時ニ義浄三藏ト申ス聖人在リシケ（『今昔物語集』巻第六第四話）

今昔、聖武天皇ノ御代ニ鑒眞和尚ト云フ聖人リマシケ（『今昔物語集』巻第十一第八話）

五祖山の法演禪師いはく「師翁はじめて楊岐に住せしとき、老屋敗椽して風雨之敝はなはだし……衲子投誠して修造せんことを請せしに、師翁却ケテ之いはく「……古往の聖人、おほく樹下露地に經行す」（『正法眼藏』行持・上）

天皇此事ヲ聞コシ召シテ是レ（役行者）凡人ニ非ズ。定テ聖人ナラン。（『源平盛衰記』巻第二十八）

げにも習氣（しつけ）の煩悩（ぼんなう）は悟を開きし聖人（しやうにん）の上にも絶えぬものにや。佛弟子（でし）の舍利弗（しやりほつ）は過去（くわこ）の世に大蛇（じや）にてありしが、人と生まれ佛弟子となり（『浮世物語』十、人に癖ある事）

以上の諸例は、「聖人」が高徳の僧の意であり、「シヤウニン」の読みである。即ち、ほぼ同じ意味の「聖人」と「上人」の二語があり、「聖人」の呉音読み「シヤウニン」が、「上人」の漢音読み「シヤウジン」を圧倒して、「上人」も「シヤウニン」と読むに至ったものと思はれる。十五世紀末の『温故知新書』や、十七世紀末の『三體詩素本』などの「上人（シヤウジン）」の例は、過渡期の姿を示すものであらう。

（三）和漢混種語

採録した日本漢語の中には、和語と日本漢語との熟合した和漢混種語が、多数ある。それを体言と用言とに二分し、更にそれぞれの語構成により分類して、以下に考察する。

甲　体　言　(1)「国名・地名―人」

「晋・秦・隋」などの国名や、「河南・巴」などの地方名や、「杭・華・湖」などの州名や、「高邑・太原・范陽」などの都市名などの日本漢語の下へ、訓読みの「人」が付いて成立した和漢混種語である。「人」に「ヒト」の傍訓がある例は見当らないが、訓合符があるので、「人」は訓読みである。これは、『論語』『文選』などの訓点資料に「殷（イム）―人（ヒト）・齊（セイ）―人（ヒト）・魯（ロ）―人（ヒト）・周（シュウ）―人（ヒト）・匡（キャウ）―人（ヒト）」などとある訓法である。その例は次の通りである。

郢（地名）H―人（T□□38―9―9）　河南（地名）―人70―1―18　杭―人40―10―18　高邑（地名）―人68―2―12　郷―人2―13―17　華―人50―10―5　湖―人71―5―18　商―人12―17―16　晋（地名）―人46―4―16　秦―人12―14―9　隋―人3―3―7　太原（地名）―人70―8―16　唐―人47―8―2　巴―人11―22―4　范陽（地名）―人70―18―2　密（地名）―人70―5―16　豳―人67―2―1　苗―人64―18―12　褒（地名）―人64―2―13　衛―人6―9―15　越（地名）―人70―3―14

(2)「幾──日本漢語」

「いくばく」と訓読みした「幾」の下へ、日本漢語が付く語構成である。その例、次の通りである。

幾ク‐斤ノ　4‐11‐11　幾ハク巻25‐8‐20（H□ノ‐□）　幾ハク十‐里36‐9‐7　幾ク千‐秋1‐5‐14　幾百ハク‐尺43‐3‐1　幾ハク百‐年‐來ヨリタ　21‐8‐5

「幾斤」と「幾巻」の「斤・巻」は、計量の単位であり、他の四語には「十・百・千」の数を構成要素とする語である。このやうに、数量の意をもつ音読の語が、不定・不分明の数量を表す和語「いくばく」に下接したものである。

このうち、「幾百年來」は、「幾百年」が第一次の和漢混種語であり、さらに、「幾百年」が「來（このかた）」と複合する複式の和漢混種語になる、複雑な構造になつてゐる。この「來」が下接する和漢混種語については、別に項を設けて述べる。

(3)「日本漢語──等」

和語の接尾語「等ラ」が下接して、上接語に複数の意を添へる和漢混種語が、多数ある。「等」には「ラ」の訓の付せられた例が多数あるので、付訓のない例も「ら」の訓読みである。上接の日本漢語は、(i)「人物」、(ii)「地域」、(iii)「物品」、(iv)「その他」の四分野に分類される。それぞれの例を次に挙げる。

i「人物」　殷進能等ラ57‐9‐12　殷彪等ラ48‐1‐14　高某等ラ49‐11‐6　高従政等ラ49‐11‐9　高鉞等ラ48‐10‐13

耆老等ラ57-3-5 會等ラ48-3-7 元佐摩訶思那等ラ57-18-14 嚴綬(人名)-等ラ56-3-8 堅等ラ43-4-6 崔戎(人名)等ラ
48-4-15 之縦等ラ48-6-20 某-氏等ラ48-7-12 將-士等ラ56-10-20 相里友畧等ラ48-9-16 苴春等ラ
57-13-9 辛丘度等ラ48-6-11 孫簡(人名)等ラ53-8-14 拓跋忠敬等ラ57-14-18 貞操(人名)等ラ68-4-16 鄭蠻利等ラ
57-20-17 杜羔等ラ55-3-8 方元蕩(人名)等ラ57-22-15 百-姓等ラ57-13-9 賓-客等ラ48-3-14 楊同懸(人名)等ラ
48-7-11 李懷金等ラ52-3-2 李訶(人名)等ラ57-22-11 李愬(人名)等ラ52-11-4 李樂山(人名)等ラ56-4-18 梁華(人名)等ラ70-
22-19 呂晃(人名)等ラ48-3-13 盧校(人名)等ラ56-3-20 盧八等フ69-9-5 論結都羅等ラ57-19-9 韋綬(人名)等ラ50-3-4
温會等ラ48-3-3 惟儉等70-11-7 殷衡(人名)等51-11-8 絪等50-10-20 姚等康等51-15-19 益等51-
16-14 于頔(人名)等58-5-20 烏重明等53-13-15 羽林龍武等53-13-20 下-將-士等56-10-9 夏侯仕(人名)
戡等53-5-20 家-口等57-13-5 賀-若岑等51-12-16 賈瞵等50-2-1 康昇讓等51-12-5 江(人名)
饒等57-24-5 高參等42-4-13 高芳頴等49-11-3 韓弘等53-5-14 韓愈等50-6-12 季安(人名)等59
-10-3 耆壽等57-4-14 龜兒等69-8-15 牛僧孺等58-2-17 吉少華(人名)等51-18-1 居易(人名)等40-2
-17 金重熙等56-24-8 金良忠等53-14-6 懷信(人名)等51-6-9 郭暈(人名)等52-1-17 貫(人名)等53-4-4
惠雅等70-22-10 元總(人名)等41-13-1 原鋭鯤等49-11-19 軍將等53-5-9 希朝等59-10-8 景震等
56-17-5 景宣等70-19-3 經-等51-5-6 堯卿等49-7-16 傑等50-6-9 健等56-2-7

彦佐等69-13-16　五哥之等51-4-3　胡吉(人名)鄭(人名)劉(人名)盧(人名)張(人名)等37-6-17　孔-戣等55-4-10　崔元備等50-13-4　崔羣(人名)等59-5-20　崔氏(人名)等52-6-18　崔蕃(人名)等52-10-18　曹璠(人名)等52-10-10　佽-等53-8-17　子弟等56-21-4　師僧等57-24-2　志行(人名)等71-10-7　周愿等49-11-17　拾遺監察(人名)等54-14-20　諸孤等70-4-6　承璀等59-10-11　神益(人名)等70-22-19　臣-等58-4-15　進-士等60-3-3　嵩等70-11-9　妻-姪等31-14-13　蕭(人名)-俛等56-25-6　石隠金等46-9-16　薛之縦等48-6-17　薛伯高等53-3-4　薛平等50-10-18　蘇遇等69-14-12　僧儒(人名)等58-4-5　僧冲虚(人名)等56-24-9　宗惟明(人名)等52-9-5　台蒙克恭操等52-6-3　太易等41-10-6　太子賛善大(人名)-夫等52-2-4　男-女等56-20-8　啖異等51-5-20　叚祐(人名)等56-5-2　談弘謩等33-16-14　張殷衡(人名)等51-11-5　張諷(人名)等51-5-11　張偉(人名)等52-12-12　女-壻等53-5-14　重明等53-13-17　陳日榮(人名)等52-8-19　弟-姪等24-10-13　第十二妹等48-1-107　鄭懿等51-16-1　鄭涵(人名)等55-1-18　鄭群等55-10-8　鄭公達等53-6-19　鄭(人名)-氏等48-10-13　朝履清(人名)等56-7-20　肇(人名)等50-13-18　趙弘亮(人名)等52-14-8　杜佑(人名)57-22-2　杜元穎(人名)等52-13-17　獨孤朗等60-4-9　播-等42-9-2　斐均等58-6-3　裴垍(人名)等58-3-13　裴敝等53-13-5　亡-母等51-9-7　傳義(人名)等52-8-13　父-兄等60-3-4　馮宿(人名)等49-10-3　楊景復(人名)等49-12-9　楊玄諒(人名)等51-16-7　楊造(人名)等51-9-6　楊志和(人名)等52-14-4　楊於陵(人名)等48-7-3　庾敬休等54-15-1　駱全儒(人名)等

60-10-17　李益(人名)等51-16-14　李絳(人名)等59-4-12　李翺(人名)等51-9-12　李扞等57-4-1　李景儉(人名)等60-4-18　李玄成等53-12-6　李公佐(人名)等59-6-4　李石(人名)等51-11-6　李宗何(人名)等49-9-13　李遜(人名)等56-2-9　李肇(人名)等50-13-18　李褒(人名)等51-5-5　李諒(人名)等50-12-6　劉元鼎(人名)等49-3-13　劉從周(人名)等55-7-1
劉文璨(人名)等56-6-16　劉約(人名)等50-7-12　柳傑等50-6-5　梁璲(人名)等52-12-19　琳公(人名)等43-8-17　盧昂(人名)等51-11-1　盧衆(人名)等52-12-7　路貫等53-4-3　論與勃藏(人名)等56-6-12　王怡(人名)等53-1-9　王涯(人名)等58-4-14　王起等49-6-17　王源中等49-8-10　王計(人名)等51-16-20　王士則(人名)等56-5-6　王昌渉等53-3-15　韋貫之(人名)等58-3-4　韋彪等50-10-11　惠恭(人名)等70-11-6　鄔達于等57-23-18　温等49-9-8
温堯卿等49-7-13　熅(人名)等70-7-6

ii「地域」　魏博等ラ州55-6-1　涇原等ラノ州ノ節-度營-田觀-察處-置等ノ使54-2-10　徐泗濠等ラ|觀-察處-置等ラノ使51-4-10　賓澄巒横貴等ラ五-州都遊弈使51-12-1　部落等ラ57-14-20　瀛漢等48-9-15　易州(地名)60-7-14　河陽(地名)等60-6-20　魏博(地名)等60-7-1　涇原(地名)等57-19-11　湖城等59-3-11　滄州等60-5-16
充團練渦口西域等ノ使48-9-12　汝州(地名)等60-7-2　秦原(地名)等56-5-17　饒陽縣(地名)等56-8-1　宣歙等ノ州56-23-18　棣(地名)等56-16-15　突厥等57-13-2

iii「物品」　衣-服等59-15-13　器-械等56-7-20　香鈿等69-9-7　錦-綵等61-9-12　饘餅等59-

18－17　敬愛等69－16－10　渫－豆等59－16－14　酒－脯等59－16－7　粟－麥等57－24－7　旌－節等56－1－19　錢米等57－24－6　刀－斧等56－17－6　荅－詩等47－16－9　茶果等59－18－5　匹－段等57－13－4　文－物等60－1－7　餅－果等61－9－7　梨－脯等59－18－7

iv「その他」　節度観－察處－置等使49－2－7　節－度處－置等使49－2－7　徐泗濠等観－察處－置等使51－4－10　涇原等州節－度營－田観－察處－置等使54－2－10　恒冀深趙等観察等使56－1－18　滄景等州管－内観－察處－置等使54－4－9　滄景等州観－察處－置等使54－7－9　申光蔡等州観－察處－置等使留後54－7－4　節度観－察等使56－16－15　節－度等57－16－4　節－度等使55－11－11　詹－事等52－12－12　鎮冀深趙等州観－察處－置等使51－3－20　鳳翔隴（地名）州節－度観－察處－置等使51－2－18

接尾語「ら」が、人物を表す語に下接する和語の例は、「をとめ等」（万葉集四〇）や「祝部等」（万葉集二三〇九）など、上代からあるが、『宇津保物語』から「学生ら・博士ら・左近ら」などの和漢混種語が見える。「地域」を表す語に「ら」が下接する和語には、「荒野等」（万葉集九二九）「野ら」（古今集二四八）などが、上代以来あり、『源氏物語』には「三條ら」の和漢混種語が見える。また、「物品」を表す語に「ら」が下接する和語には、「下づ枝羅」（書紀歌謡三五）、「絹綿良」（万葉集九〇〇）など上代からあり、『宇津保物語』から「紫檀ら・抄物ら・雑事ら」などの和漢混種語の例が見える。

右のやうな「和語――ら」の語構成形式が根抵にあつて、本項のやうな「日本漢語――ら」の訓読法が成立し、この理解語彙がある程度習熟した後で、右のやうな仮名文学作品の「学生ら・博士ら・紫檀ら・雑事ら」などの表現語彙が使用されるに至つたと考へられる。この理解語彙の習熟した段階を示すのが、本項の多数例ではないだらうか。

(4)「日本漢語――來」

この語構成の例は、次の通りである。

五-十年-來25-5-17　五-十年-來(ヨリタノ)21-12-14　五十年來3-6-4(H□-□-□(ヨリ)□(タ))　五六年來13-13-15　三-二-年-來36-24-8　三-十-年-來14-1-18(H□-□-□(ヨリコノ)□(カタ))　三-十-年來34-5-19　三-百年-來16-4-5(H□-□-□(ヨリコノ)□(カタ))　十-五-年-來18-16-6(H□□□(ヨリ)□(タ))37-1-14 37-1-17　十-二-年-來35-12-15(H□-□-□(ヨリ)□ K□□□□(カタ))36-9-1(H□-□-□-□)　十-年-來45-5-4　幾(ハク)百-年來(ヨリタ)21-8-5

「三-百-年-來」は、立野春節本では四字語であるが、蓬左文庫本では「三-百-年」の三字語に「來」が下接し、全体で「三-百-年來(ヨリコノカタ)」と和漢混種語になる。これと同じく「三-十-年-來」は、立野春節本で四字語の日本漢語であるが、蓬左文庫本では和漢混種語となる。また、「五-十年-來」は「21-5-17」の例では四字語の日本漢語であるが「21-12-14」の例では「五-十年-來」の四字語と、「五十年來(ヨリタ)」の和漢混種語の二通りの訓読法であり、さらに「3-6-4」の例は、立野春節本では四字語の日本漢語、蓬左文庫本では和漢混種語である。

このやうに、訓読法が一定しないのは、「ヨリコノカタ」の「ヨリ」に相当する漢字がないので、異和感があり、直読式の四字語よりも優位に立てなかつた結果であらう。

体言の和漢混種語は、総てで二八〇語あり、全体の0.77％を占めるのみである。

乙　用言

和漢混種語の用言は、三四一二語あり、全体の9.39％を占め、体言の約十二倍の多きに達する。サ行変格活用の動詞が下接する単式混種語である、漢語サ変動詞が殆んどである。その漢語サ変動詞が、さらに和語に複合する複式和漢混種語も存在する。その語数と百分比を、第四表に示す。

第四表

		異なり語数	百分比／3412
単式混種語	一字語サ変動詞	653	19.14
	二字語サ変動詞	2526	74.03
	三字語サ変動詞	5	0.15
	四字語サ変動詞	65	1.91
	六字語サ変動詞	1	0.03
複式混種語	「相」―サ変動詞	75	2.20
	「和語」―サ変動詞	51	1.50
	サ変動詞―「和語」	36	1.06
（計）		3412	（100.02）

一字語サ変動詞と二字語サ変動詞とで、90％以上を占める。そして、一字語サ変動詞の19％は、第一表の一字

語の9％に比べると、二倍以上の比率であり、和漢混種語の用言における一字語サ変動詞の比率は大きい。また複式混種語は、5％にみたず、余り多くない。以下、それぞれの語例を例示する。複数例ある場合も、語の所在は一ヶ所のみ記す。

(1) 単式混種語

i 一字語サ変動詞

愛―ス 11―9―3 斡スル 46―4―12 遏K―する 41―2―11 壓―ス 37―8―18 安ス 1―1―10 按―ス 27―5―17 案―ス 53―7―1 黯―ソ 2―3―6 依スル 70―7―13 噫―スルナハ 46―3―15 異スル┐ 2―12―1 醫スル┐ 16―10―6 優―スル 51―3―10 憂スル 59―9―8 游スル 70―8―10 有―スル 29―3―9 融―シ 31―10―6 遊ス 70―21―2 佚―スル┐ 67―2―7 逸―ス 47―6―6 挹―ス 13―5―13 揖―ソ 12―14―2 印―ソ 30―7―7 殞セ 52―9―2 淫―シ 63―10―11 禋―ソ 62―4―7 飲―ス 20―12―17 映―ス 20―5―14 營―ス 11―13―1 鋭ソ 59―11―9 夭―ソ 30―3―10 幼―ソ 46―10―19 搖ソ 31―4―15 要―ス 14―18―19 役―ス 30―6―7 易ソ 66―19―1 液スル 66―6―12 益―ス 8―7―9 謁―ソ 53―5―15 宴―ス 2―6―3 捐―セ 20―6―14 雩―ス 66―7―17 嘔―ソ 67―8―17 假カス 53―7―5 加ス 53―1―18 可―ス 47―17―3 呵―シ 23―4―1 嫁―シ 28―11―12 架ス 29―12―4 賀―ス 28―15―19 駕―ス 38―12―19 劾―ス 66―11―2 害―ス 41―4―13 開―ス 19―13―18 解―ス 23―17―17 號―ス 21―11―7 幸H―シ玉ハ 4―1―9

…17
康｜スル 71-5-18
校｜スル 13-14-10
考スルニ 55-11-7
耗｜ス 63-7-5
行｜〆 8-1-16
講｜スル 69-16-18
郊ス 53-5-15
降ス 16-21-2
瘧｜ス 16-3-20
喝〆 16-2-16
戞スル 22-12-8
渇｜セ 30-2-6
竭〆 54-9-1
遏｜〆 64-12-18
黠｜〆 31-14-17
合｜シ 11-14-20
姦｜スル 59-10-14
感｜ス 19-7-18
憾シ 68-17-17
旱ス 59-4-2
簡｜シキ 12-3-17
諫セ 58-7-1
嬉｜セ 4-1-13
戯スル 71-6-12
擬｜ス 18-4-1
期｜ス 11-10-8
棋ス 15-21-9
疑ス 16-2-12
紀ス 31-7-10
羈スル 37-2-1
記｜ス 68-8-13
議｜ス 55-1-16
隳シ 59-5-10
休｜ス 19-19-12
灸｜スル 35-3-3
窮｜ス 62-15-15
舊H ス 10-14-17
洽シ 65-22-9
給｜ス 60-8-3
匡〆 45-9-11
享シ 4-3-7
饗｜セラル 2-15-15
居ス 2-6-16
御｜ス 61-1-9
擧｜ス 53-6-19
漁｜スル才 63-12-3
禦H ス 64-10-13
語｜ス 50-5-9
馭｜スル 44-3-1
供｜ス 69-5-20
凝シ 31-5-3
凶セリ 66-8-5
恭ス 67-4-8
拱｜ス 35-2-11
興ス 30-3-7
殛｜シ 61-7-14
赩キョク〆 38-8-8
吟｜ス 20-18-4
唫ス 20-8-20
均スル 66-9-4
巾セ 36-12-11
禁｜シ 36-18-5
疊〆 57-2-13
覲｜ス 51-2-5
具セリ 56-6-16
煦｜スル才 46-3-15
驅〆 59-9-5
偶｜スル 30-12-9
寓｜スル 47-5-8
空｜ス 13-12-17
遇｜スル┐ 19-6-11
屈｜ス 38-2-4
化｜ス 35-14-11
和｜ス 25-4-16
和｜ス 20-6-15
畫｜〆 43-7-3
科セン 66-11-18
臥ス 5-7-4
課｜ス 6-5-6
快セ 70-2-16
會｜ス 33-10-16
曠ス 5-9-12
活｜ス 31-2-10
丸セ 35-13-13
冠セ 35-2-12
官セ 41-2-8
癀｜シ 35-1-8
管｜セ 26-11-10
翫｜ス 31-16-11

觀ス 26-6-17 貫ス 39-5-20 闞スル 6-4-6 媿スル 65-15-20 歸ス 41-11-19 狂スル 34-3-5 惠ス 71
-4-7 慧スルニ 39-7-19 睽キス 2-5-1 決シ 36-2-2 決ス 41-2-5 蹶シ 23-17-12 眩ソ 35-1-
8 熏ソ 46-3-6 群セ 36-22-15 薫シ 46-3-6 裙セル 14-11-7 訓ソ 44-9-7 醺スル 20-8-14
偈ス 14-17-5 刑スル 65-5-2 契シ 38-12-15 慶ス 31-11-20 敬スル 2-15-15 禊セシ 33-16-8 經シ 42
-9-8 擊ス 68-20-3 激ス 47-17-16 欠スル 59-4-4 碣ス 41-5-9 結ス 34-2-9 儉ス 45-14-
14 檢スル 20-4-19 減ス 18-9-18 獻ス 32-7-7 譴セラレテ 51-6-2 伍セ 7-15-13 固ス 62-20-7
悟ス 27-1-8 蠱コス 1-15-7 護ス 17-15-11 錮スル 39-6-8 鼓スルニ 18-1-20 厚セシ 30-11-2 拘セラル
29-15-2 薨ス 69-15-13 鉤スル 25-7-14 貢ス 1-20-12 克スル 51-11-3 剋スル 30-1-8 刻ソ 37-
3-2 告ス 19-7-20 哭ス 27-12-6 尅ソ 59-11-11 惑Hセシメテ 4-9-4 困スルニ 62-22-18 婚シ 36-6
-19 昬スル 65-19-16 混シ 15-2-6 嗟ス 9-2-15 坐ス 21-16-2 差サシテ 13-4-14 鎖ソ 15-10-19
鏁ス 13-15-4 碎シ 31-3-2 縩セ 47-8-11 裁ス 33-14-11 齋シ 41-12-14 殺ス 67-9-16 創シ 25-
6-16 喪ス 66-3-9 早セリ 70-4-1 澡シ 59-16-19 草ス 22-3-16 莖ス 41-5-17 葬スル 4-12-14
藏ス 8-6-12 造ス 38-10-19 作ス 3-1-11 冊セ 49-1-19 策ス 61-8-8 鑿セ 8-14-12 察ス 53-
8-7 參シ 40-7-9 散ス 23-13-18 斬ス 34-1-11 產スルニ 11-1-15 竄セラレ 51-11-1 篡ス 16-3-1

蠶ス47-8-18 讃―ス39-7-2 讒―メ25-1-14 賛―ス52-7-11 餐スレトモ11-15-2 侍―スル13-2-15 尸―ス
1-18-1 施ス41-8-20 次ス71-3-19 死―ス25-9-9 滋メ26-9-10 祠―スル65-12-12 誌セシム70-
9-16 謚ス57-18-8 辞ス11-11-6 辤ス13-3-5 辭―ス8-1-20 修―ス28-14-11 祝シス2-15-15
繡ス2-3-14 叱スル1-13-2 失―ス11-13-15 執―シ63-4-5 集セリ 50-12-17 寫ス32-5-4 謝―ス31
-5-18 赦ス65-6-3 唱ス28-7-17 狀―ス46-11-13 相―シ23-5-11 穰セリ26-10-6 觴シ68-19-19
賞―ス33-11-17 醸スル―70-21-15 餉シ1-4-10 借セル61-10-2 鑠メ39-2-13 樹―セ68-4-3 崇シテ
57-9-9 宿―ス8-2-7 熟―ス32-9-4 祝―シ24-1-19 准ス68-7-12 準メ47-15-1 瞬セ27-15-
12 叙―セ69-11-18 序―シ45-1-8 恕スル―66-10-9 敘―ス21-1-6 書―セ42-3-2 署―ス42-8-6
處―ス33-1-15 乘―ス32-7-13 種メ71-12-16 稱―ス8-5-12 聳シ52-11-3 衝メ15-21-9 誦―シ42-
11-10 證―シ41-8-16 頌ス46-4-4 囑セン69-15-5 屬―ス10-1-17 矚メ10-15-19 食―ス22-9-15
蝕ス1-20-17 飾―セリ50-11-1 贖スニ66-16-10 任―ス11-4-19 信―ス36-7-6 寝シ40-5-15 振―ス2
-6-5 櫬ス16-7-10 親シス54-1-20 進ス57-7-20 吹シ39-5-19 推メ41-8-13 炊セリ33-1-
20 制―ス38-10-4 征―ス46-1-8 成―ス20-16-17 掣―メ31-8-14 清セリ51-18-10 淨スル―69-3-6
濟ス57-11-7 生―ス1-10-5 省メ11-7-15 砌―メ32-12-20 税シテ58-8-8 精シテ49-12-18 製―メ28

-15-12 請シ 43-8-17 逝ソ 20-1-16 醒スル 20-12-18 消シ 10-7-12 詔ソ 42-1-10 銷ス 13-3-
16 績セ 47-8-11 責ス 66-15-18 截ス 23-8-1 拙ソ 29-11-1 節シ 64-2-17 絶ス 62-15-16 爇ス
8-8-4 接シ 32-13-7 捷ソ 46-6-18 攝ス 42-3-14 借ス 67-19-10 喘セ 21-7-8 撰ス 57-18-
3 漸ス 62-13-17 禪シテ 32-2-18 詮ソ 69-3-10 譔セシメテ 69-9-13 遷スル 56-2-19 選ス 49-4-16
殂シタリ 16-3-20 疏ソ 41-4-15 租セシ 37-2-5 胙シ 42-2-13 蘇スル 11-11-7 奏ス 34-9-17 奏ソ
65-11-14 宗セン 66-17-14 息スルニ 36-6-17 束ソ 1-8-10 簇ス 16-6-11 足ス 33-12-13 卒シ 53-
5-6 率KシK 38-3-3 存ス 12-3-4 損ス 29-4-15 飡ソ 34-9-14 殯ソ 26-6-10 墮ス 33-4-6
汰ソ 31-9-20 堆スル 28-1-19 對スル「モ 3-12-5 帶スル 22-16-8 待スルニ 1-17-8 體ス 38-13-12
淘スル 31-15-18 盪ス 57-22-13 檮シ 26-10-6 蕩ス 20-2-11 討スル 12-12-20 陶ソ 26-16-14 宅ス 40
-3-8 托スル 68-1-19 託ス 19-6-3 謫スル 12-8-13 脱ス 36-13-8 達ス 21-15-9 塔ス 71-10-
8 答シ 56-17-11 荅シキ 26-5-16 嘆ス 10-19-7 團スル 23-4-1 彈ス 12-17-4 斷ヌ 56-22-18
淡ソ 1-5-10 禫ソ 41-6-7 誕シテ 57-16-18 談セ 36-22-1 持ス 49-10-4 致シ 54-5-6 治スル 14
-5-1 置ス 41-4-8 中シテ 37-11-10 住ス 7-15-4 誅ス 49-1-9 縶セ 38-3-7 蟄セ 63-12-
2 長ス 4-10-13 着スル「 25-1-9 著スル 13-20-7 屯シ 6-9-4 迣セリ 15-17-11 著スル 13-12-7

除｜ス 49-13-1 寵｜ス 48-3-17 徴｜ス 66-20-20 勅｜ス 49-1-7 敕｜ス 48-7-5 直｜ス 4-12-10 鎮｜ス 4-
13-10 賃ス 26-10-15 陳｜ス 3-1-16 呈｜ス 24-3-20 庭ス 58-1-12 挺｜ソ 38-5-9 第｜スル 44-3-5
釘セリ 26-12-11 題テイソ 4-10-15 嘲｜ソ 32-15-5 弔｜セ 40-2-12 朝｜ス 1-3-19 調セラル 41-4-2 敵｜ス 16
-2-5 糴Hテキソ 63-8-19 適｜ス 22-19-16 徹｜ス 62-22-15 綴セリ 39-9-2 帖｜シ 68-7-8 貼ス 32-8-
4 傳ス 12-15-4 典シ 68-8-2 墊セン 40-2-9 塡｜セリ 26-8-12 忝スル┐ 20-3-7 拈ソ 21-9-12
殿｜セリ 48-3-16 沾ソ 2-18-14 田セ 63-1-8 畋｜スル寸 63-12-3 粘シ 25-10-14 轉｜ス 19-6-19 顚ス 17
-2-1 點｜ス 20-18-15 圖｜ソ 36-11-13 度｜ス 10-17-16 徒ス 67-11-13 蠹スル 2-13-19 動ス 42-6-
11 同ス 46-4-12 慟ス 70-14-6 投｜ス 31-7-19 東｜ス 71-3-20 通｜ス 3-1-9 毒セリ 14-19-6 黷セ
65-12-9 屯｜ス 50-3-18 敦セシメン 66-1-12 難｜セヨ 68-14-5 貳｜スル 54-10-6 任ソ 67-15-6 熱｜スル 39
-6-8 念ス 34-16-3 粘｜ソ 31-14-4 農スル 29-15-2 摩｜ス 33-11-8 播ス 24-3-2 磨ソ 5-14-
3 倍｜ス 62-7-15 廢｜ス 31-9-12 拜｜ス 44-7-10 排｜シ 15-2-13 癈｜ソ 47-2-19 敗スル 46-6-15 配｜ス
71-2-2 陪｜ス 31-6-9 亡｜スル┐ 67-7-15 亾ソ 65-4-7 暴｜セリ 56-13-2 榜｜セリ 4-2-17 牓ス 4-
6-8 網セシム 16-3-17 飽ソ 36-12-5 剝ス 31-2-18 縛｜ス 10-10-4 薄ソ 6-9-4 駁Hハクス 41-4-
4 撥｜ソ 35-5-5 潑ス 34-15-4 發｜ス 36-4-4 罸｜スル 24-2-7 醱｜ス 36-20-8 反｜ス 59-7-6 範シ

70-12-3　翻―ソ12-18-5　藩ス58-6-7　飯―シ10-15-14　卑セン67-14-18　匪スル54-10-9　批―ソ69-5
-17　比―ス19-19-13　痺―ソ35-1-17　碑セ68-4-3　祕ソ1-4-1　美ス41-6-19　肥ス42-7-9
裨ソ1-2-7　非―スル36-23-14　飛―セン「ヲ24-16-17　賓―ス50-2-7　殯―セ70-5-15　貪ソハ5-8-20　付フス
5-5-6　俯―ソ29-15-11　撫―スル46-10-18　祔―シヌ41-12-9　舞ス62-22-14　腐―スル29-9-19　賦―ス20-
7-13　附―ス69-17-12　富スル63-6-14　諷―ス35-1-11　伏―ス33-11-18　服―ス20-8-6　福ス70-12-7
墳スル「69-17-7　文―ソ41-6-3　聞―ス3-9-6　嬖ヘイシ玉フ12-12-10　并ス2-12-14　弊―ス65-3-10　斃―ス
25-7-5　秉スルニ38-11-5　病ス2-10-14　聘―セント45-5-16　評―スル52-3-15　騁ス38-10-19　廟セ68
-4-3　標セリ68-11-18　表―スル56-17-9　飄―セリ29-6-20　滅ス4-2-7　俛ソ44-13-13　徧シ5-15
-4　變―ス10-18-4　窆ス68-4-2　編ソ11-13-18　辯ス38-6-20　辨ス66-17-10　遍ソ32-8-7
貶―スル「46-6-4　鞭―スル36-7-11　哺セン2-16-3　歩―ス7-12-18　茂―スル11-7-15　補―スル48-2-6
暮セ69-11-1　保セ41-7-13　報―ス18-14-16　奉―ス2-4-2　封―ス2-7-1　捧―ソ51-1-13　耄シヌ36-
24-3　褒―ス54-5-8　沐―ス62-3-17　睦ソ65-22-7　没―ス11-7-19　萌ス1-9-12　滿―ス24-16-10
命―ス48-7-1　明スルニ59-17-4　銘―ス42-4-19　滅―ス21-11-4　免―ス36-7-26　目―ス71-11-18　默―ス32
-1-7　悶―スル13-1-14　捫Kス30-2-12　厄―セラル、「16-3-14　約―ス26-9-14　譯ス56-25-9　軛ル「ヲ36

-7-11喩スル69-7-18輸シテ56-4-10飫-セシム51-2-15傭-シ26-10-15壅-スル47-14-4慵メ5-
7-9-應-ス5-11-1擁-ス19-7-6用スル-ヲ50-9-3踊メ69-15-16欲-ス20-7-2沃ス5-14-
5浴-ス22-17-1羅ス33-14-5勞-ス24-14-14亂-メ42-3-9懶メ69-6-6理-ス22-20-19利-ス
38-10-4離スル19-8-10流-セ38-2-16戮-ス14-19-14律セル70-4-14略-メ43-5-4虜-メ49-
1-10倫ス19-14-17臨スル55-11-15霖メ15-13-14類-ス37-12-7令シ62-13-3勵シテ59-16-
19禮-ス39-7-8隷-ス41-12-7領-ス24-2-15了-スル32-5-5療-ス67-7-10列-ス33-11-12
獵スル39-3-10錬シ70-21-20廬-ス41-3-20弄-ス25-14-15聾-セ33-15-19陋スル45-7-10勒-ス69
-13-17祿セラレ4-4-11錄ス50-13-11論-ス67-9-7王-ス37-7-2委-ス2-19-6慰-ス36-2-
8熨Kイメ4-6-15維-セ38-3-7緯-セ65-7-2韙ス67-15-17咏スル24-19-17榮-シ69-2-7
禁-ス40-2-8詠-ス18-10-5寃-セラレテ60-11-1

ii 二字語サ変動詞

哀-榮スル69-7-14哀-矜ス56-15-19哀-惶メ51-16-14哀-毀スル42-10-13哀-殘ス27-15-4
哀-聲ス12-6-11哀戚スル40-3-4哀-動ス42-7-13哀-慟ス35-9-18哀-挽メ12-6-10哀
-鳴ス12-18-2哀-憐ス56-16-11哀-怨メ16-11-7愛-詠メ23-13-1愛-翫ス28-12-18愛護ス

37-12-3 愛-殺(ストモ) 31-5-6 愛-惜(ス) 32-6-12 愛-憎(スル) 27-10-4 愛-重(セ) 45-7-13 愛-養(ソ)
62-4-17 遏-絶(シ) 50-9-6 安-給(スル┐) 70-23-11 安-坐(ソ) 30-3-8 安-寝(ソ) 7-6-18 安-禪(ス)
20-2-12 安-存(ソ) 57-13-6 安-置(ス) 18-1-17 安-適(ス) 11-11-16 安-堵(セリ) 54-16-11 安-撫(スル)
64-16-7 安-眠(ス) 29-9-16 安-養(ス) 51-17-3 安-理(セリ) 51-6-19 安-慰(ス) 28-13-15 晏(H)-駕(シヌ)
12-14-17 晏-起(ソ) 5-3-9 晏-坐(ソ) 29-8-3 按-驗(セルニ) 70-3-6 掩-藏(ス) 66-18-1 以-聞(ス) 51
-12-7 依-稀(ス) 17-14-2 依-約(スルニ) 25-8-7 依-違(スル) 55-4-13 倚-注(ス) 55-1-11 倚-望(ス) 59
-8-1 倚-伏(ス) 8-2-9 咿噢(セリ) 14-18-13 怡-怡(スル) 40-5-16 移(K)-改(シ) 58-9-2 移(H)-貫(ソ) 57
-14-2 移-轉(セ) 30-13-19 衣-裳(セリ) 18-1-18 衣綿(セ) 29-9-11 遺-逸(セン┐) 62-4-19 遺-誡(ス) 70-
6-19 遺-忘(ソ) 63-17-15 遺(H)-漏(セリ) 11-6-7 頤(H)-養(ス) 55-7-10 優-游(ス) 32-2-17 優-遊(スル) 38
-2-20 優-升(スル) 51-8-11 優-奬(セルニ) 68-18-11 優(H)-賞(ソ) 56-14-12 優-郵(スル) 53-1-7 優(H)-貸(ソ) 8
-1-10 優-寵(ス) 53-7-17 優-養(ス) 56-23-8 優-容(ス) 58-3-11 優-禮(ス) 31-17-16 幽-咽(セル) 12-17-
7 幽-贊(ス) 46-4-2 幽-尋(ス) 8-10-12 幽-滯(ソ) 2-15-5 幽-閉(セル) 4-9-12 幽-淪(セリ) 56-8-18
悠-揚(セリ) 15-1-19 憂-喜(スル) 28-10-6 憂-疑(ス) 59-12-10 憂-勤(ソ) 58-2-6 憂-虞(ソ) 46-9-14
憂-惶(ソ) 61-7-3 憂-愧(ソ) 59-13-19 憂-毀(スル┐) 42-4-5 憂-愁(セムヤ) 34-3-13 憂-傷(ス) 38-4-11

憂-軫メ58-10-13憂-念メ22-10-17憂-問ス36-22-2憂-労メ57-13-2游-息ス71-5-4游
惰スルヿ47-9-1游-預ス22-4-13湧-出メ11-11-19裕裕メ1-19-8誘-引セラレテ18-1-16踴-
躍シ38-5-13遊-泳ス36-2-13遊-宴シ12-11-18誘-掖テ65-14-10遊-行メ33-3-17遊嬉ス1
-8-7遊-宦スルヿ19-4-19遊-歡メ13-6-13遊-觀メ2-3-1遊賞メ2-13-5H遊-討ス8-
11-2遊-陪ス20-12-8遊-颺メ7-12-10遊樂セ30-11-13遊-覽メ36-10-11遊-歴スル7-7-
10一-詠ス8-12-17一-吟シテ45-8-5一-貫メ7-9-6一-呼メ38-9-1一-顧メ37-5-16
一-皷メ69-5-20一-匝メ31-9-7一-戌メ64-7-6一-唱セヨ15-13-16一-酌メ22-7-13一-
宿メ16-8-12一-酔メ34-12-1一-聲ス6-10-20一-石スル5-12-13一-慟ス40-6-5一-統シ
47-5-7H一-沐ス10-17-12允-許ス57-3-6印-納ス57-23-8因-緣メ63-19-1因-繼スルヿ
22-1-15因循ス2-5-11姻-連セルヲ56-12-19K寅-緣ス29-12-19引-起シ31-7-12引-決メ49
-2-3湮淪セ1-2-11H演-漾スルヲ36-14-10禋-祀スルヿ46-1-10陰昏メ16-8-10隱逸セン2-
17-5隱-映ス2-14-19隱-居メ66-4-20H隱-几セリ30-12-9隱-退ス65-8-10隱-淪ス32-
3-14飲-食メ27-16-10飲-酌スル25-8-19飲-啄メ29-4-15洩-導セ45-2-11營營ス5-8-
18營-爲ス5-4-14H縈-廻メ6-16-11夭-閼スル30-12-17夭-死スル6-15-10夭-斜セリ26-12

-11 夭-折ス 6-7-19 夭-亡スル 5-16-4 搖曳メ 24-15-19 搖-消スル┐ 69-3-16 搖-蕩メ 19-17-
11 搖掉スル 15-3-14 搖-動ス 2-20-6 搖-落ス 15-16-19 耀-焜スル 50-4-15 要-知セン 58-3-17
謠-詠メ 12-12-17 咽-絶メ 22-10-15 悦-服メ 58-14-15 閲-視スル┐ 47-18-11 偃-亞ス 10-18-16
偃-臥スル┐ 30-3-3 偃-蹇ス 1-22-3 壓-賤スル 30-8-14 宴-遊ス 34-3-1 宴-飲ス 36-14-20
宴駕シ玉フ 12-14-17 宴-居メ 41-7-19 宴-坐ス 36-6-1 宴-集ス 34-4-14 宴-宿ス 24-4-14 宴
-送メ 35-7-11 宴-飫スル 58-2-1 延-引メ 60-8-10 延-佇ス 18-16-11 捐-耗カウメ 10-10-2 掩-
映セル 24-8-12 掩-抑ス 12-17-3 沿-革ス 65-9-13 沿-洄メ 29-12-7 淹-滯メ 63-18-20 淹-
泊ス 6-7-13 淹-留ス 18-13-18 燕-息ス 22-14-13 緣會スル┐ 69-12-3 緣坐スル 70-17-10 緣-飾ス
55-10-2 艷-夭メハ 25-16-6 艷-黐ス 21-3-15 紆-鬱ス 22-5-14 羽-儀ス 50-5-17 羽-化メ 3
-3-13 蘊-結ス 38-4-12 H蘊-藏テ 16-2-4 運-載メ 4-2-5 毆死スル 60-10-6 歐-打セ 59-
6-17 謳-謠メ 34-9-18 謳-歌スル┐ 22-6-14 謳-吟ス 29-13-11 下-降メ 71-7-17 下-視ス 10-
12-4 下-衰シ 2-5-13 下訕スルニ 67-11-5 下-第メ 31-14-8 下-流セ 66-8-10 假カ-飾セル 6-1
-12 假-藉セン 28-14-9 假寐セ 66-18-10 加-減ス 36-10-18 嘉-尚ス 56-25-12 嘉-奬ス 55-6-7
嘉-嘆ス 57-12-9 嘉-歎ス 56-5-5 嫁-娶セシム 30-1-16 家-醞メ 34-12-1 家-宴メ 24-10-13

歌-詠セ 36-3-1 歌-吟ソ 34-16-2 歌-舞ス 21-13-15 荷-擔ス 41-11-9 賀-知スル 57-1-14 餓-
殍スル┐ 70-3-16 凱-樂スル 46-3-20 劾-奏スラク 70-2-8 愷-悌ス 3-12-17 戒-懼セ 58-10-1 改
移スルニ 60-8-20 改-易セ 54-17-9 改-嫁スル 59-3-13 改H-換セリシツ 11-13-8 改-張セ 60-6-1 改
-轉ス 56-2-7 改-變スレトモ 30-11-5 械-繫ス 70-2-13 蓋K-覆セム 12-19-6 解-釋センカ 21-10-5
開-達シ 68-10-6 交-遊ス 41-11-5 交-易スル 58-7-20 交-感ス 62-9-16 交H-和シテ 65-17-13
交-會ソ 55-11-1 交-割ソ 57-14-13 交-雜ス 22-6-12 交-修シ 68-4-9 交H-代スル 25-12-4
交-亂スル┐ 2-19-15 傲-逸ソ 25-5-17 告-訴セ 22-10-20 號-踴スル┐ 71-2-12 號-泣シ 70-9-16
號-護ソ 42-9-2 號-咷セハ 66-15-4 號-慕シ 42-10-20 幸-甚スル 59-9-16 好-合ス 66-1-7
好-在セル 18-1-10 好-善ソ 41-2-20 好-惡スル 64-9-18 孝-享ス 61-1-11 孝-思ス 56-26-6
孝-養ス 41-2-3 巧-詐セル 63-18-20 康-寧シ 62-19-17 慷-慨ソ 12-5-4 梗-槩ソ 45-9-10 考-
覈ソ 58-4-15 考-策セ 59-18-12 考-察ソ 63-18-18 考-試セ 60-1-10 考-定ソ 60-1-8 考-覆セ
58-4-15 耗-竭スル 47-4-2 耗H-羨セン 63-6-11 耗-蠹スルニ 65-14-1 耗-費ソ 62-18-6 耕-
鉏セ 18-5-9 膠-固セ 59-9-1 行-營スル 59-10-2 行-役ス 40-3-1 行-歌シ 31-8-17 行-
香スル 28-5-2 行-吟テ 6-17-5 行-坐セシ 14-11-17 行-止ス 21-13-19 行-醉ソ 31-16-11 行-

走シ21-13-15 行-樂シ36-13-19 豪-奪ス41-4-6 遨-遊スルニハ7-6-16 降-伏メ35-5-13 降-臨メ
69-8-9 高-歌メ19-3-20 高蓋スル1-10-14 高H-臥メ28-4-9 恪-勤セリ55-4-15 搉-量スル
44-4-12 格K-轉テ35-18-10 樂-娯スル45-5-18 確-執メ67-6-5 覺-知スルヿ69-9-16 合-
飲スメ50-13-19 合-宴ス34-12-2 合-會セリ54-10-11 合-掌メ69-8-4 合戰ス53-5-10 合-奏ス
70-21-10 合-知メ58-14-6 合-陣シ56-10-2 合-同ス45-13-9 合-抱セント1-20-8 合-衲ス
70-7-8 合-應シ61-2-10 合-和ス8-9-10 寒-餒セルニ70-21-1 感-泣メ1-1-15 感遇スルニ
43-6-3 感-懷ス9-7-11 感-激ス40-3-2 感-悟メ3-10-2 感-傷ス21-4-1 感-惜メ31
-16-4 感-羨スル34-12-10 感-戴スル58-12-4 感-歎ス12-25-4 感-動シ59-2-2 感-通ス5
-8-13 感-慕ス61-9-14 旱-捐セシ58-10-18 甘-心ス58-11-18 甘-眠スルヿ32-12-18 監-送メ4
9-10 監-臨メ52-7-17 看-經メ36-21-13 看-取セヨ21-9-9 看-養セシム69-9-8 緘-寄ス1-
14-5 艱難セシヨリ56-14-19 銜-哀ス70-4-5 諫-諍シ13-2-14 酣-歌メ22-5-11 酣-醉メ5-11
-5 鑒-察セヨ69-8-9 鑒悉スル56-19-9 閒-遊スル20-14-10 閒-居スル31-15-19 閒-吟ス15-18
-19 閒-坐ス30-2-10 閒望シキ18-4-16 閒-歩メ8-14-7 閒-悶メ16-8-10 間-飲セシ29-6-
10 間-讌メ29-13-9 間-行ス23-20-4 閑-傲メ36-3-18 閑H-醉ス20-4-16 閑H-吟ヿ7-10-

2 閑ー放メ 7ー6ー19 閑ー眠ス 7ー9ー5 閑Kー詠す 29ー6ー19 陥ー覆スル 41ー6ー10 陥ー没セル」コトヲ 4ー3

ー6 頷ー頤ス 21ー5ー5 儀ー刑セリ 46ー10ー19 喜ー歓ス 33ー10ー19 嬉戯メ 8ー8ー15 寄謝ス 2ー10ー9

寄ー宿ス 36ー21ー19 寄Hー題ス 9ー2ー18 寄ー與ス 2ー13ー14 忌ー諱スル 62ー2ー5 戯ー言セ 62ー5ー11

掎ー角メ 55ー5ー13 擬ー議スル」 63ー16ー16 棄ー捐スル 30ー7ー17 棄絶メ 1ー9ー12 棄ー置セラル、 16ー4ー5

棄ー擲ス 37ー9ー15 棄背シ 67ー9ー11 棄ー忘ス 33ー11ー10 欹ー仄セリ 27ー3ー20 欺ー誑ス 56ー13ー1 疑

議スル 42ー6ー6 疑ー懼セ 57ー14ー20 疑惑セ 47ー2ー7 疑ー阻スル 25ー1ー14 祈ー禱ス 3ー3ー17 窺Hー

臨メ 6ー8ー4 箕ー踞ス 7ー8ー6 羇ー束スル 25ー12ー13 羇ー絆セリ 22ー8ー7 羇縻スル 29ー9ー3 羇離メ

13ー16ー11 羈束ス 10ー16ー2 羈旅メ 8ー1ー13 覬ー覦セリ 16ー2ー7 記ー取ス 33ー19ー2 記ー得スル 33ー

2ー19 記録セ 33ー16ー19 起ー居スルタモ 43ー3ー13 起ー坐ス 45ー14ー7 起ー復スル 54ー15ー14 飢渇セ 30ー8

ー8 飢寒セ 22ー16ー9 飢ー凍スル 37ー2ー17 饑飽メ 36ー10ー18 九ー轉メ 27ー15ー5 休ー和メ 64ー20ー8

休ー止メ 67ー8ー6 休ー息ス 55ー11ー17 休ー愓メ 59ー14ー13 休Kー罷す 35ー15ー2 宮ー碁センヤ 16ー6ー16

救ー療スル 29ー6ー5 朽ー折メ 35ー5ー2 窮ー餓スレトモ 7ー1ー17 窮ー苦ス 65ー2ー1 窮ー塞メ 44ー4ー3

窮ー悴シテ 45ー6ー8 窮ー通セン 35ー17ー15 窮ー獨シ 20ー15ー1 糺ー察ス 69ー13ー2 糾ー正スル」 55ー3ー3

糾ー理ス 49ー13ー3 舊ー遊ス 15ー7ー5 舊隠セリ 40ー7ー17 鞠ー躬メ 13ー5ー12 鞠ー養メ 42ー10ー15 及ー

第ス38-2-11 泣-血スル┐42-4-12 給-事ス55-5-6 給-足ス36-3-20 給-付ソ58-8-10 翕-
習スル3-12-12 仰H-給ソ64-9-7 仰-臥ソ35-10-19 劻-勷セ15-3-13 向-背ソ29-12-7 疆-
理シ52-1-8 襁-負シテ41-6-16 響-答セ68-10-11 響-慕ソ44-3-15 虐-用ス64-18-12 去-住ス
17-22-3 去-留スル27-9-10 擧-劾ス67-3-16 擧-正ス70-2-16 擧-薦セン┐57-6-5 擧-奏スラク
59-6-19 擧-對シ42-8-18 戲キヨ-欷キス12-13-10 漁-色ス67-17-15 語-話ス19-11-8 語-笑スル37
-6-8 供-給ス60-7-9 供-進セリ26-16-2 供-奉スセリ15-5-17 供-養ス61-2-19 兢-惶ス59-
16-4 凝-絶ス12-17-7 凝-滯ス66-18-16 凶-夭ス36-6-17 恐-懼ス32-2-11 恭-勤スル┐54-
13-13 恭-敬ス39-8-16 拱-衛ソ53-4-8 興-念ス52-11-11 興-癈スル62-3-3 顒-望ソ40-11
-5 曲-成セリ59-14-19 極-諫セン62-4-7 極-言ス70-6-9 極H-慮セ59-9-20 勤-恪ソ66-20
-3 勤-苦ス4-4-3 勤-匱セン┐62-4-19 勤-卹スル60-6-18 勤-請スル57-6-14 勤-勞シ55-
6-5 吟-哦シ29-3-2 吟-苦ソ17-22-1 吟-翫スル14-8-5 吟-醉ス15-21-5 吟-歎ソ15-12
-18 吟-詠ス6-8-11 吟-咏ス48-1-108 均H-握シ64-13-4 巾-櫛シ6-5-17 擒-斬ソ56-7-
19 欣-欣スル3-10-3 欣-戴シ60-5-2 欣-躍ソ59-3-2 禁-繫セラレ59-3-12 訢-合ス21-4-
14 謹H-奏ス58-12-5 釁-酷スル┐69-8-15 金-銜シテ24-7-12 傴-僂ス1-1-14 具-戒ス41-8-

1 具-足セリ 39-8-18 區-分セリ 29-8-13 區-別ス 1-9-2 苦憂ス 5-6-10 苦-學〆 9-2-5
苦-辛ス 14-9-17 苦-戰〆 18-15-15 苦勞ス 5-6-10 驅-使ス 59-5-7 驅-馳ス 13-2-14 偶-
詠ス 24-6-2 偶-語〆 12-4-3 偶-吟〆 22-20-9 偶-集〆 22-6-2 寓-居ス 23-12-14 寓-言〆
20-2-10 寓-宿ス 38-4-14 寓-直ス 19-9-15 寓-眠〆 30-2-7 寓令セント 47-5-8 隅-落ス 22
-7-20 屈-曲ス 31-3-18 屈-辱ス 67-6-16 屈-伸シ 29-15-10 屈-折ス 15-3-6 屈-致スル 63-
14-3 屈-盤スル 1-15-4 化-成ス 62-6-11 和-悦シ 62-19-17 和-釣スルヿ 63-3-14 和-會〆 30-
10-14 和H-輯〆 54-6-17 和-親セ 64-12-13 和-答スル 69-6-3 和-羅セ 58-7-18 和-平ス 62-
10-3 和-鳴スルヿ 40-8-14 果-斷ス 60-11-4 瓦-合セ 67-15-10 科-第〆 23-7-2 臥-理スル寸ハ 71
-3-8 課-督〆 50-12-18 貨-殖シ 70-21-18 過-言ス 47-2-13 過-差〆 63-10-13 過-從セ 60-
5-1 乖-曠〆 7-13-2 乖-隔〆 10-13-2 乖H-劣ス 11-5-7 乖-違スルヿ 56-4-7 回-合シ 26-
9-3 回-互ス 7-13-2 回-顧ス 25-9-18 回-旋ス 6-11-1 回-念〆 9-8-15 回-望スル 19-3
-11 壞-損ス 66-14-12 壞-敗ス 40-12-2 廻-環〆 13-2-5 廻-還〆 15-20-1 廻-互ス 1-18-
8 廻-顧ス 2-20-7 廻-施ス 68-17-7 廻-視セヨ 1-20-9 廻-翔シ 38-12-15 廻-照センニハ 10-6
-13 廻-望スルニ 22-9-7 廻-避スル 22-7-15 快-活セシムルヿ 35-14-16 恢-張ス 38-15-7 悔悟ス 10-

3-19悔煞セン28-17-1懐詠ソ34-11-11會飲ソ50-13-19會合セ66-12-8會語ス43-7-

9會同ス61-7-17會面ス36-6-12潰散ソ59-10-5繪畫ソ37-10-2繪素ス71-5-17

光昭セリ53-4-2惶懼ソ60-2-15曠望ス7-2-9荒寧セ57-2-12荒蕪ス36-14-20荒

-樂ソ4-4-3荒涼セル14-18-11濩落ス35-6-2隔絶ス37-5-5割屬シ56-19-14冠

葢ソ11-12-17冠櫛ソ35-10-4勸誨シ70-6-14官補ソ69-14-10宦遊スルヿ70-20-19懽忻セン

10-14-10懽心セ61-4-9欵顔ス8-12-20歡遊シ29-16-16歡悦セン6-6-9歡宴ス35-

10-6歡行ソ33-15-20歡喜ス22-5-18歡欣ス8-10-9歡會ソ13-16-11歡呼シ1-1

-15歡娯ス18-3-6歡心セム58-14-15歡醉スル11-15-3歡笑ソ36-18-1歡樂スル12-1

-11煥發ソ12-12-6環廻ス22-20-3環望スラク71-4-6盥櫛ス22-14-11盥漱スル6-16

-17盥滌スルヿヲ43-12-13管搉ソ51-2-12管絃ス35-15-19管領スル26-7-20緩驅ス30-6

-17觀遊ス43-1-16觀知ストモ45-12-7貫屬ソ3-6-9貫穿シ45-3-12還往ソ26-12-

19僞遊ソ66-20-2輝榮ソ12-4-12危言ソ14-18-18危敗スルヿ65-9-2愧耻シ60-3-3

愧悵ス57-6-15揮弄セン8-13-13撝謙ソ56-22-17歸依ス71-12-8 K歸休て32-12-16

歸去シヌ70-8-8歸埜ス70-9-1歸全ス40-3-3歸投ス57-14-19歸袝ヌ40-9-16歸

-窆ス 70-7-7　歸-養ス 38-4-1　歸-老ス 41-4-17　毀-瘠ス 66-3-7　毀滅セン 40-4-20　麾-
訶〆 42-3-6　睢盱ス 26-8-13　虧-失セ 56-14-19　虧-損スルヿ 59-3-7　貴-達ス 67-6-10　貴-重ス
4-13-8　貴-聞センヿヲ 62-5-4　跪-拜スルヿ 31-1-17　狂-詠〆 5-13-1　狂-歌〆 21-13-20　狂-
吟〆 17-17-20　狂-言〆 30-13-16　狂-醉セシ 29-6-11　狂-舞〆 22-5-11　窘-束スルニ 7-12-11　惠-
好スルヿ 35-12-7　惠-答ス 68-19-12　扃-鐍ス 55-5-13　決-開〆 6-12-3　決-放スルトキニハ 68-7-16
決-斷スル 49-11-11　血-食ス 71-4-17　闕H-一スルコト 41-12-18　勸-課スル 57-24-7　勸-請〆 71-13-
3　勸-沮スルヿ 63-20-6　勸-勉ス 10-6-6　暄-和ス 11-5-17　炫-耀〆 38-12-8　炫-轉ス 31-4-
15　眷-祐ス 54-1-11　眷-遇スルヿ 69-10-11　眷-盼〆 17-10-6　眷戀〆 34-2-8　蠲-減シ 61-1-11
蠲-免〆 62-4-18　諠-譁スルヿヲ 1-20-15　蹇-步〆 20-5-14　蹉-蹋ス 3-10-14　君-臨シテ 57-1-7
熏煑ス 12-3-1　群-從〆 19-11-12　群-飛〆 6-12-20　訓-整〆 55-6-14　訓-導〆 57-10-5　訓-
撫〆 57-18-11　訓-養ス 50-9-17　傾-欹セン 27-14-12　傾-斜セリ 26-12-9　傾-倒ス 10-16-18　傾-
墜ス 1-22-20　傾覆スル 37-3-7　刑-殘セ 7-14-12　刑-服シテ 58-5-14　啓-沃ス 64-4-1　啓-奏スル
51-10-16　啓迪ス 57-10-11　啓閉スルヿ 71-8-9　境會セル 24-12-2　挈-闊スル 69-11-17　形-容スル 61-
3-4　慶-賀シ 28-3-14　慶-幸ス 61-7-13　慶-賜スル 58-2-1　慶弔〆 31-1-17　揭厲スルヿ 67-13-

9 敬—謹〆 48—12—12 敬—承ス 52—10—8 景—慕〆 46—10—19 稽—緩ス 67—11—13 稽—首ス 57—7—16
稽—留セシ 56—6—14 經—營ス 37—2—19 經—過ス 18—14—8 經—始ス 71—1—13 經—畧ス 56—17—17 經
—緯ス 47—15—11 縈—紆スル 1—15—4 縈—廻スルヿ 30—3—1 繫—絆セ 28—2—11 計—會ス 56—6—6 計
算〆 5—15—14 計—度セハ 60—6—11 警—巡〆 54—14—4 輕—欺ス 8—9—7 迎—接〆 33—5—15 驚憂スルヿ
60—5—3 驚—愕〆 59—3—4 驚—懼〆 58—3—12 驚—怪ス 62—7—5 驚—惶〆 59—13—13 驚—激ス 51
—1—14 驚悞セン 11—14—13 驚—歎セ 59—12—10 驚H—聴セ 59—5—15 驚—動ス 43—9—11 僥—倖スル 19—
7—9 徼H—倖スル 66—17—18 撓—敗セン 60—7—4 教—誨スルヿ 42—6—15 教—取センヿヲ 21—7—3 教H—
戰ス 64—7—12 梟—夷セリ 61—4—13 澆—訛〆 44—12—14 趫—跳スルヿ 16—11—6 饒—舌セリ 22—10—10 擊
—析セ 71—3—20 激—勸スル 68—18—18 激—發〆 49—2—12 激—揚スル 56—21—11 逆—倫スルニ 45—13—11
欠—負〆 59—3—15 歇—息ス 30—8—11 潔蒸スル 42—10—15 結—構テ 8—14—15 叶—和ス 56—5—13 協—
和〆 62—15—13 協—比〆 57—3—7 夾—輔セシハ 49—13—10 浹—洽〆 31—4—17 健—羨スルヿ 30—8—14 健
—忘スレトモ 37—4—9 兼—命〆 53—7—17 兼—領スルヿ 55—5—14 嚴—整〆 57—15—4 堅墾〆 56—23—7 建
—修ス 43—8—10 憲—章ス 62—14—15 檢—校シ 48—3—3 檢—驗スルハ 60—10—1 檢—到シツ 56—18—9 檢
—討〆 45—6—12 檢—束セラル 29—14—6 減—耗スル寸ハ 64—5—7 獻—酬セリ 27—2—15 獻替シ 57—22—8

獻—納スル38—13—20　獻—奠スル6—11—18　牽—引セ35—8—9　牽—束セラル6—5—12　牽—纒スル15—20—1
牽—率セラル、30—13—19　牽—聯メ29—14—18　牽—累スル」29—10—13　甄—奬ス55—7—5　研—覈セ63—16—7
研—精メ45—13—14　紘—歌メ29—11—2　肩—舁ス28—5—7　虔—誠メ40—11—5　言歎スル69—8—8　謙—
讓メ56—22—12　譴—謫セラレテ10—14—13　蹇—舛メ11—1—12　蹇迍メ11—6—20　蹇—跛メ35—6—15　蹇—
剝メ43—3—19　蹇—歩メ15—4—2　顯—揚ス71—4—17　呼—喝ス28—12—2　呼—吸メ1—4—20　固—護ス
69—3—15　固—辭スレトモ57—4—5　孤—負メ13—9—16　悟—入メ69—3—1　戸—滅シ66—10—8　枯—槁ス
21—19—5　枯—焦ス1—6—13　枯—憔ス1—18—18　枯榮ス13—15—1　蠱コ惑コクメ4—13—10　胡旋ス3—6—
1　誇—張スル24—10—17　護—持セ71—8—18　護—念セ70—24—3　辜—負スル」27—1—14　顧念ス16—20—9
顧—盼メ2—16—19　顧—戀スル36—7—2　鼓—行メ56—8—2　鼓—舞ス61—4—13　勾—押セル24—17—19
勾—引ス31—18—6　勾—牽ス28—18—18　勾—檢メ20—17—20　勾—當セ57—23—16　勾—留ス23—6—9　勾
—漏シ19—14—3　口號スル69—6—17　弘—益スル」54—11—15　拘—蹋ス14—18—14　拘—牽セラレ2—11—19　拘
—絆セラレテ2—11—19　控—壓ス59—1—8　控—臨セリ56—11—5　攻—討シ56—7—9　薨—逝スル34—4—7
講—貫セ50—3—5　講讀スル50—3—5　講—論セ68—13—8　貢—置ス52—10—12　告—捷ス53—8—2　哭—
泣メ19—9—7　哭—送メ26—1—15　兀—傲メ5—15—3　汩H—没ス49—4—18　困—竭メ47—1—18　困—

窮スル63-4-8　困-苦ス21-19-6　婚-姻ス10-19-8　婚-嫁シ30-13-18　昏-睡ス7-4-14　昏-
墊メ40-2-14　昬閉スルコト8-13-10　昬-耄メ59-12-19　昬-亂メ62-16-14　混-同ス61-2-10　佐-
衛シ52-10-18　作-用ス23-17-8　嗟-嘆ス34-3-13　坐-臥ス5-7-18　坐-禪ス31-10-7　左-右ス
40-1-8　左-降ス59-11-6　左-遷セラル12-16-11　左-轉セラル45-8-12　差-忒ス16-18-16　挫-
敗シ69-12-16　沙-汰セハ63-8-14　蹉-跎ス9-5-18　鏁-閉メ30-7-17　再-三メ56-10-1　再H-
辭スルヿ57-16-15　再-叱メ38-9-1　再-宿メ42-2-17　再-拜ス44-6-4　債-負ス35-3-20　採-
摘メ36-3-9　摧-壞ス1-18-13　摧-殘セリス17-17-7　摧-攝セシム59-2-2　摧-頽ス10-18-10　最
愛ス16-16-10　裁-種メ18-7-1　裁H-成ス65-7-3　裁-截メ2-21-11　裁-退スルヿ48-2-16　裁-
斷スル58-2-11　裁-服セルヿヲ24-19-18　裁-縫ス17-2-18　裁-量セヨ59-9-15　齋-戒メ35-5-12　齋
-居シテ24-14-10　齋-心ス69-17-4　齋-沐メ71-1-11　齋-栗メ46-5-6　喪-敗メ56-4-19　愴
惻メ10-3-6　掃-拂セ27-6-17　掃-掠ス27-16-15　操-割セハ49-11-13　早-歎ス63-9-3　早-
世ス46-11-8　早-辨セ1-15-8　早-涼メ6-5-17　爭-鬪スル41-2-5　瘡-痍スル59-9-4　草-
創シ38-15-7　莊-嚴シ39-8-15　裝-束シ35-7-10　作-合メ70-1-9　作-息スルヿ22-14-16　作-
勞ス66-5-20　作-爲スル43-5-5　冊-命ス57-21-1　削-奪シテ45-8-16　策-試ス41-12-6　策-

徴ス61-1-12　策-名シ52-10-1　索-居セリ22-6-18　錯-雜〆12-17-6　錯-綜シテ38-15-13　錯-磨〆2-18-7　察-訪〆59-2-17　殺-生セル41-8-14　殺-戮セ61-4-12　H雜-生ルヲ43-7-9　雜-散セル71-8-4　三-顧ス1-21-1　三-宿〆17-21-12　三-奠〆40-6-5　三-盃〆ハ22-7-13　三-復〆62-1-14　參-會ス43-9-5　參-護〆53-6-2　參-雜〆11-7-6　參-詳セン64-17-14　參-務シ52-12-9　參-量〆56-20-10　K山-遊テ29-12-6　山-居〆36-16-19　慚-愧ス21-3-20　慚-忸ス30-5-4　慙-惶〆59-17-18　慙-愧ス20-13-14　慙-愓〆60-5-8　慘-悽スルノミ2-5-5　慘-戚ス34-2-15　H散-棄セ64-8-16　散-失ス47-15-18　散-配セ58-8-1　散-歩ス21-8-20　散-報セン59-3-7　散-亂ス22-8-2　爨-薪ス1-12-13　竄-謫ラレ70-7-11　芟-斫スル2-20-16　讃-歎〆71-12-8　讃-詠〆23-8-3　贊-修シ52-13-14　贊-嘆ス71-8-15　贊-揚シ56-25-4　贊-理セシム48-4-16　仕-官〆53-10-5　侍-從セン18-11-8　司-牧ス62-4-14　咨-嗟ス7-3-6　H咨-度セ48-3-7　嗜-欲ス29-14-3　始-終ス70-17-7　子-育ス57-22-12　孳-生ス29-8-17　思-索スル47-1-12　思-量ス15-2-3　思-慮スル59-7-11　慈-訓シ48-7-17　指-揮ス8-15-1　指-麾ス29-11-19　指-期〆53-5-10　指-畫ス8-6-3　指-顧〆56-15-7　指-陳セヨ68-13-17　指-點セ16-3-17　指-蹤スル53-1-17　支-計シ56-7-10　支-梧シ30-14-8　支-任セ60-7-16　支-持ス45-5-5　支-

敵シ59-8-5 支[H]分ソ25-13-6 支離スル15-5-3 施行セヨ54-2-5 施張ス64-3-20 施-
展スルニ22-5-11 時論スル42-9-1 次第ソ45-13-11 止[H]遏スル18-6-12 止息スル58-12-4 死-
却ス13-17-12 死去セ43-11-12 死傷スル┐4-8-1 死生ス21-16-12 死戰ス60-6-9 璽-
書ソ55-11-17 砥礪セン┐43-5-12 示現ス69-15-16 祗供ソ33-5-16 祗候スル27-6-18 祗-
慄ソ71-1-11 肆覲ス57-16-8 脂轄スル┐70-23-16 膩剃ス28-3-14 自[K]給す29-10-1 自[K]
-持セ32-8-9 自重ソ49-4-4 自適ス29-1-8 自得ス29-6-18 自立セリ50-5-20 覼-
縷ソ43-3-12 諮稟セ54-9-11 資助ソ59-8-17 辤讓セ70-8-12 修行シ9-10-7 修造シ
57-24-6 修飾スル┐49-12-12 修撰スル59-18-6 修阻ス47-18-6 修養ソ8-10-20 修利ソ57
-24-11 修立スル53-5-17 周遊セン17-4-20 周廻ソ6-12-5 周索ソ47-8-14 周匝ソ16-
19-6 周愼スル┐61-7-2 周旋ス54-3-11 周流ソ23-9-1 囚禁セラル59-3-16 囚閉セラレテ
27-1-13 愁吟ソ36-18-1 愁坐ソ1-17-15 愁殺ス4-8-16 愁悴ス21-4-5 愁悲ス5-
12-4 收獲ス56-9-13 收採ソ60-1-13 收藏セ69-6-18 收拾セ22-5-12 收納ス58-14
-15 收抜ス61-8-7 收復ス56-15-7 收没ス59-6-19 秀出ス49-4-18 舟航ス53-14-
7 讐校ソ13-11-19 讐斂ソ65-2-1 酬和ソ30-14-5 酬謝ス21-3-4 酬贈ス12-18-18

酬—答テ17—2—4鞦—韆ス18—12—4叱—撥ス31—11—19失—却ス19—13—6失—墜スルヿ5—2—10
實—言ス64—18—10實—録セ1—9—16桎梏〆10—1—16櫛—沐ス36—2—10疾—病〆ヨリ56—22—20入
—覲〆70—13—6入—仕スル63—19—3入—室〆71—10—8入—奏〆58—6—1入—朝ス58—13—8十—
年セリ8—1—11十H—倍セリ63—5—10執—競ス66—7—14執—迷ス67—5—14揉—雜〆62—19—8集—
會〆40—5—14緝—理〆53—12—2輯—寧ス55—6—18輯—睦ス47—3—16輯—理〆55—5—20借—問ス
1—18—4奢蕩スルヿ47—15—11捨棄セント11—15—3酒掃〆8—9—20灑—掃〆37—4—13謝—上スル68—
8—14謝—陳ス56—17—10上—下スル43—5—4上—獻〆53—12—12上—言ス71—1—11上—疏〆47—2
—9上—任〆41—2—10上—生セム70—11—15上—請ス66—8—10上—對ス47—3—6上—聞ス53—7—
11傷毀セ1—20—6傷—嗟ス23—2—17傷—殘ス7—9—8傷—悼ス56—8—18傷—悲スルニ1—15—1
尚—饗セヨ70—14—7唱—歌シ21—9—12唱—和ス36—16—8唱—酬シ22—1—15商—較セ63—16—7商
搉セン46—5—2商—量スルニ57—23—13壞—制ス52—1—8奬—飾シテ68—9—2奬—擢ス56—12—14奬
—用セン58—5—2彰—露シテ66—20—11掌—治セシム68—17—8撐—撥〆15—4—18狀—奏ス68—19—10
將—息ス27—7—7將養スル36—10—18猖—狂ス57—20—8禳—禱セハ65—13—8粧—點シテ24—12—8觴
—詠シ29—11—2詳—察スル58—14—7賞—翫スルヿ8—11—3賞—罰ス63—7—19借—助〆16—16—18借

-留52シテ-5-3綽-立19ソ-7-7主-張68セシム-17-7主-領25ソ-12-1孺-慕42ソ-7-13守

-謙59ソ-14-3守-護34ソ-1-13手-筆70ソ-8-7授-持70ソ-23-13殊-榮52ス-14-19殊-

剪61セ-7-17酒K-狂17て-12-18酒-顚17センヤ-22-2取-次26ソ-14-8取-捨38シ-6-12充K

-給30セリト-2-18充-斥49ス-1-9充-塞57ソ-7-17充-賦62スル-2-6充-滿70セリ-23-13

終-塞11ス-10-16聚-飲60ソ-4-17聚-會68ス-5-6聚落43スル┐-10-18宿H-酔26ソ-14-6宿

-息67スル-2-3宿-直19ス-15-4肅-恭66ス-17-10蹴-蹋71ス-10-12出H-遊43ス-8-3出

-家31ス-16-12出-入57ス-21-9出-處38シ-12-19出-身46ス-9-10出-沒1ソ-20-13恤-

隱8ソ-5-12恤-勞67セン-8-10述-作65ス-11-19准-擬59ス-8-2循-環16ソ-14-4循-

省61ス-7-3春遊31ソ-3-5準-擬12ス-7-20潤-下66ス-7-10潤-色38ス-16-2巡-飲20ソ

-7-16巡-檢68セ-8-7巡-守68ソ-8-8逡-巡スル┐ヲ2-4-5遵-行58ス-13-20馴-致47ス

-18-12駿-奔46ス-2-15助-成36ス-15-13助-援60ストモ-8-8庶-幾48スル-2-6所H-長セル セラ

22-1-11沮-洳26ソ-9-17舒-退49スル-6-10處-分32ス-15-14乘-馭25スル┐-7-4勝-

絶43スル-9-14升-奬52スル┐-10-14升沉13スル-4-15升-聞52ス-4-15從-事7ス-14-15從-

容43ス-1-17承-順65セ-7-20承-荅45ソ-1-10竦-躍61ソ-9-8種-蒔57スル┐ヲ-24-7種-

植セン－18－6－5 稱－異ス－46－10－16 稱－賀ス－56－25－4 稱－贊〆－56－26－12 稱－謝〆－61－9－6 稱－
歎スル－68－19－3 稱－論スル－55－7－5 蒸－爨シ－1－21－20 蒸－嘗セハ－65－13－7 臢－醉スルヿ－27－1－19 俗
－飲ス－20－6－6 囑－繫セン－68－4－6 式－遏シ－55－6－18 識察スル－57－6－9 飾－讓スル－61－3－18 申－
奏〆－68－18－7 申－報スルヿ－59－2－14 仁－愛スルヿ－42－6－19 仁－惻〆－57－24－12 任－使ス－56－14－9 任
－用ス－50－7－16 信－宿〆－41－4－16 侵－刻〆－64－4－12 侵－削セラル－58－13－7 侵－軼シテン－64－10－18
侵凌ス－35－1－19 寢息スル－39－2－8 心H－遠〆－6－14－16 愼－重セン－54－2－19 振－耀ス－50－7－14 振－
起ス－68－16－9 振－張ス－50－9－6 振－廩シ－47－13－2 斟－酌ス－36－22－17 浸－淫シ－40－12－2 浸－漬〆
41－7－10 深－憂ス－59－8－12 深－居〆－12－11－18 深－沉〆－15－2－17 深僻ス－11－2－4 深－慮セ－58－
3－17 眞授ス－42－8－8 眞－拜セラレテ－70－18－13 寢－漬〆－50－1－11 簪－組〆－6－16－12 親－近ス－41－10
－4 親H－護テ－71－2－17 親－信ス－58－8－20 親－重スルトキンハ－48－11－9 賑－給セン－66－8－5 賑－邮ス－70－5
－14 賑－貸ス－63－8－18 賑－廩〆－26－10－8 軫－悼ス－57－12－18 軫－念ス－52－5－11 辛－勤スルヿ－1－16－8
辛－苦ス－1－18－19 進H－幸セラル、ニ－12－12－13 進－獻シ－56－24－9 進－止スルヿ－56－18－20 進－修スル－55－1－20 進
－讓〆－56－1－20 進－奏ス－58－14－6 進－送ス－3－9－18 進－退シ－36－10－18 進－討ス－56－9－6 進－
發ス－56－11－13 進－奉ス－58－13－8 震－耀ス－61－2－17 震－悼タク〆－12－14－16 震－慄〆－44－1－13 震－

讋セン64-12-12 出納シ47-13-19 吹嘘ス22-4-7 吹煦ス57-10-9 吹作シ71-5-11 吹-
簸ソ15-3-10 垂拱ソ46-3-6 垂示セン59-3-3 推辭ス37-3-17 推薦H セ63-12-16 推-
服ス59-1-20 推挽ソ37-2-17 推輪シ71-5-17 推恩セント47-5-9 揣摩ソ50-6-9 水-
嬉ソ37-6-9 睡覺ソ31-4-1 衰朽ス23-4-16 衰摧スル71-11-13 衰颯ソ11-3-8 衰-
殘スル35-6-5 衰疾ソ34-16-3 衰弱セリ36-7-19 衰瘦ソ35-8-14 衰憊H ソ21-9-19 衰-
微ス64-14-16 衰病ソ17-6-7 衰變ス11-5-20 衰暮スルヿヲ10-3-18 衰老セ29-15-1 衰-
落スルコト22-3-8 衰羸スル23-14-11 衰惡セリ10-10-1 醉狂セ13-10-15 醉吟ス33-3-17 醉
-臥ス13-10-12 醉醺ソ18-8-13 醉飽ソ30-5-4 醉悲ソ17-21-20 醉眠ス26-15-6 隨-
喜ス36-11-6 隨順ス41-11-8 隨應セ45-12-20 芻秣セリ25-7-11 樞轄スルヿ50-6-2 趨-
蹌セリ26-9-8 趨馳ソ9-2-9 趨拜スルヿ70-7-10 是非ス26-13-9 制加セラレテ19-6-5
制-馭センヤ58-7-5 制科スル58-2-15 制置スルヿ60-8-20 征戍スル16-19-2 征鎮ソ52-13-
14 栖屑ス15-9-1 成就ス56-6-5 成長ソ69-9-4 成立セン58-10-6 整頓ソ19-10-13
栖息ソ2-16-2 棲起ス26-4-17 棲息ス30-12-20 棲託ス2-20-14 棲遲ス40-7-18 正-
序スルニ45-13-11 清談スルヿ33-8-8 清徹スルカ10-6-12 濟成ス52-6-8 生育ス66-1-7 生

降ストモ46-7-6 生死セ69-11-20 生-成メ18-14-16 生-長メ59-15-4 盛-服メ22-2-18 省-閲メ
56-13-17 省-置ス43-5-3 省-覽メ56-25-4 税-賦スル58-8-2 精-通スセリ41-4-2 聲H-聞メ
57-10-13 西東セ2-15-17 西-面メ63-13-15 西-來ハメ25-14-18 躋-攀スル⌉8-11-3 僬-僥ス19
-14-4 召-對セ56-6-14 召-募セラレテ53-3-16 小-飲ス19-6-2 小-宴メ27-2-15 小-酌メ25
-3-19 憔-悴ス1-18-16 招-諭セン60-5-14 消-散メ25-10-17 消-釋メ7-14-7 消-除シ35-
11-12 消」沉ス11-13-7 消-停メ26-2-19 消-磨シ15-12-4 消-沒メ12-15-1 焦-勞メ37-8
-11 照-耀ス5-5-13 照-燭ス22-2-14 照-臨メ60-4-5 燋爛セラル2-16-14 燒-乾メ11-6-
7 燒灼メ11-1-20 燒-漂スル⌉69-3-15 笑-歌メ5-2-17 笑-敖メ40-5-16 笑-謔ス9-4-10
笑-語スル20-5-2 笑-殺ス11-11-17 笑-談スル35-7-18 紹H-復メ40-1-15 詔-下メ70-3-6
詔-問ス3-9-20 逍-遙ス33-5-20 銷-化メ29-8-15 銷-摧ス15-3-6 銷盪セ65-8-11 銷-
停シ37-9-5 銷-擲メ37-6-15 銷-匿ス61-5-9 銷-磨ス15-18-20 銷-亡シタリ61-4-17 銷H-
落シヌ12-8-14 銷鑠シ9-12-17 顦-顇スル⌉18-13-11 夕-惕メ57-9-8 積-成ス52-10-8 積-
滞セ42-4-2 責-課メ47-2-6 蹙-促ス17-3-16 切-言セ59-9-20 切-論セ59-12-12 屑屑セン
7-9-2 折-磨セ35-8-9 節-儉スル59-8-17 節-制ス54-7-13 絶-滅スル65-17-19 説-化ス

41-9-3 説-著ス 13-13-8 懾-服〆 47-16-18 接-連ス 11-2-12 棲-遲セリ 28-1-15 浹-洽ス 26
-10-7 僣-亂ス 64-14-17 僣-濫〆 66-4-16 先-後ス 40-1-9 前-驅〆 26-9-5 剪-截〆 26-
5-7 剪-除セ 60-6-5 剸-割シ 13-5-8 喘-急〆 30-8-6 喘-息スル 26-6-10 宣-示〆 59-3
-7 宣-傳〆 31-6-1 宣-報セン 59-3-1 宣-諭セヨ 56-12-3 宣-與〆 59-5-16 宣-令〆 58-12
-8 宣-慰ス 47-17-18 專-司ス 52-12-10 川-游ス 67-7-20 憯-悽セ 9-10-6 憯-惻スルヿ 68-2-1
戰-功セ 47-18-16 戰-越〆 59-14-13 撰-進ス 35-9-13 撰-錄ス 56-23-13 洗-拔シテ 8-1-8 潛
-伏〆 55-7-3 煎-錬シ 4-8-16 瞻-仰シ 57-11-2 瞻-望スル 29-10-9 繕-修ス 57-25-8 扇-
誘セ 56-14-14 薦-獻セシ 57-7-4 薦-論ス 68-19-3 詮-較ス 22-7-7 賤-糶セ 58-8-8 踐-
歷スル 52-11-10 遷-移セラル、 18-1-15 遷-易ス 10-11-3 遷-延スル 60-6-1 遷-化ス 41-11-11 遷-
次〆 2-8-6 遷-謫セラル 18-14-8 遷-轉スルヿ 55-2-15 遷-變スルヿ 47-12-7 選-任ヌル 49-5-9
選-進セン 58-11-14 選-擇スル 59-14-16 闡-揚ス 68-10-6 餞-送シキ 17-18-16 殂-謝シヌ 51-13-17
疎-棄ス 58-3-10 疎-散ス 32-13-11 疎-遠ス 48-12-11 疏-理ス 8-14-15 祖-述〆 62-14-14 素-
滄〆 11-12-5 蔬-食ス 28-12-4 踈-棄セラレテ 20-9-11 踈-蕪ス 11-13-9 踈-越〆 3-11-9 跣
鑿スルヿヲ 8-15-17 阻-飢セ 40-2-11 阻-修ス 27-3-5 麁-狂ス 27-1-18 齟-齬セン 7-15-11 叢

萃メ62-18-20増-加セン64-8-12増-修ス45-9-12増-上スル71-10-2奏H-謝スルヿ56-23-14奉
-上ス59-4-9奏-請セリ58-10-10奏-彈スルヿ48-5-19奏-陳ス59-6-13奏-聞ス56-7-6奏
-報ス52-10-13奏-來セン59-2-15奏-論ス4-8-3捜-索メ29-11-20捜-揚メ62-4-19摠-
統セシム52-1-9摠-領シテ56-11-5漱-滌ス7-3-11瘦-消ス22-10-15瘦-損セリ24-14-11贈
-答スルヿ69-6-15贈-別ス33-2-20送-迎スルヿ19-15-3送-別シ29-6-8即-世シタリ70-14-3
惻隱メ4-6-6惻-傷ス57-7-11惻-然ス56-20-8惻-惻スル45-14-8束-帶メ11-6-4束-
縛ス20-15-14趨ソク-數サクス48-11-20存-卹スルコト3-13-14存-亡ス36-12-5存-問ス57-18-18損-
益ス65-10-18損-傷ス18-1-20墮業スルヿ47-9-1大-駕メ12-13-7大-赦ス61-1-7太-息ス
47-2-10對-御メ68-9-14對-策スル寸ニ42-9-13對-答セ69-5-14對-問スル44-3-5對揚スルニ
62-2-7待制ス19-1-8擡-擧スル21-7-2滯-淹セリ49-10-13滯凝スル29-12-7退-居メ15-
1-6退藏メ66-18-14儻-言シテ58-7-13到-來セハ58-7-7導-呵セ70-3-10淘-汰ス38-16
-1罩-縛ス7-12-12蕩析スルヿ40-12-5蕩-柎メ40-12-5蕩-滅セリ47-18-2蕩-颺ス22-9-
1討-逐シ60-5-13討-除ス56-5-8討-伐スル59-7-18討-論シ68-16-9蹈-舞シ59-18-2
陶-休メ27-14-18陶-鈞スル17-10-14陶-甄シ46-2-14陶-冶スル62-16-13擢-授ス52-6-8

謫－去ス19－4－10 奪撃セシ4－2－10 脱－屣メ69－12－19 脱－放シ8－13－10 荅貺スル12－8－19 納－
采ス67－17－16 嘆息ス12－17－19 彈－奏セム58－14－12 斷－絶ス10－13－2 斷－送メ34－14－11 斷－落シテ
40－6－20 暖－熱ス21－17－13 歎－嗟スル34－15－9 歎－矚メ56－12－9 歎惜スル37－6－11 歎羨ス31－
10－7 歎－息ス2－20－11 歎－拜シ21－4－14 煖K－被シテ35－14－16 短－歌メ29－14－9 端－居メ30－
8－8 端－拱メ63－15－4 端－坐ス6－9－19 端－肅スル55－2－20 談－笑ス27－2－15 鍛錬ス6－9－
15 地－心メ27－15－12 持－護メ69－8－4 持－齋メ33－10－4 致－仕ス2－5－7 置－酒メ5－7－2
置－制メ52－1－12 置H－奏ス49－5－16 知－感ス56－16－16 知－遇シ玉フ44－7－4 知－見シ69－3－2
知－悉ス56－2－8 知－分スル34－11－14 知－聞ス12－3－20 恥－格ス71－3－14 踟－躕ス2－3－16 遲
－疑セハ59－8－12 遲－廻スル56－6－15 馳－驛メ52－7－7 中－興スル69－15－4 中－絶メ10－13－8 中
－第ス41－6－6 中－分スル35－8－8 中－立メ43－5－10 啁－啾メ1－16－11 忠－益スル55－3－2 惆
－悵ス9－3－3 誅－求セ67－7－3 誅－擒セ59－11－10 誅－囚セ53－1－6 誅－鋤ス22－7－2 誅－
戮セ52－2－3 誅－夷スルニ60－6－7 躊－躕ス21－2－5 躊－躇メ12－10－13 築－塞シテ68－8－7 蟄－
維ス22－3－15 悵－望ス5－4－2 長－吁ス2－2－20 長H－歌ス8－10－6 長－驅メ64－12－19 長－
齋ス26－8－2 長－成メ10－9－12 長－歎ス1－6－5 黜－退ス58－3－11 黜－陟ス63－17－6 黜－

落セハ 60－1－11 屯－聚スセリ 12－7－14 迍－邅ス 17－2－2 迍－剝シテ 45－6－7 著－述セル 70－7－17 貯
－畜ス 50－6－9 除－改ス 59－13－2 除－却スル 33－2－16 除－去ル 37－2－20 除－授ス 58－1－9 除－
非ソ 6－14－7 寵－寄スル｜ 52－11－18 寵－示ス 52－11－19 寵－飾スル 49－1－17 寵－任ス 53－5－2 寵－
擢ソ 61－3－8 寵－重ス 36－1－12 寵益ソ 44－9－1 寵－用ス 50－13－12 徴追セン 58－10－17 懲－勸スル 65
－16－3 澄－清シ 55－5－20 澄－汰ス 48－11－4 澄渟ソ 37－4－13 重－困シ 48－11－1 重愼ス 59－1－
15 重－膇ス 38－4－7 重疊セル 23－13－19 直下スレハ 8－6－9 塵K－忝セリ 29－3－13 塵－蠹ソ 65－3－11
塵－黷ス 60－4－6 塵－念ス 45－15－5 塵－穢スル｜ 44－6－3 沈－吟ス 1－19－18 沈－嘆スル｜ 41－7－3
沈－斷ソ 51－1－12 沉－吟ス 9－12－4 沉－醉セン 23－17－10 沉－重シ 21－7－11 沉－奠ス 40－12－6 沉
－浮ス 7－6－18 沉－冥ス 37－5－5 沉－湎ス 67－8－17 珍－重ス 17－2－17 賃舂シ 5－15－15 鎭守セ 56
－8－8 鎭－綏セ 71－3－11 鎭－寧ス 52－12－16 鎭備セ 56－5－7 鎭－撫セ 48－3－6 鎭－臨ソ 54－3
－8 陳－賀スル 57－3－11 陳－啓ス 61－11－2 陳－獻ス 58－8－18 陳－乞スル｜ 55－1－12 陳－謝ス 57－2
－4 陳－讓スル 56－22－9 陳－請スル 57－6－12 陳－奏ス 58－4－19 陳－露ス 58－2－12 追－遊ソ 34－12
－20 追－勘スル 59－6－10 追－悔ス 27－1－15 追－想スレハ 10－5－3 追－思スレハ 21－14－3 追－崇ソ 53－
1－12 追－尋ソ 7－11－15 追－随ス 37－4－8 追－歎ソ 20－1－16 追－逐ス 29－5－18 追－封ス 69－13

-7 追-捕スル┐66-20-1 追-榮スル53-4-1 鎚-鍜メ16-3-15 低-昂ス19-15-5 低廻メ26-13-
6 低-斜メ19-14-3 低-垂メ27-8-5 停-泊ス8-5-3 剃-落ス41-11-1 呈-謝ス32-11-19
啼-哭セル17-12-13 定-約スル57-23-13 提-擧ス25-10-7 提-挈メ45-14-11 提-携スレハ13-5-10
提-攜メ14-8-9 提-振ス41-11-7 提-拔メ17-17-11 聽-看ス25-15-8 聽-採ス58-5-1 聽
-取セヨ12-1-9 詆-忤ス60-4-15 詎-殺セン33-5-12 諦-觀スルニ71-6-9 隄-防メ20-17-20
頳-面メ3-9-7 題-贊メ39-2-19 題-錄メ17-9-13 凋-弊スル65-15-6 凋-零ス2-15-6 嘲
詠ス31-5-1 嘲-噪ス36-22-15 嘲-哳メ12-18-4 朝-謁セン55-1-15 朝-覲セ58-5-17 朝-
請ス52-7-17 條-理スル65-3-12 條-錄メ56-2-7 調-和シ27-11-9 調-護ス52-4-12 調-
柔セ35-1-19 調H-判メ70-2-4 調-伏メ7-5-16 調慢シテ7-14-19 超-軼セシム38-15-20 超-
遷スル53-5-12 超-拜ス50-3-9 跳-躍メ1-20-17 雕-鏤セン┐ヲ4-2-8 齠-齓セリ70-4-4 滌
-蕩スル61-8-3 滌濯スル┐42-6-3 糴-比セハ58-8-4 適-從スル┐67-9-14 徹-警セン66-12-11
典-校ス52-10-18 典-職スル49-6-13 典-存シ64-6-19 典-賣メ58-12-11 塡-納ス59-3-17 塡
-陪ス59-3-15 奠-次メ69-10-7 奠-酹ス40-5-2 展-轉メ38-4-15 殄-瘁メ43-5-16 殄-
滅ス57-20-9 殄-夷シヌ57-1-7 殿-最シ63-7-19 纏-頭ス12-17-13 纏-繞ス11-12-6 腆-

愧ス44－2－5　轉－移スル48－1－108　轉－徙ソ21－4－20　轉－旋ソ21－5－17　轉－遷ス53－7－6　轉－
動ソ12－12－6　邅－廻ソ15－17－11　鈿帶ソ24－7－13　霑－霈ス16－2－7　顛－狂ス25－13－6　顛－倒ソ5
－12－9　點－額ソ31－8－13　點－檢ス27－5－2　點－綴ソ6－11－11　努－力ス25－16－14　吐－露ス68－
9－9　圖－寫シ20－14－5　度－脱ス10－10－9　徒－歩ソ48－8－6　怒－號ス17－9－5　抖－擻ス19－9
－5　凍－餒セ7－9－17　動－搖セハ59－11－3　動－作ソ28－14－4　動－蕩ソ19－14－2　同－遊ソ10－15－
19　同飲ソ31－12－4　同－賞セシ6－8－16（K）　同－宿セン22－19－11　同－出ソ68－11－15　慟－哭ス12－6－（H）
11　投－和ソ17－6－9　東－去ソハ25－14－18　東－征スル24－1－10　洞－徹ソ6－12－9　痛－飲スルヤ23－4－
18　痛－言スルヿ59－5－12　痛－哭ス47－2－9　痛－心ス59－7－7　痛－惜ス59－8－12　痛－憤スルヿ69－10
－11　登－科ス38－2－12　登－進ス48－6－16　登－第ス46－2－5　登－壇ス20－16－14　登－眺ス22－4－
12　登－庸セラレテ70－12－19　登歴ス8－3－10　等－第ソ57－13－5　等－夷ス1－9－2　統－一セ60－6－15統－護ソ54－3－8　統－制ス56－20－18　統－牧ス61－2－8　統－領セ59－4－18　統－衛ス22－2－7　通
－學ス70－21－2　通－和ソ56－6－11　通－計スルニ70－10－6　通－曉スル45－5－9　通－詳スル50－10－15
通－達ス8－4－14　通－知スル55－12－12　通－統スル52－13－14　通－理スル寸ハ68－8－3　通－流セハ47－14－
4　通－知セント57－3－3　逗－留ス60－8－8　頭－風ソ31－3－13　騰－驤ス38－12－16　鬪－斑ソ19－7－7

得－度ス41－12－6
得H－樂セン71－7－12
特－立セリ56－7－11
獨酣ソ5－13－12
獨－吟ソ37－12－10
獨－坐ス37－3－18
獨－宿セル22－15－1
獨善スルニ45－7－4
獨－歩ス23－12－11
獨－立シテ54－2－3
督－責ソ47－7－2
讀－諷ス70－23－13
突－出ソ12－17－9
敦－責ス41－6－9
敦－睦スルヲ64－16－6
遁－逃ソ52－5－14
内－附ス44－12－17
惱－殺ス26－10－4
惱－亂スル㆑28－9－1
南－遊シ13－8－4
南－行ス20－1－16
南去ソ8－2－10
南－望ソ19－5－6
南－面ソ63－13－7
寧H－居セ40－10－19
涅槃シ玉ハント41－8－3
熱－飲ソ35－18－2
熱－行ソ43－7－9
熱旱ス21－19－4
年－長ソ6－7－6
能飲スル33－12－4
婆－娑ス36－8－18
摩－挲ス27－5－1
播H－遷テ16－3－1
播－揚シ69－7－1
破－顔ス34－15－16
破－壞ス20－9－14
破－碎ス21－12－10
破傷スル37－2－16
破－滅ソ7－11－12
破－漏シ27－14－11
磨－戞ス36－4－6
磨－揣ス16－2－7
磨－析セヨ24－3－10
磨－礪ソ69－5－18
佩－服ス40－8－9
俳K－佪す5－3－14
倍－稱ソ63－2－3
倍－萬ス59－17－7
培－摟ス2－22－7
廢棄セラレテ1－5－11
廢－墜セ69－8－7
廢－忘ス15－2－3
徘－徊ス4－9－11
拜－迎セルニ24－17－19
拜－跪スル㆑31－1－17
拜H－告ス40－11－11
拜H－哭スル40－3－10
拜－賜スル㆑25－3－19
拜－辭シテ22－8－20
拜－手ソ13－5－13
拜K－請シて41－2－10
拜H－表ソ31－15－11
排－比ス21－18－3
排－北ス22－5－13
擺－落ス21－3－15
胚－渾ソ46－4－6
敗－衂スル60－5－20
賣－却ス37－9－2
霈－足シ40－11－2
亡－命ソ56－18－1

傍—徨ス38—4—8
傍—達ス38—7—11
包—藏ス56—11—16
包裹スルニ8—12—6
卯—飲シキ36—18—7
崩—壞ス64—14—17
徬—徨セン15—3—7
忘—却ス18—12—6
抛—却ソ27—14—19
抛—擲ス29—7—13
方—便ス69—15—16
放—逸シ34—7—15
放K—歌シテ29—7—8
放—狂ソ15—21—9
放—還セリ37—9—3
放—歸セン57—23—20
放—棄セラル61—8—16
放—散ソ24—17—16
放—逐セラレテ23—17—8
放—免シ57—24—6
暴—夭ソ29—9—12
暴—殄ス56—10—12
望—崇シ52—11—4
烹—燀ス43—3—6
網—羅シ38—16—1
苞—藏ソ47—17—8
防—備ス3—13—14
飽—餮ソ16—6—4
飽—飫ス19—14—20
搏—擊ストモ1—15—15
暴—露ス61—7—15
薄—食ソ30—8—7
迫—促スルヿ18—13—18
駮—議セ54—16—17
駮—正スルヿ48—2—15
撥H—刺ラツス17—17—6
發—狂スルヲ52—1—19
發—願スラク68—5—4
發—揮ス38—16—2
發—遣ス52—7—7
發—護ソ46—9—7
發—生ス57—9—9
發—赴セン58—9—20
發—明スルニ56—10—13
發—問ソ68—10—10
發—揚ス55—4—17
跋—涉ソ47—18—6
蹳—剌ス17—17—6
判—入ス42—3—5
反—聽ソ62—20—17
反—覆ソ10—16—15
反—哺セン28—3—17
叛H—換ス49—1—8
叛—逆ス49—1—8
叛—離ス52—7—6
攀—翫ス29—7—20
攀—援ス2—2—7
晩—眺シ20—14—2
晩—望ス34—14—1
汎—拂シ3—14—19
煩—倦ス28—5—14
煩—黷スル60—2—9
煩—費ス36—3—20
煩—冤ス40—5—1
燔—燒スルカ1—6—10
斑—駮ソ26—8—6
盤—紆セリ26—9—3
盤—桓ス6—13—5
盤—折ソ6—10—13
絆—惹ソ20—7—17
繁—會ス56—26

｜1 翻覆ソ35｜14｜9 翻｜出ス32｜5｜8 萬｜變ス7｜9｜9 藩｜封セル┐26｜1｜14 藩｜輔シテン50｜9
｜3 仳離ス67｜4｜16 備｜禦スルハ52｜10｜19 備H｜察シ38｜13｜19 彌｜篤ス68｜1｜14 彌｜縫ス29｜10｜
20 彌｜留ス68｜1｜14 彌｜綸ソ59｜13｜15 庇｜廕セン28｜13｜10 微｜笑ス30｜3｜7 悲H｜歌ス20｜14｜
1 悲｜吟ス2｜10｜2 悲｜悔ス6｜1｜14 悲｜歡ス33｜5｜3 悲｜嗟ス2｜2｜11 悲｜愴セリ21｜13｜17
悲H｜酸シユンスル┐12｜12｜18 悲｜傷ソ14｜13｜6 悲｜辛セリ36｜13｜3 悲｜吒ソ30｜13｜15 悲｜鳴ス26｜16｜10
悲｜涼ス40｜6｜4 披｜閲スル70｜14｜18 披｜尋スル56｜25｜10 披｜陳ソ61｜6｜14 未｜冠ソ41｜3｜20
比｜方セン68｜11｜3 比｜諭ソ19｜14｜3 比翼ソ12｜11｜14 疲｜困セリ49｜11｜19 疲｜頓セン64｜10｜18 疲
｜勞ソ6｜7｜14 祕｜藏ソ59｜15｜15 秘｜重ソ12｜8｜17 美｜食ソ32｜12｜18 罷｜竭シ64｜11｜6 裨｜
助スル51｜8｜15 裨｜補シ45｜4｜13 譬喩ス7｜4｜19 飛｜語シテ70｜3｜6 飛｜鳴ス7｜6｜14 飛｜揚ス
12｜6｜9 靡｜滓ス28｜13｜20 繆｜舛スル40｜5｜8 繆｜濫セルヤ62｜16｜9 密｜參ス56｜18｜17 密｜
邇セリ55｜10｜4 密｜奏ス60｜2｜17 密｜陳ス58｜12｜5 必K｜規すに58｜1｜17 百｜十スト45｜3｜19 百
｜中セン38｜5｜6 馮｜河ソ67｜8｜2 僶｜俛ソ61｜10｜19 嚬｜伸ス36｜12｜9 賓｜薦ス22｜3｜15 貧
竭セ22｜14｜6 貧｜困セリ63｜2｜6 付｜囑シ玉フ45｜11｜10 付｜與ス33｜14｜20 俯｜傴ソ59｜14｜13 俯｜
仰ソ7｜1｜10 俯H｜察ソ59｜14｜19 俯｜伏ソ59｜15｜6 俯｜僂ソ61｜9｜8 扶｜樹ス48｜5｜18 扶｜

持シ40-7-7 撫[H]-訓メ42-10-14 撫-哀メ42-11-14 撫-綏セン63-21-8 浮-惰セン63-2-20 浮-
沉ス13-12-2 祔-塋ス70-4-6 蕪[H]-絶ス12-6-12 蕪[H]-没シニタリ6-7-4 負-荷メ55-6-6 負
-暄メ21-8-19 阜-蕃シ57-10-11 附-入セシメン56-2-9 附-離スルニ1-18-16 諷-詠スル23-13-6
諷-諫スル38-13-9 諷-吟ス22-2-8 諷-讀セシム72-8-16 風-眩セリ36-14-5 風-疾スト35-1-19
復-生メ8-6-2 愎-諫スルコト65-19-6 服-勤ス68-3-1 服-食メ36-6-7 服-畏ス71-3-14 福
-利ス40-7-7 覆-亡スル2-19-18 覆-亾セリ39-3-9 覆-滅セン┐56-13-9 複-疊メ24-18-8 拂-
拭ス13-5-11 分-訣セリ10-5-10 分-散ス22-9-9 分-施ス68-3-1 分[H]-守シテ64-13-4 分-
析メ59-4-5 分-張メ16-19-6 分-飛メ15-10-5 分-付ス57-24-2 分-別ス58-11-20 分-理ス
52-1-10 分-離メ33-5-11 [口召]-合メ40-9-2 忿-爭スル┐42-7-3 憤-歎スル59-8-18 憤-懣メ15
-3-13 聞-薦スル┐63-14-13 聞-奏セシム58-14-12 聞-知セハ59-6-15 聞-望ス26-9-5 聞-奉シ
17-2-13 奮-呼メ42-3-11 奮-迅メ4-3-3 奮-發ス57-8-12 奮-飛スルニ2-10-7 奮-勵メ59
-13-18 芬-馥メ12-4-13 娉-婷ス24-15-20 屏-除メ19-11-3 屏-營ス2-14-12 平-施メ48-11
-3 平-治セ27-6-16 平-分ス23-1-9 秉-持セ27-15-11 病[K]-酔テ35-4-15 病-痺ス70-7-
10 病[H]-免ス36-7-20 睥-睨ス8-12-16 箳-篁メ17-19-19 評-奏メ55-4-17 迷-執メ11-6-1

迷－蒙セル6－4－13閉－否ルニ64－14－2廟－饗ス70－17－1標－表ス52－7－1漂－寄セリ10－18－10
漂－棄セラレテ40－6－18漂－蕩メ1－22－20漂－泊ス11－4－15漂－流スル19－4－20漂－淪ス17－19－15
縹－緲メ4－8－18表－賀ス3－11－15表－正ス44－3－15表－旌シ70－23－16表－請メ69－13－1表
－奏ス42－8－10表－率スト55－4－7表－明スル56－6－12表－裏メ39－4－13飄－颻ス38－15－14飄
－燥セ43－8－13飄－灑シ26－9－2飄－墜ス6－17－5飄－落メ23－20－9飄－零メ32－3－4壁－
立メ22－20－3碧落メ16－4－11別－離ス9－9－2別－錄ス2－12－2便押メ68－7－7勉－強ス23－
4－16勉－勤ス56－16－17勉－贊セヨ52－10－20勉－諭メ56－15－2勉－勵シ56－2－5抃－會ス68－19
－11變－改スル36－17－11變－化ス15－19－1變－衰セリ15－16－19變－遷メ7－15－13變－滅シヌ70－
20－4編－次ス69－9－10編－集スル45－7－9編－錄セシム69－6－17翩翩スル32－7－8辯－論シ48－
11－4貶－降セハ67－14－14貶－官セラル59－6－15貶－損ス71－14－14辨－明ス68－11－3辨－爲セ59－
10－7鞭－撻メ58－8－16鞭－笞メ21－9－19匍－匐ス71－2－17布－護ス61－5－12布－被メ31－4－8
K 歩－蹇セ35－4－4補－察ス65－16－14補拾ス59－13－18補－署セル58－9－12補－貼メ34－16－6輔
－佐スル70－4－3輔－相ス57－10－10輔－贊メ56－5－14輔－助ス65－14－11輔－成シ52－14－17輔－
弼スルニ70－19－6鋪－設ス34－14－16鋪－陳ス1－2－5餔－歠メ26－11－18 H 保－綏シテ54－2－8保

―全ス69―12―17保―持シ56―2―5保―釐メ34―1―13報―示ス26―5―5報―答ス33―16―4報―
知シキ17―2―16報―牒ス57―20―1奉―行ス2―7―7奉―謝メ27―11―19奉―宣ス59―13―11奉―
薦メ71―4―13奉―荅メ23―4―14奉―報ス45―15―2奉―揚メ55―6―9封―植ス43―6―4封―崇セ
48―7―15封―奏ス48―1―8封―題メ18―6―18崩―壞ス64―17―7捧―持ス59―18―3捧―擁メ29
―9―8耄―昏シ43―1―11褒H―獎ス53―7―13褒H―賞ス55―11―18褒―崇メ51―4―7褒―升ス51
―17―8褒―陞セ51―2―6褒―贈スル57―1―17褒―美ス41―4―7褒―貶スル46―6―5褒―揚セ53―1
―11豐H―潔スル42―6―2豐―熟セル58―7―18部―領シテ56―7―18逢―迎ス10―9―18卜―兆シ71―
10―7北―面メ62―12―1勃―興ス69―16―13没―在セ45―13―1没―入センヿヲ45―11―20没―落セリ3
―13―6奔―激ス40―12―2奔―散セハ60―9―10奔―走ス17―19―7奔―逃スル59―9―7奔―馳ス61
―8―13奔―注メ11―6―5奔―騰スル1―1―14焚―爇メ2―22―19煩―惱ス19―5―19埋―閉スルコト
2―22―8埋―没ス10―7―9埋―殁メ29―8―17昧―死メ47―3―6萌―動ス10―17―3眠睡スル29―
13―12夢H―想スシキ24―17―11霧―雨シテ11―2―7名―狀スル43―9―13明―徵ス66―7―14明―發メ56
―26―6明―滅ス30―5―8明―辯セ58―3―16溟―漲メ53―14―7盟―誓セ64―12―13瞑―拜メ22―
2―9酩―酊ス27―2―18鳴―顧ス25―9―14鳴―吼メ71―10―12滅―盡メ15―7―6滅―除メ18―1

－19　免－歸ス　70－10－13　緜－歷ソ　52－10－7　面－傷セハ　64－18－18　面－從スルヿ　65－22－20　面－奏ス　58－9
－9　目－擊ソ　20－15－11　黙－坐ソ　8－13－8　問－訊ス　27－3－4　問－荅ソ　29－12－10　夜－飲ス　18－8－9
夜－話スルヤ　7－7－13　夜－坐ス　28－6－14　夜－賞ス　28－12－10　夜－直シテ　5－5－5　揶－揄セ　16－3－18
野－食ソ　30－2－7　養－活ソ　19－11－4　養－理ス　52－4－1　颺－言ソ　46－3－18　約－義セント　56－15－6　譯
－刻ス　69－2－20　踰－越ソ　63－10－14　傭－書ス　5－15－16　壅－蔽スル　65－17－19　容－恕ス　57－14－19　容－
貸スルヿ　47－17－10　容－忍シ　57－9－16　容－與ス　22－20－5　慵－饞ソ　28－10－3　應－接ソ　43－2－16　應－
對スル　62－1－8　擁－遏スルヿ　22－6－13　擁－腫ス　12－9－2　用－捨スル　38－14－4　用－置ソ　1－9－3　用－
表ス　66－18－11　踊－躍ソ　4－14－17　雍－熙セン　62－10－11　抑－揚ス　42－9－20　翊－佐ソ　56－17－16　翼－
戴ソ　57－21－9　羅－布ス　52－6－1　羅－列ス　36－4－4　覼－縷スルニ　45－3－12　躶－跣シ　37－2－17　來－
告ス　50－1－18　來－降ソ　53－8－2　來－感シ　71－7－4　來－儀スルヿ　70－8－3　來－去ス　2－20－6　來－
尋セヨ(ス)　11－4－20　來－朝セ　52－13－3　來－賓ス　57－13－3　來－往ス　30－7－7　勞－逸ス　53－2－19　勞－
苦セリ　22－3－13　勞－謙ス　57－16－20　勞－止ス　53－2－20　勞－瘁ソ　56－4－3　勞－旋ス　57－16－8　勞－
動ス　15－21－20　勞－頓スラシ　57－3－19　勞－費セ　3－8－9　勞－問ス　27－5－7　勞－倈ス　3－12－4　勞－
來セシム　53－3－1　牢－閉シタルニ　24－20－6　牢－落スルヿ　33－2－18　牢－籠シテ　50－12－18　朗－詠ソ　28－16－4

老-死セン30-8-13 老-病メ19-2-1 老-慵メ28-2-5 樂-逸メ36-8-20 落-盡スル13-11-20
落-第セル31-9-1 落-魄スル5-15-6 亂-書ス45-15-3 亂-落メ27-14-15 濫-鰒メ71-5-17
籃-舁メ35-15-16 籃-輿ス23-15-20 籃-轝メ23-19-4 吏H-隱メ24-14-14 理-化セン┐50-10-4
理-亂スル62-3-4 利-益セハ69-17-9 離-居ス2-2-19 離-隔メ58-11-4 離-索スル┐21-11-1
離-散メ13-17-19 離-折セ2-1-9 離-披ス6-17-1 離-別メ14-3-11 離-亂メ10-8-10 流
-行ス62-10-10 流-涕ス47-2-9 流-傳セン60-5-4 流-轉セン16-12-15 流-亡メ63-5-7 流-
落スル┐17-19-11 流-離ス13-18-3 瀏-亮タリメ38-15-14 留-止ス21-13-11 留-守メ29-3-9 留-
取セヨ31-18-15 留-宿スル34-15-10 留-滯メ18-13-9 留-著メ31-5-6 留-傳スセリ32-9-14 留-
別ス13-10-14 留-與メ28-14-13 留-戀スルニ31-12-15 留-連ス6-7-5 戮-辱セラレン71-3-2 両
-稅スル58-6-3 量-移セラレ17-4-9 量-折メ58-8-11 旅-游メ68-12-9 旅-次メ5-8-11
旅H-宿ス9-2-6 旅-進ス56-13-8 旅-殯シ40-6-3 淩-兢メ59-15-6 淩-僭メ65-13-17 淩
-替ス62-8-5 淩H-遲スル38-15-10 淩-亂メ38-7-9 淩-厲メ32-3-4 淩-礫シ38-15-20 陵
-夷ス2-5-13 綠-樽メ36-16-6 吝-惜メ56-20-1 淪-棄セラレテ38-7-11 淪-謝ス49-1-12 淪
-逝ス51-7-10 淪-歿シ30-11-2 淪-洛スル17-11-12 淪-落セシ12-17-19 磷-緇ス21-5-6 臨

－御シ玉ヒテ60－5－2臨－汎ス7－2－14輪－轉スル25－13－6鱗－皴〆2－21－2縷－陳スル56－18－3羸
餓〆1－5－5羸殘〆37－11－11羸－病〆43－11－5類－例〆51－12－13冷－吟ス35－18－2冷－笑〆26
－14－13冷－落ス17－1－9禮－拜ス6－11－6禮－聘〆50－6－7零－碎〆20－17－4零－散シ23－
16－18零－落ス15－7－5領－綴ス34－16－11了－却ス28－11－12寥－落ス32－9－6潦－倒〆31－2
－6H料合スルニ33－17－17料－理セ35－6－6H歷－試ス67－6－4歷－踐〆52－4－10列－侍〆1－3
－19廉－察セラル、71－3－9憐－察セヨ59－10－1憐－憫スルヿ53－1－10戀－慕セリ69－16－1H戀－戀ス
41－13－6斂－葬ス1－2－20斂－散ス62－22－5練－達ス49－9－16聯－行〆37－12－16聯－唱〆42
－4－6H連－行〆27－14－14連－坐〆67－14－12連歩〆5－8－3H連－累ス（セリ）42－3－8H連－領セル54
－15－6弄－看ス26－15－19艛－艓〆17－19－19論－請セ44－1－9論－薦ス68－19－9論－譔セル70－
19－13論－奏ス59－4－12論－列ス56－3－11往－還ス23－8－14往－生スルニ70－11－19往－復ス8－
4－16往－來ス44－1－11枉－撓ス67－11－3枉－死セリ16－18－19泓－澄セリ29－12－4圍－繞ス71－
6－20夷－陵セル31－17－16委－棄シ44－8－19委－順スル39－6－4委－任スル52－11－18委－積ス8－
5－17委－蛻スレハ37－12－2委－置スルヿ22－9－14委－重ス52－11－4委－付〆49－2－11慰－安〆56
－12－3慰－愜ス56－5－1慰－撫〆56－22－17慰－問スル56－7－10慰－諭〆70－3－17慰－勞セリ50

－14－2　畏－伏ス58－10－3　畏－服ス54－15－17　逶－遲ソ22－20－5　違－濫スル┐63－14－17　違－越ソ52－7－6　隕－越ス68－10－8　廻－向ス71－12－11　榮－耀ソ37－5－18　榮－衰ス16－7－15　榮重スル53－10－5　詠－歌ス30－1－10　詠－歎ソ22－20－16　圓轉ソ19－14－4　宛－轉ソ2－6－7　宛－苦コスルヲ4－14－13　怨－咽ス31－11－13　怨－恨ソ2－22－3　怨－咨ス5－12－5　怨－謗ソ58－2－18　怨－抑ソ21－10－11　遠H－計ソ33－11－18　遠－望スレハ2－21－1　嗚－咽ス21－10－10　汚－萊ソ63－2－7　恩－加セル┐31－12－1　恩－賜ス60－3－9　穩－臥ソ27－10－7

iii 三字語サ変動詞

再三拜ス1－2－1　獅－子－吼ス68－10－9　千日點シ16－19－15　長H－大－息スル63－21－20　両－三－倍ス31－17－14

iv 四字語サ変動詞

哀－吟悲－歎ソ34－4－8　哀－毀孝－敬ソ70－7－6　愛畏柔－服ス50－1－16　渥－澤疊－洽ソ71－2－10　一－呼一－吸ソ38－12－13　一－禮一－贊ソ71－7－13　一－往一－來シテ68－19－20　疫－疾暴－露シ59－9－4　悦－隨欣－戴スル68－4－14　煙－蛾斂－略ソ21－5－18　交－錯堙－鬱ソ62－19－4　行－道禮－拜スル┐41－12－17　感－賀忻－戴ソ61－5－20　感－激舊－發ソ69－12－16　感－戴驚－惶ソ61－6－19　感－戴慙－

惶ソ61－9－17　箇－稽調－補ス50－12－20　餞－渇疲－労ソ59－9－4　及－第進－士セル60－2－12　泣－血
號慕ソ42－7－13　恭－敬悲－泣ソ69－15－7　勤－劬憂－労スル┐62－6－15　檎－斬收－獲スル56－14－1　訴
－合絪－縕ソ62－18－16　號－呼抑鬱スル69－2－3　歡－忻悚－躍ソ61－1－20　歡－呼拝－舞ソ3－10－9
狂－亂狐－疑ソ45－11－12　稽－首再－拝ス40－6－5　計－會商－量セ56－20－4　牽－攣乖－隔ソ45－13－20
懇－惻鬱－悼スル┐47－2－20　嗟－嘆悲－啼ソ33－5－12　摧－鋒敗－績スルニ46－6－18　齋－慓奔－走ソ51－16
－14　讚－揚演－説ソ68－9－20　竦－駭震－越ソ61－10－13　慎－黙畏－忌ソ63－22－12　神－速變－通スル┐70
－11－19　醉－舞狂－歌スル37－2－9　千－呼萬－喚ソ12－17－2　遷－延進－退シ59－8－5　蹈－舞歡－
呼ス61－1－8　端－拱凝－旒ソ47－6－7　長－吁太－息ソ70－22－5　登－臨泝－沿ス33－16－16　彷－徨抑
－鬱シテ45－2－15　博－捜精－掇ソ45－8－10　迫－蹙鞭－撻スル┐58－8－2　披－閲嘉－歎ソ56－5－17　百
－戰百－勝ス64－7－19　俯－伏拝－表ソ3－12－13　抃－舞歡－呼ソ61－7－18　奉－揚宣－布シス61－1－7
捧－戴歡－榮ソ61－9－19　褒－揚寵－飾ソ49－2－5　謀－猷啓－沃ソ62－8－12　奔－走來－賓ス61－2－18
目－撃指－顧ソ68－12－7　踊－躍欣－喜シテ45－8－11　論－情陳－獻スル56－3－20　慰－薦褒－升スル┐51－16－4
H畏－愛悦－服セ65－4－10　寃－憤痛－酷スル┐69－10－7　嗚咽流－涕スル┐71－4－1

拝－手蹈－舞鞠－躬メ59－18－2

(2)　複式混種語

i「相――漢語サ変動詞」

相ヒ－軋メ40－9－4　相H－依シ26－18－11　相ヒ－映シ31－12－11　相ヒ－賀シ28－2－13　相ヒ－害メ63－13－3　相－合メ10－13－8　相ヒ－感スル21－3－5　相－期スラク70－13－10　相－語ス22－5－4　相－遇ス45－8－18　相ヒ－和ス22－20－20　相－敬スル66－20－17　相－激ス67－6－16　相－失ス10－11－20　相ヒ－乗メ35－1－8　相－蒸セリ59－9－3　相－屬ス5－13－15　相ヒ－信ス44－2－12　相ヒ－接メ33－17－9　相－對メ5－5－9　相－淘シテ31－15－18　相－黨メ58－9－13　相ヒ－持メ37－13－7　相－弔ス70－6－18　相ヒ－通ス68－8－3　相ヒ－半スル62－7－8　相ヒ－反シ62－14－13　相ヒ－萬セリ63－19－7　相－非スル66－2－3　相－付（シ）36－13－14　相ヒ－附シ21－1－8　相ヒ－保メ44－10－11　相－報ス30－6－5　相約ス5－14－11　相ヒ－應ス31－6－1　相ヒ－利セ63－13－4　相－類ス10－17－5　相ヒ－維シ64－17－17　相Hヒ－倚－伏ス6－5－11　相ヒ－隱－映セリ4－6－16　相Hアヒ－交－延シケリ6－10－19　相ヒ－交－結ス58－9－11　相ヒ隳頽ス12－1－10　相ヒ向－背メ25－16－17　相煦－濡ス1－21－6　相乖－異ス8－2－17　相ヒ會－合ス69－7

—19 相ヒ寛—慰スル27—7—9 相ヒ輝—光セン39—4—13 相ヒ勧—勉セ40—9—10 相ヒ獻—替ス20—1—7
相ヒ顧—望ス60—5—19 相ヒ拘—持〆63—21—5 相ヒ告—報シ1—1—15 相ヒ催—促ス33—6—11 相ヒ噪—嗾〆
70—2—18 相—争—闘〆60—10—10 相ヒ參錯セシ3—3—2 相ヒ收—拾〆31—13—12 相ヒ借—助セント56—18—
7 相ヒ親—近ス69—8—1 相ヒ召—匹セ22—5—9 相ヒ照—耀ス15—2—19 相笑—譃テ16—19—10 相暖熱ス
26—13—13 相ヒ煖—熱セ33—10—20 相ヒ提—攜シテ2—5—4 相ヒ度—脱スル69—8—2 相ヒ磨—折〆23—2—
18 相逢—迎ス6—5—19 相ヒ明—滅シ43—9—12 相ヒ容—隱セン59—6—9 相ヒ倫—擬スル「22—15—11 相ヒ
慰—問ス34—3—18 相ヒ違—反ス45—12—10

ii「和語動詞——漢語サ変動詞」

寄セ—賀ス33—17—8 改メ—嫁スル59—3—13 改メ—除セハ59—13—3 改メ—變スレモ30—11—5 交ク—感ス62—9—16
交ク—和〆65—17—13 交ク—利セ63—2—12 自—給ス29—10—1 充テ—給ス30—2—18 對ムカヒ—語スル26—4—17 收メ—
禁スル59—3—14 繼—和ス35—5—8 寄—和ス35—5—8 訓—和シキ14—9—9 舞ヒ—狂〆31—12—6 自—
決〆40—4—20 寄セ—獻〆34—1—8 棄—藏〆2—7—16 愁ヘ—殺ス14—10—9 惱シ—殺ス14—11—6 代カハルく—謝〆
47—15—1 寄—謝シキ17—15—1 傳—誦〆15—13—3 雜マシハリ—生ス43—5—9 趨スミヤカニ—奏〆70—3—13 合セ—奏ス34
—12—3 開—對スル「26—10—17 召Hシ—對セシム3—12—3 進ミ—討セ60—7—10 送—達〆45—14—4 導キ—達〆

46―4―2　慙―歎ス25―14―3　毆カリ―誅セン69―12―17　飲―著セシ35―5―16　寄セ―呈ス30―14―4　緘ツヽミ―題メ
―16―17　合セ―祔ス46―9―7　敬ミ―服メ53―10―12　遷シ―領メ51―17―16　兼―領セ51―8―5　兼―錄メ15―

23―8―1　聯ツ―題ス20―7―16　寄セ―題ス19―2―12　羅ツラナリ―拝ス70―13―13　俯シ―伏メ59―13―19　遷シ―祔メ69
12―18　抒ノベ―詠ス35―1―13

iii「漢語サ変動詞――和語動詞」

印シ―了テ19―8―2　營シ―度テ71―10―7　講シ―倦テ70―15―16　休シ―罷ル35―15―2　吟シ―罷テ36―10―20　吟シ―
讀テ2―11―14　化シ―生ナルハ26―5―1　會シ―得ン18―12―7　決シ―破レリ28―12―15　混シ―合セテ8―5―18　裁シ―
成ス65―7―3　辭シ―畢テ71―11―3　修シ―書サ69―6―9　上シ―訖ンヌ68―8―17　誦―得タリ45―5―16　食シ―
竟ヲハツテ30―9―7　信シ―行ハ60―8―15　消シ―歇ヤムツク11―5―2　銷シ―得ン34―8―10　奏シ―乞テ69―14―16　奏シ―罷テ
1―17―3　變シ―換ヘタリ23―11―16　沒シ―來レル56―19―10　浴シ―罷シヤム35―9―9　禮シ―徹ヲハル37―8―1　領シ―得ルヤ
69―9―14　勒シ―成メ69―6―17

以上、単式混種語も、複式混種語も、その構成要素には、漢語サ変動詞をもつ点が特徴である。

次の例も、複式混種語であるが、一例のみである。

謝シ―絶ス33―13―13（□H―□ツ）

訓合符があるが、「謝・絶」それぞれに音読符があるので、「シヤセツ」と二字語に読むのではなく、それぞれ一字語サ変動詞に読み、且つ、複合することを示す爲の訓合符と解せられる。蓬左文庫本は、「謝‐絶ッ」となつてゐて、「絶」は漢語サ変動詞ではなく、全体も混種語かどうか、明確でない。現代語では、二字漢語サ変動詞になつてゐるが、ここの例はそれ以前の読みを示す興味ある例である。

(四) 文選読

文選読は、「日本漢語の音読と訓読とを、主に助詞を媒介として、一続きに読む漢文訓読法」[注14]で、『文選』に多用されるので、「文選読」と名づけられてゐるが、『大唐大慈恩寺三藏法師表啓』『遊仙窟』『法華經』『白氏文集』『詩經』などや、我が国で作られた『小野小町盛衰記』にも使用されてゐる。『白氏文集』の文選読は二十三例あり、次に、形式別に、例を挙げる。

A形式　日本漢語――ト――和語（属性概念を表はす語）

啞(ア)‐啞(トナヒテ)　1‐15‐18

閑(K)(平軽)‐治(と(ミヤビ)ヤカナルコト)　12‐12‐4　（□‐□(H ミヤヒヤカナリ)）

孜(シ)孜(シトナケトモ)　1‐16‐7　（□‐□(H シトナケトモ)）

戚‐戚(タル イタム)　39‐1‐10　（□‐□(H トイタムコト)　□‐□(K トイタム とて)）

陰(K クモリ)‐寒(サユル(と) リ ル)　3‐6‐17　（□‐□(T リ ル)）

造(ニワカニ)‐次(メ)　12‐13‐17　（□‐□(H ニハカニ メ)）

銷(K)‐鑠(とシ キエ)　9‐12‐17　（□‐□(H トキエトシ)　□‐□(T シ)）

直(K ミヲロセハ ミクタセハ)‐下(ト)　3‐3‐12　（□‐□(T ミヲロセハ)　□‐□(H ミヲロセハト ミクタセハ)）

嫋-嫋（ソヨケル）ト[H] 4-1-8（T □□ス）　嫋-嫋（タヲヤカナリ）ト 15-12-7

徘-徊（タチモトレハ）ト 16-11-10（H □-□ス）　茫-然トシ 12-14-7（H □-□（ホレテ）トシ）茫-然 12-2-2（K □-□トホレヌ）

霶-霈（アメフル）ト 16-18-17（H □-□）　娉-婷（タヲヤカナル）ト 21-5-13

欒-櫨（アラキイカタ）ト[H] 6-11-4（T □-□）　闌-干（ミタリカハシ）ト 15-12-7

B形式　日本漢語―ノ―和語（実体概念を表はす語）

牛-領（ウシヤ）ノ[H]（T □□ 16-18-18）　桔槔（ハネツルヘ）（ノ） 34-2-4

辛-夷（コフシ）ノ 16-5-8 17-7-20　夕-照（ユウヒ）ノ 16-11-14

幡-竿（ハタサヲ）ノ[H] 6-13-10（T □-□）　蔓-菁（ナツナ）ノ 25-12-11（H □-□）

羅-襦（ウハキ）（ノ） 2-3-14

C形式　日本漢語―ニ―和語（属性概念を表はす語）

取-次（ミタリカハシク）ニ 18-12-19（H（ミタリカハシク）□-□）

A形式・B形式が、平安初期から見える訓法で、江戸時代まで、文選の主流を占めた。C形式は、中世になって、A形式から派生したものである。[注15] 右の例でも、C形式は唯の一例であり、A形式・B形式が大部分を占める。文選読に訓むかどうかは、諸本により異なる。即ち、立野春節本で文選読である、「徘-徊（タチモトレハ）ト」「霶-霈（アメフル）ト」「蔓ー菁（ナツナ）ノ」「取ー次（ミタリカハシク）ニ」が、蓬左文庫本では文選読に訓まない。また、立野春節本で文選読に訓んでゐない「閑ー治」「造ー次」「嫋嫋」「茫然」「牛領」「幡ー竿」が、金澤文庫本・蓬左文庫本では文選読に訓む。

それに対して、二本に共通して文選読に訓む例もある。「孜孜（シシトナケトモ）」「戚ー戚（イタムコト）ト」」「直ー下（ミヲロセバ）ト」などが、それである。また、「茫ー然」と「辛夷」の文選読、各二例の和語は同じであるが、「嫋ー嫋」の文選読二例の和語は同じではない。この異なる和語は、それぞれの文脈に適合したものである。巻第四の「嫋ー嫋（ソヨケル）ト」の例は、「驪宮高」の次の部分にある。

遲ー遲タル　兮春ノー日ニハ　玉ノ　甃暖ニソ　兮温ー泉溢ミテリ

嫋　嫋タル　兮秋ー風ニハ　山ノ　蟬鳴テ　兮宮ー樹紅ナリ

新涼の「秋風」の形容にふさはしい「ソヨケル」が、「嫋嫋」の和語として、訓まれてゐる。巻第十五の「嫋ー嫋（タヲヤカナリ）ト」は、「戯ニ題三盧秘書シキ（人名）新カニ移二セルニ薔薇ヲ一」の題の七言絶句の第一句にある。第二句にも文選読があるので、共に示す。

風動メ二翠條ヲ一腰シ嫋ー嫋（タヲヤカナリ）ト　露垂レテ二紅萼ニ一涙闌ー干（ミタリカハシ）ト

風に揺れる薔薇の枝條を、しなやかな女性に譬へて「タヲヤカナリ」と形容してゐるもので、この詩の情景にふさはしい和語である。

この「嫋嫋」の二例に典型的に表はれてゐるやうに、文選読の和語は、その文脈に最も適合した語が選ばれるのが、普通である。

次に、前掲のA形式の例中の「欒（ラン）ー櫨（ロ）（アラキイカタ）ト」は、「ト」を媒介語としてゐるが、和語は実質概念の体言である。この点、属性概念を表はすA形式の和語の性格からは外れてゐる。これは、和訓の属性概念の「アラキ」に連なることに主眼をおいて、「ト」の媒介語を使用したとも考へられるが、それは文選読の本来の用法から変化したものである。

因みに、A形式の「直下（トミヲロセハ／ミクタセハ）」は、『源平盛衰記』巻第二十八「經正竹生嶋詣デ」に引用されてゐる。

海漫（ミ）々トメ直下（チヨツカ）ト見下（ヲロ）セバ、底モナシ（内閣文庫藏十一行古活字本）

金澤文庫本と蓬左文庫本は、和訓に「ミヲロセハ」と「ミクタセハ」の二訓があり、蓬左文庫本では「ミクタセハ」の訓に、合点が付してあるので、『源平盛衰記』に引用されたのは、この両本の系統とは考へにくい。一方、「直-下（トミヲロセハ）」と、「ミヲロセハ」の和訓だけがある文選読は、慶安三年（一六五〇）十月、片山舍正刊校の奥田松菴手鈔本である。この慶安本も、奥書によれば菅家相傳本よりの移点であるが、この慶安本の系統から『源平盛衰記』へ引用されたと考へられる。

(五)　多字語

日本漢語を構成する漢字の多い多字語は、その表現内容から、凡そ四分野に大別できる。i官職、ii数量、iii年月日、iv佛教語が、それである。次に、それぞれの代表的な例を挙げる。

i官職

御-史遺-補郎-官63-16-2　金-紫光-禄大-夫51-2-3　贈尚-書右-僕-射70-18-5　検-校左

-散-騎常-侍51-15-17 持-節同州諸-軍-事49-13-15 度-支河-北榷-鹽-使53-2-1 内-侍

省内-謁者-監52-7-14 文武孝(人名)-皇-帝陛-下61-4-15 同--中-書門-下平-章-事57-16-4 德宗

聖文神武皇帝42-1-7 諸-軍行-營招-討處-置-使59-4-11 檢-校司-勳郎-中兼侍-御-史42-3

-14 順宗至德大-聖大安孝皇帝57-10-18 右-金-吾大-將-軍員-外置-同正-員49-2-7 信-義勇

-智雄-重貴壽天-親可-汗50-2-18 左神-策-軍赴-行營-正將-試太-常-卿49-5-15 秘書少監

兼滁(地名)-州刺-史本-州團-練-使42-3-20 管-内支-度營田觀-察處-置押-蕃落等㆑使54-5-14 涇

原等ラ㆑州㆑節-度支-度營-田觀-察處-置等㆑使54-2-10 充邠寧慶等㆑州節-度管-内支-度營-田觀-察

處-置等㆑使54-6-7

ii 數量

千-有八-百-日1-11-11 五-千五-十有-八70-23-5 二-百五-十有-六70-23-5 六百一十二

-言12-16-17 一-千一-百三-十-門71-14-6 五-千二-百七十卷71-8-7 錢二十七八-萬-貫

60-7-12 二-千若-千百-十-間69-14-18 萬五千七十二人41-11-10 三-千四-百八-十七-首70

-24-9 三-千二-百五-十五-首70-15-10 二-千九-百六-十四-首70-14-20 二千三-百三-十

五人51-17-19 二-萬七-千九-十二-言69-3-4

iii 年月日

八-月十-五-日14-3-18 今-月二-十八-日61-6-18 二-月二-十二-日61-7-12 二-年十-

月十-五-日69-6-9 建中元(年号)-年正-月五-日60-2-2 開成元(元号)-年五-月十-三-日70-16-16

開成四(年号)-年十-月十-五-日71-6-4 九-年十一月二十一日32-14-14 元和十二(年号)-年九月七日41-12-

8　長慶（年号）二-年七-月三十日20-1-18　開成（年号）五-年十-一-月二-日71-9-10　會昌（年号）五-年三-月二十一日37-7-13　大暦（年号）十二年六月十-九-日46-9-2　太和（年号）五-年七-月二-十二-日70-3-19　寶暦（年号）二-年九-月二十五日68-5-19　四-月庚-寅二-十-一日庚-戌50-1-7　貞元（年号）二十年十一月十三日42-8-16　天寶（年号）十三載正月二十一日41-4-17

iv佛教語

救苦觀音菩薩39-9-1　救世觀音菩薩39-9-1　毗盧遮-那如-來68-5-8　大-方廣-佛華嚴經68-5-3　金剛般若波羅密經69-3-9　大乘本生心地觀經56-24-19　般若波羅密多心-經69-3-11　佛頂尊-勝陀-羅尼經69-3-7　阿耨多羅三藐三菩提45-11-20　觀音普-賢菩薩法行經69-3-9

第三節　日本漢語の読み

立野春節本は、字音を付記する例は稀であり、声点は皆無である。蓬左文庫本は、字音・声点の例は僅少である。それに比して、金澤文庫本は、これら二本よりは多いが、疎らに字音・声点が付記してあり、江戸期の補写である巻第三・四を除いて二十巻全体では、延二千例に達する。そこで、本節では、金澤文庫本を対象として考察する。従つて、本節での例の所在を示す数字は、金澤文庫本の巻と行数である。但し、第三十三巻は、天理図書館善本叢書漢籍之部第二巻『文選　趙志集　白氏文集』のページとその行数である。

㈠ 声調

金澤文庫本では、字音の声調を示すのに、墨筆の二画の小圏点「。」を付し、濁音には複点「°°」を付してゐる場合もある。声点の位置は六種に分れるので、日本漢音の代表的声調体系である「六声体系」、即ち、「平声重・平声軽・上声・去声・入声軽・入声重」を、加点し分けたものと考へられる。それを確かめる資に、声点の六類と、『廣韻』の四声・頭子音との関係を、第五表に示す。

表の各欄の第一段は異なり例数、第二段の( )内は延べ例数である。第三段は、延べ例数が、その頭子音の延べ例数の総数の中における百分比である。——例へば、平声重の全清・清欄の32.9は、延べ例数84を、延べ例総数255中の百分比である。

この第五表では、次のことが判明する。——

「平声重」には、平声全濁・濁字と平声次濁字が、それぞれ93.6%、86.9%属し、平声全清・清字の32.9%、平声次清字の56%が属してゐる。「平声軽」には、平声全清・清字の56.5%、平声次清字の34%が属する。平声全清・清字と平声次清字とは、「平声軽」の中核をなしてゐたのであるが、[注16]平声全清・清字の約$\frac{1}{3}$、平声次清字の$\frac{1}{2}$以上に「平声重」の声点を付してあるのは、「平声重」と「平声軽」の区分が曖昧になりつゝあつた。しかも、それは、平声全濁・濁字と次濁字に「平声軽」の声点が付せられたものが、2.6%と3.8%と僅少であることを考慮すれば、「平声軽」から「平声重」の方へとの一方的移行によるものと考へられる。

「上声」は、上声全清・清字が92.1%、次清字が85.1%、次濁字が95.4%と、基幹をなしてゐる。上声全濁・濁字は14.5

第五表（金澤文庫本白氏文集声点分布表）

声調	頭子音＼声点	□（下左○）	□（左下○）	□（左上○）	□（右上○）	□（右下○）	□（下右○）	（計）
平声	全清・清	62 (84) 32.9	93 (144) 56.5	6 2.35	16 (21) 8.2			177 (255)
	次清	41 (56) 56.0	17 (34) 34.0	1 1.0	6 (9) 9.0			65 (100)
	全濁・濁	106 (146) 93.6	3 (4) 2.6	2 2.6	4 2.56			115 (156)
	次濁	77 (113) 86.9	5 3.8	2 1.5	7 (10) 7.7			91 (130)
上声	全清・清			93 (174) 92.1	12 (15) 7.8			105 (189)
	次清			37 (57) 85.1	7 (10) 14.9			44 (67)
	全濁・濁			9 (11) 14.5	41 (65) 85.5			50 (76)
	次濁			38 (62) 95.4	3 4.6			41 (65)
去声	全清・清	1 0.5			146 (256) 99.6			147 (257)
	次清				50 (97) 100			50 (97)
	全濁・濁			1 0.5	82 (185) 98.4		1 0.53	85 (188)
	次濁			1 1.3	45 (78) 98.7			46 (79)
入声	全清・清				3 (4) 2.8	69 (127) 88.2	13 9.02	85 (144)
	次清				1 1.9	39 (48) 92.3	3 5.76	43 (52)
	全濁・濁	1 1.5				39 (58) 85.3	9 13.2	49 (68)
	次濁					28 (37) 90.2	3 (4) 9.8	31 (41)
廣韻	（計）	289 (402)	118 (187)	190 (317)	423 (758)	175 (270)	29 (30)	1224 (1964)

%で、その主要部分は「去声」点が付せられてゐる。

「去声」は、去声の全部と、上声全濁・濁字の85.5%が、基幹をなしてゐる。

「入声軽」は、入声字の全頭子音の85.3～92.3%が属してゐる。

「入声重」は、入声全清・清字の9.0%、次清字の5.8%、全濁・濁字の13.2%、次濁字の9.8%が属してゐるのみである。「入声軽」と「入声重」とは、混同してゐるといふよりも、むしろ、「入声軽」に統合された感がある。それ故、実態は、「六声体系」から「五声体系」へと、移行してゐると云へる。


次に各声調の例字を、広韻の四声、頭子音の清浊別に掲げる。例の所在は、一例を挙げ、複数例ある場合は、()内に例数を示す。例へば、「非21－153(4)」は、第21巻の153行を含めて、4例あるとの意である。

(1) □。平声重

i 平声全清・清　寶6－239　蝙6－218　彬21－245　非21－153(4)　屛65－383　拜6－231　分68－140　低6－234　黏12－252　堆52－387　屯12－143　長52－143　展12－217　朝6－292(15)　高12－193　箕63－27　瓜12－243　機21－42(2)　樛6－254　經21－95　緘9－158　觀24－110　將12－258　精24－70　齋24－261　簪6－10　騶22－4　專6－268　針12－391　占68－325　甎6－261　祗9－243　脂12－183　師6－262　甥24－46　世12－189　升6－233　書9－149　深12－188　相6－239　仙12－227　灘12－68　珊6－235　飡6－276　修6－311(2)　殷12－157　淹6－147　寃9－194　啞52－91　翁22－118　鳴12－247　彎21－106　䶎21－271　縈12－128　憂6－38　婉21－245　娟6－241　花12－191(2)　徽63－59　欹12－222　洶21－173　揮21－239　鍧21－275

ii 去声全清

振21–284

iii 平声次清

坡9–109　搏21–152　麩52–172　胎21–156　聴6–266　嵌52–256　科6–275　恢21–307　吹22–116　操62–196　飧6–188(2)　喜6–266　薫12–42　員12–150　王12–206(3)　爲21–300(2)　尤12–204(2)　韋52–180(2)　圓6–237　幃52–143　垣12–240　塋12–195　盂24–261　雲12–232　園12–221　容12–205(3)　姚24–76(2)　楊12–212(3)　陽12–201(2)　遊12–188(2)　遺12–259　寅21–65　予31–167　延6–223　怡62–43　煕38–133　蜒6–267(2)　楹6–233　油12–192　謠12–208　餘12–192　維21–61

iv 平声全濁・濁

凡52–214　便38–201　奉33–P.496 6　墳12–122　媔12–205　庖63–66　桴21–272　浮31–70　房12–201　盤12–214(2)　稗21–90　裨52–160　茶68–160　蓬12–227　袍6–188　鄱9–196(2)　儔24–64　亭12–213　唐12–231　婷54–298　定68–55　地54–219　度52–21　庭31–108　恬6–306(4)　投12–169(2)　持6–15　堂6–239　酡52–384　重21–83　鈿12–42(2)　陳31–184(4)　團6–249　偈6–270　奇24–76　拳22–126　戮33–P.494 8　夔52–395　旗12–278　狂63–18　瓊12–232　蒼9–282　前12–193　才12–202(3)　情12–197　柴12–54　泉12–195　漸22–137(2)　疵21–162　秦12–243　繒12–394　藏21–239(2)　士6–279　牀6–75　潺6–251　鋤6–98(2)　神12–225(2)　丞12–211(2)　嬋6–241　常54–64　成12–218　時12–208　匙63–149　禪6–30　裳12–197

（右より：提38–38　桐12–284　沉12–232　潼12–212　程21–26　田62–166　碭21–174　綈22–112　諷24–37(2)）

殊12―204
叙12―336
旋6―225
祠6―263
誦6―270
辭9―272(4)
佪12―213
玄12―187
絃12―373
函6―271
寒68―219
寰6―261
涵38―15
弘12―194
華6―10
形12―205
咸12―212
槐12―221
閑12―195(6)
澴52―286
皇12―189(4)
瑕21―162
和38―138
號17―164
行12―53(5)
闤52―38
鴻12―252
骸6―9
寃12―223
鬟12―229(2)
黄12―217

v 去声濁

食68―284

vi 入声濁

翮6―184

vii 平声次濁

亡39―111
名12―208
微12―85(3)
明12―198(2)
楣12―210
滂6―250
無21―30
文24―119
玟38―124
民12―259
盟39―365
聞31―92(2)
門12―228
霏6―225
麻52―109
糜6―278
南12―219(2)
娘12―182
念12―247
穠12―194
能31―105(6)
農12―194
難6―270(3)
儀21―248
宜31―64(2)
元12―187(4)
危6―224
刓21―209
呀52―257
嗷21―173
崖6―256
巗54―18
悟6―216
涯12―149(2)
猊22―32
隅52―138
霓12―197
頑6―278
顔12―222
虞22―4
令54―6
労31―98(7)
林6―75
來12―258
梨12―221
樓12―227
榴12―154
欒6―228
欄6―227
涼62―276
漣52―165
犂6―98
瑯12―252
藍6―213(2)
禮6―231
羅12―196
纍52―52
蓮12―234
蘿6―254
蘭12―42
良12―190
郎12―213(2)
醪21―67(2)
聾21―42(3)
靈12―192
離6―242
閭52―119
閬52―26
顱6―271
驪12―200(2)
人12 202(4)
任39―256
然12―192(3)
糯12―389

輀12―119

(2)　◦□平声軽

i　平声全清・清

夫54―17(4)
悲12―209
方12―225(5)
波12―192
篦12―359
風12―200(4)
中12―187
他12―240
多31―247
忠12―211
東12―226
當12―208
誅12―214
都12―218(2)
鐺12―198
京12―208
供52―105
光12―196
軍12―213
功6―232
君12―224(2)
姦38―61
官12―213(2)
宮12―202(9)
家12―190
皐52―395
居6―67
歸62―195(2)
扃6―217
環52―5
膏62―170
規21―113(2)
觥52―369
金12―240(6)
鈞52―20
鈎38―61
開12―187
闕12―212(3)
宗12―187(2)
臧21―128
將52―68
旌12―278
蕉6―108
鐫6―232
菑6―94
眞12―228(2)
州12―200
征38―66
修12―53
先12―205
思68―98
新12―240
犀12―79
綃12―234
纖12―194
西12―245
銷12―255
騷9―12
雙12―229(2)
山12―227(4)
生52―165(4)
書12―252
湯21―256
聖6―270
聲12―189
伊21―145
優52―338
哀12―120
嘔12―370
夭52―384
奫52―66
安12―211(2)
宛22―20
宴12―269
委39―183
婉12―199
幽54―13
汚24―135
恩12―207
温33―P.504 5
憂52―235
彎52―351
紆6―222
縈6―227
纓12―214
衣12―230(4)
休12―245
婚52―81
歔12―222
歡12―209
翾12―110
花12―243
虛12―226

ii　平声次清

妃12―228(7)
倀31―190
天12―210(3)
湍6―253
湯12―192(2)
通31―258(2)
溪6―30
千12―190

悄12-355　清12-191(3)　蒼12-217　親52-20(4)　鏘52-143　駿12-119　穿6-191　稱33-P.500 6(3)　筠12-175

iii 平声全濁・濁

嬪12-202　璠6-257　瓷63-130(2)

iv 平声次濁

昴6-234　嵬12-213　離28-356　陵54-180　兕12-218

(3) ◦□上声

i 平声全清・清

波24-221　夫12-253　悦52-161　希12-254　阿54-252　逶62-211

ii 上声全清・清

反21-151　屏31-87　府12-203(2)　柄12-211(2)　比52-44　秕21-96　粉12-193　表68-151　補52-156(2)　鄙31-70　貶17-40　寶12-210　屯6-182　堵21-96　塚12-25　怛52-37　等38-71(3)　轉12-217(4)　邸12-194　長22-8(28)　九12-202　徹21-21　剞31-204　垢6-230　感12-246　拱12-233　掎38-94　擧31-64(9)　敢21-265　歌12-257　耿52-375　琯12-221　皎62-22　皦21-157　矯21-177(2)　筦21-228　簡12-61(3)　紀21-95　絞38-43　縞54-169　袞6-81(2)　苟38-201　謇31-81(2)　蹇68-108　賈12-62　鈷12-301　錦12-243　階12-187(2)　剪21-198　宰31-63(3)　子12-190(2)　濟31-106　紫12-234　組6-297　準12-150　止63-55(3)　沼62-210　煑12-42　箴62-2　箠47-351　者12-237(2)　腫12-172　數12-190　傘6-243　叟6-265　嫂24-220　小12-188　徙12-337　心12-223　損21-151(3)　死12-216　散33-P.505 2　瑣21-232　省21-61　篠

52-61　蘚65-221　鎖63-96　暑12-242(2)　水12-214　黍21-132　首31-240(2)　夭6-153(4)　委6-81(8)　擁

62-28(3)　杳12-223　痏63-90　菴21-82　蘊21-87　飲68-330　好12-249　海12-232　悦52-161　險6-254

iii 上声次清

斐21-261　縹21-238　寵12-189　討21-193　體6-255(3)　去38-214　可31-54(12)　巧12-204(2)

坎21-274　杞21-208　欵39-365　綺12-196　譴12-141　顆54-266　彩12-196　忖21-198　悄9-95(2)　慘9-

23(2)　憯9-214　懺52-161　沁52-351　滓52-287　綵6-272　處9-133(3)　蠢52-19　尹65-186　冶68-206

捐39-12　琰12-194　苢68-160　迤12-76(2)　養12-219　羽12-197　往6-248　有21-30　右12-188　園6-238

iv 去声次清

稱12-231

v 上声全濁

否21-128(2)　夫22-33　父12-205　旇12-119　伽9-119　勤17-57　請41-127(2)　戸12-232　減68-59

vi 平声全濁

拳62-73　黄54-219

vii 去声濁

晝22-5

viii 上声次濁

免38-285　冥21-153　亹21-244　憫12-236　武12-189(2)　敏38-75(2)　美31-68(2)　胎22-120

挽12-120　茫12-241　莽9-206　馬12-213　女12-209(4)　嫩12-157　煖68-271　腦6-256　偶6-14(2)　儼12

－119 峩63－128 嵬63－128 御12－202 擬65－122 語12－304(7) 齬22－114 劉39－139 嘹9－128 嬾6－47

嵓6－244 李9－270 澧17－416 理9－194(6) 磊52－122 輂12－201(2) 連54－252 邐12－76(2) 隴52－248 領38－42(4) 軟21－236(2)

ix 平声次濁

寮52－168 離24－221

x 去声次濁

吏12－208(2)

(4) □° 去声

i 去声全清・清

傳68－174(2) 嬖12－200 播31－161 柄54－10(2) 放6－47 變68－264(2) 痺68－4(2) 絆6－278 賦6－181 諷9－219 中21－94(8) 吒63－259 店9－95 戴12－198 旦12－234 智12－204 殿6－230(3) 磴6－253(2) 綴6－361(2) 罩52－133 轉24－23(2) 鍛6－195 鎮31－97 頓12－356 告24－40(3) 駕12－191(2) 徼39－79 恠6－257 據38－305 校12－252 故24－210 教33－P.497 6 敬33－P.497 8 狷6－284 轂21－105 界12－225 冀39－15 稼6－145 絳24－74 覺52－28 記21－144(2) 註39－300 寄39－457 誥24－71(2) 課24－37(4) 諫6－43(4) 間41－139 貴12－199 貫38－23(5) 距63－27(3) 錮22－127 鑒39－42 顧12－203 佐31－92(3) 借39－348 偺47－282 儁21－242 最31－196(2) 沮52－66 濟21－22(6) 將63－15(17) 寖33－P.485 2 竈6－

353
綜21-313
縦31-156(3)
進12-203
賛33-P.503 8
贊12-2(2)
制33-P.514 5
照9-34(2)
惴6-11
振24

-97(3)
柘68-244
正21-25(4)
種52-248
衆38-51(3)
至6-29
蔗12-73
詔12-193
贄24-210
震12-

250(2)
世12-202(2)
勢12-207
勝52-71
守63-11(8)
税24-40
聖21-140
三21-64(5)
信21-27(7)
先24

-165
喪33-P.503 8
嘯6-159
塞62-233
姓12-208
宿17-32
帥52-132
思6-171(9)
散62-8
浚54-8

漱6-354
細21-232
相6-81(8)
笑6-312
素39-241
絮52-75
肆21-200
選21-45(4)
繡12-243
使63

-142
數6-205
殺21-96
洒21-110
滲52-193
生24-215(2)
疏52-70(3)
諍6-275
壯24-224
瘵38-201

晏12-251
印22-267(3)
要68-48(14)
宴12-188
快6-82
惡22-114(2)
意12-205
應21-303(10)
按52-121

映62-300(2)
淤52-74
燕62-307
瘀52-4(2)
畏6-38
衣12-388
藹38-77
靄21-82
隱6-21
鶯65

-18
化33-P.484 7
好17-171
晦21-26
煥12-196
喚62-117
煦21-136
獻12-189
興6-15(6)
訓31-233

ii 上声全清

廣52-285
姉12-206
左12-193(2)
澡12-195
組12-217
載12-222(2)
赭6-273
縝38-303(2)
少12-336
恕33-P.504 4
宥21-153
飲68-330

iii 平声全清・清

柄21-304
鵰22-5
居6-279
根6-271
規38-23
迦6-229
爭24-30
眞6-213(3)
稹24-25
諸39-273
施24-100
師24-35(2)
優24-221
安9-251(2)
歡6-266
花12-191

iv 入声全清・清

劂21-204
擊21-236
雪39-301(2)

v 去声次清

判21–45
副39–436
泒24–170
瀲21–69
太12–207
態12–199
歎68–41(2)
泰12–187
邑39–84
昊21–182
慶38–105
棄38–147
氣12–225
空22–185
纊62–255
袴12–389
倅38–109
刺21–213
操63–68
次12–229(3)
簇52–66
膝39–421
翠12–212
蔡9–174
錯12–214(2)
造12–229
稱38–67(5)
處52–254
佑38–3
侍12–245
彙38–276
爲12–5(25)
王21–113
瑢24–94
詠12–208
運12–80
雨28–64
衛12–245
耀9–42
滕62–173
搖12–198
易6–50(7)
泄21–69
燿12–191
用31–51(7)
裔21–68
艷21–314(2)
譽52–82
鋭21–172
養21–76(2)

iv 平声次清

汗38–278
清21–88(2)
釵12–198(2)
吹6–222
滎12–78
揚9–191

vii 上声次清

坦39–346
妣12–158
慊39–474
皠21–175
蒼9–206
引52–214
與62–91

viii 入声次清

瞥28–388

ix 去声全濁・濁

下6–257
分52–80(11)
暴39–246
比21–281
範22–43
被6–188
覆12–395
飯63–239(2)
代12–254
傳9–15(2)
動12–196
度12–195
大12–188(3)
嬥54–83
定12–197(2)
廷6–50
弟24–69(2)
彈6–103
悼39–38
憝39–149
棣9–78
治68–29
洞12–232
渡9–174
滯6–83
澹21–62(2)
第12–221(3)
纛54–12
蕩68–18(2)
重22–20(29)
鈿12–237
陳33–P.500 8
長6–336(2)
鳳12–235
健6–206(2)
芰54–337
蕡21–272
距21–236
從12–213
淨6–233
漬24–150
弇9–124
誚68–11
射6–239(2)
饌54–16

甓12-42　狀41-79　上12-200(9)　侍12-230(3)　尚52-298　噬21-180　嗜21-191　壽33-P.510 7　豉52-77　瑞
21-199　禪6-30(4)　署52-63　順39-437(2)　徇21-138(2)　寺12-253　謝12-214　遂31-204　食6-335　冴24
-265　効38-89　后12-199(2)　和62-205(2)　宦6-203　患6-59　搋21-273　會54-316(3)　横52-185　炫21-
248　畫6-272(3)　續21-320　艦17-91　華6-160(2)　行22-18(20)　見39-111　賀39-82　廻52-134

x 上声全濁

婦12-202(2)　父24-65(2)　範21-112　簿12-61(2)　並55-52　丈6-216　動21-22(5)　斷33-P.504
5　旐63-221　淡21-65(2)　蕩12-104(2)　澹12-192　禫24-124　篆22-85　艇65-272　道12-223　強17-131
揆21-125　窘6-102　鍵38-60　妓12-203　踐38-81　靜21-34　士12-223(2)　涘52-286　齟22-114　善12-
204(3)　壽12-194(2)　是22-32(3)　綬12-400(2)　兕21-193　象33-P.484 7　峴54-17　幌9-168　幸12-203(3)　旱
6-243　浩12-19(4)　混21-136(2)　顥22-88　限24-38　駭12-79

xi 平声全濁

便62-279　棠28-65　鋤22-73

xii 去声次濁

万12-190　妄21-152　問21-104(2)　命39-5(9)　妙21-111　妹12-206　寐52-210　夢12-223　萬
12-199　慢6-252　眄12-203　袤33-P.501 8　麵17-62　内12-191(2)　膩9-194　鬧63-75(2)　傲6-159　劓47
-355　寓6-67　外12-191(2)　御31-239　悟6-131　樂24-225　羿22-60　語52-83　誤39-397　馭52-67(2)
驗12-240　亂12-257　令24-79(10)　淚21-93　爛52-38(3)　瞵33-P.486 4　糲63-19　荔68-232　耒6-94　諒

33－P.491 2
類21－125
任38－39(10)
刃39－498
仞6－262
孺9－176
貳22－100
洳52－66
潤12－255

xiii 平声次濁

明22－163
瞑52－185
鬘6－231
俠52－70(2)
勞52－70(2)
楞9－119
然24－124(2)

xiv 上声次濁

縷22－179
冗54－356
冉21－67

(5) □。入声軽

i 入声全清・清

撥21－68(2)
法33－P.510 8
碧12－230(2)
發21－66(7)
蝠6－218
鉢6－229
閇12－353
駁24－72(2)
駮31－76(4)
髪6－217(2)
惙52－264
適6－22(12)
謫12－338
决6－93
劂21－204
告39－16(3)
國12－206
戟12－213
擊21－201
桷24－104
激6－252
較22－54
鐍38－94
閣21－60
作52－4
即12－189
爵12－206
績38－56(5)
幘52－328
戢38－184(2)
捉31－223
櫛52－269
責6－306
屋12－252
祝24－159
繳9－89
織31－233
質6－5(2)
宿54－140(5)
淅38－136(2)
肅12－218
螫21－180
躞52－202
錫52－355
颭6－85
數38－60(11)
色12－189(3)
叔12－205
失63－268(2)
室12－201(2)
葉6－229
戹24－97
咽52－193
喔62－82
啞12－370
揖12－235
約62－75
臆21－229
蔚12－106(2)
蠖21－38
遏24－36
邑12－253
合12－249
忽12－190(2)
旭22－85
歇6－255
翕12－63
謔9－78
艴21－176

ii 入声次清

擉21－107
批52－92
朴38－233
樸12－154
瞥62－122
覆17－8
醭68－106
闥38－77
乞12－

244
哭 62-72
屈 54-90
恪 24-19
慤 24-19
曲 12-358
榼 52-279
溘 21-182
矻 62-241
閒 21-80
闕 12-212(2)
役 9-118
趨 31-254
錯 21-313
冊 39-82
測 6-246
策 6-198(2)
尺 12-217
出 12-255
鉞 52-267
掖 12-244
液 62-94(2)
溢 22-42
弋 63-96
翼 9-205
欲 39-17
浴 12-192(2)
埸 39-100
易 21-250
閲 39-323
杙 24-104

iii 入声全濁

乏 6-242
伏 21-35
抜 54-159
復 39-14(7)
𪡏 21-179
度 31-89(5)
敵 6-30(3)
朮 6-264
直 12-87(3)
着 6-279
糴 41-161(2)
脱 39-259
著 68-90
躅 12-154
強 22-114
極 12-226
橛 22-66
竭 52-264
集 33-P.511 7
籍 38-297
絶 12-217
藉 6-90
輯 38-65
術 12-224(2)
實 54-376
食 62-163(2)
俗 12-243
穸 39-37
續 22-3
屬 24-32(3)
渉 21-82
熟 65-335
碩 24-104
蜀 12-223
恊 12-167
活 21-256
翮 6-247
霰 41-89
鵠 21-94

iv 入声次濁

黙 9-29(2)
没 62-78(4)
沐 12-192
牧 38-117
物 12-257
篾 68-177
膪 6-333
膜 22-26
貘 22-5
忸 63-82
兀 6-23
岳 12-200
月 12-191
樂 12-203
玉 12-221(3)
虐 47-356
諤 31-81
鍔 21-237
力 12-207(2)
列 12-205(3)
樂 52-78
率 52-85
略 38-88
祿 12-211
糲 28-259
日 12-234
熱 63-25
肉 52-152

(6) □。入声重

i 入声全清・清　法6－206　摘6－73　虢24－81　葛12－388　積6－257　窄65－308　幘68－132　質12－254　拙6－275　説21－143　釋24－67　栯9－270　豁6－224

ii 入声次清　飢6－242　錯12－214　浴21－74

iii 入声全濁　白6－236　澈6－256　澤12－207　蹀52－202　躑12－154　軸21－46　笈21－240　折6－215　淑12－189

iv 入声次濁　涅6－229　寧6－220　律12－167(2)

v 去声全濁　悼12－250

(二) 声点と意味の識別

日本漢語認定規準の項で、声点が付せられてゐることを挙げ、これには例外があることを付記した。この点については、既に當山日出夫氏が『神田本白氏文集』について論じ、[注17]また中田祝夫博士も言及してゐる。[注18]本項では、声点が付せられてゐても音読されない場合と、声点が意味の識別の機能を果した場合とについて、論述する。

甲　声点が付せられてゐて、訓読する場合

(1)　爲

「爲」の声点には、「平声重」のものと、「去声」のものと二種付せられてゐる。

爲（平重）て 38―300　　爲（去）ニ 6―147

立野春節本では、前者は「ナシテ」の傍訓があり、後者は「タメニ」の傍訓があり、「タメニ」と訓むものである。即ち、両例ともに声点が付せられてゐるが、音読を示すのではなく、意味の識別を示すものであつて、それぞれ「ナシテ」「タメニ」と訓み分けてゐる。

この「爲」は、『広韻』『大漢和辭典』では、次の如くになる。

爲　広韻平声支韻　爾雅曰作造爲也　なす、する

爲　広韻去声寘韻　助也　たすける、ため

平声は「なす・する」の意であり、去声は「たすける・ため」の意である。この声調による意味の別を、声点を付すことによって示したのが、前掲の例である。「平声重」の例は、前掲の他に一例ある。

作―爲（平重） 38―278

この例は、音合符があるので音読例であり、声点を付して声調を示し、併せて意味を指示した例である。

「爲」の「去声」の例は多数ある。立野春節本では、その殆んどの例に「タメニ」の訓を示す「メニ」の傍訓がある。以下は、その例である。

爲(去)ニ 6-147（□T メニ 6-7-13） 12-5（□T 12-1-8） 爲(去)ニハ 6-300（□T メニ 6-14-9） 爲(去)に 17-38（T

□メニ 17-2-18） 31-137（□T メニ 48-5-17） 39-343（□T メニ 56-18-2） 52-243（□T メニ 22-13-5） 52-245（T

□メニ 52-245（□T メニ 22-13-7） 62-46（□T メニ 29-3-17） 62-197（□T メニ 29-11-5） 62-261（□T メニ 29-14-

12） 62-296（□T メニ 29-14-16） 63-32（□T メニ 30-2-18） 爲(去) 9-76（□T メニ 9-4-9） 17-174（□T

メニ 17-9-15） 38-89（□T メニ 55-5-8） 38-132（□T メニ 55-7-9） 39-197（□T メニ 56-10-14） 41-108

（□T メニ 58-5-12） 54-25（□T メニ 24-2-7） 62-164（□T メニ 29-9-13） 63-273（欠T） 爲(去) 52-162（T

□メツ 22-9-4） 爲(去)たり 41-16（□T タリ 58-3-14）

この「爲」については、中田祝夫博士の言及がある。

(2) 中

中(去)ッ 21-94（□T ル 38-4-19）

この「中」は、「弧-矢之用也　中(去)ッ正-鵠(入軽)に」の用例で、「あたる・あてる」の意であり、去声の声点が付せられてゐる。「中」には平声もあり、それぞれの意味は、次の通りである。

中　広韻平声東韻　平也成也宜也堪也任也和也半也　なか・うち

中　広韻去声送韻　當也　あたる・うつ・あふ・要

右の例の去声点は、文意を適確に把握してゐる「アツ」の訓を示すものである。

平声点の付せられた「中」は、「開元中（平軽）12-187」の一例のみで、意味も平声の「なか・うち」である。

去声点は、右の例以外に、次の例がある。

中（去）31-237（□T ヲ 48-11-2）38-50（□T 55-3-9）39-382（□T 56-20-2）　中（去）す 31-216（□T ル 48-9-20）　必-中（去）38-156（□□T 55-8-11）　百-中（去）セム 21-101（□-□T セン 38-5-6）

初めの三例は、「要・枢要」の意であり、音読されたと見られる。他は、「あたる」の意で、去声点は文意を正しく示してゐて、すべて音読される。その中で「中す」は、漢語サ変動詞で、意味は前掲の「中ッ」と同じであり、立野春節本では両例ともに「中ル」と「アタル」の訓に訓まれてゐる。金澤文庫本で、一方を音読みし、他方を訓読みする理由は、不明である。

この「中」については、當山日出夫氏が言及してゐる。

(3)　委

（上）委マカス 12-188（□T ス 12-11-18）

上声点が付せられてゐるが、「マカス」の傍訓があり、訓読みである。

「委」には、平声点の「重-委（平軽）39-183（□□T 56-10-1）」がある。

平声と上声との意味は、次の通りである。

委　広韻平声支韻　委委佗佗美也　　なよなよとしたさま・ゆつたりとしたさま

委　広韻上声紙韻　委曲也亦委積又屬也棄也隨也任也　　ゆだねる・すてる・くはしい

平声点は右の一例のみであるが、上声点は他に次の数例がある。

(上)委イシタル 68-146（□ス T 35-8-14）　(上)委ス 6-81（□ス T 6-4-15）　(上)委シツ 39-185（□シツ T 56-10-2）

(上)委セリ 52-285（□セリ T 22-15-8）　68-106（□ス T 35-6-13）　(上)委 33-P.493 1（□スルニ T 50-4-17）　33-P.511 2

（□スル T 50-12-12）

第一例は漢語サ変動詞であるが、他は和語動詞「マカス」と訓む可能性がある。一般に、和語サ行四段動詞にも訓める「伏ス・鏁ス・任ス」などは、音読符や傍訓がない限り、漢語サ変動詞か、和語四段動詞か、決定することは困難である。右の「委ス」数例は、「イシタル」の例がある上に、立野春節本の三例に音読符が付せられてゐるので、それ以外も「ヰス」と漢語サ変動詞だと見られる。

(4) 衣

「衣」には、平声と去声の二種の声調があり、その意味は次の通りである。

衣　広韻平声微韻　上曰衣下曰裳　　ころも・きぬ・衣服

衣　広韻去声未韻　衣著　　着る・着せる・おほふ

金澤文庫本では、それぞれ、次の例がある。

碧(入軽)-衣(平軽) 12-230・12-231　　碧-衣(平軽) 12-236　　霓-裳羽衣(平軽) 12-197

衣(去)ケリ 12－388（□T キル 12－18－19）

去声点が付せられた例では、「ケリ」の仮名があるので、「キケリ」と和訓に読むもので、去声点は音読を示すものではなく、意味を指示する声点と見られる。立野春節本は、「キル」の訓を付して、動詞の意を明確にしてゐる。

「衣」については、當山日出夫氏が言及してゐる。

(5)　擧

「擧」には、上声点の付せられた次の例がある。

(上)擧セラレ 31－126（□T セラレ 48－5－6）　(上)擧ヨ レリ 38－212（□T レリ 55－11－4）　(上)擧テ 31－119（□T ケテ 48－4－18）21－103（□T テ 38－5－8）　(上)擧 31－64（□T ク 48－2－2）38－145（□T ク 55－8－2）31－74（□T 48－2－11）33－P.492 4（□T 50－4－11）

第一例は「セラレ」の付訓により、漢語サ変動詞であり。立野春節本には音読符があるので、より明確になつてゐる。それに対し、第二例は、右傍に「ヨ」、左傍に「レル」とあるので、「アゲヨ」「アガレリ」と訓読みである。第三・四例は、それぞれ「て」のヲコト点がある上、立野春節本では、第三例に「ケテ」の傍訓があるので、「アゲテ」と訓読みにする例である。第五・六例は、立野春節本で「ク」の語尾が付せられてゐるので、「アグ」と訓読みしたと見られる。

「擧」については、中田祝夫博士の言及がある。

⑹　振

「振」には、平声点と去声点の例がある。

（平重）振フ　21—284（□T フ 38—14—3）

（去）振て スク　24—97（□T スクハ 41—5—5）　（去）振す　39—126（□T フ 56—7—5）

平声点の例は「フルフ」と訓読するものであり、去声点の第一例は「スクヒテ」と訓読みにし、第二例は音読符が付せられてゐるので、漢語サ変動詞であるが、立野春節本では「スクフ」と訓読みである。声調別の意味は次の通りであり、声点はそれを指示してゐる例と見られる。

振　広韻平声眞韻　盛也奪也厚也　さかん・ふるふ

振　広韻去声震韻　奮也裂也擧也整也救也　すくふ・ふるふ・ふるはす

⑺　隱

「隱」には、上声と去声の二声調があり、それぞれの意味は次の通りである。

隱　広韻上声隱韻　藏也痛也私也安也定也又微也　かくす・かくれる・ひそか・いたむ

隱　広韻去声焮韻　隈隱之皃　拠る・よりかかる

去声点が付せられた次の三例がある。それぞれ、訓読みである。

隠（去）ヨリ22―72（□39―3―19）　隠（去）63―229（□30―12―7）　乱レ隠（去）ヨル―几ニ6―21（□□6―2―2）

(8) 選

「選」は、次の去声点の一例があり、和訓で読まれてゐる。

選（去）レテ21―45（□ハレテ38―2―12）

「選」には、上声と去声の二声調があり、それぞれの意味は次の通りである。

選　広韻上声獮韻　擇也　えらぶ・かぞへる・おくる・いれる

選　広韻去声線韻　人材をえらんで官職につける・すぐれる

前掲の例は、「予以書―判抜―萃て選（去）レテ登―科」の文中の例で、去声の意に合致する。

因みに、去声点は他に三例あり、いづれも音読例であるが、文意から去声点が付せられたものと思はれる。

比（スル）に諸内―史に（去）選妙へに秩清詢衆に用ヰム能无易カフヘキ公―綽に31―24（□48―11―5）

今之常侍是の其（去）選矣なり、稱カナ其任に者唯正―人乎か24―245（□48―11―10）

若敭者　宜尚扶政―教　厚風―俗之（去）選也33―P.495 8（□50―6―1）

(9) 禪

次の例は、「禪」の去声点に「ユツリ」の傍訓がある。

禪（去）ユツリヲ　12－218（□Tユツリヲ　12－13－6）

「禪」には、平声と去声の二声調があり、それぞれの意味は次の通りである。

禪　広韻平声仙韻　靜也　　佛教の修行の一・禪定・座禪

禪　広韻去声線韻　圭禪又禪讓傳受　ゆづる・祭名・封禪

前掲の例は、「肅宗受ニ禪（去）ユツリヲ靈－武ニ」の文中の例であり、去声の意に合致する。

去声点は、この他に、次の一例があるが、「南宗禪」を誤解して、付したものと思はれる。平声が正しい。

近－歳ニ将心－地ヲ廻－向ス南宗ノ禪（去）ニ　6－328（□T　6－15－13）

平声点は二例あり、いづれも「禪定」の意である。

欲フ敵ヒトシカラムト曹－溪ノ禪（平重）ニ何ノ物カ呼我覺ヲサトスラシム　6－30（□T　6－2－10）

有過－去ノ師坐カラ得無－生禪（平重濁）ヲ　6－262（□T　6－12－15）

⑽ 穿

「穿」の平声点に、次の例がある。

穿（平軽）トモ　6－191（□Tウクレトモ　6－9－12）

「穿」には、平声と去声との二声調があり、それぞれの意味は次の通りである。

穿　広韻平声仙韻　通也孔也　うがつ・ほる・たづねる・穴があく

穿　広韻去声線韻　貫也　　つらぬく・つきとほす

前掲の例は、「有（ト）田慵（ハ）不農（ツラク）屋穿（トモ）慵（平軽）（テ）不葺」の文中の例である。「穴があく」意である故、平声点は適当であり、傍訓の「トモ」は、立野春節本と同じく「ウグレドモ」と訓読みすることを、示すものである。

⑾　弾

「弾」に次の例がある。

弾（去）（ユミト）　6―103（□T 6―5―13）

「弾」には、平声と去声の二声調があり、それぞれの意味は次の通りである。

弾　広韻平声寒韻　糾也射也亦弾棊　はじく・ひく

弾　広韻去声翰韻　行丸　はじきゆみ・たま

前掲の例は、次の文中にある。

化吾（カ）足（を）為（ヲモノナラハ）馬（ト）　吾因以行陸（ムヲ）　化吾（カ）手為（ヲモノナラハ／スルモノナラハ）弾（去）（ユミト）　吾因以求（テ）肉（メムヲ）　6―103（□T 6―5―13）

この去声点は、音読を示すものではなく、意味を示すもので「ユミ」の訓読みがされたものである。

⑿　和

「和」に次の例がある。

和（平重）（て）　38―138（□T（ラヒテ） 55―7―15）

「和」には、平声と去声の二声調があり、それぞれの意味は次の通りである。

和　広韻平声戈韻　和順也諧也不堅不柔也　やはらぐ・なごむ・仲なほり・かなふ

和　広韻去声過韻　聲相應　答へる・応じる・調子を合はせる・ととのふ

前掲の例は、次の文中の例である。

廉-平清-簡以臨其人人安政和(平重)理-行第一 38-138（…人-安政-和理-行第一 55-7-15）

文意より平声点となり、「て」のヲコト点があるので、和訓の可能性が大であり、立野春節本のやうに「ヤハライデ」と読まれたと思はれる。

因みに、去声点は二例あり、それぞれ、贈詩に答和する意である。

(去)和酬鄭侍御東-陽春閑放-懐、追越遊見寄 52-154（□ 22-8-17）

詩二十六韻　見贈猥蒙徴(去)和 62-205（□ 29-11-15）

(13) 藏

「藏」に平声点の次の例がある。

隠-藏(平重) 24-131（□-□ 41-6-13）

「藏」には、平声と去声の二声調があり、それぞれ、意味は次の通りである。

藏　広韻平声唐韻　隠也匿也　をさめる・たくはへる・かくす・かくれる

藏　広韻去声宕韻　通俗文曰庫藏曰帑　くら・かくした物・はらわた

前掲の例では、訓合符があるので、音読みではなく、訓読みであること、明らかである。その上での平声重の声点は、音読みを示したものではなく、平声の意味、ここでは「カクレタル」と訓むことを指示したものである。

⒁　長

「長」の去声点は二例ある。

(去)長(マサル・アマノ・アマレリ)6－336（T□物6－16－1）　(去)長(アマレ)62－52（T□－物29－4－4）

長　広韻平声陽韻全濁澄母　久也遠也常也永也　ながい・とこしへに・身長

長　広韻上声養韻全清知母　大也　年長・をさ・君主・まさる・成長する

長　広韻去声漾韻全濁澄母　多也　ながさ・多い・あまり・年かさ

前掲の二例は、それぞれ、次の文中の用例である。

飢(テはタ、・ト、マリ)止一簞(ノ)食(に)　渇(てハタ、)止一壺漿(ノムツ)　出入(レハタ、)止一馬(ニ)　寝興(ハタ、)止一牀(ニ)　此(ノ)外(ハ)無(去)長(マサル・アマノ・アマレリ)(声去)物6－336

朝飧(は)不(レ)過飽(クニ)　五鼎徒(ニす)爲(レ)爾(シカリナリト)　夕(の)寝止求安(に)　一衾而已(なり)矣　此(の)外(は)皆(去)長(アマレ)(声去)物(レトモ)　於(レ)我(に)雲相(－)似(たり)

62－52

第一例は、最初上声の意の「マサル」の傍訓を記したが、文意に適合しないので、去声の意の「アマノ」「アマレリ」を、次に添記したと思はれる。

兩例ともに、去声点は、音読みを示したものではなく、「無用」の意の訓読みを示したものと考へられる。

⒂ 強

「強」に、去声点の付せられた次の例がある。

強(去)て 17-136 （□T シヒテ 17-7-16）

「強」には、平声と上声の二声調があり、それぞれ、意味は次の通りである。

強　広韻平声陽韻　健也暴也　つよい・つよめる

強　広韻上声養韻　（勉亦彊）注19　つとめる・すゝめる・しひる・しひて

前掲の例は、次の文中に用ゐられてゐる。

病て不レ出門 無ソコハクノ限時 今朝強(去)て出 與誰と期む 17-136

この「強」は「シヒテ」の意が適切であるから、上声である。しかし、頭子音が濁音であるので、上声全濁字の声調である去声点が付せられたものである。

⒃ 相

「相」に平声点の付せられた、次の一例がある。

相ヒ(平重)イル謝シ 6-239 （□T-□イテ 6-11-14）

「相」には、平声と去声の二声調があり、それぞれ、意味は次の通りである。

相　広韻平声陽韻　共供也瞻視也　あひ・互いに・ともに・みる

相　　広韻去声漾韻　　視也助也扶也　　みる・かたち・様子・助ける・補佐役・宰相

前掲の例は、次の文中に使用されてゐる。

月與二寶一相(去)ヒ(平重)イル 射シ 晶－光爭フ 鮮－研コトヲテム 6－239

この平声点は、音読を示すものではなく、傍訓「ヒ」と共に「アヒ」の意の訓読みを示すものと見られる。

因みに、去声点は八例あり、すべて、「補佐役・宰相」の意である。

相(去)たり 6－81（□T 6－4－14）　相(去) 38－197（□T 55－10－11）　相(去)－門 39－79（□□T 56－4－10）

右－丞－相(去) 12－188（□□□T 12－11－18）　外－相(去) 54－375（□－□T 24－20－1）　將－相(去) 33 P.507 5（□T－

□50－11－1）39－327（□－□T 56－17－6）　丞－相(去) 12－211（□□T 12－12－20）

⒄　横

「横」に去声点が付せられた、次の一例がある。

横(去)に 52－185（□Tヨコタヘルニ 22－10－7）

「横」には、平声と去声の二声調があり、それぞれ、意味は次の通りである。

横　　広韻平声庚韻　　縦横也　　よこ・よこたはる・よこぎる

横　　広韻去声敬韻　　非理來　　よこしま・ほしいまま

前掲の例は、次の文中に使用されてゐる。

何異ソラム花開の旦-暝ことに間の　未レ落ルシキアフに仍遭風-雨の(去)横に52-185

この去声点は、立野春節本の「ヨコタヘルニ」の平声の意ではなく、去声の「ヨコシマ・ホシイママ」の意を指示してゐるものと思はれる。

(18) 三

「三」に去声点の付せられたものは、五例ある。

三(去)ヒ12-115(□T12-6-5)21-64(□Tヒ38-3-9)52-400(欠T)　三(去)17-264(□Tヒ17-14-5)

三(去)ヒ-思(去)省摺本41-87(□Tタヒ省にミ58-4-14)

「三」には、平声と去声の二声調があり、それぞれ、意味は次の通りである。

三　広韻平声談韻　数名　みつ・さん・みたび・たびたび

三　広韻去声闞韻　三思　みたび・しばしば・たびたび

初めの三例は、「ヒ」の傍訓があるので、第一例の立野春節本のやうに、「ミタビ」と訓読みにするものである。その意を、去声点が示したと見られる。第四例も、同様の訓読みである。「三(去)ヒ-思」は、右傍に小字で「省摺本」とあり、それに合点が付せられてゐるので、摺本と校合した結果、「省」を正しいとしたものである。つまり、最初「三思」の字面に音合符を付して二字語に読んだが、校合で「省」が正しいと知り、「三」に去声点と傍訓「ヒ」を書き入れ、立野春節本のやうに「ミタビカヘリミ」と訓読みしたと推定される。

「三」については、當山日出夫氏が言及してゐる。

乙　声点の偏頗

声点の偏頗とは、複数の声調をもつ漢字で、その一声調だけに声点が付けられ、他の声調の場合には殆んど声点が付せられないといふ、声点の偏よりを指す。

當山日出夫氏は『神田本白氏文集』について、複数声調をもつ「王・宿・斷・長・衣・三」の声点を調査して、声点が付せられた例は余り一般的でない特殊な意味の声調である。これに対し、周知の通常の意味の場合には、声点が付せられない傾向があることを説いた。

例へば、「宿」は四例あつて、「星-宿(去)」の一例にのみ去声点があり、「星座・星次」の意味である。が、「宿」の通常の意の「向空床宿・夜宿・宿露」には、本来あるべき入声点がない。また、「衣」は全部で二三例あるが、その中二例にのみ、去声点が付せられてゐる。去声は動詞「きる」の意であり、通常の意の「衣服・衣裳」の二十例には、本来あるべき平声点が付せられてゐない。

このやうに、声点の偏頗があることを、當山氏が明らかにした。注20 これと同様の声点の偏頗が、『金澤文庫本白氏文集』にも見受けられる。以下、順次述べる。

(1)　重

「重」には、平声・上声・去声の三声調があり。それぞれ、意味は次の通りである。

重　　広韻平声鍾韻　　複也重也　　かさねる・かさなる
重　　広韻上声腫韻　　多也厚也善也慎也　　おもい・おほい・あつい・よい

重　広韻去声用韻　更爲也　　ふたたびする・おもんずる・たつとぶ

「重」は全濁澄母の字なので、上声には去声点が付せられ、上声・去声は声点では区別できない。

さて、「重」に平声点が付せられてゐるのは、次の一例のみである。

重(平重)―膇(す)21―83（□(T)―□(ス)38―4―7）

これに対し、去声点は二八例付せられてゐる。

重(去)12―271（□(T)(ンセ)12―10―4）　重(去)(クセヨ)22―20（□(T)(セヨ)39―1―11）　重(去)31―128（□(T)(キ)48―5―9）　38―193（□(T)(フソ)55―10―7）　39―453（□(T)(シ)56―23―13）　重(去)(シ)38―148（□(T)(シ)55―8―5）　重(去)(オモ)39―404（□(T)(ナリ)56―21―5）　重(去)(ス)38―297（□(Tヲモフソ)55―15―6）　重(去)―因31―237（□(T)―□(シ)48―11―1）　重(去)―寄(とて)38―、170（□(T)□55―9―6）　重(去)―寄38―269（□(T)□55―13―19）　重(去)―寄(去)39―457（□(T)―□56―23―17）　重(去)官33―P.491 6（□(T)―□50―4―5）　重(去)―困(スラム)33―P.491 2（□(T)―□(スラン)50―3―20）　重(去)―臣39―109（□(T)□56―6―8）　重(去)―任(去)39―327（□(T)―□56―17―6）　重(去)―選(なり)38―163（□(T)―□55―8―19）　重(去)―秩31―165（□(T)―□48―7―8）　重(去)―鎮38―213（□(T)―□55―11―5）　重(去)―望39―431（□(T)―□(ナリ)56―22―10）　重(去)―藩39―224（□(T)□56―12―1）　要―重(去)38―165（□(T)□55―9―1）　親―重(去)33―P.500 6（□(T)□(ト)50―8―5）　親―重(去)(セシことは)（□(T)―□(スルトキンハ)48―11―9）　崇―重(去)39―442（□(T)□56―23―2）

清―重(去)39―409（□□T56―21―9）　秘―重(去)す12―168（□T―□メ12―8―17）　榮―重(去)ナラン31―262（□T□ナラ48―12―10）

「重」は、一般的意味の去声点が多くて、特殊な意味の平声点は一例といふ、声点の偏頗が見られる。

(2)　語

「語」には、上声と去声の二声調があり、それぞれ、意味は次の通りである。

語　広韻上声語韻　説文論也　かたる・話す・ことば

語　広韻去声御韻　説也告也　つげる・説く

上声点が付せられてゐるのは、次の七例である。

語(上濁)キヨセムト54―199（□Tラント24―10―19）　語(上)62―75（□Tル29―5―4）65―252（欠T）65―228（□Tル「32―10―19）　語(上)―言28―273（□T―□45―10―17）　罵―語(上)68―145（□T□35―8―13）　私サ、ヤキコトセシ―語(上濁)12―304（□Tサ、―□メコト12―11―14）

一字語の四例は、立野春節本に「ラント・ル・ル「」の傍訓があり、「かたる」の意である。二字語の三例も、それぞれ、「ことば・話す」の意であり、上声の意味に適合する。

去声点が付せられてゐるのは、次の一例である。

相―語(去)す52―83（□T―□ス22―5―4）

これは、「和微之二十二首」の中の「和三月三十日四十韻」の詩の、次の句中の例である。

両‐心 苦に相‐憶フ　両‐口 遙に相‐語(去)す

親友の元微之は山陰——浙江省の県——にゐて、長安の白居易とは、手紙の往来によつたので、この「語」は去声の意である。

以上、「語」は、一般的意味の上声に、声点が偏頗してゐる。

(3) 濟

「濟」には、上声と去声の二声調があり、それぞれ、意味は次の通りである。

濟　広韻上声薺韻　定也止也濟也亦濟濟多威儀皃　ひとしい・ひとしくする・入れる

濟　広韻去声霽韻　渡也定也止也又卦名既濟　わたる・すくふ・たすける・すむ・なす

上声点の付せられたものは、次の一例である。

(上)濟31‐106（T□スクヒヲ48‐4‐4）

去声点の付せられたものは、次の六例である。

(去)濟スル21‐22（T□フニ38‐1‐10）　(去)濟21‐23（T□フニ38‐1‐11）　(去)濟スルガ21‐142（T□スルカ38‐7‐5）

(去)濟24‐108（T□ナス41‐5‐14）　相‐(去)濟ス21‐36（T□‐□スクフテ38‐2‐3）　既‐(去)濟21‐70（T□‐□38‐3‐16）

上声点の例は、次の文中に使用されてゐる。

況師旅未息調食方急倚成取済非爾而誰 31-106

金澤文庫本は、「等しくすること」の意と解して上声点を付したものであらう。しかし、立野春節本は「急を救ふ」意に解して、「スクヒヲ」の傍訓を付したものと見られる。

「濟」は、「ひとしい」意よりも一般的周知と思はれる去声の「すくふ」意に声点が多く付せられてゐて、声点の偏頗が見られる。

(4) 陳

「陳」には、平声と去声の二声調があり、それぞれ、意味は次の通りである。

陳　広韻平声眞韻　陳列也張也衆也布也故也　つらねる・ならぶ・述べる・古い

陳　広韻去声震韻　列也

去声点は次の一例で、河南省の城塁の名で、去声の意に適当する。

勾-陳(去) 33-P.500 8 (□T □50-8-6)

平声点の付せられたものは、次の四例である。

陳(平重) 39-185 (□T 56-10-2)　陳(平重)セヨ 39-261 (□T—セヨ 56-13-17)　陳(平重)シ 41-39 (□T シテ 58-2-10)

陳-許(平重) 31-184 (□T □48-8-6)

一般的意味の平声に、声点の偏頗が見られる。

(5) 分

「分」には、平声と去声の二声調があり、頭子音にも清濁の別がある。それぞれ、意味は次の通りである。

分　広韻平声文韻全清非母　賦也施也與也説文別也　わける・わかつ・わかれる・わかれ

分　広韻去声問韻全濁奉母　分劑　わかち・組わけ・さだめ・つとめ・身分

平声点は次の一例のみである。

中－分(平重)レは 68－140（□T－□スルニ 35－8－8）

去声点は、次の十一例に付せられてゐる。

(去)分17－375（□T 17－19－16）39－199（□T 56－10－16）52－80（□T 22－5－2）52－123（□T 22－7－5）
68－35（□Tテ 35－2－19）68－98（□T 35－6－5）68－151（表T－□35－8－19）68－218（□T 35－12－7）
分－義63－224（□T－□30－12－2）　交－(去)分62－73（□T－□29－5－2）　甘－(去)分ワカ35－281（□Tレメ□35－
15－6）

去声に声点が偏頗してゐるが、去声の意味は必ずしも一般的でないとは言へない。

(6) 飯

「飯」には、上声と去声の二声調があるが、全濁字なので、上声は去声点が付せられる。それぞれ、意味は次の通りである。

飯　広韻上声阮韻　餐飯禮云三飯是　いひ・めし・御飯

飯　広韻去声願韻　周書云黄帝始炊穀爲飯　くふ・御飯をたべる・めし

去声点が付せられた「飯」が二例ある。

飯(去)シ63－239（□T30－12－15）　飯(去)テ68－211（□Tソ35－11－20）

二例ともに「食事する」意で、去声の意に適合する。

金澤文庫本には、上声の意の「飯」が次の六例あるが、すべて、声点は付せられてゐない。

飯62－128（□T29－7－17）63－19（□T30－2－5）63－25（□T30－2－11）63－66（□T30－4－10）63－83（□T30－5－5）63－175（□T30－9－15）

去声の意の「飯」は、右の二例がすべてであり、二例ともに声点が付せられるといふ、声点の偏頗が見られる。

(8) 轉

「轉」には、上声と去声の二声調があり、それぞれ、意味は次の通りである。

轉　広韻上声獮韻　動也運也　まはる・ころぶ・うつる・うたた

轉　広韻去声線韻　流轉　まはす・ころばす・うつす

上声点が付せられた「轉」は、次の三例である。

（上濁）轉－動（シテ）12－196（□－□（メ）12－12－6）　展－（上）轉（シテ）12－217（□－□（トメ）12－13－5）　圓－（上）轉（ト）6－237（□－□（タルノ）6－11－12）

去声点が付せられた「轉」は、次の三例である。

（去）轉（す）24－81（□（ス）41－4－1）　（去）轉－徙（スルコト）12－337（□□（タウツサル）12－10－15）　（去）轉－運24（判官）－23（□－□（ラル）41－1－18）

上声点、去声点ともに三例で、特に偏頗は無いやうだが、金澤文庫本では、「轉（ス）」が十六例あるうち、右の一例にのみ、去声点が付せられてゐる。他の十五例は次の通りである。

轉（コトノ）（スル）6－184（□（メ）6－9－5）　轉（ル）6－352（□（シ）6－12－5）　轉（ス）9－296（□（ツテ）9－13－15）　轉（メクラシ）12－346（□（シ）12－17－2）　□（スルカ）17－150（□（スルカ）17－9－1）　轉17－240（□（メ）17－13－1）　轉17－381（□（ス）17－20－2）　轉38－137（□（メ）55－7－14）　轉（メクル）（す）52－38（□（メクル）22－3－1）　轉52－351（□（ス）22－18－11）　轉54－31（□（ス）24－2－13）　轉（ス）63－85（□30－5－7）　轉63－209（□30－11－7）　68－14（□（スルヨリ）35－1－17）　㤲－轉（て）68－342（□（メ）35－18－10）

(9) 斷

「斷」には、上声と去声の二声調があり、それぞれ、次の意味である。

斷　広韻上声緩韻　絶也　たつ・ことわる

断　　広韻去声換韻　　決断　　きめる・裁く・思ひきる

「断」は全濁字なので、上声も去声点が付せられる。去声点の付せられたのは、次の一例のみである。

断(去)セ33―P.504 5（□T セハ50―9―16）

これは、次の文中に使用されてゐて、「裁く」意である。

仲尼(人名)誨ヲシヘテ曰　愛而て恕可以は容テイレツ困を温而て断(去)セは可以抑テツレ姦を

「裁く」意の「断ス」は、金澤文庫本では、この一例のみである。

上声の意の「断」は、次の四例あるが、四例とも声点が付せられてゐない。

断28―303（□T45―11―19）39―438（□Tス56―22―18）41―190（□Tス58―9―10）47―89（□Tコトハリ64―4―15）

また、「断」を構成要素としてゐる、次の二語四例にも、声点が付けられてゐない。

断―絶こと12―17（□T―□12―1―18）　断腸9―263（□T―□9―12―9）　断レ腸65―145（□T―□32―8―10）68―355（□T―□35―19―3）

(9) 好

「好」には、上声と去声の二声調があり、それぞれ、次の意味である。

好　広韻上声晧韻　善也美也　よい・美しい・よしみ

好　広韻去声号韻　愛好亦壁孔也　このむ・このみ

上声点が付せられてゐるのは、次の一例である。

(去)好−合(入軽)12−249(□−□メ12−14−15)

去声点が付せられてゐるのも、次の一例である。

(去)好17−171(□ミト17−9−12)

この「好」は、次の文中に使用されてゐるもので、去声の意に適合してゐる。

殆に數−百−篇　雖　藏　篋中に永爲レ(去)好不レ若置はを之坐右ニ

偏頗の有無を判断するには、例数が少ない。

⑽　夭

「夭」には、平声と上声の二声調があり、上声には二音がある。それぞれ、次の意味である。

夭　広韻平声宵韻　和舒之皃　わかい・わざはひ

夭　広韻上声小韻　屈也　わかじに・若死する

夭　広韻上声皓韻　禮曰不殀夭本　わかご・はらご

平声点が付せられてゐるのは、次の一例で、平声の意に適合する。

(平軽)夭−桃52−384(□−□22−20−4)

上声点が付せられてゐるのは、次の四例である。

(上)夭なりと52−60(□ナリ22−4−2)　(上)夭−閼セ52−262(□−□22−14−4)　(上)夭−折6−15−3(□−

□ス 6-7-19）暴-天(上)セリ 62-163（□T-□メ 29-9-12）

右の第一例の「天」は、次の文で使用されてゐて、「若死」の意である。

紫綬足レ可レリ榮トス　白-頭不レ爲レ(上)天なりト

上声点の四例はすべて「若死」の意で、上声小韻の意に適合する。

「天」には、或程度の偏頗が見られる。

⑾　長

「長」には、平声・上声・去声の三声調があり、それぞれ、意味は次の通りである。

長	広韻平声陽韻全濁澄母	久也遠也常也永也	ながい・とこしへに・身長
長	広韻上声養韻全清和母	大也	年長・をさ・君主・まさる・成長する
長	広韻去声漾韻全濁澄母	多也	ながさ・多い・あまり・年かさ

平声点が付せられてゐるのは、次の一例のみである。

所-長セル セラ(平重) 52-8（□T レ□セル 22-1-11）

この例は疑問がある。それは、次の文中での使用で、「まさる」の意なので、上声の意に適合するからである。

約ツヽメレ體ヲツクル爲ナス江 文ヲ　文成テ而理勝カテリ此　足下素ヨリ所-長セル セラ(平重)者なり

その上、「所長」には、他に一例、上声点の付せられた例がある。その例文を次に示す。

得丹(たり)ー青之妙　傳　寫之要(を)毛ー羣　羽ー族　尤　是　所ー(上)長(なり)　22ー48（□ー□(T)(なり)39ー2ー19）

同じ語「所長」で、意味も同じ「まさる・すぐれる」で、上声の意に適合してゐる。従つて、平声点は、誤解による加点の誤りと見られる。

上声点が付せられた二十数例を、次に列擧する。

(イ)(上)長(テ)12ー71（□ー(T)(ヌ)12ー4ー5）　(ロ)(上)長54ー212（□(T)(ヌ)24ー11ー12）　(ハ)(上)長28ー99（□(T)(シテ)45ー4ー9）　(ニ)(上)長(たり)33ーP.491 2（□ー(T)(タリ)50ー4ー1）　(ホ)(上)長|(スル)24ー29（□(T)(スルニ)41ー2ー4）　(ヘ)(上)長(シ)6ー221（□(T)(ク)6ー10ー18）　(ト)(上)長(セリ)63ー256（□(T)30ー13ー12）　(チ)(上)長(セリ)68ー161（□ー(T)(ス)35ー9ー10）　(リ)(上)長(セル)52ー387（□ー(T)(セル)22ー20ー7）　(ヌ)(上)長(テ)39ー425（□(T)(ヌ)56ー22ー4）　(ル)年(上)長(テ)6ー298（□(T)ー□(ヌ)6ー14ー7）　(ヲ)(上)長(ヒ)ー成(セリ)(レリ)9ー263（□(T)(ヒト、ナレリ)ー□12ー9ー16）　(ワ)(上)長ー年6ー321（□(T)ー□6ー15ー8）　(カ)(上)長ー(上)吏12ー208（□(T)ー□12ー12ー17）　(ヨ)(上)長ー吏30 P.491 1（□(T)□50ー3ー19）30ーP.514 3（□□50ー13ー20）38ー49（□(T)ー□55ー3ー9）38ー60（□(T)ー□55ー3ー19）　(タ)優ー(上)長(なり)38ー249（□(T)ー□(ナリ)55ー12ー20）　(レ)君ー(上)長33ーP.493 2（□(T)ー□50ー4ー17）　(ソ)君(上)長33ーP.487 1（□(T)□50ー2ー7）　(ツ)曹(上)長9ー250（□(T)(人名)□9ー11ー17）52ー368（□(T)□22ー19ー8）　(ネ)所ー(上)長22ー48（□(T)ー□39ー2ー19）　(ナ)太(去)ー(上)長ー公ー主12ー207（□(T)□□□12ー12ー16）　(ラ)韋(上)長史62ー200（□(T)□□29ー11ー9）　(ム)院ー(上)長28ー229（□(T)□45ー9ー4）

右のうち、(イ)〜(リ)は、それぞれ、次の文中の用例である。

(イ)　我年漸(上)長忽自驚　鏡中冉冉髭鬚生

(ロ)　両処也応相憶在　官高年(上)長少情親

(ハ)　自登朝年歯漸(上)長閲事漸多

(ニ)　以諒(人名)自澄城(上)長尚書郎中間又再為州牧三宰劇県

(ホ)　矮子公小字也及(上)長居荊州右首県

(ヘ)　樹木多瘦堅　根株抱石(上)長

(ト)　食桃種其核　一年核生芽　二年(上)長枝葉

(チ)　苿萓春來盈女手　梧桐老去(上)長孫枝

(リ)　豈無池塘(上)長秋草　亦有絲竹生塵埃

(ヌ)　卿幼承義訓(上)長有令聞

以上の例は、それぞれ、上声の意に適合するので、上声点は妥当である。

(ル)以下の例も、上声の意に適合する。ただ、(ヲ)の例は、上声点が訓読を示すものとも解せるが、二字語「長成」の声調を示したものと見たい。

次に去声点については、既に前節「⒁長」の項で、音読みではなく訓読みを示すものとして、述べた。

「長」は、平声の「長い」に匹敵する一般的意味である「成長する・かしら」の意の上声点が多数付せられてゐて、偏頗が見られる。

(12) 將

「將」には、平声と去声の二声調があり、それぞれ、意味は次の通りである。

將　広韻平声陽韻　送也行也大也助也辞也　まさに……・もつて・はた・たすける・ゆく

將　広韻去声漾韻　將帥　將軍・ひきゐる

平声点は、次の二例に付せられてゐる。第二例には、去声点も付せられてゐる。

將(平軽)-來(平軽)12-258(□-□12-15-3)　雲-將(去)(平軽)52-68(□-□22-4-10)

第一例は、平声の意に適合してゐる。第二例は、次の文中での用例である。

雨-師(は)-習-習(とて)灑(ク)　雲-將(去)(平軽)飄-々(とて)翥(ハ)

雨の神を雨師と表現したのと対応して、雲の神を雲將と表現したもので、去声の意が適当である。恐らく、平声点は過誤であらう。

去声点の付せられたものは、十数例あり、すべて「將軍」の意である。

將(去)17-278(□17-14-18)　38-197(□55-10-10)　39-141(□56-7-20)　47-184(□64-9-15)　63-15(□30-1-20)　將(去)-校39-89(□-□56-5-9)　將(去)才38-157(□-材55-8-13)　將(去)

－相（去）33－P.507 5（□－□50－11－1）39－327（□－□56－17－6）將（去）－守38－92（□－□55－5－11）

將（去）帥21－283（□□38－14－3）將（去）－門38－119（□□55－6－16）39－415（□□56－21－14）

主－將（去）39－194（□－□56－10－11）裨－將（去）とて31－224（□－□48－10－8）良－將（去）39－123（□－□56－7－2）

「將」は一般的意味の去声点が殆んどで、特殊な意の平声点は一例のみであり、声点の偏頗が見られる。

⒀　王

「王」には、平声と去声の二声調があり、それぞれ、次の意味である。

王　広韻平声陽韻　大也君也又姓　きみ・王者・君王

王　広韻去声漾韻　覇王又盛也　覇王・王となる・盛ん

平声点の付せられたものが二例、去声点の付せられたものが一例ある。

君（平軽）－王（平重）12－247（□－□12－14－13）王（平重）－質シツ（入軽）－夫（上）12－253（□□□（人名）12－14－18）

王（去）タリ21－113（□タリ38－5－17）

平声点の二例は、それぞれ、平声の意に適合してゐる。去声点は、次の例文の中の用例であり、去声の意に適合する。

蓋弓矢合ヒ規ノリに容－止有儀必氣盈て而神王（去）タリ

「王」は、平声・去声に声点が付せられてゐるが、例数が少なく、明確な偏頗は見られない。

⒁ 行

「行」には、平声と去声の四声調があり、それぞれ、次の意味である。

行　広韻平声庚韻　行歩也適也往也去也　ゆく・あるく・すすむ・さる・やる

行　広韻去声敬韻　景迹亦事也言也　おこなひ・こと・巡視する

行　広韻平声唐韻　伍也列也　つら・ならび・陣立て

行　広韻去声宕韻　次第　ついで・とも

平声点が付せられてゐるのは、次の四例である。

行(平重) 9-145（□T 9-7-7）　行(平重)簡 22-177（□□T(人名) 39-8-20）　行(平重)-走テ 6-278（□T-□ 6-13-9）　班-行(平重)の 62-51（□T-□ 29-4-3）

第一例は、次の文中の用例で、平声庚韻の意に適合する。

十里に向北に行(平重)　寒風吹て破ソコナフル耳を

去声点が付せられてゐるのは、次の十九例である。

(イ) 行(去) 22-18（□T 39-1-10）　(ロ) 行(去) 24-56（□T 41-3-9）　(ハ) 行(去) 31-204（□T 48-9-7）

(ニ) 行(去) 38-32（□T 55-2-14）　(ホ) 行(去) 38-89（□T 55-5-8）　(ヘ) 行(去) 39-70（□T 56-4-10）

(ト) 行(去)33―P.497 5（□T 50―6―17） 行(去)―狀24―25（□T―□41―1―20） 學―行(去)38―132（□T―□55―7―9） 言―行(去)31―246（□T―□48―11―1） 志―行(去)38―249（□T―□55―12―20） 儒―行(去)21―58（□T―38―3―3） 愼―行(去)38―301（欠T） 正―行(去)38―23（□T―□55―2―6） 節―行(去)24―99（□T□41―5―7） 文―行(去)24―33（□T□41―2―7） 38―16（□T―□55―1―19） 38―51（□T―□55―3―10） 理―行(去)39―462（□T□56―24―2）

右の(イ)～(ト)の「行」は、それぞれ、次の文中の用例である。

(イ) 聞毀勿戚―戚聞譽勿欣―欣自顧行(去)如何　毀譽安足論
(ロ) 古―者基有表表有云顯其行(去)省其文
(ハ) 爲郎見其行(去)爲郡聞其聲
(ニ) 韋貫(人名)之沈―實堅―峻文以禮―樂行(去)成於内移―用於官
(ホ) 爾良―能爲(去)予無―字縣賞佇効勉哉是行(去)可授虢州刺史
(ヘ) 卿業重相―門位崇戎―閫忠輸于國行(去)著于家
(ト) 韓愈(人名)母某氏等藉德累行(去)積中發外

右の諸例は、いづれも去声の意に適合してゐて、二字語も、それぞれ、去声の意に適合してゐる。

以上、「行」は、去声点が平声点よりも多く、相当偏頗が見られる。

⒂ 稱

「稱」には、平声と去声の二声調があり、それぞれ、次の意味である。

稱　広韻平声蒸韻　宣揚美事又言也好也揚也擧也足也　はかる・となへる・たたへる・あげる・誉

稱　広韻去声證韻　愜意又是也等也銓也度也　かなふ・天秤・ひとしい・匹適する

平声点が付せられてゐるのは、次の三例である。

(イ)稱(平軽)シ 33—P.492 7（□T 50ノ—4—15）　(ロ)稱(平軽)ツ 33—P.495 6（□T—ス 50—5—19）　(ハ)稱(平軽) 33—P.500 6（□Tス 50—8—4）

右の三例は、それぞれ、次の文中の用例で、平声の意に適合する。

(イ)況馳輶—軒に奉ウ璽—書稱(平軽)シ天子之使以耀焜絶—域者

(ロ)歴中—臺左—曹國—庠—卿—寺自(オヨヒ)藩守近—侍之職ヲ各於其任(去)皆有レ可レ稱(平軽)ツ

(ハ)左—右の羽—林尤稱(平軽)す親—重と

去声点が付せられてゐるのは、次の五例である。

(ニ)稱(去)31—202（□T 48—9—5）　(ホ)稱(去)38—67（□T 55—4—6）　(ヘ)稱(去)38—216（□T′ 55—11—7）

(ト)稱(去)す24—54（□T—41—3—7）　(チ)名—稱(去)38—234（□T—□55—12—6）

(ニ)〜(ト)の各例は、それぞれ、次の文中の用例である。

(ニ)　李(人名)　繁　精-強　博-敏にシテ　有　才-子之稱(去)

(ホ)　江-南　列-鎮す　良-師　則　多シ　集レ　課　程ハカルニ　功コトヲ　爾ナ　爲たり　稱(去)の　首ハシメ

(ヘ)　俗　用て　丕オホキニ　變す　人に　迄コトゴトク(アマネク)　小スコシ　康シ　三-載に　考に　功を　爾　爲たり　稱(去)の　首

(ト)　語に　曰　善-人は　吾　不と云リ　得　而て　見　之　矣　噫　善-人　之　稱(去)　難カタハナカ　乎　哉

(ニ)〜(ト)は、「名声・誉れ」の意で、字書類は平声の意とするが、金澤文庫本ではすべて去声点であり、(チ)「名稱」は単なる「呼び名」の意であるが、去声点が付せられてゐる。すべて名詞の場合であり、それなりに一貫してゐるが、次の上声点の例と共に、多少の疑念が残る。

(上)稱シテ　12-231　(□T-ヌ　12-13-18)

これは「長恨歌」の中の次の用例である。

方　士　因て　稱(上)シテ　唐　天-子(平重)の　使-者ニ　且　致ナリトカツクス　其の(去)　命ヲ

この「稱」は、平声の意である。惑いは、「平声軽」の声点を、移点の際に誤つたものであらうか。存疑。

以上、「稱」には、声点の偏頗は明確ではない。

⒃　應

「應」には、平声と去声の二声調があり、それぞれ、次の意味である。

應　広韻平声蒸韻　當也　まさに……べし・きつと……であらう

應　広韻去声證韻　物相應也　こたへる・したがふ・かなふ

「應」に平声点を付した例は無く、声点の付せられた九例はすべて去声点である。

(イ)應(去)31－261（□T―ス48－12－9）　(ロ)應(去)39－167（□T―シ56－9－6）　(ハ)應(去)すと21－246（□T―スル「38－12－7）

(ニ)應(去)シメツ38－203（□Tシツ55－10－16）　(ホ)應(去)セシム24－132（□T―ス41－6－14）　(ヘ)相－應(去)す65－304（□T－□ス32－13－5）

(ト)應(去)－對38－236（□T□55－12－7）　(チ)應(去)－對す38－305（欠T）　(リ)應(去)－用21－303（□T－□38－15－2）

(イ)～(ホ)は、それぞれ、次の文中の用例である。

(イ)　夫惟(オモは)刺－史(は)守(たり)列－城(に)郎官(な)應(去)列－宿(に)選－任倚－寄(は)非(レ)不(には)榮－重(ナラ)

(ロ)　固(に)可(ニか)乘(レ)勢(に)應(去)(レ)機(に)逐(レ)使(を)進－討(一す)

(ハ)　爰(コゝ)作(ナ)瑞(を)於秦－川(に)應(去)(すこと)必有(む)徴(シルシ)

(ニ)　夫坦(タム)－然(たる)公－道可(ノフ)以(て)叙(シメツ)衆－才(を)曠－然(たる)虚－懐可以(て)應(去)(シメツ)群－務(に)

(ホ)　伯(人名)連得六－人以(て)應(去)(セシム)詔(に)

右の(イ)～(ホ)は、それぞれ、去声の意に適合するし、(ヘ)～(リ)の用例も去声の意に相当してゐるので、去声点が付せられてゐるのは、妥当である。

一方、平声の意の「應」も、次の如く使用されてゐるが、声点は付せられてゐない。

如〔キハ〕我与君〔ノ〕心〔ノ〕相知〔こと〕應有数〔(去)〕（6―203T　6―10―2）

曉來〔て〕夢〔に〕見〔ル〕君〔を〕應〔シ〕是君〔が〕相憶（9―202T　9―13―12）

巻第六には右の他二例（131・340）、巻第九には右の他一例（292）、巻第十二には二例（98・150）、巻第十七には九例（166・203・208・266・286・326・370・398・428）ある。この四巻で十六例平声の意の「應」が使用されてゐるが、すべて、声点は付せられてゐない。

以上、「應」は去声点に偏頗してゐる。

(17) 結び

複数の声調をもつ字について、声点の偏頗の有無を考察してきたが、その結果を第六表に示す。表の記号は次の通りである。

○ 偏頗あり　× 偏頗なし　△ 若干偏頗あり　? 偏頗の有無不明確

普 普通一般的な意味の用法　特 特殊な意味の場合

第六表

(番号)	文字	偏頗の有無	意味の別
1	重	○	普
2	語	○	普
3	濟	○	普
4	陳	○	普
5	分	○	(特)
6	飯	○	特
7	轉	×	
8	斷	△	(特)
9	好	?	
10	夭	△	(普)
11	長	○	(普)
12	將	○	普
13	王	×	
14	行	○	特
15	稱	×	
16	應	○	普

声点の偏頗は、右の表の半数以上の字について見られるが、偏頗のない字もある。また、声点の偏頗は、普通の一般的意味の場合が、半数以上を占め、特殊な意味の場合の方が少ない。ただ、一般的意味か、特殊な意味かは、金澤文庫本の加点者と筆者（柏谷）とでは、異なる可能性がある。

右の表の「將・應」の所謂再読文字になる場合には、ともに、声点が付せられてゐない点に注目される。

(三) 頭子音

字音の仮名注音と声点を手掛りとして、漢音と呉音とで差のある、次濁の明母・泥母・娘母・日母と全濁の匣母合口の字について、順次検討する。全濁の声母の字については、仮名に濁音符が付せられてゐないので、原則として、対象としない。語例の仮名音注・字音声点は、それぞれの項の該当字についてのみ示した。

(1) 明母

夢（去濁）ホウ―魂12―223　門楣（平重濁）ヒ12―210　野―縻（平重濁）ヒ6―278　憫（上濁）ヒン12―236　縹―眇（上濁）ヘウ12―292　憫默（入軽濁）ホク12―236　銷―没（入軽）ホツシテ12―255　蛾―眉ヒ12―210　未ヒ―央12―282　文―武フ62―222　塵―霧フ12―218　寂―寞ハクとて12―297　湯―沐（入軽濁）12―192　微（平重濁）ニシテ12―196　微（平重）12―85　武（上濁）淑妃12―189　靈―武（上濁）12―218　千―万（去濁）―數12―190　萬（去濁）―態12―199　茫（上濁）―然とて12―241　貘（入軽濁）22―5　霏―微（平重）6―225　美（上）31―68・31―138　夢―寐（去）52―210　亹（上）―亹21―244　無（平重）21―30　盧―士玫（平重）六梅38―124　姉―妹（去）12―206　門（平重）12―228　門―下（平重）12―233　没（入軽）イリテ12―226　没（入軽）て

62－78　没(入軽)21－165　遺－民(平重)12－259　(上)敏たるをは38－75　(上)敏33－P.493 1　(上)腤し敏－然とて22－120　腤し叔同忽(入軽)－然6－333

文(平重)24－119　聞(平重)セムことを33－P.502 2　聞(平重)シ31－92　(去)問に52－125　(去)問シ21－104　尤－物(入軽)12－257　哀－(上)挽シて12－120

(上)免す38－285　湧(平重)々6－250　(去)麵17－62　青－箆(入軽)17－62　(去)妙－能21－111　麻(平重)52－109　(上)馬－嵬12－213

(上)莽－蒼たる9－206　亡(平重)39－111　(去)妄21－152　(去)明22－163　明(平重)－慧12－204　明(平重)－年12－198　尋－盟(平重)39－365

(去)命12－231・52－17・52－183　(去)命ナラ68－58　(去)命シテ12－198　(去)命シ12－224・31－88　(去)命－婦12－191　名(平重)－姓

12－208　膜し麥(入軽)－拜とて52－26　窅－(上)冥21－153　旦－(去)瞑52－185　延－(去)袤し茂33－P.501 8　憫－黙(入軽)シキ9－29　華－(去)愓マン6－

231　線メム－綿とて12－305　愓マン－流6－252　顧－(去)眄メム12－203　草－莽マウ6－82　霢音麥－霂タリ莫卜反52－322　牧リキ(入軽)38－117

第一例から第六例までは、濁音点と共にハ行の仮名音注があるので、頭子音が「バ行音」であることは明らかである。第七例の単声点のハ行仮名音注、第八例以後のハ行仮名音注及び濁音点のみの例も、「バ行音」と見られる。明母が「バ行音」となるのは、漢音の一般的特徴であり、声調が漢音系であるのと矛盾しない。

最後の例「牧リキ」は、「マキ」の片仮名「マ」の字体「丆」を過つたのであらう。

最後から二番目の「霢－霂」の「霢」には、類音字注「音麥」があり、「麥」は「膜」の類音注にも使用されてゐる。「膜」は広韻入声鐸韻に属し、「寞」と同音である。この「寞」は、「寂－寞ハク」の例があり、「バ行音」である。従つて、「霢」も「バク」の音である。また、「霂」には「莫卜反」の反切注があり、反切上字の「莫」は「寞」と同音なので、「霂」は「ボク」の音である。

以上の例は、すべて、バ行音の頭子音である。

「霢－霂」の前の五例、即ち、「華－蔓（マン）・綿（メム）－綿・愓（マン）－流・顧眄（メム）・草莽（マウ）」はマ行音の仮名字音である。この中「華－蔓」は、巻第六「遊悟真寺詩」の次の句で使用されてゐる。

疊（タヽ）霜を爲（セリ）袈－裟（サト）　貫（ツラヌイ）雹ヲ爲華（クヱ）－蔓（去）（マント）

佛教語であり、また「華（クヱ）」が呉音であるので、「蔓（マン）」も呉音である。他の四例の「綿・愓・眄・莽」は、鼻音韻尾の「－n －ŋ」の影響で、頭子音も鼻音のままである可能性大である。

また、同じく鼻音韻尾を有する「門・民・湧・麺」も、同様と考へられる。同じく鼻音韻尾をもつ梗摂所属の「明・盟・命・名・冥・瞑」は、漢音「メイ」であり、ここも同じと考へられる。ただ、「明（去）」の一例は、「通偈」の題の詩で使用されてゐて、佛教語でもあり、去声の呉音声調でもあるので、「ミヤウ」と呉音であらう。

これらの、マ行音の他は、「明母」の頭子音をもつ字は、バ行音で読まれた。

(2) 泥　母

慙－忸（チク）（入軽）63－82　（上）腦（タウ）6－256　努（ト）21－32　内外（去濁）12－191　弘－農（平重）12－197　難（平重）（ナリ）12－57　險－難（平重）（なり）6－254

楊－難（平重）6－270　（上）煖－被（シテ）68－271　鬧（去）－熱63－70　煩－鬧（去）（なる）65－310　南（平重）－宮12－251　養－南（平重）－宮12－219

念（平重）12－247　能（平重）31－105・31－186・38－229・39－427・33－P.494 3・33 P.506 4　涅（ネツ）（入重）槃（シマヘリ・シタマヘリ）6－229

第四例までの四例は、タ行の仮名字音か、濁声点があるので、漢音の「ダ行音」である。

最後の「涅槃（ネツ）」は、巻第六の「遊悟眞寺詩」の中で使用されてゐる「佛教語」で、呉音の「ナ行音」である。

右以外の例では、鼻音韻尾を有する「難・煖（-n）、南・念（-m）、農・能（-ŋ）」は、「ナ行音」の可能性が大であるが、「煖」は「暖」と同音故、「ダ行音」の可能性の方が大きい。「閙」は、鼻音韻尾を有せず、また、佛教語でもないので、「ダ行音」の可能性が大きい。

(3) 娘母

纖－穠（平重濁）チョウ12－194　膩（去濁）チ－理12－194　女（上濁）12－209・12－210　妓女（上濁）12－203　侍－女（上濁）12－230　黏ネ17－287

最後の一例を除いて、タ行字音か、濁声点か、或いは両方があるので、漢音の「ダ行音」である。最後の一例「黏」は、鼻音韻尾-mを有するので、「ネム」の音で、その「ネ」だけが記されたと解せる。しかし、「ネム」は呉音と同形なので、呉音の可能性はあるが、佛教語ではないので、呉音とは断定できない。

(4) 日母

万－仭（去濁）シム6－262　潤（去濁）シュム－色12－255　大－兊シ（平軽）12－218　刵セツ（入軽）－劓47－355　人－間（平重濁）12－249　一－人（平重濁）12－234　才－人（平重濁）12－202　他－人（平重濁）12－240　旦－日（入軽濁）12－234　油－然トシテ（平重濁）12－192　悄－然とて（平重濁）12－233　茫－然とて（平重濁）12－241　肉（入軽）52－152　宂（去）－食54－356　貮（去）22－100　輀－車（平重）11－119　襦－袴（平重）12－389　童－孺（去）なり9－176　刃（去）39－498　軟（上）－弱21－236・31－237　任（去）31－245・38－39・38－41・33 P.495 1・33 P.495 2・33－P.495 6　任（去）す38－287　任－文（平重）－質39－256　任（去）重21－287　大－任（去）31－125　重－任（去）39－327　冉（去）々とて21－67　然（去）24

−124　盡−然(去)(とて)24−175　熱(入軽)(シ)63−25

「茫然」までの十二例は、サ行仮名字音か、濁声点か、或いは両方があるので、漢音の「ザ行音」である。「肉」以降の例では、鼻音韻尾を有しない「肉・貳・輀・襦・孺・熱」は、「ザ行音」の可能性大である。鼻音韻尾を有する「刃・軟・然（-n）、任・冉（-m）、冗（-ŋ）」は、「ザ行音・ナ行音」、両方の可能性があるが、漢音の「ザ行音」の可能性の方が大きい。

(5) 匣母合口

鄰(ケイ)(平重)−公3−88　明−慧(去)(クヱイ)12−204　夢−魂(平重)(コム)12−223　人−寰(平重)(クワン)6−261　畦(ケイ)中6−162　人−寰(クワン)12−300　青−環(クワン)6−252　憂患(クヱン)6−59　華(クヱ)−鬘(ミ)6−231　宮槐(平重)12−221　會(去)54−316・33 P.491 1・33 P.490 7　俳(平重)−佪(シテ)12−213　畫(去)6−272　畫(去)竹12−166　畫(上)鷁22−5　混(去)−澄21−136　活(入軽)−々(たる)21−256　灣−澴(平重)(とて)52−286　西−闤(平重)52−38　雙−鬘(平重)(ミ)12−229・12−230　遊−宦(去)(すス)6−203　炫(去)−燿(シ)21−248　和(去)(平重)(て)38−138　和(去)(シ)52−154　和(去)(を)62−205　華(去)21−62　華(去)山6−160　華(平重)−簪6−10　摦(去)21−273　皇(平重)12−223　蒼−黄(平重)12−217　地−黄(上)54−219　横(去)(に)52−185　弘(平重)−農12−194　畫(去濁)−船54−146　玄宗(平重濁)12−187

「憂患」までの八例は、カ行の仮名字音が記され、声点は単声点であるので、漢音の「カ行音」である。第九例は、「明母」の項で触れたやうに、「華(クヱ)」は呉音で、「華−鬘(ミ)」は佛教語である。原語はサンスクリット語の〈**Kusuma-**

mālā」の音譯語であるので、「華」を慣用的に清音に読む。

最後の二例は、濁声点が付せられてゐるので、ガ行音で呉音である。

右以外の單声点の例は、カ行音・ガ行音・ワ行音の可能性があり、いづれとも決しがたいが、カ行音の可能性が最も大きい。

(6)　特異な頭子音

これまで考察した頭子音以外で、注目される頭子音の例について、以下順次考察する。

i　「續(入軽濁)　座右銘」22－9

「續」は広韻入声燭韻全濁邪母の字であり、この例では濁声点が付せられてゐるので、呉音「ゾク」の読みである。これは、漢音を基調としてゐる全体の字音と調和しない。

書籍で、本篇・正篇に続く書などの「續日本紀・續日本後記」では「續」が「ショク」と漢音読みであるが、漢土著作の『續孟子』『續一切經音義』『續後漢書』『續文章軌範』『續高僧傳』などでは、「ゾク」と読むのが慣例であるし、我が國の著作の『續本朝文粹』『續萬葉集』『續本朝往生傳』『續浦島子傳』『續教訓抄』『續古今和歌集』『續後撰和歌集』などでも、「ゾク」と読み慣はしてゐる。

このやうな書名「續○○」の「續」を呉音読みに固定化する傾向が、金澤文庫本加点の十三世紀前半に、既に現れてゐたのであらう。

ii　「萬(去濁)－態(去濁)12－199」

「態」は、広韻去声代韻次清透母の字であり、この例の他に「尤(イフ)(平重)－態(去)(タイ)12－204」の清音の例がある。「萬－態」

では、濁声点が付せられてゐて、濁音である。これは、「萬」の鼻音韻尾-nの影響で、清音の「態」が連濁したものである。

iii 「浸-漬(去濁)24-150」

「漬」は、広韻去声寘韻全濁従母の字であり、漢音は清音であるが、この例では濁声点が付せられてゐる。これも、「浸」の鼻音韻尾-mの影響で、清音の「漬」が連濁したものである。

iv 「居(コ)-士(平重濁)6-279」

「士」は、広韻上声止韻全濁牀母の字である。この例の他に、「高-力-士(去)12-193・道(去)-士(去)12-223・方-士(去)12-225」の三例があり、すべて去声單声点である。「居士」では、「士」に平声濁声点が付せられてゐる。心空の『法華經音義』では、「士」に平声濁声点があるので、この「士」は呉音である。「居」の仮名字音「コ」も呉音である。この「居士」は、巻第六「遊悟眞寺詩」での使用例であり、佛教語として呉音読みされたものである。

v 「白(入重濁)琉璃6-236」

「白」は、広韻入声陌韻全濁並母の字である。濁声点が付せられてゐるので、呉音讀みで、前項と同じ「遊悟眞寺詩」の、次の句中で使用されてゐて、佛教語と見られる。

點綴(ティシ)佛(ノ)髻(モトヽリノ)上(ミウヘニ)　合(テ)爲七寶(ノ)冠(ヲ)　雙(ル)瓶(カメノ)白(入重濁)琉璃　色若秋(ノ)水(ノ)寒(カ)

(7) 結び

以上、頭子音を、漢音と呉音で差のある次濁字・匣母合口字、及び特異な頭子音の順に考慮して判明したことを、箇條書風に記す。

一、原則として、漢音の特徴を示す。
一、佛教語は、呉音読みである。
一、漢音での連濁の例が見られる。「萬態―・浸漬―」
一、「續」のやうに、呉音読みが固定化したと見られる例がある。

(四)　韻

漢音と呉音とで差のある韻のうち、仮名音注の付せられた字について、以下順次考察していく。韻目は、平声のみを挙げて、それに対応する上声・去声・入声の韻を含めた。また、語例の仮名音注は、当該の韻の字についてだけ記し、他の韻の字については省略した。

(1)　東　韻（直　音）

潼(トウ)(平重)―關12―212　擧―動(トウ)2―245

例数が少ないが、二例とも「㋔ウ」と、漢音の特徴を示してゐる。

(2)　東　韻（拗　音）

夢(ホウ)(去濁)―魂12―223　蝙蝠(フク)(入重)6―218　伏(フス)(入軽)38―35　慙―忸(チク)(入軽)30―82　肅(シク)(入軽)宗12―218

唇音の全清字「蝠」・全濁字「伏」の「㋒ク」は、漢音・呉音共通の音形であり、唇音次濁字「夢」の「㋔ウ」

の音形は、漢音の特徴を示す。また、舌音・歯音の入声字の「㋑ク」の音形も漢音の特徴を示す。

(3) 侯　韻

抖藪(トウソウシ)6-230　鬭(トウ)21-230　（上）偶(コウ)-釣6-14　盥-（去）漱(ソウ)6-354　鐘-漏(ロウ)12-286　口(ク)28-373

最後の一例以外は、「㋔ウ」の音形で、漢音の特徴を示す。最後の例「口(ク)」は、次の文中の用例である。

僕 門-内 之 口(ク) 雖レ不レ少、司 馬 之 俸 雖レ不レ多 量レ入 検(て)レ用(を)

「人口」など、人を数へる場合の「ひと」の意で、「クチ」の「ク」を傍記したことも解せるが、「俸」と対なので、音読の可能性が大きい。音読とすれば、「ク」は呉音である。

(4) 尤　韻

世-（去）婦(フ)12-202　命-（去）婦(フ)12-191　盩(チウ／チヤウ)（平重）-厔12-252　瘦(シウ)堅(タリ)6-221　唱-酬(シウ江)52-12　（去）壽(シウ)邸12-194　休(キウス)（平軽）12-245　尤(イフ)（平重）-態12-204　悠(イウ)-悠(たる)12-288　油(イウ)-然(とトシテ)12-192

最初の二例は、唇音で「㋒」の音形、漢音・呉音同形であるが、単声点なので漢音である。それ以外は、すべて「㋑ウ」の音形で、漢音の特徴を示す。

(5) 鍾　韻

織-穠(チヨウ)（平重濁）12-194　（去）従(シヨウ)-官12-213　玉-容(エウ)12-297　蜀(シヨク)（入軽）12-278　寵(テウ)-愛12-269　臨-卭(ケウ)12-289　艭(サウ)-

嶁(たる)6-248　拱(クヰヨウセリ)12-233　褥(ニク)68-70

「㋑ヨウ・㋑ヨク」は、漢音の音形である。ただ、喩母の「容(エウ)」は本来「ヨウ」であるが、「エウ」はオ段長音に変化してからの表記である。「寵(テウ)・卭(ケウ)」も同様の表記である。

「嶁(サウ)」は、諧声音符「雙」を誤讀した「百姓読」であらう。

「拱(クヰヨウ)」は、カ行合拗音の傳統的な表記である。

最後の例「褥(ニク)」は呉音読みである。日常生活の中での寝具であり、佛教語ではない。

暖(ては)臥(セリ)摩-綿褥(ノニクに)　寒(ては)傾藥-酒(ノ)螺(を)

この「褥(ニク)」は巻第四「紅線毯」にもあるので、参考までに、次に引用する。

蜀(地名)-都褥(ノニクハ)(シトネハ)-薄(ウスフメ)錦(ノ)-花冷(ヒヤ、カナリ)(シ)　大(地名)-原毯(ノカモハ)澁(シフクメ)毳(ニコケノ)縷(イトスチハ)硬(アラシ)4-114

(6)　齊韻

嬖(ヘイす)12-200　邸(テイ)-第(去)(タイ)12-207　壽邸(上)(テイ)12-194　題(テイス)9-114　曹-溪(ケイ)(平軽)6-30　犁(レイ)(平重)-鋤6-98　禮(ライ)(平重)拜(ス)6-231　佳-麗(レイ)12-268　畦(ケイ)6-162　明-慧(去)(クヱイ)12-204

「㋓イ」が漢音の音形である。「邸(テイ)-第(タイ)」の「第(タイ)」は呉音であるが、呉音の声調は平声濁音であるのに対し、この「第(タイ)」には去声單音が付せられてゐる点、不審である。

「禮(ライ)-拜」は呉音であるが、巻第六「遊悟真寺詩」の中の例で、佛教語としての讀みである。

(7) 庚韻（拗音）

新-垣-平(ヘイ)12-240　瀯瑩(エイ)(平重)12-195　戟(ケキ)12-213

すべて「㋓イ・㋓キ」の音形で、漢音の特徴を示す。

(8) 清韻

旌(平軽)-旗12-278　罃-纓(エイ)(平軽)12-214　一-頃(ケイ/キャウ)-餘14-120　瓊(ケイ)(平重)-戸12-232　縈(エイ)(平軽)紆6-227　積(セキ)(入重)-甃6-257

藉(セキ)(入軽)6-90　席(セキ)12-201　太-液(エキ)12-282　靈-液(エキ)(入軽)12-192　聖(シャウ)(平重)-經|6-270　無-釋(タク)(入重)24-67

「㋓イ・㋓キ」の音形で、漢音の特徴を示す。「聖(シャウ)-經」は呉音であるが、巻第六「遊悟眞寺詩」の中での例で、佛教語としての讀みである。

「無-釋(タク)」は、「鐸・擇・澤」と同じ諧声音符「睪」を「釋」が有してゐるので、諧声音符を誤讀した「百姓讀」である。

(9) 青韻

並(ヘイ)(去)-命38-52　鼷䶉(ケイレイ)6-259　扃(ケイ)(平軽)-開6-217　幽-僻(ヘキノ)6-130-糴(テキ)-比(入軽)41-161　折-糴(テフ)(入軽)41-165　折-糴(テフ)41-155　激(ケキシテ)(入軽)6-252　李-勣(セキ)3-71　閒(ヘキ)(平軽)21-80

「㋓イ・㋓キ」の音形は、漢音の特徴を示す。「糴(テフ)」の二例は、不審である。

⑽ 魚　韻

征－車（キヨ）9－207　語（キヨセムト）54－199　（去濁）馭（キヨシテ）12－225　（上）瘀（ヨ）絮（シヨ）52－4　（上）暑（シヨ）12－242　犁－鋤（シヨ）（平重）6－98　署（シヨ）（ヨ）6－119

歔（キヨ）－欷（平軽）（ス）12－222　璵（ヨ）璠6－257　不－豫（ヨ）12－251

「㋑ヨ・ヨ（喩母）」の音形で、漢音の特徴を示す。

⑾ 眞　韻

（上濁）憫（ヒン）－黙12－236　信（シン）21－27　（去）印（イン）6－266　（去）震（シム）－悼12－250　万－仞（去濁）（シム）6－262　王－質（シツ）（入軽）－夫12－253　麗－質（シツ）12－263

「㋑ン・㋑ツ」の音形で、漢音の特徴を示す。韻尾が「ム」と記された二例は、〔m〕韻尾が〔n〕韻尾と混同した結果生じたものである。

⑿ 侵　韻

華－簪（シム）（平重）6－10　參（シム）－差（トタル）12－293　（上）箴（シム）22－2　臨（リム）－邛12－289　揖（イフシテ）（入軽）12－235　邑（イフ）（入軽）12－253　八－音（ヲンノ）21－279

「㋑ム・㋑フ」の音形で、漢音の特徴を示す。

「八-音(ヲン)」は呉音であるが、巻第二十一「敢諫鼓賦」の次の一節で、使用されてゐる。

且(ハ)夫鼓(ノ)之爲(たること)用也或(とは)備(たり)於樂-懸(に)或(とは)施(す)於戎-政(に)以(て)諧(ヒ)八-音(ヲンノ)節-奏(に)以(て)
明(にす)三-軍(の)號-令(を)

この呉音讀みは、音樂分野の慣用的な讀みであらうか。

⒀ 覃 韻

鄭涵(カム)(平重)等 38-15　石-龕(コム) 6-216

「涵(カム)」の「㋐ム」の音形が漢音であり、「龕(コム)」の「㋔ム」の音形が呉音である。「石-龕」は、巻第六「遊悟眞寺詩」の使用例で、佛教語としての讀みである。

⒁ 咸 韻

素-緘(カム) 6-310　袷恰(カフカフトシテ) 6-228

「㋐ム・㋐フ」の音形で、漢音の特徴を示してゐる。

⒂ 銜

阿-監(カン) 12-285

「㋐ム」の音形が漢音であるが、韻尾が「ン」と混同してゐる。

(16) 肴　韻

乞巧(上)(カウ)12―244　校(去)(カウ)―書―郎12―252

「㋐ウ」の音形で、漢音の特徴を示す。

(17) 凡　韻

泛(ハム)6―45　渇乏(ハツ)(入軽)6―242

「㋐ム・㋐フ」の音形で、漢音の特徴を示す。

(18) 麻韻(直音)

假(カ)―飾(セル)6―10　閑―暇(カ)9―268　瓜(クワ)花(平重)12―243　華(クヱ)―鬘6―231

「㋐」の音形が漢音である。「華(クヱ)」は呉音であり、頭子音明母の項で既述したやうに、「華鬘」は佛教語である。

(19) 模韻(唇音)

歩(ホ)―揺12―266　戴―歩(ホ)―瑤12―198

「ホ」の音形で、漢音の特徴をもつ。

(20) 幽　韻

樛キウ(平重)―木6―254

「㋑ウ」の音形で、漢音の特徴をもつ。

(21) 山　韻

辨ヘム6―350　顧(去)眄メム12―203　嘲―哲タツ12―371

唇音の「㋓ン」、それ以外では「㋐ン・㋐ツ」の音形が、漢音である。「辨ヘム・眄メム」の韻尾「ム」は、〔n〕と〔m〕とが混同しての表記である。

(22) 職　韻

赩キヨク(入軽)21―176　比―翼ヨク12―304　潤―色ソクスル(入軽)12―255

「㋑ヨク・ヨク（喩母）」の音形で漢音の特徴を示す。「色ソク」は『韻鏡』の二等韻で直音であり、これも漢音の音形である。

(23) 韻のまとめ

以上の韻の面からの考察で、殆んどが漢音の音形であることが、明らかになつた。少数の佛教語が呉音に読まれてゐるが、佛教語以外でも、音樂関係や日常語の分野で呉音讀みの語が散見する。

また、諧声音符の誤讀による「百姓讀」も見られる。

第四節　古典との関連

(一) 訓点本と古典

『白氏文集』が我が国の古典に多大の影響を及ぼしてゐることは、古来、多くの先学によって指摘されてゐるが、近年、金澤文庫本などの諸本が容易に披見できるやうになり、研究が飛躍的に進展した。その成果が、『白居易研究講座』[注21]全七巻に集成された。わが国古典との関連についても、『千載佳句』『和漢朗詠集』『本朝麗藻』は勿論、『句題和歌』『古今和歌集』『枕冊子』『源氏物語』『朗詠・今様』『平家物語』――「覚一本」「延慶本」『源平盛衰記』「四部合戦状本」別に――『明月記』「謡曲」などへの影響が詳細に究明されてゐて、めざましいものがある。

就中、注目されたのは、大田次男博士の次の提言である。[注22]

点本の広い範囲への流布と社会的環境との間に因果関連を求めることは、それ程単純ではないが、白氏文集のような、中国文学に関する作品の点本の存在が文学史と関連させて、もっと採り上げられ考究されて然るべきと思うのである。（中略）

われわれは、源氏物語や枕草子をはじめ、和歌や説話文学・軍記物語など、国文学の殆どすべての分野の書物に漢籍が多数引かれ、その中で白詩が特に目立っていることも承知している。そういう場合、事もなげに、史記が引かれているとか、白氏文集の何巻の句が引かれるというが、それは、本來それらの白文のままの漢詩・漢文を指すべきではなく、これを正確にいえば、引かれているのは総て訓点の施された詩文であるのだが、このことは、それ程重大に考えられていないのではないか。（中略）

わが文人たちが漢詩を作成する場合は、白詩を受容しようとすれば、訓点に頼ることなく、当然、先ず白氏の生の漢語そのものに密接する。いうまでもなく、その成果が漢文学史にみられる白詩を享受して創作された作品群である。もう一つの主として国文関係分野の成果は、訓点の施された白氏の作品によって成し遂げられたとするのが私見である。筆者は、年来、文学史研究の中に於て、この漢籍に訓点を施すという営為の全体としての価値が、まだ正当に評価されていないのではないかと思っている。

この直言は、まことに至当なものである。例へば「長恨歌」の平安時代の訓み方を、金澤文庫本の訓点により再現した訓み下し文が、『新潮日本古典集成　源氏物語　一』の付録に、昭和五十一年に公表されてゐるが、右講座では、これに言及されてゐない。ただ、訓点関係の論文としては、小林芳規博士の「訓点費料より観た白詩受容」が収められてゐる。その内容を、一・二次に紹介する。

『源氏物語』の玉鬘の巻で、豊後守が朗詠したのは次の句である。

胡の地のせいじをばむなしくすて〲つ

これは、『白氏文集』巻第三「傳戎人」の中の句である。この訓みは、『神田本白氏文集』の天永四年（一一一三）点の訓みと一致する。しかも、神田本の別訓「妻児ハ」は大江家の家説であり、「妻児をば」は菅原家の家説である。そして、『白氏文集』から引かれた『源氏物語』の他の個所も菅原家の訓法であり、藤原定家の『源氏奥入』に引用された『白氏文集』の訓読も菅原家の訓法である。

このやうに、『白氏文集』の我が国古典への影響の研究には、訓点資料を介することの必要が、小林論文により、如実に示されてゐる。

太田博士の提言が実行に移され、研究が一層精詳を加へることを期待する。

(二)　注目される語句

『白氏文集』からの日本漢語が、我が国古典にどんなに使用されてゐるかといふ点は、解明が甚だ困難である。前項の例のやうな『白氏文集』の一句・一節の訓読が使用されてゐる場合は、『白氏文集』のものと特定し易い。しかし、単語の場合には、『白氏文集』以外から引用・摂取した可能性を捨てきれず、『白氏文集』からのものと、特定することは至難である。

例へば、日本漢語「天下」は、『源氏物語』桐壺の巻で、次のやうに使用されてゐる。

おほやけのかためとなりて、天下をたすくるかたにて見れば、またその相たがふべし。

この他、玉鬘・常夏・宿木の各巻にも使用されてゐる。

この「天下」は、『白氏文集』では、巻第一「贈樊著作」の一句に

凡此士與女　其道天下聞

とあるのを初出として、全部で約二九〇例、使用されてゐる。が、「天下」が『白氏文集』から摂取されたとは決定しにくい。

『論語』泰伯第八の最初の章にも、次のやうに「天下」が使用されてゐる。

子曰「泰伯其可謂至徳也已矣、三以天下譲、民無得而稱焉

この他、季子第十六・微子第十八にも使用されてゐる。

また、『孟子』では、離婁章句上・梁惠王章句下・盡心章句上などに使用例があるし、『老子』では、猒恥第十三・象元第二十五に、『莊子』では徐無鬼第二十五に、『荀子』では勧学篇第一に、『漢書』では高帝紀・賈誼伝などに、『戰国策』では秦策などに、『史記』では范睢伝などに、「天下」は多数使用されてゐる。それ故、日本漢語の「天下」が、どの漢籍から摂取されたかを特定することは、甚だ困難である。

従つて、以下に取り上げて検討する語は、管見に入つたうちで、『白氏文集』から摂取した可能性が可成あるものではあるが、それ以外の漢籍・佛典などからの摂取の可能性を否定しさるものではない。

(1) 一朝一夕

巻第四の「古塚狐」に次の一節があり、「一朝一夕」が使用されてゐる。

狐假女妖害猶淺　一朝一夕迷人眼

また、巻第六十二「策林」の「十四辨興亡之由」にも、次のやうに使用されてゐる。

臣観前代邦之興由得人也、邦之亡由失人也、得其人失其人非一朝一夕故也、其所由來者漸矣

この「一朝一夕」が、『太平記』の巻第一「後醍醐天皇御治世事」に見える。

倩尋其濫觴者、匪啻禍一朝一夕之故

右の『太平記』の用例は、『白氏文集』の巻第六十二に相似てゐる。ただ、『易經』の「文言」には、次の文があるので、必ずしも『白氏文集』からの摂取とは、断じ難い。

臣弑其君子弑其父非一朝一夕之故

(2)　一両○

現代語に「一両日」「一両人」「一両度」など、「一両」を構成要素とする日本漢語があるが、『白氏文集』には、次の十一例が見える。

一両杓29-4-20　一両人34-13-5・45-15-4　一両聲14-14-15　一両坊28-5-11　一両片24-15-3・36-3-19　一両曲3-11-4　一両盞35-18-2　一両味36-3-19
一両弄26-18-5　一両宵33-6-1　一両盃7-16-3

これらの語と同じ語構成の日本漢語が、古典作品にも使用されてゐる。以下、順次例示する。

i　一両巡

此以前籠物折櫃等遷書御座、上卿給衝重、一両巡後　供御物、余之奉仕也（『御堂関白記』寛弘五年十二月廿日）

ii　一両日

此ノ経、既ニ第五ノ巻ヲ書キ奉ル時ニ成テ此ノ二猿一両日不見ズ（『今昔物語集』巻第十四第六話）

「我等も知る人も候はねば、自然の時は尋参るべし。今一両日御逗留候へかし」（『義経記』巻二　伊勢三郎義経の臣下にはじめて成る事）

iii　一両度

太子不留ラズシテ速ニ軍ノ前ニ至テ先ツ寶螺一両度吹クニ若干ノ軍恐怖シテ地ニ倒ヌ（『今昔物語集』巻第三第十五話）

iv　一両人

丑時許、左衛門昇來、任人等相論、清書左大將者一両人來、夜内申慶由（『御堂関白記』寛仁二年正月廿七日）

さて御下向の時、宗徒の内侍一両人都まで具せさせ給ひて候はば、定めて西八条へぞ参り候はんずらん（『平家物語』巻第二　徳大寺嚴島詣）

v　一両年

此ノ一両年此ノ女ニ詫テ謀ツル事也（『今昔物語集』巻第二十第六話）

得業「仰せはさる事にて候へども、一両年も鎌倉に在りたくも候はず」とぞ仰せられける（『義経記』巻第六　関東より勧修坊を召さるゝ事）

iv　一両反

千手酌さしおいて、「羅綺の重衣たる情ない事を機婦に妬む」といふ朗詠を、一両反したりければ………（『平家物語』巻第七　千手）

(3)　狂言綺語

巻第七十一「香山寺白氏洛中集記」に、「狂言綺語」が使用されてゐる。

我有本願願以今生世俗文字之業狂言綺語之過轉為將來世々讃佛乘因轉法輪之緣也十方三世諸佛應知 71-9-6

これは、『和漢朗詠集』巻下「佛事」に、採られてゐる。

願以今生世俗文字之業狂言綺語之誤飜爲當來世々讃佛乘之因轉法輪之縁　白（『和漢朗詠集』588）

圏点を付した三字の異文があるが、「白」と出典を示してあるので、『白氏文集』から採られたことは確実である。『三宝絵詞』下の「比叡坂本勧学会」に、村上天皇の康保の初（九六四？）に学生や僧たちがこの一節を吟誦したと記してゐるので、『和漢朗詠集』の約五十年以前から愛誦されてゐたと思はれる。

また、『榮花物語』巻第十五「うたがひ」には、次のやうに『和漢朗詠集』の他の句と共に、吟誦されてゐる。

あるは百千万劫のほたいのたね、八十三年のくとくのはやし、またねかはくはこんしやうせそくもんしのこうきやうけんき、よのあやまりをもてかへしてたうらいせ、讃佛乘のいんてんほうりんのえんとせんなとすしたまふ

右の点線部「百千万劫菩提の種　八十三年の功徳の林」も、『白氏文集』巻第二十七「贈僧五首」にある句であり、『和漢朗詠集』の「佛事」に採られてゐる。

また、『梁塵秘抄』巻第二「雑法文歌五十首」の中には、次のやうに歌はれてゐる。

狂言綺語の誤ちは佛を讃むる種として麁き言葉も如何なるも第一義とかにぞ歸るなる

また、『平家物語』巻第九「敦盛最後」にも、引用されてゐる。

狂言綺語のことはりといひながら、遂に讃佛乗の因となるこそ哀なれ

この外、『沙石集』巻五「学生ノ歌好ミタル事」に

凡狂言綺語ニ和歌ヲ入ル、事ハ染歌ト云テ愛情ニヒカレテヨシナキ色ニソミ、空ノ詞ノカザル故也

とあるのをはじめ、『曽我物語』巻十二「虎いであひ呼び入れし事」、『義経記』巻第二「義経秀衡にはじめて対面の事」、謡曲「自然居士」など、『宴曲集』巻第五「閑居釋教」など、中世・近世の各分野の作品に、枚挙に暇がないほど引用されてゐて、その影響の大きく広いことが知れるのである。

(4) 最愛・最愛す

巻第十六「香爐峯下新卜山居草堂初成偶題東壁」五首の七言律詩の第三首の尾聯は、次の通りである。

最愛一泉新引得　清冷屈曲遶階流

蓬左文庫本では、傍線部を「最愛」と訓んでゐる。この「最愛す」が『平家物語』などに多用されてゐる。そのうちの、一・二例を示す。

あねの祇王を入道相国さいあひせられければ、是によつていもうとの祇女をも、よの人もてなす事、なのめならず（『平家物語』巻第一「祇王」）

判官は、磯禪師といふ白拍子のむすめしづかといふ女を最愛せられけり（『平家物語』巻第十二「土佐房被斬」）

Yocobuye toyŭ uomnauo vomŏte, Saiai xitauo ……（『天草版平家物語』下82）

刈藻をば、平家の時、越前の前司盛嗣と最愛して下り給へり（『横笛草紙』）

また、「最愛」「御最愛」「御最愛あり」なども、多く見られる。

然ルニ程ニ一人ノ最愛ノ后ノ思ハク「（前略）我レ五百人ノ中ニ最愛ノ后モ死ナレドモ必ズ无間ニ堕ナムトス（後略）」ト思テ密ニ獨リ出テ佛ノ御許ニ詣ヌ（『今昔物語集』巻第三第廿五話）

周の幽王褒姒と云ふ最愛の后を持ち給へり（『平家物語』巻第二「烽火沙汰」）

其勧賞にさしも御最愛と聞えし祇園女御を忠盛にこそ賜うだりけれ（『平家物語』巻第六「祇園女御」）

経正幼少の時、御最愛の童形たるによつて下し預かりたりけるとかや（『平家物語』巻第七「経正都落」）

賢子の中宮とて御最愛ありしかば、主上此の后の御腹に皇子御誕生あらまほしう思し召して（後略）（『平家物語』巻第三「頼豪」）

さしも浅からず思し召して御子うみ参らせなんどして御最愛ありしかば、いかでか見損じ奉るべき（『平家物語』巻第四「若宮出家」）

『白氏文集』では、広く「最も愛好する・賞美する・いとほしむ」の意であるが、日本漢語では、意味が狭く「夫婦・男女の愛」の方が多い。

(5)　在在處處

巻第六十九の「劉白唱和集解」と「大唐泗洲開元寺臨壇律徳徐泗濠三州僧正明遠大師塔碑銘」とに、「在在處處」の語が使用されてゐる。

吾豈敢如夢得雪裏高山頭白早海中仙果子生遲沉舟側畔千帆過病樹前頭萬木春之句之類眞謂神妙在在處處應當有靈物護之 69－7－6

像法中或羅漢僧或菩薩僧在在處處出爲上首佛道未裒間生其人 69－14－5

この「在在處處」が、『平家物語』に四例、『保元物語』に一例、使用されてゐる。

余炎の及ところ在々所々數十町也（『平家物語』巻第七「聖主臨幸」）

凡京中には源氏みち〳〵て、在々所々にいりどりおほし（『平家物語』巻第八「皷判官」）

甲斐なき命は存すと雖も、京都の経廻難治の間、身を在在所所に藏し、辺土遠国を棲と爲し、土民百姓等に服仕せらる（『平家物語』巻第十一「腰越」）

皇居を始めて、人人の家家、総て在在所所の神社佛閣恠しの民屋さながら破れ崩る（『平家物語』巻第十二「大地震」）

志賀唐崎の浦をへて、東坂本に發向す。在々所々をさがす程に、三塔の大衆起て、是をい、つ（『保元物語』「爲義降参の事」）

『白氏文集』以外では、管見に入らないので、『白氏文集』からの摂取の可能性が最も濃い語である。『白氏文集』では、(イ)詩の多くの場所、即ち詩句、(ロ)多くの場所、村落の意であるが、『平家物語』『保元物語』では、後者、即ち(ロ)の意味にのみ使用されてゐる。

さて、この「在々所々」の訓みは、「ザイザイシヨシヨ」である。管見に入った活字本では、日本古典文学大系『平家物語』（昭三五）が「ざい〳〵しよ〳〵」と振り仮名をつけ、この他、『平家物語全注釋』（昭四三）が「ざいざいしよしよ」、日本古典文学全集『平家物語』（昭五〇）と新編日本古典文学全集『平家物語』（平六）とが「ざい〳〵しよ〳〵」と振り仮名を付してゐる。

これに対し、『日本古典文学大系索引』（昭三八）では、「在所」の項に「在々所々」の語の所在を記してあるので、「ザイシヨザイシヨ」と読んだものである。一般的な踊り字の使用法からは、そのやうに訓む可能性はあるが、『日本古典文学大系』の底本である龍谷大学図書館藏本では、次のやうに「宿所々々」と表記してゐる。

平家都を落行に（中略）一門の卿相雲客の家々廿余ヶ所、付々の輩の宿所々々、京白河に四五万間の在家、一度に火をかけて皆燒拂ふ（龍谷大学図書館藏『平家物語』巻第七「維盛都落」）

それ故、「ザイシヨザイシヨ」と訓む場合は、「在所々々」と表記されるのに、実際の本文は「在々所々」の表記である。從つて、右索引の訓みは誤りであり、本文の訓みを改める要はなかった。

因みに、『白氏文集』の表記も、二字語の繰返しは、「法曲法曲」「馴犀馴犀」「繚綾繚綾」「官牛官牛」となつてゐるので、「在在處處」は「在處在處」とは異なる語である。

右表記以外の訓みの根據は、京都大学文学部藏『波多野流平家物語節付語り本』[注23]では、「ざいざいしよしよ」の訓み仮名がある。また、『天草版平家物語』では、**zaizai xoxo** と三例（上**51**－**23**・221－**2**・下142－**14**）記される。その上、「**cotobano yauarague**」には、次の項があるので、「ザイザイシヨシヨ」の訓みは確定する。

Zaizai xoxo　Tocoro docoro（下213）

(6) 早世・早世す

巻第二十八「夭老」の詩に

早世ハ身如二風-裏ノ燭一　暮年ハ髪似二鏡中ノ絲一　28-7-20

とあり、巻第四十六の「襄州ノ別駕君事狀」には

幼-事ハ金剛奴無二祿早-世一ス　46-11-8

と、「早世・早世す」が見える。この語は、『太平記』や『雨月物語』に使用されてゐる。

三男敦忠中納言モ早世シヌ（『太平記』巻第十二「大内裏造營事」）

體仁早世ましては、朕皇子の重仁こそ國しらすべきものをと、朕も人も思ひをりしに（後略）（『雨月物語』「白峯」）

現代文学ではあるが、夏目漱石の『門』にも使用されてゐる。

宗助と小六の間には、まだ二人程男の子が挟まつてゐたが、何れも早世して仕舞つたので、兄弟とは云ひながら年は十許り違つてゐる。（『門』「四」）

「早世」は、『春秋左氏傳』の昭公三年の條、『後漢書』「桓帝紀」などにも使用されてゐるので、『白氏文集』からの摂取とは断定しがたいものがある。

(7) 讃佛乗

(3)「狂言綺語」の例文に「讃佛乗」の語があつたが、その他に、巻第七十「蘇州ノ南禪院白-氏文-集ノ記」と、

巻第七十一「六讃偈并序」に「讃佛乘」の語が使用されてゐる。

　且有本願願以今生世俗文字放言綺語因轉爲將來世世讃佛乘轉法輪之縁也三寶在上實聞斯言70-24-16

　樂天常有願願以今生世俗文筆之因翻爲來世讃佛乘轉法輪之縁也71-12-2

「狂言綺語」を肯定的に評価する機縁の「讃佛乘」は、「狂言綺語」と共に使用されることが多い。「狂言綺語」の項での例文の他に、次のやうな古典作品に使用されてゐる。

　然レバ狂言綺語ノアダナルタハブレヲ縁トシテ、佛乘ノ妙ナル道ニ入シメ、世間淺近ノ賤キ事ヲ譬トシテ勝義ノ深キ理ヲ知シメント思フ（『沙石集』第一序）

　先神代佛在所の始まり、月氏辰旦日域に傳る狂言綺語をもて讃佛轉法輪の因縁を守り、魔縁を退け福祐を招く（『風姿花傳』「第四神儀」）

　狂言綺語もをのづから讃佛乘の因とならば、わけのぼる道はかはるとも、同じ高ねの月も見ざらめや（『鶉衣』「與時節庵文」）

『とはずがたり』巻三には、次の文がある。

　ありし文どもを返して、ほけきやうをかきいたるも、さんふつせうのゐんとはおほせられざりしことのつみふかさも、かなしくあむぜられてとしも返りぬ（『新日本古典文学大系とはずがたり・たまきはる』145ページ）

右で『法華經』の書写を「讃佛乘の縁」と言ふのは、「方便品第二」に

我即自思惟　若但讃佛乗　衆生没在苦　不能信是法
破法不信故　墜於三悪道　我寧不説法　疾入於涅槃

と、あるからであらう。たゞ『法華経』には「縁」の語がないので、『とはずがたり』も、直接は『和漢朗詠集』によるものであらう。

(8) 消　息

巻第四「西涼伎」の次の文の他、『白氏文集』には十三例の「消息」が使用されてゐる。

安西都護進來時須臾云得新消息　4-3-5

この例では、訓の「ありさま・様子・事情」の意であるが、巻第四「井底引銀瓶」の「消息」は、次のやうに「音信・便り」の意である。

豈無父母在高堂亦有親情滿故郷潜來更不通消息　4-11-8

この「音信・便り」の意の「消息」が『源氏物語』『枕冊子』など王朝の仮名文学作品で多用されてゐる。それだけでなく、『御堂関白記』には、次の一例を含め、三例使用されてゐる。

従暁雪下、深七八寸許、左衛門督許送消息、有和哥、有返、以道貞朝臣（寛弘元年二月六日）

『今昔物語集』巻第十二第卅四話にも、同じ意の「消息」がある。

而聖人許源心供奉許消息持來

中世以降の用例も二、三挙げる。

判官殿へ消息を奉る。「……（中略）…」判官此文御覧じて（下略）（『義経記』巻八「秀衡が子共判官殿に謀反の事」）

泣〳〵消息書キテ童ニタビケルニ（中略）童御文給ハリテ山エ尋登タレバ（下略）（『秋夜長物語』）

しかし、菅原道眞の詩では、右とは異なり、「栄枯・盛衰・消長」の意の用例がある。

消息窮通皆有運　莫言墐戸不驚雷（『菅家文章』「立春」）

この意の用例は『白氏文集』巻第十一「不二門」にある。

亦曽焼大薬　消息乖火候　11―6―7

また、『正法眼蔵』の次の用例は、「時の移り変り」の意である。

しづかに二十年中の消息おもひやるべし、わするゝ時なかれ（「行持上」）

また、「ありさま・様子」の意の用例は、『雨月物語』にも見え、頼山陽の次の詩にも見える。

古郷に捨し人の消息をだにしらで、萱草おひぬる野方に長〳〵しき年月を過しけるは、信なき己が心なりける物を（『雨月物語』「浅茅が宿」）

一出郷園歳再除　慈親消息定何如（『山陽詩鈔』「歳暮」）

「消息」の「音信」の意の用法が平安朝以後多用されてゐるが、それ以外の種々の意の用例も使用されてゐる。

(9) 吾輩

巻第二十四の「郡中間独寄微之及崔湖州」と、巻第三十六「鶴答鵝」とに「我輩」が使用されてゐる。

少年賓旅非我輩　晩歳簪纓束我身　24―11―10

右軍歿後欲何依　只合隨鶏逐鴨飛　未必犠牲及吾輩
大都我痩勝君肥　36―23―20

この「吾輩」が、『三寶絵詞』上巻第六話に出て来る。

鹿跪王申王自狩給王使狩吾輩多死（観智院本25丁表）

「輩」の送仮名「フ」は、「ラ」の誤写で、「ワガトモガラ」と読むと思はれ、「ワガハイ」の確例とはならない。

『白氏文集』の右二例も、「ワガハイ」の確例とはし難いが、「輩」の音読の可能性は皆無ではない。

⑽ 両　三

「両三」を上接語とする複合語が、二十一語ある。その例は次の通りである。

両―三―間15―18―13　両―三―茎14―4―3　両―三―日27―1―7　両―三―章33―12―12　両―三―株24―14―5　両―三―人32―6―4　両―三―隻32―4―14　両―三―仙16―12―3　両―三―艘34―2―5　両―三―束14―14―9　両―三―場27―1―19　両―三―條31―18―15　両―三―杯17―13―19　両―三―倍31―17―14　両―三―盃6―10―3　両―三―坊33―15―5　両―三―甕33―13―4　両―三―枝19―2―18　両―三―聲10―16―8　両―三―叢19―14―1　両三―迴20―8―15

この「両三」及び例語と同じ語構成の語が、古典作品に数多く使用されてゐる。

i　両三

天晴可参中宮大原野給定雜事、大夫、権大夫他上達部両三（『御堂関白記』寛弘二年正月十日）
此日直物、右大臣行之、有左大臣不参、諸衛佐両三、民部丞等任、又叙人有両三、是諸宮未給云々（『御堂関白記』寛仁二年四月七日）

ii　両三騎
其随兵両三騎亦云ク「（中略）」ト云テ（後略）（『今昔物語集』巻第二十五第十三話）

iii　両三月
汝モ今両三月ヲ経テ極樂ニ可生シ（『今昔物語集』巻第十三第卅二話）

iv　両三獻
従此参院、有拝禮、於御前両三獻、後參内（『御堂関白記』長保二年正月一日）

v　両三声
中時許雨下、入夜大雨暴風　雷鳴両三聲（『御堂関白記』長和元年二月十日）

vi　両三帙
わづか両三帙の書籍ありて、心の樂しみさらに盡くる事なし（『鶉衣』「物忘翁傳」）

vii　両三度
如此クノ口ノ中ヨリ舎利出給フ事、既ニ両三度ニ成ヌ（『今昔物語集』巻第十三第十四話）
鎌倉よりの御使なり共首を斬れ。両三度にをよびて御使を斬るならば、其後はよも下されじ（『義経記』巻第八「秀衡死去の事」）

viii　両三日

ix　両三人
然レバ今熊野ニ參テ両三日ニ御明御幣ヲ奉テ、還向ノ次ニ君ノ宣ハム事ニ隨ハムト約束ヲ成シツ（『今昔物語集』巻第十四第三話）
其ノ時ニ文時ノ家ニ僧両三人來ル（『今昔物語集』巻第十二第卅六話）
只今ご両三人の仰せられ候ひつるおん言葉ども、詳しく物越しに承りて候（謡曲「親任」）

x　両三年
今両三年畢テ後、都率天ニ可生シ（『今昔物語集』巻第十二第卅六話）

xi　両三盃
中宮御読経結願、従宮上達部五六許、酩酊來、有和哥奇事、進両三盃（『御堂関白記』寛弘元年四月三十日）

xii　両三輩
安西三郎景益、依レ給ニ御書一相ニ具一族并在廳両三輩一（『吾妻鏡』治承四年九月四日）

第五節　現代語との関連

『白氏文集』の日本漢語は、日本語の中へ理解語彙として摂取されたものであるが、前節の「古典への影響」の項で取り上げた語は、古典で使用された表現語彙である。その大半は現代語としても使用されてゐるが、これ以外にも、現代語に使用されてゐる語は、多数に上ると予想される。しかしながら、ある特定の語が『白氏文集』からの摂取であると立証することは、極めて困難である。

例へば、現代語の「愛す」は、『白氏文集』に約二百三十例見られるが、『白氏文集』からの摂取とは断定できない。他の漢籍・佛典にも「愛す」が見受けられるからである。即ち、『論語』『遊仙窟』『文選』『法華經』『孟子』『本朝文粋』『地藏十輪經』『大唐大慈恩寺三藏法師傳』『中華若木詩抄』など、多数の訓点資料にも「愛す」は見受けられる。それ故、現代語の「愛す」は、どの資料から摂取したか、特定することは、不可能と言へる。

このやうに、特定の資料からとは確認できないものの、「愛す」が漢籍か佛典の訓点資料から摂取されたものであることは、疑ふ余地はない。

そこで、現代語の代表的な國語辞書である『広辞苑』の見出し語と、『白氏文集』の日本漢語との共通の語を調査して、それにより現代語との関連の疎密を探りたい。

この共通の語と認めたものは、次の條件に該当するものである。

一、『白氏文集』と『広辞苑』とで、同一の漢字の語。

但し、『広辞苑』は当用漢字と当用漢字字体表の字体を使用してゐるので、その場合は、字形が相違しても、同一の字と見做した。その例の一部を、次に示す。上が『広辞苑』、下が『白氏文集』の字体。

国──國	広──廣	学──學	労──勞	台──臺	糸──絲	竜──龍	知──智
芸──藝	旧──舊	党──黨	岳──嶽	鉄──鐵	区──區	連──聯	余──餘
欠──缺	塩──鹽	烟──煙	艶──艷	艶──豔	県──縣	跡──迹	条──條
床──牀	炎──焰	窓──牕	堤──隄	証──證	痴──癡	歌──謌	烈──洌

二、読みが同じであること。

歴史的な音韻の変化と、仮名遣の差とを考慮して、仮名表記は異なる語でも、同音と認められる語は、共通の語とした。

三、『白氏文集』の語が、『広辞苑』見出し語の一部である場合、共通の語と認めた。この項で、約一七〇語を共通としたが、その一部を次に例示する。上が『広辞苑』見出し語、下が『白氏文集』。

一握の砂――一握	一衣帯水――一衣	剡溪訪戴――剡溪	魚目燕石――燕石
冠婚葬祭――冠婚	公羊伝――公羊	事上錬磨――事上	三十六歌仙――三十六
酒顛童子――酒顛	集賢院――集賢	物類称呼――物類	綜芸種智院――種智
電光石火――石火	永安門――永安	二十一史――二十一	新葉和歌集――新葉
蘆葉達磨――蘆葉	遠日点――遠日	二人三脚――二人	七十二候――七十・七十二
允恭天皇――允恭	孟嘗君――孟嘗	春樹暮雲――春樹	四十二章經――四十二
温水暖房――温水	無生忍――無生	鄒魯の学――鄒魯	南北朝時代――南北

四、漢語サ変動詞については、一字語と二字以上語とでは、扱ひを異にした。

『広辞苑』では一字語の場合、「愛」と「愛す」の如く、別々の見出し語にする。が、二字以上語の場合には、サ変動詞の見出し語は、全く立てられない。例へば、『白氏文集』では、「吟詠」六例、「吟詠ス」九例あるが、『広辞苑』では、『吟詠』の見出し語のみで、「吟詠す」の見出し語はない。それ故、次の方針によつた。

㈠　一字語サ変動詞は、『広辞苑』の見出し語にあるものに限つて、共通の語と認める。

㈡　二字以上語のサ変動詞は、その構成要素の日本漢語が『広辞苑』の見出し語にあれば、共通の語と認める。

以上の条件で共通の語と認めたのは、一一三八七語で、異なり語数三六三三七語の三一・三%を占める。同様の調査を、既に『論語』などについて実施してゐるので、[注24]比較の爲、次表に示す。

第七表

	論語	遊仙窟	文選	法華經	本朝文粋	白氏文集
日本漢語の異なり語数 A	1283	876	31622	4161	15151	36337
広辞苑と共通の語数 B	669	454	8405	1597	7609	11387
百分比 B/A	52.16	51.8	26.6	38.4	50.2	31.3

百分比が50%を超える『論語』『遊仙窟』は、異なり語数が『白氏文集』に比べて余りにも少ないので、比較の対象とするには不足する感がある。同じく百分比が50%を超える『本朝文粋』は、原漢文の作者が我が国の文人であるので、近しい関係にあると思はれる。

『法華經』の百分比は、38.4%と高いが、共通の語数は『白氏文集』の14%に過ぎない。

『文選』は、異なり語数では『白氏文集』に匹敵するが、共通の語数は『白氏文集』の約74%で、百分比も低い。

このやうに見てゆくと、『白氏文集』の共通の語数は、群を抜いて多く、且つ、百分比も30%を超える。これは、『白氏文集』が多大の影響を現代語に対しても与へてゐることを、強く示唆するものと考へられる。

注

1　拙著『日本漢語の系譜』第二編「漢語の摂取」。

2　右書、四三〇ページ。

3　右書、四三〇ページ。

4 拙論「枕草子の漢語」(「国語と国文学」第四二巻第一一号)
5 『国史大辞典』(吉川弘文館)による。
6 伊藤博『萬葉集釋注』
7 『国史大辞典』(吉川弘文館)による。
8 右書。
9 拙論「源氏物語における漢語」(「国語と国文学」第三四巻第一一号)と、注4の拙論など。
10 『文明本節用集研究並びに索引　影印篇』解説。
11 『古本節用集六種研究並びに総合索引』解説。
12 川瀬一馬『古辞書の研究』
13 久富哲雄編『影印仮名つき錦繍段・三體詩・古文真寶』所收。
14 拙論「文選読」(「神女大国文」第七号)。本書に所收。
15 拙論「足利本文選の文選読」(「大阪大学医療技術短期大学部研究紀要」第12巻)・注1の書及び注14の拙論。
16 頼惟勤「漢音の声明とその声調」(「言語研究」17 18)・拙論「図書寮本文鏡秘府論の字音声点」(「国語学」61)沼本克明『平安鎌倉時代に於る日本漢字音に就ての研究』。
17 當山日出夫「神田本白氏文集声点考」(「訓点語と訓点資料」第六十九輯)。
18 中田祝夫「古訓点本の中の四声点の分布の意味するもの――神田本白氏文集・天永四年点(一一一三)を例として――(『白居易研究講座』第六巻の月報)。
19 『十韵彙編』所收の「王二」本。
20 注17の論文。
21 太田次男他編『白居易研究講座』全七巻(平成四年～平成九年)勉誠社刊。

22　右書、第五巻、二六ページ〜二九ページ。

23　波多野流の始祖波多野孝一は、慶長八年（一六〇三）検校、慶安四年（一六五一）死去なので、成立年代は一七世紀前半と、推定される。

24　注**1**の拙著。その際、『広辞苑』の初版本を使用したので、今回も、同じく初版本で調査した。

第三章　語彙表

凡例

一　立野春節本により採録した『白氏文集』の日本漢語を、漢字の五十音順に配列した。

二　語の所在は、一例のみ、立野春節本の巻数・丁数・行数で示した。例へば「亞－相53－2⑬」は、巻第53の2丁の13行である。

三　立野春節本に、日本漢語の確例がない場合には、H（蓬左文庫本）、K（金澤文庫本）の確例を挙げて、それぞれ、語頭にH・Kを小字で記した。その場合も、語の所在は、立野春節本のものである。

四　それぞれの語に付せられてゐる仮名は、すべて片仮名で傍記し、金澤文庫本のヲコト点は、平仮名で傍記した。

五　人名符合・地名符号・建物符合・書名符号・年号符号などは、（人名）（地名）（建物）（書名）（年号）と傍記した。

六　○を付した語は、『広辞苑』（初版）の見出し語と、共通の語である。

語彙表

ア

亞－伊19－3⑭　○亞－相53－2⑬　亞－枝14－10⑧　亞竹23－18⑨　亞夫營31－18④　亞－理57－19⑦

亞列46－10⑦　○啞(ア)－啞(、トナヒテ)1－15⑱　○啞－啞(タリ)8－8⑯　○婀－娜(タリ)8－10①　窪(ニソ)34－9④　窪－樽21

－8⑭
○阿39－6②
阿－姨12－17⑮
阿－閣37－11⑲
○阿ア－監カン12－10⑰
阿(人名)龜20－2⑯
阿(人名)崔28－3⑪
阿HK－姉22－8⑬
阿新71－4②
阿(人名)那律68－11⑫
阿(人名)軟15－12⑲
○阿(人名)難68－11⑫
○阿(人名)彌陀71－6⑧
阿(書名)彌陀經69－3⑧
○阿(人名)彌陀佛71－6⑪
阿羅8－8⑲
阿－憐17－13⑨
阿H(人名)連24－13⑭
阿王60－10①
阿(人名)衛35－11④
鵶H－九4－14⑯
鵶九劍4－14⑰
鵶－頭16－1⑳
靇5－11⑰
○哀|42－5②
哀－淫65－11⑤
哀－榮42－2⑯
哀－榮スル69－7⑭
哀－感56－1⑲
哀－矜65－2⑭
哀－矜ス56－15⑲
哀吟悲－難メ34－4⑧
哀－亹70－14②
哀－惶メ51－16⑭
哀－毀41－6⑧
哀－毀スル42－10⑬
哀－毀孝－敬メ70－7⑥
哀－敬53－13⑬
哀－弦14－18⑧
哀－懇39－9③
哀祭文40－1⑤
哀－殘ス27－15④
哀－慙61－6⑩
哀詞69－11⑮
哀－情66－3⑦
哀－聲ス12－6⑪
哀戚スル40－3④
哀H－動ス42－7⑬
哀－慟ス35－9⑱
哀－痛64－11⑦
哀－挽メ12－6⑩
○哀－慕57－20⑱
哀HK－鳴45－15⑤
哀－鳴ス12－18②
○哀－樂15－20⑬
哀－臨13－15④
○哀－憐ス56－16⑪
哀－冤30－12③
哀－怨1－15⑳
哀－怨メ16－11⑦
哀－猿9－13⑦
○埃－塵23－14③
娃36－4⑮
娃(建物)－宮21－8④
娃(建物)－舘24－5⑫
○愛67－9⑳
○愛ス1－3①
相－愛スル6－13⑰
愛愛－緣45－13⑥
愛H－畏柔－服ス50－1⑯
○愛妓15－14④
○愛－翫ス28－12⑱
○愛護ス37－12③
愛－殺ストモ31－5⑥
○愛－子2－10⑮
○H愛－人65－5⑱
○愛－壻53－5⑱
○愛－惜8－12⑥
○愛－惜ス32－6⑫
○愛－妾58－11⑬
○愛－憎65－3⑯
○愛－憎スル27－10④
愛－

貪21―17⑧　○愛―重(セ)45―7⑬　愛―登―羅汨―没密―施毗―伽保義可―汗51―18⑦　愛―養(ソ)62―4⑰
○愛―戀36―6⑥　愛―詠(ソ)23―13①　愛―惡37―9⑤　曖―昧53―6⑧　曖(人名)42―5⑨　藹―(トソ)55―4⑯　○藹
―藹(タル)30―6⑪　藹―然(タリ)54―12⑫　靄(トソ)9―12⑯　○靄―靄(トソ)29―16⑨　嚶―嚶(タリ)2―12⑩　奥(H)―(ニ)70―19⑯
○奥―義68―12⑮　奥―區50―8⑮　奥―壤(ニソ)54―15⑩　奥―博45―2⑲　奥―法22―2⑭　○奥―秘68―13
⑨　○怏―怏11―6⑰　怏―怏惻―惻(トソ)40―8⑱　○懊―惱(トソ)18―4⑧　櫻杏27―16⑱　○櫻―桃18―4⑭
櫻桃―花36―4⑫　櫻桃樹下13―17⑮　櫻―桃島29―6⑧　殃40―2①　○殃―禍1―3⑦　殃―罰40―4⑱
鞅16―2⑤　鞅掌10―11⑮　鶯31―2⑳　鶯花24―12⑩　○鶯―語12―17⑦　鸚2―15⑳　○鸚―鵡22―20⑳
鸚武洲15―17⑳　鸚―鵡―鳥26―4⑧　鸎22―10⑨　○鸎―語27―11⑬　○鸎舌34―16⑧　鸎花33―15⑯　○
鸎語35―8⑬　鶯侶13―4⑩　喔喔(タリ)7―12⑪　喔咿13―2⑰　幄中51―11⑧　○幄幕2―7①　○惡(H)―40―3
⑤　○惡―詩25―2⑤　○惡―道71―7⑦　惡(HK)―鳥45―2⑰　惡(H)―稔47―17⑫　○惡―風20―4⑬　惡(キ)―風―浪
28―7⑭　惡―苗1―18⑳　握2―17⑥　握(H)―珠67―6⑥　握(H)―栗66―13⑯　握(Kトリ)=持22―2⑦　握―中12―4
⑬　握(H)―澤57―11⑭　渥―澤疊―洽(ソ)71―2⑩　渥―丹(ナリ)20―8⑱　○齷―齪33―1⑳　相(ヒ)―軋(ソ)40―9④
斡(スル)46―4⑫　遏(K)―(入)する41―2⑪　遏―絶(シ)50―9⑥　匼―匝(タル)15―13⑩　壓(H)―19―15②　○壓―(ス)37―8⑱　壓―
捺(タル)23―2⑦　押―衙52―12①　狎―獵(タル)21―4⑮　鴨群36―23⑰　○(H)鴨―雛26―9①　罨(H)―畫(セル)33―14⑪

安(人名)41-7⑳
安44-11②
安ス1-1⑩
○安-逸ナリ36-10⑭
安(地名)邑里6-14⑯
○安-穩ナリ37-9⑩
安-閒8-7⑧
○安-閑ナリ8-11⑮
安期羨門1-3⑲
安吉70-2⑮
安-給スル」70-23⑪
○安-居41-11⑬
○安-危39-3⑯
安(人名)逵42-4⑮
安慶雲57-23⑱
○安(建物)-國-寺68-9⑮
○安-坐メ30-3⑧
安塞軍57-25⑬
安H-塞-軍-使57-25⑬
安(人名)師36-8①
安(地名)州52-3⑲
安-日62-21⑱
安-緝48-9⑨
安-輯52-1⑮
○安車2-17②
安-勝ナラン57-20⑬
安仁19-14⑱
安-寢メ7-6⑱
安(地名)-西4-3⑪
安(人名)石22-18⑬
○安-全61-11⑤
安-然タリ21-17⑧
安-禪ス20-2⑫
安-存メ57-13⑥
安-妥「ヲ」朵8-8⑩
○安-泰ナル30-10⑬
○安-置24-3⑰
○安-置ス18-1⑰
○安(地名)定43-10③
安(地名)定縣70-16③
安H-適ニ6-15④
安-適ス11-11⑯
安-土64-11⑫
安-堵セリ54-16⑪
○安(地名)南51-17⑮
○安-寧ナリ2-12⑯
安-排1-19⑨
○安-否12-14②
安-便ナリ29-15⑩
安-撫スル64-16⑦
安-撫-使41-4⑧
安-撫判-官50-11⑨
安福寺15-7⑧
安-邊64-11⑰
○安-眠ス29-9⑯
安(地名)陽52-4①
○安-養ス51-17③
安(地名)樂56-5⑰
○安-樂62-19⑰
安-理セリ51-6⑲
安(地名)陸52-3⑳
○安立57-23⑲
○安(人名)祿山12-12⑳
安(地名)王府52-4⑬
○安-慰17-18③
○安-慰ス28-13⑮
○按｜ス27-5⑰
按65-3⑲
按-驗セルニ70-3⑥
○按-察使41-4⑨
按H-牘11-9⑲
晏68-18⑦
○H晏(人名)嬰67-19⑬
○K晏-駕35-9⑯
○晏-駕メ4-12⑬
○晏(人名)起8-8③
○晏-起メ5-3⑨
晏坐メ29-8③
○晏-如5-5⑦
○晏-然タリ30-1⑮
○暗ニ21

｜13⑫ 暗｜啞タリ65｜6⑥ 暗H｜火7｜16④ 暗HK｜恨12｜17⑧ 暗HK｜塵9｜12⑳ ○案｜32｜14③ ○案｜ス53｜
7① 案｜几65｜3⑫ ○H案｜上24｜15⑪ ○案｜頭31｜1⑬ 案｜牘24｜8⑤ 罯28｜6⑦ ○行アン｜宮12｜
10⑫ 諳｜詳ナリ11｜13⑥ 霮H｜靄トシ38｜4⑥ 闇｜ニ8｜4① 闇H｜蛾14｜19⑫ 闇｜香19｜15⑥ 闇｜蛍35｜
11⑥ 闇金15｜11⑯ 闇H｜花14｜3④ 闇H｜鏡14｜18⑧ 闇Hニ｜坐ニ14｜8⑰ 闇｜思16｜15⑩ 闇H｜彰ナリ42｜
9⑳ 闇雛13｜3⑩ 闇｜聲27｜9⑤ 闇｜然トシ65｜5⑧ 闇｜船18｜1⑱ 闇｜窓14｜8⑲ 闇｜懦58｜1
⑲ 闇｜苔14｜15⑬ 闇｜淡タル24｜6⑦ 闇｜澹タリ16｜7⑩ 闇H｜塵20｜11⑰ 闇｜鳥18｜9① 闇｜風45｜
14⑦ 闇浪31｜19④ 闇H｜「留テ19｜6⑭ 闇H｜漏19｜4④ 鞍H｜27｜10⑪ ○鞍｜馬12｜17⑯ 鞍｜轡31｜7⑥
峯馬1｜7④ 鷃32｜12⑦ 黯(人名)36｜4⑤ 黯｜トシ38｜13① 黯｜シ2｜3⑥ 黯｜黯トシ38｜9⑨ ○黯｜然トシ22｜
5⑮
イ
○以｜下48｜3⑯ ○以｜後63｜16⑰ ○以｜上56｜14⑳ ○H以｜前68｜19⑦ ○以｜南63｜9③ ○以｜
聞ス51｜12⑦ ○H以｜來55｜5① 伊(人名)2｜17④ ○伊(地名)71｜10⑮ 伊河(地名)33｜14⑭ 伊皐(人名)34｜2⑧ 伊澗8｜12
⑯ 伊渠36｜8⑪ 伊闕H(地名)42｜8③ 伊闕(人名)42｜8⑤ 伊闕縣(地名)41｜4⑱ 伊闕山(地名)68｜18⑲ ○伊州25｜13⑰ 伊上(地名)
25｜8⑰ 伊(地名)｜水27｜7⑫ 伊嵩(地名)32｜2⑰ 伊(地名)｜川24｜18① 伊｜浪31｜17⑲ 伊洛(地名)26｜8⑮ 伊｜流22｜13
⑥ 伊呂(人名)カ38｜14⑭ 依スル70｜7⑬ 相ヒ｜依テ26｜18⑪ 依｜依32｜10⑲ 伊｜依嫋｜嫋トシ31｜18⑥ 依｜依｜

然トノ－68－16⑤　依－依－然欣－欣－然トノ43－6②　○依－稀タリ32－9⑪　○依－稀ス17－14②　依－仁22－15⑫　依仁臺31－9⑫　依－前トノ19－16⑩　○依－然タリ7－8③　○依－託58－9⑬　依－約スルニ25－8⑦　依－違スル55－4⑬　倚K－寄48－12⑩　倚－坐スル37－9⑲　倚－任56－15⑧　倚－注48－12⑩　倚－注ス55－1⑪

倚－仗50－12②　倚H－天8－6③　倚－望54－9⑪　倚－望ス59－8①　倚－榜8－15⑯　○倚－伏7－15⑭　○倚－伏ス8－2⑨　相倚ヒ伏ス6－5⑪　倚－辯54－17⑤　倚－頼44－7⑪　吚噢セリ14－18⑬　噫｜スル寸ハ46－3⑮

○夷3－2⑲　夷夏（地名）3－3③　夷歌3－2⑲　已－下56－2⑥　已－後56－6⑤　○已－上27－2②　已－深59－13⑰　已－前8－6⑰　已－理62－4⑦　○彝56－21⑲　○彝－訓38－5⑦　彝H－章57－2⑨　彝－典ナリ54－12⑳　○彝－倫2－7⑪　怡ヲハ53－1⑬　○怡－怡タリ2－13⑱　○怡－怡スル40－5⑯　○怡－悦29－3⑮

惟（人名）－寛41－7⑳　惟H（人名）儉等70－11⑦　惟忠禪師（人名）71－9⑮　惟－重67－5⑬　惟－良68－8⑳　○意｜1－2⑤　○意イ、－氣11－13⑦　○意－外29－6⑱　○意－思9－5⑰　意－緒15－5④　意HK－色30－11⑤　意－態31－3③

○意－中13－14①　懿51－14②　懿－淑ニノ70－4①　懿－戚56－20⑯　○懿－徳62－16⑳　懿－範57－7⑩　懿（人名）－文42－4⑳　○扆イ4－15⑧　旖－旎34－12③　毉H－治35－1⑩　○易47－11⑫　易－簡47－11②　易H－退56－23⑦　易H－直65－7⑲　易－方55－14⑭　欹危タ、ル11－1⑩　漪瀾28－12⑯　○移51－5⑲　移改シ58－9②

移－蟻26－10③　移－貫ノ57－14②　移－穀63－9⑱　○移－轉セ30－13⑲　○移H－文17－18⑬　○異H｜63－

15⑦　異[スル]2-12①　異-貨63-3②　○異-教65-14③　○異-見57-19⑲　異-口12-6⑪　異[H コトナルイロ]-彩4
-6⑮　異-草43-3⑤　○異-時40-1⑭　○異-日17-9⑮　○異-數2-22⑫　異-世36-22⑤　異-
政48-1⑱　異[HK]-跡6-13④　異[H]-膳42-6⑰　○異-族29-2⑫　異-態12-18⑪　○異-端56-15⑮
○異-同56-19⑱　異[HK]-等56-22⑤　異-德46-5⑯　異方15-19⑦　○異[H スル]-風63-7⑥　○異-物28-13④
○異-文14-17⑬　○異-味37-12⑩　異牟尋(人名)57-20⑰　○異-類66-17②　異路19-2⑨　維-縶67-12⑲
維陽(地名)33-10⑬　○衣1-12⑮　○衣-袈17-18⑦　衣-甲59-9④　○衣-香26-1⑰　衣-裘30-6⑪
衣-巾37-3⑲　○衣-冠23-5⑱　衣-綵13-2⑰　○衣-裝37-9⑭　衣-衫29-5⑲　衣-袖26-7⑨
衣-上13-3⑯　○衣-裳3-5⑩　○衣-裳[セリ]18-1⑱　衣-綬21-13⑨　衣絮23-17⑬　○衣-食4-6
⑤　○衣-帶29-7⑰　衣-中27-10①　衣-儲29-1⑦　○衣-服6-12①　衣-服等59-15⑬　衣物66-
20⑦　衣綿[セ]29-9⑪　衣-粮60-7⑬　詒-燕42-6②　○醫10-3⑬　○醫[スル]16-10⑥　○醫-師24-15
⑩　○醫術30-5⑫　醫[K]-人35-6⑫　醫-巫15-13⑭　○醫[H]-藥68-4⑲　○醫[H]-王11-6⑨　貽-燕44-
7⑪　貽訓1-12⑯　○貽-謀52-7③　遺[H イノ ワスレタルカ]4-4①　○遺-愛23-9④　○遺(建物)-愛-寺16-16⑪　遺-
逸[セン]62-4⑲　遺音1-5⑪　○遺-誡[ス]70-6⑲　○遺-骸3-1⑲　遺-曲27-14⑥　遺懷6-1⑪
遺-闕58-2⑩　○遺-訓18-14⑲　○遺-孽61-4⑰　○遺-賢63-15③　○遺-孤26-16⑪　○遺恨10-

4⑭ 遺[H]-策47-18⑯ 遺-札70-8⑪ ○遺-志41-7⑧ ○遺-書47-18⑧ 遺-種61-4⑳ 遺-疏70-8⑦ 遺-簪15-3⑦ ○遺-制3-3⑨ ○遺詔18-15② ○遺[H]-跡7-7⑧ 遺-鏃61-2⑯ 遺-直70-6⑱ ○遺-忘[ソ]63-17⑮ ○遺-法69-17⑦ ○遺-芳57-12⑧ 遺-帛66-7⑤ 遺-美55-11⑨ ○遺-風9-10② ○遺-文21-10⑯ 遺-編71-8④ 遺-補64-1④ ○遺-民12-15④ 遺[H]-餘7-11⑬ ○遺[H]-老11-1⑲ ○遺-利50-12⑱ 遺-力63-1⑩ ○遺[H]-漏10-15⑪ 遺-詠27-2⑧ 頤-養51-4⑭ 頤[H]-養[ス]55-7⑩ 黟-歙40-3① 佑[H(人名)]55-1⑬ ○優|67-10⑰ ○優|[スル]51-3⑩ 優-異50-7⑦ 優-游22-5① 優-游[ス]32-2⑰ ○優[H]-游40-5⑯ ○優-遊[スル]38-2⑳ 優-逸50-10⑬ 優-穏[ナリ]29-3⑬ 優-厚[ナリ]56-10⑫ 優-幸30-14① 優-閒23-13⑩ 優-勸64-16⑥ 優賢33-11⑨ 優-賜57-13④ ○優柔[ニソ]47-11⑧ 優升[スル]51-8⑪ 優-奬52-12⑳ 優奬[スル]51-13⑭ ○優-賞60-7⑪ ○優[H]-賞[ソ]56-14⑫ 優-崇[ニス]62-2① ○優-卹56-14⑱ ○優-卹[スル]53-1⑦ 優-深[ナル寸ハ]62-9② ○優-詔[アテ]27-3⑯ 優-饒58-8④ 優-貸57-9⑥ 優[H]-貸[ソ]8-1⑩ 優-秩48-10① ○優-長[ナリ]55-12⑳ 優[HK]-寵55-9⑪ 優-寵[ス]53-7⑰ 優[H]-波-離41-10⑰ 優-豐59-14⑧ 優養[ス]56-23⑧ 優-容43-3⑲ 優-容[ス]58-3⑪ 優[H]-禮17-16⑳ 優禮[ス]31-17⑯ ○優-劣21-7① 優-榮52-3① ○勇|53-5⑥ 勇-果56-8⑮ ○勇-敢49-8③ ○勇-健41-12⑪ 勇-智50-1⑯ ○勇-夫38-8⑨ ○勇-憤5-14

③ ○勇—畧66—14⑤ ○勇—力51—12⑲ ○勇—烈51—2⑥ 友(H)｜63—13⑯ ○友—愛44—3③ ○(H)友—于16
—3⑲ ○友—人10—9⑯ ○友—悌2—13⑮ ○(H)友—朋16—17⑩ 友畧(人名)48—9⑳ 宥65—4⑦ 宥—過56—
16⑳ ○宥—免60—11③ 尤—異(ナル)42—8⑩ 尤—課71—3⑰ 尤—悔29—13⑥ 尤—態12—12⑬ ○(H)尤—物
12—15② 右羽—林軍大—將—軍52—2⑮ 右—羽—林—軍—統—軍57—7② 右羽—林將—軍51—12⑯ 右
—羽—林大—將—軍52—2⑨ 右—轄48—5⑯ 右—金—吾將—軍55—13⑭ 右—金—吾大—將—軍員—外置
—同正—員49—2⑦ 右金—吾衛—將—軍51—15⑫ 右(H)—廣52—2⑭ 右—揆54—7⑳ 右軍36—23⑳ 右廂
兵—馬—使51—12⑤ 右散—騎常—騎53—6⑫ ○(H)右—史49—11① 右—司—郎—中43—12⑰ 右—翅27—8
⑤ 右(H)—趾43—3⑧ 右—拾—遺71—3③ 右(K)—常—侍55—12③ 右庶子68—1⑱ 右(H)—丞—相4—11⑬ 右
—丞50—3① ○右職71—4⑯ 右—神—策—軍51—16⑧ 右—神—策將—軍48—10⑥ 右神—策—軍大—將
—軍54—2⑥ 右—神—武—軍大—將—軍知軍—事51—6⑦ 右清道70—18⑧ 右清道率府倉曹52—8⑧
右清(人名)—道率府倉曹參軍52—8⑪ 右驍—衛將軍53—11⑰ 右(H)—席48—12⑧ 右(H)—族41—3⑲ 右(H)—闥55—15⑪
右(HK)—地55—5⑬ 右—秩55—11⑦ 右(H)—貂54—17① 右—輔51—3③ 右—補—闕48—6⑪ 右(H)納—史3—7
⑮ 右龍武—軍37—7⑧ 右—龍武—軍統軍53—11⑯ 右—衛將—軍53—4⑫ 右—衛—上將—軍54—5③
呦—呦(タラ)3—6⑳ ○幽｜2—10⑰ ○幽—闇35—14⑬ 幽(K)—意6—10⑧ 幽憂5—14⑥ 幽—音26—2⑨

幽―隠37―13⑯
[H]幽―影19―15⑥
幽―咽(セル)12―17⑦
幽燕61―2⑯
[H]幽―遐38―9⑭
幽―閒33―3⑱
○幽―閑2―2⑫
幽―奇7―15⑳
幽―期19―10⑰
○幽―居23―16⑧
幽―懐11―8⑳
幽會13―10⑥
幽―境29―6⑳
幽薊(地名)52―12⑧
幽―顯52―6⑲
○[H]幽―魂52―2⑦
○幽―草22―17⑮
幽―贊57―2⑭
幽―贊(ス)46―4②
○幽―姿12―9⑦
○幽―囚71―3②
幽州(地名)52―11⑮
○[H]幽―愁12―17⑧
幽上―人13―15⑪
幽―壤53―4②
幽―趣7―12⑲
○幽―人14―9⑥
○幽―深(ナリ)27―11⑨
幽尋(ス)8―10⑫
幽―情21―2⑱
幽―棲13―14⑧
○幽―靜16―7④
幽―寂(ナル)29―5⑪
幽―穸56―2⑳
幽―泉29―12④
幽―滞(メ)2―15⑤
幽―致21―15⑰
[H]幽―縶66―16⑰
幽―蟄46―3⑮
幽鎮(地名)60―5⑮
幽―都51―1⑬
幽―獨15―14⑪
幽寧25―16⑫
[H]幽―珮26―11⑬
幽―芳35―14③
幽―微(ニメ)(ハ)33―18⑤
幽―憤40―6①
○幽―閉58―11④
○幽―閉(セル)4―9⑫
幽―僻(ナリ)33―19⑨
幽―眠(シツカニ)23―14①
○幽―冥69―9⑯
○幽―明63―17⑥
○幽蘭26―15⑲
幽―淪(セリ)56―8⑱
○幽―靈57―12⑨
幽―怨62―20⑳
悠|(ナルカナ)11―7⑳
○悠―悠5―3①
○悠―然33―20⑬
○悠―揚(タリ)22―18⑫
○悠―揚(セリ)15―1⑲
憂5―9⑭
憂(スル)59―9⑧
○[H]憂―愛(スル)6―1⑫
憂―畏29―10⑮
[H]憂―顔10―15⑦
○憂―喜16―12④
○憂―喜(スル)28―10⑥
憂―寄56―18⑱
憂―疑(ス)59―12⑩
憂―勤57―16⑳
憂―勤(メ)58―2⑥
○憂―懼58―2⑰
憂―懼激―切(ノ)58―5⑧
○憂虞5―15⑫
○憂―虞(メ)46―9⑭
[H]憂―懷11―2③
憂―惶59―9⑱
憂―惶(メ)61―7③
○憂―患22―12⑰

憂勸45-4⑭ 憂歡13-7⑩ 憂-危17-20⑪ 憂-愧58-2③ 憂-愧ス59-13⑲ 憂-毀スル┐42-4⑤
憂讁36-13⑨ ○憂-國57-21⑪ 憂-慚59-14⑮ ○憂-思69-11⑱ 憂H-死36-10③ ○憂-愁7-6⑯
○憂-愁センヤ34-3⑬ 憂-傷62-20⑮ 憂-傷ス38-4⑪ 憂-矚57-13⑮ 憂-人17-12④ 憂-軫ゾ58-10⑬ 憂-責60-6⑧ 憂-切59-11② 憂-歎70-10⑰ 憂H-惕8-7⑥ 憂-惱7-10⑭ 憂H-念7-14⑥ 憂-念ゾ22-10⑰ 憂HK-望45-15① 憂-迫59-5⑰ 憂-煩ナリ9-5⑥ 憂H-悲10-5⑯ 憂-悲苦-惱45-13⑥ ○憂-憤2-12⑪ 憂-懣2-11⑩ 憂-悶ス36-22② 憂-勞25-6⑤ 憂-勞ゾ57-13②
憂-樂10-10③ ○H憂-慮ヘル54-10⑫ 憂-累35-2⑨ 憂-怨59-4③ 攸-好62-18⑰ 攸-司67-7⑯
攸-處67-2⑫ 牖5-15⑫ 油-油タル30-4③ 油-雲21-14⑮ ○油-然トゾ12-12② 油幢33-11⑪
游63-4⑳ 游スル┐70-8⑩ 游H-宴68-6⑤ ○游-魚3-8⑯ 游詞67-4⑰ 游H-者70-23⑪ 游-手2-7⑭ 游-人64-17③ 游-心63-1⑨ 游K-息29-14⑬ 游-息ス71-5④ 游-村37-1⑭ 游-惰63-1⑥ 游惰スル┐47-9① 游-預ス22-4⑬ 游-龍21-5⑰ 游H-鱗10-15⑪ ○湧-出ゾ11-11⑲
熊君46-8③ 熊孺登(人名)17-17⑳ 熊-軾53-9⑧ ○熊羆13-5④ 猷46-2⑪ ○猶-子49-6⑮ 由2-17④ ○由-緣30-1⑰ ○由-來2-21⑭ 疣瘡22-8⑪ 羑里H(地名)67-7⑯ 儵-儵タリ16-20② 儵-然タリ31-15⑱
○有｜8-15⑪ ○有｜スル29-3⑨ 有有緣45-13⑥ ○有-緣71-9⑲ 有葛(人名)46-1⑱ 有H-慶57-9

⑨
有-絃25-10⑪
○有-功49-8⑫
有後42-5②
有-恒54-6⑰
有-國52-12⑮
有-才48-3⑯
○有-罪66-18②
○有-司47-15⑫
○有事5-5⑱
有辭67-9⑮
○有-衆46-1⑨
○有-識42-9⑨
有[H]-水8-12⑧
○有-情71-12⑯
有-成55-4⑨
有唐(地名)42-5⑤
有-唐善-人41-1⑥
有-阯65-2⑱
有[K]-陳-謝56-19①
有[HK]-程64-6⑧
有-條48-5⑰
○[H]有-德54-6⑪
○有-能65-5⑩
有-亡43-5④
有[H]-孚66-8⑳
○有-無47-9⑨
有-福-智70-23⑧
有-木2-19⑲
○有-名35-17⑪
○有-餘32-1⑬
○有-用38-14⑥
○[H]有-利63-1⑭
○有-位57-8⑱
○有-爲41-8⑳
融(人名)42-8⑮
融|シ31-10⑥
○融-融12-5⑭
融-融曳曳トメ3-11⑩
融-融洩-洩タラン65-12①
裕[H](人名)41-3⑯
裕-裕ソ1-19⑧
○誘-引セラレテ18-1⑯
○誘-掖テ65-14⑩
誘-陷56-16⑧
○[H]誘-導45-9⑫
○誘-致56-18②
誘[K]-諭3-11⑳
踴-躍シ38-5⑬
遊1-11③
遊スル20-1⑰
○遊-泳ス36-2⑬
○遊-宴23-12⑮
○遊-宴シ12-11⑱
○遊-行33-14⑭
○遊-行ソ33-3⑰
遊-遨34-2③
○[H]遊-客26-7⑮
○遊嬉ス1-8⑦
遊-騎23-16⑯
遊-魚35-14⑩
遊-宦スル「19-4⑲
遊-歡ソ13-6⑬
○遊-觀68-16⑨
○遊-觀ソ2-3①
○[H]遊-子9-5③
○遊-絲33-1⑭
遊[H]-者71-8⑱
遊-賞ソ2-13⑤
遊-春14-19⑨
○遊處13-2⑯
○遊-人21-16⑫
遊-心21-10⑲
遊仙(人名)28-13⑳
遊-息40-7⑳
遊-岱66-16④
遊[H]-討ス8-11②
遊[HK]-蕩22-12⑭
遊-治17-9⑦
遊趙村37-1③
遊-童26-12

①遊-陪ス20-12⑧遊-伴33-7⑨遊-泛33-16⑱遊-蜂11-7⑦遊-颺ソ7-12⑩○遊樂1-8

③○遊樂セ30-11⑬○遊-覽ソ36-10⑪○遊-歷スル7-7⑩輶-軒50-4⑭酉22-6①酉-日28-

1⑲郵70-2⑬○郵亭(建物)2-12⑯○郵傳9-1⑯郵-夫70-3⑬郵-吏23-4⑧○雄ナラ5-4②

雄-勇56-17⑯雄H-豪27-9⑧雄-奇51-18⑧雄-華ニソ24-3⑫雄雞2-14⑯雄H-劇57-10⑥

○雄-傑50-2⑮○雄-健ニソ48-2⑦○雄-才56-7②雄H-材56-24⑩○雄-姿38-9②雄雌21-

4⑩雄-重52-2⑩○雄-鎭55-5⑯○雄-鎭ス56-18⑯雄-武57-23①雄-文達-識50-5④

雄-文博-學ニソ54-12④○雄-略50-1⑯噢-咻タル13-5⑨栯李花9-12④育69-12⑬毓材13-12

⑫○郁-郁タルカナ38-15⑲一(人名)41-8⑦○一|11-14⑳一-哀66-7③○一-握1-10⑦○一-意12

-10⑩一-異62-20⑰○一-衣30-12⑬一H-遊7-2⑱○一-一2-13⑳一-邑42-3⑫一-陰

9-9⑯○一-音21-15⑥一-飲5-12⑬○一-宇46-6⑤一-盂30-6⑰一-雨40-11⑮一-

雲62-17⑮一-咏45-8⑤一-詠8-12⑰一-詠ス8-12⑰一-驛3-13③一-楪31-1⑲○一

-葉8-15⑭一-筵34-6④一-甌6-3⑯一-甕31-3⑯一H-屋43-3⑬一-呵一-杖46-10⑳

○一-家11-12⑮一-牙70-20⑮○一-介61-4⑱一-戒27-15⑬一-涯2-13⑲一-漑66-7⑫

○H一-向ニ16-20⑳一-幸-人ナラン29-1⑧○一-毫29-9⑳○一-行25-14③一-饐1-4⑳一-

鶴31-12⑨ 一-合14-4⑳ 一-榼23-7⑬ ○一-眠16-9⑪ ○一-竿12-8⑱ 一-緘22-8⑱
一-酣5-14③ 一-間36-6⑱ ○一-閑10-11① 一-鴈45-2⑯ ○一-期15-10⑪ ○一-氣7-5
⑧ ○一-紀15-14⑦ ○一-義45-13⑦ 一-宮71-4⑪ ○一-牛27-10⑥ 一-裘30-13⑳ ○一-掬
1-14⑦ ○一-級52-11② 一-莖9-3⑯ 一-居-士30-11⑰ ○一-擧49-8⑰ 一-渠19-16⑲
一-漁-船16-10⑯ 一-漁-竿36-16⑰ 一-語37-2③ ○一-局10-16① ○一-曲2-2⑤ 一-吟8
-13⑳ 一-吟45-8⑤ 一-困36-22⑥ 一-斤37-8④ 一-琴5-5⑤ 一-筋32-14⑦ 一-衾29
-4④ 一-金68-18⑪ 一-區46-11⑨ ○一-句9-8② 一-軀57-16⑰ ○一-空10-5④ ○一-
隅36-8⑧ 一-臥8-5⑩ 一-顆1-6① ○一-回12-16④ 一-廻12-15⑰ 一-泓23-3⑮ 一-
豁6-6⑤ ○一-丸2-16⑤ 一-串33-16⑥ ○一-官59-1⑮ ○一-貫22-8① ○一-貫7-9
⑥ 一-願36-6⑬ ○一-揆38-6⑨ ○一-簣46-2⑰ ○一-月14-5① 一-卷5-11⑳ 一-拳29
-5② 一-源7-9⑩ 一-縣59-8⑩ 一-君63-4⑰ ○一-軍55-8⑫ 一-郡5-8⑮ 一-偈39
-7⑥ ○一-計2-17① 一-逕27-13⑳ 一-頃11-11⑮ 一-頃-餘4-6② 一-劔24-15⑮ ○一
-見66-14③ ○一-言1-2① 一-呼38-9① 一-呼-吸38-12⑬ 一-壺5-12⑪ 一-湖23-
10⑤ 一-股12-11⑫ ○一-顧11-1⑰ ○一-顧37-5⑯ 一-鼓69-5⑳ 一-垢45-11⑰ 一-孔

60-7⑬○一-刻3-12⑥○一-國42-7⑨○一-坐9-11⑦○一座71-8⑩一-宰65-23⑪
一-才48-2⑥一-災62-20⑯○一-雙21-15⑯一-巢1-16⑥一-爭60-10⑭一[K]‖窠[ノ][サウス]4-14⑨
一-草62-17⑮一-藏-經35-12⑲○一-昨40-10⑲一-索32-7⑨○一-札45-14②一[H]-扎66-
6⑪一-匝19-16⑨一-匝〆31-9⑦○一-山36-9⑥一-盞6-2⑬一餐22-16⑧○一-事1
-14②一[ヒトリノ]-侍-兒33-1⑳一-匙7-3⑮一-士1-19⑩○一-字2-13⑭○一-子28-2⑬
一-巵21-4⑦一-志53-12⑤一支29-12①○一-時1-21⑧一-枝11-6⑭○一-死22-8⑪
一-夘61-8⑱○一-紙9-7⑰一-詞2-17①一-詩-僧23-13⑦一-辭23-10⑱一-齒10-10
①一-州20-8①一戌〆64-7⑥○一-周-年25-18⑨一-獸62-17⑮一-秋1-4⑱一-舟17
-21⑨一-色23-18②○一-室5-6⑧○一-日2-21⑥一-十一-萬六千八-百五-十七-言69-
3⑫一十五竿12-8⑱一十五卷16-21⑦一-十-五-人33-16⑭一-十二-章37-12⑦一-十二-
人51-12⑩一-十-人48-10⑬一-拾-遺45-6⑦一-襲71-14⑭一-車1-17⑳○一-唱[セヨ]15-
13⑯一-床35-2④一-牀6-15②一-章2-13③一-章一-句70-4⑪一-觴8-12⑰一-賞
33-15⑨一-勺22-17⑧○一-酌8-5③○一-酌〆22-7⑬一-主21-13⑮一-株1-5⑳
○一-樹9-7⑳○一-炷26-5③一-珠28-2⑱一-銖26-9⑩一-首28-9⑲一-聚11-15⑨

一‐宿5‐2①　一‐宿ゾ16‐8⑫　一‐春24‐11⑪　一‐順39‐5⑲　○一‐所68‐17⑧　○一‐書45‐1
⑪　○一‐處13‐17⑲　一‐乘23‐13⑥　○一‐種1‐12⑦　一‐繩‐牀27‐15⑱　一‐鍾66‐8⑨　一‐燭
41‐12⑰　一‐職48‐2⑥　一‐食8‐5⑩　一‐哂37‐12⑦　一‐寢22‐16⑨　○一‐心34‐1⑥　一‐晨
10‐19⑥　一‐津23‐5⑨　○一‐身1‐2⑧　一‐辰62‐17⑮　一‐帥59‐2⑤　○一‐水23‐1⑫　○一
‐醉22‐12⑭　○一‐醉ゾ34‐12①　○一‐寸2‐13⑫　○一‐世2‐16⑫　○一‐世‐界43‐10⑨　○一‐
切41‐9⑪　一‐切悪‐趣71‐7⑪　○一‐切衆‐生71‐7②　一‐城4‐5⑥　一‐姓64‐13⑳　一‐性7
‐4⑲　一‐政58‐2⑥　一‐星62‐17⑮　一‐歳13‐15①　一‐淨45‐11⑰　○一‐生1‐4⑦　一‐聖57
‐16⑲　一‐聲1‐5⑤　一‐聲ス6‐10⑳　H一ノ‐青‐松17‐4⑮　一‐靜‐境5‐7⑮　一‐宵4‐10⑤
○一‐笑45‐7⑦　一‐詔3‐11⑯　○一‐隻8‐12⑤　○一‐夕10‐5①　○一‐尺2‐2⑮　○一‐尺八
‐寸39‐9②　○一‐石4‐11⑪　○一石スル5‐12⑬　一石婦1‐9⑲　一‐洩49‐2⑫　一‐絶31‐3⑭
一‐千‐株20‐13④　一‐千‐年61‐2⑨　一‐千‐夜37‐4⑬　一‐千‐三‐百‐人60‐6⑳　一‐千字13‐
4②　一‐千一‐百三‐十‐門71‐14⑥　一‐千九‐百人49‐7⑲　一‐千三百夜6‐9⑳　一‐千三百里4
‐12⑦　一‐千‐石49‐1⑲　一‐千八‐百‐言69‐3⑧　一‐千八‐百七十人57‐12⑳　○一‐先26‐12④
一‐川6‐11②　一‐戰69‐6⑦　一‐泉16‐16⑩　一‐箭15‐11⑪　一‐善44‐10⑧　一‐扇12‐11⑫

46-5⑧　○一-德46-2⑭　一[K]-獨[に]45-14⑲　一[HK]-囊9-10⑯　一-衲27-15⑱　○一-二42-5⑭
一-二-十人43-10⑲　一-二-十-遍59-12①　一-二三日45-15⑰　一-二-年58-10⑥　○一-人1-1
⑨　○一-念11-11⑦　○一-年2-7⑦　一[K]-年年29-16⑱　一-農夫1-12⑫　一-戹30-3⑫　一-把
28-13⑭　一-泒22-15④　○一-派7-2⑬　一-馬5-1⑫　○一-倍4-8⑤　○一-杯5-11⑲
○一-盃5-12⑫　一-坊15-1⑫　一-忙10-11①　○一-方15-3⑫　○[H]一-望19-5⑦　一-茅-茨33-
1⑰　○一-泊30-8⑲　一-蕿2-20⑰　一-法45-13⑦　○一-半17-10⑥　○一-般31-16⑧　一-萬-
重19-7⑲　一-萬里21-10⑩　○一-飯30-13⑳　一-痳8-2⑱　一-麋[ビ]30-14⑧　○一-匹26-12①
○[H]一-疋4-7⑳　一-百一-十四-首69-5⑮　一-百-韻14-16⑬　一-百-句21-5⑦　一-百九十載
3-2⑨　一-百九-十-人52-12⑫　一-百巻70-4⑦　一-百-五18-12③　一百五-十-首45-6⑭
一-百五十二-首41-3②　一-百三-十八-首69-6⑯　一-百-首17-9⑬　一-百歳10-7⑧　一-百
-日30-5⑬　一-百八-十五68-1⑬　一百八十六字12-8⑳　一-百-疋33-11⑱　一-百-分27-12⑯
一-百篇5-9⑲　一-百六十-言8-8⑧　○一-品12-2⑮　○一-夫48-8⑫　○一-婦59-4②
一-布裘6-3⑤　一-府56-3⑯　一-浮-萍2-13⑥　○一-部26-4④　一-封9-7⑯　○一-幅11
-12④　一-復68-7④　一-復-時32-11⑦　○一-物2-4③　○一-分13-19⑲　一-柄49-8⑫

一|瓶27|6① 一|病29|9⑩ 一|病一|藥45|12⑰ 一|病|鶴36|7⑱ 一|病|身13|18⑰ 一|
瓢10|16⑥ ○一|別12|11⑨ ○[H]一|變25|9③ ○一|片1|3⑱ ○一|篇7|15③ ○一|遍22|16
⑯ ○一|邊17|2④ ○一|歩11|1⑨ 一|畝14|4⑰ 一|鋪70|11⑨ 一[HK]|帽30|12⑬ 一|夢1|
4⑦ 一|毛38|11② ○一|木62|17⑮ 一[H]|沐[ス]10|17⑫ ○一|目22|10⑮ ○一|本57|8① 一|
盆24|8⑬ ○一|命40|5⑳ ○一|名44|5② 一|明47|6⑭ ○一|面12|1⑪ 一|問64|1⑳
○一|門56|1⑩ ○一|枚57|8① ○一|味45|12① 一|微|塵37|13⑥ 一|萬竿11|4⑩ 一|萬
五千人56|6⑳ 一|萬七|千|人56|13⑳ 一|萬|株23|3⑲ 一|萬|本69|14⑬ ○一|夜12|6⑮
○一|藥45|11⑱ ○一|老17|5⑨ 一|老|子36|11④ 一|老|夫28|3⑫ 一|老|翁33|9⑰
一|欄12|8⑥ ○一|流21|15⑦ ○一|力69|8⑥ 一|力|圭15|19⑤ ○一|粒35|6⑥ 一[H]|両|
曲3|11④ 一|両盞35|18② 一|両|杓29|4⑳ 一|両|人34|13|⑤ 一|両|聲14|14⑮ 一|両|[ノ]
宵33|6① 一[H]|両|盃7|16③ 一|両|坊28|5⑪ 一|両|片24|15③ 一|両味36|3⑲ 一|両弄26
|18⑤ 一[H]|虜3|13⑤ ○一|縷17|12② 一|令44|11⑯ 一|例59|13② ○一|禮57|10⑰ 一|禮一
|贊[メ]71|7⑬ 一|領23|13⑳ 一|爐18|2⑧ 一[H]|盧7|5⑰ ○一|路33|7⑥ 一|露62|17⑮
一|鑪41|12⑰ 一|籠10|17⑩ 一|隴5|7⑪ ○[K]一|往[ヒ][シテ]6|13⑩ 一|往一|來[シテ]68|19⑳ 一|王

64-16⑨
一-椀26-8③
一-碗31-16⑪
一-盌20-2⑳
一-尉16-15⑲
○一-葦11-1⑦
○一-院28-5⑯
一H ヒ＝詠ス68-6③
一-園28-2⑮
乙9-13⑨
乙酉40-7⑬
乙-丑69-10⑯
乙-卯70-13⑯
乙丙46-8⑤
佚|スル┐67-2⑦
佚-遊4-3⑰
○壹ナリ48-1
108 注1
溢K(入軽)39-2⑫
聿(人名)48-6⑥
○逸ナル13-14⑦
○逸|ス47-6⑥
逸-韻36-4⑥
逸H-客31-1⑪
逸翰34-10⑫
○逸興5-3⑫
逸-翮70-19⑰
○逸才34-9⑤
逸-士29-5⑱
逸HK-思38-15⑭
逸少(人名)36-3⑦
逸-致19-10⑰
逸HK-勞50-11⑪
逸老36-6⑮
○逸-樂36-2⑰
○悒悒1-19⑦
悒-悒鬱-鬱トツ44-2③
挹|ス13-5⑬
揖|ソ12-14②
○揖-讓38-5⑦
浥-潤36-3⑧
熠-熠タリ38-5⑪
○邑12-14⑱
邑-客12-18⑲
邑-號66-19⑥
邑-居9-2④
邑-宰52-3⑯
邑H-室42-8⑪
邑H-丞52-3①
邑人1-9⑳
邑-封48-1
107 注2
邑-民42-3⑩
邑-落57-23③
邕管H(人名)56-21④
○允-許58-11⑩
○允-許ス57-3⑥
○允恭46-5⑩
允-屬44-11⑪
印H(人名)71-9⑰
○印2-10⑲
○印|ソ30-7⑦
印|シ-了テ19-8②
印-鑠23-17⑬
○印-綬24-4③
印-納ス57-23⑧
印H-壇6-12⑱
○咽-喉57-15⑥
○因|10-13⑨
○因-緣3-6⑧
○因-緣ソ63-19①
○因-果68-17③
因-繼69-5⑮
因-繼スル┐22-1⑮
因繼集(書名)69-5⑬
因嚴亭20-14⑳
因集69-12③
因-樹41-10⑭
○因-循64-19①
○因-循ス2-5⑪
困-循苟-且44-9⑭
○姻44-3⑯
○姻-戚56-1⑩
○姻-族40-3⑱
姻-表42-6⑤
姻-連セルヲ56-12⑲
婭H-舍14-17

⑤寅42-2⑱　寅-畏ニソ57-16⑳　○寅-縁タル28-12⑯　○K寅-縁す29-2⑥　寅-日20-3⑰　寅-年15
-13⑩　胤(人名)43-7⑳　胤69-12⑨　胤-嗣51-14⑮　○引22-11⑯　引-起シ31-7⑫　○引-決ソ49-2③
尹(人名)41-6⑬　○尹(地名)55-3⑱　○尹|タル2-8⑥　尹-京70-19⑱　尹公亮13-13⑰　尹(人名)-氏25-1⑫　尹-守
54-12⑩　尹(人名)縦之9-2③　H尹-職49-12②　尹-正52-3⑭　K尹-村30-11⑳　尹輔首57-20⑯　慇-懃ナリ
27-5⑤　殞セ52-9②　○H殷(人名)24-18⑥　殷|タル38-13⑭　H殷(人名)祐49-12⑮　H殷(人名)融68-15⑯　H殷(国名)-家26-6③
殷(人名)衡等51-11⑧　○H殷-鑑56-3⑩　○殷-勤ナリ5-12⑲　殷(人名)兄24-10⑰　殷(人名)卿22-12⑳　H殷(人名)堯藩9-11①
H殷(人名)堯藩侍御26-6①　殷(人名)協律19-19②　殷-紅12-8⑦　殷(人名)三21-18⑭　殷(国名)周62-14⑲　H殷(国名)(人名)宗18-14⑰
殷(人名)辛64-2⑫　殷進能等ラ57-9⑫　H殷(国名)(人名)湯62-10⑥　H殷(国名)(人名)紂65-20①　殷判官二-十-三-兄24-10⑭　H殷(人名)彪48
-1⑪　H殷(人名)彪等ラ48-1⑭　○淫|64-19⑲　○淫|シ63-10⑪　○H淫-雨40-2⑧　○淫-刑63-11⑨　淫-昏62
-16⑫　○H淫-祀66-4⑰　○淫-辞65-16⑦　淫人5-16③　○淫風67-17⑰　○H淫-奔4-10⑱　淫文2
-11⑨　湮シ43-8④　湮-泯43-5⑥　湮-厄36-13⑪　湮淪セ1-2⑪　H溵(地名)郡48-6⑥　H演-漾スルヲ36-14
⑩　禋イン2-15⑯　禋|ソ62-4⑦　○禋-祀スル|46-1⑩　H絪(人名)等50-10⑳　絪-緼タリ46-3⑰　H胭-脂19-14⑤
茵32-11⑨　HK茵-褥22-8⑤　○H茵-席8-12⑥　○蔭|49-10⑤　闉闍26-8⑫　○陰5-12⑳　○陰-陰タリ
10-5⑦　○陰-雨5-12②　陰-益43-12⑭　陰-煙26-9⑱　陰芽15-4⑯　K陰クモリ-寒サユルリ3-6⑰　陰-獄

37-3⑧ 陰禍2-10⑯ 陰昏(メ)16-8⑩ 陰-山50-2⑮ 陰(H)-山-道4-7⑱ ○陰慘21-17⑭ 陰(H)-祇
40-10⑳ 陰-騭36-6⑨ 陰-森(ニソ)2-20⑬ 陰-晴6-11② 陰(H)-前33-6⑰ 陰(H)-沉26-1⑱ 陰(H)-天
11-2⑦ 陰-竇68-8③ ○陰-德(アレハ)28-2⑭ ○陰-風2-4⑥ 陰-夜22-18⑱ ○陰-陽57-10⑩
陰-涼9-5⑰ 陰-霖5-12⑰ 陰-嶺26-3⑤ 陰-沴40-2⑫ 陰-靈18-15⑤ 陰怨2-22⑨ 隱15
-3⑪ ○隱逸(セン)2-17⑤ ○隱-隱(タリ)18-2⑤ 隱-映(ス)2-14⑲ 相隱(ヒ)-映(セリ)4-6⑯ 隱-客22-20⑭
隱(K(去)ヨル)-几(ニ)6-2② 隱(H)-几(セリ)30-12⑨ 隱-欺66-20⑫ ○隱居5-10⑤ ○隱-居(メ)66-4⑳ 隱(K)-晦6-4
② ○隱-見62-17⑰ ○隱-士26-11⑫ ○隱(H)-者8-10⑭ 隱人33-13⑨ 隱-心1-9⑬ 隱-情54-
1⑯ 隱-退(ス)65-8⑩ 隱慝43-8⑥ ○隱-淪(ス)32-3⑭ ○飲|5-14⑲ 飲|(ス)20-12⑰ 夜-飲|(ス)18-8⑨
飲-宴34-5⑤ 飲妓20-11⑰ 飲-會32-11⑱ 飲後36-9⑱ 飲-散60-4⑲ 飲-酌(スル)25-8⑲ ○飲
-酒(スル｢)46-3⑳ ○飲-食30-10⑧ ○飲-食(シテ)61-7③ 飲(H)-啄7-12⑬ 飲-啄(メ)29-4⑮ 飲-瓢67-
12⑫ 飲-徒32-12② ○音3-2⑯ ○音-韻7-14⑲ ○音(H)-樂12-18① ○音-書15-5② ○音-信
2-9⑨ ○音-聲65-11⑨ 音-塵16-13⑳ ○音問70-13① ○音-容57-12⑰ ○音-律33-19⑮
○韻|27-14⑦ 韻句20-7⑯ 韻章69-5⑥

ウ
○優婆塞70-11⑦ 優(H(人名))波離68-11⑬ 吁(ヲンノ)30-7⑳ 于(H(人名))尹躬54-13⑪ 于-于(タリ)22-11⑧ 于(H)-役66-14⑰

于家公主31−10⑬
于給事19−5⑬
于奚H（人名）66−19④
于公8−9③
于頔（人名）58−11⑬
于頔等（人名）58−5⑳
于飛66−21①
于駙馬使君H（人名）32−3⑥
于篇65−1⑪
○宇46−3②
宇下36−9④
○宇宙H 7−9②
烏−鳶36−22⑮
○烏江（地名）40−5④
烏號34−1⑭
烏行初（人名）52−14⑩
烏角先生37−12①
烏−巾35−18③
烏−紗33−7⑰
烏−鵲−河24−10⑲
○烏−鵲橋24−5④
○烏孫（人名）57−11⑰
烏臺13−14⑯
烏氊37−9⑭
烏重胤（人名）52−14⑭
烏重明等53−13⑮
烏H（地名）−程71−2⑤
烏−烏59−14⑳
烏HK−頭12−16①
烏毒37−13⑪
烏−帽13−2③
烏−巫2−15⑰
烏K−府35−8③
烏−羅ノ帽31−11⑱
烏H−龍14−17⑩
盂16−2⑰
○禹（人名）47−1⑨
禹H−穴27−3⑦
禹錫（人名）24−2⑤
○禹湯H（人名・人名）62−22⑲
禹−廟23−5⑭
紆−鬱ス22−5⑭
○羽36−23⑧
○羽−衣1−3⑯
羽ウ−衣イ曲12−10⑥
○羽−儀13−5⑪
○羽−儀ス50−5⑰
○羽−化メ3−3⑬
○羽−翮26−3⑬
羽−族37−12⑫
○羽−毛62−18⑲
○羽−旄65−10③
○羽−翼38−4⑬
○羽（地名）−林52−2⑩
羽−林−軍統ノ−軍54−6①
羽−林龍武等53−13⑳
羽−獵38−15⑰
羽HK−衛50−8⑦
○迂ニメ36−8⑤
迂−闊27−6⑪
迂辛（人名）3−1⑫
○迂−拙ナリ29−13⑥
○迂叟（人名）33−13⑧
○雨−氣32−4⑬
○雨HK−脚17−13⑧
雨Kフル−血38−9⑥
雨H−徑10−18⑬
○雨−後6−14⑭
○雨−師22−4⑨
○雨−水40−2⑭
雨−砌36−10⑥
○雨−聲33−9⑰
○雨−雪15−4③
○雨−中5−11⑤
雨−澤40−11②
○雨−天12−4⑤
○雨−夜33−5⑪
雨潦69−14⑪
○雨−露15−2⑤
雩66−7⑳
雩|ス66−7⑰
尉遲鋭H（人名）49−11⑮
尉遲司

業23-20④　尉遲少尹(人名)27-5⑥　尉遲少監(人名)25-8⑧　○鬱|(トメ)21-3①　○鬱|(セシム)54-3⑳　○鬱-鬱22-16⑲
鬱鬱然(トメ)42-9⑪　○鬱金27-11②　○鬱金香15-22⑥　○鬱-結44-1⑪　○鬱-然(タル)55-2⑥　○鬱-
陶(タル)34-2⑩　蔚51-8④　蔚州(地名)51-7⑳　蔚-章12-5⑰　蔚-温雅-淵(ニソ)68-1⑩　○云-云45-15②
惲家13-9③　紜-紜(タリ)10-1⑧　芸38-3⑥　○芸(K)-閣32-14⑫　○芸(H)-香9-1⑦　蘊(ニソ)55-10⑤　蘊-
結(ス)38-4⑫　蘊(H)(ツ、ミヲサメテ)-藏(テ)16-2④　○運11-13⑤　○運-氣12-4⑭　運(H)-穀63-8⑲　○運-載(ソ)4-2⑤
○運-漕56-3⑰　運(H)-水66-7⑦　運數1-18⑪　運(H)-務42-8⑧　運-路46-9⑬　鄆53-1⑯　鄆郊51
-1⑯　鄆曹觀-察判-官53-11⑬　鄆(H)-州49-12④　郎-國52-3⑳　雲(人名)62-1⑫　雲隱寺(建物)20-9⑦
○雲-雨2-9⑧　○雲-影16-11⑩　雲英31-16⑩　雲(H)-液36-10⑳　○雲-煙17-4②　○雲-霞36-13
⑤　○雲-海12-13⑲　雲皐(人名)43-10④　雲皐上人(人名)36-24⑥　雲壑8-5②　雲(H)-鶴14-2⑥　○雲(HK)-漢38-12
⑭　○雲-間21-5⑦　○雲(H)-氣10-4①　雲-騎-尉48-2⑱　○雲(H)-脚20-9④　雲(H)-居11-3③　雲居(建物)
寺1-5⑲　雲扃25-17⑪　雲衢13-4⑦　雲(HK)-和24-7⑰　○雲-外5-3⑱　雲(H)-鬟4-13④　○雲(H)-霓
43-6⑬　雲-髻12-18⑪　雲鵠1-17⑨　○雲(H)-根8-12⑦　○雲-彩19-5⑯　○雲(H)-際38-3⑬　○雲
山13-8④　○雲-棧12-10⑩　○雲州(地名)53-13⑧　雲-日22-10⑫　○雲上2-3⑦　雲(H)-漿31-16⑱　雲-
將22-4⑩　雲-樹11-3⑱　雲渚15-18⑫　雲(K)-松32-2⑧　雲-心23-14⑮　雲真(H)(人名)71-10⑩　○雲-水20

エ

18－14⑲　睿－文神－武孝－徳61－3①　縈H－紆トツ6－11③　縈H－廻メクリテソ6－16⑪　○纓2－12⑬　纓－上31－

3⑱　纓－組36－7⑳　纓H－絡22－17⑧　纓H－綏19－14④　○翳43－9⑨　翳H－翳トツ11－7⑪　○英|48－9⑲

○英－雄1－15⑯　英英H(人名)26－18⑩　英H－豪38－8⑮　英－果57－23②　英－華43－6⑱　英－材52－5⑭

○英－姿47－16⑯　○英－俊2－2⑦　○英H－斷38－8⑫　○英－武51－18⑧　○英－明58－11⑨　○英－

靈ニツ27－12⑨　蘙薈43－6①　裔HK－裔タリ38－3⑬　裔－孫46－8⑤　○裔H冑チウ70－8⑯　郢州(地名)15－17①　郢H－人

38－9⑨　郢城20－3③　郢－中32－9 185注3　○鋭38－8⑩　鋭ソ59－11⑨　○鋭－氣38－8⑮　○鋭－師52－

6⑩　鋭HK－武38－11③　潁州(地名)71－1⑰　○潁川(地名)2－10⑧　潁川縣(地名)－君42－10⑨　夭|9－5①　○夭|ス30－3⑩

夭－閼22－14④　夭－閼スル30－12⑰　夭極7－14⑫　夭－矯タリ26－8⑬　夭－婚66－16①　○夭－札10－7①

○夭－死スル6－15⑩　夭－斜セリ26－12⑪　夭H－壽11－6⑨　○夭－折9－5⑭　○夭－折ス6－7⑲　夭－促

6－6⑭　○夭－桃22－20④　夭－亡スル5－16④　夭老28－7⑲　嚶－嚶タル14－8⑲　坳－泓トツ21－8⑬

○幼30－7⑯　幼|Hソ56－22④　幼艾71－6⑩　○幼－孤41－2②　幼史10－14⑲　○幼－子42－7⑫　○幼－

者65－22③　○幼少46－3⑩　幼－賤ナル68－6⑤　○幼－稚ナリ70－7⑥　○幼－冲55－6⑦　○幼－女17－2

⑭　幼－弟69－2③　○幼－年66－16③　幼－妹7－14⑥　幼美(人名)42－11⑥　幼文(人名)71－13⑲　○妖|62－16⑮

○妖－艷4－5⑩　妖花1－17⑬　○妖H－姬25－7⑧　○妖－孽56－13⑬　妖－狐11－7②　妖－冦56－14①

妖灾62-16②
妖H-祥廢-興62-18②
妖H-瑞62-16④
妖鳥2-20⑭
○妖-婦1-15⑥
妖-氛47-18⑮
妖-沴57-20⑨
姚H（人名）杭州32-9⑨
姚H（人名）向48-3③
姚元康51-15⑳
姚（人名）元康等51-15⑲
姚（人名）元崇41-4⑦
姚（人名）侍御25-10⑥
姚H（人名）成節48-10⑥
姚（人名）宋62-10⑨
姚（人名）文秀60-9⑰
○徭47-7⑯
○徭-役62-17⑬
搖38-7⑩
搖ソ31-4⑮
○搖-曳トソ30-13①
○搖-曳ソ24-15⑲
○搖-搖トソ12-10⑦
搖-消スル69-3⑯
搖HK-旍17-20⑭
○搖-蕩ソ19-17⑪
搖掉スル15-3⑭
搖-動32-9 197注4
搖-動ス2-20⑥
搖H-尾66-16⑱
○搖H-落10-4⑬
○搖-落ス15-16⑲
○杳|トソ15-12⑳
杳K-曖とて29-12③
杳H-靄11-13③
○杳-然トソ36-8⑧
杳H-眇タリ8-2③
杳-冥ナラ39-3②
曜-靈47-12⑫
珧H（人名）70-16⑮
瑤17-14⑮
瑤筵6-11⑨
瑤花13-11⑳
瑤華5-2②
瑤瓊1-12⑦
瑤-草29-7⑮
瑤H-瑟8-10②
瑤-水19-15⑰
瑤H-蒻3-10⑪
○瑤-臺23-4④
瑤H-墀14-18⑯
瑤-池4-4①
窅トソ57-18①
窅-窅タル36-25②
窅-冥トソ38-7⑰
窈-娘28-12①
○窈-窕タル18-15④
腰H-下6-6⑰
○腰-間31-3⑱
腰金33-14⑳
腰H-肢26-10①
腰H-章18-8⑧
腰-褥33-9⑭
腰K-珮17-19⑯
燿H-眼18-5⑯
燿-焜スル50-4⑮
○要48-4⑤
○要ス14-18⑲
○要-害56-7④
要HK-荒64-12⑭
要H-官40-1⑬
要-郡50-7④
○要-劇44-10④
要-權58-3⑤
○要-事56-20③
要-司49-9⑰
○要-旨64-11③
○要-衝57-15⑥
○要-職50-5⑯
○要津1-7②
要（人名）籍52-12⑲
○要-道38-6⑬
要-地52-3⑨
要-知68-

7②
要－知(セン)58－3⑰
要(H)－重55－9①
要－鎮55－5⑬
要－妙(ニソ)26－12⑭
○要－約17－7①
○要－路32－2⑬
謡(Kヲウ)39－1⑤
謡(H)－詠27－8⑯
謡－詠(ソ)12－12⑰
遙天36－13⑮
遙夜13－6⑰
廮(H)(人名)50－4⑩
○(H)奕－葉40－1⑯
○奕－棋15－20③
○役｜5－3⑬
○役｜(ス)30－6⑦
役－役(タリ)7－10⑧
懌(H)(人名)49－8⑳
掖－垣19－9①
○易(書名)38－1⑬
○易6－4⑲
易牙(人名)64－2⑭
易州(地名)42－5⑩
易定(地名)60－5⑮
○液29－6②
液(スル)66－6⑫
○益｜8－3②
益51(注5)－16⑰
○益｜(ス)8－7⑨
益等51－16⑭
○益－友11－12⑯
益(H)－質62－15⑱
益－部51－16①
疫－疾暴－露(シ)59－9④
○疫癘40－8①
繹－志38－5③
腋(ニソ)43－2⑪
○驛1－20⑲
驛－騎25－7②
○驛－船17－19⑳
○驛亭15－15④
○驛－馬8－13⑨
驛(H)－舫27－3③
驛(H)－門59－6⑬
驛(H)－吏27－4⑱
○驛－路2－13③
驛(HK)－樓24－19⑯
咽－絶(ソ)22－10⑮
悦(人名)70－5⑧
○悦68－14⑳
悦－懌68－14③
悦－隨欣－戴(スル｜)68－4⑭
悦－服65－4⑬
悦－服(ソ)58－14⑮
○謁｜(ソ)53－5⑮
謁－客25－6④
○謁－者50－9⑫
謁－者－監52－7⑬
閲－視(スル｜)47－18⑪
閲＝水17－2⑩
曄－煜(タリ)14－18⑤
曄－曄(トソ)25－16⑥
○葉65－14⑩
葉－葉(タリ)24－1⑭
葉縣69－12⑭
裛(Kツ、メル)－塵12－5⑭
偃－亞(ス)10－18⑯
○偃－臥30－8③
○偃－臥(スル｜)30－3③
○偃－蹇(タリ)24－8⑲
○偃－蹇(ス)1－22③
偃－草56－8⑤
厭59－15⑧
厭－厭(タリ)27－9⑮
厭－賤(スル)30－8⑭
○厭－離41－12⑲
兗州(地名)52－10⑩
剡－溪20－3⑮
奄｜(トソ)69－8⑯
奄－忽(タル)40－8⑯
堰29－16⑧
崦－中17－8⑫
媕娿2－19⑭
○嫣－

然トソ 21−5⑰ 嬿Kエン−婉エンタルヲ 4−7⑬ ○宴｜15−2⑮ ○宴｜ス 2−6③ ○宴安ニス 67−19⑥ 宴−遊23−6⑱
宴−遊ス 34−3① ○宴飲4−1⑪ ○宴−飲ス 36−14⑳ 宴−駕ソ 71−3⑦ 宴−行57−9⑦ 宴−樂59−15
⑲ 宴−術40−5⑱ 宴−居ソ 41−7⑲ ○宴−會14−7⑮ ○宴−坐26−2⑱ ○宴−坐ス 36−6① 宴散25
−16⑯ 宴−集21−3⑦ 宴−集ス 34−4⑭ 宴−宿ス 24−17⑩ 宴寢1−21⑬ ○宴席21−7⑫ 宴H−送ソ 35
−7⑪ 宴HK−息39−3⑲ 宴H−望シキ 6−6③ 宴−飫スル 58−2① 宴−餘29−12⑧ ○延51−8⑲ ○延安(地名)42
−10⑧ 延安府君42−10⑫ 延州(地名)51−8⑳ ○延−引ソ 60−8⑩ 延英(地名)1−21① 延英殿(建物)3−12③ 延英門(建物)60
−9⑭ 延康H(地名)6−13⑳ 延觀(人名)71−1⑯ 延景(人名)70−1⑲ ○延壽66−6⑩ ○延−長ナル 5−16④ 延−佇ス 18−
16⑪ 延−寵53−1⑫ ○延−年25−14⑬ ○延−袤50−8⑮ 延年里(地名)43−7⑥ 愆H−序40−10⑱ 捐｜8−7
⑨ 捐｜セ 20−6⑭ 捐−益58−2⑩ 捐−耗カウソ 10−10② 捐之H(人名)22−20⑭ 掩−映セル 24−8⑫ 掩−藏ス 66−18①
○掩−抑ス 12−17③ 掾2−11④ ○掾｜ト 42−10① ○沿−革ス 65−9⑬ 沿−洄35−16⑯ 沿−洄ソ 29−12⑦
○沿−襲65−9⑯ ○淹−久ナラ 56−20⑦ ○淹H−恤ニソ 66−14⑯ 淹−郵66−5⑩ ○淹−滯55−1⑲ ○淹−
滯ソ 63−18⑳ 淹−泊ス 6−7⑬ 淹−留ス 18−13⑱ 演公43−8⑰ 灎−灎タリ 38−7⑨ 灎−堆11−2④
灎−澦36−2④ 灎−澦−堆23−10⑲ 灎澦(地名)17−6② ○炎(人名)42−8⑱ 炎−燠タリ 10−16③ ○炎−炎タリ 29−
2① 炎−煙21−19⑤ 炎−漢62−8⑦ 炎−氣21−7⑳ 炎−光1−4⑪ 炎−景29−15⑨ 炎H−徼キヤウ 17−

22⑦ 炎州(地名)35-16⑫ 炎-精38-12⑳ 炎-瘴10-2⑭ ○炎-暑36-1⑥ 炎-蒸(トメ)18-8⑦ ○炎熱10-
18③ ○炎帝70-5⑦ ○炎-天15-4⑭ 炎(H)-毒11-10③ 炎-方36-21⑧ ○炎-涼10-3⑤ ○煙靄11
-13⑨ ○煙-雲24-5⑬ 煙-葉13-17⑪ 煙-蛾-斂-略(メ)21-5⑱ ○煙-霞17-6⑪ 煙江13-15⑨
煙郊13-12③ 煙鴈13-6⑩ ○煙-火2-4⑥ 煙-槐5-4⑬ ○煙-月20-17⑦ ○煙-景9-1⑭
煙-霜31-11③ 煙-樹27-9⑨ 煙-渚24-8⑰ ○煙-水3-3⑭ 煙-松26-17⑭ 煙(K)-翠9-3③
煙-霄13-6⑱ 煙-村16-1⑬ 煙中28-8⑥ ○煙-塵12-10⑥ 煙條31-4⑭ ○煙-波8-15⑪
煙蔓21-2⑥ 煙-楊13-14⑥ 煙蘿9-5⑲ ○煙浪7-2⑭ 煙(H)-柳18-16⑫ 煙嶺8-5② 煙煴5-
10⑪ ○煙霞16-16⑤ 煙樹16-15⑪ ○煙-波16-10⑯ 焰-焰(タリ)21-16⑱ 焰火12-8⑨ ○燕(地名)3-4
⑮ 燕19-6⑮ 燕-遊70-17④ ○燕-頷17-14⑲ 燕姫34-1⑲ 燕-冀51-2④ 燕羣13-4⑩ 燕薊(地名)
52-6⑯ 燕-冦12-3② 燕子(人名)15-14⑪ 燕(H)脂19-4⑯ 燕(H)-寢68-6⑪ 燕城2-18⑭ ○燕石15-2⑥
燕(H)-息8-11⑯ 燕-息(ス)22-14⑬ 燕趙(地名)5-15⑤ 燕-翼48-7⑭ 燕卵9-4⑮ 肰-肰(タリ)24-2①
○鹽63-7⑯ 鹽官(H)(地名)68-7⑪ 鹽(K)=豉(去)(し次)(クキ)(マメ)22-4⑱ 鹽州(地名)3-9⑤ 鹽-羹26-8⑪ 鹽商(人名)4-10⑤ 鹽商婦(人名)4
-9⑲ 鹽籍63-8⑳ 鹽-鐵63-6① 鹽-鐵-官52-6① 鹽-鐵使68-7⑫ 鹽-鐵推-官49-10⑧
鹽-鐵轉-運使56-24⑥ ○(H)鹽-梅27-12① ○鹽-法63-7⑮ 鹽-米36-13⑳ 鹽(H)-利4-10③ 鹽-量

○謳-歌スル22-6⑭　○謳-謌57-5⑨　謳-吟24-7⑫　謳-吟ス29-13⑪　鷗20-12④　鷗-鶴22-11⑦
鷗-鷺14-6⑪　○屋1-23②　屋H-簷8-14⑩　屋-室69-4⑧　○屋-舍15-19④　屋H-頭7-5⑲
屋H-壁43-10⑪　屋-梁20-18⑥　○億-兆61-1⑧　億-萬ニセン57-10⑭　穩篸31-11⑱　穩枝31-14⑥
穩暖ナル33-9⑭

カ

下68-20⑥　下邑里46-9①　下-界12-14⑭　○下-降メ71-7⑰　下-客34-2②　下-邽14-16②
下(地名)邽縣42-10⑲　下(地名)邽郡42-3②　下邽莊南13-8⑰　下-軍53-5⑳　下-言62-1⑱　下-濟62-3⑳
○下-視ス10-12④　下-餌64-2⑯　下H-囚59-3⑭　下車26-2⑤　下-將-士56-15⑫　下-將-士等56-10⑨
下-殤42-11⑥　下-庡66-6⑤　下-人45-5⑥　下K-親-事56-14⑧　下-衰シ2-5⑬
○下情34-1⑧　下-生70-11⑫　下-泉5-11⑪　下訕スルニ67-11⑤　下-第メ31-14⑧　下-田36-23⑧
○下-土47-18⑩　下-渡33-5④　下-頭34-8②　下博60-6③　○下-民40-11⑤　○下H-問47-14⑥
下牢43-9⑤　○下-吏44-10⑥　○下K(シモノ)-流4-15④　○下-流セ66-8⑩　○下-位52-9⑭　何H(人名)士乂49-6⑥
何H(人名)次道68-15⑰　何H-處14-6⑯　何H(人名)曽22-5①　何H(人名)滿子35-19①　○伽葉佛6-11⑤　○伽陁70-23⑬
俄傾10-19②　○假カス53-7⑤　假H-錦19-1⑬　假-日20-10①　假K-飾カサシセル6-1⑫　假-藉セン28-14⑨
假-中2-11⑳　假-年8-13⑰　假寐セ66-18⑩　○假-名71-9⑱　價47-13④　價-錢58-8⑨

價(H)－楚42－7③
價－直30－14⑥
厦屋2－21⑪
加(ス)53－1⑱
○加－減65－2⑫
○加－減(ス)36－10⑱
加(H)－籩59－15⑦
可(H)(人名)41－8⑥
○可｜46－5⑥
可｜(ス)47－17③
可－行47－2⑳
○可－汗50－2⑯
可－久63－16⑬
可(H)－稱(ス)54－15②
可敦(人名)4－8②
○可－否49－3⑦
呀11－1⑧
呀－呀(タリ)1－21⑥
呀－然(トシ)22－13⑲
○呵｜(シ)23－4①
呵－察66－20③
○哥40－6⑨
哿(ヨキカナ)(ナルカナ)66－16⑫
哥舒大13－6⑫
嘉(H)(人名)41－3⑭
嘉猷(人名)47－1⑨
嘉姻34－3⑭
嘉(HK)－號50－2⑰
○嘉－肴29－9⑱
嘉－魚22－9⑧
○嘉－氣47－18⑮
嘉興縣(地名)41－6①
嘉－瓜57－8①
嘉－禾47－18⑨
○嘉－言62－4③
嘉－想57－18⑭
嘉州(地名)42－8③
○嘉－尚(ス)56－25⑫
○嘉－獎(ス)55－6⑦
嘉樹2－2⑪
嘉(HK)－矚56－15⑪
嘉(H)－色11－14⑱
○嘉－辰59－15⑳
○嘉(H)－瑞47－18⑪
嘉－招13－10⑥
嘉(H)－績52－12⑪
嘉(H)－嘆57－3⑧
嘉－嘆(ス)57－12⑨
嘉－歎56－10①
嘉－歎(ス)56－5⑤
嘉(HK)－賓9－2⑳
嘉－聞57－13⑱
嘉－謨44－13⑫
嘉－謀57－8⑱
嘉－名50－7⑥
嘉(HK)－命48－7⑩
嘉陵14－10⑤
嘉陵江34－7⑥
○嘉－禮67－16⑱
嘉－慰57－20⑳
○夏(地名)45－2⑨
夏邑(地名)2－13⑯
夏(H)－陰20－12⑮
夏禹(人名)63－6⑮
○夏－雲13－11⑦
夏蓴1－22⑯
夏－葛33－6⑪
夏旱1－18⑰
○夏－官50－12⑳
夏卿51－11⑯
夏－景34－9⑪
夏侯仕戡等(人名)53－5⑳
夏侯湛(人名)69－2⑮
夏(地名)－口56－25⑭
夏－早31－16⑰
夏－司70－13②
○夏－至9－9⑮
夏州(地名)52－10⑤
○夏－日15－4⑨
夏－蘂16－14⑲
夏瞻13－18⑱
夏－中15－4⑳
○夏－蟲59－17⑰
夏圖(人名)35－9⑰
夏(H)－梅14－19⑥
夏－

服36—3⑲　夏苗13—6①　夏—木29—4⑧　夏陽(地名)70—16⑤　娥(人名)68—2⑮　嫁40—6②　○嫁—(シ)28—11⑫
嫁(H)—殤66—15⑳　○嫁—娶32—15⑥　○嫁—娶(セシム)30—1⑯　家—醞5—11④　家—醞(ソ)34—12①　家—宴(ソ)24
—10⑬　家—家20—17①　家(H)—江19—9⑫　家—行69—7⑮　家—艱54—15⑲　家—給70—10⑲　○家—郷24
—19⑪　○家—居33—7⑯　○家—禽33—3⑭　○家—計36—8⑤　○(H)家—鶏36—23③　家—口32—14⑤
家—口等57—13⑤　○家—國29—12⑰　○家—財60—3⑳　○(H)家—藏66—19⑤　○家—山23—4⑪　○家—産
2—15⑭　○家—事35—11⑲　家(H)—祀42—6②　○(HK)家—室22—5⑦　家—舍35—14⑲　家(HK)—狀41—5⑩　家—
釀31—14⑬　○家—書16—11⑮　家屬37—10⑨　○家—人1—17⑲　○家—臣67—17⑥　○家—聲46—6⑳
○家内5—7②　○家道51—14⑨　家(H)—地4—2⑲　家—池28—14④　○家—中13—13⑦　家—住30—3④
○家—長66—17⑰　○(H)家—嫡41—8⑨　家—儲6—5⑧　家—諜68—2⑱　家—田56—14⑳　家—徒24—19①
○家—僮10—18⑯　家童27—4⑱　家(H)—邦46—1⑯　家(H)—肥67—13⑯　家—夫64—17⑯　○家婦2—2⑬
○家—風28—4⑨　家—廟70—1⑥　家—署71—1⑯　○家—門23—19④　家—園18—7⑳　峩(タリ)29—2⑳
○峩—峩(タリ)22—11④　○峨—峨(タル)42—2④　○峨—嵋山12—10⑩　我—我所41—10③　我—爾69—12①　我—
人71—9⑳　暇70—13②　○暇—日2—11⑲　柯43—3①　柯—葉1—21⑬　柯—條2—17⑲　○架14—12⑭
○架(ス)29—12④　○架—上22—16⑦　○(HK)樂—府1—2④　歌—詠21—6⑮　歌詠(セ)36—3①　歌—筵27—13⑥

○歌−行23−3⑪
歌[HK]−樂24−9⑩
歌[H]−閣27−14⑪
○歌支23−9③
歌−姬17−1⑲
歌−泣(フモ)10(クモ)−13⑰
○歌−曲17−20⑤
歌[H]−響17−15⑪
歌−吟34(ソ)−16②
歌[H]−管3−6⑨
歌鬟16−2⑫
歌−頸34−2⑦
歌−袂13−2①
歌−臉34−12⑤
歌−喉32−3⑪
歌−哭21−16⑫
歌−思21−18④
○歌−詞32−4⑨
歌−詩35−3⑳
歌−袖35−12③
歌−者34−13③
○歌−酒24−9⑥
歌−鍾1−19⑤
○歌−吹21−8⑦
○歌−聲12−1⑨
歌−咲32−11 254 注6
歌−笑19−19⑦
歌[HK]−席23−10⑮
歌舌26−14⑨
歌−節21−1⑲
歌[K]−雪35−10⑩
歌黛15−8④
歌−中8−10⑥
歌−伴23−16⑱
歌−眉28−18⑨
○歌−舞24−20⑥
○歌−舞21(ス)−13⑮
歌−舞管−絃31−16⑧
歌−舞鼓−鐘40−11③
歌−裏32−8⑨
歌[H]−梁14−18⑫
歌−詠70−10②
叚祐(人名)54−2⑥
○河51−18①
河[H]−亞8−12⑳
河陰(地名)48−1⑪
河陰縣(地名)70−16⑰
河[H]−嶽10−13⑧
○河(地名)−漢41−9⑧
河−間52−1⑭
河(地名)−湟57−25⑦
河−秋36−1⑨
河−車27−15⑤
○河−上55−5⑯
○河−水5−15⑳
○河(地名)−西52−4⑰
河−内70−8⑲
河−中49−12①
河(地名)−中−府52−4⑰
河中府參(地名)−軍51−14⑯
○河東(地名)16−14⑫
河東縣ノ開−國−子49−9⑧
河東縣ノ開−國−男51−6⑧
河東ノ節−度參謀49−10⑨
○河亭24−18⑬
○河南(地名)34−15⑥
河南(地名)−人70−1⑱
河南尹(人名)28−11⑨
河南縣(地名)42−5⑬
河南少(地名)−尹33−16⑪
河南府(地名)41−4⑱
河南王(人名)24−15⑱
○河(地名)−北26−4①
○河邊12−1⑰
河陽(地名)53−12②
河陽等(地名)60−6⑳
河洛(地名)51−2⑱
○河(地名)−梁45−2⑭
河隴(地名)56−19⑨
○牙旗51−3⑮
牙曠3−3③
牙[K]−笏

35-16⑦　牙-齒12-2①　牙[K]-墻17-4①　牙-牀26-16⑬　○雅3-10⑲　雅-音36-4⑥　雅-韻25-
12①　○雅歌2-14②　雅-唫20-6⑥　○雅-言70-13④　雅州(地名)41-1⑩　○雅-俗68-6⑬　○雅-頌46
-3⑳　雅[H]-篇25-6⑰　雅-澹(タル)22-11⑯　雅令34-11⑳　珂[H](カ)19-7⑥　珂-聲23-6⑤　瑕61-1⑩
○瑕-疵21-4⑳　瑕-病60-1⑪　稼[H]|6-7⑪　稼-器67-1⑲　○稼-穡40-11③　笳-蕭18-15②
笳[K]-簫35-10①　芽[H]16-8⑯　苛-急(ニソ)48-11①　○苛-虐62-10⑲　○苛-酷62-9⑲　○苛-細(ナラ)54-8
⑱　○苛-察57-8⑲　○荷[K](カ)22-16⑮　○荷-葉28-6⑫　荷-芰24-5⑳　荷-花9-4⑤　荷-塘16-15
⑩　荷澤祖師(人名)71-10⑧　○荷-擔(ス)41-11⑨　荷-池18-4⑤　荷[H]-竹71-5⑥　荷-亭19-16⑨　荷-恩59
-15②　○蛾22-20⑲　○蛾-眉12-10⑧　○蝦-蟇22-8①　蝦[H]-蟇陵-下12-17⑫　衙[K](カ)4-12①　衙戟34
-1⑱　衙[H]-鼓11-3⑭　○衙-門19-15③　○訶-陵17-3⑰　○謌-行21-1⑬　謌[H]-詩70-10②　○賀
16-14⑬　○賀|(ス)28-15⑲　相(ヒ)-賀|(シ)28-2⑬　寄(セ)-賀(ス)33-17⑧　○賀意25-13⑧　○賀宴31-11⑳　賀-燕
25-4⑯　○賀-筵27-16⑯　○賀-客17-18⑦　賀[H]-喜33-10②　賀-章56-5⑩　賀-若岑等(人名)51-12⑯
賀-正-使53-14⑤　賀[H]-知(スル)57-1⑭　○賀知章[H](人名)41-5②　賀-陳57-11⑧　賀-賓31-12①　○賈誼(人名)17-
20⑬　賈彥璿[H](人名)41-5②　賈使君23-11⑨　賈舍人(人名)24-2①　賈常州(人名)24-9⑱　賈生(人名)2-10③　賈-亭20-9④
賈二十四12-3⑱　賈馬(人名)38-15⑦　賈良國(人名)59-4⑯　賈瞵51-14⑰　賈瞵等[H](人名)50-2①　○跏-趺35-12①

軻(人名)43-10⑳ ○迦葉(人名)68-11⑫ 迦旃延(人名)68-11⑫ 遐荒2-9③ 遐-郡70-12⑳ ○遐-邇61-7⑬ 遐-
矚57-20⑳ 遐(H)-方18-5⑲ 遐-僻18-3⑪ 遐-陋11-1⑮ 霞(K)-綺35-8⑱ 霞(H)-外8-11② 霞光31
-12⑬ 霞景5-5⑬ 霞-帔ノ21-5⑫ 餓-犬64-4⑱ 餓-殍54-16⑨ 餓-殍スル70-3⑯ ○駕8-
3⑳ 駕|ス38-12⑲ 駕-幸ス12-12① 駕-部呉郎七兄19-15⑩ 駕部郎-中55-4⑬ 駕-部員-外-郎70
-5⑬ 鰕蟹16-1⑭ ○鵝36-23⑯ 鵝-乳37-13⑯ ○鵝-毛15-2⑧ 亥(H)カイ-市17-20⑤ 亥-日15-13
⑪ ○介|タリ51-7② 介-圭55-12⑤ 介(H)-潔靜-專ニソ48-6⑭ 介公(H)(人名)3-3⑤ 介-者44-13⑲ ○介-
然タル54-11④ 介-獨ニソ44-2⑩ 介-直ニソ44-9⑦ 佳(H)-客16-11③ ○佳-期5-13⑦ 佳-氣57-7⑰
佳禽21-2⑫ ○佳句23-18⑫ 佳偶14-19⑩ 佳-會22-19⑤ ○佳-境36-15⑦ 佳-趣14-9⑥ 佳(H)-
色30-7⑬ ○佳-人2-20⑦ ○佳-辰32-4⑯ 佳-瑞57-8④ 佳(地名)-城70-19⑲ 佳-婿66-13④
○佳節13-16① 佳-適57-23① ○佳賓21-2⑨ ○佳-麗12-10② ○偕(H)-老12-15⑧ ○凱(H)-歌47-18
⑮ 凱-樂スル46-3⑳ 劾66-11⑧ 劾|スラク67-17⑧ ○劾-奏スラク70-2⑧ 乂-寧ナリ61-7⑥ 廨-舍70-
6⑰ 堦5-4⑧ 堦-下5-7⑧ 堦上22-20⑥ 堦(H)-砌8-15⑫ 堦-前10-9⑭ 堦墀9-10⑱ 孩|ニソ
42-11⑨ ○孩-嬰8-9② 孩子23-19⑥ ○孩-童35-9② ○害|1-15⑥ ○害|ス41-4⑬ 相ヒ-害メ63
-13③ 崖州(地名)1-21② 崖(H)-上43-3⑨ ○慨-然トソ11-14② 愷-悌50-12⑥ 愷-悌ナリス3-12⑰ 懈(K)-墮

48-11⑨　○𢡇-怠(ナルトキ)48-11⑨　懈-怠67-8⑪　○戒2-11⑬　○戒-嚴66-12⑧　○戒-懼(セ)58-10①

戒-藏69-15⑱　○戒-壇69-15⑳　○戒-定27-16①　○戒體21-15⑧　○戒-律65-15⑬　改-移59-12

⑦　改移(スルニ)60-8⑳　○改易2-1⑩　○改-易(セ)54-17⑨　○改-嫁(メ)(スル)59-3⑬　改-火59-17⑩　改-悔

62-16⑦　改(H)-換(セリ)(シツ)11-13⑧　○(H)改-元65-6⑧　○改(レ)-正(ム)(ニメ)67-20①　○改-作64-19①　改-張(ニメ)48-11

⑳　改-張(セ)60-6①　改(H)-除(ハ)59-13③　改-轉53-13⑳　改-轉(ス)56-2⑦　改-圖60-9①　改(H)-服41-

8⑱　改(H)-變(スレ|モ)30-11⑤　械-繫(ス)70-2⑬　○楷書6-13④　海(H)(人名)41-8⑩　○海-角18-3⑳　○海-氣

20-14③　海(H)(地名)沂52-6⑨　○海-隅50-8⑮　○海-外2-1⑥　○海-月20-14⑭　○海-冦42-8⑪

海-山24-12⑥　○海(地名)州48-8⑰　○海-上29-4⑬　海-樹24-8①　海-色1-23①　海-神34-9④

海-仙23-11②　海壖33-11⑪　○海-水35-14⑨　○海-内4-12⑩　○海-中69-7⑤　○海-底4-4

⑬　○(H)海-鳥3-10⑫　海-天21-11③　○海圖1-4⑯　海-東56-24⑭　海-梅20-7②　海(K)-舶17-4

②　海-蠻3-10⑧　海-味32-3⑫　海(地名)密沂三-州42-3⑯　○海-濱24-4②　海-物70-3⑪　海(K)-漫

-漫3-3⑪　海(H)-珉36-9⑩　○(H)海-門20-12③　海(H)-門-山8-7①　海-榴22-19④　○海-陸63-4

⑱　海嶺51-6⑯　海(H)-夷50-2⑪　涯(人名)58-4⑱　涯-涘22-15⑧　涯水44-1⑩　獬豸13-2⑯　○界(カイ)7

-9②　界(H)-首52-23⑩　○塏-塏11-7⑦　磑(カイ)牛8-13⑩　礙37-2⑳　艾1-14⑩　艾-葉37-13⑪

○芥－子68－12⑰ 芥－醬22－4⑱ 荄1－22⑤ ○蓋16－16⑰ 蓋K－覆セム12－19⑥ 薤9－6④ 薤－上27
－10② 薤－白30－5② ○薤－露32－4⑨ 薤－壟15－1⑬ ○街1－10⑬ 街H－禁66－18⑪ ○街衢2－
11⑤ ○街－郭28－15⑲ 街－鼓5－3⑦ 街H－心22－7⑲ 街－西1－2⑬ 街－東18－15⑳ ○H街－頭19
－6⑮ 街蕪26－8⑳ ○街－路27－13⑬ ○解6－9⑤ ○解｜ス23－17⑰ 解結21－7⑱ ○解－釋センカ21－
10⑤ 解－嘲16－19⑩ 註カイ－誤2－22⑩ 誡40－4① 醢32－14⑳ 開｜スニ19－13⑱ 開H(地名)江縣50－11⑦ 開闔44
－8⑱ ○H開－闔64－13⑨ 開(建物)闔堂29－12④ ○開(年号)元3－7① 開元觀5－2⑪ 開元經71－8⑤ 開(建物)元寺11
－8⑰ 開(年号)元中70－19⑤ 開－國－侯70－15⑥ 開－國－男48－2⑱ 開－國－伯70－17⑳ ○開－鑿37－2
⑲ ○開－士69－3① 開H(地名)州50－11⑦ 開－釋56－16⑪ ○開(年号)成71－4⑤ 開(年号)成某－年某－月某、日71－1⑨
開(年号)成元－年70－23① 開(年号)成元－年五－月十－三－日70－15⑫ 開(年号)成元－年七－月十日70－16⑯ 開(年号)成五－年九
－月二十五日71－8⑫ 開(年号)成五－年三－月日71－7⑲ 開(年号)成五－年十－一－月二－日71－9⑩ 開(年号)成三－年71
－5⑤ 開(年号)成四－年十－月十－五－日71－6④ 開(年号)成四年二－月二－日70－24⑰ 開(年号)成二－年36－1⑭ 開(年号)成
二－年三月三日33－16⑦ 開(年号)成二－年四－月某、日70－18⑲ 開(年号)成二－年二－月一－日70－24⑥ 開－素32－12
① 開－達シ68－10⑥ 開忠二－郡69－7⑱ 開H－敏ナリ55－14⑫ ○H開－府4－10⑪ 開－府儀－同三－司50
－11⑲ ○開－闢65－17⑭ 開法臨壇大德69－16⑩ ○開－門20－18⑥ ○階14－2⑤ ○H階－下17－2⑫

階K－基29－12①　○階－級50－14②　階隅43－3⑦　○階前6－12⑲　階－墀13－5⑬　階H庭19－5④　鞋－
履3－5⑩　駭雞12－4⑬　駭－女18－12④　駭Hヲロカナルワラハ－童25－1⑦　○交2－19⑪　○交－友30－11②　○交－
遊6－9⑰　○交－遊ス41－11⑤　交－游20－2③　○交－易67－18⑱　○交－易スル58－7⑳　相Hアヒ－交カハシカハシ－延ヒクタリシケリ
6－10⑲　交Hユキカフ－加24－11①　交H－河3－13④　交－感61－5⑯　交H－感ス62－10③　交舊69－10⑬　交H－和シテ
65－17⑬　交－會ソ55－11①　○交－割56－6①　○交－割ソ57－14⑬　○交－歡33－11⑯　交H－結10－11③
相ヒ交－結ス58－9⑪　交－錯墥－鬱ソ62－19④　交－雜ス22－6⑫　○交－趾17－3⑰　交〱－修シ68－4⑨　交H－
州54－3⑧　交－親15－16⑬　交－綏68－20④　○交－情23－2⑫　交K－正38－13⑧　○交－戰51－11⑮
交H－代スル25－12④　交－帶22－2⑧　交－態66－19⑳　交－泰ナルニニソ64－14③　交－道66－6⑲　交K－便64－6
⑨　交－分16－2⑥　交－朋69－12①　交－應62－3⑥　交－亂スル2－19⑮　交H－利シテ56－16⑥　○伉K－儷
32－12⑥　倖人65－5⑳　倖－心59－1⑭　倖臣13－3②　倖－門1－8⑪　傲－逸ソ25－5⑰　○傲H－然トソ
7－8⑥　傲吏13－14⑩　○剛K｜38－8⑩　○剛－強ナル36－7⑧　剛H－狷6－1⑨　○剛－柔22－4⑪　剛－正
54－16⑰　剛－腸13－2⑰　○剛－直41－4⑮　剛H－奴40－6⑰　効Hカウ63－8⑦　巷26－8②　巷伯2－13⑫
告41－2⑭　告－訴セ22－10⑳　咎陶65－2⑩　○嗷－嗷タル15－16⑫　嗷－嗷慓－慓トソ69－2③　○號｜41－12
③　○號｜ス21－11⑦　號－踴スル71－2⑫　○號－泣シ70－9⑯　號－呼抑－鬱スル69－11⑤　號－咷セハ66－15④

○號－令62－12③　橐鞬28－6⑱　囂－諠(ナリ)22－12⑪　囂(H)－靜8－7③　囂－然(トシ)66－20⑱　囂(H)－塵8－4⑯
○坑59－7⑥　○幸7－11⑩　幸(ソ)4－12⑧　幸－人28－16①　○幸－甚44－7④　○幸－甚(スル)59－9⑯　好
54－8⑲　好－衣4－10⑥　○好－音36－7⑭　好(H)－陰30－13①　好－客36－20⑨　好－合66－9⑳　好－
合(ス)66－1⑦　好－顔色1－15③　好－句15－11⑧　好－官24－16④　好官職31－2⑦　好語33－8⑲　好－
在(ナリ)18－1⑩　好－在(セル)18－7⑰　好－才－子24－3④　○好－事12－8⑱　○好－字19－18⑱　好－時－節
11－5⑰　好－私56－15⑨　好－詩36－15⑤　好－爵13－2⑭　好－樹29－7⑳　好－酒25－2⑥　好(キ)－書－
篇19－11⑧　好－處17－16⑭　好－聲15－9⑳　好拙28－4⑬　好－善(ソ)41－2⑳　好－鳥11－7⑦　好－馬
3－9⑩　好伴18－11⑳　○好－風1－8⑦　好風光13－10⑯　好－風－景24－13⑩　○好－物12－18⑭　好
文－章31－5⑤　好容5－12⑦　○好(H)－惡3－7⑨　○好－惡(スル)64－9⑱　○孝|42－4⑲　孝－友40－5⑩
孝－友忠－肅(ナリ)68－3⑧　○孝(H)－行42－5①　孝－感57－11②　孝簡(H)(人名)42－9⑳　孝簡公(H)(人名)42－8①　孝－享(ス)61
－1⑪　孝卿71－1⑱　○孝經(書名)68－12⑦　孝－敬40－4②　○孝－子42－7⑬　孝－思50－6⑮　孝－思(ス)56
－26⑥　孝－慈(ナリ)2－13⑰　○孝－心49－2⑥　孝－誠56－26⑩　孝績(人名)41－3⑱　○孝－孫52－7①　○孝－
道50－11④　孝張里(地名)41－3⑮　○孝女42－10⑭　孝直51－8⑮　○孝－悌40－5⑲　○孝德(人名)51－6⑥　孝婦5
－14④　○孝－養(ス)41－2③　孝－理51－9⑭　崤函(地名)1－3⑬　○巧38－9⑰　巧－語24－20⑤　○巧－詐(セル)

63-18⑳　巧-思33-10⑮　○巧-者37-8⑪　巧-俗70-3①　○巧-笑21-6⑲　○巧-拙17-2③
○巧智5-6⑩　巧-婦24-19⑱　巧-目43-12⑲　巧-濫63-18⑥　巧曆10-2⑩　康(人名)H39-3⑨　康スル┐71
-5⑱　康H-寅56-8⑫　康申朔70-12⑩　○康居3-5⑲　康-健ナリ10-18⑤　康-哉61-1⑲　康-濟54
-6⑩　康莊2-17⑳　康志安(人名)56-23⑪　康州(地名)48-1 107 注7 H 康日華(人名)49-5⑫　康昇讓51-11⑱　康昇讓等51-
12⑤　康叟(人名)18-2⑪　康太宗(人名)51-13⑮　○康-寧62-18⑧　○康寧シ62-19⑰　康樂(人名)7-3⑳　○慷-慨ソ12-
5⑪　抗70-18⑤　抗アラソフレ-衡ヲ65-14⑮　抗H-疏64-1⑲　抗-禮ス67-18③　攪カフH16-19⑦　攪-擾タル23-15⑰
敖曹(人名)57-18④　敲┃トソ22-18⑲　○昊-天67-9⑲　昂-藏ナル┐27-8⑤　○杏壇13-9⑧　杭(地名)22-5⑨　杭-
人40-10⑱　○杭州(地名)8-1⑥　杭州刺史(地名)20-18⑱　杭城(地名)23-7③　杭-土22-4⑩　杭楊州(地名)70-5⑨　杭(人名)-老
24-2⑳　杭越23-1⑥　杲H(人名)43-8⑱　○杲-杲タル30-10⑫　○校スル13-14⑩　○校-勘63-16④　○校-
書70-2④　校書郎(人名)28-8⑰　校-職53-7⑬　○校-正24-10⑪　校-理47-16⑫　○梗-槩45-2⑯
○梗-槩ソ45-9⑩　○槁Hカレタル-木6-2④　○毫30-10⑦　毫州53-2⑮　毫-城50-12⑬　毫H-芒38-11⑱
○毫-髪65-17①　○毫末1-6②　○H毫-氂38-2⑧　○江(地名)52-5⑨　江-油52-13⑦　江陰69-12⑬
江雲10-13⑪　○H江-河64-14⑥　○江-海13-16④　江-界23-1⑨　江-行13-12⑱　○H江-客17-13⑭
江-鴈13-5⑥　江-岸14-11⑤　○江漢1-5②　江-氣11-5⑮　○江-魚37-12⑯　江-曲14-10⑤

江－花11－5②　江－外24－20⑨　江淮(地名)4－8④　江郭(地名)16－8⑬　江－關(H)(地名)16－3⑤　○江月27－3⑤　江－郡
10－16⑭　江－橋31－18⑧　江饒等(人名)57－24⑤　○江－湖(地名)7－3⑰　○江－口(H)12－17⑰　江左(地名)12－5②　江－草
11－5②　○江－山(地名)18－7⑬　江山(人名)7－1⑩　江次23－6③　江－汜(H)8－1⑫　○江－州(地名)12－18⑦　○江上(地名)15
－16⑮　江－酒(地名)45－14⑬　江－充2－19⑮　江－色20－14③　江－人10－13⑲　江－心12－17⑩　江－神(H)17－
4②　○江－水7－9②　江－城(地名)12－18⑳　○江－西16－2③　江叟7－12⑤　○江－村(K)35－9⑤　江－女23
－11②　江亭(建物)16－18⑦　江隄15－17⑮　江－潮31－19⑤　○江－天10－14⑧　江甸13－4⑳　○江－都(K)(地名)4－12
⑧　○江東(地名)1－1⑩　江－童12－7⑪　江－頭4－10④　○江－南(地名)16－13③　江南郡23－2③　江南山11－10
⑦　江－波23－10⑱　江鮑(H)(人名)45－2⑲　○江－畔10－15①　江－湄2－5⑲　江－府(H)14－19①　江－風7－2⑦
江－邊18－6⑭　江浦(人名)9－9⑦　江灃通州(H)(地名)40－9③　○江－北10－2①　江夜15－16⑩　江陽縣(地名)42－8⑭
江－蘺11－10⑬　江蘺16－15⑦　江－柳17－13⑮　江－流7－2⑬　○江－陵9－4⑰　江－陵－尹(H)54－3⑥
江(H)－陵－城9－7④　江陵府(地名)59－5⑲　江樓(建物)16－4⑲　沆－瀣36－18⑥　沆瀣精1－4③　浩｜(トツ)57－17⑤
浩－歌38－3⑫　浩謌行12－1⑳　浩－氣21－12⑬　○浩－浩10－16⑳　浩－壤49－13⑧　○浩－然9－13⑮
○浩－大(ニメ)8－5⑲　○浩－蕩(タリ)8－1⑮　○濠48－9⑧　濠州(地名)48－9⑫　濠梁(人名)36－14⑮　熬－煎(ス)10－10⑲
皋陶(H)(人名)65－5⑫　皎(人名)41－8①　皎｜(タル)29－2⑤　皎－皎(タル)9－12⑲　皎潔(トツ)36－8⑬　皎－然21－15⑤　皐夔(H)(人名)22

－20⑮
皐－橋21－18⑫
皐陶(人名)30－4⑪
皐亭(人名)40－10⑭
皓K(人名)29－13⑦
○皓－皓(タル)2－16⑲
○皓－月24－9②
皓－色14－6③
○皓－然1－12⑤
皓－腕25－18①
皞(人名)43－7⑦
篙35－2⑤
絞|(ナラ)55－3③
絳(地名)41－4⑤
絳郡(地名)69－16⑥
絳州(地名)35－7⑪
絳－老18－14⑫
絳－焰25－16⑨
絳侯55－10⑪
○絳－紗26－17⑬
絳－幘19－14④
○絳－帳20－15⑦
絳－螭26－8⑱
絳(地名)－路35－7⑬
○綱1－18⑨
○綱－紀9－1⑰
○綱－紀(セン)55－13⑱
綱－條48－4④
○綱H－領57－5②
○綱H－維43－8⑰
○縞H－素24－9⑨
羔－鴈68－19⑤
羔羊37－13③
翃H 49－9③
翶69－10⑫
○翶－翔(ス)17－19⑥
○考70－1⑳
考(スルニ)55－11⑦
○考－覈(ソ)48－1⑧
○考－課47－6①
考－官60－1⑩
考功K(人名)29－6⑪
考功崔郎中29－6⑨
考－功員－外－郎54－11⑱
考－策58－2⑲
考－策(セ)59－18⑫
○考－察53－7④
○考－察(ソ)63－18⑱
○考－試(セ)60－1⑩
考H－終－命62－18⑰
○考H－績(ス)54－15④
考－送60－1⑩
考－第55－5②
考－秩55－13④
○考－定(ソ)60－1⑧
○考妣71－2⑮
考－覆(セ)58－4⑮
考－文55－2⑯
耗|(ス)63－7⑤
耗－竭(スル)47－4②
耗H－羨(セン)63－6⑪
耗－蠹(スルニ)65－14①
耗－費(ソ)62－18⑥
耕－鉏(セ)18－5⑨
耕－植47－1⑲
耿|(トソ)29－5⑩
○耿－介(タリ)1－11③
○耿－耿9－8⑦
耿－光50－3⑦
耿壽昌(人名)62－22⑦
○膏K(平)29－9⑲
○膏－雨26－1⑧
○膏－雨(シ)48－9⑨
膏－火22－7⑭
○膏－盲66－16⑰
○膏－澤57－24⑧
膏珍1－12⑯
膏H－沐22－3⑧
○膏H－腴66－6⑥
膏H－梁22－14⑫
膠40－9⑥
膠－牙31－1⑲
膠H－固(セ)59－9①

膠—固同—類ナラ59—9①　○膠—漆17—15⑦　航15—3⑮　荇29—6①　茭菱H68—7⑱　莖葉1—14⑩　莖H—
19—3②　蕳棘1—17⑮　蕳—草32—10⑫　蕳H—萊19—10⑫　蛟13—12②　蛟虬1—10⑧　蛟H—鼉38—12⑰
○蛟—龍6—12⑦　○行|2—18⑤　行|メ8—1⑯　○H行雲31—9⑨　○行—營52—6⑥　○行—營スル59—10②
行—營節—度—使59—4⑲　行(人名)—營兵—馬—使52—8⑫　○行—役2—1⑥　○行—役ス40—3①　行—歌シ31
—8⑰　○行—行トン27—3③　行—香ノ33—19①　行—香スル28—5②　○行—客2—6⑩　行(人名)簡16—20④
行間51—7⑮　行—起8—10⑯　行—宮30—6⑫　行K‖吟テ6—17⑤　行—怪66—17②　行—願68—17⑳
○行—軍54—2⑩　行—軍司—馬55—12⑩　○行—徑25—1⑳　行—藝52—7⑯　行—計24—19①　○行—業
69—10⑳　行(人名)儉44—3⑩　行—坐21—12⑮　行—坐セシ14—11⑰　行—竈36—17⑤　行—藏11—6⑧　○行—事
41—2⑪　行—子22—5⑬　行—止21—12⑬　行—止ス21—13⑲　行—次11—12⑩　行—舟16—20③　行—實
59—13⑭　○行—狀41—1⑳　行—色23—10⑭　○行—人2—12⑩　行H—心30—9①　行—醉メ31—16⑪
○行—成50—4⑪　行—禪7—4⑳　行—走6—13⑨　行—走シ21—13⑮　○行—道18—1⑰　行—道禮—
佛スル┐41—12⑰　○行—厨25—15⑪　○行—動1—8⑩　○行—年6—2⑤　行—馬25—10⑬　行伴26—2⑤
行H—被26—12⑪　○行—步34—16⑬　行—邁57—3⑲　行—夜66—18⑧　行—藥27—6⑯　○行—樂13—8⑫
○行—樂シ36—13⑲　○行—李44—3⑫　行—立7—5③　○行—旅12—6⑤　行—潦5—11⑮　○行—路3

-7⑬ ○衡 68-13⑨ 衡州(地名) 42-4⑭ 衡湘(地名) 53-10② 衡H-茅 41-7④ ○衡(建物)-門 10-17⑳ 誥| 19-8①
誥-命 48-2⑧ ○講|スル 69-16⑱ 講-倦シテ 70-15⑯ 講貫セ 50-3⑤ ○H講-座 68-10⑦ ○講堂 69-14⑪
○講讀スル 45-12⑭ 講-論セ 68-13⑧ 豪|ナリ 25-3① ○豪-家 2-2⑫ ○豪-華 36-17④ ○豪-傑 15-
8⑨ 豪-奢 64-17⑫ 豪-者ナリ 45-3⑩ 豪-人 68-6② 豪-奪ス 41-4⑥ 豪H-富 67-1⑨ 較-然トメ
47-7⑤ 達H-官 70-19⑰ ○遨-遊スルニハ 7-6⑯ ○郊 21-3⑳ 郊ス 53-5⑮ 郊下 11-10② 郊-畿 55
-10④ 郊-丘 50-12⑰ 郊-居 13-17② ○H郊-外 16-9⑦ 郊-郭 1-22⑳ 郊H-祭 3-3⑧ ○郊-祀
3-4⑥ ○郊-社 47-18⑮ 郊鄽(人名) 40-12② 郊-扉 13-14⑯ 郊-廟 4-15⑤ ○郊-野 6-16⑩ 郊禮 51
-14⑭ 郊-園 32-12④ ○鋼 15-3⑥ 鎬 46-3⑲ 鏗|タル 38-15⑲ 鏗-鏘 65-10⑳ 鏗-然タル 36-4⑥
○降 13-2⑬ ○降ス| 16-21②（H□スル|） 降豔 17-10⑨ ○降-旗 13-2⑫ 降H-殺サイ 38-5① ○降-眞-香
26-5③ ○H降-雪 57-3② ○降-誕 57-16⑱ 降-年 42-2⑭ ○降-伏メ 35-5⑬ ○降-臨メ 69-2⑨
○降-魔 27-8③ 降-虜 22-7⑬ 餻Kモチヒ-酒 6-6⑤ 饕-餮ニメ 67-2⑭ 高(人名) 38-3② 高某等ラ 49-11⑥
○高意 1-5⑳ 高郵(地名) 70-7⑨ 高邑(人名) 68-3⑯ 高邑(地名)-人 68-2⑫ 高郢(人名) 54-13⑤ 高要 71-3⑦ 高-下 4
-4⑫ 高-家 16-16⑯ ○高-歌メ 19-3⑳ 高-雅-間-澹ニメ 45-7⑫ ○高架 31-4⑫ 高霞寓(人名) 45-5⑮
高-葢 6-1⑬ 高蓋スル 1-10⑭ 高諧H(人名) 49-10⑨ 高岡 7-2⑤ 高崗(地名) 38-4③ 高(人名)-敖-曹 57-18③ 高(人名)-

昂57－18④　高－高(タル)24－17⑮　○高角7－4⑨　○高－閣28－17⑪　高(HK)－岸38－12⑫　高(HK)－簡50－7⑧
高閑13－20⑧　○高(HK)－義6－13⑯　高九(人名)40－5⑩　高－髻47－15⑩　高－居25－6⑲　高(HK)－興30－9⑱　高科
13－2⑬　高(H)－臥(メ)28－4⑨　高(K)－懐30－4⑲　高廣71－8⑨　高皇帝(人名)38－8⑪　高冠2－16⑲　高管31－11
⑤　高－館32－5⑳　高(H)－玄(ナル)7－1⑦　高－橋28－6⑪　高－古(ナリ)23－3④　高固(人名)57－6⑱　高戸34－6②
高公(人名)38－2⑪　高－鴻27－4⑪　○高(H)－才9－6⑰　高(H)－齊7－4⑥　○高相15－6⑨　○高－山39－1⑭
高侍御(人名)18－11③　○高－士23－3⑳　高(H)－寺11－10⑧　高－枝13－5⑫　○高－車15－13⑲　高(H)－車－蓋8－
7⑳　高－墻2－4⑫　高將軍13－15⑰　高－爵48－7⑧　高(H)－樹8－8⑬　高宗(人名)3－9⑫　高崇文(人名)59－4⑯
○高－處13－18⑬　高從政等(人名)(ラ)52－8⑫　○高蹤69－7⑰　○高－人32－7④　高－眞56－26⑬　高參等(H)(人名)42－4
⑬　高(H)－城11－9⑱　高－性(キコヽロ)8－12⑧　高－情20－15⑥　高－星22－2⑲　○高－聲1－17⑲　高(K)－石29－
16①　○高祖(人名)3－3⑨　○高－僧68－15⑭　高曽(人名)41－6⑤　高(H)－第27－8⑲　○高堂2－4⑭　高(K)－秩29－16
⑳　高(HK)－躅22－19⑫　高枕33－6⑳　高(H)－亭16－10⑳　○高－低2－1⑫　高帝(人名)64－14⑦　高－廳21－3⑲
○高－調26－18⑤　○高－天18－8⑥　○高－等(ナル)49－4⑨　○高(H)－年52－12⑥　高芳頴等(H)(人名)49－11③　○高－
卑67－14⑳　高(H)－庫(アシカリシテハ)26－6⑭　高(H)－品59－18⑪　高－品－官59－17⑨　○高－風29－11③　高－歩36－13⑥
○高－峯6－12⑫　高－鵬33－5⑳　高僕射(人名)26－15⑪　○高－名51－1⑨　高(H)－門28－17⑮　○高陽(地名)29－12⑲

高陽夫人(地名)70―9⑲　高墉2―15⑲　高鈌(H)41―1⑳　高(K)(平)―力(入)―士(去)12―12③　高陵(地名)70―16③　高(H)―林9―8⑫
○高嶺2―19⑥　○高―樓20―7⑭　○高―位36―18⑳　高榮朝(人名)53―13⑨　高鉞(H)(人名)48―10⑭　高鉞等(H)(人名)ラ48―10⑬
鴞47―11⑰　鴞(H)―音47―11⑤　鼇(H)(カウ)17―9①　○各自5―4⑤　○客|12―7⑫　客―遊(セン)67―2⑫　客曹36―15
⑩　客―曹―郎24―7④　客―子2―2⑨　○客―舍31―8⑨　○客(HK)―人12―7⑫　○客心13―15⑨　○客星
34―5②　客―棹24―5⑧　○客―中20―18⑬　客―塵24―15⑧　○客―亭20―2⑥　客(HK)―鳥12―7⑫　客店
20―6④　客容5―7③　○客(H)―旅27―16⑮　○客―路31―8⑬　○學9―1⑪　○學―行55―7⑨　學―行
禮―法50―8⑬　學官15―5③　○學(HK)―藝55―15④　○學―業51―11⑧　○學―士24―7⑪　○學―識55―1
⑳　○學―者47―11⑦　○學―術42―8④　學仙1―2⑥　○學文44―5③　岳(H)(地名)50―3⑱　岳鄂(地名)56―25⑬
○岳州(H)(地名)50―3⑰　岳―鎮44―10②　岳―牧49―13⑨　岳(地名)―陽―城17―21④　○岳陽樓(建物)17―21③　嶽66―4⑬
嶽寺(建物)27―13⑲　恪(H)(人名)41―1⑮　恪居67―7⑯　恪―恭53―6③　○恪(H)―勤52―13⑲　○恪―勤(セリ)35―4⑮
搉―管50―12⑰　搉―酤47―1⑳　搉―量(スル)44―4⑫　○核19―14⑱　○格|35―18⑩　○格―言47―14⑱
格詞30―1⑤　格―詩21―1⑦　格詩雜體22―1⑤　格(K)―轉(て)35―18⑩　格(H)―律16―21⑨　格(H)―令66―17⑯
桷(K)(スミキニセムニハ キニスレトモ)39―4③　桷(角(入))―杙(入)(浴)41―5⑪　榷―鹽―使51―2⑩　榷―筦63―7⑪　榷―酤63―6③　榷―梲63
―8⑨　榷務53―2⑤　○樂1―7⑰　樂―遊原22―9②　樂―飲32―3⑤　樂―懸21―1⑱　樂―娯(スル)45―

5⑱ 樂H-工 3-4⑨ 樂H-事 26-9⑪ ○樂(神)ノ-師 3-4⑦ 樂H-詞 42-4⑦ ○樂H-章 3-1⑩ 樂H-壽 59
-8⑧ 樂叟(人名) 12-2⑰ 樂徒 21-6⑩ 樂-童 32-8③ 樂羊H(人名) 67-13⑯ 樂-容 38-5⑤ 樂璘(人名) 53-12⑮
○殼 45-15⑫ 沍-寒 42-6④ 瘧|ス 16-3⑳ ○確Kクワクトシ 4-2⑨ 確-乎トシ 46-8⑲ ○確-執ソ 67-6⑤
確鐘 46-8⑪ ○確-然トシ 47-1⑭ ○確-論 45-10② ○蕚 9-12⑮ 蕚緑 21-5⑲ 覺 39-7③ ○覺偈
39-7⑫ ○覺H-悟 14-19⑪ ○覺-知スル| 69-9⑯ 覺-夢 37-9⑤ 覺-路 31-7⑲ ○角| 3-7⑳
角K-巾 36-16⑧ 角K-骨 3-10⑭ 角-樽 30-4① 角H-枕 25-4④ 角里H(人名) 32-4⑮ ○諤-諤タリ 44-3⑤
赫-矣トシ 61-5⑬ ○赫奕トシ 22-8① 赫-赫タリ 34-1⑪ 赫-赫炎-炎タリ 58-7③ 赫-日 30-7⑳ ○赫
-然タリ 70-6⑧ 較-然トシ 65-8⑥ ○鄂H(地名) 70-3⑱ 鄂岳 69-10⑱ 鄂姫(人名) 25-8⑫ 鄂公(人名) 26-4③ 鄂州(地名) 69
-10⑱ ○閣 1-6⑨ ○閣-下 19-3⑰ ○閣HK-上 17-19⑩ 閣-前 36-3③ 閣-門 34-17⑨ ○閣老(人名) 27
-3⑲ ○革 66-6⑬ 革-振 63-22⑥ ○額 17-7③ ○鰐HK-魚 17-4③ 鶚 4-14⑪ 鶴 5-10⑩ ○鶴
-駕 19-5⑰ 鶴-眼 23-14⑮ 鶴H-駁 16-12③ 鶴-髦 27-12⑲ ○鶴-書 66-5③ 鶴毳 36-11⑬ 鶴-
迹 30-7⑦ 鶴H-歎 25-9⑮ ○鶴-髪 29-15⑰ 鶴-邊 27-10② 鶴-鳴 66-8① ○鶴林(地名) 41-8⑫ 鶴-
翮 29-10⑧ 鶴-樓 17-19⑦ 鶴-籠 27-8① ○喝ソ 16-2⑯ 戞スル 22-12⑧ ○戞-然トシ 39-3① ○渴
28-16③ ○渴|セ 30-2⑥ 渴H-人 10-15⑦ 渴-馬 64-4⑰ 碣 41-12① 竭ソ 54-9① ○羯HK-鼓 35-13⑬

羯(HK)－磨－會41－12⑫　葛(人名)46－1⑮　葛(Kクス(入))12－18⑲　○葛－衣30－12⑬　葛氏(人名)16－2⑭　葛(H)－天36－12⑪
葛伯(人名)46－1⑧　葛－藟66－5⑥　葛盧(H人名)66－17⑤　○褐(H)30－2⑦　○褐－衣12－6②　褐－綺30－3⑮　褐－裘
1－17⑯　褐(H)－錦8－9⑥　褐(HK)－被17－18⑫　褐－綾29－16③　轄36－9⑧　遏(ソ)64－12⑱　黠(ソ)31－14⑰
黠－吏70－6③　黠－虜57－12⑭　劫－劫生－生70－11⑩　匣20－11⑨　匣－鏡32－11⑳　匼(カフ)－匝10－12⑨
○合12－11⑫　○合(シ)11－14⑳　相－合(ソ)10－13⑧　合(H)－飲(スソ)50－13⑲　合－宴(ス)34－12②　合－家69－9②
合－會(セリ)54－10⑪　○合－歡14－4⑧　合－散45－7⑧　合－散増－減(スル)45－9⑯　○合－掌(ソ)71－12⑪
合－叙61－6⑪　合(カナフテレ)－制65－4⑬　○合－戰(ス)53－5⑩　○合－奏(ス)70－21⑩　合－知(ソ)58－14⑥　合－陣(シ)56－
10②　合－朝44－1⑬　○合－同59－17③　○合－同(ス)45－13⑨　合否67－10⑥　合(H)－比59－13④　合(H)－袝66－15⑳
合－袝(ス)70－7⑧　合(HK)－浦38－8②　合－應68－10③　合－應(シ)61－2⑩　合－羅31－4⑱　合－和(ス)8－9⑩
○合－圍2－9⑯　恰－恰(トソ)6－11⑤　榼(Kレ甲)24－5⑬　洽－恰(トソ)24－14④　洽－藥28－1⑱　溘－然(タリ)29－9⑩
○甲(タリ)49－5⑤　○甲－乙22－3⑫　甲－寅35－1⑦　甲－寅朔57－7⑮　○甲－科13－13②　甲－郡24－4
①　○甲－子24－10④　○甲(H)－申40－11⑨　甲辰40－11⑱　甲－酌23－7⑬　甲(H)－姓42－5⑰　○甲－族56－
2⑱　○甲－第39－4⑭　○甲(HK)－冑64－14⑤　○甲－兵12－7⑭　甲－令55－6⑥　盒中24－15⑪　瞌(Hカウ)然(トソ)8
－2⑮　裌(H)－衣6－3⑮　閤8－1⑨　○閤(HK)－下45－9⑪　閤勸57－20⑱　閤(H)－前6－14③　○閤(K)－門3－12

⑬　○闔-閭24-7⑳　闔-閭城24-5④　乾-葉1-19③　乾-坑32-11 234注8　乾-坑-會32-11 230注9　乾H(人名)
興-淵68-15⑭　○乾-枯1-21⑧　乾-釀37-4⑥　乾-蘆21-7⑤　函70-23⑤　函關13-12⑩　○函谷(地名)9
-5③　○勘-合-符66-12⑥　勘-覆ソ68-18⑧　○勘-問スル59-2⑮　含-弘56-16⑫　含-弘セ56-15
⑭　含H-沙10-2⑮　含-嚼21-7⑦　含-桃24-14④　含-吐ス43-3⑫　含-容ソ56-10⑬　咸H(人名)49-11⑫
咸(人名)安公-主57-11⑨　咸(人名)安大長公主都濟毗伽可敦57-11⑪　咸-護65-11⑯　咸(地名)秦16-2④　○咸(地名)陽1-22⑥
咸(地名)陽縣42-5⑧　咸(地名)-陽道42-7⑰　○坎K(上)トシ38-13⑬　坎-坎タリ11-8⑭　坎-壈ソ70-4⑮　○奸63-7⑰
奸-豪1-18⑤　奸-宄65-2②　奸-僞63-18⑤　○奸-計2-15⑪　○奸-邪63-11①　○奸-商63-11
①　○奸-臣4-15⑪　奸-聲63-11⑧　奸-濫63-18⑭　○姧71-3⑩　○姦|67-2⑤　○姦|スル59-10⑭
姦-宄62-9⑦　○姦詐56-16⑤　姦-贓66-11⑤　○姦-邪47-7⑮　○姦-臣56-15⑮　姦K-情58-14⑦
姦-迹56-11⑰　姦-黨63-8⑬　姦H-濫65-5⑳　○姦-吏65-2④　○H寒|18-9⑩　○寒-櫻20-15⑱
寒-燠63-10⑪　○寒-衣17-3⑫　寒葉5-2⑭　寒K-燕35-11⑦　寒-簷26-2⑮　寒-澗16-4⑥
寒-鴈29-6②　○寒-氣14-8②　寒飢8-13④　寒-獄36-5⑦　寒-玉22-20⑤　○寒-禽33-4②
寒衾13-13⑩　寒-灰10-4④　○寒-光35-11⑳　寒-螢23-15⑫　○H寒閨19-17⑮　寒閨夜13-18⑨
○寒-月19-17⑯　寒-暄ニソ36-10⑱　寒-景22-4⑦　寒-鏡28-10②　寒-鴻14-7①　寒-缸19-19⑮

寒－谷47－12③　○寒草1－5⑥　○寒(地名)－山27－14⑭　○寒－士31－10⑦　寒－日6－10③　寒[H]－雀10－9⑰
寒酒33－10⑫　寒僞4－4⑱　○寒－暑15－2⑧　寒渚13－6⑪　○寒－松15－18⑬　○寒－食1－11⑧
○[K]寒－水29－6⑫　寒[H]－井14－7①　寒歳10－9⑤　寒－宵26－18⑧　○寒－泉24－17①　○[HK]寒－蟬6－10⑳
寒－賤(ニソ)4－4⑫　寒[K]－窓45－14⑦　寒－餧(セルニ)70－21①　寒－烸饑－飽45－14⑫　○寒－地28－3⑥　寒[H]－
池8－15①　○寒－竹12－4⑲　寒女4－6⑬　寒亭36－16⑬　○寒－庭34－15⑩　寒[HK]－蝶6－11⑯　○寒－
天15－5⑦　寒[HK]－兎10－8⑨　○寒－燈13－3⑪　○[H]寒－波11－11⑳　○[H]寒－梅20－8⑬　寒盃20－7⑯
寒－芳14－8④　寒－蕪36－10⑥　○[H]寒－風9－7⑦　○寒夜32－9 172(注10)　寒－浪15－16⑧　○寒－露25－17
③　寒－猿18－9①　寒－温21－3①　岍(ノ)＝草13－1⑰　岸－莎30－9⑲　岸(カタムケシテ)－幘(ソ)33－5⑲　岸[H]邊(ノ)26－11⑳
岸[H]－柳9－6⑫　岩－下25－7⑱　岩穴23－12⑧　嵌－空(タル)23－2⑥　嵌－巉(トソ)36－8⑬　巖[H](人名)70－1⑱　(上)巖[H]
24－1⑳　○巖下6－13①　巖[H]－壑11－3④　巖[H]－嵱(カク)6－10⑰　○巖－巖(タリ)29－13④　○[H]巖－窟28－15③
巖坰2－15⑤　巖－扃1－4②　巖－穴25－3⑨　巖[H]－谷43－10⑲　巖－上31－11⑩　巖－樹22－20⑪　巖[H]－
石43－12⑪　○巖泉36－13⑤　巖[H]－竹7－5⑭　巖鳥9－2⑤　巖[K]－巓6－10⑬　巖－扉19－9④　巖[H]－廟70
－12⑭　○[H]巖－壁7－7⑨　巖[H]－廊49－1⑪　干謁13－13⑱　○干－戈62－17⑬　○[HK]干－將22－8⑭　干戚65
－10②　干[HK]－櫓64－14⑤　幹[H]－蠱42－9⑦　幹－濟56－24⑤　幹－能52－2⑳　幹－敏53－2④　幹良53－7

⑩扞-城52-3④ 揀-賢50-11⑫ 戡(人名)1-2⑮ 悍-妻42-7⑮ 悍54-5⑩ ○悍-婦1-2⑦
○感｜19-18⑬ ○感｜ス19-7⑱ 相ヒ-感｜スル21-3⑤ 感H-咽61-6⑬ ○感-悦31-17⑧ 感-賀忻-戴ソ61
-5⑳ ○感-泣ソ1-1⑮ ○H感-興36-7⑤ 感HK-遇45-6⑰ 感遇スルニ43-6③ 感化寺(建物)14-13⑮ ○感-
懷23-4⑬ ○感-懷ス9-7⑪ 感-慶56-5④ ○感-激59-14⑨ ○感-激ス40-3② 感-激奮-發ソ69-12⑯
○感-悟ソ3-10② 感事33-17⑳ 感-秋9-6⑫ ○H感-謝17-17① ○感傷9-1⑤ ○感-傷ス21-4
① ○感情10-16⑪ 感-誠57-19② 感-惜ソ31-16④ 感-戚34-2⑪ 感-羨スル34-12⑩ ○H感-歎ス12
-25④ 感-戴59-15② 感-戴スル58-12④ 感-戴驚-惶ソ61-6⑲ 感-戴慙-惶ソ61-9⑰ ○感-知56
-4③ ○感-動シ59-2② ○感-通57-4⑲ ○感-通ス5-8⑬ 感-慕ス61-9⑭ 感-躍59-16⑲
○感-恩58-2⑫ 憾66-1⑰ 憾シ68-17⑰ 揀金67-6⑦ 敢-諫65-18⑪ 敢H-諫-鼓38-13⑤ 敢-
言44-9⑥ 旱35-16⑪ 旱ス59-4② 旱飢21-11⑭ 旱-日21-19⑤ ○旱-損58-10⑯ ○旱-損セシ58
-10⑱ 旱H-歳70-6③ 旱-地18-5⑨ 旱-塵30-8⑤ ○旱-天28-9⑪ 旱田23-10⑤ 旱H-年57-
24⑪ ○旱-魃66-7⑳ 旱-風4-6② 旱苗1-6⑬ ○H柑-子66-14⑫ ○橄-欖17-4① 檻8-7
① 檻-猿16-17⑯ 汗-巾21-19⑦ 汗-霑23-11⑩ ○汗-馬61-2⑮ ○漢(国名)3-9⑬ 漢陰(地名)15-16⑧
○HK漢-家12-11⑥ 漢界(国名)56-17⑳ ○漢江(地名)8-5⑨ 漢皐13-3⑥ 漢高(人名)2-16⑰ 漢H-儀3-13⑦ 漢宮(建物)4

－6⑬　漢(H)ノ－語ヲ3－13⑬　漢(国名)－魏(国名)65－14①　○漢(HK)－月24－7⑭　漢元47－2⑤　漢公(人名)71－6③　漢史(書名)62－1
⑬　漢(H)－時4－10⑦　漢氏(人名)64－15⑩　漢州49－11⑮　漢日(国名)2－10⑩　漢上37－11⑪　漢將(国名)46－6⑧　○漢書(書名)2
－19⑭　漢(H)(国名)－臣67－13⑦　○漢水(地名)9－10⑨　漢制(国名)65－3⑲　漢代47－3⑤　漢(地名)－庭25－14③　○漢朝(地名)62－1⑲
漢(K)(国名)－土3－13⑯　漢東54－12⑲　漢南(地名)19－12⑱　○漢武(人名)63－6⑰　○漢文(人名)16－18⑮　漢(H)(国名)－浦17－20①　漢－兵
47－16⑱　漢(H)(国名)－旅16－2⑪　漢陵(地名)6－11③　漢王12－9⑯　澗36－21⑩　澗花10－4⑫　澗(H)－戸16－16⑨
○澗(H)－谷7－6⑥　澗松1－14⑳　○澗(H)－水18－10⑭　澗－西15－15⑦　澗－中35－14⑧　○澗－底2－1⑳
澗底松4－4⑱　澗瀍70－13⑦　澗－路31－16⑰　甘61－9⑨　甘－馨59－14⑯　○甘－言64－2⑲　○甘酸
6－11⑰　甘－旨44－3⑩　甘實2－21⑲　○甘－心5－7⑰　○甘－心スル58－3⑱　甘－辛ナリ26－12⑰　○(H)甘
－泉12－6③　甘泉殿(地名)4－8⑮　甘－鮮ナル37－11⑥　甘－棠25－12⑤　甘濃2－15⑰　甘(H)－肥6－8⑥　甘(K)－
分(去)ワカ35－15⑥　甘－眠スル32－12⑱　○甘－露18－5⑱　甘露壇(H)(地名)41－12⑦　○監－軍58－9⑫　監(H)－軍使67－8
⑥　監－寤56－21⑥　○監－察43－11⑧　○監－察御－史48－1⑥　監－察御－史裏－行53－6⑥　○監－察
－使70－2⑫　監－察殿－中侍－御－史42－8⑲　○監使3－5①　監－修國－史71－2①　監－送メ4－9
⑩　監牧－使判－官52－10⑯　監－臨メ52－7⑰　監(H)－領57－6②　看|6－17⑥　看－花31－14⑨　○看－經メ
36－21⑬　○看－取17－18①　○看－取セヨ21－9⑨　看－養セシム69－9⑧　眼－闇33－2⑨　○眼－下27－11

⑤○眼[HK]－界6－11②眼[HK]－花17－11⑮眼－藏24－15⑩眼－耳43－12⑬○眼[H]－疾14－15⑮○眼－睛41
－9⑫○眼－前2－12⑳○眼－中34－3⑭眼－塵28－8③○眼－底21－12⑳○眼病24－15⑥○竿[Kカム]
6－12⑫○竿－頭25－18⑤簡53[注11]－8⑥○簡｜[ナル]64－5⑨簡｜[シキ]12－3⑰簡易(人名)55－14⑲○簡－易[ナリ]38－
10④○簡－要68－14④簡簡(人名)12－18⑨簡簡吟12－18⑧簡[HK]－惠56－26①簡[H]－稽55－6⑱簡－稽調－
補[ス]50－12⑳簡劇51－10①簡－儉56－25⑭簡[H]－書49－8⑬簡少[ニソ]11－9⑳簡－寂[ナリ]21－4⑮簡寂(建物)
觀7－3⑫簡[H]－直43－4⑭簡－牒41－6⑳○簡－牘8－6⑦簡威13－2⑯簳2－18⑧紺38－11⑩
紺－葉26－16②紺－髮36－13⑤紺－目39－8⑱緘[Hカン]27－6⑬緘－寄[ス]1－14⑤緘－情35－8⑱緘題
34－4⑩○緘[H]－默[ニメ]58－8⑱罕言(人名)[H]70－7⑤翰(人名)42－5⑭翰20－3⑧翰[HK]－音38－11②○翰[HK]－墨45－
13⑮○翰林(建物)16－4⑧○翰－林學－士41－1⑱翰－林制－誥55－1⑤翰－林待－詔51－3⑧○翰林(建物)院
9－3⑤翰－苑14－7⑯○肝6－12⑨肝[HK]－家24－15⑨○肝－心69－8⑯○肝－膽58－4⑳肝－肺
60－9③艱47－2①艱－虞53－11⑨艱－危56－1⑩艱阻2－10⑨○艱－難63－3①○艱難[セショリ]56
－14⑲艱－遠[ナリ]8－5⑰芉姓46－8③菡－萏21－3⑮衘19－3⑮衘－哀[ス]70－4⑤衘－櫱71－11
⑪銜策46－2⑮銜[Hカン]－蹬[トウ]19－15⑫○諫1－6⑱諫[セ]58－7①諫－誡65－19⑤○諫[H]－議61－8⑦
○諫－議大－夫48－2⑰諫－官45－4⑫諫－官御－史44－1⑲○諫[Kカン イサメノツヽミ]－鼓[コ]4－15⑧○諫－諍48－3①

○諫-諍シ13-2⑭　諫-司55-8⑤　諫-紙1-6⑲　○諫H-臣10-11⑳　諫-列54-11⑦　諫H-獵16-10
⑫　諫HK-員64-1⑬　諫-垣15-6⑬　諫HK-垣郎-署55-4⑯　○轗H-軻8-8⑨　○邯鄲2-2④　酣-歌
68-6⑦　酣-歌ソ22-5⑪　酣-酣タリ27-9⑲　○酣-醉ソ5-11⑤　○酣-暢5-12⑧　○酣-樂70-10⑰
酣-詠36-14⑫　鑒44-5⑰　鑒虛70-9⑥　鑒-察セヨ69-8⑨　鑒H-悉スル56-19⑨　○間｜33-2①　間意17
-8⑮　間-穩ニソ30-10⑧　間-飲セシ29-6⑩　間宴21-1⑯　間-讌ソ29-13⑨　○間-暇ニソ36-14⑰
○間-行25-14⑲　○間-行ス23-20④　間-唫16-15⑩　間臥23-5⑳　間-境29-4⑲　○間隙10-11⑥
間-坐ス30-2⑩　間坐19-19⑪　間-事19-3⑳　間思29-14⑯　間-詩23-13①　間上人(人名)35-2③　間-
出65-22⑲　間-人6-15⑦　間-靜21-15⑱　間宵19-2⑨　間禪師(人名)22-18③　間叟27-8⑫　間-談26-
14⑬　間-地29-10⑫　間-池31-3⑲　○間-適34-5④　間H-適詩45-7⑥　間田19-10⑪　間-忙20-
5④　間-放36-3⑯　間望5-4③　間望シキ18-4⑯　問-味29-13⑪　間-敏ナリ55-14⑫　間歩7-3⑬
間眠37-5⑩　間-悶ソ16-8⑩　間夜20-6③　間-來35-6⑤　間樂35-19⑦　間-論33-13⑨　○閒71
-8⑭　閒-遊16-2⑬　閒-遊シヌ28-9⑦　閒-客28-4⑲　閒-閒タリ69-5⑫　○閒-居23-17⑯　○閒
-居スル31-15⑲　閒-居泰適70-11②　閒-興23-5⑫　閒-吟31-13②　閒-吟ソ32-4④　閒-官23-13
⑬　閒H-官-職30-13②　閒-緩ニソ23-17⑤　閒-闟タル12-17⑦　閒元旻清30-11⑮　閒-境29-4⑲　閒-

坐35－17⑬　閒－草30－11⑯　閒－散29－16⑳　閒情7－5④　閒夕22－19⑬　閒－寂(タル)21－2⑱　閒錢28－
6⑳　閒－淡(ニソ)21－15⑥　閒－中22－12⑦　閒－秩45－9⑮　閒－田－地24－6⑳　閒－獨45－9⑫　閒－杯
37－6⑯　閒伴27－7⑲　閒－夢26－16⑬　閒悶21－6⑨　閒慵8－8⑭　閒－詠31－6⑮　閒－園21－2⑫
○閑(HK)―(ナルニ)14－6③　閑意5－4④　閑－遊13－8⑫　○閑(HK)－暇22－4⑫　閑－傲(ソ)36－3⑱　閑行7－6⑩
○閑(HK)－客24－14⑨　○閑(H)－居6－8⑲　○閑(H)吟28－5①　○閑(H)－吟(ス)16－21③　○閑官1－2⑲　閑坐32－11
257注12　○閑(K)－日29－9⑨　○閑(H)－人6－4⑩　○閑(H)－心19－2⑤　閑(H)－酔(フカ)(ス)20－4⑯　○閑(H)－静35－13　252注13
○閑(K)－談32－15⑱　○閑(K)－地4－2⑱　○閑(HK)－中22－14⑯　閑－忙26－2④　閑－放(ソ)7－6⑲　閑望5－4
⑫　閑(K)＝物22－10⑤　○閑歩10－8⑦　閑－眠(ス)7－9⑤　閑(H)－治(ナル)」12－12④　閑(H)－詠27－5⑦　閑(K)－詠(す)29
－6⑲　限66－5⑨　限劑21－10②　限－數67－1⑩　限(H)－約67－1⑥　○陷(H)－穽9－6⑨　陷(HK)－覆(スル)41－6
⑩　○陷－没(セル)」(コトヲ)4－3⑥　○雁－行33－17⑨　○雁足33－12⑪　韓(人名)康35－4⑫　韓(人名)皋59－7①　韓(人名)皐55－2
③　韓(人名)閣老19－11⑰　韓(人名)幹39－3③　韓(人名)季重51－17⑩　韓(人名)、公3－9⑫　韓(地名)公堆(ニソ)15－15⑥　韓(人名)公武51－15⑪
韓(人名)弘57－15⑲　韓(人名)弘等53－5⑭　韓(人名)侍郎11－13⑦　韓佽53－8⑪　韓(H人名)氏42－10⑥　韓(H人名)－秀－才22－6②　韓舍
人6－13⑰　○韓(人名)信24－3⑥　韓(地名)城42、－10⑧　韓城縣46－11⑩　韓(人名)全義59－4⑯　韓(人名)道士33－5②　韓(人名)長52－
13⑨　韓(人名)僕射皐43－12⑯　○韓(人名)愈55－14①　韓(H人名)愈等50－6⑫　韓(人名)用政56－18⑮　韓(H人名)－郎35－11④　頷16－4③

頷－頤21[ス]－5⑤　○頷－下19－1⑯　頷花19－1⑫　顔(人名)16－3⑬　顔巷(人名)33－2①　○顔回(人名)1－19⑧　顔原(人名・人名)
68－19③　顔[K](人名)－子9－1⑪　○顔師古[HK](人名)48－2④　顔氏(人名)4－2⑧　顔[K](人名)－氏－子29－4⑩　顔－狀19－11⑳　○顔
－色1－19④　顔處士(人名)15－7⑭　○顔眞卿[HK](人名)41－11⑥　顔証(人名)57－5⑱　顔陳[H](人名)48－2⑪　顔閔游夏(人名・人名・人名・人名)68－12⑥
顔魯公(人名)71－5③　○顔淵(人名)68－10⑳　鴈2－3②　○鴈－行67－4⑦　鴈[H]－鴈12－7⑬　○鴈－齒23－6⑤
鴈[K]－齒－橋22－4⑧　○鴈－頭32－2⑦　○鴈門(地名)41－12⑦　鴈門郡開[ノ]－國－公54－2⑫　龕[H]－間6－10⑭
龕[H]－像68－17⑫

キ

伎43－1⑩　○儀|67－5⑲　○儀[K]－刑56－3⑫　○儀－刑[セリ]46－10⑲　儀－形49－3⑰　儀－曹55－2⑯
儀－曹員－外－郎49－4⑧　儀州(地名)53－2⑩　○儀－仗35－10①　○儀－同三－司57－18⑤　儀－範41－12⑫
○儀－表69－13⑧　儀－鳳71－1⑲　○儀－容26－5①　其[K]－子41－5⑬　冀[H](地名)56－15⑳　冀缺(人名)1－12⑫
○冀州(地名)53－8⑳　冀城(地名)9－9⑱　冀－方56－8②　冀－望58－13④　宜[キニ]64－3⑮　宜州(地名)23－16⑩　○几5－
8⑳　几[H]－閣14－18⑪　几[Kキ]－上30－10⑲　几－舄18－1⑱　几－榻25－11②　○剞劂38－10⑥　劓－腓64－18
⑪　危[HK]－樓17－21④　○喜雨21－14⑬　喜－賀[アリ]2－15⑫　○喜－氣34－12⑨　喜－歡[ス]33－10⑲　喜－慶忭
－躍61－5⑤　喜慶李18－6⑰　○喜－怒63－11⑨　喜－慍44－3⑳　○器38－9⑪　器－宇70－17③　○器
－械56－9⑯　器－械等56－7⑳　器[HK]－幹48－8②　○器－局55－5②　器－質55－14⑫　○器－識56－17⑤

器|仗56|17⑤　器|度65|10⑫　器|能50|10⑩　器|望55|8⑤　器|服63|10⑱　○器|用36|7⑦
○器|量38|14⑱　○奇|ナル1|13⑦　奇|器63|3③　奇|果18|5⑬　○奇|怪31|16⑥　奇|瓌ナリ5|15
⑤　奇功69|13⑲　○奇H|才50|10⑮　○奇H|策49|1⑨　奇|姿38|15⑰　奇|獸39|2⑪　奇|秀ニソ43|
2⑧　奇|衺シャ2|2⑭　奇邪1|15⑦　奇|狀34|8⑰　奇章34|3⑥　○奇樹1|8⑱　奇H|趣7|3⑲
○奇|絶ナリ4|5①　奇|挺44|5⑥　○奇童34|6④　○奇HK|特50|1⑮　奇|芳12|8⑪　○奇物4|3
⑰　奇|文1|21⑭　○奇|謀56|14②　奇|羸66|19⑯　○妓|25|16⑩　妓|莚20|6⑥　○妓|樂14|18
④　妓H|車26|10⑲　妓|人15|12⑲　妓|燭36|4④　妓|席13|4⑭　妓船23|10⑮　妓|堂14|6⑯
○妓|女21|13⑭　妓|亭24|7⑯　妓|房32|11⑳　妓舞20|10⑰　○妓|樓4|2⑯　キ姬キヒメK4|6⑬　嬉|セ
4|1⑬　○嬉|嬉タリ10|5⑮　○嬉戲37|3⑫　○嬉戲ソ8|8⑮　宜|16|18⑮　宜城2|13④　宜都46|
10⑬　宜|便48|4①　寄キ5|2⑥　○寄H|居ソ6|4④　寄H|謝ス32|13⑰　○寄|宿ス36|21⑲　○寄H|生
26|16③　○寄|贈56|18⑨　○寄H|題ス9|2⑱　○寄|與ス2|13⑭　屺66|1⑪　岐26|10⑳　岐H|下40
|9⑯　岐國夫人69|13⑦　○岐山(地名)8|3⑭　岐州(地名)70|1⑳　岐|然タリ70|2③　岐陽(人名)12|5②　○岐|路13
|6⑨　岐王(人名)28|11①　○崎|嶇タリ16|3④　○嶷|然タリ70|2③　己|酉69|7⑦　己亥69|10⑯　○己H|
巳40|3⑬　己|知51|7⑰　己H|丑56|2⑮　希逸(人名)51|8③　○希世2|16⑪　○希|代12|14⑳　希烈(人名)4

-2⑩ 希H-夷57-17⑲ 忌-辰39-8⑮ ○忌-諱44-2⑥ ○忌-諱スル62-2⑤ 悸-然トシ43-7⑭
○幾38-2⑧ ○幾-諫46-5③ 戯スル71-6⑫ 戯-樂10-5⑯ ○戯-言2-15③ ○戯-言セ62-5⑪
戯-論34-7⑱ ○掎-角13-2⑫ ○掎-角ノ55-5⑬ 揆H-務54-4⑤ ○擬17-18⑪ ○擬ス18-4①
○擬-議スル63-16⑯ 旂-戟71-4⑯ 旂HK-常50-7⑬ 旖-旎1-20⑦ 旗66-15⑭ ○旗-鼓48-3⑮
旗-槍3-6⑩ 旗H-常57-12⑰ ○既-濟14-18⑭ ○既-往38-7④ 晷-刻22-8④ ○期キ12-11⑮
○期ス11-10⑧ 相-期スラク70-13⑩ ○期-月44-12⑬ 期-裏71-2⑰ 期H-年8-5⑫ ○期H-門52-2
⑮ ○机-上30-10⑲ 杞-梓15-4⑥ 枳2-20⑩ 枳ノ-籬カラタチ15-1⑬ ○棊16-6③ 棋ス15-21⑨ 棄64
-14① ○棄捐1-6⑦ ○棄-捐スル30-7⑰ 棄H-絶セシヨリ56-16⑨ ○棄-置セラル、16-4⑤ 棄-擲ス37-
9⑮ 棄背シ67-9⑪ 棄-忘ス33-11⑩ ○機22-7⑬ ○機-巧29-2⑤ ○機-宜60-8⑰ ○機H-關20
-17⑳ ○機-心6-16⑬ 機-柄59-2⑥ 機-慮37-2⑬ 敧-仄セリ27-3⑳ 敧-危ナリ29-12⑤ 欺-
誑ス56-13① 毅-勇57-18⑪ 毅-果校-尉48-10⑫ ○麾-下48-6⑱ 麾-掃22-1⑫ 麾H-幢57-5
② ○氣1-4⑪ ○氣-概69-13⑧ 氣-槩17-14⑱ ○氣-候11-2⑦ ○氣-色13-5④ ○氣-象23
-11① 氣-序16-2② 氣-數61-4④ 氣-嗽23-7⑰ 氣-調33-11⑯ ○氣-味12-2⑮ 氣-浮16-
1⑲ ○氣-力1-22⑩ 氣-類8-4⑫ 沂H(人名)42-5⑫ 沂州(地名)51-2③ 沂H(地名)-水32-4⑲ 煕-煕タリ8-13

⑥熙｜熙融｜融(トン)70｜1⑫ 熙｜熙忻｜忻(タリ)46｜3⑰ 熙(H)｜熙｜然(タル)42｜7③ ○犧2｜1⑰ ○犧｜牲
36｜23⑳ 玘(H)(人名)49｜9⑯ 琪｜樹4｜4⑱ ○畿(H)66｜1⑩ 畿｜官63｜16⑫ 畿｜赤63｜16③ 畿｜赤簿｜尉
63｜16⑦ ○畿｜内58｜7⑱ 畿(HK)｜尉58｜4⑪ 癸｜酉69｜10② ○癸(H)｜巳40｜4⑩ 癸(H)｜丑朔40｜10⑮
癸(H)｜卯40｜10② 癸未70｜12⑩ 癸(H)｜未朔40｜10② 睢｜盱(タリ)16｜1⑫ 睽(キス)2｜5① 疑(ス)16｜2⑫ ○疑(H)｜
義45｜13⑯ ○疑議(スル)42｜6⑥ ○疑｜懼56｜14⑫ ○疑｜懼(セ)57｜14⑳ 疑｜礙21｜12⑬ 疑｜誤59｜3⑥
○疑惑(セ)47｜2⑦ ○疑｜心64｜10⑥ 疑｜阻(スル)25｜1⑭ 疑(H)｜網71｜9⑳ 疑｜文15｜2⑩ 碕｜岸36｜2
③ ○碁28｜12⑳ ○祈｜禱(ス)3｜3⑰ 祇｜(ナリ)4｜1⑰ ○祇園(地名)6｜11⑬ ○季40｜8⑬ 季安(人名)56｜9①
季安等(人名)59｜10③ ○季夏5｜2⑲ 季康(人名)70｜8⑯ 季羔(H)(人名)65｜4⑦ 季桓(人名)2｜21⑭ 季(H)｜兄40｜4⑪ ○季札(人名)41
｜3⑨ ○季｜子70｜5⑪ 季孫(人名)44｜3⑱ 季｜代49｜7② 季軫46｜9⑤ 季弟2｜11⑧ ○季｜冬57｜7
⑭ 季同(人名)55｜3⑫ 季寧46｜9⑤ 季年2｜16⑰ 季般46｜9④ 季平46｜9⑥ 季庚(人名)42｜10⑩ 季路(人名)68｜11
① 季倫36｜3⑦ 稀｜有(ナリ)37｜6⑲ 稀｜稀疎｜疎(タリ)22｜9⑬ 稀(H)｜星19｜4③ ○稀｜疎(ニソ)16｜5⑱
稀｜稠19｜13⑥ 窺1｜9④ 窺(HK)｜臨30｜8⑲ 窺(H)｜臨(ソ)6｜8④ ○箕36｜5① 箕潁(人名)68｜19② ○箕(HK)｜踞
24｜19⑬ ○箕｜踞(ス)7｜8⑥ ○紀1｜9⑥ 紀(ス)31｜7⑩ ○紀｜綱40｜2② ○紀(H)｜年66｜11⑬ ○紀(H)｜
律49｜10⑮ ○綺13｜5⑤ 綺季(地名)13｜3⑥ 綺季(人名)31｜8⑱ ○綺｜語70｜24⑩ 綺｜紈10｜5⑭ 綺｜幅22｜

9⑤　○綺-羅20-10⑱　○義46-3⑤　○義-勇47-17⑬　義烏(地名)H42-8⑥　○H義-旗4-12⑫　義休(人名)H68-9

⑯　義休法師(人名)68-10⑬　義興(人名)20-10①　義-訓49-4⑰　義-語21-15②　○義-士46-10⑦　義-趣69-16⑥

義-信50-1⑩　○義-心4-2⑨　義津郷(地名)42-11⑫　義崇(人名)H41-9⑰　義-成53-13⑤　義-成-軍52-4⑭

義-成-軍節-度推-官69-1⑮　義成軍節度馬歩都(人名)-知兵-馬使51-5⑬　義HK-節41-7⑬　義-率52-9

⑮　義端(人名)70-1⑲　義-智忠-肅(ニメ)50-2⑩　義-方50-7⑮　義-夫53-1⑱　義H-府66-4⑧　義武(人名)52-

8⑫　義武軍(人名)52-8⑫　○義HK-兵64-7⑮　○義-理41-3③　義利71-4⑦　義林法師(人名)H68-10⑧　義-類38

-15⑫　義H-例68-11④　○義-烈51-8⑪　○羲和(人名)3-7⑱　羲皇(人名)11-13⑥　羲軒(人名)H62-10④　羲農(人名)62-22⑱

羲文1-7⑪　耆51-8⑧　耆幼70-3⑩　耆-艾57-2⑯　耆H-壽57-25⑯　耆H-壽等57-4⑭　耆H-耋66

-12⑯　耆-德50-9④　耆-年45-13⑬　耆HK-望55-1⑭　○耆-老23-10④　耆H-老等57-3③　○肌-

骨3-11⑤　肌-肉1-20⑬　肌-髮36-5③　○肌-膚36-5③　芰1-18⑮　芰H-荷24-18④　葵30-12⑭

葵菫21-14⑭　蘄卿69-9⑤　蘄州(地名)16-9⑬　蘄H-春16-9⑭　蘄-竹8-9⑫　蟻-穴11-8⑯　蟻H-虱27

-9⑳　蟻壤7-9③　蟻王37-13⑨　羇-遊13-12⑤　羇-棲17-4③　羇-束(スル)25-12⑬　羇-絆(セリ)22-

8⑦　○羇縻(スル)29-9③　羇-貧(ニメ)28-16⑰　羇離(ソ)13-16⑪　羇-旅13-18②　羈25-7⑭　羈(スル)37-2①

羈鞅2-10⑨　羈-客31-9①　羈-鎖30-5⑱　○羈HK-愁12-5⑧　羈-緤29-13⑰　○羈HK-束22-13⑪

○覊束ス10—16②
○H覊—絆6—13⑨
覊—貧12—18⑲
○覊—旅36—5⑦
○覊旅ソ8—1⑬
○K規(平)41—5⑫
K規キ—刺シ4—15⑥
○規—制58—7⑦
規—度57—11⑫
○規—模15—7⑲
覬(人名)48—12⑫
○覬—覦セリ16—2⑦
○H記(書名)64—13⑫
○記1—9⑲
○記ス68—8⑬
記—誡68—5⑫
記—讃68—4⑥
○H記—事54—11⑨
記序43—1⑤
記—取ス33—19②
記—石71—9⑦
記—得スル33—2⑲
○記録セ33—16⑲
訴合44—6⑮
○議16—2⑨
○議ス55—1⑯
議—者63—8⑲
○HK議—論41—2⑱
起(人名)42—8⑱
○起—居4—11⑳
○起—居スルタモ43—3⑬
起—居舎—人49—10⑰
起居郎(人名)48—10⑭
○起—坐22—16⑫
○起—坐ス45—14⑦
起—曹50—8⑭
○起—草15—2⑩
起—請19—3⑭
起—復52—6⑬
起—復スル54—15⑭
起—復雲麾将—軍56—21⑯
起—復冠—軍大ノ—将—軍54—7⑨
起—復寧—遠将—軍49—2⑦
起—沃65—17⑰
○祁—寒ナル57—8③
H祁(人名)奚55—1⑮
H錡(人名)71—2⑳
隳シ59—5⑩
相ヒ隳頽ス12—1⑩
隳—薄63—7⑰
飢22—3⑰
○HK飢—渇6—8⑥
○H飢—渇セ30—8⑧
○飢—寒18—5⑪
○飢寒セ22—16⑨
飢劬7—11⑨
飢—火30—8⑥
H飢—戸26—10⑧
飢—喉26—4⑧
飢饞18—4⑪
H飢—人10—15⑧
飢—僧70—23⑪
飢腸2—16④
飢鵰2—18⑱
飢—凍22—17⑩
飢—凍スル37—2⑰
○H飢—乏ハウ6—11⑰
飢—貧ナリ29—7⑦
○飢鷹2—22⑦
餅67—7⑩
○H饋—餉64—9⑥
饐67—7⑪
饑1—12⑮
饑—悪36—8①
饑—渇疲—労ソ59—9④
○饑—寒12—2⑭
饑窮1—1⑬
饑—人3—1⑳
饑腸1—4⑬
饑凍1—17⑰
饑飽ソ36—10⑱
○騏—驥25—13

⑯
○騎8−13②
騎−火22−8①
騎（H）−曹−參−軍41−6⑩
○騎−士52−2⑮
○騎−射66−4⑤
○騎−從23−5④
騎（H）−吹26−16⑥
騎−省31−5⑤
騎−都−尉51−2④
○騎−馬14−11⑬
騎−吏21−11⑤
騎（H）−驢24−10⑪
○驥5−5⑯
麂−尾13−17⑪
○麒−麟17−8⑥
麒−麟−閣35−15⑱
龜8−13⑨
龜−鶴36−13⑦
龜榼34−11⑯
龜=告70−17⑱
龜骨16−18⑲
龜−子20−2⑰
龜兒（人名）17−7⑤
龜兒等69−8⑮
龜−鼎65−9⑤
龜羅7−10⑩
龜−龍63−11⑯
丘（H）（人名）36−24⑲
丘5−14⑬
○丘壑2−20⑬
丘（HK）−墟9−10①
丘（HK）−墟−郭12−16⑦
○丘−山66−9⑮
丘−墅70−21⑤
丘（H）−井18−2⑧
丘度（H）（人名）48−6⑭
丘−中24−19③
丘−樊22−12⑪
丘−墓15−9⑤
丘明46−5⑰
○丘（HK）−陵64−14⑥
○丘−隴2−1⑫
丘園（地名）20−8④
○九2−18⑲
九之一（カ）69−4⑧
九−醞2−6④
九−葉38−3①
○九江（地名）17−6①
九江郡（地名）12−16⑪
○九皐（人名）70−18⑤
九−宮17−19⑮
九−衢13−11⑯
九−華12−11⑥
○九−回26−9⑱
九−廻12−6⑯
九逵13−1⑯
○九−月1−23④
九−月九−日59−16⑤
九月七日43−8⑦
九−月八−日34−12⑲
○九（地名）−原56−2⑫
○九（H）−經65−8⑦
○九−竅47−6⑲
九（H）−斂16−2⑩
○九（K）−五ノ4−1⑳
九−孔21−7⑤
九−載62−21⑩
九−喪71−2⑰
○九（地名）−州64−13⑳
○九−秋13−18③
九−日17−14④
○九−十33−15⑮
九−十−一71−13⑨
九−十−九−億−劫70−11⑪
○九（H）−章66−15⑭
九授27−15⑬

九-升12-6⑮ 九-燭-臺32-7⑧ 九-人31-5⑩ 九-任68-3⑤ ○九-仞52-5③ 九-臣47-6
⑮ 九(HK)-穗(スイ)4-5⑧ 九(H)-城8-7⑱ 九-姓51-18⑧ 九-姓廻-鶻50-1⑭ 九-歳40-4⑭ 九-清36
-13⑦ ○九-霄23-6⑮ 九-峭(ノ)-石37-2⑯ 九-尺71-6⑱ 九-石37-3④ ○九-折1-8⑥
九千二百五十二言3-1⑥ 九-千二-百八-十七-言69-3⑥ 九-仙57-17⑮ 九-奏(ノ)-中37-12⑨
九-層70-23② ○九-族64-15⑨ 九-代70-16① 九(H)-潭27-14③ 九-疇62-18④ ○九-重3-8②
九(K)-重城32-5⑦ 九-轉(ゾ)27-15⑤ 九-土47-9⑦ 九-年19-6⑦ 九-年四-月二-十八-日70-7
⑦ 九-年十一月二十一日32-14⑰ 九-泒10-18⑧ 九-八46-3⑭ 九-微31-4⑮ 九-百章69-11⑰
○九(HK)-品12-2⑭ 九-嬪12-12⑪ 九(H)-廟42-1⑮ ○九-門14-6③ 九(H)-里10-13⑤
○九-流65-8⑤ 九龍潭(H)(地名)28-13⑲ 九-類69-3⑤ 九(H)(人名)-齡70-19⑤ 久66-16⑫ 久-陰32-13① 久-
要45-9⑯ ○久-雨34-10⑭ 久-久(ナル寸ハ)64-12① 久-次52-2⑭ 久-長(ナリ)6-6⑦ 久-停(テ)37-3
⑳ 久-病36-20⑤ 久-遠1-21⑨ 仇-家16-2⑭ 仇-餉46-1⑭ ○仇-敵63-21⑰ 仇(H)-王40-10
① 休12-14⑪ ○休-(ス)19-19⑫ 休罷(シル-)35-15② 休-間(ナリ)34-11⑥ 休-休(トゾ)43-2④ 休-咎62-16⑦
休-和(ゾ)64-20⑧ 休-慶57-3⑤ 休(H)-告56-21⑳ 休座主(人名)24-21⑦ 休-止(ゾ)67-8⑥ 休上人(人名)21-15⑩

○休[H]－祥 62－19⑲
休－聲[ナリ] 55－4⑯
○休－戚 23－4⑥
休－績 57－20⑳
○休－息 49－11⑰
○休－息[ス] 55－11⑰
休－泰 57－1⑦
休[H]－退 7－11⑤
○休－徴 62－17⑦
休－惕[ソ] 59－14⑬
休[K]－罷[す] 35－15②
休－命 40－2⑩
○休－明 3－11⑳
休[H]－沐 14－19③
休烈[H]（人名） 68－2⑬
咎 66－13⑥
咎－孽 57－20⑦
○宮｜35－14⑲
○宮[H]－掖 12－14⑩
宮[H]－葉 12－10⑰
宮碁 13－1⑮
宮[H]－碁[センヤ] 16－6⑯
宮[H]－廐 57－22⑦
宮－花 12－4⑱
宮－槐 35－13⑤
宮－月 14－7⑬
○宮－闕 3－2⑳
宮懸 3－4⑭
○宮－刑 2－23①
宮－相 68－9②
宮使 12－3⑧
○宮－室 63－5⑮
宮車 42－1⑱
宮－牆 17－15⑩
宮－樹 4－1⑧
○宮－人 13－7⑤
○宮城（地名） 30－13③
宮[H]－聲 70－21⑨
宮[H]－沼 11－12④
○宮－中 12－11⑲
宮－仗 18－15①
○宮－女 19－4⑯
宮徴 3－4⑥
宮－調 21－7⑬
○宮－殿 9－1⑭
宮－坊 51－13⑭
宮圃 1－21⑲
○宮門 3－5①
宮－門－郎 69－1⑪
宮様 26－11⑤
宮－籥 34－1⑫
宮－裏 14－20①
宮[HK]－律 38－15⑬
宮－寮 61－7①
宮－漏 14－3⑬
宮[H]－闈 52－14⑧
廐 71－11⑰
廐[H]－庫 11－13①
廐－馬 14－18⑩
弓高 60－5⑰
弓[HK]－甲 56－17⑤
弓－裘 52－6⑰
○弓－矢 38－5⑰
弓勢 26－17⑩
弓旌 67－12⑳
○弓－箭 59－6⑭
弓－冶 28－3⑮
○救－援 60－9⑨
救－失 45－2⑫
救[HK]－拔 22－2③
救－拔[スル] 41－11⑩
救－兵 46－9⑱
○救－療 47－3⑩
○救－療[スル] 29－6⑤
朽－索 62－14⑥
朽－株 35－1⑯
朽－折[ソ] 35－5②
朽－木 33－11④

朽-墁68-17⑪ 樛-木42-1⑮ 毬13-5⑧ ○毬花26-12② 毬(H)-杖25-18② 毬馬26-10⑲ 求-理62
-3⑪ ○灸35-3① 灸|(スル)35-3③ 牛衣(人名)4-4⑫ 牛-醫67-14⑤ 牛-家34-12② 牛角66-6⑫
牛元翼(人名)53-9⑪ 牛(HK)-戸30-1⑮ 牛公33-11⑱ 牛相公(人名)30-13③ 牛相公思黯(人名)33-11⑥ 牛二(H)(人名)17-15⑤
牛二侍-御43-11⑧ 牛司徒37-2⑦ ○牛僧孺(人名)2-11⑬ 牛僧孺等58-2⑰ ○(K)牛-女3-7⑩ 牛(H)-斗26
-8⑪ ○牛-頭27-1⑧ ○牛-馬1-23② ○牛-羊3-9⑧ 牛(H)-領(ウシヤノ)16-18⑱ 牛-驢10-1⑧ 窮|(ハ)
11-6⑭ ○窮|(ス)62-15⑮ ○窮-陰15-18⑱ 窮-餓6-6⑭ 窮-餓(スレトモ)7-1⑰ ○(H)窮-苦20-7⑲
○窮-苦(ス)65-2① ○窮荒46-3⑮ 窮(H)-峡11-2④ 窮-巷12-4② 窮-愁16-6⑫ 窮-秋33-10⑩
窮處2-10⑨ ○窮-人59-4① 窮-悴(シテ)45-6⑧ 窮-泉17-11⑪ 窮-賤21-13⑨ ○窮-塞(ソ)44-4
③ 窮-退7-9⑰ ○窮-達2-12⑱ ○窮-地22-1⑨ ○窮-途36-5⑦ ○窮-冬27-1⑦ ○窮-
通1-19⑧ 窮-通(セン)35-17⑮ 窮-通-榮-悴69-8⑦ 窮-獨11-3⑪ 窮-獨(シ)20-15① 窮-年31-7
⑳ 窮-薄(ニソ)10-6⑦ ○窮-迫56-13⑧ 窮(HK)-富30-6⑧ ○窮-民3-12⑳ 窮-遠(ニソ)43-10⑤ 糗-糧
66-14⑤ 相-糾|(ソ)27-10⑪ 糾-劾巡-察50-4⑧ ○糾-察63-17⑲ ○糾-正49-8⑯ ○糾-正(スル|)55
-3③ 糾-紛(タル)38-6⑧ 糾-繆48-5⑥ 糾-理(ス)49-13③ ○糺-察(ス)69-13② 臭-帑31-6⑥ 臼口(地名)

15－17⑩　○舅－姑21－10⑧　○舅氏(人名)41－10⑳　舅－甥56－19⑦　○舊4－7⑪　舊[H]－10[ス]－14⑰　舊[H]－愛15－

14⑪　○舊－遊11－3⑨　○舊－遊[ス]15－7⑤　○舊[HK]－姻50－2⑬　舊－隱25－6⑥　舊隱[セリ]40－7⑰　舊－

飲31－2⑩　舊屋19－10⑫　○舊－好57－23②　舊[H]－交－遊9－13⑫　舊格67－16⑩　舊[HK]－額64－8⑬　舊翰

林13－12③　○舊－鄉17－2⑪　○舊－居9－8⑪　舊－語35－11⑧　舊－曲31－18②　舊－花26－15③

舊－句23－8⑱　舊[K]－官32－14⑪　舊[K]－官[キ]－爵56－15⑳　舊－官衔15－6⑭　舊[K]－歡35－6⑨　舊[HK]－管56－19

⑮　舊[H]－館18－14⑥　舊－月37－5⑨　舊－卷31－8⑥　舊－眷33－11⑯　○舊－勳46－10⑥　舊－軍52－12

⑧　舊徑7－7⑧　舊－溪14－6⑬　舊[H]－橋27－13⑧　○舊－業23－11⑮　舊[H]－縣19－8①　○舊功54－5⑧

舊[H]－國10－15⑫　舊－穀36－8①　舊栽15－6③　舊草堂35－13⑦　舊[H]－莊27－14⑳　舊[H]－山36－3⑤　舊山(地名)

池28－11①　○舊[H]－事14－9⑰　○舊史2－14⑥　○舊時9－8⑥　舊－詩36－16⑧　舊－詩－卷31－5⑨

舊－賜25－3①　舊－日20－3⑪　舊－壤55－7⑲　舊－將－軍33－19⑥　○舊－章54－7⑧　舊－主－人25

－12⑰　舊－手20－8⑩　舊－酒24－6⑧　○舊[H]－俗26－8⑫　舊－職51－13①　○舊識1－13⑯　舊－人58

－9⑯　○舊－臣60－1⑫　舊[H]－親－知33－6④　舊數18－11⑪　○舊－制48－1⑦　○舊[H]－情27－9①

舊－政55－4④　舊石樓31－7⑫　舊船25－18⑨　舊僧36－24⑦　舊曾34－10②　舊－灘35－12⑫　舊－堂58

｜12⑬　○舊｜宅30｜1⑰　舊｜塔71｜10⑮　○舊地2｜19①　舊｜池15｜11⑭　舊[H]｜柱27｜13⑩　舊[HK]｜亭
22｜14⑱　舊第15｜14⑩　舊[H]｜題14｜9⑫　○舊｜典50｜1⑭　舊｜典｜刑35｜18⑪　○舊[HK]｜土64｜10⑳
○舊｜都53｜3⑪　舊銅魚34｜17⑬　○舊｜徳55｜2⑧　舊[HK]｜念17｜17⑦　舊[H]｜房8｜2⑧　舊舫35｜5①
○舊邦53｜10⑳　○舊｜法26｜12⑬　舊｜伴19｜3①　舊｜鬓34｜13①　舊府64｜9⑧　舊[K]｜譜32｜5⑦
○舊｜封56｜19⑩　○舊｜物9｜8⑤　舊｜病17｜10⑰　舊｜峯14｜6⑬　舊[H]｜目45｜9⑦　舊容15｜17⑧
○[H]舊｜勞52｜6⑨　舊[H]｜老ノ9｜8⑬　○舊里10｜16⑤　舊理13｜3⑱　舊[K]｜侶35｜3⑩　○舊｜例56｜6⑬
舊｜寮22｜9⑩　舊[K]｜歴29｜1⑫　舊路26｜14⑯　舊[HK]｜壠12｜6⑪　○[HK]舊｜院12｜5⑨　○舊｜恩15｜4①
虬｜鬚17｜14⑲　虯｜鬚34｜1⑲　裘｜12｜19⑤　裘｜馬36｜10⑲　駈｜使58｜10⑤　鳩巣15｜7⑬　○菊5
｜13⑪　○菊｜花14｜2⑬　菊黄34｜12①　菊｜酒21｜4③　菊藥4｜9⑬　菊｜叢6｜6⑤　菊｜蘂33｜
8⑭　菊籬33｜1⑱　麯糵2｜20⑱　麴2｜5⑱　麴｜糵26｜12⑭　麴車26｜11⑲　麴｜神20｜8⑰　麴生(人名)
6｜4⑦　○麴｜塵13｜1⑰　○鞠育66｜1⑨　○鞠｜躬ソ13｜5⑫　○鞠｜養ソ42｜10⑮　○[H]乞巧(キツカウ)12｜14⑩
○吉｜42｜2④　吉皎(人名)37｜7⑦　○吉｜凶2｜15⑬　吉｜蠲67｜7⑪　吉州(地名)48｜9④　○吉｜日38｜5⑤　吉祥(建物)
寺20｜3④　吉｜壽ナリ36｜6⑰　○吉｜辰46｜4⑩　吉少華(人名)51｜17⑲　吉少華等(人名)51｜18①　吉鄭37｜10⑳

○吉-兆(H)42-9③ 吉-土70-8⑬ 吉傳(人名)34-15⑲ 吉甫(人名)56-18⑭ ○吉-夢(K)35-9⑳ 吉了26-4⑱ 屹|(トツ)

11-1⑧ 桔槔(ハネツルヘ)34-2④ 橘24-8⑧ 橘苞27-2⑫ 橘ノ-林(H)24-8⑫ 肸-蠁57-17⑲ 詰66-20⑥

及-時66-14⑮ ○及-第(H)42-8⑤ ○及-第(ス)38-2⑪ 及-第進-士(セル)60-2⑫ 岌-嶪(トツ)34-9②

○急|(ナリ)24-2⑪ ○急-雨12-17⑤ ○急-急40-11⑯ 急-官(HK)50-5⑯ 急-管21-18⑬ 急-危60-8⑪

急-景17-10⑰ 急-疾(ニツ)54-10① ○急-難67-4⑥ ○急-病45-9⑧ 急樂世23-9⑩ 歙13-4⑲

汲黯(H)(人名)66-8⑫ ○汲-汲3-1⑩ ○泣-血(スル)42-4⑫ 泣-血號慕(ツ)42-7⑬ ○泣-涕53-12⑭ 泣-

戀(ツ)70-3⑩ 洽(人名)69-12⑫ 洽(シ)65-22⑨ 笈38-12① 給51-16⑰ 給|(ス)60-8③ 自-給|(ス)29-10① 充給(テ)(ス)

30-2⑱ 給事(人名)44-4⑯ 給-事(ス)55-5⑥ 給事中(人名)55-2⑳ 給-舎(H)8-5⑨ 給-身45-6⑪ 給-足(ス)36

-3⑳ ○給-付(ツ)58-8⑩ 翕-習(タリ)38-5⑬ 翕-習(スル)3-12⑫ ○翕-然(トツ)21-7⑨ 仰-給(H)(ツ)64-9⑦

○仰-臥(ツ)35-10⑲ 羌-管34-1⑲ 羌胡(人名)64-11⑧ 羌-戎(H)54-9⑩ 羌笛1-5⑫ 羌-夷55-13⑫

劻-勷(セ)15-3⑬ 匡|2-22⑲ 匡(ツ)45-9⑪ ○匡-濟(HK)56-4② 匡-山(H)7-1⑧ 匡-贊47-18⑫ 匡-時(H)

16-10⑫ 匡(レ)-牀(タ、シフツ)33-5⑲ 匡-飾(タ、シト、ノヘシ)54-16④ 匡-輔緝-熙宣-和44-8③ ○匡廬(地名)7-5⑦ 匡廬山(地名)1-

22④ 向(H)(人名)1-15⑬ 向-外58-13⑯ ○向-後31-1⑬ 向-上31-13④ 向城(H)(地名)42-3⑨ 向-西(タ、ニシムケナリ)23-11⑳

向-前60-6⑨ ○向-背4-4⑲ ○向-背(ツ)29-12⑦ 相(ヒ)向-背(ツ)25-16⑦ ○嚮-背71-5⑩ 姜(人名)69-

5②
姜H(人名)嫄文母42-7⑳
○姜H(書名)詩67-4⑰
姜H(人名)相國41-11⑥
姜姓69-12⑩
姜發69-4⑰
享5-7⑤
享シ4-3⑦
○享-年46-9③
○強|50-2⑦
○強-毅54-16⑰
強-毅久-大44-9⑭
強-毅果-斷63-22②
強禦13-2⑰
○強-健31-17⑪
○強-弱36-7⑩
強酒15-21④
○強盛ナリ2-7⑨
強H-楚(地名)38-8⑭
○強-大64-16③
○強HK-敵56-14②
強H-年10-17⑬
○強-暴62-20⑫
○強-兵3-9⑮
強H-名57-4⑩
強-明ニソ49-11⑩
強H-羸ルイ11-5⑧
疆49-2⑬
○疆-場47-16⑲
疆健ナル15-16②
疆-理シ52-1⑧
疆虜46-7④
怳タル14-17⑦
怳-怳7-9①
怳-然トソ68-2②
杏15-4⑰
○杏-葉25-9⑫
杏-花14-1⑨
○杏H-壇16-12⑩
杏梁2-9⑭
○杏-林17-13⑪
杏爲梁4-10⑧
杏(地名)-園25-13①
○狂-簡ニメ67-6④
狂H-什68-6⑧
○競H-渡18-6⑪
競-惶59-12②
○襁-負シテ41-6⑯
○襁-褓62-19⑦
○郷3-13⑧
某-郷70-9①
郷-人12-4⑦
○郷HK-校45-5⑳
○郷-曲44-5⑪
郷H-管3-13⑥
○郷-貫57-14⑥
○郷-關23-11⑬
○郷-原16-1⑫
郷縣69-12⑰
○郷-貢44-4⑯
郷(人名)貢進士38-2⑪
○郷-國15-16⑲
○郷-士4-5⑪
○郷-思ノ14-2④
○郷-試41-4①
○郷愁16-13⑭
郷H-書11-4⑯
郷-心10-14③
郷井3-13⑮
○郷-村58-8⑳
○郷-黨70-9③
○郷-土29-8⑰
郷-味26-8⑬
郷-賦45-4⑥
○郷-夢20-18⑱
郷-老66-12⑬
郷-吏63-5③
○郷里51-9⑲
○郷-閭22-7①
○郷-淚13-14⑲
○郷路11-2⑭
○郷-園11-10⑱
○香|13-2①

○香－案21－5⑪　香－印34－7⑮　○香－煙12－4⑰　香[H]－街20－11⑰　香莖1－14⑩　香－綺14－4⑥
香－騎17－5④　香[H]－毬18－12⑲　香－麴36－20⑦　○香－火17－8②　香火花果71－7⑬　香[HK]－花24－15⑳
香(地名)－徑21－8④　○香－丱45－2⑰　香(地名)－刹24－15⑭　香山(地名)33－8⑪　香山居士36－11⑦　香山寺(建物)22－17①
香山院(地名)33－8⑩　香－衫4－5③　香－絮37－9⑲　香燭71－8⑯　香－色24－14④　○香－水23－19⑧　香－
牋26－11⑤　香[HKキャウタウ]－稻4－10④　○香－檀35－14⑥　香－塵20－10⑥　香枕33－20⑭　香鈿等69－9⑦　香－醅
25－17⑧　香－緗[ナリ]28－3⑮　香－飯28－6⑧　香茗28－10③　香－燎21－17⑯　香－醪22－15①　○香－爐
26－9④　○香鑪峯(地名)7－7⑲　轜鑣5－7⑲　響－答[セ]68－10⑪　○饗－[セラル]2－15⑮　饗奠69－9⑮　却－後1
－3⑳　虗46－1⑯　虗－士66－10⑲　○虗－用[ス]64－18⑫　○脚[フモト]－下4－12⑰　脚－價63－8⑲　脚－瘡37
－1⑫　去－夏16－3⑳　去鴈11－2⑨　○去－去[トメ]27－3③　去－思49－13⑬　去－思來－暮49－5④
○去－就49－2④　○去－秋61－4④　○去－春29－6⑩　去妻2－10⑲　○去－歲34－7⑲　○去－住21－
10－⑩　○去[HK]－住[ス]17－22③　去[H]－遂7－2⑭　去塵2－5⑫　○去冬30－5⑪　○去－年13－11⑦　去年六
－月44－1⑫　去－歩26－10④　○去－留35－10⑯　○去－留[スル]27－9⑩　圉66－14⑥　圉－人71－11①
○墟22－6⑱　墟[H]－中7－2②　○墟墓10－8⑧　○居－5－5④　居[ス]2－6⑯　居易(人名)25－13⑧　居易等(人名)40－
2⑰　居－下38－13⑰　居敬(人名)68－1⑪　○居[HK]－士17－5⑮　居止26－8①　○居[H]－守70－21⑦　○居－處5－13

ー⑯　○居ー諸(ナリ)22ー7④　居ー人14ー11④　居(K)ー人ー部48ー4⑤　○居然(タル)37ー3⑬　○居(H)(ソコハクナリ)ー所56ー9⑲

居(ソコハク)ー多(ナリ)68ー1⑦　○居住(セシメ)16ー11⑱　居(H)ー第70ー13⑨　巨鼇34ー1⑪　巨索3ー4①　○巨ー細47ー5⑱

○巨川(人名)35ー11⑯　巨鎮13ー5⑲　巨ー能65ー15②　巨ー蚌38ー7⑳　○御｜(ス)61ー1⑨　御印26ー11④　○御ー

宇35ー9⑭　御ー溝12ー7⑰　○御ー史4ー11⑳　御ー史遺補郎ー官63ー16②　御ー史ー諫ー官58ー14⑯

○御ー史大ー夫40ー1⑦　○御ー史ー臺58ー14⑫　御ー史ー中ー丞53ー12⑲　御ー史ー府50ー4⑨　御ー史評

ー事52ー12⑦　御ー羞61ー9⑨　御書院36ー11⑨　御ー食59ー15⑥　御(H)ー妻(セイ)12ー12⑫　○御ー製56ー24⑲

○御ー撰56ー3②　御(H)ー厨16ー2⑨　御陌15ー3②　○御ー府59ー15⑭　御(H)ー輪66ー13⑤　御ー暦59ー18③

拒非(人名)2ー11⑭　據ー經55ー15⑩　○擧｜28ー16⑰　擧｜(ス)53ー6⑲　擧効(ス)67ー3⑯　擧之37ー11⑯　擧之僕射(人名)35

ー15⑧　○擧(H)ー止12ー12④　○擧ー人31ー9①　擧ー正(ス)70ー2⑯　擧ー薦(セン)57ー6⑤　○擧ー措44ー11⑮

擧ー奏59ー6④　擧ー奏(スラク)59ー6⑲　擧ー對(シ)42ー8⑱　擧ー擇63ー14⑭　○擧ー動1ー19⑫　擧(K)ー目9ー

8⑮　擧ー違(アラン)67ー4①　○渠28ー14⑤　渠ー口36ー15⑲　渠從事45ー9⑨　渠ー水19ー12③　渠中31ー15

⑮　○歔(キヨ)ー欷(キス)12ー13⑩　漁27ー9⑭　○漁｜(スル寸)63ー12③　○漁ー歌20ー3⑧　漁(HK)ー竿12ー6①　○漁ー戸27

ー2⑨　○漁(HK)ー舟24ー17⑧　○漁ー者3ー8⑱　○漁ー色67ー18①　○漁ー色(ス)67ー17⑮　○漁(H)ー樵7ー12

①　○漁ー父26ー11⑭　漁陽(地名)56ー8①　○漁翁(人名)36ー10④　○炬27ー2⑮　禦(H)(ス)64ー10⑬　禦寇8ー10⑰

○禦H－侮52－2⑦　秬(人名)42－5⑫　○虚|66－5⑭　虚H－簷19－6④　虚H－檻11－10⑧　虚H－閑ニテ7－4⑲　○虚H－器シキ
4－15⑧　虚－求62－2⑧　虚－狂21－4②　○虚－語30－8⑯　○虚－空6－10⑰　虚－懐55－10⑯　○虚言
37－5⑯　虚－事20－17⑩　○虚－辭4－2⑦　○虚H－舟7－6⑳　虚舟師21－4⑤　○虚HK－室38－6③
○虚－實58－3⑮　虚－受57－8⑩　虚H－授57－17⑩　虚－潤ナリ36－4⑨　○虚－聲59－3⑧　○虚－靜5－5⑱
○虚－説44－12⑯　虚孱36－13⑫　虚－牕25－14⑫　虚窓13－19⑭　○虚H－誕67－12⑮　虚H－亭31－15⑤
○虚－傳59－2⑯　虚(人名)－白35－1⑰　虚－白－堂20－6①　虚－白－堂－前20－7⑱　虚(建物)－白－亭20－16⑯
虚H－美57－2⑮　○虚HK－無12－11③　虚－文47－1⑪　虚－簿64－8⑬　虚簿19－4⑪　虚－封66－19⑩
○虚－名25－13⑪　虚－明ニツ22－18⑪　虚H－劣7－3④　○虚－榮25－9⑤　○虚－位5－7⑤　莒(人名)子64－14
⑪　○裾22－11④　許(人名)季同55－3⑥　許H(人名)玄度68－15⑯　許－國52－1⑳　許H－國－公54－10⑩　許(人名)志雍51－5
⑱　許(地名)州34－15⑫　許(地名)州ノ長－史51－4⑱　許(地名)昌縣43－4⑧　許汝34－15⑮　許(人名)峯56－10④　許H(人名)孟容54－12⑨
許(人名)－明－府17－13⑳　○許(人名)由30－4⑫　語(書名)47－9⑯　語|8－2⑱　語|ス50－5⑨　相－語ス22－5④　對ムカヒ－語スル
26－4⑰　語－話ス19－11⑧　語－言26－8⑭　語－聲26－12③　語－笑スル37－6⑧　語－嘿41－11⑬　語－
黙19－11⑥　距紅ナリ2－15⑳　車キヨ－服12－12⑯　○鉅－萬70－10④　鋸H(人名)49－9①　駁17－6⑲　駁|スル44－3①
魚|如ニ37－3⑤　○魚－鹽17－20⑤　魚－鰕15－17⑫　○魚－眼30－7⑫　魚H－竿33－3⑪　魚H－牛16－18⑲

魚－鱠22－4⑱　○魚－貫26－11⑦　魚－戶16－1⑬　魚笱34－10⑯　魚鮓28－6⑫　魚藻15－2⑰　○魚－
肉36－3⑲　魚章18－2②　魚H－酒8－1⑬　魚笋34－9⑭　魚H－書8－1⑩　魚－心37－13⑯　○魚水16－
18⑱　魚－鮮30－2⑪　○魚HK－袋17－17⑭　魚H－豚7－12⑭　○魚H－鳥36－2⑭　○魚－尾22－4⑧　○魚
－符53－9⑧　魚米4－10④　○魚－鼈30－3②　○魚－目23－8③　○魚－龍16－2⑪　○魚HK－鱗24－13⑳
供68－5⑭　○供－ス69－5⑳　○供－給31－13④　○供－給ス60－7⑨　供－施69－15①　○供－進セリ26－16②
供－奉ス セリ15－5⑰　供－奉－班19－3⑤　○供－養71－8⑪　○供－養ス61－2⑲　供－億54－7⑭　兇56－
9⑲　兇－囂ニソ56－12⑱　兇H－渠68－18⑮　兇－愚60－11③　兇－魁47－17⑮　兇－孼61－4⑬　兇寇(地名)1－13③
兇－醜56－7⑤　○兇－徒47－18②　兇－德57－8⑫　○兇暴2－22⑲　○兢－兢ニソ59－17⑲　兢－兢業－
業トソ47－1⑦　兢－惶59－14⑨　兢惶ス59－16④　兢－惕59－13⑲　共－理50－13⑬　凝シ31－5③　凝公(人名)39－
6⑳　○K凝－脂32－8②　凝－絶タリ21－3⑭　凝－絶ス12－17⑦　凝－酥23－3⑲　○凝－滯ヤ38－10④　○凶－
38－2⑥　凶セリ66－8⑤　凶－夭ス36－6⑰　凶H－難40－4⑱　○凶－器61－4⑱　○凶－荒62－21⑯　○凶
－歎62－20⑥　凶－酷40－6⑬　凶－宅1－3③　凶H－短－折62－19④　○凶－德47－17⑨　○凶－年68－7
⑩　凶－訃51－18⑪　○匈奴(地名)64－11⑪　喁客2－2⑧　○恐－懼ス32－2⑪　○恭46－4⑰　恭セ56－7③
恭－恪ナリ57－25⑫　恭姜(人名)H66－2①　恭－勤51－3⑩　恭－勤スル54－13⑬　○恭－謹63－13③　○恭－敬56－

－22⑩　恭－惠50－9③　○恭－敬ス39－8⑯　恭－敬悲－泣メ69－15⑦　○恭－儉68－2⑲　○恭H－謙52－4
⑨　○恭－順54－6⑱　○恭－愼ナル68－2⑥　恭世子(人名)46－4⑭　恭－敏49－3⑯　恭－默62－2⑮　○拱45－
2⑦　○拱|ス35－2⑪　拱木33－14⑲　拱－默ニメ63－21⑭　拱－衛メ53－4⑧　洪範(書名)62－21②　○洶タルヲ38－8
⑯　洶－然トシ51－8⑨　矜HK－滿50－5⑳　筇－竹6－5⑱　筇杖19－11⑱　胷1－3⑩　○胷－襟11－8①
胷H－中27－7④　胸－前19－18⑰　○胸－中44－6②　興(人名)55－8⑪　○興|16－18－⑤　○興ス30－3⑦　興化H(地名)
31－17④　興果(人名)41－12⑬　興果寺(建物)41－12①　興果律師(人名)41－12②　興－元3－8⑤　興元元(年号)－年69－13⑤　興慶
15－2⑮　興－建69－13⑤　興州(地名)53－6⑰　興衰3－3③　興－善(地名)24－3⑯　興善寺(建物)41－7⑱　興－替62－8
①　興－念ス52－11⑪　興－廢62－3②　興－廢スル62－3③　興－亡62－13⑫　興－發攻－守47－4⑪　興－
比45－6⑬　興H－諷45－7⑪　○興K－味32－11④　興－滅62－16④　興H－諭7－3⑳　蛩14－8⑯　蛩－思
13－20①　𧪄K諸(人名)41－10⑥　翬H(人名)16－2⑮　翬縣(地名)42－11⑦　顒－顒57－5⑮　顒－顒－然トシ44－7⑱　顒－然タリ55
－6⑧　顒－望メ40－11⑤　鞏H(人名)63－21⑨　鞏黄(人名)71－6②　○局15－20③　居－上26－12⑤　局－署47－15⑱
居－勢25－18⑤　○疑－然タル71－13⑪　○曲|1－5⑤　曲陰5－9⑰　曲(地名)－江6－8⑯　曲江感秋(地名)11－13⑱
曲江縣(地名)70－17⑳　曲江池(地名)9－2⑭　曲(建物)－江亭24－12⑰　曲－几8－13⑬　曲－士47－14⑤　曲－章24－16⑰
○曲－水15－2⑳　曲－醉ト云29－2⑥　曲H－成セリ59－14⑲　○曲－尺16－14④　曲－全1－10⑨　○曲－直38

－10⑪　○曲[HK]－調12－17③　曲房21－2⑦　曲洛(地名)26－11⑳　曲[HK]－欄17－21④　曲－裏19－19⑨　○極[HK]｜38－8⑩
極－諫42－8⑲　極－諫(セン)62－4⑦　○極－言62－4①　○極－言(セ)59－7⑫　極浦20－6⑧　極[H](レ)－慮(ヲセ)59－9
⑳　○極－位58－13①　○棘1－18⑳　棘－刺38－10⑭　殛｜(シ)61－7⑭　獄2－6⑰　獄－市62－11⑪　獄－
訟43－4⑭　獄中59－3⑭　獄[H]－吏67－7⑭　獄[H]－糧59－3⑬　○玉1－22⑫　○玉[H]－扆25－17⑫　○玉音11
－5⑬　○玉－韻25－11⑩　玉－液5－12⑦　玉架5－3⑰　玉珂2－2⑬　玉－芽35－9⑨　玉[H]－階16－19
⑬　玉－毫39－8⑱　玉－匣8－6⑱　○玉[HK]－顔12－10⑬　玉肌34－3⑪　玉－琴29－7⑮　玉[H]－皇25－16⑪
玉皇帝1－3⑲　玉[H]－冠26－16②　玉琯(人名)12－13⑨　玉[HK]－環22－2⑳　玉－管34－12③　玉[H]－徽27－4⑩　玉－
徽－琴36－23⑥　玉京1－3⑲　玉－磬－琴70－7③　玉[K]－鏡6－11⑨　玉－壺18－8⑭　玉－鈎33－5⑨
玉－鉤－欄21－5⑪　○玉[K]－座3－12④　玉[H]－像6－11⑥　玉－霜38－5⑫　○玉－山21－8⑭　玉[H]－山－峯14－
8④　玉－指31－15⑧　玉[H]－芝22－20⑯　玉－芝－觀26－6⑩　玉－甃16－9⑫　玉－觴26－3⑰　玉[H]－爵33
－12③　玉－樹25－4⑰　○玉－潤66－13⑧　玉－燭61－2⑨　○玉－人38－7⑪　玉[HK]－宸22－2⑤　玉眞19
－15⑯　玉－軫19－19⑨　玉－水21－16①　○玉蕊3－1⑪　玉－蘂29－8⑩　玉蘂花1－12⑥　玉性13－3
⑬　玉[HK]－砌9－3⑪　玉－笙26－16⑬　○玉屑1－11⑨　玉－川37－8⑱　○玉泉(地名)31－16⑥　玉泉(建物)－寺28－5
⑥　玉－饌59－15⑧　玉－帶68－17⑤　玉棹13－5⑨　玉墀15－5⑲　玉池1－20⑯　玉－柱36－4⑤　玉[H]－

除14－7⑫　玉(H)－塵16－7④　玉－笛31－18⑬　○玉兎16－19④　玉洞36－13⑪　玉童36－24②　玉－徳70－
13②　○玉－杯24－8⑰　玉－珮31－15⑪　○玉－帛65－10⑰　○玉(K)－盤3－11④　玉妃(人名)12－13⑯　玉(H)－釜(フ)4
－8⑯　玉－柄29－10⑧　玉(H)－陛11－6⑥　玉(H)－片8－7⑫　玉鞭13－2④　玉峯(地名)6－6⑱　○玉(H)－容(カホ ノ)12－11
⑧　玉螺3－12⑨　玉鸞1－3⑰　玉－旒62－2⑨　玉暦11－8⑫　○玉－樓12－10③　玉－漏18－15⑪
艴(キヨクソ)38－8⑧　跼(H)－迹59－14⑬　跼－促(タル)22－7④　今器65－11④　今－曲65－11⑭　○今－月61－10⑫
今－月－一－日61－5⑩　今－月五－日68－8⑯　今月三－日56－9⑮　今－月七日57－3②　今月十一日44－
11⑪　今(H)－月十－七－日56－9②　今(H)－月十－八－日56－13⑳　今－月二－十四－日61－2③　今月八－日
56－15⑤　○今－古10－3⑬　今－早29－15⑭　今(H)－事59－10⑲　今－愁20－2⑧　今－秋26－1⑩　今－日
1－14⑥　○今上44－7⑧　今－春10－15⑥　今－人21－13⑥　今－晨21－1⑰　今－辰21－12⑰　今衰11－
14②　今－歳11－4⑮　今－生34－12⑩　今－宵13－19③　今－夕10－14⑩　今(H)－昔8－6①　今－旦30－6
⑳　今－朝5－9⑦　今－冬17－8⑫　今－年10－3⑰　今－晩29－9④　今－夜27－12⑲　○今－來15－19
⑱　匀粧(ナラ)25－16⑨　勤24－4⑤　勤－効51－5①　勤－恪48－10⑩　勤－恪(ソ)66－20③　勤－舊(ナル)55－2⑤
勤－勤(タル)44－3⑮　勤－勤懇－懇(トソ)47－7⑧　○勤－苦63－3①　○勤－苦(ス)4－4③　勤－貫(セン「)62－4⑲
勤－倦64－3⑪　勤拳(ナル)36－13⑭　○勤－倹48－9⑨　○勤－功55－5⑫　勤－懇56－15⑱　勤－懇勸－誠65

-19⑦ 勤齊1-2⑦ 勤-郵62-5③ 勤-郵スル60-6⑱ 勤-郵憂-勞スル」62-6⑮ 勤HK-盡56-22⑪
勤(建物)-政-樓19-12⑤ 勤-請57-15⑤ 勤-請スル57-6⑭ 勤-墮44-7⑲ ○勤-惰51-11⑯ ○勤-勞51
-5⑯ ○勤-勞シ55-6⑤ 勤-禮54-2⑮ ○勤-王54-4⑮ ○吟|11-15⑭ ○吟|ス20-18④ 吟シ-罷ヤンテ
69-11⑬ 吟シ-讀テ2-11⑭ 吟-哦シ29-3② 吟-苦ソ17-22① 吟-翫スル14-8⑤ 吟詩35-17③ 吟-醉
醉ス15-21⑤ ○吟-聲19-14⑨ 吟-歎ソ15-12⑱ 吟-諷35-10⑦ ○吟-詠15-21① ○吟-詠ス6-8
⑪ 吟-咏20-16⑥ 吟-咏ス48-1 108注14 唫ス20-8⑳ 噤36-20④ 嚚-母42-7⑮ 困37-4⑯ 困H-倉
43-4⑰ 均Hキナル68-1⑨ 均スル66-9④ 均HK-握シ64-13④ 均-節ニスル62-22③ 均H-平10-17④ 堇66-
10⑲ 堇H-茶47-12④ 嶔-崟タリ22-13⑱ ○巾|11-13④ 巾セ36-12⑪ 巾-几71-8⑪ ○巾-幗69-6
⑦ 巾-冠22-3⑩ 巾H-笏7-2⑧ 巾-幘22-17⑧ 巾-櫛71-11⑫ ○巾-車61-2⑮ 巾H-上10-5
⑫ 巾-裳29-15⑨ 巾簪22-14⑬ 巾H-帶6-1⑮ 巾-杖5-2⑬ 巾-涙13-18⑩ 忻-忻タル29-1⑬
忻-忻-乎トシ71-8⑰ 忻(地名)州ノ-行-營兵-馬-使51-16⑧ 擒-斬ソ56-7⑲ 擒-斬收-獲スル56-14① 擒H-
戮61-7⑮ ○斤2-4⑤ 幾ク-斤|ノ4-11⑪ 斤墨2-8⑰ 槿1-18⑬ ○槿H-花7-13⑩ 槿H-枝9-
6④ 欣-駭59-17⑱ ○欣-欣8-7⑫ ○欣-欣スル3-10③ ○欣-然6-7⑥ 欣H-戴57-4⑲ 欣-
戴シ60-5② ○欣-躍ソ59-3② 狺-狺タル44-2⑪ 琴1-5⑩ 琹69-4⑰ 琹-酒68-2⑦ 琹亭69-

4⑫
琴—格27—16⑧
琴—匣30—4①
○琴棋21—4⑦
琴—魚28—14④
琴輿5—10⑲
○琴—曲36—23⑨
琴思19—19②
琴—詩23—19⑤
琴—詩—酒25—10⑰
○琴—瑟66—9⑳
琴H—者33—5⑩
琴上5—12①
琴床33—1⑭
琴—牀35—9⑥
琴—觴29—3⑮
○琴—酒30—4④
○琴—書23—3⑥
琴H—軫19—16⑬
○琴—心19—19④
琴—樽27—4⑩
琴H—中26—15⑲
琴—筑43—3⑰
琴茶25—2⑱
琴K—塵29—7①
琴H—侶70—21①
皸瘃59—16⑯
蠢—然(トメ)41—8⑮
○禁—62—13⑥
○禁—(シ)36—18⑤
收(メ)—禁(スル)59—3⑭
○禁H—掖11—12④
禁H—筵68—10⑦
○禁HK—戒41—11⑦
禁—街67—17⑧
禁H—科65—5⑮
禁HK—月12—4⑱
○禁HK—軍56—11⑤
禁—繫59—4⑥
禁—繫(セラレ)59—3⑫
禁—近51—9⑨
禁H—塞67—12⑨
禁—司55—15⑩
○禁H—止65—23⑩
禁—囚59—3⑩
禁戎51—16⑩
禁—署14—8②
禁—鐘19—3⑱
禁H—職54—11⑮
禁H—籍52—14⑧
○禁—闥15—2⑫
○禁—中9—3⑥
○禁—兵67—17⑧
禁H—陛49—4⑪
○禁—門14—8⑰
○禁HK—旅55—6⑭
禁H—林9—6⑰
○禁—令65—23②
○禁漏5—7⑭
禁H—闈14—6②
禁—營53—14②
○禁—衛52—11⑲
○禁苑18—15⑰
禽1—7⑰
禽—魚18—13⑦
禽—獸63—12⑤
禽蟲37—12④
○禽HK—鳥6—7⑪
○筋64—18⑱
筋—骸10—18⑤
筋—筋30—2⑪
○筋—骨3—13⑩
○筋—力8—5①
筠15—2⑮
筠—翠8—9⑥
筠—篁22—19⑭
筠—粉20—6⑨
緊慢23—15⑳
疊(メ)57—2⑬
芹英7—6⑬
芹—蕨1—21⑤
○衾30—4⑧
衾H—裯27—3⑨
衾H—枕10—15③
○襟29—5⑧
○襟—懷18—

8⑯ 襟-帶66-20④ 襟抱21-19⑦ 襟-靈68-2⑥ 覲|51-2⑤ 訢-合21-4⑭ 訢-合絪-緼62
-18⑯ 謹-幹68-17⑧ ○謹-厚50-13⑩ 謹詞57-8⑦ 謹-愼廉-平55-12⑰ ○謹-奏58-9⑤
○謹=奏58-12⑤ ○謹-直48-11⑪ ○謹-敏50-4⑯ 謹-密端-和52-7⑰ 謹-良52-3⑳
近30-6② ○近-海32-3⑦ 近-懷45-14⑨ 近-郡55-5⑦ ○近-古63-4⑨ ○近-國59-1⑧
近國-門59-1⑧ 近-算64-11⑯ ○近-侍50-5⑲ 近-司59-16② 近-詩35-10⑦ ○近-日45-
6⑧ ○近習3-5⑮ 近-署60-4⑰ 近-屬51-7⑩ 近-職44-2④ 近-蜀63-8⑦ ○近-臣14-
10⑳ 近-歲45-7⑪ 近-西19-5③ ○近-代3-7⑭ ○近-地5-6⑯ ○近-年59-4⑮ ○近-邊
57-19⑳ 近-密58-7⑫ ○近-來63-17⑫ 近-例59-4⑰ 近-遠11-2⑭ ○釁60-6⑤ 釁-
酷69-8⑮ ○金2-7⑮ 金(地名)48-1⑰ ○金-鞍32-7⑭ ○金-印49-8⑱ 金-英25-12⑩ ○金
-液16-7④ ○金-屋12-10② ○金-膏4-1⑱ 金-銜24-7⑫ ○金-革61-2⑧ 金-甲33-11
⑫ 金-捍32-5⑨ 金-簡26-9④ 金-羈32-10⑱ 金-呿嗟3-12⑫ 金-御-爐26-1⑳ 金-距7
-12⑫ ○金魚18-13④ ○金-玉21-10⑯ ○金-銀26-10⑬ 金-火10-3⑤ ○金花33-14⑪ 金光門
13-10⑱ ○金-鑛69-7⑱ 金-丸19-14⑱ ○金-環71-9⑨ 金-管24-8⑱ 金-閨25-17⑫ ○金
-闕14-3⑲ 金-磬26-16⑬ ○金鏡2-7⑦ 金-雞障3-6② 金-劍25-13⑭ 金獻章56-24⑨

金[H]獻章等56－24⑮
○金言13－3⑬
○金[H]吾16－2⑲
○金吾將軍53－10④
金吾大將軍59－2①
金(地名)谷23－17⑥
金(地名)谷園24－12⑰
金谷園中13－7⑳
○金骨1－4⑤
金釵12－11⑪
金[H]瘡(キスヲ)(ヲ)3－13③
○金策62－2⑨
○金錯30－14⑨
金刹31－7⑫
金盞26－12⑱
金[K]巵29－12⑨
○金[K]字4－2⑰
金氏14－14②
金[K]氏陂6－10③
○金絲23－6④
○金紫29－4②
金紫光祿大夫51－2③
金(地名)州48－1⑪
金掌15－2⑭
○金章23－1⑧
金雀12－10⑨
金珠5－15⑭
○金色71－8⑩
金[HK]粟22－2⑳
金[H]粟如來20－16⑭
金身39－8⑱
金翠23－15⑨
○金聲38－15⑰
○金石1－18⑱
金(人名)石稜17－8⑩
金屑25－15⑦
○金[H]錢19－18⑪
金樽26－4⑩
金[HK]帶35－8⑭
○金刀29－3⑩
金[HK]塘9－3⑪
○金湯(タリ)54－5⑱
金[H]鐺12－12⑧
○金丹19－12⑭
金[H](地名)壇71－2⑤
金(人名)張4－4⑪
金[H](人名)重熙56－24⑨
金[H](人名)重熙等56－24⑧
金鎚37－3④
金堤2－20④
金(地名)庭68－15⑧
○金泥19－8①
金貂19－6④
金[H]鳥3－9⑥
○金鐵4－14⑰
○金殿12－2－20⑳
金鈿13－1⑳
金銅26－12⑪
○金波14－6④
金[H]馬10－11⑳
○金(地名)馬門25－12④
○金杯31－8⑩
○金盃27－4⑩
金方54－14①
金方刹70－12⑦
○金帛4－8③
金魄23－16②
○金風10－18⑤
金篦36－21⑭
金[H]壁(ニシ)70－17⑯
○金碧6－11⑤
金鋪16－9⑫
金部43－11⑧
金寶65－15③
金[H]門6－5③
金罍59－15⑧
金蘭3－1⑨
金[K]鑾9－5⑫
金[HK]鑾[注15]17－19⑩
金鑾宮10－5①

金(人名)鑾子10―6⑲
金鑾殿16―17⑮
金良忠53―14⑤
金良忠等53―14⑥
○金陵(地名)47―17⑤
金輪68―5⑧
○金縷2―3⑭
金礪34―9⑦
金鈴23―9⑧
○金(H)蓮12―14①
金爐24―9⑨
金(H)勒(ノヲモノ)26―3⑰
鈞1―9⑩
鈞衡61―4⑨
鈞樂17―1⑰
鈞軸44―9⑱
欽(人名)41―8⑫
欽恤49―4③
欽郵65―2⑭
欽矚57―13⑫
欽嘆57―19③
欽歎57―6⑲
欽重57―14①
○銀2―7⑫
銀甖29―10⑧
銀(H)罌26―14⑧
○銀鞍68―17⑤
銀印17―18⑤
銀盃23―7⑬
○銀河22―2⑫
銀榼24―3⑨
○銀漢37―8⑱
銀銜23―17⑨
銀器58―13⑮
○銀魚20―17⑪
銀含34―1⑳
銀花15―8③
銀觥22―18⑧
銀環31―18⑫
銀(HK)龜17―19⑯
銀缸26―16⑮
○銀鉤24―20⑪
○銀字31―11⑤
銀匙20―2⑱
銀章49―8⑱
○銀燭32―7⑭
銀青24―7⑪
銀青光祿大夫49―9⑦
銀船23―5⑦
銀蟾16―19④
○銀臺14―1⑦
銀(HK)臺門(ノ)9―7⑥
○銀泥24―18⑤
銀泥衫23―11⑪
銀鏑38―5⑩
銀囊31―10⑤
○銀杯25―18①
○銀盃36―14⑫
○銀盤22―18⑳
銀(K)屛12―11⑦
銀(H)瓶36―11⑤
銀篦31―11⑱
銀缾12―17⑨
○銀鑰15―5⑲
銀(H)礫19―4④
銀勒24―18④
銀椀33―14⑪
錦(人名)71―13⑯
錦66―8③
錦筵23―9⑦
錦額15―8②
錦綺29―5⑯
錦座22―18⑫
錦綵等61―9⑫
錦綉12―14⑨
○錦繡19―2⑬
銀(地名)繡谷(ノ)43―3⑪
錦褥25―18①
錦水34―2⑱
錦翠28―11②
錦城13―14⑯
○錦帳17―15⑥
錦(H)頭14―17⑯
○錦(HK)‖袍(ノ)12―3②
錦文21―3③

錦－屛風39－4⑭　錦－標26－12①　錦H－幖19－8②　靳縣府君46－11⑪　斷齶70－20⑥

ク

○倶舎(書名)H68－4⑧　○倶－舎－論69－14⑨　傴僂ス1－1⑭　○具セリ56－6⑯　具－戒71－9⑮　具－戒ス41－8①　具－慶57－8⑲　○具－瞻44－7①　○具－足セリ39－8⑱　○具－體33－2④　具－美42－9⑬　具－寮57－4⑯　劬－勞61－6⑦　○區－宇68－10②　區－夏62－8⑪　○區－區44－14①　區HK－中6－13⑪　○區－分セリ29－8⑬　○區－別ス1－9②　口ク－中4－6⑤　○句3－1⑥　句－義68－5⑰　○句－句5－9⑲　句－傴56－25⑨　○愚｜ナリ カナル7－11⑩　愚－騃45－2②　○愚－見58－10⑧　愚－谷36－22①　愚－懇65－4⑤　○愚－者44－9⑨　愚－邪65－19⑪　愚－誠58－8⑲　○愚－拙45－5⑨　愚賤ニメ3－4⑦　愚HK－叟30－2③　愚－懦ナリ59－13⑯　○愚－智38－6⑩　愚－衷58－2⑫　○愚H－直ナルヲ43－11⑨　○愚－夫33－12⑤　愚夫人1－8②　愚－誣65－7⑯　○愚－昧60－2⑮　○愚－蒙ニメ15－3⑫　愚－慮62－2⑩　○愚－劣58－1⑲　○愚陋ナレトモ1－1⑳　愚翁37－8⑪　懼－惕58－5⑤　救H－苦ノ－觀－音－菩薩39－9①　○枸H－杞25－2⑯　煦タル21－12⑧　煦｜スル寸ハ46－3⑮　煦－嫗46－4⑥　煦－煕トメ47－3⑰　相呴－濡ス1－21⑥　呴－沫15－3⑨　○矩21－4⑬　虞(地名)45－2⑨　虞(人名)71－11⑱　虞侯(人名)51－17⑤　虞曹郎(人名)55－12⑰　○虞舜(人名)46－5②　虞人(地名)1－13⑦　○虞世南H(人名)49－4②　○虞芮H(地名)66－6⑧　虞仲(人名)48－4⑯　虞帝H(人名)18－14⑰　虞－部郎－中55－12⑮　虞－部員外郎33－16⑫　虞平(人名)20－1⑰　○苦15－3⑮　苦憂ス5－6⑩　苦－雨16－8⑩　○苦－海20－2⑪　○苦

－學45－4⑤　○苦－學ソ9－2⑤　○苦－寒31－10②　苦[HK]－言48－5⑦　苦志5－15②　苦－詞67－17⑩
苦－辭22－3⑩　○苦－辛29－7⑤　○苦－辛ス14－9⑰　苦－熱22－19⑨　○苦－節26－3⑳　○苦戰12
－4⑪　○苦－戰ソ18－15⑮　○苦－竹12－18②　苦[K]－調35－4⑲　○苦－惱71－6⑪　苦－悲ナラ24－3⑫
苦霧2－22⑨　○苦勞ス5－6⑩　○苦－樂28－17⑲　苦[H]－怨18－9②　衢(人名)45－5④　衢26－10⑰　衢州(地名)20－
8⑧　衢－路58－3⑫　踽－踽トソ38－4⑨　軀貌3－10⑧　瞿唐(地名)16－20⑦　瞿庚峽(地名)18－1⑥　○瞿曇(人名)20－10⑥
○颶－風19－8⑧　颶[H]ク－母17－4③　駒[H]－犢70－5⑰　驅ソ59－9⑤　驅－禽19－14⑭　○驅使69－9⑦
○驅－使ス59－5⑦　驅－車12－4⑩　○驅－馳ス13－2⑭　鴝[H]－鵒14－18⑥　○偶21－8⑮　偶｜スル30－12⑨
偶[H]－飲24－7⑮　○偶－詠30－12⑲　○偶－詠ス24－6②　○偶－語ソ12－4③　偶－興8－4⑳　○偶－吟31
－4①　○偶－吟ソ22－20⑨　○偶－作34－16⑤　偶[H]－集ソ22－6②　○偶－然16－18⑭　偶[H]コウ－釣ス6－1⑯
(上)偶[K]－同て22－15⑬　偶眠25－6⑬　○寓｜スル47－5⑧　○寓意2－8⑮　○寓－居6－4③　○寓－居ス23－12⑭
寓－興36－14⑭　○寓－言37－12⑤　○寓－言ソ20－2⑩　寓－宿ス38－4⑭　寓－直ス19－9⑮　寓－眠ソ30－
2⑦　寓－令47－5④　寓令セント47－5⑧　○空｜ナル25－5⑩　空｜ス13－12⑰　○空－間34－8⑮　○空－虛18－
5⑪　空－花32－1⑭　空－闊ニソ32－6⑦　空－濶ナル6－6⑦　空－穴35－1⑯　空－月21－8⑤　○空[HK]－拳
45－5⑩　空－溪10－4⑭　空閨怨19－17⑮　空－縣59－10④　○空－空タリ21－17⑳　○空谷1－17⑩　空－

箱24-6⑦ ○空山1-4③ 空-枝13-7⑱ ○空^H-室20-15⑤ ○空-手^ニメ12-3⑬ 空身37-9⑤
○空翠1-23① 空-城11-4⑪ 空-然^トメ36-12⑩ ○空船12-17⑰ 空樽5-7③ 空臺14-11⑬ 空^H-
堂10-3② ○空-地33-12⑬ ○空中24-15⑦ 空庭13-15④ ○空-房14-14⑫ ○空-腹20-8⑯
○空文1-2⑤ 空^H-碧14-6② ○空^H-名14-5⑦ ○空-濛^トメ26-9⑱ ○空-門14-16⑳ 空裏26-7
⑫ 空林5-10⑳ 空-王17-12⑯ 藕26-8⑰ 藕-孔27-2⑫ 遇45-3⑨ ○遇|^スル19-6⑪ 相-
遇^スト45-8⑱ 遇-者44-5⑥ 隅31-10① 隅-落^ス22-7⑳ 倔-強^ニメ3-11⑰ 倔-直^ニメ6-13⑦
屈^H(人名)11-13⑥ 屈38-10① ○屈|^ス38-2④ ○屈^HK-曲6-10⑱ ○屈-曲^ス31-3⑱ ○屈^K(人名)-原32-9 167 注16
○屈-辱^ス67-6⑯ ○屈-伸65-10③ ○屈-伸^シ29-15⑩ ○屈-折^ス15-3⑥ 屈-致^スル63-14③ 屈軼
1-9⑨ 屈-鐵38-11⑥ 屈-盤^スル1-15④ ○屈平(人名)5-15① 窟2-18⑰ 窟^H-穴8-5⑲ 詘-然^トメ
21-7⑨ ○化|44-12⑧ ○化|^ス35-14⑪ 化-縁41-8⑭ 化-源54-2① 化-工2-16⑦ 化^H-身20-
10⑥ 化-城68-17⑫ ○化-成61-2⑲ ○化-成^ス62-6⑪ ○化^シ-生^ナル|ハ26-5① ○化-石31-19⑦
化^H-流62-3⑮ ○卦17-7⑨ ○和2-12② ○和^K(去)注17 29-11⑮ ○和|^ス25-4⑯ ○和|^ス(注18)20-6⑮ 相^ヒ-和|^ス
22-20⑳ 繼-和^ス26-6② 寄-和^ス35-5⑧ 詶-和^シキ14-9⑨ 和-易40-6-10 和-悦47-4⑳ 和-
悦^シ62-19⑰ 和-葉19-14⑭ 和-煙4-12⑭ 和-好56-5⑳ 和-樂62-18⑭ 和^H-合71-12⑬ 和-

宜56－24⑰ ○和－氣1－1⑯ 和－鈞スル63－3⑭ 和－會メ30－10⑭ 和－叶57－19⑮ 和－使56－17⑱
和州41－3⑫ 和州刺－史33－16⑬ 和H－輯メ54－6⑰ 和－輯ナラ55－4④ ○和尚71－13⑥ 和酒25－6⑫
和－淑ニメ51－14⑧ 和－順40－4① 和－親50－2⑭ 和－親セ64－12⑬ 和－答2－11③ 和－答スル69－6
③ 和－暖12－19④ 和－糴58－7⑯ 和－糴セ58－7⑱ 和－動62－8⑲ 和－同47－18⑬ 和蕃公主(人名)16－
20⑯ 和H－璞63－20⑲ 和－風17－4⑳ 和－平61－1⑲ 和－平ス62－10③ 和扁H(人名)35－2⑮ 和－篇36－4
① 和－鳴2－3② 和－鳴スル40－8⑭ 和－藥26－17⑬ ○寡46－6⑰ 寡鶴25－4⑲ 寡－言70－17③
寡H－鵠14－18⑧ 寡姉44－3⑬ ○寡H－妻65－22⑦ ○寡－徳ニメ57－1⑧ ○寡HK－薄56－18⑪ ○寡HK－婦12－
7⑤ 戈56－14⑤ ○戈－戟13－6② 戈－矛60－3⑰ 果(地名)20－1⑭ 果H(人名)42－3⑧ ○果ハ(クタモノ)2－6④ ○果－
決ナリ60－6⑧ 果州(地名)16－13④ ○果－然タリ30－12⑯ ○果－斷ニメ54－5④ ○果－斷ス60－11④ 果K－満41－
10⑭ 樺－煙25－14② 樺－燭19－7⑤ 火－雲10－5⑪ ○火－焔19－14④ 火－艾35－3③ ○火－氣10
－14① ○火－急ニメ27－13⑥ ○火光32－1⑰ 火－候21－4⑯ ○火－山16－9④ 火－樹17－10⑨ 火H－
燭16－16⑨ 火－水69－3⑮ ○火－星37－10⑤ 火－前16－19⑦ 火堆31－16⑥ ○火－宅17－4⑫ ○火
－田63－12② ○火－爐25－6⑭ 瓜H－華12－14⑩ 瓜歩H(地名)33－11⑮ 瓜李2－22⑯ 瓦－合67－15⑮ 瓦－
合セ67－15⑩ 瓦－溝2－9⑤ 瓦H－注47－11⑤ 瓦－木22－14⑳ 畫1－5③ 畫メ(テ)43－7③ 畫－舸24－8

⑬　○畫角13－5⑥　畫－鶴－廳32－14⑫　畫－鼓23－9⑦　畫－戟20－6⑳　○畫[HK]－工2－22⑩　○畫[K]－師35－
3⑲　○畫障34－9④　畫燭15－8⑤　畫－軾26－11①　畫－船24－8⑥　畫－大－羅天－尊57－10⑮　畫[H]－堂33－
5⑦　畫[H]－竹12－8⑮　畫[K]－鵬(ル)39－2⑲　○畫－圖14－19⑲　○畫－舫23－5⑥　○畫眉8－8⑳　畫－餅尚
－書37－6⑭　畫[K]－梁35－5②　畫[H]－龍－堂6－12⑰　○禍[HK]－因6－1⑨　○禍機1－9⑤　禍患2－10⑥
○禍－心61－4⑱　禍[H]－身40－1⑳　○禍[K]－胎32－2⑬　禍－端58－4⑲　○禍難36－7⑨　○禍－福15－20
①　禍－亂64－16②　禾1－16⑮　○禾－稼30－9⑮　禾菽21－14⑭　禾黍1－6⑬　○禾[H]－穗4－6③
禾[H]－麥8－6④　○科｜12－4⑪　○科(セン)66－11⑱　科秧15－1⑬　科－禁53－3⑫　科－策47－1⑥　科－試
45－4⑥　科松27－11⑧　科－縄67－11⑯　○科－第13－8⑥　○科－第(メ)23－7②　科－條2－8⑥　科－
斗36－14⑪　○科－目60－1⑥　⿰龠戈卿(人名)70－15⑳　窠19－8②　○臥(ス)5－7⑭　臥[H]－雲7－11⑳　臥－齋28－
12⑯　臥－舍25－15⑪　○臥床14－15⑧　臥－牀23－16⑤　臥[H]－簟8－9⑪　○臥－房25－1⑳　臥－理(スル寸ハ)
71－3⑧　○臥－龍15－13⑱　○花－影2－14⑬　○花－葉2－14⑱　○花－筵32－8②　花屋15－9⑨
○花－下10－16⑩　花界13－15⑬　花蕚34－12⑨　○花－間13－10⑮　○花－顔31－2⑱　花－宮19－16①
花[H]－菊27－11②　○花－香25－12⑯　花[H]－果25－6⑰　○花－光20－11⑨　○花－冠7－12⑫　○花－月28－
9①　花－橋24－20⑳　花－縣16－17③　花－口19－13⑳　花－艸10－16⑯　花盞18－12⑲　花－寺40－9⑪

○花時20-5⑨ 花-枝13-19⑱ 花-障23-19① 花主21-9⑪ ○花-樹10-3⑰ 花-酒29-8⑨
花隼1-7⑱ 花-茸^HK 30-3⑮ ○花-心12-6⑯ 花-水32-11 239 注19 花-石26-1⑰ 花-前20-8⑬
花-牋19-8② 花-瓢19-4③ 花-船24-18④ 花-襘31-11⑱ 花-叢26-18② 花聚33-5⑧ 花樽
23-20⑨ ○花-堂24-3⑰ 花-塘16-7③ 花-中12-8⑩ 花-竹70-21⑤ ○花-亭17-15⑲
花-底12-17⑦ 花隄20-18④ ○花-鳥39-4⑳ 花-鈿13-4⑭ 花-幢17-15② 花^H-燈14-18①
花-房26-8⑱ 花^H-榜8-9⑲ 花-舫24-17④ 花-袍17-18③ 花-帔22-20⑲ 花-邊36-19⑰
○花-木14-10⑨ 花鬘3-12⑩ 花-面32-13① 花-面32-13① ○花-様25-15⑰ 花-裏33-15⑫
○花-柳33-15⑨ 花林18-13⑪ 花-樓16-2⑩ 花-院22-11⑮ 花-園33-7⑨ 華(人名)41-3⑬ 華(地名)38-
3⑧ ○華^H|38-15⑧ 華^H(地名)-人50-10⑤ 華^H-纓20-5⑭ 華(地名)陰54-13② 華(地名)陰縣54-13① 華-筵34-12⑧
華^H-屋22-15⑮ ○華(人名)夏64-11⑧ ○華-蓋20-13⑫ 華-皓^ナリ40-8⑮ 華^H-貴68-2⑱ 華-光23-7⑭
華^H(地名)嶽66-4⑱ 華^H(地名)嶽廟66-4⑪ 華(地名)原縣52-3⑬ ○華^H(地名)-原-磬3-4⑪ 華^K-原-石3-4⑮ 華-言69-
2⑳ 華-彩1-21⑮ ○華-山25-3⑨ 華(地名)州5-8⑪ ○華胥21-12⑩ 華^H(書名)黍65-17④ 華-簪24-17③
華(地名)-城25-6⑯ ○華(地名)清18-7⑦ ○華(建物)清宮12-12① 華^H-席26-12⑨ ○華^H-族50-6⑰ 華-樽13-2①
華-堂17-21-⑥ 華-蟲43-6⑭ 華(建物)亭8-12⑤ ○華項68-15⑧ 華-髮29-16⑩ 華-風3-3②

○華－表37－8⑲　華陽（地名）5－2⑳　華陽（建物）觀15－10⑫　華陽觀中13－8⑧　華陽觀裏15－5④　華陽洞13－8⑨

華陽院15－10⑬　○華（地名）－夷51－4⑧　蝸32－12⑥　○蝸－角37－13⑤　○蝸－牛23－16⑫　○蝸－舍28－17⑰

裹15－3⑧　○訛－僞50－9⑥　話45－9②　○課|25－5⑮　○課|[ス]6－5⑥　課[H]－實47－5⑬　○課[HK]－税24

－5③　課－績42－8⑧　課－第49－12⑱　課－督[メ]50－12⑱　課賦69－13②　課－利44－10⑳　課－料64－

4⑲　○貨|63－8⑥　貨－易58－8⑪　貨－賄58－6⑦　貨－殖[シ]70－21⑱　貨[H]－食47－9⑨　貨－帛63－8

④　○貨－幣48－5③　貨[H]－利63－6⑪　○過56－20⑳　○過－客22－8③　過－隙8－7⑧　○過－言47

－3①　○過－言[ス]47－2⑬　過－見當－來71－12⑩　○過－去17－5⑯　過－厚62－21①　○過－差54－16

⑧　○過－差[メ]63－10⑬　○過失2－22⑳　過－從[セ]60－5①　○過－當59－1⑭　○過－半64－4⑭　過－犯

65－2⑱　○過－分37－10⑰　過－用65－9⑧　○（上）顆[K]24－14⑧　驊騮1－5⑤　乖[H]19－11⑱　相乖[ヒ]－異[ス]8－

2⑰　乖－宜58－5③　乖－曠[メ]7－13②　乖－隔[メ]10－13②　乖－疎[ニメ]31－6⑤　乖－慵[ナリ]21－18⑥　乖－刺

11－5⑦　乖－龍16－18⑱　乖[H]－劣[ス]11－5⑦　○乖－違[スル]56－4⑦　回[K]（人名）29－10③　○回－合[シ]26－9③　回－

互[ス]7－13②　○回顧17－17③　○回‖顧[ス]25－9⑱　○回－視62－20⑰　○回－旋[ス]6－11①　回－念[メ]9－8

⑮　回－望[スル]19－3⑪　○回－流[ヘテ][ノ][ル]17－5⑨　咼－墮17－12⑬　○外69－10⑩　外－緣22－12②　○外－交61

－9⑮　○外－客70－15③　外－學56－25④　外[H]－感[ナリ]70－8③　○外－議59－6⑫　外[H]－宮12－12③　○外

－舅41－1⑫ 外－虞54－14⑦ 外火8－4⑲ 外－官55－13⑨ ○外－教65－14⑬ 外－庫59－3① 外－
戸65－6① ○外－國53－10⑮ 外－閫54－4⑪ 外－相24－20① ○外－事5－8② ○外－使58－6①
○外－史51－4⑮ 外－司58－2⑪ 外HK－州12－15⑰ 外－狀2－19⑰ 外守13－4⑳ 外－徇38－7②
○外－人56－14⑭ ○外－臣3－12⑫ ○外－城40－2⑦ ○外－甥58－4⑱ ○外－祖42－5⑪ ○外－祖
－母42－10⑪ ○外－族51－14⑤ ○外－孫34－3⑧ 外臺67－11① 外－宅57－23⑲ 外－寵22－7③
外－塵23－12⑳ 外－鎮47－16⑱ ○外－貌11－6⑫ 外HK－藩56－25⑯ 外－府34－2⑰ ○外－物1－13⑭
外屏33－1⑫ 外－餘29－14⑧ 外－容36－14⑰ 外H－郎55－15⑪ 外－累5－5⑲ ○外－夷61－9⑯
外－翁36－24③ ○塊33－1⑰ 塊－然タリ9－9⑯ ○壞タル「68－16⑱ 壞－墳ス66－14⑫ ○壞－滅セ68－5
⑭ 壞墻26－10⑨ ○壞H－敗ス40－12② 嵬－峩タリ18－11⑭ 廻期31－19⑧ 廻H紇(地名)56－18⑱ 廻K－向ス6－15⑬
廻嚮41－8⑲ 廻－環ソ13－2⑤ 廻－還ソ15－20① 廻－互ス1－18⑧ 廻－顧ス2－20⑦ 廻－鶻4－8②
廻鶻可汗(人名)57－22⑳ 廻－鶻君50－2⑨ 廻鶻－使ノ判－官52－2⑱ 廻－使17－4④ 廻－施ス68－17⑦ 廻－
視セヨ1－20⑨ 廻－翔シ38－12⑮ 廻－授61－6⑨ 廻Hレ－心ソ41－8⑱ 廻－照センニハ10－6⑬ 廻－雪3－5⑯
廻－塘13－5⑧ 廻－棹23－12⑤ 廻天2－12⑲ 廻－念36－21⑮ 廻－望スルニ22－9⑦ 廻舫23－12④
廻－避スル22－7⑮ 廻HK－廊24－12④ ○快70－2⑱ 快セ70－2⑯ ○快レ意セ70－2⑯ ○快－活26－14⑪

○快—活(セシムル)35—14⑯　○快—樂1—20⑭　○恠62—17⑯　○怪—竒(ナル)21—4⑮　怪—譎(ナリ)22—1⑧　怪湫
27—2⑩　○怪—石24—15⑭　怪沴26—10①　恠4—4⑦　恢(ニメ)70—24⑩　○恢—恢(ト)2—19③　○恢—弘(ニメ)
2—19⑰　恢—張(ス)38—15⑦　悔—尤61—7②　○悔(H)—悟(ス)10—3⑲　悔—煞(セン)28—27①　悔—然(トメ)64—11⑦
○懐13—14⑫　○懐—古9—10③　懐州(地名)37—7⑥　○懐—柔57—13③　懐—袖16—10⑫　懐—裏67—3⑤　懐縦(人名)
41—10⑤　懐信(人名)51—6④　懐信等(人名)51—6⑨　懐嵩(人名)67—3⑤　○懐—中34—3⑪　○懐—抱1—10⑫　懐—詠(メ)
34—11⑪　晦(人名)19—3③　晦15—3⑳　晦之(人名)71—14①　晦叔(人名)26—15⑧　會(H)(人名)41—8⑬　會等(H)(人名)(ニ)48—3⑦　○會—33—
8⑯　○會—(ス)33—10⑯　會—得(シン)18—12⑦　會幽(人名)71—10⑪　○會—飲(メ)50—13⑲　○會—合33—11⑭　○會—合(セ)
66—12⑧　相(ヒ)會—合(ス)69—7⑲　會—興14—7⑯　會(H)—課52—5③　會(H)—話17—21⑭　會(K)—決48—5⑱　○會(地名)
稽2—16④　會(H)—稽郡—王54—6⑭　○會—計54—1⑰　會(H)—語(スルヲ)43—7⑨　會公(人名)71—10⑮　會昌(地名)36—19①
會昌(年号)71—4⑤　會昌元(年号)—年35—15④　會昌五(年号)—年三—月二十一日37—7⑬　會昌四(年号)—年37—2⑱　會昌壬(年号)—戌
71—13⑨　會昌二(年号)—年36—12⑮　會昌六(年号)—年月日71—14⑩　會—中35—15⑪　○會—同(ス)61—7⑰　會(H)—府54
—3⑪　會(HK)—盟56—5⑳　會—面45—1⑮　會(H)—面(ス)36—6⑫　會王(H)(人名)42—2⑦　故會王(H)(人名)42—2⑥　○槐1—19
③　槐—陰19—7④　槐—雨9—4⑫　槐葉2—18①　槐—花9—9⑰　槐(HK)—市24—9⑧　槐子26—17⑦
○槐樹2—18⑤　槐—蘂30—10—⑤　槐亭(建物)35—15⑭　槐—露25—14②　檜69—14⑬　洄(K)—湟—鎮56—9⑨

○潰−散メ59−10⑤　灰−心69−12②　○灰燼2−8⑲　○灰−塵27−12⑩　○灰土4−4④　瑰−然トシ5−
11⑱　瑰寶8−8⑧　瓌−奇22−1⑧　繢71−13⑥　繢H(クワイ)−素38−15⑲　繪57−10⑳　○繪畫メ37−10②　○繪
事71−7⑫　○繪−素56−3⑤　○繪−素ス71−5⑰　膾15−8①　膗−隤タル「71−11⑬　翽53注20−9⑦　翽67−15⑭
蒯國夫人71−2②　薈H−鬱トシテ43−5⑲　詿−誤56−15⑲　誨H−導70−9⑬　賄67−12③　鐄(人名)68−2⑯　○魁−
−悟ニメ65−13⑧　○光−陰9−9⑨　光−價25−5⑨　光(人名)顔60−6⑦　光−氣43−9⑫　光H(地名)−化42−3⑨
○光−華5−2⑯　○光−輝也アリ17−17⑯　○光−景14−10⑤　光−潔ニメ34−16⑩　○光−彩1−5⑪　光(地名)州
48−9⑥　光(人名)上人20−9⑦　光晶2−14⑱　光H(人名)識68−15⑮　光弼42−3⑯　光−色3−7⑳　○光−昭セリ53−
4②　光−大ニス50−11①　光−塵44−4⑬　光(人名)廸70−5⑨　○光芒7−15⑲　光(人名)武47−5⑳　光(地名)福14−6⑮
○光−明1−14⑰　光−明無量71−6⑨　○光祿15−8③　光−祿−卿致−仕52−9⑰　○光−祿大−夫51−
5⑬　○光−榮15−8⑦　廣(地名)要道ノ−章68−14①　○廣−狹22−15⑦　○廣H(地名)−州70−18④　廣−袖47−15⑩
廣H(書名)袖高髻65−17⑤　廣砌15−7⑳　廣宣上人15−5⑯　○廣−大ナリ69−15⑩　廣(地名)池71−5⑧　廣HK−塲38−5①
廣(人名)德法−華−院69−2⑲　廣−袤43−2⑫　廣−博−嚴−淨68−5③　廣−莫52−1⑪　廣H(地名)府26−3⑦　廣(人名)武64
−11−⑬　廣H(地名)武原70−16⑰　廣(人名)文先生30−5④　廣(地名)平43−10②　廣−利62−19⑪　廣(地名)陵24−20⑰　○恍−惚トメ
36−8⑳　惶−懼61−6⑭　惶−懼メ60−2⑮　惶−惶タル「21−12⑪　晃H(人名)48−3⑯　曠62−10⑱　曠ス5−9−

⑫　○曠懐23—14⑭　曠—廓(トメ)22—7⑩　○曠(H)—職59—18⑧　曠—然44—1⑫　曠—代39—1⑳　曠—達(ニメ)29
—5⑳　曠淡(ナル)68—2⑥　曠—望(ス)7—2⑨　○曠—野12—16⑦　桄—榔17—4①　横(K)(去)(に)22—10—⑦　横海軍(地名)(ノ)
節—度—支度營—田54—4⑧　横—野軍軍—使51—8⑥　洸—洸(タリ)38—9⑩　泓—澄(トメ)23—7⑬　○滉—瀁(トメ)
15—2⑰　潢汚泊34—8⑤　○煌—煌(タリ)4—4⑰　獷(H)—鷙47—4⑰　獷—俗46—3⑯　皇(人名)12—14⑯　○皇(HK)猷38
—16②　○皇—家65—9⑥　○皇—考69—12⑬　皇—綱63—21⑪　皇(H)—鑒59—18⑬　○皇(HK)—極58—2⑤　○皇
化62—2⑰　皇皇71—4⑪　皇姑46—11⑤　○皇子(人名)3—1⑪　皇子陂(H)45—8①　皇—慈59—18⑨　皇州2—6⑬
皇—城32—7⑰　皇(H)—情16—13⑩　皇税6—5⑧　○皇(H)—祖71—4⑪　○皇宗67—14⑮　○皇太子(人名)56—5②
皇唐(人名)38—3①　○皇—澤3—8⑱　○皇帝(人名)1—1⑦　皇—帝陛—下61—1⑨　○皇—朝46—8⑨　○皇(人名)—天57
—20②　皇(HK)—都39—3⑭　○皇德46—3⑤　○皇—妣70—18⑥　皇父(人名)70—16①　皇父氏(人名)70—16②　○皇(H)—風47
—18⑯　皇甫(人名)8—14⑤　皇甫監(人名)26—18⑦　皇甫公(人名)70—15⑱　皇甫七(人名)23—20⑧　皇甫七郎中(人名)28—9⑰　皇甫十(人名)34
—12⑲　皇甫十郎中(H)(人名)32—8⑪　皇甫庶子(人名)23—13⑧　皇甫湜(人名)58—4⑰　皇甫政46—10⑨　皇甫澤州(人名)33—12⑩
皇甫賓客(人名)21—15⑪　皇甫鏞(H)(人名)49—9①　皇甫朗之(人名)35—3⑭　皇甫郎中(人名)29—13⑭　皇甫六(H)(人名)31—6⑧　○皇謨54—13
⑫　皇—明1—18⑤　○皇—靈61—4⑬　○皇—王61—5⑧　○皇—威57—20⑨　○皇—恩20—15③　簧(K)(クワウ)4
—14②　紘53—6⑪　纊｜12—19⑤　荒(K)｜(ヤ)(ナラ)39—3⑩　○荒—淫21—2⑨　○荒—裔51—11②　荒(H)—階32—9—

170 注21 荒—徼清—平ナリ56—4⑲ 荒—巖18—3⑰ 荒菊34—14⑤ 荒—狂17—9⑦ 荒—饉55—4③ ○荒HK—
外50—2⑫ 荒艸10—8⑳ 荒—草25—9⑱ 荒俗51—17⑰ 荒榛15—7⑮ 荒城13—15② ○荒—政66—6
① ○荒—村10—9④ 荒H—臺14—12⑨ 荒宅20—2⑪ ○荒H—田10—4⑱ 荒—寧セ57—2⑫ ○荒—蕪ナリ30
—14⑥ ○荒—蕪ス36—14⑳ 荒服13—16⑧ 荒萊2—19② 荒K—樂ラクメ4—4③ ○荒—凉6—7③ ○荒—凉
凉セル14—18⑪ 荒—沴64—5⑦ 荒—壠17—11⑪ 荒陋11—6⑧ 荒—園37—6① 蝗3—8⑤ ○蝗—蟲3
—8⑧ 觥13—2② 觥—綺35—8⑮ 觥—盞21—3⑮ 遑—遑タリ6—16① 遑H—寧66—14⑯ 鍠(人名)42—10⑧
黄H(人名)63—21⑨ ○黄32—8⑧ ○黄—埃9—9⑲ ○黄—鶯26—9⑳ 黄HK—鸎22—10⑨ ○K黄—衣3—13②
○HK黄—雲5—11⑮ ○黄—葉15—16⑲ ○黄—屋4—4① ○黄(地名)河3—6② 黄—芽21—4⑪ 黄—蒿12—5
⑩ 黄閣19—7⑥ ○黄鶴15—17⑲ ○黄(地名)鶴樓15—17⑰ 黄HK—葛6—8③ 黄—閤5—10⑨ 黄H—氣16—8⑫
黄—綺30—10⑱ ○黄—牛18—13⑰ 黄(地名)牛峽18—13⑯ 黄—菊22—20③ 黄—墟40—4⑬ 黄HK—巾17—3⑳
黄—金14—19⑳ ○黄—花32—7④ 黄—花—叢36—16⑥ ○黄—巻22—16⑯ 黄—雞12—19⑨ 黄—夾—纈
24—8⑱ 黄(人名)憲5—16③ 黄K—犬32—14⑲ 黄—絹38—15⑯ 黄縑11—3⑫ 黄(人名)公6—4② 黄H—ル口チ1—16
⑦ ○黄—昏13—9② 黄艸10—5⑥ 黄士傪53—7⑳ 黄—紙17—6⑩ 黄—絲18—5⑩ 黄—蓍3—9⑩
○H黄—沙22—9⑰ 黄(人名)沙磧2—1⑥ ○黄—壤15—7⑮ 黄(人名)裳57—2⑪ 黄—綬9—3⑰ ○黄—色25—12⑩

黄ー心ー樹18ー3⑦　黄ー精5ー10⑪　黄少卿(人名)H 56ー21④　黄ー梢18ー10⑤　黄ー石39ー5⑤　黄(地名)ー石ー巖16ー
17⑰　○黄(HK)ー泉12ー11②　黄叟19ー13⑨　黄(地名)ー唐64ー15①　黄道士(人名)16ー12⑨　黄ー中(ナリ)38ー14⑦　黄(K)(地名)ー竹4ー
4②　○黄帝(人名)28ー10⑥　黄ー庭69ー2⑧　黄庭經(書名)68ー13⑫　黄ー泥39ー5⑨　○黄ー鳥22ー16③　黄ー橙4ー
10④　黄(K)ー犢(入)6ー5⑤　黄(H)ー軟(ニソ)16ー14①　黄(HK)ー覇24ー4⑦　黄ー麻19ー5⑮　○黄ー梅16ー11⑦　黄ー梅
ー兩31ー19③　黄梅縣(地名)20ー4⑫　黄茆18ー11④　黄(H)ー茅16ー18⑫　○黄白5ー15⑨　黄ー醅28ー1⑰　○黄老(人名)
70ー7⑳　○黄ー鸝17ー6⑥　黄(H)(人名)ー鸝ー巷24ー10⑲　黄ー柳24ー11⑮　○黄梁15ー1⑫　黄(H)ー緑43ー7⑧
○黄(H)ー連14ー15⑯　黄ー蘆12ー18②　黄ー鉞3ー1⑰　黄ー汚26ー10①　○廓ー清(ニソ)61ー7⑬　○廓ー然(トソ)61ー
4⑰　廓ー落(トソ)7ー3⑱　護ー落(ナリ)22ー13②　護ー落(ス)35ー6②　獲嘉(地名)41ー4⑨　獲鳥13ー2⑨　○翮13ー12
②　蠖1ー7⑩　虢州(地名)41ー4⑪　虢ー略55ー5⑦　赫ー赫(タル)46ー5⑫　赫ー赫煌ー煌(タル)46ー3⑦　○郭8ー12⑦
郭暈等(人名)52ー1⑰　郭虚舟(人名)7ー16②　郭虚舟錬師(人名)21ー4④　○郭外33ー4⑫　郭景(人名)48ー1ー107注22　郭使君(人名)25ー2⑫
郭庻子(人名)29ー11⑩　郭ー西16ー10⑤　郭道士(H)(人名)17ー4⑬　○郭中68ー8②　郭(地名)ー門5ー14⑫　○钁鑠26ー14③
○隔10ー11①　隔ー闊(ニソ)16ー13⑳　○隔ー絶(ス)37ー5⑤　○隔ー年19ー14⑥　霍丘縣(地名)51ー3⑦　騞ー(トソ)38ー5⑪
刮(Hケツレル)ー骨24ー9⑳　割ー截(ニ)45ー8⑭　割ー屬(シ)56ー19⑭　活ー(ス)31ー2⑩　○活ー計17ー3⑤　活ー殍71ー3⑩
活鱗1ー5②　滑43ー9⑨　滑州(地名)51ー8⑬　○滑ー石31ー10⑮　滑臺1ー13⑯　豁(H)ー豁(トソ)8ー12②　豁ー爾(タル)

31－10①
豁－然タリ6－11①
○豁－達トシ7－10⑲
轄31－8⑩
闊－狭24－13⑳
黠H カツ－膚リヨ4－8⑤
○丸2－16④
○丸セ35－13⑬
丱16－1⑭
○丱女クハン3－3⑯
○冠｜タリ29－12⑬
○冠セ42－2⑫
冠阿容19－15⑯
冠－盖11－12⑥
○冠－蓋13－4⑪
○冠蓋メ11－12⑰
○冠婚10－1⑯
冠－櫛メ35－10④
冠H(人名)俗52－9⑭
冠－族52－5⑧
○冠－帯28－16③
冠豸5－3⑲
冠－珮1－1⑲
冠－服65－10②
○勸－誡70－23⑲
勸－誨シ70－6⑭
勸－沮67－5⑭
刓H－方38－10⑪
○完－全ナリ7－14⑬
○官｜20－3⑦
官ス41－2⑧
某ソノ官48－1⑨
官娃26－14⑨
官邑43－5③
○官－家22－5⑯
官－河23－14⑰
○官H－階19－7①
官－告56－21⑰
官－誥57－14⑫
官－客12－15⑰
官－衙24－7④
官－限63－2－②
官牛4－11⑩
官渠1－8⑤
官－獄55－14⑮
官－課64－6③
官－勲48－9⑬
○官－軍12－7⑭
官刑66－17⑱
官－橋28－15⑨
○官H－業42－1⑪
官－健59－9⑥
○官庫2－4⑧
官堠13－12⑪
官－材48－11④
官－曹10－18⑰
官H－槽27－3⑦
○官事44－2⑳
官使4－7⑥
官市4－6⑳
○官－司47－13⑥
○宮寺28－5②
官H－師49－9⑮
○官－次50－9③
官H－資26－3⑱
○官－舍16－5⑳
官車4－11⑪
官墻19－9⑯
官H－常47－17⑧
○官－爵32－4⑩
官酒28－16⑧
○官－署64－6⑭
官－屬54－17⑦
○官－職15－5⑧
官－水31－15⑱
官－情24－18⑧
官H－政42－5⑲
官H－錢58－12⑮
○官租4－6④
官第68－3④
○官－道30－6⑫
○官宅24－14⑮
官H－中47－15⑱
○官－秩29－12⑯
官場26－11⑪
○官－長64－4⑫

○官-途16-16⑭　官[H]-同中-書61-3⑦　某ノ官等53-5⑩　官-坊48-3⑰　官[H]-方40-6⑪　官[HK]-望48-4⑨　官-班13-2⑯　官-品45-6⑩　○官[H]-府11-8⑥　官-封54-4⑯　○官-物59-3⑮　官-補メ69-14⑩　官-俸36-7⑰　○官名43-11⑱　○官-吏56-24⑰　官-利63-8⑨　官-寮50-7⑥　官-路34-8⑭　○官-祿11-11⑰　○官-位28-15⑳　○官-員44-10⑲　官[H]-榮52-5⑨　官園21-10③　官-垣15-2⑫　宦-遊2-9⑥　宦-遊スル70-20⑲　宦序14-18⑬　宦-情18-12⑨　宦達1-14⑮　宦-途17-16⑰　宦[H]名43-11⑱　寛(人名)42-5⑥　寛ニス66-6⑤　○寛-裕50-9②　寛-簡54-6⑰　寛-間19-5⑳　寛-和ニソ60-5②　寛-廣12-19④　○寛[HK]-厚ニソ56-14⑮　寛-窄ニソ19-5④　寛-袖11-6⑤　寛-信ナル49-12⑯　○寛-政57-3⑪　○寛-大54-4②　寛-重易-簡ナリ70-19⑨　○寛[H]-典66-19⑩　○寛-猛49-11⑭　寛-明55-13⑬　相寛ヒ-慰スル27-7⑨　寛-恩58-5①　寛-穏ニソ29-16③　寰[H]-宇47-17⑥　寰[K]-瀛17-20⑲　寰-海38-15⑰　寰-區68-8⑲　○寰-中59-16⑨　恍-然トソ43-10⑨　患38-13⑯　○患-難62-21⑰　懽[H]-忻ス10-14⑩　懽-心セ61-4⑨　款[H]61-2⑱　歀-顔ス8-12⑳　欵-曲ナリ29-13⑪　欵-誠64-10⑰　○歡2-6⑮　歡-愛26-16⑰　歡-遊21-10⑱　歡-遊シ29-16⑯　歡[H]-悦センセヨ6-6⑨　歡[H]-宴24-11⑳　歡-宴ス35-10⑥　歡-行メ33-15⑳　○歡-喜37-7⑰　○歡-喜ス22-5⑱　歡-忻悚-躍メ61-1⑳　歡-欣ス8-10⑨　歡-華16-12③　○歡-會40-9⑩　○歡-會メ13-16⑪　歡惠69-

10⑪ HK歡-言22-12⑮ ○歡-呼シ1-1⑮ 歡-呼拜-舞ソ3-10⑨ ○歡-娯12-3② ○歡-娯ス18-3⑥
歡趣10-14⑰ ○歡-心57-8⑳ ○歡-心セム58-14⑮ 歡-醉スル11-15③ 歡-情15-7② H○歡-聲31-
12② ○歡-笑24-13⑱ ○歡-笑ソ36-18① H歡-戚7-14⑯ ○歡-然ト58-5② 歡-暢7-14④ H歡
-適40-9⑪ 歡-容59-16⑪ ○歡-樂24-7⑧ ○歡-樂スル12-1⑪ H歡-榮14-19⑪ (人名)桓彦表68-15
⑯ (人名)桓公42-3① ○棺40-5② H○棺-斂49-5⑬ 渙タル62-12⑭ 渙-汗62-12⑭ H○渙-然ト62-12⑭
H灌-叢43-3② 煥|タル46-4⑨ 煥-焉タリ65-15⑩ 煥-赫ト50-7⑰ ○煥-乎ト61-3④ ○煥-然ト65
-13⑫ ○煥-發ソ12-12⑥ 煥-爛ト22-8⑲ ○環7-12⑮ 環-奇ニ26-8⑫ H環-拱48-10⑪ 環-
廻ス22-20③ 環-墻43-8④ 環-然ト43-7⑬ 環中26-9⑦ ○環-堵40-3③ 環-珮12-2⑳
環-望スラク71-4⑥ 環-封24-4② ○環-列51-11⑫ H(地名)環王國56-4⑱ 環-衛51-15⑯ 瓌|シ35-1⑧
H盥-櫛36-11⑲ 盥-櫛ス22-14⑪ 盥-櫛食-寢45-1⑭ ○盥漱-6-12⑧ ○盥-漱スル6-16⑰ 盥滌スル|ヲ
43-12⑬ 筦-権63-8⑪ 筦磬絃歌69-4⑮ ○管6-6⑥ ○管|セ26-11⑩ 管-摧47-4① 管-摧ソ51
-2⑫ 管-磬歌-舞71-8⑭ ○管-絃12-16⑲ ○管-絃ス35-15⑲ ○管-見44-13⑫ 管-郡67-6
⑳ H管-庫67-17⑦ ○H(書名)管子65-1⑬ (人名)管氏62-22⑦ 管色26-8⑦ HK管-吹24-5⑤ (人名)管蕭22-3⑮ ○管
-内57-9⑫ 管-内支-度營田觀-察處-置押-蕃落等ノ使54-5⑭ 管-内州52-12⑱ ○(人名)管仲65-4⑥

○管[H]─籥57─14⑪　○管領32─9⑫　○管─領スル26─7⑳　紈─綺4─6⑪　緩(人名)70─7⑥　○緩ユルカラ│ナラ12─7④

○緩─急49─6⑩　緩─驅ス30─6⑰　○緩─慢24─19⑩　翫│ス31─16⑩　翫─好63─11⑨　翫─物19─14⑫

舘13─6⑥　舘[H]─舎42─4⑯　舘─鐘21─4⑮　○觀│37─6⑧　○觀│ス26─6⑰　觀─遊68─16⑰　觀─遊ス43

─1⑯　○觀音(人名)39─9⑤　觀音堂(建物)25─5⑥　○觀音菩薩(人名)39─8⑲　觀音普(書名)─賢菩薩法行經69─3⑨　觀稼6─

7⑨　觀居5─2⑱　觀偈39─7⑨　觀察等ラノ使52─1⑦　○觀察使(人名)52─5⑧　觀─察支─候52─8②

觀─察處─置等ノ使56─23⑲　觀[H]─察推─官41─6⑳　觀─察推─官─試41─5⑯　觀─察判─官48─4⑬

觀寺(建物)70─21⑤　觀─知ストモ45─12⑦　觀─風47─15⑫　觀風亭(建物)43─12⑰　觀院5─2⑳　豢─豕2─1⑰

豢龍子[H](書名)43─11①　○貫[K](去)22─20⑦　貫ス39─5⑳　貫等(人名)53─4④　貫─朽2─4⑯　貫之[H](人名)49─3③　○貫─屬メ3

─6⑨　○貫─穿シ45─3⑫　還65─20⑳　○還─鄉27─9⑦　還往メ26─12⑲　還[HK]─往45─8⑧　○關│5─9⑮

關[H]ス59─5⑨　關河(地名)17─21⑲　關─畿64─9⑦　關─外57─14⑧　○關─關タリ6─2⑪　○關─塞33─19⑥

關璀(人名)21─7⑥　關(人名)─相─國43─5⑮　○關[H]─山27─3④　○關─市63─6③　關氏(人名)43─5⑯　關─睢鵲─巣37

─12⑥　關─津60─9⑤　○關西(地名)4─7⑨　關─內13─17⑲　○關─中63─9⑪　○關東(地名)25─8⑥　○關─防

7─11④　關─輔63─9①　○關─門15─15⑬　關[H]─梁63─14⑳　關李(人名)21─7⑮　○關路(地名)9─5②　闤闠16─

1⑬　○頑46─5④　○頑─愚28─2⑳　頑[HK]─拙6─13⑮　頑─賤ナリ29─5②　頑疎5─1⑪　頑[H]─鄙40─9

①頏-慵(ニソ)30-2⑯ ○願12-6⑲ 願無-量71-6⑧ ○願-力71-9⑦ ○館15-12⑮ 館(H地名)娃31-18⑩
館(建物)娃宮34-17⑮ 館驛67-2⑪ 館-穀67-2⑭ ○館舎67-10⑰ 餵餅等59-18⑰ 驩(地名)州56-16⑦ 鬟32-
8⑤ 鰥-魚13-3⑩ 鰥-寡孤-獨62-20⑭ 鰥(H)-惸8-6⑦ 鰥-獨70-3⑩ 鰥(H)-夫14-11⑭ ○僞
65-16⑪ 僞-遊(ソ)66-20② ○僞-言67-12⑧ 僞-職41-6⑩ 輝-赫(ナリ)14-18④ 輝-華59-16⑨
輝-光1-21⑭ 相輝(ヒ)-光(セン)39-4⑬ ○輝-輝(タリ)21-4⑭ 輝-榮56-8⑰ 輝榮(ソ)12-4⑫ 冀-方51-
8⑭ 匭(Hキ)(ヒツ)64-1⑲ 匭-函-使69-1⑯ 匭(Hキ)-使64-1⑬ ○危|(トソ)2-16⑲ 危-憂7-7① ○危-行40-
1⑪ ○危-言70-6⑧ ○危-言(ソ)14-18⑱ 危時62-21⑱ 危-脆(ニソ)5-11⑪ 危石(Kクキ)(クキ(平))6-11⑲ 危-亭34
-8⑬ 危-惙45-14③ 危(K)=磴(去)(イシハシ)22-18⑪ 危-敗(スル)65-9② ○危-亡64-7⑥ 危-亂65-19⑮ ○危
-樓16-11⑭ 卉-服17-3⑳ 卉-物1-18⑬ 卉-木71-5⑥ 媿(スル)65-15⑳ 媿-辭65-16⑩ ○巍-
峩(トソ)34-9② ○巍-巍57-5⑮ 巋-然(トソ)31-6⑫ 夔(人名)卨17-10⑬ 夔(人名)龍13-2⑩ 徽(Hキ)30-4② ○徽-號
57-2⑯ 徽華51-9⑦ ○徽-章(ニソ)71-4⑰ 徽-績57-12⑰ 徽-烈54-9② 愧59-16⑱ 愧-懼59-
15⑰ 愧(K)-懷32-3① 愧-詞2-5⑰ 愧-聲67-16③ 愧-耻60(シ)-3③ 愧-悵(ス)57-6⑮ 愧(H)-惕57-
5⑰ 愧-佩57-20⑬ 愧畏59-17⑦ 戣(H人名)50-6① 揮金35-4⑫ 揮-霍(タルニ)38-11⑳ 揮-弄(セン)8-13⑬
撝-謙61-3① 撝「謙(ソ)56-22⑰ 暉(H人名)41-8⑪ 樻30-7⑭ ○歸|13-16⑥ ○歸|(ス)41-11⑲ 歸-鞍13-2

③　○歸−依ス71−12⑧　歸HK−雲22−2⑩　○歸HK−降56−5⑨　○歸雁10−16⑤　歸−騎14−4⑬　○歸−休
21−10④　○歸K−休て32−12⑯　○歸−郷5−10⑱　○歸−去シヌ70−8⑧　○歸去來5−14⑰　歸−計16−18
⑨　歸軒34−9⑫　歸厚H(人名)50−10⑬　歸−鴻37−8⑧　歸−菶ス70−9①　○歸葬2−5⑲　○歸−山5−3⑨
歸−思32−7⑪　歸尚書21−14⑳　歸−處36−24⑭　歸H−人20−11⑰　歸仁灘35−18⑥　歸−仁−里36−1⑳
○歸−心57−13⑥　歸靖(人名)68−4⑮　歸−全40−5①　歸−全ス40−3③　歸橈20−11①　○歸宅69−9⑥
○歸−程36−15⑨　歸−投57−14⑯　歸−投ス57−14⑲　歸登H(人名)55−12③　○歸田6−4⑳　歸忍(人名)71−10⑪
歸H−飛7−2⑨　歸−歩32−13⑤　歸−袝ス40−9⑯　歸夢5−3⑳　歸−窆ス70−7⑦　歸−養ス38−4①
歸−歟22−7⑤　歸歟吟|21−13④　歸翼13−7②　○歸來28−10⑭　○歸−老ス41−4⑰　歸粮13−9⑭
歸糧18−2⑨　歸−侶5−4⑨　○歸−路13−5⑨　毀39−1⑩　○毀−瘠ス66−3⑦　毀滅セン40−4⑳
○毀−譽16−16⑦　麾−下56−17⑬　麾−訶メ42−3⑥　麾−幢13−5④　睢H−盱セリ26−8⑬　○癸未57−11
⑩　葵2−3⑦　葵−藿59−17⑫　葵−扇36−21⑲　簣H−土43−3⑱　蕢−桴38−13⑫　虧−失セ56−14⑲
○虧−損スル|59−3⑦　詭−遇6−3⑨　詭−詐55−12⑤　詭−随66−6⑳　詭−製63−11⑧　貴キ5−2⑧
貴−介15−8⑥　貴−階49−10③　貴−豪39−4⑮　貴−高41−12⑬　貴K−客29−3①　貴−近45−4⑱
貴公主4−5③　貴−彩4−5①　○貴HK−相6−1⑨　貴−仕53−6⑬　貴−主15−2⑱　貴H−壽42−5①

○貴-人35-13⑥ 貴-仙22-20⑭ 貴任67-6⑬ ○貴-賤12-2⑤ ○貴-族56-24⑩ 貴-達2-8⑫
貴-達セム22-14④ 貴-秩52-12⑰ ○貴-重ス4-13⑧ 貴-朝53-10⑮ 貴-班53-5⑫ 貴妃(人名)3-6③
貴H-聞セン⌐ヲ62-5④ 貴-茂ニゾ24-3⑫ 貴-位59-14⑲ ○跪-拝スル⌐31-1⑰ 軌-物38-9⑲ 饋42-
6④ 饋-賀66-20⑦ 饋H-餉48-8① 饋-禮66-20⑬ 餽-餉飛-輓47-4⑫ ○鬼2-10⑰ ○鬼-火
30-1⑯ 鬼-怪34-9② 鬼K-ノ(平)功6-11⑦ ○鬼-神22-2① ○鬼-誅61-4⑮ 鬼伯(人名)20-10⑫ ○鬼H
-魅62-9② ○魏(国名)41-1⑦ 魏(人名)43-10⑬ 魏K(人名)-家4-10⑮ 魏H(人名)絳67-4② 魏義通53-11⑯ 魏H(人名)顆67-20①
魏(地名)闕13-3⑤ 魏(人名)玄通51-9① 魏(地名)州52-10⑩ 魏州ノ大-都-督府ノ長史49-2⑧ 魏(国名)晋62-8⑩ ○魏(人名)徴58
-12⑥ 魏徴(人名)書生44-12⑮ 魏(地名)堤25-17⑰ 魏(地名)博55-5⑮ 魏(地名)博等60-7① 魏(人名)博等州55-6① 魏-博-軍
48-3⑬ 魏(人名)武2-12⑬ 魏-風55-5⑳ 魏丙54-14⑩ 魏郎中弘簡43-10⑪ 魏(地名)王澤29-17① 魏王堤25
-17⑱ 匡H(地名)山41-10⑭ 匡-輔70-12⑭ 恍|トゾ40-9⑭ ○狂|23-16⑰ ○狂|スル34-3⑤ 舞ヒ狂ゾ31-12⑥
狂-詠32-3① 狂-詠ゾ5-13① ○狂-歌28-17⑲ ○狂-歌ゾ21-13⑳ 狂-海22-6⑧ 狂H-客31-3
⑪ ○狂-簡44-5④ 狂-吟13-4② 狂-吟ゾ17-17⑳ ○狂-句21-1⑩ ○狂-愚63-21⑮ ○狂-
花20-15⑱ ○狂-言5-11⑦ ○狂言ゾ30-13⑯ ○狂-言綺-語71-9⑤ 狂-瞽47-8⑤ 狂-詞29-
11⑤ 狂-酒15-10⑯ 狂-心16-13⑪ 狂-進妄-動44-7③ 狂-酔セシ29-6⑪ 狂-僣62-21⑫ 狂-叟

34―16②　狂男子1―13⑩　狂―直65―23④　狂―嘲31―14⑦　狂顛36―13⑧　○狂―夫32―5⑤　狂―舞(メ)
22―5⑪　○狂―風9―12⑰　狂老翁34―12⑬　狂―亂孤―疑(メ)45―11⑫　狂―翁37―8⑦　獷―鷲61―2⑯
筐―篚43―5⑱　誑誕3―3⑯　誑―妄58―2⑲　○H矍(クヰヤクシヤク)―爍11―2⑤　橘2―6④　K窘(クヰム)―然(トシテ)6―5⑫
窘―束(スルニ)7―12⑪　○華嚴(地名)41―8⑫　○K華(クヱ)―鬘(マン)6―11⑦　○圭57―16⑧　H圭―璧62―22⑭　坰―野52
―10⑲　惠(人名)29―5⑥　惠｜66―9⑥　惠(ス)71―4⑦　○惠―愛28―16⑧　H惠―安57―16⑦　H惠雅等(人名)70―22⑩
惠―好(スル｜)35―12⑦　惠尊律師(人名)71―9⑮　H惠―姦66―16⑩　惠休15―5⑱　惠―化62―19⑫　惠―和54―9⑤
惠―旣57―20⑬　惠―信57―3⑱　H惠進(人名)41―10⑤　惠―實54―5⑩　H惠―政49―13⑬　惠―然(トメ)26―5⑤
惠太子2―16⑳　○惠―澤57―21⑦　惠―答(ス)68―19⑫　惠―寧50―2⑪　惠滿(人名)70―22⑳　惠―用41―12⑬
惠―利70―23⑪　慧15―3⑮　慧(スルニ)39―7⑲　慧偈39―7⑱　H慧―星62―19⑥　慧刀14―19⑭　扃70―15⑯
扃鐍21―4⑩　扃―鐍(ス)55―5⑬　H扃―關6―10⑭　扃―鑠22―7⑭　○桂8―11⑫　桂管(地名)51―6⑭　桂州(地名)19
―15①　桂樹1―21⑱　桂布1―19⑳　○桂林51―6⑮　○桂林(地名)ノ刺史51―7②　桂林(地名)ノ諸―軍―事51―7⑦
桂林(地名)ノ本―管都―防―禦觀―察處―置等ノ使51―7③　滎陽(地名)70―2①　炯―戒65―16②　H炯―誡38―7④　珪54
―4⑫　珪―組(ニメ)69―12⑩　K畦(ケイ)(ウネノ)中ノ6―8⑥　蕙26―8⑲　蕙荷36―17⑫　蕙―香13―7②　K蕙―草32―3⑲
蕙―帶10―12①　蕙―帳31―10⑧　蕙―風9―4⑪　H蕙―蘭9―10⑲　邽縣46―9①　鄺公(人名)3―3⑤　闉71―

11⑰ ○閨‐閤18‐15⑮ 閨[H]‐闥52‐14⑲ ○閨中2‐1⑩ 閨庭1‐10④ ○閨房2‐2⑯ 閨婦19‐18⑦
○閨‐門44‐2⑲ 閨‐闈40‐3⑱ ○閨‐怨ノ18‐15⑫ 鰥‐縷27‐2⑱ 決|シ36‐2② 決シ‐破レリ28‐12⑮
決‐開ソ6‐12③ 決‐決トソ36‐19③ 決‐勝5‐6⑪ 決‐放スルトキニハ68‐7⑯ 決[H]‐平67‐14⑭ 決‐明‐丸24
‐15⑪ 厥‐苞66‐14⑰ ○月‐下15‐8⑪ ○月‐宮24‐6⑳ ○月‐華14‐6⑳ 月晦1‐11⑧ ○月桂
23‐10⑧ 月[K]‐月29‐8⑭ 月‐戸24‐6⑪ ○月‐朔61‐5⑫ 月日45‐10⑮ 月‐終32‐8⑭ 月上36‐21
⑯ 月‐章66‐15⑰ ○月‐色13‐17⑭ 月砌ニ19‐15⑤ 月[H]‐捷66‐15⑮ ○月‐前9‐7⑳ 月‐臺22‐
15⑯ ○月‐中1‐22③ 月‐提25‐14② ○月‐俸22‐9⑯ ○月‐明34‐13⑩ ○月‐夜25‐8⑬ ○月
‐離66‐8② ○決64‐2⑧ ○決|ス41‐2⑤ 自‐決ソ40‐4⑳ ○決‐決トソ23‐12⑧ ○決‐斷スル49‐11⑪
決壅4‐14⑮ 泬‐寥7‐15⑰ ○穴‐中10‐8⑱ 血29‐9⑬ ○血‐氣12‐1⑱ 血‐肉11‐5⑳ 血[HK]‐
珠12‐8⑨ 血‐屬67‐5② ○血‐色12‐17⑭ ○血‐食ス71‐4⑰ 血[H]‐髓70‐20⑤ 血‐誠53‐9③
血點31‐5③ ○血[H]‐脈8‐6② ○血‐涙69‐12② 䟔[H]‐岍43‐9⑦ ○缺‐落29‐14⑦ ○缺‐貝49‐13
⑤ 蹶シ23‐17⑫ ○闕|12‐12⑳ 闕‐遺48‐10⑮ 闕[H]‐一スルコト41‐12⑱ ○闕‐下22‐4③ 闕‐供57‐23⑧
闕塞31‐7⑪ 闕‐庭51‐4⑭ ○闕‐文46‐6④ 闕[HK]‐路22‐2⑳ 闕‐違71‐2⑰ 元（人名）5‐13④ 元某（人名）ト[H]
22‐5⑦ ○元|[H]61‐1⑨ 元尹（人名）19‐12⑪ 元家（人名）19‐13⑤ 元凱37‐8⑳ 元康（人名）51‐16④ 元衡（人名）57‐13⑦ 元監

察2-13⑩　○元-氣46-3⑮　元義(人名)57-1⑥　元九(人名)1-10⑭　元九學士閣老(人名)19-4②　元九侍御16-1⑯　元九稹5-1⑦　元向(人名)11-13⑮　元-亨17-20⑳　元-化57-2⑰　元和(年号)1-11⑧　元和九年H(年号)6-10⑩　元和(年号)九-年春二月二十五日42-11⑪　元和元(年号)-年39-1⑲　元-和元-年九-月十-六-日H(年号)42-5⑤　元(年号)和五-年56-8⑫　元和三年(年号)1-1⑦　元和四年(年号)41-9①　元和四(元号)-年四月某日ソ42-1⑨　元-和十年(年号)12-16⑪　元和十H(年号)-年十-月巳-亥41-11⑪　元和十H(年号)-一-年41-10⑤　元和十五年(年号)45-15⑮　元和十(年号)-三-年16-13⑧　元和十三年(年号)七月八日43-2⑥　元和十四年(年号)18-3⑪　元和十H(年号)-二-年40-7⑤　元和十(年号)-二-年九-月七-日41-12⑧　元和十二年(年号)四月九日43-10⑮　元-和(年号)-中69-7⑰　元和二年(年号)4-8③　元和二-年月日42-4⑰　元和八(年号)-年40-4⑩　元和八(年号)-年秋七月43-7⑦　元和八H(年号)-年春二-月二-十五-日42-10⑱　元和六-年四月三日46-11④　元和六年(年号)十月八日46-10⑪　元皇大帝(人名)57-7⑯　○元-龜38-15⑫　○元-元50-7⑥　元君(人名)1-7①　○元勲(人名)51-8⑨　元-兄H(人名)19-3⑨　元獻皇后(人名)12-11⑲　元公(人名)70-1⑰　元公度H(人名)50-10③　元佐摩訶思那等ラ57-18⑭　元才子(人名)70-4⑩　元載H(人名)42-8⑦　元侍御(人名)6-14⑨　元-士48-7⑬　元-士H(人名)-曹14-13④　元(人名)-始天-尊57-17⑫　○元-子55-9②　元氏(人名)27-5⑳　元氏長慶集(人名)70-4⑧　元戎54-6⑯　元-日23-4⑬　元十八(人名)7-7⑭　元拾遺(人名)9-1⑬　元集虚(人名)43-4⑤　元相(人名)35-2⑪　元相公(人名)26-16⑤　元H(人名)-相公徵之(人名)36-12⑭　元相國(人名)68-16⑥　元賞(人名)52-3⑮　○元-首45-2⑧　元審(人名)41-13①　○元稹(人名)1-6⑳

元(人名)稹51注23－10⑬ 元－臣50－7⑫ 元(人名)遂禪師70－23⑧ 元(人名)成3－7⑲ 元－聖13－4⑱ 元(人名)少尹19－3⑦ 元(人名)浙
東27－5⑫ 元(人名)素57－5① 元(人名)崇61－10⑯ 元(人名)宗簡H 49－8⑳ 元(人名)總等41－13① 元(人名)鄭42－6⑤ 元(人名)鼎H 49－3⑯
○元－年1－1⑨ 元(人名)白69－7② 元(人名)白往－還－詩－集45－8⑪ 元(人名)八6－14② 元(人名)八侍御15－11⑦ 元(人名)八宗
簡5－1⑰ 元(人名)八郎中17－13③ 元八員－外43－11⑧ ○元－妃42－1⑦ 元(人名)徵之6－8⑫ 元(人名)夫H 49－4⑩
元(人名)夫子9－4⑩ 元(人名)府君42－5⑥ 元(人名)輔H 48－8⑱ 元奉禮14－7⑧ 元(人名)明府16－11⑯ 元(人名)陽56－11⑮ 元(人名)奭H 43
－12⑱ 元(人名)應56－25⑬ 元(人名)翼53－9⑭ ○元－老51－15⑬ 元(人名)郎10－19⑫ 元(人名)郎中10－19⑩ 元(人名)亮H 32－15⑥
元(人名)韋16－2⑥ 元(人名)員外16－18⑩ 倦－鳥7－8⑧ 勸H－感49－7⑥ 勸K－諌32－14④ 勸HK－懼64－19④ 勸－
課スル57－24⑦ 勸歡27－13⑤ 勸K－詞32－8⑯ 勸奬51－8⑯ 勸酒21－16⑱ 勸－請メ71－13③ 勸－善63
－17⑩ 勸－沮63－20⑤ 勸－沮スル63－20⑥ 勸－勉ス10－6⑥ 相ヒ勸－勉セ40－9⑩ ○券59－6⑳ 原(地名)51
－11⑥ 原5－13⑳ 某－原70－9① 原HK－下6－6⑦ ○原(人名)憲4－4⑪ 原(地名)上6－5⑯ 原(人名)生5－13⑭
原(人名)伯魯47－11⑮ 原王府ノ長－史52－7⑨ 喧5－6⑥ 喧－隘ナリ8－3⑪ ○喧－喧タリ29－16⑨ 喧－靜14
－8⑨ ○喧－然タリ58－13⑰ 喧－闐31－8⑩ 喧－煩8－7③ ○卷2－11⑬ 幾H－卷ノ25－8⑳ 卷之一69－
5⑮ 卷後36－16⑨ 卷上－下68－19⑯ ○卷H－首45－6⑬ 卷－中2－11⑳ ○卷－軸25－5⑧ 卷HK－第45－8
⑰ 卷之ノ二69－5⑰ 卷－波13－2② ○卷－末69－5⑰ 卷K－目45－6⑬ 幻26－6⑰ 幻－化14－5⑰

幻|人15|20⑬
幻身13|16⑰
○幻|世27|3①
幻|泡19|3⑤
巻31|9⑲
惓|惓62|3⑲
愿鋭鯤等(人名)H 49|11⑲
懸H|40|1⑭
○懸H|河27|15⑮
懸H|魚25|10⑩
懸H|磬57|25⑰
懸|罄63|2⑦
懸|懸トノ35|6⑫
○懸|車29|12⑭
懸H|旌27|3⑥
懸|泉22|18⑪
懸K|磴(去)イシハシ6|12⑦
○拳K|32|2⑦
拳|勇51|13⑯
○拳|拳タリ7|1⑲
○拳H|石43|3⑱
暄7|4⑥
○暄|和ニメ26|8⑳
○暄|和ス11|5⑰
○權|44|13⑨
權|豪45|4⑰
權HK|宜64|5⑭
○權|貴58|6①
權H|者8|7⑳
○權|勢2|9⑤
權H|節67|1⑯
○權|道66|3③
○權|知60|1⑳
權|知蔡(地名)州ノ刺史54|7②
權|知朔州ノ刺|史53|12⑮
權(人名)|知泗(地名)州長|史51|4⑲
權|知深(地名)州ノ事53|9⑬
權|知巴(地名)州ノ刺|史52|5②
權|知貝州刺|史51|2⑩
權|知兵|部|郎|中49|4⑭
權(人名)知陵(地名)州刺|史53|7③
權|寵62|20⑱
○權|柄59|5⑨
○權HK|變38|14⑧
○權|輿46|4⑥
權|量平|校54|17⑧
○權|門32|2⑬
權|位56|10⑪
沅K|犀(平)12|4⑬
○泫|然タリ1|2⑮
○涓H埃59|16③
涓H|毫14|19③
○涓|涓タリ11|2⑨
源(人名)H71|8⑭
源寂(人名)52|4⑬
源潭洞43|1⑲
源中(人名)H49|8⑮
○源|流42|5⑱
○炫|耀メ38|12⑧
炫|轉ス31|4⑮
烜|赫ナラ17|2②
○玄|ニメ38|7⑮
玄晏(人名)28|4⑨
玄晏翁21|15⑭
玄|陰28|9⑪
○玄|雲22|3⑤
玄(人名)|甲38|13①
○玄|義68|13⑧
玄休(人名)57|24⑨
玄|貺59|18⑭
玄|化46|4⑫
○玄|黄ナリ38|4⑦
○玄關36|9①
玄元(人名)1|11⑯
玄元皇帝37|12①
玄元氏(人名)H38|11①
玄元聖祖3|3⑱
玄H|訓57|17⑮
玄|功

36－13⑭ 玄－造59－13⑲ 玄－朔50－2⑦ 玄H－寺62－22⑭ 玄師13－1⑭ 玄漆36－13⑥ 玄HK－質38－12
⑥ ○玄－象37－5⑱ 玄－珠38－7⑬ ○玄宗3－5② 玄宗本紀(書名)12－15④ 玄－書19－11⑥ 玄HK－樞38－
14⑲ 玄－成54－8⑲ 玄－聖57－18① 玄－泉27－2⑨ 玄祖(人名)56－26⑥ ○玄－孫42－10⑦ ○玄鳥2－9
⑫ 玄－天57－7⑯ 元H－澤59－16⑫ ○玄－德57－17⑥ 玄－髮28－13⑭ 玄－班1－21⑭ 玄H－鬢10－9
② ○玄－風57－17② 玄－豹67－12⑱ 玄圃(地名)5－14⑧ 玄－應57－17⑲ 玄冥1－22⑨ ○玄－門20－8⑦
○玄－理68－13⑩ 玄－律57－8⑤ 玄亮(人名)70－5⑥ 玄諒(人名)51－16⑨ 眣－略22－17⑱ 眩｜ソ35－1⑧ 眷40－
4⑦ 相H－眷10－5② 眷－愛24－1⑳ 眷－倚56－22⑫ 眷H－祐ス54－1⑪ 眷－好勤－勤トソ45－9⑤
○眷－遇スル｜69－10⑪ ○眷－眷タル36－20⑯ 眷－言57－25⑩ 眷－想56－8⑥ ○眷－屬20－14⑩ 眷K－矚
56－21① 眷－知70－12⑮ 眷－重57－21⑭ 眷－盼ソ17－10⑥ ○眷戀ソ34－2⑧ ○縣(地名)42－11⑪ 縣－邑56
－8④ 縣H－獄59－3⑭ ○縣－宰63－5③ 縣H－司66－13⑰ 縣－政69－13② ○縣－道51－6⑲ 縣帖15
－1⑱ 縣H－南10－12③ 縣H－民41－7⑬ ○縣－門16－15⑯ ○縣－令53－6⑫ 縣H－尉52－12⑱ 萱8－
11－⑫ 萱－桂8－11⑫ ○萱－草34－17② 蠲－減シ61－1⑪ ○蠲Hケン－兔ヘン4－6⑨ ○蠲－免ソ62－4⑱
諠閑5－3⑪ ○諠HK－譁22－6⑧ ○諠－譁スル｜ヲ1－20⑮ 諠－諠トソ59－6⑫ 諠－靜21－2⑮ 諠繁ナリ7－12
⑩ 諼ナラ1－7③ 蹇－歩ソ20－5⑭ 蹐セクマノ－跼ス3－10⑭ 阮家H(人名)33－19⑬ ○阮咸H(人名)33－19⑫ 阮元瑜H(人名)20－16⑪

○阮籍(人名)1-12⑳
○軍|25-9③
軍-要52-12⑳
○軍-役64-16⑲
軍號51-8④
軍[H]-麾52-10⑥
軍廐1-5⑧
軍-興53-2⑤
軍-課53-7⑰
軍-郡51-8⑮
○軍-功27-9⑦
軍[H]-後57-21⑲
○軍-國53-11⑲
軍[K]-倅(去)50-12⑩
軍倉15-1⑱
軍-事散-將68-9⑩
○軍-使45-5⑮
軍-司-馬49-10①
軍-戎50-3⑱
軍-實54-15⑱
軍-將52-10⑤
軍-將等53-5⑨
○軍-書49-5⑯
○軍-職54-5⑤
軍-食64-8⑳
○軍-帥66-4⑤
○軍-勢57-14⑰
軍-城17-18⑳
○軍-情51-8⑨
軍[HK]-聲56-9④
○軍-籍44-10⑰
軍-前17-19⑦
○軍-中49-5⑬
軍-中-驅́-使53-10⑩
軍-廚18-14①
○軍-儲66-7⑬
軍-鎭57-21⑫
○軍-陣67-8⑦
○軍-費60-8①
○軍-府24-9①
○軍-部51-8⑲
軍[H]-副-使40-1⑧
軍[H]-保50-12⑩
軍-兵64-8⑦
○[HK]軍-務56-10⑥
軍-謀66-12⑫
○軍-門23-3⑬
○[H]軍-容66-15⑮
○軍-吏68-7⑤
軍[K]-糧56-7⑩
○軍-旅52-3⑳
軍-壘56-12⑧
○[H]軍-令59-10⑥
軍-威59-8③
軍-衛52-2⑩
勛華29-12⑬
○勳|19-7②
勳-猷54-3⑧
勳-効56-11⑳
勳[H]-級49-8⑤
勳-勤57-13⑪
○勳-業34-1⑩
勳-賢41-3⑭
勳五-轉51-18③
勳-賜48-4⑩
○[H]勳-賞52-14⑨
勳-親56-10④
勳-戚52-2⑪
勳[H]-籍51-18②
○[HK]勳-績56-11⑨
勳-秩49-6⑲
勳-德42-5⑰
勳-伐50-8⑯
○勳-閥55-14⑦
勳-封61-6⑪
勳[H]-名45-10⑬
勳[H]-庸47-16⑰
○勳-勞51-12⑬
勳-烈48-9⑲
○君家1-12⑯
君[K](人名)-雅41-10⑲
○君-

子1－18⑨　○君－上61－2⑪　君－賞53－10－⑨　君－心5－6⑫　○君－臣12－10⑭　君－親29－8⑱
○H君－道52－11⑫　○君－長50－1⑪　君房氏(人名)41－1⑪　○HK君－父30－3⑰　○H君－民39－3⑦　○君－命67
－11⑧　君－門2－5⑨　○君－臨シテ57－1⑦　君－王12－10①　君威2－12⑳　君－恩16－20⑳　○熏29－
2④　○熏|シ26－12⑪　熏煮ス12－3①　獯－戎51－7⑰　H獯－虜54－5⑩　獯(人名)42－2⑩　H群(人名)52－6⑯　○群|9
－3⑦　群|セ36－22⑮　○群－議56－2⑤　群－才67－6⑤　群－従70－7⑭　群－従ソ19－11⑫　群－職50－
10⑫　○群－臣4－15⑫　群－帥56－7④　群－萃67－13⑳　群－雛8－5⑦　群－情54－16⑧　○群－生41
－11⑩　HK群－怒56－13⑭　群－動9－11③　群－飛6－7⑪　群－飛ソ6－22⑭　群－巫62－22⑭　群物5－
11⑩　群－務55－10⑯　羣－有－司48－4⑥　○羣－下58－7②　○羣－居45－5⑧　羣－魚36－2⑬　羣雞
1－11④　羣－后57－6⑭　○羣－司64－3⑩　羣－心55－8⑪　羣－妾2－2⑭　羣仙1－3⑱　○羣－盗
69－12⑱　羣－輩59－10⑮　○羣牧2－8⑧　羣－目44－10①　○羣－吏55－11⑧　○羣－黎57－10⑤　○葷
69－16⑦　葷－血24－17⑮　HK葷－蔬24－14⑪　葷－腥26－2⑱　葷－羶23－13⑱　○薫|シ46－3⑥　薫－薫タリ
11－8⑲　H薫－草11－8⑬　○薫－然トソ7－4⑥　薫－嫩ニソ34－15⑱　○薫－風18－15⑧　○薫－籠16－14⑲
○裙14－10②　裾セル14－11⑦　裙－腰14－17⑬　○裙帯23－6⑧　○訓43－5②　○訓ソ44－9⑦　○訓戒46
－5①　○H訓－誡42－6⑳　訓－誥54－11②　H訓－義57－15⑫　訓－習64－9⑪　訓－整ソ55－6⑭　○H訓－

導65－7⑪　○訓－導57メ－10⑤　訓－撫57メ－18⑪　訓H－謨57－4⑯　訓－命54－12⑱　訓－養50ス－9⑰　○訓
－練56－9⑤　○郡3－9⑳　郡－郵67－11②　郡－邑48－1⑮　郡－印50－7⑥　郡－閣23－3⑬　郡（地名）－郭
8－1⑫　○郡－縣64－4⑬　郡縣夫－人51－9⑫　郡－君70－4③　郡H－貢67－14①　郡－國49－13⑫
郡HK－國夫－人48－7⑪　郡－佐43－1⑧　郡（地名）齋11－3⑳　郡－司－馬53－7⑯　郡－守34－13⑬　郡－樹18－
13⑳　郡－丞16－6⑭　郡（地名）城43－12⑮　郡－政11－7⑯　○郡（地名）內26－5⑩　郡－榻21－1⑰　郡－中17－4⑭
郡秩53－9③　郡亭8－6⑲　郡底53－10⑯　郡－庭11－4③　郡廳10－17①　郡－邸51－9④　郡（地名）－南43－
1⑱　郡（地名）南山18－7④　郡－夫－人52－6⑱　郡府21－2⑭　郡－符51－17⑯　郡H－俸11－11⑩　○郡－民20
－3⑪　○郡吏16－4⑤　郡－寮21－1⑳　郡－樓23－1⑨　醺｜スル20－8⑭　醺－醺タリ16－18①

ケ

○偈H6－13②　○偈14ス－17⑤　偈讃21－15⑥　○夏28－5⑲　○夏－臘41－12⑩　希（人名）操大師41－12③
希H（人名）朝56－6⑲　希（人名）朝等59－10⑧　○華（書名）嚴經68－5①　華（建物）嚴院68－4①　華H－藏世－界68－5⑦　華藏世－界－
品68－5③　○袈H－裟6－11⑦　○解－脱10－10⑧　解脱性21－15③　解H－脱－門10－17⑯　○京（地名）16－12⑰
京亞尹68－1⑫　○京（地名）邑55－3⑨　○京－畿4－6⑦　○京－華17－2⑰　京觀トソ69－12⑱　○京HK－劇55－10
②　京（地名）縣55－15⑤　京口21－12⑰　○京（地名）國21－12⑳　京－使18－2⑰　京－司59－7⑬　○京（地名）師12－12⑰
○京（人名）城12－17⑪　京西－都（人名）統54－9③　京內史2－9②　京仗18－14⑲　○京（地名）兆10－2⑥　○京－兆－尹70－

18－⑰　京兆少－尹49－5②　京兆府(地名)42－5⑪　京都(地名)6－17④　京[HK]－府48－8①　○京洛(地名)7－7⑤　京令26－4
②　京[HK]－輦55－3⑮　京－路16－6⑩　○傾－蓋66－15②　傾－欹[セン]27－14⑫　傾[H]－筐66－16④　傾瓦19－10
⑬　○傾[HK]－國1－7⑰　○傾－斜[セリ]26－12⑨　○傾－城21－6⑱　○傾－倒66－16④　○傾－倒[ス]10－16⑱
傾覆[スル]37－3⑦　徹－戒62－16⑦　徹－策38－15⑫　(上)徹[K]－重(去)[て]48－12⑫　○兄15－11⑫　兄[H]－姉42－5⑳
兄－姉弟－妹46－10⑮　兄[H]－嫂41－2⑳　○兄－弟2－13⑱　兄－妹71－2⑯　○刑|46－7⑬　○刑|[スル]65－5
②　刑[H]－行66－16⑨　○刑－獄48－2⑭　○刑[H]－憲66－16⑯　刑曹(人名)郎53－8⑥　刑－殘[セ]7－14⑫　○刑－賞
62－7①　刑－書11－7⑮　○刑－政1－7⑲　刑[H]－善65－3⑱　刑[H]－措62－3⑮　○刑－典56－16⑦　○刑
－罰62－8⑨　○刑－法65－3①　刑部(人名)60－9⑱　○刑－部20－1⑬　故[モトノ]刑－部侍－郎40－8⑧　刑－部侍－
郎27－4⑪　刑－部尚－書37－1⑯　刑－部郎－中48－2⑥　刑－部員－外－郎53－8⑤　刑－服[シテ]58－5⑭
○刑－辟2－10⑰　○刑名62－15⑮　○刑－餘43－5⑱　○刑－戮66－19⑳　刑－禮47－9⑱　○勁－鋭[ニソ]60
－6⑳　勁[H]－葉7－6④　勁－氣22－8⑱　○勁[H]－健[ニソ]16－9③　勁－秋57－15⑰　○勁－卒46－9⑯　○勁
－兵60－6②　勍[H]－敵38－9⑧　○卦37－9⑮　卿(人名)56－2⑩　○卿|[H]57－1⑧　卿－等[ラ]57－4③　○卿－雲61－
5⑯　卿－監53－6①　○卿－相13－6⑲　○卿－士57－2⑯　卿－士大－夫49－6⑱　卿[HK]－寺50－5⑲
○卿－大－夫64－3⑯　啓邑53－3⑦　○啓－沃45－10⑬　○啓－沃[ス]64－4①　啓期(人名)29－11①　啓－塞67－

3④　○啓－奏45－4⑫　○啓奏(スル)51－10⑯　啓－迪(ス)57－10⑪　○啓閉(スル)71－8⑨　○啓－明66－18⑨

境｜26－6④　境興8－12⑭　境(H)－會24－11⑳　境(HK)－會(セル)24－12②　境－心71－5⑯　○境－内59－12⑦　○契

21－4⑩　契｜(H)(シ)38－12⑮　○契－闊69－10⑩　○契－闊(スル)69－11⑰　契元(人名)69－3⑱　○契(HK)－約56－15⑨　悖－

綮2－5⑱　嵆(H)(人名)22－9⑦　○嵆康(人名)25－5③　嵆阮(人名)8－4①　嵆－山23－1⑧　嵆叔夜(人名)6－9⑭　嵆劉陶阮(人名)(人名)22－

6⑥　嵆呂(K)(人名)29－13⑥　嶲州3－11⑭　羿(H)39－3⑨　形66－5②　○形－影10－3⑩　形－役27－2⑳　○形－

骸1－2⑲　形－儀24－1⑲　形－骨44－4⑨　○形－質2－9⑯　○形－狀39－1⑱　○形－勝20－13②

形－神2－6⑩　○形－勢55－6⑬　○形－迹59－10⑦　○形－體21－15⑫　○形－貌9－9①　○形－容11

－12①　○形－容(ス)12－12⑭　○徑26－9③　徑(地名)－山41－8⑪　徑寸1－7②　○慶｜47－18⑬　○慶｜(ス)31－11⑳

○慶－雲57－9⑲　慶－榮50－2⑮　○慶－賀59－18④　○慶－賀(シ)28－3⑭　○慶－幸68－9③　○慶－幸(ス)

61－7⑬　慶－快61－7⑲　慶－賜59－17③　慶－賜(スル)58－2①　慶－賞49－6⑱　慶－澤51－6①　慶－誕

68－10③　慶弔(ソ)31－1⑰　慶－德59－17⑤　慶－抃61－8⑩　挈－瓶38－14⑱　掲厲(スル)67－13⑨　○敬｜57－

23－④　○敬｜(スル)2、－15⑮　相－敬(スル)66－20⑰　敬愛等69－16⑩　敬休(人名)48－12⑬　○敬恭2－15⑫　敬－恭勤－

倹(ニソ)68－3⑩　敬－謹(ソ)48－12⑫　敬玄(人名)71－1⑲　敬氏(人名)70－9⑧　○敬－承(ス)52－10⑧　○敬－信69－15③

敬－慎55－15⑩　敬亭山(地名)35－10⑪　景(H)(人名)47－3⑰　景｜21－2⑤　○景雲(人名)41－11⑰　景雲寺(建物)41－10③　景雲大師(人名)41

○瓊-枝17-10⑩　瓊-什19-9①　瓊-漿24-8⑨　瓊-樹23-4④　瓊-屑22-19①　○瓊-粉4-1⑱
瓊-林2-4⑨　璟(人名)H 39-3⑫　畦31-13⑭　盻-饗ソ40-11④　○磬11-4⑧　磬襄(人名)3-4⑯　磬-簫21-5
⑭　禊15-2⑳　禊|セシ33-16⑧　禊H-事33-17②　稽康(人名)2-10⑥　稽疑66-13⑪　稽-緩ス67-11⑬　○稽-
古70-17②　稽(地名)-山22-7⑱　○稽-首45-13⑯　○稽-首ス57-7⑯　稽-首再-拜ス40-6⑤　稽城(地名)24-5
⑫　稽-遲58-8②　○稽-留57-23⑩　○稽-留セシ56-6⑭　笄-年48-1-107注24　經ヲハ51注25-5⑧　經-等
51-5⑥　○經H(書名)50-10⑳　經|シ42-9⑧　○經HK-營17-20⑱　○經-營ス37-2⑲　○經-行68-17⑬　經-久
63-16⑳　○經-過14-16⑧　○經-過ス18-14⑧　○經H卷70-23⑤　經-業26-11⑩　○經-國56-18⑯
經-根68-4⑨　○經濟13-2⑪　○經-藏43-8⑧　經-藏-堂71-9③　○經HK-史34-11⑳　○經-始52
-1⑮　○經-始ス71-1⑬　經時10-11①　經十-二19-11⑥　經-呪68-4⑤　○經HK-術30-2⑮　經窓
10-14①　經-堂71-9⑦　經中71-8④　○經-典43-8⑪　○經-費64-6①　經-品69-3①　經-物
71-11①　經-文71-7⑫　經梵71-8⑯　經H-律論集71-8⑥　○經H-略52-1⑨　○經-略ス56-17⑰
○經-綸38-9⑧　經論律41-12⑤　○經-緯ス47-15⑪　縈-紆スル1-15④　縈-廻スル「30-3①　縈帶7-
2⑬　繫HK|39-7⑲　繫-絆セ28-2⑪　繼-和20-1⑱　繼火67-6⑦　繼之(人名)35-17⑭　繼之尚書(人名)35-12⑤
繼-絶61-6⑦　○繼-體54-14⑩　罄56-7⑬　荊21-4⑤　荊H-葉12-4⑬　荊K-衡17-20②　荊漢(地名)52-

3⑳
○荊－棘 1－14③
荊－花 19－4⑨
荊山(地名) 2－16⑤
荊杞 2－10⑪
○荊州(地名) 41－2④
荊－釵 2－22⑬
荊－襄 58－6④
荊人(地名) 2－13⑬
○荊榛 24－6⑱
荊(H)－楚 10－6⑤
○荊南(地名) 53－8⑩
○荊蠻(H)(地名) 14－19①
荊巫(地名) 26－8⑮
荊門(地名) 41－10⑤
荊－揚 53－8⑰
荊王(人名) 15－22⑦
荊夷 13－3⑤
薊(H)－師 52－12⑮
薊北(地名) 26－18⑥
○藝| 51－14③
藝學 53－7⑪
藝－學智－謀 51－16⑳
藝(HK)－業 38－6⑯
藝(K)－成 38－5③
○藝－文 38－15⑫
螢(H)－飄 31－6⑳
○計 7－11⑳
○計－會(ス) 56－6⑥
計－會商－量(セ) 56－20④
計－告 57－11⑯
○計算(ソ) 5－15⑭
計－士 60－5⑯
○計－数 44－10⑰
計－度(セハ) 60－6⑪
計－著 71－9⑱
計－務 51－13⑧
○警 66－12⑪
○警－策 68－20④
警－巡 51－11⑯
警－巡(ソ) 54－14④
○警－衛 50－12①
○輕 43－1⑦
輕(セ) 70－6⑩
○輕－衣 27－4⑭
○輕－易(ナラ) 48－2⑥
輕－欺(ス) 8－9⑦
○輕－裘 34－5⑤
輕－黄 11－8⑲
輕(H)－屐 16－8⑭
輕－健(ナリ) 29－15⑨
○輕(H)－策 7－5⑥
輕(H)－箑 36－12⑨
輕－衫 33－4⑰
輕楫 26－11⑮
○輕－紗 11－13④
○輕(H)－車 12－3⑭
輕(H)－尠 57－20⑭
輕賤 1－22⑫
輕－素 14－9⑥
輕－棹 35－10⑱
輕榻 27－11⑬
○輕－暖(ニメ) 33－15③
○輕－重 34－2⑩
○輕－薄 15－11⑱
輕－肥 36－10⑲
○輕－便(ナリ) 29－9⑮
○輕風 31－18⑭
輕－裕(ナリ) 17－2⑰
輕－浪 23－5⑥
邢 53－9⑧
邢－國－公 54－7⑪
邢州(地名) 53－9⑤
○迎春花 25－12⑥
○迎－接(ソ) 33－5⑮
迎－附 58－7②
逕 27－6⑯
逕(K)－蘿 29－13⑤
鏡湖(地名) 23－5⑫
鏡－上 20－18⑯
鏡(地名)－水 24－11⑪
鏡智璨(H)(人名) 41－8⑥
鏡－中 1－19⑥
鏡－亭 22－13⑯
鏡面 8－15⑫

鏡-裡12-19⑩　雞23-6⑪　雞-燕4-14⑫　雞-鶴15-3④　雞HK-毬35-15⑲　雞-距38-11⑤　雞-距

筆38-10⑯　○雞-冠18-12⑫　○雞-群26-13②　○雞-犬27-14⑩　雞子26-12②　雞-翅25-6⑪

雞H-樹26-10⑯　○雞-黍25-8⑨　○雞-人17-2⑭　○雞-舌20-17⑯　○雞-豚65-21⑳　雞-膚35-

7⑨　○雞-鳴19-6⑰　○雞-肋32-2⑦　○霓-裳12-3②　○霓-裳羽-衣21-5⑨　○霓裳羽ゥ-衣ィノ

曲12-10⑥　霓裳ノ曲15-14⑯　霓-旌36-13⑮　○頃-刻11-5⑳　○頃年63-16⑧　頃-畝68-7⑥

顯-氣69-2②　○馨H-香3-7⑫　驚憂スル60-5③　○驚-愕ノ59-3④　驚-懼ノ58-3⑫　驚-怪ス62-

7⑤　驚-惶ノ59-13⑬　驚-激ス51-1⑭　驚H-悞セム11-14⑬　驚H-傷25-7⑤　驚-歎セ59-5⑮　驚HK-聽セ

59-5⑮　驚HK-鳥9-13⑯　驚-動ス43-9⑪　驚-波17-6②　驚H=破12-10⑥　驚-風15-8⑪　驚-颷

35-2①　驚-浪18-1⑧　髻堆4-8⑫　髻-裏26-9⑦　鯨2-9⑨　鯨-鯢52-2⑥　鶏39-3⑬

鶏-鵝36-22⑮　鶏鶴13-8⑥　○鶏-犬69-5⑫　○K鶏-羣29-4⑮　○K鶏-黍35-16⑰　○鶏-舌15-2

⑨　○鶏-豚13-20⑤　○鶏鳴14-16⑥　黥-刖64-18⑪　鼷Hケイ-鼸レイ6-12⑫　○僥-倖63-8⑭　○僥-倖スル19

-7⑨　○喬-松45-14⑰　喬弁(人名)52-5①　○喬-木29-15⑳　○堯(人名)36-21⑳　堯卿等H(人名)49-7⑯　堯酒18-15

⑧　○堯舜(人名)28-4⑯　堯湯(人名)61-5⑦　堯暦(人名)35-9⑰　嬌駮26-18⑪　嬌花21-6⑲　嬌K-孫35-7⑬　嬌-凝

18-13④　嬌-啼16-20⑪　嬌H-憐36-24⑤　徼-倖63-16⑪　徼-倖ス66-17⑱　徼-巡51-12⑳　徼-道

53—4⑧
徼^H—福65—13⑥
撓—敗^セン60—7④
教^H|54—13⑬
教—誘41—7⑩
○教^H—學65—7⑪
教—妓20—13④
○教—化1—2⑦
○教—誨52—4⑪
○教—誨^スル42—6⑮
教—源56—25①
○教訓65—22⑩
教—取^セン ヲ21—7③
教^HK—先38—7⑥
教^H—戰^ス64—7⑫
○教—導48—9⑨
教—忠57—1⑲
○教—坊12—17⑫
教^H—敷62—3⑮
教—力71—10⑬
○教—令39—2⑫
曉—焰7—16④
曉角13—3⑪
曉—興29—5⑨
曉—琴19—15⑮
○曉—月34—6⑬
曉戟8—8⑥
曉—景5—5⑭
曉^H—鏡27—8⑪
○曉^H‖鼓9—12⑨
○曉—日17—15⑩
曉—粧12—15⑦
○曉—鍾32—6⑦
曉寢17—12⑳
曉^ノ—翠^ミドリ38—6②
曉晴33—9⑱
曉—然^トシ68—11④
曉^HK—亭24—17⑰
曉燈18—15⑭
曉—眠33—9⑭
曉—暝7—3⑪
曉—望16—4⑫
曉^H—來9—7⑭
曉—蘭31—10⑤
曉—嵐20—2⑤
曉—漏19—19⑮
梟—音56—13④
梟—鏡47—17⑨
梟^H—戮61—7⑫
梟—夷^セリ61—4⑬
橋—下37—5⑧
○橋—脚26—8⑬
橋—上28—6⑪
橋—道29—5⑲
橋—島30—8⑲
橋—竹30—9⑲
○橋亭28—6⑩
橋—東27—11⑫
○橋^ノ—頭^リ25—18⑨
橋—廊68—17⑨
○橋梁20—14④
澆漑2—20⑩
澆—訛^ニシ62—9①
澆—訛^シ44—12⑭
澆—灌21—14⑰
澆—淳44—11⑨
澆—朴62—7⑲
○澆—漓62—8③
皛^H|^シロフメ^メ38—8⑧
皦—然^トシ70—17⑩
矯66—6④
矯—矯^タリ24—15⑭
矯—節66—9⑨
矯—誣^ナリ66—6⑩
窌—窱^トシ21—2⑧
繳^H—繞^タリ9—4⑳
翹翹^タル67—16⑩
○翹楚67—14③
蕎—麥14—15⑤
趫—跳^スル16—11⑥
遶—村9—8⑬
饒2—20⑦
饒—益69—15②
饒^(人名)—氏41—10⑲

饒州(地名)9－9⑦　饒舌ニゾ33－15⑫　饒－舌セリ22－10⑩　驕43－4⑲　驕H－騃ス8－8⑳　驕－強71－3⑫　驕子(人名)
51－18⑪　驕HK－邪48－8⑦　○驕－奢ナリ2－2⑫　驍－騎－尉51－6⑱　○驍將46－9⑮　驕Hヲコレル＝馬24－18④
驕－陽21－19⑤　驕－穏43－3⑭　○劇ニセン26－10①　劇－郡21－1⑯　劇K－縣50－4①　○劇－職50－4⑤
○劇－務52－13⑬　○屐13－5⑦　屐－齒18－11①　○戟H|12－13②　戟－門15－6⑲　擊ス68－20③　○擊－
柝65－6①　○擊－柝セ71－3⑳　擊－擳21－5⑭　○檄42－3⑩　激52－8⑮　○激|ス47－17⑯　相－激|ス67
－6⑯　○激昂15－3⑭　激－勸58－12⑫　激－勸スル68－18⑱　○激水(地名)59－12⑰　○激－切47－2⑮　激HK－箭
17－20⑭　激－發ゾ49－2⑫　激－揚スル56－21⑪　激瀨36－9⑩　○激－流36－8⑪　逆54－16⑧　逆－將56－
－8③　逆－順64－7①　逆－折63－6⑱　逆－節61－7⑮　逆－賊56－9⑨　逆HK－黨56－9④　逆風15－18
④　逆－謀46－9⑲　逆－命41－6⑫　○逆－旅4－10⑫　逆－倫スルニ45－13⑪　郄H(人名)26－11⑪　郄超(人名)68－15⑯
○隙25－7⑬　隙屋71－8⑦　隙H－罅25－1⑫　隙鏬21－3⑱　隙－地15－1⑫　○閒－然トゾ43－8④　鬩墻
66－6⑦　○鴂Hケキ20－12③　傑H(人名)50－6⑩　傑等H(人名)50－6⑨　孑HK－遺39－2⑮　欠スル59－4④　欠－負ゾ59－3⑮
歇H－息ス30－8⑪　○桀H(人名)47－15④　桀－驁46－3⑯　○桀紂(人名)64－14⑨　泬寥26－16⑲　潔H－敬40－7⑳　潔
蒸スル42－10⑮　潔－愼ニゾ44－2⑨　潔－靖40－11①　潔－直51－3①　潔廉通－濟70－9③　○碣4－2⑥
碣|ス41－5⑨　碣石34－9④　○結21－7⑱　○結ス34－2⑨　○結－跏8－6⑭　○結－構テ8－14⑮　結之

－16⑭ 兼H－僕 7－11⑨ 兼命53－5① 兼－命ソ53－7⑰ ○兼－領スル」55－5⑭ 兼H－委54－2⑱ 兼榮51

－17⑬ ○劔1－10⑨ 劔H－閣12－10⑩ 劔－外34－12⑧ ○劔－戟13－5⑤ 劔－池24－13⑨ 劔頭7－15

⑲ 劔南(地名)48－4⑫ 劔－珮16－10⑮ 劔－門22－13⑲ 劍－履15－2④ 劍－稜37－3④ 吠－聲44－2⑪

嚴(人名)8－9⑱ ○嚴|ニス50－8⑦ 嚴H－禋イン61－1⑭ 嚴隱(人名)68－4⑮ ○嚴－寒ナリ57－20⑫ 嚴－急ニソ60－4⑳

嚴給事(人名)25－14⑭ 嚴－凝ナラ17－8⑫ 嚴－恭ナリ35－9⑱ ○嚴－訓49－9⑨ ○嚴刑65－23⑧ 嚴H－敬57－10

⑰ 嚴－姑26－9⑩ 嚴子(人名)29－6⑰ 嚴子瀨36－8⑭ 嚴－飾ナリ57－17⑱ 嚴十八郎中(人名)8－9⑯ 嚴尚書13－

12① 嚴綬(人名)52－4⑥ 嚴綬等(人名)ラカ56－3⑧ ○嚴－整ソ57－15④ 嚴H－淨71－8⑪ 嚴大夫(人名)19－15① 嚴H－道50－

10⑯ 嚴中丞(人名)18－9⑧ ○嚴－重ニソ54－10④ 嚴－貞ニソ54－10⑭ ○嚴－冬35－14⑯ ○嚴－父64－4⑧

嚴謨(人名)51－6⑭ ○嚴－明ナリ25－2⑰ 嚴老K(人名)32－3⑪ 嚴郎中(人名)19－5⑩ 嚴郎(人名)8－9⑲ 嚴陵(人名)36－16⑱ ○嚴－

令62－9⑧ 嚴礪(人名)57－1⑳ 嚴H－麗ナル43－8⑪ ○堅44－6⑧ 堅等H(人名)43－4⑥ ○堅－甲38－8⑮ 堅－久ナル」

10－11④ 堅H－強11－5⑦ 堅－頑ニソ23－2⑧ 堅冦53－13⑨ 壁墾ソ56－23⑦ 堅上人(人名)23－9⑬ ○堅H－守

66－14⑩ 堅－直54－16⑲ 堅貞5－9⑱ 堅－密22－5⑧ ○堅牢ナラ12－18⑭ 塤篪34－12⑨ 嫌58－4⑱

○嫌－疑2－22⑯ 姸－和17－16② ○姸－姿13－5⑪ 姸－媸17－16⑪ 姸－嵩37－13① 姸－詞36－4⑤

姸唱34－14⑨ 姸否2－22⑩ 峴K(去)24－1⑳ 峴山(地名)19－12⑲ 峴H(地名)－首16－10⑲ 峴亭13－3⑥ 嶮8－6①

幰車26-12⑨　建(H人名)70-8⑰　建牙(人名)3-9⑥　○建溪48-6⑥　建-修43(ス)-8⑩　建昌(H地名)41-10⑤　建昌江(地名)16-
15⑮　建章(人名)25-14①　○建-春-門23-19⑭　建中(年号)3-10⑯　建中元(年号)-年46-9⑪　建中元-年正-月五-日
60-2②　建-中實-録54-12⑥　○建(H)-禮16-2⑧　建-威將-軍70-1⑦　○弦2-18⑫　彦(H人名)49-9③
彦佐等69-13⑯　彦防69-13⑯　彦輔(人名)38-14⑫　愆59-6⑧　愆-伏57-22⑤　愆-陽62-9⑨　憲2-12⑱
憲-簡50-4④　憲皇(人名)21-5⑩　憲官51-12⑬　憲-官-職48-3⑨　憲-司51-10①　○憲(H)-章52-7⑦
○憲-章62(ス)-14⑮　憲宗(人名)70-2⑥　憲宗章武皇帝41-9①　憲-職51-17⑬　憲-臣50-9⑲　○憲臺5-
5⑯　憲-秩49-3⑱　憲(H)-牘14-18⑰　憲-府15-6⑬　憲-部55-3⑫　憲名53-9③　檢(ニソ ナレトモ)68-1⑩
○檢(スル)20-4⑲　○檢-校46-10⑤　○檢-校48(シ)-3③　檢-校右散-騎常-侍51-6⑦　檢-校右僕射54
-4⑰　檢-校刑-部尚-書50-9①　檢-校刑-部郎-中51-2⑩　檢-校刑-部員-外-郎48-4⑭
檢-校戸-部尚-書54-4⑱　檢-校工-部尚-書49-2⑧　檢-校功-德-使57-23⑲　檢-校左-散-騎
常-侍51-15⑰　檢-校倉-部員-外-郎52-5⑰　檢-校司-勲郎-中兼侍-御-史42-3⑭　檢-校司-
徒51-1⑩　檢-校尚-書右-僕-射54-4④　檢-校尚-書刑-部郎中53-2①　檢-校尚-書戸-部郎-
中48-4⑫　檢-校尚-書左-僕-射54-6⑤　檢-校尚-書職-方員-外-郎48-10②　檢-校尚-書水部
員外-郎52-8⑥　檢-校尚-書屯-田員-外-郎48-10④　檢-校常侍53-11⑰　檢-校水部員-外-郎52

－7⑳　檢校膳部員－外－郎49－12④　檢－校太－子詹－事51－5⑬　檢－校太－子賓－客51－3⑭　檢－校
太常－卿57－18⑭　檢－校大理52－9⑤　檢－校大－理－卿52－9⑩　檢－校太尉56－22⑨　檢－校都－官郎
－中46－8⑩　檢－校秘書－監51－17⑤　檢－校兵－部尚－書50－11⑲　檢－校兵－部員－外52－4⑭　檢－
校吏－部尚－書54－3②　檢－校禮－部尚－書51－2⑲　檢校禮－部員－外－郎33－16⑬　檢－敬規－度ニソ50
－3①　檢－到シツ56－18⑨　○檢－討ソ45－6⑫　○檢束15－2④　○檢－束セラル29－14⑥　檢－愼50－13⑲
檢HK－領56－18⑪　○欠－伸10－19②　○欠シノ＝伸ス22－11⑬　歎|ナル寸ハ47－13⑳　歎－歳62－21⑰　○減1－1
⑭　○減|ス18－9⑱　○減－耗スル寸ハ64－5⑦　減－降67－2⑰　○減H－劫31－7①　減－銷65－9⑩　犬鳶30
－5⑮　○犬－牙24－4⑧　○犬－戎4－3⑩　犬－彘47－17⑫　○犬－馬59－15①　○犬－吠71－3⑳
○犬HK－羊64－12⑦　○狷－介6－13⑮　狷－者44－13⑲　○獫－狁34－1⑰　○獻|ス32－7⑦　寄セ－獻|ソ34－1
⑧　獻公(人名)46－5④　獻－歳57－10⑪　獻－罪56－8④　○獻酬21－1⑱　○獻－酬セリ27－2⑮　獻捷47－18⑭
○獻－替65－18②　○獻H－替シ57－22⑧　相ヒ獻－替ス20－1⑦　○獻－納17－1⑦　○獻－納スル38－13⑳
獻奠スルニ6－11⑱　獻レ表ヲH ソ61－10⑭　牽9－5⑭　○牽－引セ35－8⑨　牽H－役6－15③　牽－牛織－女12－
14⑨　○牽－強70－10⑦　○牽－束セラル6－5⑫　牽－率タリ21－18⑥　牽－率ス55－7⑩　牽－纏スル15－20①
牽迫7－5⑨　牽復51－6③　牽－攣乖－隔ソ45－13⑳　○牽－聯ソ29－14⑱　牽－累スル┐29－10⑬　犍椎70－

23⑬　甄－奬ス55－7⑤　眏－澮62－3⑲　眏－畝早－隷44－1⑮　研－冪セ63－16⑦　研[H]－姿4－9③　○研
－精ソ45－13⑭　○研精[H]67－15⑧　○硯(地名)－池21－8④　硯中6－12⑳　筧－九68－7③　○絃|12－18⑥　○絃
－歌28－18③　○絃－歌ソ29－11②　○絃－管18－3⑥　絃－絃12－17③　絃鼓3－5⑯　絃－指21－16①
○絃聲13－5⑦　絃中31－3①　絃[H]－柱31－11⑤　絃－筆69－11⑳　絹[H]|57－23⑦　縑66－6⑲　縑[K]－綵4－8
⑤　縑－絲4－8①　○縑－緗59－18⑭　繾－綣タリ20－16⑨　翾[H]ケン－翾タリ6－11⑯　肩－隨67－14⑱　肩[K]－舁30
－7③　肩－舁ス28－5⑦　○肩－輿31－16⑰　肩轝25－9⑨　臉－波28－12①　○蒹[H]－葭28－9⑯　虔州(地名)53
－9⑳　虔－誠ソ40－11⑤　虔[HK]－劉64－10⑲　褰－帷66－11⑳　○見|45－1⑬　見[K]－過29－3①　○見－在
10－10⑩　見－在身71－7⑤　見山亭(地名)43－12⑰　見－性41－12②　見－錢58－8⑧　見－道8－7⑨　見－念
45－9⑮　見撚[H]拓シャ－勿施57－23⑰　見－粮64－8⑬　見－糧54－16⑩　○言1－2⑪　○言－下32－1⑬
○言－行38－6⑯　○言－語2－20⑭　言－語侍－從55－12⑧　○言－句16－20⑫　言[H]－事11－13⑤　○言－
詞56－19⑬　言信44－7⑩　○言[HK]－笑9－6⑲　○言[HK]－責45－4⑭　言－前57－3⑱　言－歎28－2⑫　言
歎スル69－8⑧　○言－動2－22⑯　言－念56－11⑥　言－約5－8⑨　○言[H]－容40－3⑯　○言－論54－12⑪
○謇－諤65－18⑱　謇[H]－謇トソ38－13⑳　謇－直56－25⑮　○謙57－16⑭　○謙－恭ナリ15－20⑥　謙－光49－7⑪
謙－敬51－15⑭　○謙－讓62－9⑥　○謙－讓ソ56－22⑫　謙[H]－卑ナリ62－15③　譴|セラレテ51－6②　譴[H]－黜11－

13⑤
譴-謫51-11①
譴-謫(セラレテ)10-14⑬
譴-逐70-10⑤
譴-怒67-4⑮
賢(H)(人名)41-8⑩
○賢|20-4⑮
○賢-豪22-6⑤
○賢-愚15-1⑨
賢-侯17-6⑩
○賢(H)-才11-12⑰
○賢-士13-5③
賢(H)-師48-1⑲
○賢-者1-9⑭
賢将51-16①
○賢-相70-19⑥
○賢-主62-17②
賢主人8-1⑯
賢-淑(ナリ)14-18①
○賢-俊54-14⑪
賢-峻(ニソ)55-2⑬
○賢-人36-18⑤
○賢(HK)-臣30-9⑬
賢-正65-10⑪
○賢-聖26-12⑲
賢(HK)-達55-14⑨
○賢女51-14⑨
○賢(H)-哲54-8⑫
○賢(H)-徳65-5⑲
○賢-能44-10②
○賢-妃42-1⑥
賢不-肖44-5②
○賢-否65-5⑮
○賢夫人68-3⑰
賢(H)-駙-馬32-4⑱
○賢-母42-7⑥
○賢-明51-1⑯
○賢-良47-16⑦
蹇|13-5⑯
蹇-躓43-11⑮
蹇(H)-澁36-10⑭
蹇-舛(ソ)11-1⑫
蹇迍(ソ)11-6⑳
蹇-跛(ソ)35-6⑮
蹇-剝(ソ)43-3⑲
蹇薄(ナル)1-6⑰
蹇-歩29-16③
蹇-歩(ソ)15-4②
蹇厄10-2⑥
蹇-連(トソ)46-7⑧
○蹇-驢2-5②
○軒19-7①
軒楹2-14⑲
軒-益69-10⑪
軒-蓋29-3⑦
軒(人名)昊36-13⑦
軒-鶴33-19⑩
○軒-騎1-17④
軒-軒(トソ)8-12②
軒-戸29-13④
軒-車5-2⑳
軒-然(トソ)39-3①
軒-窓13-12⑬
軒闌(ニ)2-20⑰
軒-庭29-4⑮
軒(HK)-鼎45-8⑦
○軒(地名)冕24-15⑯
軒-廊20-5⑰
軒(H)-轅12-3③
遣-書56-20⑬
遣-奠42-2⑯
○險|10-12⑳
險(地名)64-13⑯
險-巇13-3②
○(K)險-艱29-13⑥
○險-阻56-9⑪
險-中51-2⑤
○險-難33-19⑪
險-僻63-13①
○險-路17-20⑰
○顯-晦43-3⑫
顯顯(タル)71-4⑫
顯(HK)-親56-23⑬

○顯(人名)達71－1⑰　顯－秩(ナリ)51－5⑮　○顯－揚50－6⑲　○顯－揚(ス)71－4⑰　顯－揚褒－贈49－9⑥　顯－列54－17⑦　○驗64－18⑳　黔21－1⑰　黔江18－9⑧　黔州(地名)37－8⑭　○黔(HK)－首56－20⑮　黔(Hケン)－中1－8①　黔(Hケン)－南18－7⑱　黔巫51－6⑱　○黔黎37－8⑳　黔婁(人名)1－12⑪　黔(K)(人名)－婁－生29－4⑩

コ

五36－16④　五－噫36－12⑥　五之(カ)一69－4⑧　五陰45－13④　○五－音21－7⑤　○五－韻26－5⑪　○五(HK)－蘊22－2⑫　○五－雲12－11④　五哥之(人名)51－3⑱　五哥之等51－4③　五－夏20－16⑭　五(H)－架16－16②　○五－稼67－17⑪　五(H)－考16－5⑳　五－行62－18④　五(H)－岳12－12⑩　五甲42－5⑰　○五－虐64－18①　○五嶽(地名)12－12⑩　○五(HK)－金39－4⑮　五－科57－7⑲　○五－刑62－3⑨　五－頃36－14③　○五－教62－3⑨　○五－月10－17②　五－月五－日4－1⑱　五－月三－日24－10⑱　五月二十五日41－1⑬　五－月八－日58－1⑦　五原(地名)3－9⑤　○五－紘3－11③　五－紘彈3－10⑳　五－言19－12⑨　五湖(地名)16－1⑩　五－袴22－4⑲　五(H)－兄14－4②　五(H)－侯6－13⑯　○五－穀28－14⑯　五－穀63－12④　○五－彩17－1⑮　五－載14－13③　五－材45－1⑲　五－綵39－8⑮　○五－臟22－10⑮　五－子45－2⑨　五－字23－4⑦　五－寺69－16⑩　○五－指19－19③　○五(HK)－時22－14⑮　五－餌64－11④　五－周－歲70－10⑮　○五－色26－11⑱　五－日24－1⑩　○五－十－1－13①　五－十有－一69－15⑨　五－十有－四68－3⑤　五(H)－十－一11－13④　五－十有－九－葉41－10②　五－十有－七21－1⑨　○五十韻17－19⑰　五十九65－6②

五-十-五21-9⑧
五-十-五-載69-16⑲
五-十-口21-9⑰
五[H]-十-載47-3⑲
五-十-三70-3⑳
五十四64-19③
五-十-七32-3⑫
五-十七-首69-5⑭
五-十-首69-5⑲
五十千37-10⑩
五-十-二68-4①
五-十-年19-17⑤
五-十年-來25-5⑰
五-十-八28-2⑱
五-十八-人52-1⑰
五[K]-十-疋4-7⑲
五十篇3-1⑥
五-十-萬-匹57-23⑦
五-十-餘28-8⑱
五-十餘頃68-7④
五-十里24-19⑯
五-十-六21-14③
○五-常46-13③
五[HK]-將64-13③
五[K]-章29-1⑨
五-珠40-8⑭
五首2-7④
五-句21-4②
五處13-18④
五[H]-松-驛8-2⑭
五-人12-4⑪
五[H]-申62-13③
五-寸64-13⑨
五[HK]-正38-5④
五-歲21-13⑮
○五[HK]-聖50-2⑧
五-聲14-3⑯
五[H]-尺二-寸39-9①
○五-絶35-2⑥
五-絶-句35-13⑱
五-千24-5④
五-千-言24-18⑱
五-千五-十有-八70-23⑤
五-千-字14-14②
五[H]-千二-百七-十巻71-8⑦
五[HK]-千-人24-4②
五[H]-千-文32-1⑧
五[H]-千-里8-1⑯
○五-善38-5⑥
五-東2-6⑳
○五-代41-3⑯
五大都督府43-1⑧
○五-道47-8⑧
○五-男41-1⑮
五-秩21-1⑥
五-丈18-3⑧
五-丈餘1-5⑳
五長49-8⑩
五-丁2-14⑰
五-亭71-4⑲
○五帝（人名）62-14⑰
五-帝三-皇45-2⑦
○五[K]-鼎29-4④
五-朝36-18⑲
○五-天-竺37-7④
五點1-3⑱
五-度30-11⑬
五都5-15⑭
五-等63-21②
五酘酒20-7⑧
○五-德36-22⑲
五-年11-2⑪
五年三-月35-8⑫
五[H]-年七-月二-十六-日

42-8⑭ 五[H]-年八-月七-日41-5⑰ ○五-馬16-18④ ○五-方64-11① 五疋26-10⑳ ○[H]五百71-
8⑩ 五-百-九68-1⑬ 五百言29-11⑮ 五-百-戸49-1⑧ 五-百-像71-8⑩ 五[H]-百-字27-2
③ 五-百七-十-歳37-7① 五-百-歳41-12② 五[H]-百-年7-1⑲ 五-百-匹60-3⑨ 五-品11
-12⑦ 五-品已-上69-13⑮ ○[H]五-府42-3⑧ ○五-服68-2⑳ ○五-福62-18③ 五-兵尚-書56
-23⑧ 五兵郎中48-2⑫ 五篇15-19⑰ 五[H]-歩8-5⑥ 五-畝69-5⑦ 五(建物)鳳樓26-16⑱ ○五-門2
-5② 五-慾21-17⑦ ○五-欲28-18⑱ 五(地名)老峯7-7⑰ ○五柳5-14⑰ 五[H]-柳傳7-1⑲ 五-
六ノ章68-19⑬ 五-六-畝70-20⑲ 五[H]-兩66-13⑤ 五-陵12-17⑬ 五[H]-嶺57-5⑲ ○五禮65-7③
五-樓60-9⑪ 五[HK]-漏22-2⑲ ○五六7-11⑧ 五六間10-8⑩ 五[H]-六-月10-5⑪ 五-六-樹36-
20⑧ 五-六-人29-13⑩ 五-六-歳30-13⑬ 五六千言2-11⑪ 五[K]-六-年4-11⑤ 五六年來13-13
⑮ 五六本2-20⑮ 五-六-里27-8⑧ 五-鹿30-14⑧ ○伍[セ]7-15⑬ 伍-候66-14⑥ 伍[H]-相40-
10⑲ 伍-相-廟23-16⑮ 伍(人名)員1-8⑫ ○估-價60-9⑤ ○[H]冱-寒41-12⑰ ○[K]古-意29-7⑭ ○古
-驛23-1⑱ ○古-歌31-18② ○古-樂-府45-8⑨ 古-澗21-3⑤ ○古-器65-11③ 古宮21-16
① 古[HK]-舊45-7⑪ ○古-曲26-15⑲ ○古-今21-4⑧ 古琴1-17③ 古槐10-8⑪ 古[H]-原12-6⑪
古-郡19-2⑳ ○古-劍21-8⑫ 古[H]-賢25-6⑮ 古ノ-恨21-8⑥ 古事63-20⑫ ○古-寺12-4①

○古－時15－17⑲　○古－詩38－15⑦　古社2－18⑯　古^H－松43－3①　○古－人20－3⑤　古井1－7③
○古－制50－6⑦　古城13－6⑪　古情21－14⑦　古－聖－賢47－10⑪　古聲1－5⑩　○古^H－昔7－7⑧
古－石2－5⑰　古－先54－7⑦　古^HK－先－生35－5⑭　古^H先聖－王57－22③　古－先哲－王47－11⑦　古臺
11－7⑰　古苔34－9③　○古－道65－23①　古－淡^ニメ68－1⑩　古塚10－4⑯　古塚狐4－13③　古堤37－
8⑱　○古－調33－19⑬　古－適65－10⑩　古柏13－3⑳　古柏廳15－10⑩　○古－風69－13⑳　○古－文36
－14⑩　古邪州(地名)39－5⑨　古^HK－墓12－16⑦　古豐縣(地名)42－10⑰　古灃縣10－1⑦　○古木20－13⑨　古^H－溢城(地名)17
－5⑥　○古－来1－15①　古淥水5－4⑲　古往15－19⑱　○吾－子47－16⑦　○吾－人43－9⑰　○呼－
喝^ス28－12②　○呼－吸^メ1－4⑳　呉(人名)29－15⑰　○呉(地名)3－13②　呉－娃19－19⑨　呉櫻桃(地名)24－14③　呉^H－音7
－6⑫　呉(地名)－妖21－6⑱　呉江(地名)21－5①　呉監(人名)33－12⑯　呉姫25－10⑲　呉起(人名)1－16①　呉宮(建物)21－10⑳　呉－
宮^ノ詞17－16⑨　呉郷21－3⑨　呉興(地名)23－20②　呉興郡(地名)68－6⑧　呉興山(地名)3－9②　呉－吟24－10①　呉畫6
－13③　呉(地名)－絃31－8⑮　呉君(人名)69－1⑩　呉(地名)－郡24－6⑦　呉縣開－國－男48－6②　呉公(人名)51－3③　呉公臺(人名)
4－12⑭　○呉山(地名)4－14⑯　呉州(地名)26－16①　呉七(人名)6－14⑪　呉七正字13－13①　呉七郎中山人(人名)19－1⑧　呉十^H(人名)
一18－2⑱　呉－酒34－10⑧　呉少誠(人名)56－8⑪　呉少陽(人名)59－8⑲　呉丹(人名)5－6⑨　呉中(地名)21－11②　呉－娘20－
5⑨　呉－調26－5⑱　呉郡(地名)21－3⑲　呉童(人名)24－3①　呉方之(人名)29－15⑬　呉秘監(人名)33－12①　呉府君(人名)69－1⑥

呉米32-13⑱　呉-綿1-19⑳　呉(地名)歙16-2⑪　呉(人名)王17-16⑩　呉(人名)韋21-9⑩　呉(人名)員外15-11①　○呉(地名)越69-
7③　呉(地名)-苑22-4⑳　固H(人名)54-12⑤　固70-23④　固62(ス)-20⑦　固窮1-12⑫　固-護69(ス)-3⑮　○固-
辭57(スレトモ)-4⑤　固-讓56-22②　固-然57-4⑱　○固-陋16-2⑧　○壺2-9⑦　壺-奥47-11⑧　壺-
漿17-20⑤　○壺-觴27-4⑧　○壺HK-中6-14⑰　○姑42-10⑩　姑山19-15⑰　姑柔明57-11⑫　姑(地名)蘇21
-12②　姑蘇大守31-12①　姑(地名)蘇臺21-3⑪　姑(建物)蘇臺下1-8⑬　○姑H-息45-8⑮　姑射21-4⑧　○孤|(ナリ)
36-8⑨　孤-雲21-5⑤　○孤-影14-6⑳　孤-幼45-10⑥　孤-煙24-2⑩　孤-鶴36-13⑮　孤寒2
-4⑳　孤H-莖7-6④　○孤-客2-1⑪　孤-苦零-丁(ニツ)69-8⑲　孤犖1-9⑳　孤HK-孑12-15⑪
孤(建物)-山-寺20-9④　孤(地名)-山-園23-16⑯　○孤-子(ニツ)40-5⑩　○孤-舟9-13⑥　○孤-弱42-6⑯
孤甥44-3⑬　○孤-城16-3⑧　孤-生7-13⑩　孤-小45-14⑩　孤H-叢27-11②　孤-旐40-6③
孤-單(ナル)28-3⑫　孤H(地名)-竹7-1⑯　孤直1-6③　孤桐1-5⑲　○孤-燈12-10⑱　○孤-獨(ニツ)59-3
⑲　孤-芳16-7⑬　孤-貟(メ)13-9⑯　孤-眠13-18⑩　孤H-鸞14-18⑧　寤H-想57-3⑱　寤-歎56-10
⑥　○寤-寐14-4⑧　○居-士71-7⑩　○午K|(ナル)1-18⑱　○午-後31-4⑧　午(地名)橋庄33-1⑩　午-橋-
莊34-8⑥　午(地名)橋池29-17②　午齋36-11⑤　午-湌36-3⑱　○午-時28-8⑥　午茶28-13①　午門9-
7⑧　庫70-15⑪　庫-車4-5③　庫-部郎-中51-10⑫　庫-部郎-中知-制-誥49-4⑬　○孤16-2

⑥
弧−矢38−4⑲
忤−累6−3⑧
悟|ス27−1⑧
○悟−入ソ69−3①
悟H−眞6−6⑲
悟眞寺(建物)6−10⑨
○戸5−11⑰
戸−牖20−15⑤
戸−減シ66−10⑧
○戸−口44−10⑯
戸−曹42−8⑨
戸(人名)−曹參−軍59−14⑪
戸H−粟63−8⑲
戸−租47−15⑰
戸−大ニソ19−11⑰
○戸−庭15−9⑬
○K戸−部41−7⑪
戸H−部崔侍(人名)−郎45−9③
戸−部侍−郎41−5⑦
戸−部尚−書52−6⑳
戸H部楊侍(人名)郎33−8③
戸部郎中(人名)53−6⑪
戸部李巡官(人名)17−19②
戸部員外郎36−15⑧
○故|27−11⑮
故−游9−8⑫
故−葉29−8⑮
故−交17−2⑪
故H||行18−1⑯
故−妓32−9⑭
故−姫16−19③
○故宮36−19⑪
○故−舊ナリ37−4⑭
○故−郷2−9⑥
故錦7−7⑤
故H−關9−5③
故元少尹(人名)21−10⑭
故H京兆(地名)元少尹(人名)文集68−1⑥
故−故18−10⑯
故曹王13−6④
故−巣15−11⑯
○故−殺60−9⑲
○故−山5−14⑰
故衫24−6⑥
○故−事36−15⑩
故−紗35−7④
故|尚−書膳−部郎−中39−8⑳
故−相50−8⑳
故−處37−1⑦
○故−人6−10⑧
故−情16−19⑥
故叢13−7②
故−態34−4④
○故−宅13−8⑭
○故−地57−25⑧
故K−池29−1⑫
故H−儔27−3⑥
故張僕射13−13⑪
故綿37−10⑪
故−吏34−13⑭
故H−籬14−18⑪
故−里15−6⑩
故−列−侯2−10⑩
○故−園9−9⑪
晤(人名)71−2⑤
晤−言45−9⑮
枯15−2⑤
○枯−槁21−19⑤
枯−葵61−7③
○HK枯−魚30−5③
○枯−骨49−11④
枯桑2−22⑱
枯−草12−3⑤
枯株1−15④
枯−樹15−9②
枯H悴ルニ40−11⑥
枯−焦ス1−6⑬
枯−憔ス1−18⑱
枯−竹タル17−18⑧
枯蓬2−22⑦

枯[H]－柳45－9⑳　枯榮ス13－15①　梧(地名)[H]50－7④　梧(地名)[H]－人50－7⑧　梧州50－7②　○梧－桐1－10⑱　○沽－
酒20－4⑭　沽[HK]－名45－4⑳　涸13－3⑫　涸－魚7－8⑧　湖(地名)24－4⑦　○湖20－13③　湖(地名)[H]－人71－5⑱
湖－岸20－6⑱　湖(地名)－山24－8⑫　湖－寺20－11⑭　湖州(地名)23－6⑳　○湖－上16－21⑬　○湖－心20－18⑮
○湖水(地名)7－6⑭　湖城等(地名)[H]59－3⑪　湖－西69－15⑧　湖－中10－16⑱　湖亭(建物)7－15⑯　湖－堤24－18⑤　湖－
底7－15⑰　湖[H]－天7－2⑨　湖東20－9⑥　○湖南(地名)20－16⑧　湖南都押(地名)－衙53－7⑭　湖[H]－波17－9④
湖－邊7－15⑰　○湖(地名)－北16－10⑤　滸－水ノ亭21－12⑤　狐[K]－腋12－19③　○狐－疑65－3⑳　○狐裘31－
10⑥　狐泉店32－11 238 注26　○狐兎19－10⑪　○狐狸13－2⑲　○琥－珀18－12⑫　瑚－璉38－14⑫　蠱コス1－15
⑦　蠱コ蠹トシテ3－8⑥　蠱コ惑コクメ4－13⑩　瞽44－9⑩　祜(人名)[H]49－12⑰　○股－肱39－4⑳　○胡(地名)3－13⑮　胡[H]－亥
4－15⑫　胡吉鄭劉盧張等ノ(人名・人名・人名・人名・人名・人名)37－6⑰　胡－語17－16⑦　胡[K]－曲3－3③　○胡琴(地名)12－19⑧　胡果(人名)37－7⑥
胡駒32－9 168 注27　胡－兒4－3④　○胡－沙14－19⑱　胡尚書(人名)[H]24－3⑦　胡[K]－床29－2④　○胡人4－3②
胡旋女3－5⑮　胡[K]－旋ス3－6①　胡－然トソ6－16①　○胡[H]－僧11－12⑳　胡－啼26－7⑧　胡－騰24－1
⑰　○胡[H]－馬47－16⑲　○胡－麻18－4⑪　○胡－兵34－1⑭　○胡－瓶56－18⑨　胡餅18－4⑩　胡容34－
17⑱　○胡虜54－14⑥　胡－硉16－2⑮　○胡(地名)－越45－13⑳　菰－葉16－21⑭　菰蔣15－21⑲　菰[H]－蒲27－2
⑨　虎(地名)－丘24－18⑦　虎[HK]－丘－道12－9⑫　○虎[H]－溪16－16⑥　虎谿(地名)41－11⑲　虎寺(建物)24－5⑤　虎貙16－1⑭

虎-尾17-1⑩　○虎-狼38-4⑥　○虎(HK)-威38-9④　袴-花17-2⑰　觚44-9⑲　詁-訓65-7⑬
○誇-張(スル)24-10⑰　護(ス)17-15⑪　護-江堤20-11⑫　○護-國21-15⑤　護(H)塞54-2⑧　護-兒8-8⑯
○護-持56-25⑪　○護-持(セ)71-8⑱　○護-念(セ)70-24③　賈(コ)66-19⑬　賈氏(人名)70-16⑤　賈(H)-豎67-14⑥
○賈-人17-1⑲　辜47-17⑦　辜-負(スル)27-1⑭　錮(スル)39-6⑧　鄠(H)-縣6-14⑤　○顧-念(ス)16-20⑨
相(ヒ)顧-望(ス)60-5⑲　顧-盼12-12⑬　顧-盼(ソ)2-16⑲　○顧-問54-1⑯　顧-戀(スル)36-7②　○鼓3-
5⑯　○鼓(スルニ)18-1⑳　鼓-行(ソ)56-8②　鼓角23-5⑱　鼓山(地名)70-8⑬　鼓-鍾66-9⑳　○鼓聲5-8⑥
鼓-笛3-4①　○鼓-舞(ス)61-4⑬　鼓-舞慶-幸61-2①　鼓-舞跳-梁(トソ)4-3④　○鼓(H)-鼙13-6②
侯(人名)71-1⑧　侯權秀才(人名)43-11⑬　○侯(H)-國49-12⑲　侯三郎中23-14②　侯生(H)(人名)43-11⑭　○侯伯(人名)55-11⑭
侯丕(人名)51-3⑦　侯-門1-17⑧　侯齊(人名)70-7⑬　○侯王(人名)13-20⑧　○侯(H)10-5⑦　侯騎(H)26-15⑬　侯館16-1
⑩　侯仙亭(建物)20-5⑬　侯-對9-7⑧　侯-吏27-2⑬　○公(H)(人名)70-4⑦　○公51-4⑳　○公家13-9④
○公-行67-2⑦　公幹(H)(人名)50-12⑧　公(HK)-鑒45-8⑮　○公-器45-6④　○公-議44-9⑤　公-宮57-11⑬
公-給60-3⑲　公悅(H)(人名)41-10⑲　公-勤55-5③　公逵(人名)42-4⑪　○公-卿31-14⑩　○公-侯2-6⑬
公-才(アリ)55-2⑥　○公-事20-7④　○公-子46-5⑧　公子荊(人名)47-11④　○公-私21-9⑲　公(HK)-獎55-4
⑯　公綽(H)(人名)48-11②　○公-主53-4⑭　公叔(H)(人名)67-17⑥　○公署43-4⑰　公-食64-6③　公心53-10⑯

公－臣49－12⑬　公垂(人名)33－15⑥　公垂尚書34－16⑩　公－政54－15⑲　公－清(ニソ)53－11⑬　公素51－12⑥
○公(HK)－族48－8②　公堂21－7⑫　○公－道55－10⑮　公度(H)(人名)50－10⑤　公－忠55－9⑭　公著(H)(人名)50－3⑦　公－
直55－2⑭　○公－程22－20⑬　○公－田64－6⑫　公－方56－24②　公－望54－12⑫　公府(建物)7－5⑥　○公(HK)
－務24－3⑱　公輔(H)(人名)41－11⑥　○公(H)－文66－5⑭　○公－平63－18⑦　○公－門20－15⑤　○公－用56－10⑮
公(H)－廩57－21⑥　○公－論56－12①　勾－押(セル)24－17⑲　○勾－引(ス)31－18⑥　勾－牽(ス)28－18⑱　勾－檢(ソ)20
－17⑳　○勾踐(人名)26－8⑫　○勾－當(セ)57－23⑯　勾－當左－衛－事53－10④　勾(H)－陳50－8⑥　勾－萌46－3
⑮　○勾－留(ス)23－6⑨　勾－漏(シ)19－14③　○功｜18－14⑲　○功－効59－1⑪　功－行54－15④　功－勤53－
13⑯　功－課49－4⑨　○功－勲56－14⑫　○功－業29－12⑯　○功－罪64－13⑤　功(H)－曹67－12⑰　功－曹
參－軍41－4⑦　功－神68－5⑱　○功－臣3－2⑥　○功－績4－6⑱　○功－德1－4⑬　功(H)－德－幢68
－3⑲　○功(H)－能27－10④　○功－伐50－1⑫　功－夫17－2③　功－武56－1⑧　○功－名11－9⑦　功(HK)－
庸56－11⑧　○功－用22－5⑳　○功－勞54－2⑦　功－利64－16⑬　功－力21－12⑧　功－論54－11⑲
功－葛8－9⑫　卬－杖34－11⑯　厚63－3③　厚(セシ)30－11②　○厚(HK)－意56－18⑦　厚(HK)－旣56－17⑭　厚－莖
65－13⑪　厚－實賽－直(ナリ)48－6⑬　厚－壤46－3⑮　○厚－賞54－16⑤　○厚(H)－生47－13⑯　厚－大(ニソ)18－
3⑨　厚－暖(ニソ)29－16③　厚－地2－4①　厚誅46－7⑫　厚－重55－10⑪　○厚－薄11－6⑬　厚－俸14－11

⑫厚-利71-3①　○厚-斂63-6①　厚-禄60-4④　口45-14⑭　○口-號(スル)69-6⑰　口-給67-18
⑬　口-業26-2⑱　口-藏31-6①　○口-食45-14⑮　○口-舌2-16⑱　○口-中10-6⑧　口-敕4
-6⑭　○口-腹36-3⑨　口[H]-蠟59-16⑬　○后[K](去)12-12⑧　○后(人名)稷4-4③　○后土1-1⑲　○喉-舌54
-2⑲　喉-中27-15⑤　垢41-9⑪　垢[H]-塵7-1⑮　垢氛1-10⑫　垢-穢10-10⑧　堠13-6②　○工
-38-10⑥　工-伎67-10④　○工師3-4⑦　工-祝65-6⑱　工-者67-10⑧　○工-商1-23①　○工-
人4-2⑤　工-拙26-5⑤　○工夫25-15⑱　○工部31-16②　工-部侍-郎50-3①　工-部尚-書致仕
52-12①　工-部郎-中57-15⑪　工-部員-外-郎48-6⑨　工用7-12⑧　工[HK]-吏45-15⑯　○姮-娥19
-18⑤　孔(人名)16-3⑬　孔(人名)戡1-2⑭　孔(人名)戣48-11⑧　孔-戣等55-4⑩　○孔(人名)丘28-10⑥　孔懷67-5②
孔[H](地名)山22-18⑩　○孔(人名)子65-9⑥　孔[H](人名)氏66-1⑨　孔(人名)戢52-11①　孔-生1-10⑬　○孔(人名)聖5-16③　孔-雀29
-6②　孔(人名)宣6-15⑩　○孔(人名)明65-4⑦　○孔(人名)門68-10⑯　寇10-14⑳　寇-虞52-9⑦　寇-境56-9⑧
寇-戎10-15⑫　○寇-讎56-14④　寇[H](人名)恂24-4⑦　寇-賊65-2③　○寇盜1-3⑪　寇[H]-難52-5⑭
弘[H](人名)70-1⑲　弘-益(スル)54-11⑮　弘(人名)恭2-10⑮　弘-願22-2②　弘(人名)慶44-3⑧　弘(人名)正53-1⑨　弘誓71-
7②　弘[H]-選56-4⑭　弘泰53-2⑤　引-度69-7⑮　弘(人名)澄6-12⑥　弘貞15-8⑮　弘(地名)農12-12③　弘(人名)農
君70-12⑦　弘(人名)農郡君36-11⑯　○弘文-館71-1⑳　弘-文-館大-學-士54-3⑰　弘-名57-2⑮

○弘羊(人名)58－4⑨　弘愈(人名)70－18④　弘禮(人名)69－13⑩　轂(Hコウ)－中38－5⑩　後有26－9⑥　後(HK)－緣41－13④　後(H)－屋7
－16③　○後害47－2⑧　後(HK)－効55－5⑭　○後－學45－13⑭　後澗15－1⑮　後－艱56－5⑲　後－鴈36－
15⑪　○後－期69－8⑩　○後－宮19－4⑮　後禍46－6⑫　○後－會21－5⑥　○後－患67－3③　○後(国名)－
魏26－16⑥　後(HK)－五－百－歳45－12⑥　○後－昆39－1⑮　○後－事21－13⑭　○後－嗣42－10③　後－時6
－7⑧　後－日13－7⑱　○後－集36－24⑦　○後－車65－20⑤　後狀46－9④　後－牀22－10⑭　○後序21
－1⑤　○後－人28－14⑬　○後－身28－9②　○後－進44－9⑧　○後－世52－9⑬　後－聲18－9⑥
○後－先48－4①　○後－代2－5⑰　○後－堂14－11⑱　後－池35－16⑯　○(H)後－塵20－3⑱　後(H)－亭7－
4⑱　○(H)後－庭26－10⑫　後－聽25－4⑧　○後－圖54－7①　○後－年30－13⑭　○後－輩34－17⑲　○後
－房22－19⑮　後貌36－11⑭　後－命51－2⑧　○後－夜31－14⑧　○後－來20－1⑯　後－王4－12⑮
○後－院24－1⑯　○後－園4－11②　恒(H地名)56－15⑳　恒冀(地名)56－11⑯　恒冀深趙等ノ州ノ觀察等ノ使56－1⑱
○恒－規(タリ)47－17①　恒州(地名)56－1⑱　○恒－常59－17⑦　恒寂師(人名)15－12⑫　恒－典57－8⑤　恒－品59－16⑳
恒陽(地名)56－15⑯　○拘(セラル)29－15②　拘－踼(ス)14－18⑭　拘－礙69－9⑯　拘(K)－牽6－14⑦　拘－牽(セラレ)2－11⑲
○拘－束13－14④　相(ヒ)拘－持(ソ)63－21⑤　拘－絆(セラレテ)44－1⑦　拘攣6－13⑨　控(スルホヒセリ)－壓(ス)59－1⑧　控(H)－扼54
－14⑥　控－臨(セリ)56－11⑤　○攻－戰57－18⑥　攻－討(シ)56－7⑨　構－亂56－16⑦　○江－湖10－11⑳

汞K（レ貢）29—9⑬ 洪（人名）48—9⑳ 洪K（人名）—崖（カイ）30—2① ○洪—業44—7⑯ 洪州（地名）17—17⑲ 洪—纖43—6⑮ ○洪—濤15—17⑪
洪濆原（地名）70—4⑦ 洪筆34—2③ 洪平（地名）42—2③ 洪平原（地名）42—1⑩ 洪—爐1—7⑭ 溝—水17—16⑮ 溝—墉
64—14⑬ 狗66—15⑥ 狗—盗2—18⑦ ○狗—馬1—14⑳ ○空（ナル）36—21⑮ ○空—中31—4⑤ 空—碧
30—8⑲ ○空門36—24⑭ 空王33—8① ○箜—篌21—6⑤ ○紅2—6⑳ 紅HK—埃32—11⑳ 紅—櫻11—
5⑲ 紅鸚鵡15—15⑮ 紅—茵33—15④ 紅—英1—12⑨ 紅—霄31—15⑥ ○紅—葉12—3⑦ 紅—筵17—
18⑰ 紅H—艶9—6① 紅—牙59—17② 紅—杏24—13④ 紅—蕚19—13⑫ 紅—檻36—14⑨ 紅—潤（ニヌ）36—
3⑨ ○紅—顔3—5① 紅—旗17—3⑳ ○紅—玉22—18⑲ ○H紅—巾20—10⑤ 紅—藕23—10⑮ 紅—火
21—17⑬ 紅—火—爐26—18⑤ ○紅—花14—9⑳ 紅—顆18—7⑩ 紅—鱠4—10④ 紅光4—4⑲ 紅—
絃19—7⑱ ○紅—裙18—15⑪ 紅—袂2—6⑦ 紅—纈18—11⑪ 紅—軒4—10⑨ 紅—缸36—1⑧ 紅—
紙16—19⑥ 紅—絲16—9① ○紅—紫24—14⑯ 紅觜26—4⑰ 紅—袖15—13③ 紅—紗17—10⑩ 紅漿15
—2⑮ 紅—粧32—5⑨ 紅—芍—藥36—20⑳ 紅手23—4① ○紅—樹13—12⑩ 紅—珠25—16④ 紅—綬12
—19⑩ ○紅—燭2—6⑮ 紅—燭—臺20—12⑩ 紅—粟13—3⑨ 紅—旌17—21⑩ 紅—綃9—12⑯ 紅—
消散14—4⑳ 紅—蕉18—4⑰ 紅—石21—3③ 紅—雪23—7⑦ 紅H—牋16—14⑱ 紅—牋—紙32—9 178注28
紅—線4—5⑭ 紅—線毯4—5⑬ 紅—箋14—14⑨ 紅—蘇31—14④ 紅—腮24—13⑳ 紅—窓27—6③

紅－窗35－5②
紅繪45－15⑫
○紅－桃28－3⑤
紅－稻33－1⑳
紅H－毯16－18④
紅H－纏テン6－12⑧
紅－地爐34－15③
○紅－塵5－2①
紅－泥17－5⑱
紅－躑躅16－10①
紅－藤杖15－16⑬
紅－旆17－19⑥
紅－網36－23⑰
紅－芳11－5⑮
紅－板31－18⑧
紅－尾17－7③
紅－薇8－10⑤
○紅－粉14－10②
紅－屏風25－18⑩
紅－綿14－17⑰
紅－藥19－13⑱
紅羅23－9⑪
紅螺13－2②
紅－浪1－23①
紅－蠟23－9⑦
紅ノ－蠟－燭27－12⑲
紅－欄17－12④
紅－欄－干19－2⑱
紅－藍4－5⑬
紅－鯉7－8⑫
紅－榴45－14⑲
紅－粒17－20⑥
紅鱗15－8①
紅HK－麟17－3⑨
紅－縷17－7⑬
○紅－涙28－10⑫
紅－繚爐34－4⑰
紅HK－蓼6－8⑰
紅－蓮15－12⑯
紅蓮花1－22⑯
○紅－爐19－19②
紅－露19－16⑬
○紅－樓4－7⑮
紅樓院15－5⑰
緱H(地名)－山68－6⑰
緱－嶺25－9⑯
肱H(人名)41－3⑬
苟－免66－12⑰
○甍ス69－15⑬
甍H－甍タル11－10③
○甍逝スル34－4⑦
虹縣(地名)70－8⑳
虹－橋67－13⑨
虹ノ－裳21－5⑫
○虹－梁27－13⑨
鉤1－4⑳
鉤スル25－7⑭
鉤－距55－3⑳
項25注29－7⑬
○項28－9⑩
項－籍35－3⑤
項藉(人名)71－11⑱
頊－湧トツ17－1⑯
○貢3－9⑲
○貢ス1－20⑫
○貢K－學38－2⑪
貢HK－橘24－8⑦
貢－置ス52－10⑫
貢－珍57－22⑥
○貢HK－賦56－1⑭
鞚23－17⑳
韝13－2⑱
韝Hタマキ タカタスキノ－鷹9－4⑬
餱－粮60－9⑩
餱－糧1－16⑯
鴻K(平)12－14⑱
鴻鶴5－3⑲
鴻－休61－1⑳
○鴻－業57－6⑫
鴻－私59－16⑲
○鴻H－緒57－22⑫
鴻－稱57－11⑤
鴻－漸49－12⑫
鴻－都12－10⑳
鴻寶集(書名)70－15⑰
○鴻－毛17－

20⑫　○鴻－名57－5⑩　○鴻－臚－卿48－4②　○克(スル)51－11③　克融(人名)60－8⑦　克－清56－18⑳　克諒(H)(人名)68
－2⑯　○剋|(スル)30－1⑧　○刻29－8⑩　○刻(ゾ)37－3②　○刻－削(也)16－3⑦　○刻－削(ゾ)56－10⑫　○刻－
石70－15⑰　○刻－漏19－4⑬　○告21－11⑫　告(ス)19－7⑳　告－闕64－6⑨　○告－身56－1⑲　告－身
等56－12②　告－捷(ス)53－8②　告捷軍53－7⑳　相告(ヒ)－報(シ)1－1⑮　○哭1－13⑫　○哭|(ス)27－12⑥　哭－
泣66－15①　哭－泣(ゾ)19－9⑦　哭－葬6－6⑧　哭者6－7⑯　哭－送(ゾ)26－1⑮　國－邑52－10②　國(HK)－姻
56－4①　○國－家38－15⑨　國－紀49－13⑱　○國(H)－禁66－16④　(ゾ)國(HK)－鈞24－2⑱　國(H)－華54－1⑬　○國
－郡50－6⑫　國－工57－17①　○國－史58－4⑪　○國－士53－12⑫　○國－子41－7⑥　○國－子祭－酒
50－6⑯　國－子司業33－16⑩　國－子司業致－仕55－7⑪　國－子博－士49－5⑲　國(H)－庠50－5⑱　國－
章66－16⑩　○國(H)－手25－3④　○國色21－7①　國－親58－6⑮　○國－政2－10②　○國中1－8④
國忠(人名)12－12⑲　國(H)－胄49－6①　○國－朝47－13③　○國－典56－13⑤　○國－土70－24③　○國－風45－2
⑬　國夫人(人名)12－12⑮　○國－府63－2⑬　○國(H)－柄12－12⑳　國(HK)－命64－15⑦　國(HK)－門39－4⑳　○國－用54
－17⑥　○國－老52－9⑱　國(H)－令66－12③　國(K)－禮48－9⑳　○國威46－6⑲　國－維2－8⑭　○國恩57
－1⑫　尅(ゾ)59－11⑪　惑2－17⑦　惑(シメテ)4－9④　惑(H)－箭71－9⑳　慤(H)(人名)41－1⑮　斛70－5⑲　斛(HK)－斗58－
8⑧　○極－樂71－6⑦　○極(H)(地名)－樂世－界71－7⑦　極樂土69－3⑧　○穀|(H)63－3⑳　穀熟縣(地名)52－2⑰　穀－籍

41－4⑬ ○穀－帛47－16② ○穀－米1－8⑫ 穀[H][コク]6－5⑩ 穀－苗14－13⑩ 穀(人名)51－11⑧ 穀－紗15－11
⑱ 谷－口25－17⑪ 谷[H](人名)－兒29－2⑰ 谷－鳥45－15⑤ 谷永[H](人名)22－8⑳ ○轂15－20① ○酷14－18⑥ ○酷
－吏64－18⑧ ○酷[ハナハダ]－烈[ナリ]26－12⑰ ○鵠38－5④ ○黒－雲43－9⑫ 黒[H]－巖11－1⑧ 黒－花19－9⑳
黒－水14－2⑪ 黒潭(地名)4－13⑬ 黒潭龍4－13⑫ 黒－鵰39－2⑳ 黒－洞35－14⑫ ○黒頭10－7⑲ ○黒
－白20－7⑦ 黒[H]－鬢7－4⑤ 黒－文39－2③ 黒－夜41－12⑰ 黒浪1－4⑳ ○黒－龍24－1⑮ ○乞
－食35－11⑳ 兀|[ト〆]22－16⑫ 兀－傲[〆]5－15③ 兀－兀9－6⑧ 兀－爾[ト〆]29－4⑧ ○兀－然[ト〆]6－2④
卼[クツ]－臲[ケツタリ]70－20⑩ ○忽|[ト〆]37－2⑳ ○忽－焉[ト〆]62－13⑱ 忽－乎[ト〆]7－8④ ○忽－忽[タリ]22－5⑭ ○忽－
然[ト〆]60－4⑲ 汨|[ト〆]49－4⑱ 汨[H]－没[ス]49－4⑱ ○矻－矻13－2⑦ ○笏70－6⑨ 紇[コツ]邏[ラ]敦[トン]－肥[ヒニ〆]4－7⑱
骨3－10⑳ 骨－鯁48－2⑳ ○骨－肉10－1⑳ ○骨－髓59－9⑬ 骨兜69－9⑦ 骨都祿將軍57－23⑲
鶻17－17⑰ 鶻銜瑞艸17－17⑭ 鶻－拳32－2⑦ 困50－9⑯ 困[スルニ]62－22⑱ 困竭47－4⑳ 困－竭[〆]47－
1⑱ ○困－窮[スル]63－4⑧ 困－極60－9④ ○困－苦[ナルヲ]19－8⑤ ○困－苦[ス]21－19⑥ 困－死62－20⑭
○坤46－3① ○坤－儀66－20⑯ 坤方19－15② ○婚1－12⑰ ○婚|[シ]36－6⑲ ○婚－姻66－20⑩ ○婚
－姻[ス]10－19⑧ ○婚－嫁19－6⑧ ○婚－嫁[シ]30－13⑱ 婚義67－17⑰ ○婚－媾42－5⑱ 婚－仕14－17③
婚－嗣42－3① ○婚[H]－娶22－5② 婚－書66－13⑦ 婚－戚42－1⑪ ○婚禮2－8⑬ 崑[K]－丘38－8⑩

崑陽亭（建物）16－3④
崑－閬71－5⑬
悃－欸60－9⑭
○悃－誠44－5⑲
恨詞25－16③
懇－苦（ナリ）26－10⑧
懇－懐56－13⑦
懇－欸57－10③
懇－辭69－11④
懇－讓57－17⑨
○懇－誠57－5⑧
○懇－切59－5⑰
懇H－惻47－1⑫
懇－惻鬱－悼（スル┐）47－2⑳
懇－禱61－3⑤
懇－迫59－12②
昏67－8⑰
昏（スル）65－19⑯
昏H－黒43－9⑫
昏－狂56－8②
昏－曉11－12⑤
○昏－惑65－19⑯
○昏－昏21－18⑲
昏－昏－然（タリ）70
－22⑫
昏H－早8－11③
○昏鐘2－16③
○昏睡30－12⑩
○昏睡（ス）7－4⑭
昏－衰65－19⑳
昏－聖62
－16⑫
昏然（トソ）1－18⑨
昏－旦43－3⑫
昏H－晝11－6⑤
昏－墊（メ）40－2⑭
昏－煩7－3⑪
昏－明38
－6⑩
昏閉（スルコト）8－13⑩
昏－老21－17⑧
昏－老（メ）59－12⑲
○昏－亂62－16⑯
○昏－亂（メ）62－16⑭
昆H－季12－3⑱
○昆－虫63－12②
○昆－蟲46－4⑪
○昆－弟12－12⑮
昆H－命66－13⑬
○昆－明13－
10⑱
昆H－夷54－5⑩
○根H|10－10⑪
根荄1－14⑩
○根HK－基45－11⑪
○根－源65－15⑫
根－株2－9
⑯
○根－性45－10⑲
○根HK－蔕12－1⑩
根－蔆16－7⑬
○根－本65－14⑮
○混|（シ）15－2⑥
○混－
一（ニス）61－8⑤
○混H－合（トシテ）8－5⑱
混－元21－12⑩
混－然（トソ）7－15⑪
混H－澄38－6⑲
○混－同（ス）61－
2⑩
○混－沌29－16⑤
渾－金55－4⑪
渾鐵H（人名）49－10②
狠－悍（ニメ）71－3⑫
緄H（人名）56－8②
縉70－23①
袞（人名）21－7⑥
袞H（地名）52－10⑫
袞K22－8⑲
○袞H－職57－2⑦
袞HK－服6－4⑭
袞－歛49－1⑮
○金剛（人名）45－12
⑫
金剛經（書名）45－11⑳
金剛三昧H（書名）45－12⑫
金剛三昧經（書名）45－12①
金剛奴（人名）42－11⑥
○金剛般若波羅密經（書名）69－3

⑨
閫H-寄54-10⑭
○閫-外31-2⑭
閫H-職57-12⑭
閫H-鎮70-12⑲
閫旄34-1⑬
○閫-寺14-18⑱
閽H(エラヒ)-閥41-3⑲
○魂|40-6⑤
魂-影10-7①
魂神69-9⑪
○魂-魄17-7⑳
魂夢21-6⑭
寃冤12-10⑳
鯤(人名)49-12②
鯤-鵬蜩-鷃37-12⑥
鵾H(人名)41-3⑰
鵾-鵬37-12⑮

サ

○些-些17-9⑧
佐|(タリ)1-2⑯
兼-佐(タリ)53-10⑫
佐H-宦40-7⑮
佐-郡46-10④
佐-相(タリシ)53-8⑯
佐-輔54-8⑳
佐-理67-3⑱
佐-衛(シ)52-10⑱
○佐-用(ス)23-17⑧
嗟22-5⑫
嗟|(ス)9-2⑮
嗟-嗟(タル)70-20⑫
○嗟-歎38-2⑯
○嗟-嘆(ス)34-3⑬
嗟-嘆悲-啼(メ)33-5⑫
○坐6-10⑳
○坐|(ス)21-16②
○坐右17-9⑫
○坐-客36-10④
○坐-卧1-17⑯
○坐-卧(ス)5-7⑱
坐車26-12⑪
○坐-禪18-1⑰
○坐-禪(ス)31-10⑦
坐HK-念30-9①
坐亡15-3⑮
○坐HK-忘6-9⑲
坐H-部3-4②
○嵳-峩(タリ)22-13⑱
○左68-7②
○左-右3-12⑫
○左-右(ス)40-1⑧
左右臺4-11⑳
左-右庶-子70-17⑬
左-羽林衛-將軍50-8③
○左-掖55-12⑦
左HK-綱48-5⑯
○左-降44-1⑨
左-降(ス)59-11⑥
○左H-金-吾41-4②
左-金-吾衛-將-軍員-外置52-6⑬
左-金吾衛大-將-軍56-1⑰
左-金吾衛大-將-軍員-外置-同正-員54-7⑩
○左H-揆54-6③
左-廣51-11⑯
左-轄25-11⑱
左H宦20-3⑲
左-脛27-8⑤
左驍-衛上-將-軍51-15⑰
左-驍衛將-軍52-2⑪
左-曹50-5⑱
左-藏-庫58-14⑮
左(人名)-散-騎常-侍52-5⑤
左-贊善-大-夫42-3⑬
左HK-司24-13⑧
左司

−禦率府長史51−13⑩　左−司−郎中55−7⑱　○左−史55−7②　○左思(人名)H22−8⑳　左氏(人名)41−3②　左−拾
−遺40−3⑭　左拾H−遺翰−林學−士36−11⑧　○左−相51−1⑰　左−庶−子58−3③　左丞69−11⑲　左H
−丞−相38−2⑪　左神−策−軍赴−行營−正將−試太−常−卿49−5⑮　左−神−武將−軍50−8⑮
○左−祗3−9⑧　○左−遷(セラル)12−16⑪　○左−足35−1⑧　○左−道67−12⑬　左−闌55−5⑥　左K−納
−言3−7⑮　左−貂50−8⑯　左−轉(セラル)45−8⑫　左K−馮32−14⑦　左(人名)−馮翊55−9⑧　左武−衛46−9
⑪　左−武−衛將−軍52−6⑮　左−武−衛大−將−軍員−外置−同正−員51−4③　左武−衛兵−曹70−16
⑥　左補−闕54−11⑦　○左−輔49−13⑧　○左−僕−射47−17③　左−諭−德53−10⑭　左−衛騎曹參−
軍(タリ)68−2⑯　左−衛−曹參−軍52−14⑬　左−衛上−將−軍50−11⑲　○差63−2⑯　○差(サシテ)13−4⑭
差−科21−9⑰　差−税58−13⑥　差−池9−6⑱　差−忒|(ス)16−18⑯　差−別68−11⑭　○座6−6⑤
○座−右39−1⑦　○座客21−1⑭　○座−隅56−3⑪　○座H−上25−12⑮　座主侍郎(人名)13−4⑧　○座H−前40
−6⑨　○座−中29−2⑳　挫−敗(シ)69−12⑯　挲−婆41−11⑩　沙15−13⑪　沙−雨15−21⑯　沙−鷗20−
13①　沙H−哥33−4⑨　沙界31−7⑬　沙鶴5−4⑧　沙−金5−9⑲　沙−湖69−14⑫　沙−草4−12⑭
沙H−洲7−4⑨　○沙−汰(セハ)63−8⑭　沙陀突厥57−12⑳　沙H−塵11−13⑨　沙−堤19−15⑫　沙−汀36−2
③　沙隄19−7⑤　沙−頭11−4⑦　沙−邊10−7⑮　○沙−門43−10③　沙−路33−17②　沙−麓18−15⑤

沙鹿（地名）H 42－1⑬ 沙苑33－10⑧ 瑣15－2⑫ ○瑣－瑣62－18① ○瑣－細ニソ38－11⑭ 瑣－屑44－4④ 瑣－
微ニソ68－10④ 瑣－劣68－9⑤ 瑣HK－闈55－14⑭ 璅－闈36－16⑳ 痤－疽61－4⑲ ○砂－礫67－14③
○紗24－15⑦ 紗－巾33－7⑥ 紗－袴15－11⑱ ○紗窓32－11－249注30 紗－憁18－15⑭ 紗－燈16－17⑪
紗－帽30－12⑬ 紗－籠7－4③ 莎15－10⑲ 莎臺23－16⑫ 詐67－13② ○詐－僞47－4⑩ 詐人4－13
⑳ ○蹉－跎9－4⑳ ○蹉－跎ス9－5⑱ 釵12－11⑫ ○鎖ソ15－10⑲ 鎖－碎ナリ3－11⑯ 鏁15－7⑳
鏁ス13－15④ 鏁－寛28－17⑮ 鏁－閉ソ30－7⑰ 鏁籠8－13⑨ ○再H－會タルニ31－9⑩ ○再－三18－2⑫
○再－三ソ56－10① 再三拜ス1－2① 再H－辭スル」57－16⑮ 再－叱ソ38－9① ○再－宿ソ42－2⑰ 再－中
61－5⑰ 再－稔タラ55－14⑳ ○再－拜45－9② ○再－拜ス44－6④ 再－命40－3⑦ 再K－亂41－6⑧
倅｜トソ55－3⑮ ○催促32－12⑩ 相ヒ催－促ス33－6⑪ ○債59－3⑲ 債－負17－2⑤ 債－負ス35－3⑳
僿62－15⑥ ○在HK－家35－11⑱ ○在－在處－處69－7⑥ 在－三67－5⑩ 在－耳66－13⑤ ○在－處30－
6⑬ ○在－天57－17⑲ ○塞｜H 10－8① 塞－江15－17⑪ 塞鴈37－12⑯ 塞月16－20⑮ 塞－鴻15－8⑪
塞－絶2－17⑫ 塞門（地名）12－9⑭ 塞H－門54－15⑯ 塞H－藍31－9⑳ 塞蘆子45－3⑬ 塞－路68－19⑰ 塞H－
垣11－1⑯ ○宰｜タリ49－6⑦ ○宰邑51－4⑳ ○宰我（人名）68－11① 宰－官70－24③ ○宰－相26－16⑥ 宰－
臣58－10⑱ ○宰－府45－4⑪ ○宰－輔54－1⑲ 宰H－牧68－18⑨ 宰H－旅66－5⑪ 崔（人名）5－13④ 崔尹（人名）22

－12⑳
崔家（人名）11－13⑬
崔－婕 H 33－4⑨
崔行儉（人名）44－3⑩
崔閤15－2⑤
崔咸（人名）H 49－11⑨
○崔－嵬34－8⑲
崔－晦叔（人名）69－4⑰
崔琯（人名）H 49－13⑰
崔元式（人名）60－9⑳
崔元備（人名）H 50－13③
崔元備等50－13④
崔君（人名）29－9⑪
崔羣（人名）51－4⑨
崔羣等（人名）59－5⑳
崔求（人名）20－15⑨
崔卿（人名）34－15⑲
崔五（人名）H 10－14⑤
崔湖州（人名）23－20①
崔侯（人名）H 35－8③
崔公（人名）17－12⑤
崔鴻53－10⑱
崔國輔 H 42－4⑥
崔侍御（人名）23－19⑥
崔侍郎（人名）7－9④
崔侍郎晦叔（人名）H 36－12⑮
崔使－君 H 17－10⑤
崔子玉（人名）39－1⑦
崔字28－13⑧
崔氏（人名）41－1⑪
崔氏等（人名）52－6⑱
崔兒（人名）28－13③
崔戎（人名）48－4⑪
崔戎等（人名）ラ 48－4⑮
崔七（人名）15－21⑪
崔－舍－人 H 10－10③
崔常侍（人名）25－17⑩
崔常侍晦叔（人名）29－5①
崔相（人名）25－13⑦
崔相公（人名）17－17⑩
崔十八（人名）22－15②
崔十八玄亮5－1⑦
崔十八使君（人名）23－6⑳
崔承寵53－10⑬
崔植（人名）H 49－6⑫
崔晋（人名）H 33－16⑪
崔清（人名）55－7⑰
崔生（人名）44－3⑫
崔少尹（人名）35－16⑭
崔少監（人名）21－15⑲
崔少卿（人名）28－3⑧
崔先輩13－9⑬
崔宣城（人名）35－13⑮
崔善貞（人名）H 59－7⑤
崔鄯（人名）51－13③
崔楚臣（人名）51－3⑬
崔存度13－16③
崔太守（人名）23－7⑮
崔大夫閤老35－10⑦
崔大夫駙馬32－4⑰
崔大員外14－5⑳
崔琰（人名）H 50－9⑤
崔杜（人名）16－2⑥
崔二十四（人名）16－5⑯
崔二－十四舍－人69－9⑬
崔二十四常侍32－4⑧
崔二十二（人名）16－13④
崔二十二員外（人名）16－6⑰
崔二十六先輩13－9⑩
崔二－十員－外20－1⑬
崔能（人名）52－11①
崔蕃（人名）52－10⑯
崔蕃等（人名）52－10⑱
崔賓客晦叔（人名）21－18⑰
崔評事15－17⑰
崔墉53－11⑫
崔郎中（人名）H 24－3⑲
崔李（人名）29－6⑭
崔李元庾44－2③
崔陵（人名）51－2⑰
崔員外（人名）19－18⑯
○彩23－3⑭
○彩－雲11－1⑮
彩－繪70－23②
彩翠2－21①

彩[K]―牋29―12⑨　彩―箋34―10⑫　彩―船29―6②　彩筆19―4③　彩[H]―毛4―14⑧　○才|15―3⑩　才―行
50―6⑨　○才幹52―7⑯　○才―器56―19④　才―畫51―11⑧　○才―華22―6⑤　才―業68―12①　○才
―子26―6⑭　才―思36―7⑮　才―志54―12⑪　○才―質59―13⑯　才術21―17⑲　○才―識47―1⑥
○才―人12―12⑫　才―臣33―4⑭　○才―智12―12⑭　○才―調68―6⑤　才[K]―哲29―3⑬　○才―能22―
3⑫　才―文43―11⑳　○才―名1―6⑯　才―命23―2⑱　才―用51―6①　才―理49―11⑪　才―良55―
3⑪　○才―署59―1⑫　○才―力22―3⑯　才[HK]―麗45―7⑪　才―位41―7⑮　○採―詩30―1⑪　採―
摘(ツ)36―3⑨　採―訪―使41―4⑭　採―菱28―7⑱　採―蓮31―14⑫　採―蓮(ノ)曲19―18①　採―蓮船36―19
⑱　○採[H]―錄61―6⑳　摧―壞(ス)1―18⑬　摧―殘(セリ)(ス)17―17⑦　○摧(テ)―折(ノ)17―4⑫　摧―攝(セシム)59―2②　摧―
頽(ス)10―18⑩　摧―鋒敗―績(スルニ)46―6⑱　摧[H]―落(ニソ)6―9⑥　○材|51―3⑮　○材器53―3⑩　材―官52―2
⑮　材―術69―13⑬　材―臣48―4③　材―略51―16⑳　○材―力49―8③　○采16―2⑯　采―采(ル)45―3
④　采造1―8⑱　○采詩1―2⑨　采[H]―詩―官4―15④　采[HK]―章50―14①　采―蘩42―1⑭　采[H]―薇7―5
⑬　采掇2―20⑲　采用2―9①　采[H]―蘭9―9⑮　柴[H]―荊6―5⑰　柴―戸33―18⑳　柴桑(地名)7―1⑬　柴桑
令16―4⑰　○柴[H]―扉32―15⑦　○柴―門31―4⑧　殺(サイ)66―3⑬　晬[H](サイ)(ムマレヒ)―日9―5⑪　○最|(トツ)43―12⑭　○最[H]
愛(ス)16―16⑩　最烏59―9⑥　最―要45―7⑳　○最―高10―4⑰　最高頂(地名)8―4⑬　○最―後23―7④

○最－上56－25⑧
最－上－乗41－8⑰
○最－勝59－16⑧
○最長44－11④
最－靈47－12⑨
最遠44－11③
○淬礪46－2⑮
濟上人(人名)H45－10⑮
濟法師(人名)45－10⑭
灾5－15⑨
灾－沴40－10⑱
○災61－5⑧
○災旱58－11⑥
災－凶1－1⑧
災H－禍38－9⑧
災－危62－20⑦
○災孽1－11⑭
災－祥62－16④
災－潦71－5④
猜－妬22－8⑭
璀(人名)53－7⑰
璀－璨タル30－14⑥
嗺K(去)シロシ(采)38－8⑧
碎|シ31－3②
碎－紅17－6⑤
碎－絲21－7⑬
碎－珠38－12⑯
碎－聲19－6⑰
○祭65－13⑥
祭公(人名)64－7⑨
○祭－祀65－12⑤
○祭－服65－12⑰
○祭文69－1⑤
○綵39－9②
綵－雲12－18⑭
綵H－紙25－3①
綵－絲4－5⑮
綵－繩24－12⑫
縗66－10②
縗セ47－8⑪
罪－逆40－4⑰
罪HK－苦45－11⑧
罪－悔56－16⑳
罪－坐59－3⑰
○罪－人57－25②
罪－梯63－6⑬
○罪－報45－12⑲
○罪－戾58－5⑤
○菜15－2①
菜－甲33－4⑰
○菜H－蔬18－5⑨
○菜－色47－13⑭
蓑蓑タリ11－12⑬
○蔡(地名)43－4⑪
○蔡H－邑8－9②
蔡－冠49－1⑨
蔡州(地名)42－5⑫
蔡州諸－軍－事54－7②
蔡叔子H(人名)68－15⑱
蔡H－渡9－8⑪
裁32－13⑲
○裁|ス33－14⑪
裁|シ－成ス65－7③
裁－種ソ18－7①
○裁植11－9③
裁－成44－7①
裁H－成ス65－7③
裁－製32－11⑮
裁截ソ2－21⑪
裁－退スル48－2⑯
○裁－斷58－14⑰
○裁－斷スル58－2⑪
裁－服セル｜ヲ24－19⑱
裁襪33－2⑤
○裁－縫ス17－2⑱
○裁－量59－9⑮
○裁－量セヨ59－13⑤
豺－獺63－12①
○豺－狼4－6⑥
○財10－1⑨
○財－貨56－18①
○財－產60－4②
○財－施68－5⑱
財－征47－3⑲
財－賦54－10⑥

○財-物63-3⑬　○財-用47-13⑩　○財-欲63-10⑤　○財-力57-13⑳　宋-寮66-11⑳　釵[H]-亭19-
14②　○際14-17③　際-海20-7⑭　際斷29-8④　○齋[H サイ]22-11⑪　齋|[シ]41-12⑭　○齋-戒32-8⑭
○齋-戒35[ソ]-5⑫　齋-居26-2⑱　齋-居24[シテ]-14⑩　齋供69-9⑭　○齋宮(人名)33-11③　齋[H]-月26-2⑯
齋-嚴諒-直[ナリ]71-4⑭　齋-後31-6⑦　齋-莊54-10④　齋-時28-6⑪　齋[H]-施43-4⑥　齋-鐘28-
16③　齋-心[ス]69-17④　齋-心持-念[ス]69-8⑥　○齋-堂68-16⑧　○齋-沐[ソ]71-1⑪　齋[H]-用68-5⑩
齋郎69-12⑭　齋-栗[ソ]46-5⑥　齋-慄奔-走[ソ]51-16⑭　喪1-16①　喪|[ス]67-9⑯　喪-期55-13⑨
喪-紀65-13⑰　喪[H]-塟65-13⑫　喪塟令69-13⑮　喪-者67-7⑦　喪-逝57-20⑰　喪-馬39-6①
喪-敗57-13⑭　喪-亂62-8⑩　倉47-13④　倉囷5-7①　倉曹參-軍42-8⑭　倉-粟11-3⑫　○倉[H]
-卒56-15①　倉-部郎-中53-14⑥　倉-部員-外郎51-13③　○倉-廩54-16⑨　○像69-14⑭　像-教
69-15④　像-設69-14⑲　○像-法69-14④　皁棧67-9⑦　創|[シ]25-6⑯　創-藏43-8⑲　雙-櫻樹20-
-12⑭　雙影9-3②　○雙-蛾4-11①　雙角34-11⑯　雙-鶴21-10⑨　雙-榼27-11⑲　○雙[K ナラヘル]‖眼4-
14⑩　○雙[H]魚8-8⑦　雙-魚-榼33-3⑫　雙-金25-11⑨　雙-華15-21⑮　○雙-鬢12-13⑰　雙-闕
14-6③　雙劍3-4①　雙-紅1-3⑯　雙-鎖16-9⑭　雙-雙[タル]24-10⑳　雙-刹27-13⑳　雙-枝37
-5⑱　雙-紫-鳳35-11⑰　○雙[K]-袖32-13⑱　雙[H K]-姝24-7⑬　雙-松5-6③　雙[H]-驂8-12⑩　雙-

成12-11⑤　雙-旌25-7⑦　○雙-棲16-15⑭　○雙聲13-1⑮　雙石21-8⑧　雙節31-2⑭　雙-錢7-7④　雙-池17-3⑨　雙-憧30-9⑳　雙H-童8-15⑬　雙-白-魚1-21⑤　○雙眉8-13⑧　雙K-臂6-2⑭　雙-飛32-7⑧　○雙-鬢17-20⑯　雙舞34-9⑮　雙-屏18-1⑦　雙瓶6-11⑪　雙袂21-18⑧　○雙-眸2-5⑧　雙H-鳳16-10⑮　雙-鳳ノ-闕16-10⑮　雙履6-11⑧　○雙H-林7-12⑭　○雙林(建物)寺18-1⑱　○雙-輪26-11①　雙-涙21-7⑲　雙-隈伽3-12②　雙闕13-2⑫　雙雙トソ10-13⑯　雙-雕17-1⑮　雙成17-14⑯　雙-白-鶴33-3⑭　雙-皃45-2⑯　雙-眸10-10⑦　○喪67-4⑲　喪ス66-3⑨　喪-紀50-9⑫　喪-敗ソ56-4⑲　○嘈-嘈タリ70-13⑤　噪噪タル4-14⑭　相ヒ噪-嗾ソ70-2⑱　莖67-9⑯　莖具67-9⑲　孀H-幼14-11⑥　孀H-閨14-11⑥　孀-妻33-5⑪　○孀-婦22-10⑭　⿰山雙Hサウ-⿰山雙タル6-12②　○想41-12⑲　愴辛10-14⑰　愴-惻ソ10-3⑥　臧-獲42-6⑲　○臧-否56-14⑯　臧武(人名)38-15①　掃-市30-12④　掃H-車26-12③　○掃HK-蕩56-9⑬　掃-拂セ27-6⑰　掃-掠ス27-16⑮　搔H-首7-2⑧　○搔H-頭19-18③　搔把36-2⑪　操(人名)68-5③　○操H7-2⑨　○操-行51-6⑳　操H-割セハ49-11⑬　操洲(地名)71-8⑭　操執49-14②　操-袂47-18⑮　操-履70-12⑬　早セリ70-4①　早H-鶯20-9④　早-陰17-13⑱　早-飲28-11⑨　早夭36-6⑥　早-夏15-10⑩　早H-荷16-15⑬　早-衙22-20⑥　早HK-香22-16⑪　○早-寒13-17②　早興20-18⑤　早-蛩14-8⑪　早-禾ハセ26-1⑧　早-花17-11⑨　早-光

13－1⑱ 早－黄14－6⑩ 早－歎ス63－9③ 早－霜22－15⑦ ○早－秋14－8⑦ ○早出28－17② ○早
－春8－8① 早－笋31－16① ○早H－世28－7⑳ ○早－世ス46－11⑧ 早－歳40－5⑬ 早－熱30－7⑲
早－蟬22－19⑭ 早H－稲26－8⑰ 早茶26－14⑳ ○早－朝11－5⑫ 早－潮23－9① 早－冬14－8①
○早－年14－13⑥ ○早－梅16－8⑲ ○早－晩67－1⑯ 早飯36－17⑤ 早－備62－21⑳ 早－風25－7②
早H－苗70－3⑯ 早－辨セ1－15⑧ 早－涼8－9⑪ 早－涼ソ6－5⑰ ○曹｜48－5⑱ 曹H－掾43－4⑬
曹家19－18⑱ 曹剛(人名)26－7⑦ 曹供奉32－5⑥ 曹冏(人名)64－15⑨ 曹溪(人名)6－2⑩ 曹公又(人名)56－9⑮ ○曹司15－
5⑥ 曹州(地名)27－4⑩ 曹－署19－2⑩ ○曹參(人名)62－11⑪ 曹長(人名)9－11⑰ 曹沫(人名)46－7② 曹播(人名)52－10⑫ 曹播(人名)
等52－10⑩ 桑－間65－11⑮ ○桑弧23－19⑧ 桒弘羊(人名)K 4－10⑦ 桑－穀62－16⑥ 桑H－棗10－4⑪ ○桑－
梓67－18③ 桑－椹47－11⑱ 桑－地63－1⑲ 桑蟲37－12⑭ ○桑－田2－10⑫ 桑－麻23－11⑲ ○桑－
楡36－6⑳ 桑H－落18－12⑮ 桑梨5－15⑬ 巣(人名)2－17④ 巣由(人名)36－21⑳ 巣HK－燕24－14⑬ 巣許(人名)2－10⑧
巣－穴62－18⑲ ○巣窟2－15⑰ 巣縣71－13⑳ 巣兄34－11⑨ 巣中10－8⑰ ○巣父(人名)30－4⑫ 棗1－20
⑤ 棗強縣(地名)56－9② 棗樹1－20④ ○槽34－1⑳ ○滄(地名)－海16－13⑲ 滄海郡23－4⑥ 滄(地名)－江20－15⑦
滄景(人名)H 42－4⑭ 滄景等ノ州管－内觀－察處－置等ノ使54－4⑨ 滄景等ノ州ノ觀－察處－置等ノ使54－7⑨ ○滄(地名)
洲35－16⑮ 滄州ノ刺－史54－7⑪ 滄州(地名)ノ諸－軍－事54－4⑧ 滄州(地名)等60－5⑯ 滄－波66－14⑰ ○滄溟(地名)36

－1⑪　○滄(地名)－浪5－1⑳　滄－浪ノ子36－9⑫　○漕－運50－12⑰　漕－運－職52－6①　漕河34－10⑮

漕上37－8⑰．漕[H]－務42－3⑧　澡シ59－16⑲　澡瑩12－12⑤　澡－濯10－9⑦　澡－豆等59－16⑭　焯－燿タリ

69－13⑬　燥ニ63－13⑥　○燥－濕68－17⑬　瓜66－12⑨　○瓜－牙14－19⑤　瓜－士51－12⑱　瓜－翅1－

15⑮　瓜[HK]－距38－12②　爭60－10⑯　爭－効59－2④　爭－求63－18⑭　○爭－鬪60－10④　○爭－鬪スル41－

2⑤　相ヒ－爭－鬪ソ60－10⑩　○壯17－6⑳　○壯－氣16－16⑮　○壯－健ナリト40－8⑮　○壯－士38－8⑩

○壯－志16－4②　壯－齒17－10⑰　壯ナラン－日15－20⑮　○壯－心17－17④　壯－歲17－11⑰　壯－節46－7⑭

○壯－圖38－8⑮　○壯－年14－17⑲　琤－琤33－19⑭　瘐居古34－12⑬　瘐－仙34－16③　○瘡26－9⑰

瘡－痏11－10④　瘡－痍スル59－9④　皁－蓋33－20④　相隱67－13⑫　○相－好70－11⑨　○相思9－6⑲

相(人名)門68－2⑱　牕－下9－9⑤　牕間36－10⑥　牕－戶8－9⑪　牕闥43－7⑪　窓－下22－14⑬　窓－間26

－5③　窓[HK]－戶22－14⑳　窓紗33－5⑦　窓－前5－1⑮　窓－窓24－14⑰　窓－燈14－3⑰　窓－風28－13

①　窻下38－6①　窻[H]－間33－6⑳　窻[HK]－戶6－9⑱　窻裏33－1⑱　箏28－10⑪　糟70－13⑤　糟甕26－11

⑲　○糟－糠36－12④　艸－菴17－15⑦　艸簷10－9⑰　艸－樹18－13⑨　艸－堂18－1⑰　艸－木10－9①

○草4－12⑰　○草ス22－3⑯　○草庵36－21⑮　草－煋16－5⑪　○草－芽22－4⑧　草－岍25－8⑩

草－屨22－17④　○草－花20－2⑤　○草－座28－18⑥　○草－創シ38－18⑥　○草－草タリ7－11④　草－詞

19-13⑱　○草舍13-16⑬　草-樹19-16⑫　○草(H)-色18-10⑫　草(HK)-聖38-11⑦　草-詔5-9④　草(H)-奏
55-15⑩　○草-堂16-16②　草堂記43-2⑦　草-澤30-2⑮　○草蟲9-2⑥　○草-頭33-9⑥　○草
-味38-9⑦　草茫茫4-12⑯　草-風16-15⑰　○草-木1-22⑩　○草(H)-莽6-4⑮　草蔓2-19⑦
草-野59-15⑤　○草萊5-15⑥　○草-履33-7⑥　草綠29-13⑲　草-縷28-12①　○草廬43-10⑲
莊(人名)29-5⑥　○莊23-12⑰　莊居36-20⑩　莊(人名)-惠36-14⑮　○莊(H)-敬65-7⑱　莊-潔(ナル)68-2⑥　○莊-
嚴(シ)39-8⑮　○莊(人名)-子15-19⑦　○莊子(書名)15-19⑥　莊水亭(建物)25-9⑳　莊生(人名)28-10⑧　莊舄(H)(人名)35-4⑪　莊叟(人名)19
-11⑤　莊(H)-宅28-10⑳　莊(K)-店29-5⑲　莊容38-5⑥　莊老(人名)7-4⑫　莊列37-12⑤　莊王1-8②
葢-(ス)41-5⑰　葬30-11⑳　葬(スル)4-12⑭　葬事42-2⑨　蒼(K)(人名)29-10③　蒼-(トソ)36-8⑦　蒼靄21-3⑪　蒼-
角57-15⑯　○蒼(H)-穹2-16⑥　蒼-玉21-15⑯　蒼-華22-3⑨　蒼-黄(ニソ)28-7③　○蒼梧(H)(地名)35-9⑯
○蒼-蒼(タリ)1-21⑬　蒼(H)-蒼-然(タリ)9-10⑭　蒼蒼茫茫(トソ)4-12⑰　蒼山(地名)42-3⑱　○蒼(H)-翠(ナリ)8-2③
○蒼-生33-8②　蒼-石43-10⑥　○蒼-然(タリ)19-11⑨　蒼-苔27-6⑱　○蒼天38-13②　○蒼-頭14-
18⑬　○蒼-茫(タリ)17-3⑰　蒼莽(タリ)1-16⑳　蒼(H)-髮8-13①　蒼茫(トソ)1-22⑳　○蒼(H)-旻42-11④　○蒼-
浪(タリ)23-13⑩　藏(H)(人名)41-8⑩　○藏15-20②　○藏(ス)8-6⑫　棄(ステ)-藏(ソ)2-7⑯　藏(H)-煙59-17⑩　藏經堂36-
11⑩　藏-鏹27-9⑱　藏貨5-15⑭　藏-外71-8④　藏-事(タリ)70-22⑩　藏周(人名)68-4⑯　藏-錐38-11⑳

藏中1—2⑩
藻34—12⑱
藻—行56—5⑬
藻—鏡63—19⑥
藻—思52—10⑬
藻[H]—梲31—4⑯
○裝—束（シ）35—7⑩
諍58—1⑫
諍—友66—3⑳
○象69—15⑱
○贓｜67—18⑮
贓[H]（サウ）—汙（ウ）54—13⑫
○贓—物66—11②
躁[H]（サウ）38—1⑯
躁—求38—8①
○躁—進68—19⑥
躁—靜5—1⑭
造｜[HK]38—13②
造（ス）38—10⑲
○造—化24—2⑦
○造—次13—2⑳
○造—物4—4⑪
○造—物—者6—11⑲
○錚—錚（タリ）1—3⑰
錚—錚然（ト〆）12—16⑫
錚[H]—摐（ト〆）17—1⑰
錚—鏦（ト〆）17—1⑰
鎗—樅（ト〆）31—10③
隟[H]—鞅43—7⑬
霜烏13—6⑪
霜—葉27—14⑭
霜[K]—簡35—8③
○霜—氣15—17⑮
霜—菊19—9⑭
霜—筠23—8①
霜[H]—華（ノ）12—10⑲
霜[H]—翮8—12⑦
○霜—月15—14⑭
霜—後31—10③
霜—艸33—10⑱
霜—草14—15④
霜[H]—霰20—7②
霜—枝2—21⑩
霜—紈33—11⑱
霜—樹32—9⑲
霜—松17—4⑫
霜節15—4⑩
○霜—雪24—6⑱
霜—刀16—9⑭
霜—竹8—15⑪
霜—庭20—4⑲
○霜天25—1⑰
霜—珮31—3②
霜—皮13—17⑪
○霜鬢34—6①
霜—風27—12⑤
霜—毛19—1⑦
○霜—蓬34—13①
○霜夜33—12⑦
霜[K]—鱗38—9⑥
○霜—露42—1⑭
霜[H]—園10—18⑬
颾—颾（タリ）34—1⑱
騷—騷（タリ）9—1⑭
騷—辭45—2⑬
○騷—人19—14⑩
○作7—4①
作｜（ス）3—1⑪
作—解57—11⑦
作—合（〆）70—1⑨
○作—者43—11②
作—息（スル）22—14⑯
作[H]—程67—1⑧
作—勞（ス）66—5⑳
○作—爲38—13⑬
○作—爲（スル）43—5⑤
○冊50—2⑱
冊｜（セ）49—1⑲
冊[H]—書56—12⑲
冊—贈69—7⑭
冊方21—3⑰
冊—文51—1⑥
冊[HK]—命50—1⑱
○冊—命（ス）57—

21①　○削―奪シテ45―8⑯　削―平61―9⑬　○嘖―嘖10―4⑩　○幘Kサク（入）35―7⑲　愬H（人名）49―1⑨　摵―摵タリ15
―1⑳　數28―13⑫　數―數トメ18―8⑩　○昨1―14①　○昨―日10―8⑱　○昨―朝29―9③　○昨晩30―
7⑨　昨―非66―11⑲　○昨―夜1―19③　○朔40―3⑬　朔―州53―12⑲　朔―吹34―1⑱　朔―方56―17
⑫　朔HK―漠64―10⑳　○朔―望69―9⑭　窄―窄狹―狹タリ22―9⑬　窄―小ナル32―5⑰　○策5―15⑦　○策―ス
61―8⑧　策項62―2⑬　策―策9―13⑯　○策―試ス41―12⑥　策―徵ス61―1⑫　策頭62―1⑪　策尾H62―
3⑯　策畢ヲ59―18⑪　策―目13―2⑧　策名5―2⑫　策―名シ52―10①　策―林62―1⑩　○索居36―1⑱
○索―居セリ22―6⑱　○索―索タリ15―2⑯　索―索蕭蕭タル16―12⑲　○索―然タリ45―8⑬　○索―寞トメ15―11
⑮　○索落タリ10―14①　錯Hサク12―13②　○錯―雜53―4⑤　○錯―雜メ12―17⑥　○錯―綜シテ38―15⑬　錯磨メ2
―18⑦　錯―落タリ26―1⑨　鑿セ8―14⑫　鑿―鑿トメ36―9⑨　鑿H―枘38―15④　鑿―枘48―12⑨　鑿―落25
―15⑦　察67―8⑲　察―ス53―8⑦　○察H―察ニ65―4⑫　察視51―5⑭　察レ―色65―2⑬　察H―訪シテ59―2⑰
察―廉24―1⑫　扎―扎タリ4―6⑱　撒19―4⑩　○撮要ニメ41―3③　○撮H―土6―10⑰　⿰日殺藥27―11⑧
○札13―2⑧　札―札タリ10―1⑧　○殺47―10③　愁ヘ―殺ス14―10⑨　惱シ―殺ス14―11⑥　○殺―氣13―11⑯
殺H―草10―2⑭　○殺―傷56―9⑲　殺―生セル41―8⑭　殺H―ノ聲3―11④　○殺―戮67―3⑯　○殺―戮セ61
―4⑫　襍―味45―12②　鍤15―1⑮　雜―英1―20⑦　○雜感2―22⑯　雜―興1―7⑯　雜戲3―4④

雑－花9－12⑫　雑H－卉キ4－5①　○雑－言29－16⑱　雑H－坐ルヲ43－7⑨　雑－散セル71－8④　雑H－樹20－17⑧　○雑－色58－8⑨　○雑－税63－6②　○雑－體21－1⑬　雑－鳥1－11③　雑－芳30－11⑯　○雑－文43－11①　○雑－木43－3⑤　雑－亂45－13⑫　雑HK－律45－7⑭　雑－虜50－1⑯　颯トン30－8③　○颯－颯タル5－6④　○颯－然タリ10－14④　○三－3－1⑤　○三－友21－8⑯　三H－遊－洞43－9⑲　三遊洞序43－9②　三カ之一69－4⑧　三－尹22－19③　三HK－韻5－3⑬　三詠32－12⑧　三HK－謠39－3⑰　三－驛23－5⑧　○三葉19－11⑬　三－嚥21－12⑧　三－掾23－18⑭　○三－界69－11⑳　三(地名)－江29－11⑰　○三－考46－8⑰　三學士16－4⑱　三－諫66－7⑥　三－間16－16②　○三－犠66－17③　三－季39－2②　三－紀36－11⑪　三－鄕28－8⑱　三H－語49－9⑱　三－兇57－8⑰　三－科47－9⑪　三花26－11②　三－廻18－9⑨　○三－光17－3⑱　○三－皇62－6⑱　三願36－6⑬　○三－月2－14⑪　三－月晦－日31－16⑬　三－月五－日69－7⑦　三－月三－十－日16－18⑩　三月四－日68－8⑮　三月十日43－9⑤　三H－月ノ十－四－夜19－15⑤　三－月上己ノ日34－7⑲　三H－月二－十七－日43－4④　三H－月二－十八－日24－12⑳　三－穴38－11③　○三－元68－6⑱　三－元道－齋70－8②　三－卷43－11①　三(地名)原42－8⑲　三(地名)原縣42－8⑰　三縣71－2⑤　三君46－5⑭　三－君－子17－15⑥　○三－軍26－9⑨　三－軍－使56－2③　三－郡23－7②　三兄24－13⑪　三卿3－4⑦　○三－徑15－5⑩　三－經45－12②　○三－逕28－11⑫　○三－教68－9⑭

三教論衡（書名）68－9⑫　三傑（書名）47－6⑰　○三峽（地名）18－7⑯　○三[H]－獻71－1⑭　○三－賢71－5⑰　○三－五57－
2⑱　三－五之道47－8⑳　○三－五月6－11⑭　三－五－事36－3⑲　三－五－枝21－17④　三－五－日
58－11⑬　三－五－歳20－5⑨　三－五－聲35－18②　三－五夜中14－3⑲　三－虎40－5⑯　○三－顧ス
1－21①　○三－鼓66－18⑦　三[HK]－侯38－5⑤　○三－公58－4⑨　三[HK]－口24－19①　三－孔63－7⑬　○三
－才47－12⑥　三－才繆－濫62－19⑲　三－載12－13⑩　○三[H]－藏70－24⑮　三－策13－2⑪　○三－山37－
7④　三－盞16－2⑬　○三－事43－5①　三－匙31－16⑩　三－四枝13－13⑫　○三－四5－8⑦　三－四
－兒10－5⑭　三四十首45－3⑭　三－四－旬5－12⑰　三[H]－四－春10－7④　三[H]－四－人7－8⑳　三－四
－聲18－15⑰　三－四－尺22－15⑧　三－四千1－22⑥　三四千人60－6⑮　三四千里45－5⑳　三[H]－四－孫
36－12②　三－四－歎9－11⑮　三－四－重ナリ4－1⑦　三－四－年3－10⑬　三－四－匹29－1⑱　三四
碧29－7⑮　三[K]－四－百首45－4⑦　三－四－萬－人60－6②　三－四－里15－15⑬　三－子42－9⑰　○三[K]
－字35－5⑤　三－尸19－19⑮　三－寺36－21⑱　三－師29－11③　三－徙57－6⑦　○三－思57－20⑦
○三[H]－時14－9⑯　三－矢2－18⑬　三[H]－周66－13⑤　三－州56－5⑰　三－秋25－3⑧　三－失46－5⑧
三[H]－室71－4⑪　○三－日1－1⑰　三－日巳－上68－8⑧　○三－十15－8⑭　三十有五ニメ3－1⑱　三－
十有－五－年62－4⑤　○三十一63－15⑱　三十－一－年68－3⑤　三[H]－十－韻12－4⑧　三－十九－人41－

9⑯　三—十—會69—15⑱　三—十—卷68—1⑭　三十九6—2⑤　三十五63—21⑪　三—十—斛1—17⑳
三—十—載69—11⑰　○三十三63—18③　三—十—三—年46—10⑱　三十四5—2④　三[H]—十—秋36—18⑪
三—十七36—11⑨　三十七—年68—6⑩　三十日69—7⑩　三—十—章26—6③　三十首26—6①　三—十—
春32—3⑤　三—十—軸21—10⑯　三—十二15—10⑬　三—十—人51—16⑦　○三—十—年23—11⑬　三—十
—年—來14—1⑱　○三十八64—3⑥　三—十八—人41—4③　三—十—歩42—11⑬　三十畝10—9③　三—
十—部71—14⑥　三[H]—十—萬12—5⑦　三—十—餘21—4⑥　三—十餘載69—10⑩　三—十餘—年70—14①
三—十餘—里43—7⑥　三—十—里68—7③　○三十—六22—16⑫　三—十—六—回18—17③　三—十六—峯
26—4②　三[H]—舍—人19—2⑦　○三—者32—3③　○三—車18—2②　三—狀59—11⑰　三—相6—13⑯
三(人名)相公24—2⑰　三—讓56—23⑥　三爵15—8①　三—株4—12⑤　三—銖28—13⑭　三[H]—首6—4⑳　三—
宿23—3⑩　三—宿[ﾒ]17—21⑫　○三—句5—1⑪　○三—春27—4⑥　三—署—吏48—3⑧　○三—處13—
11⑤　○三—乘36—21⑮　三—升33—15④　三[HK]—丞—相24—2⑱　○三從[ﾒ]67—16①　三—從—弟51—14⑬
○[H]三—職48—2②　三[H]—色66—6⑰　三—蜀52—13⑬　○三—人20—1⑲　三—仁65—20①　三—尋69—3⑭
三—心30—4④　三[H]—秦(地名)38—9⑭　○三神1—4⑱　三[H]—臣19—14⑮　三—辰46—3⑰　三[H]—數—局[ｷｮｸ]7—16
③　三—數月60—8⑨　三—數—盞19—15⑭　三—數—事23—5④　三—數—酌25—4②　三—數—聲29—4

⑳三-數-年44-12⑰ ○三-世42-7⑳ 三-城3-9⑬ 三-藏4-9⑯ 三-牲2-8⑫ ○三省13
-1⑯ 三-聲13-3⑪ 三-少55-8⑲ ○三-尺1-7⑧ 三尺-餘3-9⑱ ○三-絶33-3⑨ 三-
絶-句32-3⑥ 三捷34-1⑩ ○三-千3-2④ 三-千有-六-百-日71-11⑫ 三千一-百-五-言69
-3⑪ ○三-千-界24-12⑥ 三千言2-12① 三-千五-百里12-2⑩ 三-千-戸49-1⑦ 三-千四
-百八-十七-首70-24⑨ 三-千七-百二-十-首71-14⑤ 三-千-人56-7⑲ ○三-千-世-界34-
8⑬ 三-千二-十言69-3⑦ 三-千二-百五-十五-首70-15⑩ 三-千-日33-11⑩ 三-千-篇30-
7⑯ 三-千-里17-7⑲ 三-千-両34-3⑳ 三千六-百70-23① 三-千六-百-里23-2⑪ 三-仙
16-4⑪ 三-善52-4⑧ 三川(地名)28-17⑬ 三楚(地名)16-1⑩ 三-奏25-1⑱ 三-層35-16⑯ ○三-代4-
5⑥ ○K三-台(平)3-7⑳ 三對36-22⑥ 三泰45-15① 三H-堂18-11⑯ 三島69-4⑭ ○三-道22-3
⑫ ○三-丹29-9⑭ 三丹ノ田8-10⑲ 三-帙27-6① 三-丈11-12⑪ 三H-黜54-16⑱ 三-女70-
4③ 三丁3-6⑩ 三題1-21⑰ ○三-朝15-8⑧ ○三-條22-9④ 三(人名)-適29-16② 三-姪71-13
⑳ 三-奠メ40-6⑤ ○三-殿14-10⑳ ○H三-度24-3⑨ ○三-都64-14⑫ 三-都ノ賦22-8⑳ 三H-
等70-2⑤ ○H三-徳42-11② ○三獨5-12⑫ 三-毒五-濁ノ業71-6⑦ 三-二-年58-5⑮ 三-二
-年-來36-24⑧ ○三-年8-11⑯ 三H-年ノ計28-10⑯ 三-農67-17⑩ ○三-杯9-6⑦ ○三-盃

35－3⑫　○三－盃（メハ）22－7⑬　三－瓶56－1⑦　三匹23－15⑰　○三－百3－8⑧　三－百九－十24－10⑳
三－百－巻70－4⑧　三百莖1－22⑭　三－百－戸48－2⑱　三－百－歳35－17⑱　三百石1－4⑭　三－百－
段49－2⑱　三－百－年65－9⑤　三－百年－來16－4⑤　三－百－篇24－18⑱　三－百－里30－6⑳　三－
百六－十68－6⑲　三－百六－十－日22－10⑧　三－百六－旬32－9 170 注31　○三－品22－14⑤　三－品以－上
66－16⑭　三－品－松27－13⑰　三H－不－和62－19④　三H－夫－人12－12⑪　○三－府70－9⑨　○三－寶70
－24⑰　○三－伏11－13③　○三－復（ソ）62－1⑭　○三－分13－8⑫　三病9－9③　○K三－苗64－14⑩
三HK－表64－11④　三H－篇11－13⑱　三－遍9－8②　三－邊47－16⑮　三－哺26－9⑩　○三－輔49－11⑪
三峰9－8⑯　三－峯25－3⑨　○H三－本70－24⑫　○三－昧70－8⑥　三－萬71－6⑰　三萬日10－7⑧
三－萬－衆69－15⑪　三H－萬－人56－9⑯　三－命50－8⑭　○H三－面6－12②　○K三－門6－11⑭　○三－
夜23－6⑮　三陽46－3⑫　○H三－老66－10⑪　○三－樂27－7⑮　三－吏48－9⑨　三－利64－9⑫　○三
－里14－12⑮　三兩卷43－2⑮　三－兩－事29－13⑩　三－兩－枝25－12⑤　三兩日34－6⑪　三－兩－人29
－16⑪　三－兩－聲36－21①　三－兩－叢34－13⑪　三－兩－盃29－3⑨　三H－良40－1⑰　○三－署2－16⑮
○H三－令66－15⑭　○H三－禮50－3⑫　三－齡18－15①　○三六2－2④　○三（人名）－王62－14⑰　三園71－5⑥
傘－盖16－14⑱　剗－革（ソ）63－8⑭　○參（タル）17－9⑭　○參（シ）40－7⑨　○參－會（ス）43－9⑤　參－軍42－4⑮

參－護メ53－6②
相ヒ參錯セシ3－3②
參－雜メ11－7⑥
參－貳トス48－9⑱
參－詳セン64－17⑭
參－同21－4⑩
參同契H(書名)17－4⑯
參－務シ52－12⑨
參－量メ56－20⑩
山H－櫻16－5⑳
山－意15－9⑬
山K－遊て29－12⑥
○山－郵14－10⑨
○山－陰22－3⑰
○山－雨2－14⑪
○山HK－腰17－13⑱
○山H－驛14－11⑯
○山－下6－10⑫
山下水43－12⑦
○山H－家16－6⑭
山－歌12－18③
山－河9－10⑤
○山－海31－18⑳
○山海經H(書名)39－2⑨
山－客70－14⑩
山岳54－4⑪
山簡(人名)29－12⑱
山宮4－9⑩
山－杏17－6⑤
○山ノ－脚ノフモト17－8⑫
○山H－居16－17⑧
○山－居メ36－16⑲
山－禽32－11－252注32
山H－火11－5⑪
山花13－15⑲
山－光31－17⑱
山光(建物)－亭71－5⑧
山－郭11－2⑯
○山－館9－7⑲
山－鬼16－11⑥
○山－月9－7⑲
山HK－穴38－8⑦
山K－縣32－10⑧
山－屐27－13⑯
山(地名)－險70－5⑲
山－狐4－13⑰
○山－谷18－3⑦
山－根15－13⑦
○山－齋16－17⑩
山－牕16－10①
○山－窻45－15③
○山－寺6－6⑲
○山－上2－1⑳
山－樹43－12⑩
山宿13－12⑰
山HK－鷓－鴣12－7①
○山－色26－3①
○山HK－神41－8⑲
○山－水21－3⑥
山－藪56－4⑳
山城(地名)11－11⑩
○山－妻36－12③
山－晴9－12②
山－魈16－1⑲
山－石榴25－16⑤
○山雪21－13③
○山－川5－11⑨
山－泉17－18⑭
○山－僧31－11⑪
○山濤(人名)52－4⑧
山雉8－5⑤
○山－中13－11⑩
山H－厨16－16⑨
山－竹43－2⑳
山－躑躅12－8④
○山－頂8－4⑭
○山－鳥16－7③
山－狄50－2⑪
山H－店11－11⑲
山都26－9①
山－東37－10④
山H(地名)－東42－11

⑧
山東軍1-2⑯
山-洞56-21⑥
○山-頭1-10⑤
山南(地名)33-13⑪
山ᴴ-南東-道48-9⑭
山陂2-8⑱
山-飯26-11⑫
山枇-杷14-9⑲
山麋5-5⑯
山ᴴ-夫7-7③
山-苗1-14⑳
山甫17-14⑨
山-甫等70-2⑨
山-北7-7⑱
山-木33-1⑰
○山門43-10⑬
山ᴴ門-外9-8⑯
○山-野63-11⑳
○山陽(地名)25-2⑰
山-梨29-8③
山裏19-11⑳
山-榴28-5⑤
○山-梁36-2⑮
山(人名)-侶19-1⑮
○山-林2-10⑧
○山-路8-4⑳
○山-猿16-5⑪
山-翁25-5⑬
巉-巉タル21-15⑯
○慚愧ス21-3⑳
慚-忸ス30-5④
慙59-15⑯
○慙-惶59-13⑰
○慙-惶ソ59-17⑱
慙-惶懇-激68-9⑩
慙-惶僶-俛トソ62-2⑨
○慙-愧12-19①
慙-愧ス20-13⑭
慙-歎ス25-14③
慙-惕ソ60-5⑧
○慘タリ18-15②
慘氣3-11④
慘-慘トソ12-3⑩
慘-慘戚-戚タルニ65-12②
慘|悽|スルノミ2-5⑤
慘-戚ス34-2⑮
○慘-然トソ71-11③
慘-淡タリ22-5⑬
慘-淡トソ26-9⑰
○慘-澹タリ15-1⑲
○慘-冽トソ36-5⑥
○讖-悔71-12⑱
攙ᴴ搶13-6③
○散|ニソ29-9③
○散|ス23-13⑱
散-得18-12⑰
散ᴴ-客25-5⑬
散ᴴ-棄セ64-8⑯
散(人名)騎常侍48-11⑧
散騎常侍刑部尚書42-4⑩
散-花33-10⑥
○散-官49-6⑪
散-官-勲48-3①
散-官-勲-賜50-6④
散-官勲-封54-2⑳
散-官實-封54-5⑮
○散-齋32-12①
○散-失ス47-15⑱
散-序28-4④
散松喬32-9⑦
散-職13-14④
散-水32-5⑧
散仙36-17⑯
散ᴴ-拙ニソ7-6⑩
○散-地23-17⑫
散ᴴ-秩25-14⑧
散-配セ58-8①
散-班58-3⑩
散分

10-1⑳
散-麪23-3⑲
○散-歩ス21-8⑳
散-報セン59-3⑦
○散-漫トメ12-10⑩
○散-亂ス22-8②
○散吏(人名)16-10⑤
○散-員27-14⑰
○斬|ス34-1⑪
斬-縗71-2⑰
斬馬1-7⑬
○暫時2-9⑮
杉-桂5-3⑳
杉-月45-10⑨
○杉-風5-10③
○棧16-1⑰
○棧-閣65-3⑪
○殘44-12⑩
○H殘-櫻8-8⑮
○殘-鸎24-1⑧
○殘-鶯18-15⑰
○殘雨20-6⑧
○K殘-焰29-5⑩
殘-鴈6-7①
○殘-菊14-6⑳
殘兇2-15⑱
殘-槿36-1⑰
○殘-花31-16②
○殘-月12-1⑮
殘-紅18-4⑥
殘肉2-15⑳
殘-日7-15⑱
殘-酌6-7⑫
殘-酒5-12⑱
○殘-春30-7③
殘春曲18-15⑯
○殘-暑17-13⑰
殘-絮16-8⑲
○HK殘-燭22-16⑪
殘粟1-16⑱
殘水7-15⑯
殘-醉20-11⑳
殘-稅2-4⑦
○殘-照24-5⑳
殘-席13-2③
○殘-熱17-13⑱
○殘-雪28-17⑥
殘H-黛14-19⑱
殘-茶12-3⑭
殘-燈9-13④
○殘-年31-6⑭
○殘-杯24-14⑨
○殘盃5-5⑨
殘-芳16-3⑩
殘氷8-7⑫
殘-鬢15-19①
○殘-夜25-14②
○殘-陽19-17⑧
殘漏21-8⑲
毿-毿タリ23-4⑩
滻15-16⑬
滻水(地名)4-11⑪
潸-然15-14⑯
爨何棟57-20⑯
爨薪ス1-12⑬
○珊-瑚6-11⑩
○珊-珊タリ6-11⑳
璨H(人名)41-8⑥
○璨-璨トメ38-12⑫
○產4-1⑫
○產|スルニ11-1⑮
○H產-業25-4①
盞15-8③
盞-杓23-14①
盞-底ノソコ24-1⑱
○竄|セラレ51-11①
○竄-謫ラレ70-7⑪
○筭2-7⑳
○筭ス16-3①
簪纓31-17⑳
○粲-粲タリ22-8⑤
○粲然タル54-11⑱
糤-蓋31-5③
纘Kツク-位ニ

38-3② 芟-斫|スル 2-20⑯ 蠶 18-15⑤ 蠶セ 47-8⑱ 蠶蟻 26-9① ○蠶HK-繭 17-20⑫ ○蠶K-桑 4-5⑫
○蠶室 2-10⑥ ○蠶-織 47-12⑲ 蠶H-績 4-9⑲ 蠶妾 13-20④ 蠶虫 2-15⑲ ○蠶病 26-10⑥ 衫 12
-2⑮ 衫-襟 18-11① 衫-袖 4-6⑮ 衫-色 17-2⑰ ○讃 57-10⑮ ○讃|ス 39-7② ○讃-歎メ 71-
12⑧ ○讃-佛 71-12⑥ ○讃-佛-乗 70-24⑯ 讃H-文 57-16⑯ 讃-揚演-説メ 68-9⑳ 讃-誄 65-15
⑲ 讃-詠メ 23-8③ ○讒 4-9⑨ ○讒|メ 25-1⑭ ○H讒-毀 40-9③ ○讒-言 2-2⑬ ○讒-諂 63-
11⑪ ○讒-佞 62-20⑬ ○讒-謗 61-11④ 讒-寃 70-10⑤ ○賛 21-1⑧ ○賛|ス 52-7⑪ 賛H-皇縣-
君 68-2⑫ 賛察 51-16③ 賛貳 48-2① 賛-修シ 52-13⑭ 賛-善 50-7⑪ 賛H-善大-夫 41-9⑥
○賛-嘆ス 71-8⑮ 賛普(人名) 56-20⑩ 賛-揚シ 56-25④ 賛-諭 53-10⑯ 賛H-理セシム 48-4⑯ 蹔-生 45-15
⑤ 鄼-人 49-14⑦ ○酸 12-6⑪ 酸-寒 33-2① ○酸棗 46-8⑬ 酸棗縣 46-8⑬ 酸-甜 19-14⑰
鑚龜 15-20⑤ ○餐 22-15⑲ 餐スレトモ 11-15② ○餐飯 21-13⑲ 饞-口 30-5③ 饞叟 36-12③ 驂 20-2
②

シ

事| 12-17④ 事-意 23-19⑲ ○事-由 57-9⑬ ○事-宜 56-3⑳ 事-議 70-18⑭ ○事-業 38-14⑭
事-驗 68-13⑰ ○事-故 23-7⑧ ○事-事 16-11⑥ ○事上 30-8⑯ 事-狀 46-8② 事-任 54-2⑬
事-勢 59-10⑫ ○事-情 59-6② ○事-跡 58-7⑥ ○事-迹 58-9⑧ ○事-大ルノ 57-23④ ○事-體

57-21⑬ ○事(H)-典48-12⑥ 事-難57-15⑧ ○事-務56-23⑧ ○事-物45-6⑯ 事(K)-弊58-9⑯
○事-變63-22③ 事-目56-20⑩ ○事-理31-16⑫ 事類集要71-14⑥ ○事(H)-例59-8⑲ 之-字45-
3⑱ 之縦(人名)(H)等(ラ)48-6⑳ ○市-1-5⑦ ○市-街19-10⑮ ○市-肆63-2⑲ ○市-人3-4⑰ ○市-井
34-3⑦ 市(H)-籍67-14② 市-朝29-13⑫ ○市-利64-17⑲ 市-路22-8② ○仔-細(ニソ)58-9⑨
○仕-1-11⑯ ○仕-官(ソ)53-10⑤ ○仕-進48-2⑨ ○仕-途69-2⑨ 仕明(人名)57-11⑳ 佽-等53-8⑰
○侍-(スル)13-2⑮ 侍右45-10⑮ ○侍-御55-7③ 侍-御-史4-12② 侍-御-史知-雜49-13⑰ 侍-
兒33-7① 侍-執66-16⑲ ○侍-者69-17⑩ ○侍-從20-3⑯ ○侍-從(セン)18-11⑧ ○侍-臣48-10
⑭ ○侍-中41-3⑬ 侍(H)中晉公(人名)31-17② ○侍-女12-13⑰ ○侍(H)-婢36-14① 侍-奉48-2⑯ 侍-奉
親-近52-7⑮ ○侍-郎49-4⑭ 侍-郎院長閣下45-9④ ○侍-衛12-14⑪ ○使-30-8① ○使-君
16-1⑦ 使(H)-君-灘17-22⑤ 使君公15-21⑳ 使-司63-21⑤ ○使-者12-13⑱ 使-車53-6③
使(HK)-職64-5③ ○使-臣14-6⑬ ○(K)使-節35-8③ 使-持-節40-10③ 使-持-節亳州諸-軍-事53
-3② 使-持節儀州(地名)諸-軍-事53-2⑩ 使-持-節貝州(ノ)諸-軍-事53-2① 使-持-節洛州(ノ)諸-軍-
事53-2⑯ 使-府53-8⑭ 偲偲3-1⑩ ○兒-1-7⑱ ○兒-戲21-14③ ○兒-孫3-10④ ○兒-
女14-18⑨ ○兒-童25-2⑭ ○刺(タリ)51-6⑱ 刺-擧53-10⑯ 刺夾15-1⑬ ○刺-史15-9③ 刺-

部51-3②　匙-匙30-2⑫　巵5-12⑦　○厮-役63-13⑱　○司5-5⑯　司-諫52-11⑨　○司-獄67
-3⑲　○司-會48-4③　司勲(人名)15-14⑦　司-勲郎-中55-15⑪　司-勲員-外-郎60-4⑪　司-計55-
11④　○司-業41-7⑥　司-言48-12④　司-戸42-8⑯　司-戸參-軍53-6⑧　司空(人名)26-3⑪　○司-
空41-3⑬　司空南陽公(人名)40-1⑧　司H-倉42-8⑦　司H-士42-4⑭　司-膳49-13⑤　司-存66-18⑪
○司-直41-1⑮　○司-天-臺57-7⑰　司徒(人名)51-17①　○司-徒52-1⑬　司(人名)-徒令公34-1⑥　司(人名)-農
少-卿70-4④　○司馬(人名)7-3②　○司馬遷(人名)46-6⑬　司馬廳16-12⑦　司馬廳記43-1⑥　司馬夫(人名)-人16-
21⑤　司K-封郎中55-15⑩　司-封員-外-郎33-16⑪　司-兵參-軍71-14①　○司-牧タリ57-6⑫　○司
-牧ス62-4⑭　司-錄參-軍53-8⑩　○史-1-9⑰　史澣57-24⑯　○史(書名)-記64-13⑲　○史-官55-14
④　○史-館60-4⑰　史-館修-撰54-12②　史-冊58-11⑧　○史-策58-4⑬　史-氏54-12③　史H-
謀42-3①　史H備48-9①　○史筆54-11⑲　史駢66-8⑩　○咫-尺1-7②　○咨ナゲク-嗟ス34-16⑨　咨H-
度セ48-3⑦　咨-謀53-12⑦　○咨問45-13⑯　嗤-嗤トソ36-5⑩　○嗣46-4⑱　○嗣ノ-子41-6①　嗣-襲
61-6⑥　嗣統71-2⑲　嗣復H(人名)49-4⑰　嗣-位61-8⑯　嗜-慾1-11④　○嗜-欲17-5⑮　○嗜-欲ス
29-14③　○四1-3⑪　○四-韻34-9⑩　四-簷21-2⑦　四-箇35-17⑱　○四-海15-11⑫　四-皓
15-15⑱　四-考63-17⑯　四-郊24-9⑧　○四-氣17-3⑱　○四-季68-5⑤　四-嚮31-10①　四H-

渠71-5⑤ ○四[H]-虚12-13⑭ 四-凶65-20① 四-兇63-20⑬ ○四-嶽46-3④ ○四-句14-5⑦
○四-隅1-21⑧ ○四-科46-2⑭ 四荒4-3⑳ 四-巻14-3② 四-貫30-14⑦ ○四-月12-14⑰
其-年四月某´日42-1⑩ 四-月一-日21-10⑰ 四-月庚-寅朔二-十-一日庚-戌50-1⑦ 四月九日
43-4⑤ 四-月十-四日57-16⑰ 四月十-日45-13⑱ ○四-君-子36-12⑯ 四-軍67-17⑧ 四-郡
55-4③ 四[H]-京49-11⑪ 四-境22-4⑪ 四-絃12-17⑩ 四-言39-7② ○四-五70-14① 四五間
5-1⑪ 四[H]-五-秋28-18⑧ 四-五-日45-15⑮ 四五酌5-12⑧ 四五主1-3⑥ 四-五-株19-13
⑫ 四[H]-五-樹31-18④ 四-五-歳69-1⑲ 四[H]-五-尺7-6④ 四-五-年16-12③ 四[K]-五-百-廻3
-5⑥ 四-五萬45-6⑩ 四[H]-五-里6-10⑪ ○四-國66-7⑭ 四-垠1-20③ ○四-座12-1⑨
○四-載57-20③ 四-罪63-20⑬ 四-齋68-6⑱ 四-曹-局22-7① 四-山32-4⑬ ○四-散8-
13⑪ ○四-始38-15⑪ 四-子42-5⑫ 四[HK]-支6-2③ ○四-時2-21⑨ ○四-肢11-6④ ○四(地名)-
州57-24⑤ ○四-衆69-15① ○四-七67-8⑨ 四[H]-日40-11⑱ ○四-十10-9⑫ 四-十有-一-人
48-3⑯ 四-十有-五-年41-4⑳ 四[H]-十-一-9-9⑥ 四-十-韻22-4④ 四[H]-十-家6-6⑧
四-十-載21-14② 四十-三15-10⑭ 四-十-人53-5⑳ 四-十-年65-9④ ○四-十-九18-9⑲
四-十九-年19-9⑤ 四-十五16-11⑳ 四十五尺4-6⑫ 四-十-五-年41-12⑱ 四-十-四39-6⑫

○四—十—七12—2②　○四—十—八57—18⑦　○[H]四—十—二64—6⑩　四—十二—日46—9⑱　四—十二—
章22—1⑫　四—十—年69—15⑪　四十餘6—13⑪　四十餘—月12—3⑬　四—十—餘—載69—15⑲　四十餘
—年65—1⑯　四[H]—十—六7—13⑮　四上(タリノ)—人30—11⑮　四章15—13⑥　四—首18—14⑭　○四—術65—
7⑤　○四—旬56—23⑥　四—序46—3⑳　四[HK]—丞—相22—11⑤　四—屬49—3⑦　四—人28—6①　四[K]—雖
29—11⑦　四歳33—14⑱　四—星3—7⑳　四—生69—3⑤　○四—聲38—15⑨　四—尺32—4⑨　四—石30
—9③　○四—節58—14⑪　四絶句15—9⑧　四[H]—千10—12⑤　四[H]—千—日6—3⑬　四—千—里18—7⑯
四先—生2—16⑪　○四(人名)—禪—天35—2⑤　四[HK]—祖41—8⑨　四—窓71—8⑨　四—聽38—13⑮　四—代64—
11⑪　○四—大41—12⑲　○四—諦45—10⑳　○四—道60—6⑫　四—道—人30—11⑰　○[K]四—端(ツノ)(スミニ)6—11
④　○四—重69—3⑭　四—鎮54—2⑩　○四—體5—14③　四—朝30—1⑭　○四—條68—7②　○四—鳥
66—17③　四—等70—2④　○[H]四—德40—3⑯　四瀆(トク)5—15⑳　四—年17—16⑰　四—傍43—3⑩　○四—方
2—8⑤　四—旁43—7⑫　○[H]四—望31—7⑫　四望樓18—9⑪　四—畔9—2⑭　○四—百65—1⑱　四—
百三—十二—首70—10⑮　四—百—字34—2⑩　四[H]—百—年64—14⑨　四—百—萬—斛63—8⑱　四—百餘—
首45—6⑲　四—百餘—里21—12⑰　四—百—里21—12⑰　○四—部69—16⑳　四—封40—11②　四—幅21—
6⑫　四—分—律68—4⑦　四—分毗—尼藏41—12④　○四—表46—3⑯　○[H]四—壁6—4⑨　四[H]—篇30—14

④ ○四[K]－邊35－19⑧ 四[HK]－目64－1⑨ 四－命1－18① ○四明（地名）68－15⑧ ○四－面15－13⑦ 四－面－宣ノ
－尉使49－10⑰ ○四－門36－21⑩ 四－門博－士33－16⑭ ○四－野22－4⑩ 四－牖43－2⑪ 四廊28－
17⑦ 四老36－3⑤ 四樂26－15⑰ 四－鄰6－7⑱ ○四－隣23－14⑰ 四[HK]－靈38－12⑤ 四－隈11－7⑲
○四－夷43－6⑬ ○四－維46－4⑧ ○士－1－9⑬ 士行52－7⑩ 士階51－10⑨ 士衡（人名）64－15⑩ 士會（人名）65
－5⑫ 士寛（人名）42－7⑲ 士－君－子68－16⑱ 士儉（人名）52－13⑥ 士堅（人名）43－10③ 士－曹70－2⑱ 士－曹參軍59
－5⑲ 士－子53－7① ○士－庶45－6① ○士－人44－10⑲ 士政57－12⑦ ○士－族52－11⑧ ○士－
卒49－2⑪ ○士－大－夫44－2⑱ ○士－女31－12⑭ 士通（人名）42－10⑦ 士－馬34－1⑭ 士[H]（人名）－枚52－1⑭
士玫[H]（人名）55－7⑥ ○士－風69－7⑮ 士－吏63－18⑪ 士良[H]（人名）70－11⑦ 士－旅51－18② ○[HK]士－力56－9⑪
○士－林52－5⑨ ○始皇（人名）46－8⑦ 始願43－8⑱ ○始－終46－6⑤ ○始－終70ス－17⑦ 始卒52－11⑫
○始－末15－14⑨ 始[H]－封70－15⑳ ○姉－妹12－10③ 姿[H]65－10⑮ 姿－彩アリ27－2⑩ 姿－體57－18④
○姿－容24－17⑦ ○子|1－7② ○子游（人名）68－11① 子－育62－4⑤ 子[H]－育ス57－22⑫ 子羽57－18⑧
子幼（人名）36－24④ ○子夏（人名）68－11② ○子－規11－10⑬ 子鄕46－7⑧ 子虛13－19⑫ 子午21－4⑩ ○子貢（人名）38
－14⑫ 子産[H]（人名）49－12⑲ 子書65－8② 子胥23－2⑦ 子晋（人名）22－2⑨ 子晋廟（人名）28－4③ 子眞（人名）36－8⑨ 子[H]－
城16－4⑭ ○子コマヤカニ－細15－13⑦ ○子孫（人名）29－8⑰ 子－大－夫47－1⑭ ○[H]子道66－6⑳ 子－男48－1⑭

子長2―23①　○子―弟3―10③　子―弟等56―21④　子―姪69―7⑦　○子―房51―1⑮　子犯（人名）H67―6⑯
子HK―平32―15⑥　子H―蒙36―16⑨　子―諒65―10⑲　子K―陵―灘32―4⑭　○子路（人名）H50―9⑮　子H―温49―8⑲
孳―生26―9①　孳―生29ス―8⑰　孳―息70―5⑱　○字2―5⑰　字五―千19―11⑥　字―字17―1⑯
寳（人名）H48―8①　寺―宇69―14⑯　寺―卿52―2①　寺（地名）―西20―17⑦　寺前68―17⑧　○寺―僧68―17⑬　寺府41
―10⑪　○寺―門6―10⑮　寺路26―7⑮　尸|ス1―18①　○尸―素60―4⑤　尸―波―羅―密68―11⑧
尸―羅41―8⑯　○尸―禄19―14⑲　差―池トゝ27―1⑮　巳酉朔40―11⑱　巳H―亥40―10②　巳H―丑42―2③
巳―卯57―7⑮　師（人名）29―5⑦　○師2―16⑯　○師注33 48―7⑳　○師―友63―13⑪　師皐（人名）30―11⑲　○師訓
42―6①　師消（人名）64―2⑬　師古（人名）56―4⑪　○師―子―座27―14①　師子比丘（人名）H41―8④　師H―氏40―3⑯　○師
―資65―6⑯　○師H―儒40―10⑦　師―人54―6⑰　○師H―僧57―23⑰　師H―僧等57―24②　師H―損57―15⑪
○師道（人名）56―4⑩　師長（人名）55―5⑯　○師―長ノ63―19①　師―徒47―18③　師閔52―8④　○師HK―傅55―9②
師老（人名）H49―3⑯　師―律52―8③　○師―旅48―4④　弛―張63―21③　志|50―5③　○志1―2⑪　○志―行
55―12⑳　志行等（人名）71―10⑦　○志―氣2―10⑦　志怪放言37―12⑦　○志―願56―6②　○志―業68―15④
○志H―士9―2⑤　志―誠57―11①　○志―節50―4⑩　志善（人名）42―11⑥　志―署69―10⑳　思黯（人名）33―20⑥
思黯居（人名）H―守36―4①　思黯相公（人名）29―3⑥　思益寺（建物）24―17⑥　思益（地名）ノ峯24―17⑦　思舊29―9⑧　○思郷13―3

⑦ 思歸2-12⑫ 思歸樂2-12⑨ 思歸鳥2-12⑯ ○思-想20-18⑧ ○思-索スル47-1⑫ 思子臺(地名)25-
1⑩ 思-緒9-8① 思(人名)H-摩3-2⑧ 思-婦14-8⑲ 思-謀65-17⑲ ○思-量35-17⑬ ○思-量ス
15-2③ ○思-慮25-4⑪ ○思-慮スル59-7⑪ 恃64-14① 慈(地名)71-10⑪ ○慈剴46-11③ ○慈H-愛8-
9② 慈H-鳥1-15⑱ 慈孝2-15⑨ 慈-和1-1⑫ 慈-光22-2⑭ ○慈-惠ニメ40-6⑨ 慈-訓46-
11② 慈-訓シ48-7⑰ 慈-儉62-8⑧ 慈姑28-14⑤ 慈(人名)-氏22-1⑳ 慈州(地名)37-7⑨ ○慈-仁40-11
① 慈-忍65-14⑰ 慈H-正70-9⑪ 慈HK-聖50-3④ ○慈-善41-7⑩ 慈H祖-母42-10⑮ 慈H-德42-
10⑳ 慈-念48-1-107注34 ○慈-悲56-5⑭ ○慈-母64-4⑧ 慈-靈40-7② 慈(人名)-恩16-18⑪ ○慈
恩39-8⑲ 慈恩寺(建物)16-18⑩ ○指-麾55-8⑫ ○指-麾ス29-11⑲ ○指-揮ス8-15① 指-期メ53-5
⑩ ○指-畫ス8-6③ 指-歸47-9⑳ 指HK-言45-4⑬ ○指-顧1-15⑪ ○指-顧メ56-15⑦ 指H-千
67-1⑩ 指-陳58-4⑫ 指H-陳セヨシ「ヲ68-13⑰ ○指-點32-11-233注35 ○指-點セ16-3⑰ 指-蹤スル53-
1⑰ 指-切47-1⑪ 指-撥21-3⑬ 支許(人名)H33-8① 支-計シ56-7⑩ 支-梧シ30-14⑧ ○支使42-3
⑦ 支-牀36-7⑨ 支-任セ60-7⑯ 支遁林(人名)H68-15⑭ ○支-持7-8⑮ ○支-持ス45-5⑤ 支竺(地名)68-
16⑩ 支-提70-24③ 支-提法-寶ノ藏71-9④ 支-體1-20① 支-敵シ59-8⑤ 支遁開(人名)68-15⑭
支遁嶺(地名)68-15⑨ ○支-派41-8⑨ ○支H-分メ25-13⑥ ○支-離36-6③ ○支-離スル15-5③ 孜-孜

13-2⑧　斯之(人名)42-4⑳　施68-5⑭　施ス41-8⑳　○施-行54-4③　○施-行セヨ54-2⑤　施山人13-
20⑥　施氏67-7⑫　施-張52-1⑫　施-張ス64-3⑳　施-張擧-措48-6④　施-展スルニ22-5⑪　施-
利69-14⑯　旨2-11⑫　旨[H]-要68-11⑥　○旨-義68-11③　○旨-酒2-2⑧　旨[HK]-蓄30-5③　旨-條
58-14⑪　時邕1-1⑫　○時-雨1-20⑭　時-寒59-16⑭　時-旱58-13⑱　○時-宜44-9⑮　時-議
54-8⑲　時-和57-22⑱　時-光4-9⑧　時-月50-3⑧　時-景6-8⑱　時彦54-14⑫　時-賢56
-25⑭　○時-候47-18⑥　時祭42-6③　○時-事58-2⑱　○時-時11-8①　時-礼11-5⑩　○時-
日12-5②　○時-習38-6⑳　時-巡55-2④　時-暑5-4⑭　○時-俗1-19⑭　○時-世4-8⑧
時-世-粧4-8⑧　○時-制50-9⑳　時-情16-3①　時-政50-5⑨　時-歳57-1⑦　○時-節6-
3⑮　時-鮮26-8⑬　○時-代62-8②　時-中52-11⑪　時-體58-12①　時輩34-15⑳　時-望49-13
⑪　時[H]-網6-13⑥　時芳23-19⑲　時頒66-12⑲　○時[HK]-務45-4⑨　時-風49-3⑥　○時-物9-4⑮
○時-弊61-10⑯　○時-變3-8②　時[HK]-名41-7⑬　時-命7-15⑭　時-陽40-2⑫　時-用22-14①
時[H]-利63-3⑩　○時[HK]-令17-17⑦　時-沴62-18⑦　○時-論48-11⑫　○時-論スル42-9①　是シナリ12-11⑤
○枝65-14⑩　○枝-葉2-20⑮　枝柯23-7⑦　○枝-幹1-22④　枝-枝12-6⑳　枝-上16-5⑱
枝-梢6-10⑲　○枝-條13-1⑰　枝-泒トス70-24⑨　柿[H]-樹6-14④　柿[H]帶20-11⑬　梓-州10-5⑩

梓－澤37－4⑭ 梓－潼11－6⑱ ○次59－13⑬ ○次ス71－3⑲ 次休上人(人名)24－21⑥ ○次－第9－12⑫
○次第ノ45－13⑪ ○次－女42－5⑪ 止38－2① 止－渇10－7⑳ 止H－渇スル18－6⑫ ○止－観41－8⑯
○止－水10－10⑧ 止－足17－20⑱ 止－息スル58－12④ 此H－語45－7① ○死1－6① ○死｜ス25－9⑨
死－却ス13－17⑫ ○死－去セ43－11⑫ ○死－灰40－6⑲ ○死－後8－6⑱ ○死－骨45－3⑭ 死－喪66
－15① 死－塋67－9⑱ 死矢46－2⑩ ○死－囚3－2⑤ ○死－者65－2⑮ ○死－傷64－3⑰ ○死－
傷スル┐4－8① ○死－所46－6⑯ ○死－生2－5⑤ ○死－生ス21－16⑫ 死－籍29－9⑱ 死－節4－2
⑨ ○死－戰60－8④ ○死－戰ス60－6⑨ ○死－地54－7⑱ ○死－馬44－13⑪ 死－罔64－18⑨ ○死
－命44－14② ○死－門60－9⑩ ○氏42－2⑳ 某Hソレノ－氏等ラ48－7⑫ 泗H(地名)50－3⑱ 泗州(地名)51－5⑤ 泗州(地名)判官
51－5③ 泗水城(地名)20－12⑧ ○泗－濱53－12② ○泗H(地名)－濱－石3－4⑪ 泜水2－17⑫ 泚－賊49－1⑧ 洱
河－岍3－11⑱ 淄州(地名)42－3⑭ 淄州ノ刺－史33－16⑬ 淄青(地名)61－7⑪ 滋34－9⑪ 滋ソ26－9⑩ 滋HK－章50
－7⑦ 滋－彰57－9⑥ 滋Hシケノ－稔ウニハ40－11③ ○滋－味8－12③ 滋蔓1－15⑧ 滋－榮11－9⑭ 熾－然トシ
44－9⑨ ○獅子4－3② ○獅－子吼ス68－10⑨ ○璽H－書40－12③ ○璽－書ソ55－11⑰ 瓷－榼22－15
① ○疵－瑕51－11① 疵H－厲57－3⑤ ○矢－人2－18⑦ 矢H－石54－7⑯ 矢謀(人名)70－22⑲ 砥－石57－13
⑲ ○砥－礪セン┐43－5⑫ 磁邑郷70－7⑧ 磁州(地名)70－7⑦ ○示－現ス69－15⑯ ○祀40－12⑥ 祀－事65

－13①　○杞－典26－10⑦　祇－供(ソ)33－5⑯　○祇[H]－候(スル)27－6⑱　祇－愓57－10②　祇[H]－慄(ソ)71－1⑪

○祠13－3⑥　祠(スル)65－12⑫　○祠[HK]－宇56－4⑮　祠[H]－曹49－9⑰　祠曹員－外50－5⑥　祠－葬63－10⑲

祠－廟56－4⑬　祠－部郎－中51－10⑦　祠－部員－外－郎40－1⑨　○私54－16①　私[H]－渥57－2⑨　○私[H]

－謁66－9⑮　○私－家2－7⑱　私－客67－2⑪　私－嫌59－6⑤　○私語[K](サ、ヤキコトセシ)(上濁)12－11⑭　○私－財58－12

⑪　○私讐1－5⑰　○私－室40－9⑨　○私－心19－11⑤　○私－情59－15①　私誠69－10⑧　私－第41－

4⑱　○私－田(ノ)68－8⑥　私－廟56－4⑪　○私[HK]－利64－4⑮　○私－恩61－6⑦　簁簁(トメ)29－7⑩　○粢[H]－

盛66－7⑲　紙[HK]－價38－15⑰　紙閣16－16④　紙[H]－巻32－9 178　○紙－錢4－13⑯　○紙－牕17－13①

紙－墨29－12⑪　絁被(シヒ)1－17⑯　○絲10－5⑮　○絲－管5－10⑰　絲－言40－8⑪　絲－絮2－4⑧　絲[H]－

雪7－4⑤　○絲－竹12－18①　○絲－桐1－5⑩　絲－頭24－1⑯　絲－緜30－1⑯　○絲－綸24－4③

絲－綸－閣19－4⑬　紫16－15⑳　○紫衣1－8⑯　○紫[H]－芋16－1⑲　○紫[H]－雲68－6⑲　○紫煙6－14⑲

紫[K]－艶4－4⑱　紫－芽30－5⑪　紫[H]－河－車17－11⑮　紫－霞14－4⑤　紫－界17－15⑩　○紫[H]－毫4－12

③　紫毫筆4－11⑯　紫閣(地名)1－8⑮　紫閣山(地名)1－8⑭　紫閣峯13－9⑱　紫－葛(ノ)7－2⑯　○紫氣1－5⑭

紫[HK]－菊12－5⑩　○紫[H]－極57－10⑬　紫巾16－7⑩　○紫禁(地名)8－1⑲　紫－花31－15⑪　紫－蕨22－4⑮

紫[H]－荊22－19－④　紫[H]－傘6－11⑰　紫－芝22－12②　紫－袖19－7⑱　紫車21－4⑪　○紫－綬(ナリ)19－6⑫

紫－笋26－8⑰　紫筍15－8①　紫－茸16－21⑭　○紫－宸19－4③　紫－綃29－2⑰　紫－蕉衫27－13⑭
紫－霄17－6⑪　紫HK－霄峯ノ39－5⑤　紫－氈29－16③　○紫HK－髯セン4－12⑨　紫H－驄8－3⑤　○紫闥21－12
⑫　紫H－毯19－4⑨　○紫H－庭11－5⑫　○紫－泥15－5⑱　紫殿4－1⑦　紫H－桐9－7⑳　紫－洞27－2
⑨　○紫藤1－15②　紫藤花13－9②　紫－房20－10⑮　紫－袍25－3⑳　○紫－陌13－2④　○紫－微19－
6⑳　紫－微－閣19－12⑱　紫－微星20－16⑩　紫微闥21－4⑲　○紫－薇19－9⑩　紫－薇ノ花24－3⑮
紫（人名）薇郎19－15⑥　紫－粉20－9⑧　○紫陽23－14⑲　○紫H－陽－花20－18⑳　紫－羅18－5⑯　紫蠟31－14③
○紫－蘭28－2⑲　紫H－騮27－3⑦　紫－菱69－5⑪　紫龍13－17⑪　紫H－鱗36－9⑪　紫－鱗34－1⑲
紫－垣19－2⑩　○緇－衣54－8⑲　緇H－黄57－2⑯　○緇－徒16－17⑩　緇（人名）－白70－23⑦　緇H－麻45－5⑨
縶維ス1－15⑮　翅2－15⑳　翅－羽2－10⑦　翅－翮12－7⑮　耜67－2①　耳－ノホトリ界16－16⑦　耳－間30
－10⑦　耳－根26－15⑯　○耳H－順70－10⑪　耳順吟21－17⑥　耳－中20－14⑮　○耳－底28－16③　耳邊33
－11⑳　○耳－目1－4④　耳裡23－13③　耳－裏28－15⑯　肆H－ナリ3－1⑩　肆－覲ス57－16⑧　肆－心63－
13③　脂5－12⑦　○脂－膏59－8⑰　脂－轄スル70－23⑯　脂（人名）膚荑手12－9⑬　○脂－粉20－10⑮　胝1－
14⑭　○肢－體10－9⑧　胔－骼70－5⑭　膩Hナリ19－1⑫　膩－剃ス28－3⑭　膩－粉20－10⑮　○自H－愛10
－13⑨　○自－由6－4⑤　自－由－身28－5⑭　自－詠36－18⑱　自－葉51－9⑯　自解35－3⑰　○自覺

10-9⑳
自感23-6⑰
自喜24-18⑳
○自[K]-給45-14⑮
○自[K]-給[す]29-10①
自[K]-居45-9⑲
自誨39-6⑦
自勸28-16⑯
○自-在22-17⑨
○自-在-天35-19⑲
自祭[ノ]32-4⑩
○自-作33-2⑮
○自-若[タリ]2-6⑤
自-新56-15⑮
自-專66-8⑫
○自-性19-10⑰
○自-然16-3⑲
自歎20-17⑨
自持[セ]32-8⑨
○自重[ソ]49-4④
自題17-4⑦
○自[K]-適6-3⑰
○自-適[ス]29-1⑧
自杜[（人名）]26-12⑬
○自-得69-1⑨
○自-得[ス]29-6⑱
自悲17-4⑪
自奉[H]7-11⑨
○自明[（人名）]53-1⑯
○自問19-9⑲
○自-餘33-2⑥
○自-用[ニソ]58-9⑲
○自-立[セリ]50-5⑳
自遠禪師[（人名）]19-13⑭
○至-要[ナリ]58-10①
至易44-6⑳
○至-孝[ナラハ][ハ]68-11⑱
○至-行40-5⑲
○至高[ニソ]62-14②
至-樂65-9⑰
○至-愚93-9⑦
至-光38-8③
○至-言47-1⑪
○至-公44-5⑫
至柔[H（人名）]41-10⑥
至[HK]-順39-6⑤
○至-仁62-21⑪
○至-信[タモ]16-18⑯
至-眞38-8③
○至-心71-12⑪
至-性38-7⑤
○至-精47-12⑥
○至[H]-聖[ト]63-20⑭
○至-誠47-12⑳
至-切[ナル]60-8⑤
○至[HK]-尊12-2⑲
○至-大[ナリ]2-9⑰
○至-當59-12⑨
○至-道5-3②
至-適6-2⑨
○至-德47-10④
○至-難44-6⑳
○至-寶51-4⑫
至[H]-明62-1⑰
○至-理47-2⑫
至-麗[ニソ]11-1⑮
至遠[（人名）]68-2⑬
芝13-3⑯
芝蕨36-17⑥
○芝-草57-8②
芝[H]-求6-12⑰
芝-木5-4①
○芝-蘭12-4⑬
茨1-18⑳
菑[H]-畬42-8⑫
蓍42-2④
蓍-下37-9⑬
蓍龜[（人名）]44-5⑰
蓍-神16-18⑲
蚩-蚩[タル]44-3⑰
視63-15②
○視-聽11-7⑳

覼－縷43－3⑫　觜2－15⑨　○詞2－12⑦　詞－意34－7⑩　詞－學55－12⑳　詞－氣54－4⑬　詞[H]－句
20－11⑩　○詞－華28－9⑱　詞－采38－15⑬　○詞－藻55－7⑤　○詞－章27－8⑮　○詞－人68－16②
詞－臣57－11①　○詞－場19－11⑫　詞－頭19－13⑳　○詞－賦13－6⑱　詞－文57－7⑭　詞－鋒16－2⑤
詩(書名)47－9⑮　○詩|27－6①　詩－韻35－12⑧　○詩－家20－8⑪　詩解23－8⑰　○詩－客17－15⑫　詩義37
－12⑤　詩[H]－狂8－12⑱　詩－句23－19⑩　○詩[HK]－巻30－6⑯　詩－境27－4⑦　詩篋37－2⑭　詩－債33－
16④　○詩－思5－3⑳　○詩集15－20⑲　詩－章15－8⑭　詩[H]－主27－6⑰　○詩－酒19－15③　詩酒琴32
－2⑳　○詩書(書名)65－7⑤　○詩－書15－7⑮　○詩－人10－2⑥　○詩－情7－1⑦　詩石68－6①　○詩－
仙19－4⑦　詩－中26－6①　詩[K]－帙29－15⑮　○詩題26－6⑭　詩－敵27－10⑪　詩筒23－4⑤　○詩－魔
29－12⑪　詩[HK]－筆45－8⑰　○詩－賦15－8⑬　○詩[HK]－癖17－22②　○詩－篇19－6⑦　詩報33－12①　詩－
流70－10⑨　詩[HK]－侶12－5⑯　詩－禮52－14⑪　試5－3⑤　試|右－衛－率府－長－史51－12③　試[H]－校－書－
－郎49－12⑦　試原王友51－17⑩　試協律郎53－8⑫　試左金－吾衛兵－曹參－軍51－16⑥　試左－武－衛倉
－曹參－軍51－16④　○試－策47－8⑧　試策問制誥47－1⑤　試－正－字49－12⑧　試－太－子司－議－郎
50－6⑥　試太－子舍－人51－11⑲　試太－子通－事舍－人51－5④　試－太－子－賓－客53－4⑲　試|太－常－
卿51－16⑧　試太－常－寺協－律－郎51－5⑨　試太僕卿52－9⑨　試[HK]－大－理41－6⑳　試－大－理評－事

52-5⑲ 試-殿-中監52-8⑲ ○誌41-2① 誌セシム70-9⑯ ○諮-議53-6① 諮-稟セ54-9⑪

諡ス57-18⑧ 諡-議55-2① ○資|49-12⑫ ○資廕63-18⑬ 資H-考63-16⑫ 資建(地名)70-16③ ○資-材

22-5⑳ ○資-産59-6⑳ 資-助ソ59-8⑰ 資-序59-14⑦ 資-身36-3⑲ 資-秩49-4⑯ 資HK-

儲22-7② 資-費59-9⑪ 資-物66-11① 資-粮64-8⑦ ○資-糧24-19② 貲粮60-7⑲ 貲H-糧

59-8⑭ 賜59-13⑬ 賜-紫68-9⑯ 賜-紫引-駕68-9⑯ 賜-紫魚袋48-10⑧ 賜-紫金-魚-袋48

-4⑬ 賜-酒14-2⑧ 賜H-食59-18⑬ 賜太(建物)-常-寺奉-禮-郎51-3⑧ 賜帛15-3⑧ 賜-緋魚-袋

48-9⑯ 賜-物56-24⑯ ○賜與53-14② ○賜-賚59-18⑰ 輜軿1-4③ ○輀-車12-6⑨ 輭-錦

18-12⑮ 轜H-褻70-7⑥ 轜-輪40-9⑰ ○辤2-13⑭ ○辭1-5⑪ ○辞ソ11-11⑯ ○辤ス13-3⑤

○辭|ス8-1⑳ ○辤|シ-畢テ71-11③ 辤-根13-18③ ○辤-讓セ70-8⑫ 辤-賦65-16⑨ ○辭H-意43-

7⑯ ○辭-氣49-3⑰ 辭-客23-8⑪ 辭-乞56-22⑳ ○辭HK-藻48-12⑧ 辭-章23-13⑥ ○辭H-讓

66-11⑦ 辭-人24-3⑤ 辭H-牒22-4⑪ ○錙-銖63-18⑦ 鎡-錤69-13⑬ 雌4-7⑭ 雌-雄2-

15⑱ ○雌黄31-4⑭ ○食エイ5-13⑭ 餌64-11⑭ ○駟-馬26-16⑩ 騂-角66-9⑥ 髭10-12⑮ 髭-

鬚17-10④ 髭-鬚24-3⑬ 鳲-鳩52-14⑰ 鳷鵲15-2⑬ 鳸-張56-13④ 鷙-禽39-2⑳ ○鷙H-鳥

57-15⑰ ○齒-牙29-9⑮ 齒-髮7-11⑳ 齒落70-20③ 齒落辭70-20① 修41-9⑬ 修|ス28-14⑪

修－蛾21－18⑬ ○修－行24－6⑤ ○修－行〔シ〕9－10⑦ 修〔H〕－行〔カウ〕－坊12－3⑩ 修行里〔H〕(地名)41－1⑬ 修橋27－
6⑥ ○修－造67－3① ○修－造〔シ〕57－24⑥ ○修－史30－1⑪ 修－修10－13⑪ 修－緝57－19⑳ ○修〔H〕
－習65－7⑩ 修－茸62－9⑲ 修〔シ〕－書〔サ〕69－6⑨ ○修－飾〔スル〕49－12⑫ 修－省53－6⑧ ○修－撰〔スル〕59－
18⑥ 修－阻〔ス〕47－18⑥ 修多羅藏〔H〕(人名)43－8⑩ ○修－道20－8⑦ ○修－短21－13⑲ ○修－竹11－14
⑯ 修〔HK〕－盟56－19⑲ ○修－養〔ソ〕8－10⑳ ○修－理41－9⑪ 修－利〔ソ〕57－24⑪ 修－立〔スル〕53－5⑰ ○周(国名)1
－3⑬ 周(地名)21－3⑦ 周人(国名)64－15⑥ 周幽(人名)64－2⑬ 周有67－18⑫ ○周－遊〔セン〕17－4⑳ ○周易(書名)5－
3④ 周家(地名)26－17⑮ 周皓大〔H〕(地名)－夫14－6⑮ 周－行16－2⑦ 周漢(国名)65－1⑩ ○周－廻〔ソ〕6－12⑤ 周懷義〔H〕(人名)55
－5⑨ 周官〔H〕(書名)47－9⑩ 周－月54－16⑪ 周元範(人名)20－15⑨ 周原(人名)47－12⑬ 周愿〔H〕(人名)49－11⑮ 周愿等〔H〕(人名)49－11⑰
周軍事23－11⑪ 周協律(人名)20－6③ 周五(人名)21－18⑭ ○周公(人名)15－19⑮ 周〔H〕孔36－7⑩ 周－索〔ソ〕47－8⑭
○周匝〔ソ〕16－19⑥ 周－師22－9⑪ 周室(地名)4－4⑥ 周遮26－14④ 周〔H〕(人名)－巡－官22－6② 周從事(人名)24－13⑲
周愼67－14⑪ 周－愼〔スル〕61－7② 周秦(国名)62－8⑤ 周－親67－10④ 周－身1－21⑮ ○周－歳19－12⑪
周－細〔ナラ〕56－5⑱ 周青(人名)64－15⑦ ○周－旋38－5⑦ ○周－旋〔ス〕54－3⑪ 周－叟20－16② 周尊〔H〕(人名)－師22－
20⑩ 周－宅36－4⑬ 周典〔H〕(国名)67－3⑲ 周－南37－11⑩ ○周－年〔ニソ〕65－23⑫ 周判官(人名)20－14⑨ 周武〔H〕(国名・人名)47－6

⑯　○周文（国名）46－3⑲　○周禮（書名）47－8⑩　周郎（人名）H24－13①　○周－流ゾ23－9①　周劉H22－6③　周厲（人名）64－2⑫

周廬51－11⑮　○啾－啾5－2⑲　○囚15－10⑩　囚－等59－3⑱　○囚－禁セラル59－3⑯　囚H－竄8－13⑧

囚－閉セラレテ27－1⑬　就ツケタリHス41－13①　就－中21－18⑪　岫31－7⑮　○州（地名）18－12⑤　州－居55－14⑧　○州（地名）－

縣58－10⑪　○州－郡63－18⑮　州－司66－5⑯　州－將46－10②　州守27－13⑩　州－乘17－19⑲　○州－

人52－5③　州－宅23－2①　州府67－13⑲　州－部51－6⑲　州北20－17②　○州－牧63－5③　州－民21

－10⑱　州門18－1⑪　○州－里67－18⑤　愀然トシ5－14⑯　愁18－16②　○愁意10－17⑳　愁HK－顔9－11⑤

○愁吟9－2⑥　○愁－吟ゾ36－18①　○愁－苦14－19⑱　愁H－花18－3⑰　愁－恨14－19⑪　愁－

坐ゾ1－17⑮　愁－瑣31－8⑭　愁－殺ス4－8⑯　○愁霜10－2②　愁－人9－13⑰　愁－心10－8

④　愁－悴ス21－4⑤　愁醉16－6⑦　愁－寂タリ10－14⑰　○愁H－絶10－4⑤　○愁－膓36－13⑩　愁悲ス

5－12④　○愁－眉16－18⑤　愁鬢23－11⑭　愁髩10－5⑩　愁裏13－10①　愁－猿14－9⑱　愁－

翁31－12⑧　○收－獲56－9⑬　○收－獲ス56－9⑯　收－採ゾ60－1⑬　○收－藏セ69－6⑱　○收－拾ス22－

5⑫　相收ヒ－拾ゾ31－13⑫　○收－納ス58－14⑮　收－抜ス61－8⑦　收－復ス56－15⑦　收－没ス59－6⑲

湫－隘19－5①　○臭63－20⑯　臭葉1－14⑪　臭－敗クレタル2－4⑯　○獸14－19④　獸－形26－17⑩　獸－語

66－17⑤　獸－人67－18⑨　獸HK－臣39－3⑮　○獸－炭22－18⑲　甃H－石27－6⑥　祝シフス2－15⑮　秀（人名）41－8⑬

○秀ナリ68-1⑨
秀[HK]-氣9-10⑨
○秀句15-21②
○秀才10-1⑰
○秀士53-4⑨
秀[H]者54-15①
○秀-出タル67-13⑳
○秀-出ス49-4⑱
秋衣34-11⑩
秋遊27-7⑪
○秋-陰9-10⑭
秋-燕7-12⑦
○秋-雨12-10⑯
○秋雲10-12③
秋-夏2-7⑱
秋-荷6-8⑮
秋-江6-16⑰
○秋-毫39-6①
秋-鶴28-6⑮
秋寒20-4⑱
○秋-氣26-17⑪
秋-韭8-2⑳
秋菊21-18⑧
秋居5-7⑦
○秋-興13-12⑪
秋-吟29-4⑳
秋唫19-9⑪
秋槿10-19⑤
秋-琴5-6④
○秋果36-10⑥
秋-花8-4⑩
秋-懐9-6⑭
秋光29-5⑯
○秋-官22-9⑯
秋-舘23-12⑮
○秋-月12-18③
○[H]秋-景14-2①
秋-鏡9-4⑲
○秋-曉29-13⑭
秋[HK]-紘9-6⑳
秋-候9-1⑭
秋[HK]-原6-5⑱
秋-鴻9-13⑥
秋-齋25-5②
秋[H]-曹70-13②
秋-草9-1⑲
○秋-霜19-17⑯
○秋-山5-3⑬
秋寺33-19①
○秋-思[注36]13-9⑲
秋-思13-7⑦
秋-時10-11④
○秋-日9-9④
○秋-社ニ59-18⑰
秋遮虜13-5⑱
秋-牀9-4③
秋-瘴19-8⑥
秋-樹13-11⑦
秋宿9-4②
秋-葬18-7①
秋蔬6-7④
秋-初32-3⑰
○秋-色13-15⑨
○秋-水19-19③
秋-成66-7⑮
○秋-税20-5③
○[H]秋ノ=聲9-9⑲
秋霽10-3④
○秋-夕26-17⑫
秋-石36-6⑧
秋熱16-9⑰
秋-雪26-3④
秋[H]-泉30-4③
秋-堂21-3⑤
秋-壇13-8⑨
秋-池22-12③
秋-竹1-7③
秋[HK]-娘12-17⑬
秋-庭25-10⑭
秋-蝶8-4⑩
○秋-天10-3②
秋冬53-8⑧
秋-燈12-4②
○[H]秋-波9-2⑭

秋—房19—17⑱　秋—芳1—22⑰　秋晩16—12⑬　秋—鬢23—13⑩　秋婦2—2⑪　○秋—風2—10⑪　秋—
物20—2⑭　秋暮13—17①　秋—蓬13—13③　秋—夜5—11②　秋H—容27—8⑪　秋—來21—6⑨　秋—蘭10
—8⑰　秋—涼9—8⑦　秋—林21—3②　○秋HK—霖9—2③　秋霖中33—8⑯　秋練10—3⑦　○秋露20—
2⑤　秋—院23—12⑲　○洲ス3—8⑰　洲(人名)71—8⑭　綉裳12—18⑩　繡7—11⑰　繡ス2—3⑭　○繡衣26—
11⑥　繡H—腰14—17⑰　繡H—轂14—18①　繡—牀19—18⑥　繡—絆25—15⑲　繡—婦25—15⑯　繡H—服14—18
⑯　繡H—文70—12③　繡H—帽25—18①　繡—面16—1⑳　繡—羅25—15⑰　繡K—履32—8①　羞1—5⑱
脩H—篁70—13⑧　○脩—短66—13⑭　脩—林68—15⑲　○舟—航26—9②　○舟—航ス53—14⑦　○舟—行15
—16⑩　○舟—橋70—20⑳　○舟—子1—23③　○舟—楫63—21⑧　○舟—車38—9⑨　○舟—人37—2⑰
舟—船24—15⑱　舟—棹71—5⑪　○舟—中12—3⑤　舟夜15—17④　袖間25—11⑪　○袖—中33—6⑤
袖裏13—13⑱　詶—賽35—9⑪　讎66—1⑯　○讎—校14—18⑮　讎—怨65—3⑮　○讐校5—1⑮　○讐校ソ
13—11⑲　讐—歛ソ65—2①　○讐—敵64—15⑲　讐—怨58—4⑯　酬H—効54—8⑨　酬—和31—5⑩　酬—
和ソ30—14⑤　酬—獻29—11⑯　酬HK—謝24—3③　酬—謝ス21—3④　酬—獎48—10⑨　酬H—贈16—17⑰　酬—
贈ス12—18⑱　酬H—對68—10⑩　酬—答22—4⑥　酬—答テ17—2④　○鞦H—韆ユサフリ24—12⑪　○鞦—韆ス18—12④
醜老ナル┐10—6⑬　鵰—鶚26—13⑩　鷲H—嶺18—2③　肉|2—4⑯　肉—刑64—17⑳　肉—栗65—21—17

肉－食59－16③　肉－味17－1⑳　○七62－6⑭　七－邑46－9⑲　七(人名)尹34－15⑥　七韻36－4⑦　○七－曜
47－12⑯　七(HK)－葉50－12①　七(H)(建物)葉堂22－16⑱　七－堰21－3⑯　七－間68－17⑨　七香車35－14④　七丸3－
4①　○七－月9－1⑭　七(H)－月一－日30－9⑰　七(HK)－月七－日12－11⑭　七－月十－三－日61－8①　七月
十四日61－8⑫　七－月十－日70－11④　七(K)－郡22－7②　七兄13－17⑳　七(HK)－莖12－9⑥　○(H)七－竅8－14
⑫　○七－言19－15⑩　七言六－韻37－6⑲　○七－紘24－2③　七－載54－9⑭　七－諍38－13⑯　七－扎
66－6⑭　七－日1－1⑯　○七－十－4－3⑧　七－十有－五68－4①　七－十有－五年71－14⑰　七十有－
八42－4②　七－十－一36－11⑩　七－十－韻14－16⑭　七－十－巻71－14⑤　七－十－五37－10⑩　七－十
五－門62－1⑦　七－十－載61－2⑨　七十－三37－1⑭　七(H)－十鑽16－18⑳　七十四37－7⑪　七－十四－
年37－6⑩　七(H)－十－子65－8③　七－十－七70－16⑰　○七十二37－7⑩　七－十－二－年42－1⑰　七－十
八42－5①　七－十－餘36－24⑨　七－十－餘國68－12③　七(H)－十－里10－12⑤　七－株22－15⑮　七首27－
8⑱　七－出66－15⑥　七－旬35－13⑯　七春30－4⑯　○七－人37－7①　七－萃51－11⑯　七－城68－18
④　七－歳42－11⑩　○七－星67－3⑤　七絶句15－6⑤　七－千餘－里61－8⑬　七(K)－千－里4－3⑪
七－層68－4⑤　七－代71－1⑰　七(H)－澤8－5⑲　七－袠70－24⑧　七帙70－15⑩　七(HK)－朝35－7②　○七
度25－13⑪　○七－德66－4⑥　七(HK)－德舞3－1⑮　○七－年2－8⑯　七－年四－月29－1⑦　七－八43－

11⑨ 七-八-行33-12⑫ 七-八-人12-14② 七-八歳10-5⑭ 七-八-年33-5⑳ 七-八-萬29-
3⑭ 七-品6-6⑪ 七-百-端49-1⑲ 七-百-里27-2⑤ 七-百六-十九-章68-1⑭ 七[H]-福40
-8⑰ 七-廟4-4① 七-篇23-12⑲ ○七-寶31-4⑮ 七-命56-23⑦ 七-老37-6⑱ 七里灘[H](地名)36
-16⑱ 七-六(ノ)氣46-3⑭ 七-齡8-8⑲ 七[H]-輩52-13⑩ ○叱(スル)1-13② 叱-呵4-2⑩ 叱-灘37
-3⑧ 叱撥23-17⑨ 叱-撥(ス)31-11⑲ 唧-唧(タリ)22-5⑫ ○失|2-7⑪ ○失|(ス)11-13⑮ 相-失(ス)10-
11⑳ ○失-儀4-12③ ○失-却(ス)19-13⑥ 失-學49-9⑲ ○失職4-11⑯ ○失-墜(スル)|5-2⑩
○室|17-19⑱ ○室-家70-9⑲ 室-人34-13③ 室中13-3⑯ ○實|54-9⑩ 實-劾54-2⑱ 實-惠
58-10⑬ 實[H]-言(ス)64-18⑩ ○實-語45-13② ○實[H]-相(ニ)54-9⑳ 實相法密經(書名)69-3⑩ ○實-事25-13
⑪ 實-資52-13⑮ 實[H]-眞41-11⑳ ○實[HK]-數64-8⑭ 實-難52-1⑪ 實[HK]-年9-12⑲ 實-封54-10
⑩ ○實用2-19⑰ ○實-錄70-17⑮ ○實-錄(セ)1-9⑯ 具(ニ)-悉(シツ)56-4⑩ 日-影27-13③ 日簡(人名)52
-3⑧ 日[K]-給64-6① 日-脚10-18⑨ 日-光26-11⑨ ○日-月9-10② 日-計22-18① 日-午17
-12⑲ 日-坐(ニソ)41-3④ ○日-時2-11⑩ 日-修67-13⑨ 日-日1-14⑲ 日-彰67-15⑦ 日-出34
-10② 日[H]-蝕61-5⑥ 日-新(ニス)61-5⑱ 日-辰4-1⑰ 日[H]-星27-3⑤ 日[H]-夕7-1⑨ 日[H]-昃64
-3④ 日-中7-9⑤ 日-重45-10⑬ 日-暮10-18① 日-夜1-16⑦ 日[HK]-暘30-2⑭ 日-陽35-

7⑤ 日－用66－7⑯ ○桎－梏24－19⑫ ○桎梏ソ10－1⑯ 櫛－沐ス36－2⑩ 漆40－9⑥ 漆－匣19－7
⑭ 漆H－琴43－2⑮ 漆H－室42－7④ 漆－盝25－15⑪ 漆－園38－8⑩ 瑟5－10⑫ ○瑟－瑟タリ12－16⑱
疾｜33－10⑥ ○疾Hシチ－疫4－13⑭ ○疾－苦23－4② ○疾－患10－2⑧ 疾－狀45－14③ 疾－疹66－11⑫
疾－徐63－17③ ○疾速ナルコト8－7⑧ 疾－速－倏－忽タル39－6⑬ ○疾－風2－21－⑦ ○疾－病56－23⑥
○疾－病ソヨリ56－22⑳ 疾－恙51－4⑭ 疾－癘51－15⑮ 疾－怨66－15⑩ 膝H－脛26－13⑤ 膝上30－9③
○蟋－蟀14－16⑤ ○質4－2⑧ 質－性56－2⑰ ○質－直50－5⑭ 質夫(人名)12－14⑲ 質－文39－1⑱
○H質－樸62－9① 質－良41－2⑯ 乳7－12⑦ 乳燕4－14⑨ 乳－氣28－3⑯ 乳－臭1－14⑰ 乳糜28
－10③ 乳－哺40－4④ 乳－母42－6⑱ 什2－17⑩ ○什－伍67－8⑨ 什七カ－八41－4⑭ 什－將52－
12⑭ 什八カ－九70－10⑥ 入45－13⑨ 入－覲58－6⑦ 入－覲ソ70－13⑥ 入－廻(人名)－紇－使53－5⑳ 入－
廻－鶻－副－使51－14⑰ 入－官63－18⑫ 入－貢66－5⑪ 入－仕スル63－19③ 入－室ソ71－10⑧ 入－奏58
－5⑳ 入－奏ソ58－6① 入－朝58－5⑪ 入－朝ス58－13⑧ 入－蕃－使51－10⑬ 入－幣66－13④ ○HK入
－木38－11⑤ ○十－2－18⑲ ○十－惡60－11③ 十－有－五69－15⑩ 十－有五常69－3⑭ 十－有四齋ス
68－5⑦ ○十－一－12－18⑨ 十H－一－尹36－15② 十一韻20－3⑥ 十－一－葉59－11⑮ 十－一－間68－
17⑩ ○十－一月12－18⑳ 十H－一－月四－日42－2⑦ 十－一－月十四日68－3④ 十－一－聖61－1⑭

十―一―二21―14③　十―一―年14―13⑯　十―有五―臣46―5⑭　十―有四―人49―6⑲　十有[ニメ]七30―14②
十―有二―聖39―3⑥　十―有二―轉49―6⑲　十―有二―年71―9⑫　十―有八―人41―11⑨　十―韻24―
18⑥　十葉3―3⑦　十家4―6⑧　十―許―人43―7⑧　○十―九[テノ]69―14⑧　十―九―日57―7⑥　十[K]九
首3―1⑦　十[H]―九―代42―8①　十[H]―九―年40―8⑳　十―回9―8②　十―巻21―1⑥　十―願―品69―
8④　○十―月10―13⑲　十―月某日69―1⑧　十―月三―日70―16⑰　十[H]―月十―九―日41―12⑨　十月八
日46―11⑤　十縣21―6⑩　十郡69―13⑪　十―頃68―5⑨　○十―五10―1⑲　十五[タヒ]7―5⑬　十五韻36
―9④　十五巻16―21⑫　十五兄13―18①　十[H]―五―莖12―9④　十―五―載24―17⑨　十―五―秋28―9⑥
十―五―日21―2⑱　十五首35―1⑥　十―五―春10―1⑲　十―五―人18―3②　十―五―政22―3⑭
十―五―歳41―10⑳　十―五―代41―1⑧　十―五―年33―11⑩　十―五―年―來18―16⑥　十―五―餘―頃
68―7④　十―五―里24―8②　十[H]―五―六45―4①　十戸2―7③　十口28―3⑲　十―載10―15⑱　○十
齋36―2⑩　○十―三12―18⑩　十―三―行9―7⑰　十―三―絃15―21⑫　十―三歳12―18⑭　十―三―程25
―15④　十―三―年36―6⑱　十[H]―三―萬41―2⑮　十―四19―15⑳　十―四―韻34―2⑫　十―四葉68―10
②　十―四―五68―6④　十[H]―四―雛7―12⑫　十四首27―8⑭　十[H]―四―人48―6⑰　十―四―年33―8②
十―四―年月日43―8⑳　十[H]―四―年三―月十―一―日17―21⑪　十―四―篇27―8⑯　○十―字33―4⑱

十ノ-寺68-16⑰
十-指31-2⑱
〇十-七28-9①
十七韻17-21⑬
十七日40-10②
十七章2-11⑪
十七-人43-10④
十H-七-八6-7⑱
十-七-八-年44-2⑯
十-七-畝69-4⑧
十-室1-17⑭
十-日9-1⑯
十H-日乙-巳40-8⑤
十H將49-11⑥
十章2-12①
十-首16-21⑨
十首餘13-13⑱
十-旬66-16⑱
十-乘52-10⑦
十-松11-12⑩
〇十-種11-4②
〇十-人2-20⑱
十人ニ八-九4-13⑦
十人圍43-3①
十-数-頃68-8④
十-数-章70-21⑪
十-数-株45-14⑰
十数聲7-14⑲
十数年2-16⑮
十-数篇70-10⑯
十歳テノ10-1⑯
十-聖57-2⑭
十-隻24-8⑥
十-尺11-12⑪
十-千テノ16-2⑭
十千一-斗28-16⑰
〇十-善45-10⑳
十K-善-法45-10⑳
十-叢21-16⑤
〇十-代56-16⑳
〇十-大弟-子68-11⑪
十-大-德69-17①
〇十-地71-13②
十-丈43-2⑲
十丈-餘4-5⑭
十-弟-子41-10⑰
十-條61-10⑯
〇十-哲68-11⑬
〇十-二-1-17④
〇十-二因-縁45-13④
十-二因-縁ノ法45-11①
十二韻19-7③
十H-二-葉41-8④
十二縁45-13⑨
十-二-行34-3⑳
十-二-句19-15⑩
十-二-衢26-9⑬
十-二-回23-10⑧
〇十-二-月57-7⑥
十H-二-月乙-酉68-2⑨
十二月四日21-18⑰
十H-二-月十-七-日56-7⑱
十H-二-月十-八-日42-2⑧
十二-月二十三日31-1⑫
十-二-月二十日61-6⑰
十-二-三27-9⑲
十-二-時41-12⑱
十二章37-12④
十-二-姝32-7⑧
十二首14-9⑨
十-二層24-12⑦
十-二-度24-16①
十-二-人30-

12①
十ー二ー年17ー8⑩
十[H]ー二ー年二ー月41ー9③
十ー二ー年ー來35ー12⑮
十ー二ー部68ー5⑯
十ー二ー部ー經68ー11⑥
十ー二ー部ー分68ー11⑤
十ー二ー篇14ー9⑩
十ー二ー遍21ー5⑳
十ー二ー衛
50ー8④
十ー年1ー3⑦
十ー年（セリ）8ー1⑪
十[H]ー年三ー月三ー十ー日17ー21⑪
十ー年餘11ー6⑰
十ー
年ー來45ー5④
十ー倍47ー15⑲
十[H]ー倍（セリ）63ー5⑩
○十ー方70ー11⑲
○十ー方世ー界71ー12⑦
○十ー
八41ー6⑥
十ー八ー韻18ー5⑫
十八（ニ）ー九49ー4⑪
十[H]ー八ー卷70ー17⑫
十ー八ー賢43ー10⑰
十ー八ー
載36ー19⑩
十ー八ー樹12ー8⑥
十ー八ー僧68ー15⑮
十ー八ー人43ー3⑮
十ー八ー里29ー5⑱
○十ー分
17ー12⑱
十ー片16ー19⑦
十ー變12ー8①
十ー歩65ー18⑦
十ー畝23ー17⑯
十ー畝ー餘31ー13⑥
○十
ー萬24ー5③
○十ー萬ー億71ー6⑥
十ー萬ー戸21ー9⑰
十ー萬ー人68ー5⑤
十ー萬ー部68ー5⑯
十餘2ー15⑩
十ー餘ー載36ー5⑯
十[H]ー餘ー首8ー11⑦
十ー餘ー人29ー1⑱
十ー餘聲19ー15⑮
十ー餘
ー束36ー4⑲
十ー餘ー軸43ー6⑭
十ー餘ー年15ー14⑪
十餘里1ー8⑥
十郎22ー6⑳
十ー亂47ー6⑯
十ー里5ー3⑪
幾十（ハク）ー里36ー9⑦
十ー律69ー16②
十ー両37ー9⑲
十ー倫63ー10⑭
十[H]ー聯49ー8⑪
○十ー六37ー4⑭
十[H]ー六ー韻5ー1⑥
十ー六ー卷22ー1⑮
十六（カ）ー七4ー8①
十六日40ー10⑮
十[H]ー六
ー日40ー10⑮
十六首5ー11③
十[H]ー六ー程31ー2⑬
十ー六ー年19ー15⑰
十ー六（ノ）坊21ー3⑯
十六篇5ー
11⑦
十ー圍2ー8⑯
○執69ー16⑪
○執（シ）63ー4⑤
執ー友41ー3⑤
執[HK]ー簡55ー14④
執ー咎44ー9⑥

執恭(人名)56-15④　執-競ス66-7⑭　○執-金-吾51-15⑭　執H-珪54-2⑮　執-契47-2④　執-憲51-13
①　執K-言55-4⑬　○執-事2-11⑨　○執-政4-11⑩　執-錢41-10⑦　○執-著41-9⑭　執-迷ス
67-5⑭　拾遺(人名)12-8⑫　○拾-遺10-2⑦　拾遺監察等(人名)54-14⑳　拾-指38-5⑨　○柔44-6⑨　柔H-和
70-9⑩　柔-克47-11⑬　柔H-旨28-16⑮　柔-弱36-7⑨　柔淑67-4⑭　○柔-順ニソ63-21⑭　柔-順
慈-惠ナリ68-3⑩　柔H-正42-10⑬　柔脆ニソ2-20③　柔-聲26-16⑭　柔促ニソ8-15⑥　柔-條33-17⑬
柔芳ナルハ2-21④　柔-明40-3⑮　柔蔓1-15④　柔HK-遠50-2⑬　揉-雜ソ62-19⑧　○集21-10⑭　集Hルセリ
50-12⑰　集虛(人名)43-10⑫　○集-會ソ40-5⑭　集H-卷70-14⑱　集レ-經43-8⑲　○集-賢22-13⑭　集-
賢ノ學-士68-19⑰　集賢閣(建物)26-6⑬　集賢池(H地名)32-7⑯　○集-賢-殿41-7⑥　集賢坊32-11⑤　集賢林亭(建物)29
-11⑭　集賢院(建物)19-4⑧　集K-衆45-5⑱　集州53-10⑬　集芳亭(建物)71-5⑧　檝-師11-1⑩　澁-米18-5
⑨　○濕15-18⑩　濕-葉18-9⑤　濕-煙26-16⑲　濕-化22-2②　濕-翅23-5⑮　緝-熈62-8⑪
緝-綏52-13⑧　緝-理ソ53-12②　習|27-6⑩　○習-習タル38-3⑪　○習-俗50-10⑯　○習-性23-13
①　習H-池25-7⑨　葺藝8-14⑳　葺鱗31-12②　襲魏國公50-1⑳　輯H-矣66-19⑪　輯-寧56-22⑰
輯-寧ス55-6⑱　○輯-睦ニソ56-12⑧　○輯-睦ス47-3⑯　輯-理ソ55-5⑳　隰州(地名)51-8⑦　隰-朋48-
11⑨　○借-問ス1-18④　奢H|66-19③　奢-淫65-13①　奢-儉63-5⑪　○奢-侈65-13⑰　奢-蕩65-

17⑥
奢蕩（スル）47-15⑪
奢-欲63-4⑧
寫26-14⑧
寫（ス）32-5④
○寫-經6-12⑳
○寫-眞31-11⑲
捨39-7③
捨棄（セント）11-15③
捨偈39-8⑩
捨-拔66-6⑭
斜-雲22-9⑤
○斜-影6-4⑩
斜-岸18-10⑱
○斜暉28-7⑥
○斜-月10-19③
斜-景11-9⑮
斜-紅4-8⑪
○斜-日10-9⑲
斜-竹16-16③
斜（H）-燈9-4③
○斜陽20-14③
柘-枝18-12⑯
柘枝詞25-17⑳
榭21-3⑪
洒掃（ソ）8-9⑳
灑-掃（ソ）37-4⑬
社2-5④
○社-日13-12⑨
社-樹2-18⑱
社-酒6-7⑫
○社-稷29-12⑫
○社-人68-5⑱
社石記68-5①
社-内16-17⑦
○社-壇2-18⑳
社-舞29-2⑱
○社名28-5⑲
紗-燈28-5⑲
罝-網63-12①
罝（H）-罘27-3①
○者（K）39-5⑱
○舍（H）17-18⑤
舍（HK）-下45-14⑱
○舍-人19-3⑭
舍-宅30-13⑳
舍（H）-弟9-5④
○舍（HK）-利6-11⑫
○舍利弗（人名）68-11⑫
蔗-節27-2⑫
謝（人名）43-10⑰
謝5-7⑱
○謝（ス）31-5⑱
代（カハルヽ）-謝（ソ）47-15①
寄-謝（シキ）17-17⑩
○謝安（人名）29-12⑱
謝安山（地名）20-9⑭
謝安石34-11⑦
謝-家14-11⑧
謝好（人名）21-6⑤
謝康樂（H）（人名）35-1⑬
謝（HK）-客24-11③
謝玄暉（H）（人名）35-10⑨
謝公（人名）7-3⑰
謝-草57-24⑲
謝（H）-上61-8⑪
謝-上（スル）68-8⑭
謝（H）-章57-1⑲
謝守（H）25-11⑮
謝墅33-18⑤
謝（シ）-絶（ス）33-13⑬
謝（H）-知57-10⑦
謝長霞（H）（人名）68-15⑰
謝-陳56-7⑮
謝-陳（ス）56-17⑩
謝眺（人名）24-3⑥
謝萬石（H）68-15⑰
謝（H）（人名）-傳14-18⑦
謝柳（人名）71-6①
○謝靈運7-3⑯
○謝-恩59-6⑪
○赦51-5⑲
赦（ス）65-6③
○赦（H）-書27-9⑪
赦-文59-4④
赭-堊68-17①
赭-衣65

－1⑨　赭汗28－6⑱　赭－白25－7⑩　○赭－面4－8⑪　○射38－4⑰　射－策16－2⑤　射－夫38－5
②　車(人名)H26－11⑪　車H－茵33－11⑤　○車蓋1－11⑲　○車－騎13－15⑮　車(人名)K公32－12①　車－叙22－1⑧
車－書61－8⑤　○車乗46－1⑲　○車HK－轍24－3①　車－徒6－14⑯　○車－馬2－6⑮　○車－服67－13
⑥　車H－様57－25⑥　○車輿15－8①　○車輪29－7④　○邪|2－14⑤　邪－巧58－14③　○邪－計58－14⑦
○邪－徑56－18⑤　○邪－人59－12⑩　○邪臣1－9④　邪－正38－6⑩　○邪－説45－11⑯　○邪－謀1－
18⑥　邪HK－諛41－2⑲　邪－亂ニソ16－18⑮　闇－維68－4⑲　○鷓－鴣18－16⑭　○鷿26－9⑲　○上|39－3
⑪　上|シ－訖ンヌ68－8⑰　上遊17－19⑥　上寅26－12⑮　○上－下38－13⑧　○上－下スル43－5④　上－下長－
幼65－7⑭　上－介48－3⑥　○上－界17－5⑮　上(地名)H好里42－1⑩　上－騎都－尉52－8③　○上H－客33－8
⑧　上－科65－4①　上－華36－23⑧　○上－元3－3⑯　上H－軍52－2⑭　○上卿53－2④　○上－弦6－
10⑩　上－獻48－8⑥　上－獻ソ53－12⑫　上－玄56－26⑭　上－言ス71－6⑪　○上－古39－2⑪　上(地名)H湖68－
7③　上－護－軍51－3⑧　上－公49－1⑮　上(人名)弘41－10⑲　○上－國51－18⑨　上(地名)谷郡ノ太－夫－人71－2⑨
上(地名)H谷太－夫－人71－2⑬　上(人名)谷夫人71－2⑧　上H－佐16－5⑳　○上座69－14⑨　上H－才25－11⑱　○上－策
64－10⑳　○上－巳26－11⑳　○上(地名)－州43－1⑳　○上－將51－17⑫　○上－將－軍54－2⑰　上－首68－13
⑨　○上－旬68－10③　上－疏ソ47－2⑨　上－昇56－26⑤　○上－人19－3③　上－任ソ41－2⑩　上Hノ－心12

－12②　上清1－3⑮　上清界5－5⑭　上－生70－11⑤　上－生(セム)70－11⑮　上－聖65－10⑮　上－請(ス)66
－8⑩　上－尊59－18⑱　上－台3－7⑳　上－對(ス)47－3⑥　上－臺51－10⑭　上黨37－10②　○上－達58
－8⑰　○上－達(セン)63－12⑬　上中下郡43－1⑨　上(地名)－柱－國68－18⑤　○上－帝54－1⑪　上第13－4⑬
○上－天1－18⑦　○上(地名)都16－6⑨　上－都－騎－尉47－12⑥　○上－等70－7⑯　上－頭2－15④　上－農
63－8⑧　○上－方18－13⑥　○上－品71－7④　○上－聞53－12⑰　○上－聞(ス)53－7⑪　○上－表57－5
①　○上－慢69－15②　○上－面20－7⑪　上(地名)陽3－5①　上(建物)陽宮3－5⑤　上－腴63－9⑨　○上－林16－
14⑳　上(建物)林坊35－16⑭　上林園1－22⑥　上－樓33－17⑭　○上－院24－17⑭　○上苑26－14⑤　○像56－26
⑦　像－教65－14①　像設40－11③　傷40－6⑥　傷－禽36－17⑧　傷苦10－7②　傷毀(セ)1－20⑥　傷－嗟(ス)
23－2⑰　傷－殘(ス)7－9⑧　○傷－悼(ス)56－8⑱　○傷－悲(スルニ)1－15①　傷－別45－2⑭　○匠－人2－8
⑰　尚－衣42－10⑦　尚－衣奉－御42－11⑦　尚－豎奉－御70－8⑱　尚(人名)綺心兒等56－19②　尚－饗(セヨ)70－14
⑦　○尚－齒37－6⑱　○尚(人名)書35－12⑨　尚－書右－丞49－13⑩　尚－書右－僕－射49－7⑥　尚－書金－部
郎中48－9③　尚－書虞－部郎中55－12⑱　尚－書刑－部侍－郎49－9①　尚－書庫－部員－外－郎59－13⑨
尚－書戶－部侍－郎41－6①　尚書戶－部員－外－郎48－4⑳　尚－書工－部侍－郎41－5⑲　尚－書工－部
員－外－郎48－6②　尚－書左－丞70－3⑱　尚－書侍－郎60－1⑩　尚書司－封郎－中49－8⑳　尚－書司

－門郎－中48－11⑯　尚－書祠－部郎－中50－5⑤　尚書主客郎中41－2①　尚書丞ノ－掌50－6①　尚－書職
－方郎－中49－14②　尚－書水－部員－外－郎49－6⑧　尚－書膳－部郎－中71－13⑲　尚書膳部員－外郎49
－13⑤　尚書張(人名)15－14④　尚書比－部－郎中42－5⑤　尚－書兵－部郎－中48－12⑬　尚－書兵－部郎－中知
－制－誥48－2⑪　尚書兵部員外郎48－4⑲　尚書郎(人名)18－13①　尚－書吏－部侍郎49－9⑧　尚－書吏－部郎
－中51－9⑱　尚－書吏－部員－外－郎49－13⑳　尚書令42－3②　尚－書禮－部郎－中48－12⑦　尚書禮部
員外郎49－4⑫　尚－平34－3⑮　尚－輦奉－御52－13⑪　○唱32－8⑨　唱28ス－7⑰　○唱－歌21－13⑥
○唱－歌21シ－9⑫　○唱－和23－2⑯　○唱－和36ス－16⑧　唱－酬22シ－1⑮　○商10注37－1⑨　○商15－3
⑥　○商27－14⑥　商H＝人12－17⑯　○商鞅(人名)64－17⑪　商－賈2－14⑫　商－皓31－9⑰　○商－較セ63－16
⑦　商摧セン46－5②　○商HK－議56－4⑦　商瞿(人名)28－3⑫　商山(地名)9－7⑬　商H(地名)－周(地名)67－18⑤　商州(地名)9－7⑯
商州館(地名)15－15⑩　○商－人12－17⑰　商聲(地名)15－17⑳　○商女(人名)1－2⑥　商嶺29－13⑦　商－土48－11⑲　商都(地名)
55－15④　商農63－8⑩　商K－賓30－4⑮　○商－風17－16⑥　商羊(地名)26－10⑥　商洛(地名)51－6⑱　商H－雒49－
5⑤　○商－量58－13①　○商－量スルニ57－23⑬　○商－旅57－13⑳　商陵(人名)21－10⑦　商陵氏(人名)21－10⑬　商嶺(地名)
29－5⑱　嗇62－22⑮　墻5－7⑧　墻－衣31－13⑮　墻－陰18－15⑰　墻H－屋10－15⑱　○墻－下36－8⑪
墻角26－2⑭　墻H－花14－10⑤　墻根21－9①　墻－枝35－16②　墻－西27－5⑰　墻東15－5⑩　墻－頭15

－13④　墻－壁19－5④　墻(HK)－面50－3⑥　墻－柳28－17⑫　墻垣45－14⑱　壙－制(ス)52－1⑧　○娼－妓45
－5⑯　娼－女(ナリ)12－16⑬　○娼樓1－14⑲　○嫦－娥23－19⑨　奬24－4③　奬－勸59－2①　奬賞53－5
⑪　奬－授53－5⑪　奬－飾(シテ)68－9②　奬－任49－11②　奬(HK)－擢56－11⑪　奬－擢(ス)56－12⑭　奬－用55－
5⑫　奬－用(セン)58－5②　常(地名)24－4⑦　常38－6⑧　常－雨62－20②　常娥35－18⑩　○常－行46－3⑪
常(H)－規(ノリ)50－12⑱　常科67－10⑩　常刑46－1⑳　常敬(人名)70－22⑲　○常－侍52－12⑫　常(H)－師－儒40－10④
常(H)－氏10－5⑲　常祀71－1⑫　常(H)(人名)－贄68－16⑫　○常州(地名)8－8①　常秀才(H)(人名)31－14⑧　○常－主62－17③
○常－人47－4⑦　○常(HK)－數64－5⑰　常生10－5⑱　常禪師16－6⑥　常尊67－14⑲　○常－典53－13⑯
常(H)－等49－1④　常－品61－7⑱　○常－平47－13⑱　常(H)－北43－3④　○常(H)－服61－5⑪　常賁(人名)68－4⑯
常－暘62－20②　常樂里(H)(地名)43－5⑮　○常－理21－13⑩　常－倫63－13④　庄上69－9⑥　○床10－12⑩　床－
席70－14⑭　床前10－9⑱　○庠－序65－6⑮　廧(H)－娶70－4⑥　彰－義－軍54－6⑫　彰敬寺(建物)17－7⑱
彰－明(ニソ)46－6⑥　彰－露(シテ)66－20⑪　慠－恍(トソ)22－9④　○掌4－10⑭　掌(H)－握22－19⑲　○掌(H)－記70－9
⑨　○掌上2－2⑮　掌－珠28－13④　掌－書－記51－15⑲　掌－内38－5⑨　掌－治(セシム)68－17⑧　○掌中
18－5⑱　掌－文42－2①　撐－撥(ソ)15－4⑱　攘－竊67－13⑮　○昌運(人名)61－5⑱　昌(HK)－期38－12⑮　○昌－
言47－2⑱　昌－時51－1⑪　昌朝(H)(人名)56－2②　昌－亡64－14⑭　昌平公(人名)70－1⑱　昌明(H)(人名)41－1⑨　昌(H)(地名)－黎42－

10⑥ 晶–華19–14⑯ 晶H–光25–16⑧ 晶HK–輝22–10⑫ 晶–熒43–9⑫ 嘗–酒33–1⑲ 樟H(建物)–亭20–16
⑨ 樟亭驛13–19⑨ 樟亭驛後20–7⑱ 檣15–16⑪ 殤42–11⑤ 洋H(地名)48–9⑧ 洋H(地名)–州48–9① ○湘(地名)2
–10③ ○湘H–江11–13⑥ 湘H(地名)衡49–11⑱ 湘HK–岸30–8⑱ 湘–筠26–10② 湘(地名)州17–20③ 湘H(地名)–渚8–15
⑩ 湘–神26–18④ ○湘–水35–4⑲ 湘K–川17–20③ 湘–潭49–3④ 湘(地名)–竹11–5③ 湘H–妃12–9
⑦ 湘靈13–13⑨ 湯–湯タル38–12⑯ ○淨(地名)土71–6⑦ 淨(人名)名居士20–5⑰ 漳(地名)州29–13⑲ 漳(地名)濱27–3⑫
漳(地名)浦35–1⑬ ○漿6–15⑳ 漿–酪45–15⑬ ○狀19–13⑲ 狀|ス46–11⑬ 狀–限41–2⑫ 狀–奏ス68–
19⑩ ○狀–貌1–14⑦ ○牀|6–16⑫ ○牀–下31–1⑬ ○牀H–上27–13⑬ 牀–席11–4⑪ 牀Hノ–前ヘニ
22–13⑧ 牀–帷19–8⑱ 牂H=牁11–8⑪ ○將|67–3⑯ 將等53–5④ 將–焉トメ47–11⑧ ○將–校34
–1⑮ ○將–軍22–14⑨ 將官吏53–5⑳ 將–迎66–12⑪ 將–材50–12① ○將–相1–1⑲ ○將–
士49–7⑲ 將–士等ラ56–10⑳ 將(人名)–仕–郎51–4⑲ 將–仕郎守40–3⑬ 將–守53–9⑦ ○將–帥57–
12⑬ ○將星54–14① 將息36–18④ 將–息ス27–7⑦ ○將–卒54–8⑱ 將H–壇66–14⑦ ○將H–門55
–6⑯ 將養スル36–10⑱ ○將–來12–15③ 將–來世–世70–24⑯ 將–吏20–6⑧ ○將–略3–9⑫
將壘53–2⑱ 牆6–14⑤ 牆屋1–22⑪ 牆墉1–3⑧ 牂(地名)牁3–11⑮ ○猖–狂ス57–20⑧ 猖婦16–1
⑮ ○猩–狂61–7⑰ ○猩–猩31–5③ 璋(人名)46–10⑭ 瓤18–5⑯ 瓤–肉45–15⑬ 瘴14–5① 瘴雲

10―16③　○瘴―煙3―6⑫　○瘴―海36―21⑧　瘴―江15―13⑧　○瘴(H)―氣19―15②　瘴―鄉70―4⑮
瘴―瘧15―13⑭　瘴―地17―3⑲　瘴―霧17―15⑳　○瘴―癘45―14⑫　瘴―領16―18⑫　○相|3―11⑬
○相|23―5⑪　○相―好39―8⑰　相(H)―遇57―9⑥　相君27―6⑪　相擊60―10②　相(人名)公25―9①　相―國
68―2⑮　相國鄭司徒21―14⑳　○相(K)―似6―8⑱　○相(K)―思6―10⑤　○相(H)(地名)州52―4①　相(人名)―如25―9
⑦　○相識2―5③　相(H)―親18―4⑱　相―導50―9⑩　相庭34―9⑦　相土55―5⑳　○相―貌25―14
⑤　○相(K)―夫―憐35―18⑱　相府(人名)35―17⑮　○相(H)―府27―16⑭　○相(H)―門56―4⑩　相里君(人名)43―12⑯　相里友(H)(人名)
畧48―9⑭　相里友畧等(H)(人名)48―9⑯　相(K)―留6―10③　相―位61―3⑭　○祥|(H)61―5⑰　祥―煙22―8③
祥―孽62―16⑫　祥―虹68―10④　○祥―瑞2―15⑫　祥(HK)―齊39―9①　○祥―符57―9⑳　祥―風57―7⑱
祥―鱣25―4⑮　祥―鸞20―16⑱　禳26―10⑥　禳―禱62―22⑫　禳―禱65―13⑧　穡15―1⑭　○章2
―9③　○章―句35―10⑪　章華1―7⑲　章(H)―敬41―8⑪　章檄71―3①　章公(人名)34―3②　章―綬49―7⑰
章―疏55―3①　章―奏56―17②　章―表59―8⑳　章―服24―7②　箏|28―17⑫　箏―笛21―5⑭　粧|26―
9⑳　粧閣4―2⑯　粧臉16―5⑤　粧―梳4―8⑫　粧束14―17⑬　粧―點24―12⑧　粧―粉4―9⑭
粧―涙12―17⑱　翔(H)―禽10―15⑩　○翔―鸞21―6①　○聲―聞71―12⑬　○莊―嚴69―14⑳　○菖―蒲14―
17⑧　○薔―薇17―11⑤　薔薇澗13―11③　○裳33―10⑪　襄(地名)71―10⑨　襄漢(H)(地名)55―11⑳　襄事70―4⑤

襄州（地名）42—10⑩　襄城人（地名）68—4⑦　襄陽（地名）9—10⑧　襄陽縣（地名）46—10⑪　觴5—13③　觴シ68—19⑲　○觴—詠35—11⑪　○觴—詠シ29—11②　詳|K50—12⑨　○詳—察58—9⑤　○詳—察スル58—14⑦　詳—省59—7⑲　詳—敏51—3⑯　○詳—明ニ49—5⑥　○詳—覽58—1⑪　○詳—略54—12⑥　讓（人名）41—8⑦　讓章49—7⑨　象3注38—10⑰　○象|K38—7⑭　○象H—戲26—12⑤　象魏門2—7⑪　象—雷66—7⑳　○賞|46—7⑬　○賞|ス33—11⑰　夜賞Hス28—12⑩　賞愛1—14⑤　賞—延52—14⑪　賞—勸52—11③　○常H—翫7—6⑥　○賞—翫スル8—11③　賞—功61—1⑫　賞—心5—2①　賞—設56—10⑮　○賞H—典52—2①　○賞—罰60—5⑲　○賞—罰ス63—7⑲　賞HK—罰威—福48—6④　鄗H17—9⑰　釀32—13⑱　釀スル|70—21⑮　○釀K—酒32—13⑯　釀糯26—12⑮　釀H—襲70—22④　鏘|トソ31—3②　○鏘—鏘タリ15—2⑯　鏘—鏘振—振トソ40—8⑭　障14—19⑭　○障—礙34—8⑬　○障—子34—11④　○障—泥24—18⑤　閶—闔12—4⑯　閶—門24—5③　餉シ1—4⑩　餉—饋ス66—20⑭　○[illegible]—牙16—6④　借セル61—10②　借—助ソ16—16⑱　相ヒ借—助セント56—18⑦　借—留シテ52—5③　勺Hシャク—水16—19⑦　○爵|50—13⑥　○爵—號64—15⑪　爵—賞46—10③　爵H—壽10—2⑨　爵—秩33—1⑧　爵H—重52—9⑲　○爵—土47—5⑨　爵—命66—5④　○爵—祿2—12⑳　○爵—位52—14⑰　○弱31—12⑱　弱HK—水38—12⑲　弱—柳31—15⑤　○杓H（人名）16—2⑮　杓直（人名）2—11⑬　○灼—灼タル2—6⑳　焯—燀タリ49—1⑩　笮—下20—7⑩　笮溪21—1⑱　笮峴16—15⑫　笮H（地名）—峴—亭16—15⑬　綽|トソ21—2⑦　○綽—綽トソ43—1⑰

○綽―然(トゝ)41―2⑰　○綽―約(タル)19―15⑰　綽―立(ソ)19―7⑦　○芍―藥12―8⑪　若―干―卷70―7⑯
若(H)―干―人49―8⑤　若耶(H)(地名)22―6⑬　若(地名)―耶―溪23―5⑮　若―厲61―4⑧　若―往66―10②　○酌(H)22―13①
○釋迦如來(人名)41―8③　釋憾8―12⑰　釋―宮43―8⑫　釋―教68―11⑭　○釋(人名)―氏65―14⑨　釋梵(人名・地名)35―1⑨
○釋(人名)―門68―11⑦　釋―流44―10⑰　○雀(K)―羅17―14⑥　○錫―杖23―9⑭　鑠(ソ)39―2⑬　○主28―10⑳
○主家19―15⑲　○主―客29―12⑩　主―客―郎中(人名)19―2⑦　主(HK)―客員―外―郎41―5⑱　○主―君71―11⑯
○主―計48―4⑦　○主(H)―宰61―3③　主―藏70―15②　○主―司44―5⑦　主師51―12⑭　主―者53―7⑩
○主―上44―7⑱　○主―將56―10⑪　主―守66―8⑩　主胥41―4⑤　○主―人2―3⑯　主人翁1―3⑦
○主―帥51―17⑦　○主―張(セシム)68―17⑦　○主父(H)(人名)47―2②　主―佛71―8⑰　主佛(H)―弟―子71―8⑰　○主
―文65―16⑨　○主―簿40―2⑱　主(H)―禮66―12⑪　○主―領(ソ)25―12①　○主(H)―恩66―11③　侏(人名)―儒15―13
⑮　○儒11―6⑳　○儒―家32―4⑱　儒―行49―5⑲　○儒(H)―學47―2⑥　○儒―教22―7⑧　儒―玄69―
2①　○儒(H)―士66―4④　○儒―者70―17②　○儒―術48―11⑨　○儒―書68―12⑮　○儒―臣68―10⑦
○儒―生60―8⑮　儒―素68―13⑦　○儒―宗70―19⑮　儒道釋65―14⑧　儒―道―佛43―2⑮　儒―典68―
13⑥　儒―風43―10⑰　儒墨六―家65―14⑥　○儒―門68―11⑬　儒(H)―流66―4⑧　儒―林―郎51―5④
○受45―13④　受降城(地名)55―5⑩　受―藏53―2⑥　受―冊57―11⑥　受受―緣45―13⑤　○受―納58―14②

○受｜命51｜11⑦　○取｜次(ミタリカハシク)(ニ)18｜12⑲　○取｜次(ソ)26｜14⑧　○取｜捨38｜9③　○取｜捨(シ)65｜8⑥　取取
｜緣45｜13⑥　取｜與66｜20⑬　○壽(K)(去)22｜6⑩　壽安(建物)39｜2⑱　○壽｜夭26｜1⑫　○壽｜考42｜2⑬　壽(H)｜
宮18｜15④　壽州(地名)51｜9⑬　壽州(地名)霍丘(地名)縣尉(ノ)51｜3⑪　壽｜昌47｜13③　○壽｜星57｜6①　壽泉(地名)11｜11⑱
壽常13｜15④　壽(H)邸(テイ)12｜12④　壽富貴(ナラ)65｜21⑫　壽無｜量71｜6⑧　○壽(H)｜命26｜6⑫　壽臘71｜13⑩
姝2｜22⑬　姝子11｜1⑮　孺｜慕71｜2⑫　孺(H)｜慕(ソ)42｜7⑬　守(人名)24｜1⑦　○守20｜5⑦　守一(人名)71｜2③
守(H)｜邑49｜9⑰　守｜捍49｜8④　守(H)｜官61｜8⑩　守陝(地名)州大(ノ)｜都｜督府右司馬52｜7⑫　守(H)｜謙59｜13⑪
守｜謙(ソ)59｜14③　○守｜護(ソ)34｜1⑬　守｜事55｜4⑬　守尚書戶｜部侍｜郎48｜4⑨　守｜臣52｜4⑮
守｜正56｜12⑧　○守歲13｜19④　守｜土28｜13⑳　○守｜備64｜12⑨　○守｜文63｜16⑯　戍16｜11⑮
○戍｜人3｜9⑨　○手｜翰45｜9⑤　○手爪28｜3⑮　○手｜札25｜11⑦　○手｜疏53｜9②　○手｜詔61
｜10⑥　○手｜足2｜7⑬　○手｜澤38｜9⑳　○手｜中10｜8④　手底31｜2⑳　○手｜板18｜1⑰　○手
｜筆(ソ)70｜8⑦　○手｜裏31｜15②　授｜官67｜17⑲　授｜持(ソ)70｜23⑬　○朱24｜10⑫　朱｜櫻22｜16③
○朱｜衣23｜19⑮　朱｜殷(アンナリ)22｜3①　朱雲(人名)62｜1⑫　朱何(K)(人名)56｜7⑧　朱｜閣26｜6⑭　朱｜檻17｜1⑬
○朱｜顏1｜19⑥　朱｜旗38｜9⑭　朱｜槿25｜8④　朱｜紘19｜19⑨　朱｜軒20｜15⑤　朱克融(人名)60｜8⑥
朱仕明(人名)57｜11④　朱泚4｜2⑩　朱｜紫15｜2⑲　朱｜實43｜3⑤　○朱｜砂8｜13⑰　朱｜雀｜街28｜8⑪

朱-綬19-16③　朱-繩13-5③　朱道士（人名）26-4⑳　朱忠亮57-19⑫　朱陳（地名）10-1⑦　朱陳村（地名）10-1⑥　朱-頂21-5⑦　朱-藤39-3⑱　朱藤杖8-3③　朱放（人名）68-16②　朱-紱2-6②　朱-板4-10⑪　朱-轓50-7⑰　朱-粉9-12⑯　朱-明31-4⑬　朱門（建物）24-9④　○朱-門2-4⑫　朱-蠟27-2⑮　○朱-欄23-16②　朱-裏15-2⑨　○朱樓4-1⑦　○朱-輪2-5⑨　○樹-1-21⑬　樹｜68セ-4③　○樹-陰16-12⑭　○樹-影34-14③　○樹-葉31-10⑪　○樹-下16-14⑦　○樹-間10-14⑨　○樹-根2-18⑳

○樹-枝19-10⑦　樹-色21-3⑱　○樹-心2-9⑱　樹身2-21⑥　○樹-杪31-14⑤　○樹梢2-21⑥　樹-畜65-21⑭　○樹-頭11-10⑬　○樹-木6-10⑰　殊5-15⑰　殊-渥57-24⑲　殊-尤ナリ38-11⑭

殊-榮52ス-14⑲　殊-豔12-12⑬　殊階46-10④　殊-効52-3⑪　○殊-勲57-25⑧　○殊-功56-7⑤　殊-姿12-18⑪　殊-滋63-11⑦　殊-私57-9②　殊-賜59-17⑱　殊-常59-13⑰　○殊-俗14-19①

殊-政59-12⑥　○殊-績54-10⑲　殊-剪61セ-7⑰　殊-澤59-16②　○殊-寵54-10⑲　殊H-途65-8⑦　殊-方61-9⑭　殊-文65-8⑩　○殊-恩52-6⑲　殳｜H16-3⑤　酒59-18⑰　酒-筵24-19⑳

○酒-家20-14⑩　○酒海21-14⑩　酒香16-10③　○酒-客20-13⑯　酒H-渇31-16⑪　酒-榼33-11③　○酒-氣20-8⑭　○酒-旗16-8⑯　○酒-狂20-13⑫　○K酒-狂17テ-12⑱　○K酒-興24-16⑥　酒-軍27-10⑪　○HK酒-壺30-2⑦　○酒-庫32-11⑳　酒-功70-1⑧　酒功贊70-1⑥　○酒-後18-4⑮　酒-鈎

18-12⑯ ○酒(H)-痕28-16⑳ ○酒債1-14⑳ ○酒-盞13-19⑱ ○酒-巵2-13⑱ 酒(H)-思12-5⑭
○酒-肆24-20① 酒眥13-9⑭ 酒(H)-乳香-果40-10⑰ ○酒-肉45-3⑭ 酒-漿29-16⑨ 酒-升27-
12② ○酒食36-9⑳ 酒-聖20-8⑰ ○酒-席19-19⑥ ○酒(H)-仙27-6⑰ 酒-錢5-12⑮ ○酒(K)-饌
32-11⑲ ○酒-樽32-6⑱ ○酒中5-15⑩ ○酒-顚(センヤ)17-22② ○酒-徒17-9⑦ 酒-德70-1⑦
酒(H)-魔35-5⑬ ○酒-杯37-9③ ○酒-盃32-9 177 注39 酒酤23-17⑬ ○酒(H)-房70-22④ 酒-伴33-4
⑩ 酒-味25-12⑯ 酒-分27-13① 酒-瓶30-4① 酒(H)-病20-3② 酒(H)-米27-10⑭ 酒(H)-餠59-18⑯
○酒癖37-5① ○酒-脯40-7⑭ 酒-脯等59-16⑦ 酒-面28-18⑨ 酒-容20-14⑬ 酒-樂29-12⑥
酒(K)-甕35-6⑫ 珠1-8⑩ 珠-瓔3-12⑩ 珠-匣26-4⑩ ○珠-玉5-3⑱ 珠-衾8-6⑱ 珠-
顆24-8⑧ ○珠-光4-12⑲ 珠-翠12-3① 珠-箔18-15⑭ 珠-履14-17⑪ 珠-籠5-3⑰ 衆-
生39-8⑪ 穤(大)-袴12-19① ○綏24-7⑪ 綏(H)(人名)50-3⑦ 繻16-2⑤ ○茱-萸21-3⑮ 裋褐(ニメ)5-15
⑯ 襦25-15⑰ 襦-袴21-11⑭ 襦上26-12⑥ 豎-儒58-1⑳ 趣-數(トノ)18-6④ 郰(H)(地名)婦66-2① 銖(ノ)-
銅39-2⑭ 需家1-13⑱ ○須(人名)菩提68-11⑫ ○須彌68-12⑰ ○須彌山68-12⑱ ○須-臾22-2⑱
○首(タリ)48-11④ ○首-夏36-7⑫ 首-諫48-2⑲ 首(H)-丘70-7② ○首-級56-9⑯ 首句29-1⑨
○首-坐50-13⑲ 首(HK)-子64-2⑭ 首-章47-7⑥ 首(H)-種57-25⑰ 首-數26-5⑤ ○首-尾38-9⑦

○首陽5-16①　○首陽山(地名)7-1⑯　首楞嚴(書名)45-12⑫　首楞嚴經[H](書名)41-12④　首楞嚴三昧經(書名)45-11⑥　○首領57
-13⑤　鬚23-5⑱　鬚[H]-間14-19⑤　鬚霜33-4⑧　鬚-髮6-12⑱　○鬚-鬓18-8⑯　○鬚-鬢28-2
⑨　○塵[HK]-尾32-11⑯　充|56-1⑰　充[H](人名)3-1⑰　充[K]-給セリト30-2⑱　充|横海軍節ノ-度51-16⑥　充京西都
統54-9⑪　充|劍-南西川節ノ-度參-謀50-11⑧　充|劍南西川(地名)觀-察推-官51-16⑤　充|左江都-知兵-馬-
使51-12②　充|朔方靈鹽定遠城節ノ-度-使54-5⑬　充山-東-南道節ノ度判-官48-10③　充山-南-東-道ノ
觀-察判-官48-10⑤　充|泗州(地名)團-練副-使51-5⑧　充|彰義-軍節ノ-度管-內支-度營-田54-7③　充職
51-17⑪　充|推-官53-8⑬　充西[H]-蕃盟會使49-3⑧　充-斥ス49-1⑨　○充-塞ソ57-7⑰　充-腸22-
14⑫　充邠寧節ノ-度-使54-5⑯　充邠寧慶等州ノ節-度管-內支-度營-田觀-察處-置等ノ使54-6⑦　充|武
-寧-軍節ノ度51-5⑨　充-賦38-3④　充[H]-賦スル62-2⑥　充|鄜坊等州ノ觀察使55-13⑳　充團-練渦口西城
等ノ使48-9⑫　充|本州守捉-使48-10⑦　充本州ノ團-練-使53-2⑰　充|本州(地名)ノ鎮遏使51-11⑱　充本州防-禦
-使49-13⑯　○充-滿セリ70-23⑬　充盟會判-官49-3⑫　充盟會副-使49-3⑩　充|靈鹽ノ節-度-使54-
4⑱　崇57-7②　崇シテ57-9⑨　○崇敬(人名)13-1⑫　崇崇5-8⑫　崇-盛ニソ55-2④　崇-臺63-11⑦
崇道鄉[H](地名)42-2⑨　崇[H](地名)-道-里42-2⑱　崇-重ナル51-1⑳　崇-秩53-8③　崇文(人名)57-12⑤　崇文卿47-18①
崇[H]-名57-6⑬　崇陵(人名)42-1⑳　崇[HK]-龍55-2⑨　崧高8-12②　嵩[H]-山8-12⑯　嵩洛(地名)8-12⑳　○戎[H](人名)48

-3⑦ ○戎-衣1-14⑱ 戎-夏55-13⑫ 戎-吭55-5⑬ 戎-號55-5⑪ 戎-好51-10⑮ 戎-行52
-3③ ○戎-器56-17⑧ 戎-麾55-6⑥ 戎-境56-11⑤ 戎-功50-10⑮ 戎-闐57-21⑩ ○戎-裝
26-10⑲ 戎HK-索55-13⑱ ○戎-事48-9⑲ 戎師51-8⑧ ○戎-車56-22⑯ 戎-首53-8② 戎-職
50-4④ 戎-人3-13⑰ 戎-心54-15⑳ 戎-臣7-5⑩ 戎-帥55-8⑩ 戎-政50-12⑳ 戎-績51
-13⑰ 戎-捷52-8⑰ 戎-旃52-12⑨ 戎-秩54-16② ○戎-狄44-12⑰ ○戎馬21-3⑳ ○戎ノ-
備ヘ64-9① 戎-府51-6⑯ 戎H-務54-6⑯ 戎-律52-6⑩ 戎-略66-4⑦ 戎-旅51-8⑱ ○戎
-夷47-16⑱ 戎衛(地名)52-6⑮ ○衆H|3-4③ 衆-音21-7⑬ 衆-校52-1⑳ 衆HK-毫38-11③ ○衆-議
58-14③ ○衆-苦39-8⑪ ○衆-寡63-7⑤ 衆-君-子45-8⑪ ○衆-口11-11⑭ 衆-才63-15⑭
衆-山10-12④ 衆-士44-4⑳ 衆-耳1-17⑤ 衆觜2-15⑱ ○衆-庶68-14② 衆-色39-9②
○衆-人1-17⑩ ○衆ノ-心11-11⑭ 衆-臣64-1⑮ ○衆-情56-2④ 衆-誠57-11⑤ 衆-請56-1
⑪ 衆H-樵7-6⑦ 衆-笑27-2⑳ 衆-鼠37-13⑭ ○衆-僧1-22⑰ ○衆-中51-8⑨ 衆-鳥36-
2⑬ ○衆-望55-6⑧ ○衆芳19-16⑫ 衆H-美61-1⑲ 衆-賓21-1⑳ 衆佛69-3① 衆H-寶6-11
⑩ 衆-毛44-10⑮ ○衆-目1-17④ 衆-面45-4⑰ ○衆-流49-9⑭ ○衆-力52-12⑯ ○終-焉
70-6⑮ 終-塞ス11-10⑯ ○終-始51-7⑤ ○終-日ニソ52-10⑬ ○終-身25-11⑪ 終-然ニ70-19⑲

○終｜朝8｜7① 終｜天14｜12⑮ 終｜頭28｜10⑪ ○終｜南17｜3⑤ ○終南山(地名)26｜3④ ○終｜年32｜
11⑯ ○終｜夜37｜2⑱ 終｜老31｜8① 聚｜(ナル)10｜7② 聚｜飲60｜4⑰ 聚｜會68｜5⑥ ○聚｜散
15｜3⑤ 聚｜羨70｜6② 聚｜托67｜2⑧ 聚談43｜7⑬ ○聚｜落14｜19⑬ ○聚落(スル)43｜10⑱ ○聚
｜斂44｜10⑱ 俶(人名)46｜9① ○叔31｜14⑯ 叔牙(人名)66｜19⑲ 叔向(人名)49｜8⑲ 叔矩(人名)56｜6⑫ 叔子(人名)55｜11⑳
○叔｜父43｜4⑬ ○叔｜母16｜15⑲ 叔｜母以｜下69｜9④ 叔｜良60｜7⑯ 夙｜意69｜9① 夙｜舊68
｜17⑯ 夙｜懐22｜4② 夙｜願58｜8⑲ ○夙｜志70｜14④ 夙｜心23｜13⑩ ○夙｜夜38｜4⑩ 宿(人名)48
｜2⑨ ○宿1｜8⑭ ○宿｜8｜2⑦ ○宿｜雨11｜13⑨ 宿｜雲21｜5⑮ 宿鸛15｜2① 宿｜香31｜10
⑥ 宿｜客11｜2⑲ 宿｜閣29｜5⑩ 宿期34｜4③ 宿｜犬16｜15⑩ 宿｜寇61｜4⑰ 宿｜齋22｜16⑬
○宿｜草35｜11③ 宿紫閣村(地名)45｜4⑲ 宿州(地名)55｜14⑦ ○宿｜習45｜3⑳ 宿｜酒33｜4④ 酒｜潤29｜7⑫
○宿｜醉26｜14⑥ 宿｜醒31｜16① 宿｜息67｜2③ ○宿｜諾66｜13⑥ ○宿｜直19｜15④ ○宿｜酲
22｜5⑭ ○宿｜鳥22｜7⑱ ○宿｜德70｜8⑥ 宿｜麥61｜4④ ○宿｜霧26｜9⑱ ○宿｜弊61｜8⑧
○宿｜命71｜9⑧ ○宿｜命｜通71｜9⑧ 宿｜殃68｜17⑱ 宿｜露19｜14⑤ ○粥30｜5② ○淑｜氣31｜
4⑮ 淑｜景29｜16⑧ 淑｜順50｜6⑬ ○淑｜人69｜11③ 淑｜性42｜6① ○淑｜女70｜9⑩ ○淑｜德
70｜16⑮ ○淑慝49｜10⑮ 淑問40｜3⑰ 淑｜容57｜7⑫ 倏｜40｜9⑭ ○倏｜忽15｜4④ 倏｜爾

36-13⑮ ○倏-然トシ36-13⑮ ○熟ニ25-6① ○熟|ス32-9④ 熟H-衣28-7⑤ ○祝|シ24-1⑲ 祝H-願
28-2⑳ 祝氏(人名)41-7⑳ 祝著15-20⑤ ○縮62-22⑥ ○縮-地35-16⑮ 儵-然トシ29-4⑧ 肅トシ65-6
⑯ 肅-恭ス66-17⑩ ○肅肅タル71-4⑬ ○肅-然タリ51-11⑮ 肅宗(人名)12-13⑥ 肅-雍53-4⑰ 肅-雝57
-7⑧ ○菽-粟47-16③ ○菽-麥57-24⑪ 蹙-促トシ27-3⑮ 蹴-蹋ス71-10⑫ ○出H-遊ス43-8③
出降57-11⑭ ○出-家41-10⑳ ○出-家ス31-16⑫ ○出H-羣66-2⑤ 出H-言66-13⑫ 出-塞26-18
⑮ ○出-入7-11⑨ ○出-入ス57-21⑨ ○出-處5-1⑭ ○出-處シ38-12⑲ 出-處行-止43-4②
出H-處進-退52-11⑩ ○出-身11-6⑳ ○出-身ス46-9⑩ ○出-世41-10⑫ ○出塵7-2⑨ ○出
-没ソ1-20⑬ 恤-隱ソ8-5⑫ 恤H-獄65-1⑳ 恤-勞セシ67-8⑩ 秫H33-3⑰ ○術|12-13⑫ 述68-
1⑬ ○述-作56-25⑪ ○述-作ス65-11⑲ 述-序56-25③ ○述-職50-11⑫ 述譔42-4⑲ 郇-隱
47-18③ 郇H-刑65-2⑭ 郇-後66-5④ 郇-鄰71-3⑩ ○俊H(人名)42-3⑪ ○俊-乂49-7⑭ 俊-造
48-9⑲ ○俊HK-秀55-2⑯ 儁-材50-11⑫ ○准ス68-7⑫ ○准-擬ス59-8② 准H-數ニソ57-24② 隼
26-9⑥ 隼H-撃54-7⑯ 隼-旟20-13① 峻H(人名)50-7⑤ ○峻-宇63-11⑦ 峻-政47-2⑥ 峻-文47
-9⑭ 徇38-7① 徇HK-公56-25⑲ 徇H-惑65-20⑬ 徇-名13-8③ 循陔66-10⑦ 循H-化54-4⑫
○循-環62-14⑪ ○循-環ソ16-14④ 循-資63-18⑲ 循-省ス61-7③ 循潮封37-11② ○循-吏51-

10⑩　循-良2-8⑨　○恂-恂46(トメ)-10⑳　恂-恂孜-孜42(トメ)-6⑭　惇-睦42-2⑭　惷-愚60-5⑥
○旬5-3⑪　○旬-宴68-6⑫　旬-假21-1⑭　○旬-月35-1⑩　旬-時5-1⑭　○旬-日44-6②
春-娃31-3⑦　○春-意31-16①　○春-衣28-4⑯　春-遊30-11⑩　春遊(メ)31-3⑤　春-飲15-5⑭
○春-雨23-11③　○春-雲30-4③　春夏21-2⑫　春芽16-14⑲　○春-江12-18③　春-羔59-17⑯
春-行20-9③　○春-郊13-5⑤　○春寒30-5①　春戲23-17⑲　○春-氣30-5②　○[H]春-宮27-16⑭
春去17-5⑦　○春華2-10⑩　○春-光27-13③　春[H]-官43-11⑮　春桂35-6⑲　春嬌31-9③　春-候
57-25①　春-穀24-5⑮　春-穀鳥31-10⑭　春-早32-3⑰　春艸18-6⑮　春-草19-19⑥　春-裝28
-6⑳　○春衫33-5⑧　春[H]-事33-1⑬　春詞25-15⑳　春-愁18-16①　○春秋(書名)46-6⑮　○春-秋41-
5⑱　○春-日5-10⑱　春樹25-10⑬　○春樹31-3⑥　○春-酒19-15⑭　○春蔬1-21⑤　○春-初13
-10⑮　○[H]春-色33-13⑯　春寢7-4⑬　○春-心33-17⑤　春[H]-深26-10⑫　○春-水2-3①　春-睡
36-2⑨　春雛15-7⑬　春-城11-13⑯　春生17-4⑲　春-生秋-殺61-4⑯　○春-雪1-11⑦　春泉
29-7⑲　春窓19-15⑱　春蕙31-2⑱　春村13-20③　春態13-1⑲　春-黛26-18①　春-塘31-3⑦
春-澤57-22⑯　春旦2-3⑤　○春暖35-7⑮　春-池3-8⑭　春中13-9⑥　春-茶34-11⑩　春啼34
-16⑧　○春泥13-20⑦　春翟65-23⑨　春天31-12⑬　春殿26-2①　春[K](ノ)-田6-5④　春-凍19-12③

春-馬31-3⑦ 春-望20-11⑪ ○春-坊23-13⑩ 春-盤24-10⑯ 春氷62-14⑤ ○春-風12-10⑯
○春(K)-服32-12⑰ 春-物6-15⑥ ○春-分27-9③ 春-病28-3③ 春-別13-12③ 春(H)-暮11-9⑭
春-夢12-18⑯ 春-毛23-5⑮ ○春眠6-2⑦ 春-明-門6-10② ○春夜19-15④ 春-畬19-8⑥
春-來13-8⑫ 春-流28-14⑱ 春溜10-4⑧ 春(H)-林16-4⑥ 春-令57-22⑦ 春爐23-18③ 春(H)-闈
54-3⑩ 春翁33-6⑥ 殉67-19⑮ 浚(地名)24-1⑪ 浚(H)-儀42-3⑦ 浚都(地名)36-1⑪ 淳(H)(地名)-化-郷42-9③
淳-和64-19⑤ 淳-淳トシ46-4⑦ 淳-淳泄-泄トシ70-1⑪ 淳-精38-14⑯ ○準ゾ47-15① ○準-擬ス
12-7⑳ ○準-繩55-2⑲ 準-程71-3③ ○準-的45-5⑭ 潤(人名)42-10⑨ 潤(地名)71-10⑩ 潤(HK)-屋32-
1⑰ 潤-下ス66-7⑩ 潤-氣19-6⑭ 潤-草43-10⑱ 潤州(地名)21-7⑦ ○潤-色48-5⑥ ○潤-色ス38
-16② 狥祿12-2⑫ 珣(人名)42-7⑳ 瞬29-8⑩ 瞬セ27-15⑫ ○瞬-息21-9⑮ 笋31-5⑫ 筍簴66-
19② 純ナリ42-11② ○純-白38-8⑥ ○舜(人名)46-5② 舜-歌18-15⑧ 舜典(書名)63-17⑤ 荀宋(人名)38-15⑦
荀令(人名)33-17⑤ ○蕣-花14-18⑦ 蕣-華66-16① ○蠢-爾タル2-9⑯ ○蠢-蠢トシ17-21① 蠢-蠕32-
12⑥ 詢-謀51-8⑮ ○諄-諄タリ66-11⑮ 巡-飲ゾ20-7⑯ 巡-官49-12⑥ ○巡(HK)-警50-8⑦ ○巡
-檢セ68-8⑦ ○巡-守ゾ68-8⑧ ○逡-巡タリ1-20② ○逡-巡セヨ5-6④ ○遵-行ス58-13⑳ 郇邠
54-6③ 醇(H)-醪11-11⑦ ○閏(H)ニゾ9-1⑭ 閏九-月九-日36-16⑤ 閏(H)五-月己-亥40-6⑧ 閏-秋36

－16⑥
閏H－正－月11－5⑮
雋12－4⑫
雋髭34－1⑯
○順46－11②
順之(人名)22－11⑭
順－成62－8⑲
順宗(人名)42－2⑪
順宗皇帝(人名)63－17⑯
順宗至徳大－聖大安孝皇帝(人名)57－10⑱
○順－孫41－7⑩
順－婦70－9⑪
馴－象3－10⑯
馴犀セイ3－10⑥
馴－善ニソ34－16⑫
○馴－致38－7②
○馴－致ス47－18⑫
○馴－良57－8⑬
○駿1－5⑦
駿－駒61－10③
○駿－足70－19⑰
駿－奔67－11⑰
駿－奔ス46－2⑮
初－筵27－2⑤
○初－夏32－4④
初－開23－16⑰
初H－行14－9⑰
初－寒19－8⑲
初吉46－3⑫
初－旭36－11⑱
初－筠30－13①
初－五28－18②
○初－三18－11⑳
初HK－三－夜24－14⑲
初－終49－7⑦
○初－日33－15⑦
○初－心37－11⑱
初H－晴ニ6－17④
初H－歳68－10③
○初－生23－19⑧
○初－冬25－6⑤
○初－年15－10⑬
○初－發－心70－23⑨
初－蒲7－8⑫
初メノ－命ノ1－6⑮
○助教15－5⑤
○助－成ス36－15⑬
○助－援ストモ60－8⑧
○叙セ69－11⑱
如－膏61－4⑨
○K如－今35－5⑰
如－如32－1⑮
如信(人名)68－4⑥
如信大師(人名)68－3⑲
如満(人名)70－21③
如満大師(人名)70－15⑧
如－綸67－11⑨
序53注40－1⑬
○序13－2⑯
○序シ45－1⑧
序－引56－25⑪
序H－守66－17⑭
庶(人名)69－1⑪
○庶29－7⑦
○庶－幾スル48－2⑥
庶H－議62－5④
庶獄53－8⑦
庶－官48－6③
○庶－孽66－18①
○庶－事44－10⑮
○庶－子66－17⑯
庶－羞40－3⑭
庶－職54－9⑭
○庶－人47－8⑩
○庶－政44－10⑮
○庶－績38－14⑪
○庶－男66－20⑦
○H庶－務52－13⑭
○庶－民40－2⑬
庶－老57－4⑯
○庶－類38－15③
庶－寮49－8⑭

徐(地名)71－10⑩　徐泗濠(人名)69－14②　○徐州(地名)15－14④　徐福(H人名)3－3⑯　徐梁(地名)71－1⑯　○恕67－8⑲　○恕(スル)66－
10⑨　叙15－10⑥　○敘(ス)21－1⑥　○所－由36－5⑧　所－因68－13④　○所－縁56－4④　所(K)－賀56－3
⑦　○所感2－22⑰　所－宜11－9④　所－疑62－6①　所－急48－6⑦　所－居19－5⑱　所－擧53－12⑰
所－偶8－15⑭　○所－遇10－6①　○所－懷25－3⑲　○所－管57－13⑨　○所－見44－1⑮　所－貢52－
10⑭　○所－作2－12⑧　○所－在11－11⑧　所－仕57－25⑮　所－使51－8③　○所－司49－1⑱　○所－
思6－8⑪　所－執60－9⑳　所(H)－謝56－26③　所－須27－5⑦　○所－從53－4⑥　○所－屬51－8②
○所－職67－7⑱　所－任55－12⑰　所－親10－14⑥　所－進58－11⑬　○所－説36－6⑩　所－善(ナリ)55－13
⑰　所－措59－17⑱　所－託11－3⑦　○所－知53－6⑩　○所－長22－1⑪　○(H)所－長(セラル)22－1⑪　所陳11
－8⑭　○所－傳6－12⑮　所－難68－11⑱　○所－念7－10⑲　所－能51－2⑬　所－望45－10⑱　所－問68
－13⑩　所－聞43－7⑮　所－報59－16④　○所－用48－6⑯　所－履57－20⑫　○所－爲43－8①　○暑1
－6⑨　○暑－雨30－9⑲　暑(H)－雲9－4⑤　○暑－氣16－9⑱　○暑－月18－5⑲　暑－濕(ニメ)59－9④
暑土1－4⑪　暑(H)－風10－5⑥　曙36－15⑱　曙霞20－11⑫　○曙(ノ)＝色9－10⑭　曙燈5－7⑭　○(H)書(書名)40－
5⑦　○(K)書(平)9－7⑩　○書(セ)42－3②　○書－案25－6⑭　書－帷3－1⑪　○書－意36－20⑮　書－因23－
12⑮　○(H)書－記26－14⑯　書－狂38－11⑱　書畫棊博45－5⑧　○書－卷27－8②　書－軌61－2⑩　○書－

庫69-4⑪
書後16-19⑥
書-策60-2⑲
○書-策60-2⑲
○書HK-史45-4⑨
書-指57-24②
書H-
牀16-3⑯
書序45-1⑤
書HK-指56-24⑱
○書K-疏(去)22-4⑫
○書-信10-6④
○書-生31-7⑥
○書-籍44-1⑭
○書-迹69-9⑪
書-奏44-1⑯
書帯19-16⑬
○書堂20-4②
○書-中68-19⑬
書-帳28-18⑯
○書-題15-3⑧
書-殿22-13⑯
書H-魔ノ9-9①
書-判67-6②
○書櫃30-7⑮
書-府4-13④
書HK-屏45-3⑱
書H-命55-15⑩
書問7-9④
書郎15-6②
○書樓31-6⑯
杵-聲23-13⑭
汝H(地名)陰38-11②
汝HK-海32-11⑦
汝Hノ-郡30-6①
汝(地名)州26-5⑯
汝(地名)州等60-7②
汝(地名)南20-15⑨
汝H(地名)邪55-3⑮
汝(地名)陽42-5⑫
○沮-洳ソ26-9⑰
渚-宮14-3⑳
滁(地名)壽71-3⑦
疏-朗68-1⑩
絮|22-4⑰
絮衣33-2⑤
絮袍25-6⑫
○緒31-15⑥
○署8-9⑲
署|ス42-8⑥
署Hレ-官63-18⑱
○胥HK-吏24-4⑩
舒(地名)71-5⑱
舒-巻15-15⑲
舒H-姑7-15⑫
舒(人名)三29-6⑭
舒H(人名)三員外31-3⑩
舒H-疾65-10⑳
舒H(地名)-人71-5⑱
舒-退スル49-6⑩
舒(人名)著作29-5⑭
舒K(人名)難陁3-12⑧
舒難陀那57-18⑭
舒(地名)王府42-5⑥
舒(人名)員外29-6⑧
茸Hショ春等57-13⑨
茹H-茶69-19⑪
○處|ス33-1⑮
○處-在26-13⑦
○處-士68-18⑲
處士莊27-15②
○處-子66-16①
處寫11-2③
○處-所4-1⑰
○處-處12-10⑤
○處-置36-14②
○處-女45-6①
○處-分56-10⑦
○處-分ス32-15⑭
○諸-家33-3③
○諸-夏26-8⑭
諸校正5-2⑪
諸鼈1-4⑳
諸-客25-11①
諸-妓45-5⑲
諸已41-11⑭
諸-禽36-

22⑮ 諸科42－8⑮ 諸鬼－功43－8⑪ ○諸－軍53－5⑩ 諸－軍行－營招－討處置－使59－4⑪ 諸－軍
－事40－10③ 諸－軍招－討處－置－使59－4⑳ 諸－軍都－監59－5⑯ 諸－郡51－12⑦ 諸－卿50－8⑲
○諸－經45－12⑪ 諸孤等70－4⑥ 諸故人11－8② ○諸－侯5－6⑪ 諸[HK]－侯－卿41－7⑭ ○諸－公18
－2⑰ 諸－罪71－12⑲ 諸－曹52－13⑮ 諸曹－郎55－5① 諸－相32－1⑬ 諸－藏71－8⑥ 諸－使44
－10⑳ ○諸－司26－6⑮ 諸－寺69－17⑤ ○諸－子41－7⑦ 諸子孫42－7① 諸州(地名)51－12⑪ 諸－州縣
59－4⑧ 諸－戎50－1⑯ 諸掌65－8⑳ ○諸－將59－5⑥ ○諸－處13－19② 諸－色60－9④ ○諸－
人48－2⑧ ○諸－神40－7⑮ 諸紳22－18② 諸震38－1⑫ 諸少年37－8⑥ ○諸生13－5⑲ 諸先輩13
－11⑫ 諸僧衆20－10④ 諸[K]－内－史48－11⑤ 諸－大沙－門71－12⑬ ○諸－道46－9⑱ 諸[H]道－經70－20
⑬ 諸道侶36－21⑬ 諸道－路58－11⑤ 諸－長－老70－14⑱ 諸女婦42－6⑳ 諸－弟42－4⑱ 諸[H]－弟－
姪6－8① 諸[K]－朝48－6⑭ 諸[H]－姪30－14③ ○諸－天37－13⑤ 諸天－眼27－15⑫ 諸同年5－10⑮
○諸－念28－18⑱ ○[H]諸－法45－11⑮ 諸復38－1⑫ ○諸－佛45－12⑩ 諸[H]－文－士70－14⑱ 諸－邊3－
9⑨ 諸簿－領66－11⑳ 諸[H]－部54－15⑰ 諸門－人68－12⑪ 諸老37－10⑰ 諸郎官(人名)19－5⑬ 諸[K]－虜3－
13⑤ ○諸禮66－10⑩ 諸－院45－14⑩ 諸[K]－營56－14⑪ ○諸[HK]－衛50－8⑮ 諸－遠60－5④ 酺21－1⑱
鋤－瓜2－10⑩ 鋤[K](スクコトヲ)－穀6－5⑩ 黍5－16⑤ ○黍－稷46－1⑭ 黍[HK]－苗22－3⑦ 黍[H]－累38－6⑯ ○丞

42―4⑮　○丞―相19―1⑭　丞相府34―8②　丞―郎63―16⑤　丞H―郎給―事50―3⑧　丞―郎給―舍63―

16①　○乘25―9⑫　○乘|ス32―7⑬　相ヒ―乘ソ35―1⑧　乘―馭スル25―7④　乘H―傳10―18④　乘桴16―1

⑪　○乘HK―輿12―4⑱　仍叔H(人名)48―6⑫　冗―食24―19②　○冗―長ニソ68―19⑳　冗吏31―5⑱　冗―員トソ12―

7⑳　○勝|注41 8―5③　○勝13―2①　勝46―8③　勝H―遊8―1⑰　勝HK―因56―26⑦　勝緣31―7⑪　○勝―

槩29―11⑳　○勝―概71―6②　勝―氣12―4⑪　勝―境71―5⑮　勝業(人名)69―8②　○勝―事23―11①　勝―

處34―6⑥　勝H―レル粹ニ68―1⑨　○勝―絶36―9③　○勝―絶スル43―9⑭　○勝―地13―11①　勝―陣13―2

⑫　○勝―負31―13⑧　勝兵46―9⑬　勝H―レ靈レルニ68―1⑧　○升33―1⑳　升―降38―5⑦　升―降揖―讓進

―退閑―習ス50―9⑨　升―車54―15⑪　升―奬スル52―10⑭　升―堂71―10⑨　升―沈34―9⑥　升沉スル13―

4⑮　升―聞ス54―4⑮　○升―平46―3⑨　從47―9④　從―軍16―18①　從―官12―13②　從H―坐54―13

⑫　從―事15―14⑨　從―事ス7―14⑮　從―仕9―3⑰　從史(人名)56―9⑭　從周(人名)55―7⑦　從―者43―7⑩

從H―叔68―16⑫　從モトヨリ＝前24―21④　從―祖40―5⑪　從―祖―兄43―7⑦　從―祖兄―弟41―8⑫　從―祖―

弟40―2⑰　從H―弟16―15⑱　從―父44―2⑰　從―父―兄―弟41―8⑪　○從―容ナリ17―6⑩　○從―容ス

43―1⑰　從―來16―13⑫　從H―吏11―5⑪　悚―慰57―19⑬　憧憧タル2―16②　慫―然トソ44―7⑭　承(人名)68

―2⑭　承―家56―23⑬　承筐59―18⑭　承H―華27―4⑮　承H―歡12―10①　○承元K(人名)50―6⑦　承璀(人名)56―11④

承璀等(人名)H 59－10⑪
○承－順71－2⑬
○承－順65セ－7⑳
承宣(人名)H 48－5⑯
○承－前28－16⑤
承宗(人名)56－4⑥
承－荅ソ45－1⑩
承祧66－18①
承K－天－軍56－7①
○承H－明7－5⑳
昇(人名)42－8③
昇朝51－3⑲
○昇－平14－7⑰
松－陰23－14①
○松－筠22－5⑦
○松－韻15－4⑯
松雨20－11⑳
○松影28－6⑪
○松K－煙38－11⑥
松－簷20－8⑥
松－下6－10⑧
松－價56－8⑱
松H－檟40－4⑱
松蓋31－11⑩
○松(地名)－江24－5⑫
松江(地名)－上28－6⑨
松江(地名)亭ノ24－17⑩
松－膠25－10⑭
松閣26－3①
松間23－10⑪
松丘31－7⑬
○松－菊18－2⑩
○松－花35－2①
○松－桂1－3⑤
松喬(人名)H 22－20⑮
松H－嶠16－12⑩
○松H－根19－10⑥
松際31－12⑩
松－齋13－20⑧
松巣33－4⑥
○松－杉69－14⑬
○松H－子19－15⑧
松枝26－13⑤
松－上36－23②
松主11－12⑰
○松－樹15－20⑪
松色2－18①
松－心70－13②
松身27－5⑳
松聲5－6②
松H－篠22－4③
松－石39－4⑳
松－雪43－1⑲
松牕26－2⑧
松－窓19－16⑦
松臺13－20①
松－島20－11①
○松－竹5－5⑬
松H－房16－17④
○松－柏11－9⑤
○松H－風27－14⑦
松－墨17－14⑮
○松－門4－9⑪
松－廊24－14⑬
松－灣26－11⑭
松－園15－10⑥
○烝民46－1⑮
竦－駭震－越ソ61－10⑬
竦－躍ソ61－9⑧
竦－踴61－6①
種2－15⑨
種ソ71－12⑯
種－蒔スル一ヲ57－24⑦
種－黍25－11⑥
種－種16－21②
種－植11－9⑬
種－植セン18－6⑤
種－食47－13①
種－智41－10⑯
種－落55－13⑫
○稱41－3⑦
○稱ス8－5⑫
稱－異ス46－10⑯
稱－賀56－17②
稱－賀ス56－25④

稱(H)－慶57－24⑨　○稱－贊(メ)56－26⑫　稱－謝(メ)61－9⑥　稱奬69－10⑧　稱(H)－善65－5⑲　○稱－歎(スル)68－19
③　稱－論(スル)55－7⑤　縱－横(ニ)59－6⑧　縱－暴59－6⑯　繩契46－1⑰　○(H)繩－牀20－5⑰　繩－繩(タル)42
－9⑲　○繩－墨33－13⑩　聳(シ)52－11③　茸－茸(タリ)2－15⑩　相－蒸(セリ)59－9③　蒸－爨(シ)1－21⑳　蒸炙36
－12①　蒸(H)－嘗65－12⑨　蒸(H)－嘗56－4⑮　蒸－嘗(セハ)65－13⑦　蒸(H)－庶47－7⑱　○蒸蒸(タル)71－4⑬　蒸－人
47－13⑯　○(H)蒸－餅59－18⑰　○蒸民46－4⑥　蒸－黎57－20⑲　衝54－5①　衝(メ)15－21⑨　衝要51－8④
訟57－20①　訟(H)－端67－9⑧　○証70－8⑨　○誦(シ)42－11⑩　誦－得(タリ)45－5⑯　傳－誦(メ)15－13③　誦－經
19－16①　證(シ)41－8⑯　○證－明71－7⑱　臢－醉(スル)27－1⑲　臢長37－11⑬　蹤5－10②　○(HK)蹤－跡32－
11⑬　蹤－蹟45－8⑦　鍾(人名)29－5⑦　鍾期(人名)24－6⑫　鍾(H)－離66－11⑦　鍾陵(H)(地名)17－18⑯　鍾－漏36－7①
○鐘4－14⑳　鐘儀(人名)16－2①　○鐘－磬40－1⑭　○鐘－鼓12－10⑱　鐘－皷11－12⑤　鐘－鼓－樓19－4⑬
○鐘－乳34－3⑳　鐘－梵16－17③　鐘－漏14－3⑳　○頌38－16②　○頌(ス)46－4④　頌－聲38－15⑨
○俗24－1⑫　俗韻1－17③　俗－飲(ス)20－6⑥　俗羽3－12②　俗－家21－5⑥　俗－客28－11②　俗－樂
70－13⑤　俗－間30－6⑬　俗－事19－11③　俗史14－6⑬　俗－士1－13④　俗－人1－3⑧　俗－情33－
13⑨　俗－念11－14⑲　俗－貌20－6⑮　俗－夫16－7⑧　俗－物24－14⑫　俗－用21－8⑨　俗－吏67－13
①　俗－慮26－17⑳　俗力1－4⑤　俗－累37－1⑰　○喞－喞(タル)15－16⑫　○矚(セン)69－15⑤　矚－繫(セン)68－

4⑥
辱1－21②
屬10－1⑰
屬|ス10－12⑯
相－屬ス5－13⑮
屬－邑54－13③
○屬車4－3⑳
屬－城20－15⑥
屬－籍56－2⑨
屬－文70－7⑮
屬H－寮52－2⑲
式57－10⑥
式－遏シ55－6⑱
式－方50－7④
式HK－微24－18⑱
植11－14⑳
植(人名)61－6③
○植－物1－21⑱
植茗43－3⑥
殖－貨63－3⑪
○燭2－2②
燭－焰24－11④
燭－下23－1⑮
燭－蛾17－20⑫
○燭－涙18－12⑯
矚Hソ10－15⑲
矚－望56－11②
稷卨H(人名)26－9⑧
粟ショク3－8⑧
粟帛5－15⑭
粟－麥47－14④
粟H－麥等57－24⑦
粟－廩69－4⑩
織K(入)48－10⑰
○織－婦15－1⑱
續(人名)71－1⑰
續40－8⑭
續HK－虞－人39－3⑤
續古詩2－1⑥
續座－右39－1⑥
續續トツ12－17④
○職|51－15⑱
職－役2－11⑧
職－局48－4⑧
職－官67－14⑭
○職－業68－2⑤
職H－貢51－18⑩
○職－事50－12⑳
○職－司2－18⑦
○職－掌58－9⑫
職－署49－4⑯
○職－田64－6⑪
職H－方郎－中49－13⑰
職－名59－4⑩
○職HK－員64－5⑯
○色2－19⑯
○色－界25－5⑩
色－香－味22－2⑬
色－空26－13⑳
色－相20－10⑤
色絲23－2⑰
○色－身69－15⑳
色－類29－8⑬
蓐－收66－8①
○蜀(地名)|12－13⑪
蜀(地名)－人27－16④
蜀江(地名)8－5⑭
蜀(地名)－客69－4⑰
蜀妓34－7⑥
蜀琴(地名)27－3③
蜀H(地名)－州71－9⑭
蜀川(地名)3－11⑮
蜀－牋19－11⑧
蜀道(地名)10－16⑳
蜀－茶33－14⑫
蜀都(地名)4－5⑯
蜀H－桐7－14⑲
蜀門(地名)57－21⑲
蜀路(地名)1－9⑱
○觸45－13⑩
觸－觸緣45－13⑤
識|57－5②
識－行30－11⑦
識H－察スル57－6⑨
識－者40－1⑭
識－識－緣45－13④
識－智55－14⑫
識－度67

－14⑤　識－略56－19④　○贖66－19⑥　贖－兮66－19⑫　贖雞7－12⑤　○食1－12⑮　○食ス22－9⑮

食シ－竟ヲハツテ30－9⑦　○食－邑48－2⑱　食邑一－千三－百－戸54－6①　食－邑三－千－戸50－2①　食－邑

三－百－戸51－2⑳　食－邑七－百－戸70－18⑲　○食後7－13④　○食H－采66－11⑫　食－實－封49－1⑦

食實－封二－百五十戸54－5③　食H－宿9－7⑬　食－征64－6⑦　食珍19－14⑳　食飽8－9⑬　○食H－味

6－13⑱　○食－物45－14⑬　食－利64－5②　食－力63－10⑤　食H－禄25－2②　蝕ス1－20⑰　飾50－6

⑲　飾セリ50－11①　飾－終52－9⑯　飾－讓スル61－3⑱　飾－配50－2⑭　黷スニ66－16⑩　黷H－武66－16⑩

申光蔡等州觀－察處－置等使留後54－7④　申H－湖30－6⑳　申HK－公－發41－1⑦　申H(地名)－州刺－史54－6⑭

申H(地名)－州諸－軍－事54－6⑭　申叔H(人名)55－1⑮　申生46－4⑮　○申－奏メ68－18⑦　申－甫54－14⑩　○申－

報スル59－2⑭　○人37－10⑳　○人－意29－11⑳　人影2－10⑭　○人－煙10－18⑧　○人煙30－1⑯

○人－家4－2⑥　○人－我15－16③　人－行跡6－15②　人－豪29－3⑰　人－客24－17⑲　人眼20－9⑤

人－間1－22③　人H－居40－8②　人－魚6－1⑳　人－極63－10⑨　人－會48－5⑧　○人－寰25－5⑩

人－鬼49－2⑫　○人－君47－6⑬　○人－境13－15⑫　○人－傑51－1⑩　○人－言66－17⑥　○人－戸64

－5⑤　○人－口8－11⑦　○人－材60－1⑬　人－財62－9⑳　人H－喪66－9⑳　人－曹55－3⑫　○人－

事1－6⑥　○人－子46－6⑩　人－疵61－8③　人－獸3－10⑩　○人－日37－10⑲　人－上56－16⑪

○人－爵50－3⑨
○人－主64－10⑨
人－庶55－10⑦
人－俗10－1⑨
人－人3－5⑳
○人－心2－12⑫
人－神47－17⑫
○人－臣46－6⑩
人－數37－7④
○人－世1－3⑰
○人－性(ノ)65－14⑰
人－情1－12⑧
○人－生2－12⑫
○人－跡8－12⑨
○人－道62－15①
○人－中30－14②
○人定25－16⑮
○人－天34－5①
○人(H)－頭25－3⑤
○人－馬22－2⑲
○人－望52－1⑭
人(ノ)－防64－15⑯
人－瘼68－9⑦
○人－物9－8⑭
人－腹3－1⑲
○人－文38－11⑲
人－弊57－22⑬
人(HK)－柄64－3⑲
人－病58－8⑯
人－謀54－8⑳
○人目10－16⑤
○人－命62－9⑱
○人面37－10⑯
人－用47－10⑱
○人－欲57－4⑫
人－利65－15②
人－吏5－4⑬
○人－力3－8⑩
○人－倫48－7⑰
○仁|50－1⑨
○仁－愛(スル)42－6⑲
○仁－義62－9⑥
仁－氣46－3⑬
仁－和55－13⑪
仁－和－鄕69－1⑱
仁貴2－18⑬
○仁－惠62－21⑮
○仁－賢56－12⑪
○仁－厚56－25⑮
仁－察60－3②
○仁－者37－2⑲
○仁－壽46－3⑥
○仁－恕65－4④
仁－信40－4⑥
○仁－心39－2①
○仁政2－5⑱
仁－聖63－10⑧
仁－惻(ソ)57－24⑫
仁－端39－1⑱
○仁－德47－9⑱
○仁－風24－1⑫
仁(H)－里31－5⑤
仁亮(人名)70－7⑩
任|2－7⑤
任|(ス)11－4⑲
任安2－17⑯
任－遇55－9⑦
任光輔57－15③
任敬仲(人名)70－2⑧
任－使52－3①
任－使(ス)56－14⑨
任－重(ナリ)38－14⑦
任廸簡(人名)54－16⑥
任－土3－9⑲
任文(人名)－質56－13⑫
任－用52－11⑰
任－用(ス)50－7⑯
任老27－13②
任－歴54－8⑥
伸51－14⑬
伸－屈13－3⑭
信(人名)41－8⑥

○信47注42-15②○信62-21③○信36ス-7⑥相ヒ-信ス44-2⑫信行シハ60-8⑮信安(地名)41-7⑳信-意27
-16⑦○信-義56-24⑪信-義勇-智雄-重貴壽天-親可-汗50-2⑱信-近51-11⑫信-惠71-3
⑬信-厚48-10⑩○信-使56-5⑲○信州(地名)15-8⑳信K-實あり58-10④○信-賞48-7⑧○信-宿
40-5⑪○信-宿ソ41-4⑯○信-臣52-11⑰信-誠50-2③信-誓56-5⑳○信-直ニソ50-4⑩
信-直謹厚ナルヲ51-7⑯信都崇敬46-9⑮○信-否58-13⑬信-物61-9⑫侵-刻64-4⑳侵-刻ソ
64-4⑫侵-削44-10⑳侵-削セラル58-13⑦侵-軼64-12⑨侵H-軼シテン64-10⑱侵-偷58-8⑩
侵-暴64-11②○侵HK-掠64-12⑰○侵-畧64-11⑩○侵凌ス35-1⑲○刄56-25⑲○參15-3⑥
○參-差26-2①○參Kシン-商4-14②○呻-吟40-8⑯哂-歎6-4⑬嗔中27-10⑦壬-発40-11⑫
○壬-子25-13⑦○壬申57-7⑥宸54-2⑱○宸-鑒60-5④○宸居51-11⑭宸-嚴61-6⑭
宸-慈47-13①○宸H-聽45-4⑮○宸-衷58-9⑤宸-聽61-11⑤審-規48-3⑥○寢5-5⑩
寢シ40-5⑮○寢H-宮4-9⑦寢-興56-12⑨○寢室26-5②○寢處34-14⑯○寢-食11-3⑱
寢-息45-4②寢HK-息ス39-2⑧寢-門27-12⑦寢-園18-15①○尋43-12⑦尋K(人名)-閤-勸3-12③
尋H-檢カフ8-9⑩○尋-常2-21⑫尋H-靜16-7⑦尋K-盟(平)56-19⑤岑-岑タリ30-9③心-要39-7
②心-要口-訣71-10⑨○心-行23-13⑥○心-眼24-12⑧○心-肝40-4⑭心-期11-3④

○心－機2－16⑮心－興22－18⑥○心－胷5－10⑦○[K]心－胸25－5③○[H]心－曲9－11④心空14－5
⑤○心－外39－7⑩心－懐39－6⑩心－灰18－8⑯心－源1－7⑥心－形35－10⑯○心－計2－
16⑱心－教39－7⑦心－口37－7⑳○心－垢28－8③○心－骨6－11⑮○心－魂59－15⑥心－滓ノ
22－15⑨○心－事9－6②○心－匠38－9⑳心－賞5－2⑬心－術13－5⑪○心－緒14－3⑯
心－識44－8⑤○[HK]心－神9－2⑲○心髄21－10⑪○心－性8－13⑲○心－情5－1⑲心－浄45－11
⑰心－誠54－4⑬心－迹12－3⑳心－舌43－12⑬心[H]－素7－3⑳心－臺31－6②心－道44－6⑭
○心－地6－15⑬心－智65－17⑲○心－中6－6⑰心－腸9－7⑱心－塵21－4⑯○心－體5－6
⑤心－田37－4⑬心－奴19－19⑥○心－頭21－9⑥○心－法10－5④心－苻38－14⑲○心－腹54
－5⑲心目21－6②○心裏36－2⑤心－膂42－9⑨○心－力1－16⑧○[HK]心－靈45－8③心[H]－王14
－19⑮心[H]－遠メ6－14⑯愼38－6⑦愼[H]－行55－15⑩愼－忌44－9⑬愼－檢49－6⑧愼－終50－13
④愼守67－17⑦愼－審ナル63－14⑮愼－選51－13④愼－靜ニメ52－14⑤愼－擇63－19⑲○愼－重セン54
－2⑲愼－黙44－9⑤愼－黙畏－忌メ63－22⑫振(人名)69－17⑪振|ス2－6⑤振－耀ス50－7⑭○振－
起ノミ56－21⑪○振－起ス68－16⑨振(人名)公69－17⑨振(人名)[H]大－士70－15⑱○振－張ス50－9⑥○振－武58－10
③振－稟シ47－13②○搢－紳70－6⑪○斟－酌ス36－22⑰○新4－7⑪新安吏45－3⑬○新衣13－

20④
新-陰29-4⑧
新隱23-15③
新-雨6-6①
新-塋42-10⑳
新-影19-8⑱
新詠15-14⑫
○新-葉20-9⑲
新-宴22-4⑳
新燕20-9⑤
新[HK]-艶45-8①
新屋10-8⑩
○[K]新-樂3-12⑬
○[K]新-樂-府45-6⑭
新樂堂35-4⑤
新-歌32-8①
新-歌-行45-8⑨
新-荷27-16⑯
○新-戒32-9 189 注43
新-荇16-15⑬
新蕚8-7⑫
新-峅18-13⑦
新潤(地名)36-21⑨
○新-奇(ナリ)34-6⑬
○新-規64-2⑦
○新-舊21-13⑯
○新-菊24-16⑮
○新-居5-10⑪
新-興32-9 184 注44
新-蛩14-8⑰
新玉7-7⑤
新果23-20⑩
新-火59-17⑧
新-花27-6③
新-廻-鶻可-汗50-1⑥
新-篁32-4⑭
新-黄14-8②
新-官31-7⑧
新[K]-館24-9⑥
新-橘24-8⑤
新娃34-15⑩
○新-月11-12④
新境14-9⑩
新-景32-3⑳
新經堂35-12⑰
新(シキ)-逕-路23-11⑯
新[K]驚17-6⑪
新橋37-8⑰
新[H]-妍(ニソ)20-10⑤
○新-語22-9③
新-恨18-9⑩
新栽13-10②
新-棗6-5⑱
新草亭15-10⑪
新[H]-藻10-15⑪
○新-裝25-3①
○新-造52-1⑮
新霜33-12⑧
新-作26-5⑰
新山15-9⑭
新[H]-市59-10⑨
新-市-城59-8⑥
新-使36-19⑧
新-絲24-1⑦
新-詞18-15⑨
○新-詩7-15④
○新-愁17-10⑱
○新-秋8-2⑫
○新-室66-6①
新[H]-什27-3⑥
新汁31-13⑳
新-沙15-18⑰
新[H]-社18-1⑯
新昌(地名)19-5⑱
新昌臺(地名)28-8⑫
新[H]-昌-堂8-3⑯
新昌坊(地名)9-7⑫
新昌里(地名)2-11⑥
新(ノ)-將-昌35-17⑫
○新-樹8-10⑪
○新-酒22-17⑲
新-熟33-6⑩
○新春23-6③
新筍20-10

⑧　新蔬36－8①　新－人19－3①　新－帥52－1⑪　新－水28－7⑰　新－睡12－11⑦　新芻17－14③
新[K]－城3－9⑧　○新制51－5⑳　新成54－15⑪　○新－政54－15⑪　○新－晴5－12⑯　○新－正20－16①
新－歳20－9①　新生8－9⑤　○新－聲32－5⑧　新小灘36－16⑯　新石36－15⑲　新[H]－績54－12⑮　○新
－雪28－8⑩　新戰13－11⑯　新－泉36－8⑦　新－蟬9－7③　新[H]－阡40－3⑧　新－胎28－3⑭　新[H]－堂
43－4④　新－塘7－8⑪　○新[H]－宅8－13③　新－塔71－10⑮　新－篁36－12⑩　新－池22－15②　新－酎
15－18⑧　○新－竹26－8⑱　○新[H]－茶17－3①　新－寵46－10⑥　新－亭22－15⑬　新[H]－庭8－10⑩　新－
廳43－5⑤　新－廳壁43－4⑧　新鄭縣（地名）71－14⑩　○新[K]－調32－5⑥　○新田2－19②　新－土1－7⑧
新登科13－11⑫　○新－年16－14①　新－磨32－15⑰　新－醅17－5⑱　新－方26－12⑭　新－白31－3⑫
新－翻33－2⑮　新－蜜32－11 251 注45　○新－婦5－6⑳　新封19－8①　新－墳9－8⑧　新－文24－21⑦
○新[HK]－兵64－8⑬　○新米37－10⑪　新－廟71－1⑬　新－壁19－6③　○新－篇23－8⑱　新蒲11－8⑲
新豐（地名）3－6⑦　新豐縣（地名）3－6⑨　新－命23－13⑨　新－茗16－19⑥　新－綿37－9⑲　新[H]藥－草8－9⑩
○新－譯56－24⑲　○新－羅53－14⑤　新－羅、使53－14⑥　新羅王56－24⑧　○新－來31－16②　新－廊26－
6⑯　○新－柳18－10⑤　新－溜13－1⑰　○新[HK]－律56－20⑱　○新－綠14－6⑩　新－林36－2⑬　○新[HK]－
令24－9⑳　新曆日59－18①　新－蓮33－15⑦　○新路37－8⑱　新蘆26－8⑰　新壠23－16⑰　新－樓18－

9⑫　新園19―10⑫　新垣平(地名)12―14⑦　新―恩32―14⑪　晨1―16⑯　晨―霞22―2⑤　晨霞子(H)(人名)22―2⑤
晨曦71―5⑨　晨(H)―鳩36―2⑨　晨―興22―10⑫　晨禽11―2⑳　晨―光20―18⑥　○晨輝2―3⑤　○晨(HK)―
雞38―11⑨　○晨鷄12―1⑮　晨皷2―16②　晨―釭29―5⑩　○晨(H)―昏66―10⑨　晨―炊29―7⑤　○晨―
夕69―9⑭　晨―飈29―10⑦　○晨夜51―13⑬　晨露31―4⑱　○晋(国名)7―1⑮　晋(人名)46―4⑭　晋(国名)―人46―4
⑯　晋侯(人名)46―4⑮　晋公(H)(人名)33―16⑳　晋公侍中(H)(人名)31―17⑧　晋國(国名)34―1⑭　晋州(地名)55―7⑰　晋水34―8④　晋宋(国名)68
―15⑫　晋鄭(H)(国名)67―14⑳　晋朝(国名)5―15①　晋陽(地名)52―8⑯　晋陽縣(地名)70―12⑪　晋陵(地名)(ナリ)71―4⑬　晋陵縣(地名)69―1⑱
晋陵府君(地名)71―2⑫　森(トソ)6―11⑥　森―爽(トソ)22―8⑱　○森―森(タリ)24―15⑭　○森―然(トソ)12―4⑪　榛71―5
③　榛(H)―栗67―16⑰　槙―幹57―14⑩　櫬40―4③　沁(H)―水22―18⑪　沈四著作33―16②　沈八中丞(人名)20―16⑧
津(ナリ)19―14⑲　津(HK)―涯22―6⑧　津(地名)―橋28―11⑳　○津人23―9⑱　○津―頭33―4⑱　○津―梁67―13⑥
涔(H)―陽7―13②　浸―淫(シ)40―12②　○浸潤2―19⑧　浸―漬(ノ)41―7⑩　深14―12⑳　深(H)(地名)56―15⑳　○深―
憂(ス)59―8⑫　深葉10―16⑧　深―潤29―12⑦　○深宮3―5⑨　○(H)深―居28―4⑨　○深―居(ノ)12―11⑱
深―火―爐20―18⑩　深―懐56―8⑧　深―欵56―4⑥　○深―閨12―9⑰　深穴21―17⑭　深―契34―2⑲
深邢60―6③　深―峽18―8③　深―紅31―16④　深―惑57―20⑪　○深谷2―10⑪　深―草14―8⑲　○深
―山2―8⑯　深寺1―12④　深州(地名)41―4⑪　深‖入(ルノ)64―11③　深―樹21―2⑫　深―色2―7③　○深―

心58－14④　○深－深(タル)10－2⑳　深－情19－7⑲　深－誠54－2⑯　深－石17－10⑪　○深－淺16－8①
深－村27－16⑱　深澤縣59－8⑦　○深－知66－19⑰　深－衷57－15⑤　深－竹31－6⑯　○深－沉23－14⑱
○深－沉(ソ)15－2⑰　深－坊24－11⑭　○深－房27－9④　深(HK)－望56－7⑤　深－僻(ス)11－2④　深－文60－4
⑮　深－浦15－17⑮　○深夜7－1⑧　○深－慮(セ)58－3⑰　○(H)深－林10－15⑩　深－爐16－6⑮　深－籠29
－14⑯　深王府(地名)51－9①　深－院19－6③　深－圓(ナル｜ハ)26－17⑯　深－恩69－7⑭　湊洧(地名)21－14⑥　○潯(地名)－陽
61－7③　潯陽郡(地名)(ノ)7－6⑰　潯陽城7－6①　潯陽府(地名)41－10⑧　潯陽樓(建物)7－1⑥　燼28－18⑥　○甚－深22－
7⑩　○(K)盡－日6－2⑲　○盡－忠56－12⑧　○盡滅69－17⑥　眞(人名)42－5⑭　○眞｜39－7⑬　眞－隱5－3
①　眞－誥23－12⑲　眞(H)－學68－13⑨　○眞－儀57－17⑰　眞－語45－13②　眞玉2－22①　○(H)眞－空39－7
⑭　○眞－僞2－20⑪　眞眷屬37－12⑯　眞(H)卿71－5③　○眞－言68－3②　眞－賢(ナラン)43－6④　○眞宰(人名)22
－10⑤　眞－相57－10⑳　○眞－實21－4②　眞－授(ス)(タリ)42－8⑧　眞授(ス)54－11⑤　○眞－珠31－14⑤　眞－
珠－簾19－17⑯　眞趣5－10③　○眞－如27－16①　眞－食54－10⑲　○(H)眞－人66－17⑳　○眞性10－7⑫
眞－寂71－9⑱　○眞－宗25－1⑨　眞存(人名)69－1⑩　眞存先生(人名)69－2⑩　眞道36－6⑨　眞秩53－7⑥　眞娘(人名)
12－9⑪　眞－諦19－11⑥　○眞－通57－11②　眞(HK)－念22－1⑳　眞－拜(セラレテ)70－18⑬　眞－妄39－7⑪
○(HK)眞－理17－16⑯　眞－侶22－2⑩　眞(HK)－力56－26⑨　眞籙69－2①　○神｜(トソ)61－4⑤　○神－意30－2⑱

神運殿43−8⑨
神益等(H人名)70−22⑲
神(H)−旗16−2⑩
○神−氣2−12⑯
○神祇2−10⑰
神蓍靈龜44−5⑮
神樞(人名)56−20⑦
○神−化38−9⑥
神會71−9⑯
○神−鬼17−1⑰
神(H)−京24−19⑪
神堯46−3⑤
神(HK)−劍38−8⑫
○神功46−4⑫
神−骨21−15⑳
○神−魂40−4⑯
○神−策59−9⑤
神−策−軍49−7⑲
○神−山3−3⑬
○神(H)−筭61−5①
神−思17−8⑤
神−秀(ナリ)40−7⑮
○神−助57−20⑤
○神−人55−2⑯
○神−聖21−8②
神照(人名)43−10④
神照上人(人名)27−15⑭
神照禪師29−8②
○神−仙1−4⑤
神−湊41−12③
○神−速(ナル)3−1⑱
神−速變−通(スル)70−11⑲
神唐46−3②
神堂4−12⑳
○神−道4−2⑥
神(HK)−酎24−4⑬
○神−女15−22④
神(H)−女ノ−臺17−22④
神−女浦ノ28−11⑳
○神−通68−13②
神−魄6−2⑧
○神−武38−9⑩
神−武孝文皇帝(人名)57−17⑭
○神−兵15−2⑯
○神−妙69−7④
○神−變4−14⑤
○神−明62−21⑧
○神−門40−7⑩
○神−域40−7⑨
神−用26−4⑫
神−理40−5②
神−龍4−13⑬
神−林17−20⑤
○神−靈2−14⑯
○秦(国名)−1−3⑬
秦(国名)−人12−14⑨
秦家14−8③
秦漢(国名)64−15①
○秦吉了4−14⑦
秦獄(地名)5−14④
秦(国名)−吟16−21⑨
○秦皇(国名)2−16⑪
秦關(国名)9−11④
秦原3−9⑩
秦原等(地名)56−5⑰
秦(地名)−郡51−6⑯
秦(地名)−山51−6⑯
秦氏(人名)65−1⑧
秦瑟(国名)12−19⑧
秦−將71−13⑭
秦−箏26−18⑤
秦(国名)−城22−7⑱
秦聲(H国名)31−2⑲
秦川(地名)38−12⑦
秦地37−10④
秦−中28−18⑧
秦中(地名)−吟2−3⑧
秦女(H国名)17−12⑫
秦彭(H人名)67−4②
秦無(国名)67−18⑫
秦野(H国名)40−4⑤
秦雍(国名)11−6⑫
○秦嶺(地名)12−8⑫

秦翁18―2⑫ 稹(人名)42―5⑬ 寖―漬ソ50―1⑪ ○箴1―13⑦ 箴H―規59―13⑭ ○箴言46―2③ 簪24―15
⑯ 簪―纓19―1⑯ 簪―裾20―15⑭ 簪HK―笏17―17② 簪―組33―16⑯ 簪組ソ6―16⑫ 簪H―紱10―11⑲
紳(人名)71―2⑫ ○紳22―17⑰ 縉雲53―11④ ○縉―紳68―19③ ○H縝―密55―15⑩ ○臣4―15⑦ 臣―等
58―4⑮ ○臣―下48―7⑤ 臣―愚62―14⑧ 臣館26―9⑲ ○臣事64―3⑥ ○臣―子30―3⑱ ○臣―
節67―10⑮ ○臣―妾35―9⑭ 臣―吏64―4⑨ ○茬苒トソ13―2⑤ 薪2―10⑱ 薪H―草11―11⑮ ○H藎―
臣50―6⑰ 蜃16―1⑱ ○蜃―樓7―2⑰ 襯ス16―7⑩ 襯―波36―9⑩ ○K親(平)22―2③ 親H―シ54―1⑳
○親―愛40―6⑬ ○親―友29―15④ 親H―家―翁35―7⑪ 親K―義12―15⑩ 親HK―舊6―6⑬ ○H親―近11
―8⑧ ○親―近ス41―10④ 相親ヒ―近ス69―8① ○親迎67―16⑮ 親―賢55―6⑧ 親―故7―15③ 親H―
護テ71―2⑰ 親HK―事56―14⑦ 親―讎55―10⑰ 親―屬30―3⑥ 親H―人66―10⑪ 親―信51―15⑯ 親―
信ス58―8⑳ ○親―情59―6⑤ ○親―戚28―3⑭ ○親―踈14―13⑬ ○親―族1―20⑲ 親―黨59―6
⑧ 親―知17―20⑮ 親HK―重50―8⑮ 親―重スルトキンハ48―11⑨ 親―賓18―13② ○親―兵58―9⑰ ○親―
朋10―6④ 親―老40―4⑥ 親―鄰54―16⑪ 親―王15―2⑱ 親―怨62―13⑬ 譖11―10④ ○賑―給セン
66―8⑤ ○賑―郵ス70―5⑭ ○H賑―貸57―25⑯ ○賑―貸ス63―8⑱ 賑―廩ソ26―10⑧ 身―衣45―14⑮
身意7―14① 身K―骸6―1⑫ 身―閒70―10⑲ 身―閑ニソ27―6⑦ ○身―外10―8① 身H―健ャ28―10⑯
○身―後4―10⑬ 身―事17―14⑩ ○身―上2―4⑨ 身―相69―16⑲ 身H―人36―17⑨ ○身―心6―2

⑭身－世22－14⑯　○身－代6－15⑬　身H－體6－1⑫　○身－謀15－1⑪　○身－名17－14⑩　○身－命
59－5⑫　身－力22－18⑥　軔69－13⑧　○軫－悼42－2⑮　○軫－悼ス57－12⑱　○軫－念26－1⑬　○軫
－念ス52－5⑪　○辛66－3⑮　辛－有4－8⑪　辛H－酉朔40－7⑤　辛H－亥40－3⑬　辛丘度(人名)48－6⑨
辛丘度等ラニ48－6⑪　辛－勤27－9⑳　辛－勤スル┐1－16⑧　○辛苦1－21⑩　○辛－苦ス1－18⑲　○辛－巳
69－10⑯　辛氏66－1⑭　辛－丑50－1⑦　○辛卯69－10②　辛毘13－2⑳　辛秘(人名)55－3⑬　辛弁文(人名)52－5⑬
辛－夷コワシノ16－5⑧　辰22－18⑮　辰時31－4⑧　辰－日3－2②　○迅－雷2－18⑫　進ス57－7⑳　進H－
幸セラル、12－12⑬　○進－獻66－14⑭　○進－獻シ56－24⑨　○進－士16－7⑦　進士策問47－14⑦　進士第69
－1⑫　進－士等60－3③　進－旨59－2⑬　○進K－止58－11⑪　○進－止スル┐56－18⑳　進－修53－6⑲
進－修スル55－1⑳　進－讓ソ56－1⑳　進－善65－18⑪　進－奏ス58－14⑥　進－奏－院59－2⑭　○進－送ス
3－9⑱　○進－退5－1⑩　○進－退シ36－10⑱　進H－退擧－措54－10④　進－退周－旋51－17①　進－退
出－處45－7③　進HK－退榮－辱45－10①　進－討59－8⑦　進－討ス56－9⑥　進－秩52－7⑧　進德H(人名)41－1
⑨　○進－發ス56－11⑬　○進－奉56－5⑫　○進－奉ス58－13⑧　○進－物58－14⑦　針63－13⑥　針－弦63
－12⑱　針H－線10－3⑦　針－女12－19②　針－頭25－15⑱　鍼－石61－4⑳　震H(人名)41－1⑩　○震57－16⑳
○震－耀ス61－2⑰　震H－悼タクソ12－14⑯　震(地名)－澤24－17⑪　震－慓ソ44－1⑬　震H－讋セム64－12⑫　○駸－駸タリ
36－6⑯　駿10－12③　鬒－髮12－12④

ス
○出－納53－2④
○出－納47（シ）－13⑲
吹－39（シ）－5⑲
○吹－嘘44－4⑲
吹－嘘22（ス）－4⑦
吹－煦38－6⑳
吹－煦57（ス）－10⑨
吹－作71（シ）－5⑪
吹－簸15（ソ）－3⑩
垂（H）－簷8－9⑤
○垂－拱46（ソ）－3⑥
○垂－死45－14⑦
○垂－示59（セン）－3③
垂－珠45－4④
垂－白26－10④
○垂－楊25－7⑧
垂－老33－10⑳
○垂柳37－5⑬
○垂（HK）－露38－11⑦
○帥－50－11⑪
帥旗21－5①
帥長（人名）48－3⑥
彗－孛34－1⑰
悴55－1⑦
推－13－5⑩
○推－41（ソ）－8⑬
推－案66－11⑳
推－官51－15⑩
○推－辭37（ス）－3⑰
○推－奬48－6⑮
○推－薦63（セ）－12⑯
○推－遷16－14⑱
○推－服59（ス）－1⑳
推－挽6－13⑥
推－挽37（ソ）－2⑰
推－輪63－16⑤
推－輪71（シ）－5⑰
○推－恩52－7②
○推－恩47（セント）－5⑨
揣－摩50（ソ）－6⑨
水62－20③
水游47－12⑫
○水－雨70－3⑯
○水－雲16－14⑥
○水－煙15－21⑯
○水－害69－14⑫
水－巷13－20⑦
水（H）－梗11－2⑩
水－荇21－11③
水（HK）－衡55－13⑨
○水－閣24－20⑳
水（K）－岸29－13⑩
○水旱4－13⑭
水－檻16－10①
水－嬉33（ニソ）－16⑰
水－嬉37（ソ）－6⑨
水－鬐13－3⑩
水－禁67－8①
○水－禽5－1⑲
水－銀4－12⑧
○水－火47－12②
水－花16－5⑪
○水－光24－18⑩
水（H）－官8－6③
水－舘17－13⑫
水－葵22－4⑱
水畦10－16③
○水月31－16⑪
水月菩薩（人名）39－9⑥
○水（HK）－鏡38－14⑫
水橋36－3⑬
○水－軒25－8⑩
水五－筒24－7⑱
水－戸29－8⑥
○水－國24－12⑩
水－齋36－14⑳
水曹郎（人名）20－14⑤
○水草13－6①
水蒼2－9③
水市16－1⑫
水（H）－寺20－18④
水子陵（H）（人名）33－3⑩
○水－榭24－

14⑫　水-上12-16⑳　○水-奨12-17⑨　水-樹71-6⑳　水(建物)心亭29-12③　水樫2-21①　水(地名)-西8-8
⑥　水(建物)西館8-8①　水-西寺[ノ]29-8③　○水-聲26-3②　○水-石43-9⑩　○水-仙15-16⑯　水-泉
12-17⑦　水-窓15-17⑤　○水-族1-20⑬　水[HK]-滄17-20⑥　○水-色23-18⑫　水堂28-14⑰　○水-
道21-3⑰　○水-中11-9③　水-蟲13-12⑧　水-竹8-15⑪　水-竹-花28-10⑱　水澄26-8⑪　水
-亭35-11⑬　水(建物)亭院28-14⑪　○水-調31-18②　○水鳥19-6⑰　○水-天24-8④　○水田1-8⑭
○水-土3-10①　水-弩16-1⑲　水東27-5⑰　水-徳38-12⑳　水-南23-13⑬　○水-波28-15⑬
水[H]-芳16-21⑭　○水-畔1-5⑥　○水濱-21-8⑩　水蘋16-11③　○水[H]-府8-6④　○水霧11-5⑪
水-風15-17⑮　水-物38-13③　水-苗22-4⑮　○水-邊11-9⑦　○水-邉14-1⑫　水-蒲19-16⑬
水(人名)-部15-11①　水-部庫-部員-外-郎69-1⑬　水(人名)部員外郎19-14⑧　水-木7-15⑬　水-北23-13⑬
水-溢-亭43-1⑱　○水-面20-9④　○水-潦41-4⑬　○水-陸2-6④　水-林-檎19-2⑮　水-
沴67-3③　水-蓼18-9④　水-蓮20-13⑰　○水-路24-5①　水-鷺20-12⑫　灘[H]-水12-4③　灘(地名)南
40-4⑮　炊[セリ]33-1⑳　炊甑7-7④　○燧59-17⑫　○瑞38-12⑦　瑞-鶴26-10⑱　○瑞-気21-4⑭
瑞-景61-5⑰　瑞-芝71-2②　○瑞雪57-8③　瑞-帯31-12②　瑞-電68-10④　瑞-圖39-1⑱
瑞-麥4-5⑨　○睢(地名)陽41-6⑯　睡21-13⑱　睡覺28-18⑤　睡-覺[メ]31-4①　睡-起晏坐7-4⑰　睡

興25－16⑱　睡－後30－7⑧　○睡－中37－9⑪　睡－着21－9⑯　○粹H|68－1⑧　粹－液18－5－19　粹和
69－10⑲　粹－容57－10⑳　粹－冷桑－滑ナル43－12⑫　粹－靈68－1⑦　綏州(地名)41－1⑧　○綏H－撫57－3⑲
○綏－撫スル57－19⑧　翠13－2①　翠H－羽16－2⑫　翠H－葉18－6⑧　翠－娥24－15⑳　翠HK－蓋17－15①　翠
莖5－1⑳　翠－蕚25－12⑩　翠H－筠16－9⑭　翠－錦31－5②　○翠－華12－10⑦　翠翹12－10⑨　翠－巘
20－15⑤　翠－釵34－12③　翠－藻29－6②　翠H－袖20－18⑮　○翠－色13－11⑯　翠－綫2－5⑨　○翠－
黛24－18⑦　翠條15－12⑦　翠幕17－18⑰　○翠－微33－7⑥　○翠－眉27－2⑰　○翠屏22－20③　翠－輦
15－5⑲　萑蒲66－1⑰　華H－令64－18⑦　篲36－5①　篲－箒43－5⑱　蕤31－14④　○蕤－賓32－5⑧
蘂1－8⑦　蘂－珠22－2⑧　衰K|39－5⑲　衰HK－葉9－6①　衰荷10－16⑱　衰K－感32－7④　衰－間36－17
⑳　○衰顏15－19①　衰HK－朽30－12⑩　衰－朽ス23－4⑯　衰苦10－17⑯　衰タル－紅14－7⑤　衰推ス71－11⑬
衰H－瘵10－9④　衰－相10－17⑭　衰－颱メ11－3⑧　○衰－殘31－13⑩　○衰－殘スル35－6⑤　衰思30－10
⑤　衰－疾55－7⑩　衰－疾メ34－16③　○衰－弱セリ36－7⑲　衰－情23－15⑬　衰H－盛10－10③　衰－瘦10－
9⑦　衰－瘦メ35－8⑭　衰藜31－9⑦　衰H－息ナリ65－5⑭　衰－中34－11⑫　衰－桐14－7①　○衰年18－
11②　○衰－憊メ21－9⑲　○衰－亾65－19⑮　衰－貌15－5⑥　衰H－白10－17⑰　○衰－微ス64－14⑯　衰－
鬢6－4⑱　衰－病34－17⑫　衰－病メ17－6⑦　○衰－滅64－15⑦　衰－變ス11－5⑳　衰－暮71－6⑰　衰

暮スルヿヲ10－3⑱　○衰－耄37－12⑧　衰－揚27－12④　衰－容16－4③　○衰－老20－2③　○衰－老セ29－
15①　衰－落スルコト22－3⑧　衰亂47－2⑰　衰－蘭34－13⑪　衰柳15－18⑨　衰羸21－5⑥　衰－羸スル23－14
⑪　衰－蓮9－13①　衰榮33－9⑨　衰－惡セリ10－10①　衰－翁24－7⑨　觜－爪1－16⑦　○誰－何55－13
⑰　遂(人名)68－2⑰　遂(地名)H48－9⑧　遂安(地名)70－9⑦　遂州(地名)48－9⑪　醉22－7⑦　醉－遊34－5⑱　醉尹31－2⑪
醉－暈31－4⑱　○醉歌12－19⑦　○醉－客20－3⑨　○醉－眼33－17⑰　○醉HK－顔17－19①　醉－妓31－12②
○醉－狂セ13－10⑮　○醉－郷17－12⑰　○醉－吟32－14③　○醉－吟ス33－3⑰　醉吟先生35－12⑤　○醉－
臥ス13－10⑫　醉－臥ノ翁33－2⑫　醉－翫31－14⑦　醉H－歡25－17⑮　醉－醺ソ18－8⑬　醉－後13－16③　醉
－後13－16③　醉－耳16－18⑤　醉－袖13－2④　醉尚書36－18⑰　醉HK－色24－18⑥　○醉－嬌15－14⑥　醉
－心33－17⑰　醉H－仙28－6⑲　醉先生8－13⑳　○醉－態23－5⑦　醉－中12－5⑩　醉－貌2－13⑱
○醉－飽4－13⑱　○醉－飽ソ30－5④　醉－伴34－14⑩　醉－悲ソ17－21⑳　醉－傅35－12⑨　醉－舞狂歌スル
37－2⑨　醉芙－蓉34－10⑧　○醉－眠37－2②　○醉－眠ス26－15⑥　醉楽21－18④　○醉－裏32－15⑥
醉翁35－3⑧　○錐13－2⑧　○錐－刀1－23③　錐－頭19－4⑳　○隋(国名)3－3⑥　隋－人3－3⑦　隋氏(人名)4－
－15⑤　隋時(国名)H67－1⑪　隋州(地名)54－12⑱　隋州司(地名)－戸51－5⑲　隋堤(地名)4－12⑤　隋堤柳(地名)4－12④　隋煬(人名)63－6⑰
○隨38－9⑱　○隨－縁33－2④　○隨－喜ス36－11⑥　隨－軍52－12④　○隨－時17－20⑪　○隨－順ス41－

11⑧ ○隨－身32－4⑩ ○隨－分23－13⑧ 隨－應セ45－12⑳ ○雖25－7⑭ ○髓36－6⑧ 芻(人名)70－7⑤
芻30－14⑥ 芻－狗62－3⑲ ○芻蕘3－12⑲ 芻－粟56－10⑮ ○芻秣37－8⑧ ○芻－秣セリ25－7⑪
崇實H(人名)68－15⑮ 崇H－班67－13⑥ 嵩H(地名)32－13⑭ 嵩等70－11⑨ 嵩H(地名)－煙31－17⑱ 嵩客(人名)35－2⑧ ○嵩山(地名)12－3
⑮ 嵩石36－8⑬ 嵩碧29－1⑲ 嵩峯(地名)29－5⑯ 嵩陽(地名)12－3⑨ 嵩陽觀(建物)27－14⑤ 嵩洛(地名)27－1⑫ 嵩嶺33－
11⑪ ○數｜11－9⑭ 數－甌8－5③ 數－莖24－7⑥ ○數－行13－14⑲ 數－竿36－9⑮ ○數－奇70－
10⑦ 數－曲12－16⑭ 數句33－2⑨ 數－回71－3② 數－外67－18⑮ 數卷70－21⑬ 數－月45－6⑫
數－縣63－16⑮ 數－郡27－2① 數－匝30－2⑬ 數盞21－17⑨ 數－四41－12⑳ 數－匙28－13⑰ ○數
－日2－11④ 數－十55－9⑤ 數十間5－13⑯ 數－十－眼68－7⑳ 數－十－載71－5④ 數－十－事70
－2⑮ 數－十－株70－20⑳ 數－十首35－10⑦ 數－十－人59－3⑫ 數－十聲71－11⑤ 數－十－篇17－
1⑬ 數－首16－20⑫ 數－旬27－8① 數－鐘40－5⑳ ○數－人32－9⑭ 數寸1－10⑦ 數－聲17－21
⑩ 數－尺11－7⑬ 數－千58－9⑰ 數－千竿70－20⑲ 數－千－卷69－1⑰ 數千言44－13⑳ 數－千－
首70－10⑨ 數千尺7－2⑤ 數－千－里68－15⑲ 數－錢63－4② 數－叢36－20⑳ 數－帙5－5⑤ 數H
－丈7－9① 數－點22－19⑭ ○數－年59－7⑥ 數－把29－6③ 數－杯10－16① 數－盃22－9⑲ 數
－百－家41－2⑤ 數－百－卷71－8④ 數－百－斛70－21⑮ 數－百－載71－5② 數－百－首68－19⑯

数-百-歳68-16⑪
数H-百-石43-2①
数-百-人41-4⑯
数-百-篇70-4⑩
数-百-里70-3⑫
数-幅68-19⑫
数-片21-15⑯
数-篇30-14⑥
数-遍9-11⑭
数歩1-8⑩
数峯5-4⑮
数H-萬70-21⑲
数-萬-言69-1⑰
数里23-20⑫
数-里餘10-5⑳
数粒2-16⑤
○樞K|38-8③
樞-衡61-3⑯
樞-轄(スル)50-6②
樞-劇56-23②
○樞密67-11⑪
○樞-務1-21①
樞-命55-15⑪
蒭-言44-13⑮
蒿H-里66-16①
趨-競63-16⑪
趨蹌15-2④
趨-蹌(セリ)26-9⑧
趨H-進66-18⑧
○趨-走9-1⑯
趨-馳(ソ)9-2⑨
趨庭70-9⑲
○趨-拜(スル)|70-7⑩
鄒H(人名)衍47-12③
鄒(人名)生33-13①
鄒-婆20-2⑱
鄒(人名)枚34-4⑱
鄒牧33-3②
○鄒(人名)魯16-2④
雛H|20-16⑱
騶-虞39-1⑰
鶵35-9⑪
○寸59-17④
○寸-陰26-11⑪
○寸莖2-1⑳
寸-魚42-11④
寸-截17-1⑭
○寸-寸19-3②
○寸-尺59-17⑭
○寸-鐵39-2⑭
○寸-歩23-5⑨

セ

世-界16-6⑦
世-間15-9⑦
世-俗16-16⑥
世-人29-14③
世尊70-11⑫
世-塵22-20⑫
世-網20-8③
世法10-1⑮
○是|5-4⑥
○是-非2-23②
○是-非(ス)26-13⑨
世-役6-7⑩
世-縁9-4㉖
○世-家15-4⑥
○世教69-7⑯
○世業13-18②
○世-事6-3④
○世-上15-17⑪
○世-世71-9⑥
○世HK-族41-8⑩
○世-途15-20①
世-徳68-3⑦
世難71-2③
○世-婦12-12⑫
世-務16-2⑦
○世-雰22-2⑦
世-名20-6④
世-利16-3①
世-慮15-1⑩
○世-累17-

16⑰ 世禮71-10⑯ ○世-路2-10⑨ ○世-祿68-3⑦ 世祿(人名)42-4⑳ 井-邑24-18④ 井-華15-19
⑤ 井管68-7⑳ 井-梧5-4⑱ 井上2-16① 井樹67-2③ ○井泉26-12⑭ 井-中2-19⑫ 井底
引銀瓶4-10⑱ ○井-田64-16⑪ 井-鮒10-16② 井-欄15-2⑬ 凄|(トメ)17-1⑮ 凄-凄(タリ)11-12⑬
凄-凄切-切(トメ)3-11③ ○凄-清(トメ)22-15⑥ ○凄-切(ナル)10-13⑰ ○凄-涼(タリ)22-14⑲ ○制|50-3③
○制(ス)38-10④ 制-下59-1⑩ 制-加(セラレテ)19-6⑤ ○制-詰24-4⑨ ○制-擧58-2⑰ ○制-馭(センヤ)
58-7⑤ 制-科58-2⑭ 制-科(スル)58-2⑮ 制-科-場33-19⑥ ○制-策44-11⑨ 制使18-11⑭ 制
-旨58-14⑨ ○制-詞4-12③ 制-將59-4⑲ 制-將都-統59-4⑳ 制-書47-16⑨ ○制-詔70-
19② 制-斷58-11⑳ 制-置(スル|)60-3⑯ 制(H)-除59-13⑪ ○制-勅48-2⑭ ○制-度35-9⑭ 制-
命56-17⑰ 制問(ヲ)59-18⑥ ○制-令55-14⑮ 制(H)-禮65-10⑥ ○勢2-17⑪ ○勢至(人名)71-6⑲ ○勢-
利22-5⑨ ○勢-力12-12⑥ 城(人名)3-9⑳ 城8-5④ 城-邑56-7⑩ 城-陰24-11④ 城-鳥13-
5⑥ 城鹽州(地名)3-9④ 城-下18-10⑱ 城-角22-7⑳ 城-隅11-2⑯ 城-外29-13⑪ 城隍40-10⑲
城(HK)-郭64-14⑪ 城(セイ)-闕12-10⑥ 城-市33-5③ 城-上11-14⑪ 城墻18-10⑤ 城-樹16-8⑯ 城-
西13-10① 城-池55-14⑧ 城雉7-2⑰ 城-中9-3① 城堞1-22⑳ 城東(地名)8-1⑲ 城頭16-18⑰
城南(地名)45-7⑳ 城南荘(H)(地名)32-4⑫ 城壁3-9⑭ 城-北69-2⑳ 城門2-22⑱ 城-裏14-13⑬ 城柳35-

13⑤ 城樓13-3⑦ ○姓|(トスル)2-20⑧ 姓-館21-6⑳ 姓-字43-5⑥ ○姓-名1-19⑪ 妻44-2⑰
妻-子12-6⑩ 妻-兒6-9⑭ 妻妾37-12⑯ 妻女37-4⑮ 妻-姪等31-14⑬ 妻-孥19-11④ 征|64
-6⑤ ○征|(ス)46-1⑧ 征-徭47-4⑥ 征-役45-3④ 征-軒17-4⑤ 征-車38-4⑮ ○征-戍36-
5⑥ ○征-戍(スル)16-19② ○征-人25-1⑱ ○征-税67-7④ 征西11-3⑦ ○征-戰3-6⑨ 征-
棹21-12④ ○征-討49-8④ 征鎮55-10⑳ 征-鎮48-3⑩ 征-鎮(ソ)52-13⑭ ○征-途23-10⑭
○征-馬12-1⑮ ○征-伐39-2⑫ ○征-夫30-8① ○征-賦2-4② ○征路18-16③ ○性|23-14
⑧ ○性-惡58-11⑰ 性-海27-4⑬ 性-言70-17⑫ 性-習38-6⑤ 性-識8-8⑳ ○性-情13-
9⑦ 性場5-9⑳ ○性-命17-20⑫ 性-靈11-13⑪ 恓-惶15-13⑰ 恓-恓(タル)6-15⑩ 恓屑(ス)15-
9① ○悽(H)-悽(タリ)16-6⑩ 情|12-16⑪ 情意56-20② 情-僞63-22⑪ 情(H)-事61-6③ 情實64-18⑩
情-狀18-4⑱ 情-趣34-11② 情(H)-緒25-3⑭ 情-識70-23⑭ 情(H)-親19-3④ 情-性17-19⑭ 情(H)
-誠57-4③ 情-理45-6⑰ 情-禮46-10⑯ 成(人名)41-12③ ○成57-2⑰ 成|(ス)20-16⑰ ○成-効53-
9⑭ 成康65-1⑦ 成康文景62-8⑭ 成-願12-6⑲ 成-敬55-6⑲ 成-功50-6⑦ 成-後25-8
⑪ ○成-等56-9⑪ 成-師54-9⑪ 成(H)(地名)-州48-10⑦ 成-就(ナラン)45-8⑬ 成-就(ス)56-26② 成-式54
-17⑧ ○成-人71-2⑫ 成-性38-7① ○成-績53-9⑮ 成-堂70-23① ○成-長(ソ)69-9④ 成

帝48-11⑨
○成都(地名)12-13⑥
成-都郡(地名)56-20⑨
成-都府(地名)52-13⑫
○成-童68-4⑦
成徳軍(人名)56-15⑬
成-徳-軍-節ノ-度押-衙51-3⑭
成-徳軍-節ノ-度-使56-1⑰
成-徳-節ノ-度51-3⑳
○成-敗62-2⑩
成-命57-17⑩
○成-立セン58-10⑥
成王2-22⑳
掣1-8⑰
掣ソ31-8⑭
○掣-肘48-1⑳
政H62-22⑫
政K-要48-5⑱
政衙(地名)8-6⑥
政-化3-12⑭
政H-和25-9③
政-源56-3⑤
○政經55-14⑬
○政-教11-9⑱
○政-事37-3⑮
政-事-堂33-19⑤
政-術47-16⑦
政聲53-3⑪
政-績42-4①
○政-治70-12⑭
政-典49-10⑬
政-能50-14①
○政-柄2-14⑭
○政-理54-10⑭
○政-令48-5③
○整-頓ニン26-4⑰
○整-頓ソ19-10⑬
○旌1-3⑯
旌-効52-3⑧
旌竿40-9⑰
○旌-旗12-10⑪
○旌-軒22-4⑬
○旌-節56-12②
旌-節-等56-1⑲
○旌-善66-5⑤
旌寵55-15①
旌-憧17-19⑦
○旌-旆34-8②
旌H-別59-13②
旌-旄52-11④
旌-銘32-4⑩
旌-鉞28-6⑱
○星-河12-10⑲
○星-漢16-17③
○星-月6-12⑪
星-槎26-9③
○星-霜15-18⑯
星-象59-13⑭
○星-宿25-5⑧
○星HK-辰17-3⑲
星星タリ10-5⑩
星歳53-13⑱
星H-軺25-7②
○星斗26-12⑨
○星H-芒16-2⑪
星文52-2⑩
晟H(人名)49-1⑧
晴5-12⑳
○晴HK-陰23-13⑳
晴-雲15-4⑯
○晴H-空26-17⑩
晴-和28-15⑲
晴-光26-8③
晴HK-景24-15⑦
晴HK-虹38-13⑫
晴-日20-5⑰
晴沙20-11⑫
晴翠13-15②
○晴-天20-13⑨
晴望23-10②
晴芳29-7⑫
晴-風11-13⑨
晴峰16-

5⑧ ○晴-昨38-8⑧ ○晴-明10-7⑩ ○晴-夜34-14④ 晴-陽26-16⑲ 枘38-10⑩ 栖(トマル)-禽16-
15⑪ 栖-遑(タリ)5-16③ ○栖-栖(タル)2-2⑥ ○栖息(メ)2-16② ○栖-遅16-3⑮ ○栖-鳳11-14⑮
棲-雲25-11⑥ 棲鶴29-4⑲ 棲-起(ス)26-4⑰ ○棲-棲(トメ)68-12③ ○棲-息(ス)30-12⑳ 棲-託(ス)2-
20⑭ ○棲-遲12-6③ ○棲-遲(ス)4-7⑱ 棲-鳥36-7② 棲-靈24-20⑱ 棲靈塔(建物)24-20⑯ ○正1-
9⑨ 正一上人13-16⑮ ○正-行49-3③ ○正-気51-1⑧ ○正-義65-8⑧ 正-議大-夫42-3⑰
○正-官61-10⑫ 正-月18-10① 正月日44-4⑯ 正-月三-日57-7⑰ 正-月十-九-日56-26⑤
正-月十-五-日16-17① 正-月中58-10⑭ 正-月二-十有-三-日57-17⑭ 正-見69-3⑨ ○正鵠
66-2⑧ ○正[K]-朔3-12⑨ 正-三-品70-16⑫ 正-士63-21⑳ ○正-始3-11⑧ ○正-字69-1⑫
正已[H](人名)68-18⑬ 正-辭40-2⑪ 正-序(スルニ)45-13⑪ ○正-色2-3⑫ 正-人48-11⑩ ○正信71-10①
正-眞(ナラ)26-12⑯ 正-臣49-13⑫ 正聲2-3⑫ 正聲集[H](書名)42-8④ 正[H]-贈67-10⑭ ○正-直40-7⑦
正[K]-朝3-13⑦ ○正殿(建物)68-16⑦ 正-二-月43-10⑧ ○正-法41-8③ ○正[H]-味28-16⑭ 正平人(地名)69-
16⑥ 正[H]-名54-11⑮ 正-陽61-5⑫ 正-郎51-10⑱ ○正-員48-1 107 ○歳37-12⑫ 歳-陰21-13
③ 歳假20-15⑳ 歳[H]-寒17-17⑫ ○歳-華16-3⑫ 歳-課31-9⑧ 歳-月1-19⑮ 歳-計22-17⑳
歳候64-20③ 歳-功10-18③ 歳-貢(コウ)4-11⑲ 歳災57-22⑬ 歳盞24-10⑮ 截事26-10⑨ 歳-時10-

16④ 歳[HK]－次56－2⑮ 歳[H]－日24－10⑬ 歳酒34－5⑯ 歳－初11－9⑭ 歳成48－5③ 歳歳9－4⑦ 歳
星13－5① 歳杪13－3⑮ 歳[H]－前20－7① 歳[H]－代43－9⑮ 歳－秩43－4② 歳仗16－13⑧ 歳－除13－
13⑤ 歳－調55－5④ 歳－年7－8② 歳－晩6－13⑱ 歳－賦66－12⑮ ○歳－暮22－10⑫ 歳－夜36－
5⑩ 歳－餘(アテ)41－4⑯ 歳律36－13⑨ 歳[H]－廩43－2① 毳31－5④ 毳褐31－5④ 毳－簾21 17⑮ 毳
疎(ニヌ)28－15⑭ 洒[K(去)]－如(たり)38－15⑭ ○清[K]55－8② 清(セリ)51－18⑩ 清－影17－15② 清－晏(ナリ)61－4⑰ 清－
一49－3⑤ ○清－陰31－4⑯ 清韻2－14⑳ 清－演(ノ)36－14⑩ 清－歌2－6⑦ ○清河(地名)20－15⑨ ○清－
介(ニヌ)59－12⑤ 清海(人名)69－3⑰ 清[H]－高66－18⑯ 清高廉66－18⑫ 清[H]－幹42－8⑥ 清聞68－17⑦ 清(人名)－間上
－人68－17⑯ ○清－閑(ナリ)7－1⑦ 清－簡54－8⑱ 清－機5－9① ○清－香68－6⑫ ○清－虚(ナル)35－
13⑬ ○清－吟30－14⑨ 清－唫22－20④ 清－緊26－17⑯ 清襟8－12② 清近7－11⑯ 清－句14－8⑤
○清－和29－1⑲ 清淮8－11⑯ ○清－光14－4① 清晃(人名)69－3⑰ 清－曠(ニヌ)1－10⑫ 清－官60－4④
清環6－12⑥ 清－管24－18⑤ 清貫45－5⑪ 清－貴(ナル￢ヲ)20－1⑦ ○清輝(地名)8－9⑯ 清－瑩(トヌ)22－17⑭
清源7－8⑧ 清源寺(建物)2－8⑥ 清－景20－15② 清[K]－鏡36－9⑦ 清－暁16－3⑨ 清－紘21－6⑤ 清漼
14－17⑨ 清－詞69－7⑮ 清辭34－10⑫ ○清－秋23－2⑪ 清－商26－4④ 清觴10－11① 清鏘(トヌ)35－
12⑧ ○清－酌40－3⑭ ○清－酒4－13⑮ 清粛54－12⑩ 清潤(ニヌ)16－9⑮ 清－醑70－1⑩ ○清－晨29

－10⑥　○清－水4－5⑬　清－崇ナリ29－3⑬　○清－淨18－11⑰　清－脆ナリ15－17⑳　清聲43－6②　○清
－宵34－2②　清－切5－5⑯　○清－節48－2⑱　○清－泉27－7④　清－淺35－18⑥　清禪師(人名)18－11⑬
清－選54－11⑨　○清－楚ニソ17－1⑬　清－奏21－1⑳　清瘦22－19⑪　清－泰ナリ56－1⑦　○清－濁5－15
⑳　清－旦8－13⑮　○清－談スル33－8⑧　清地2－20①　清晝38－5⑤　清－秩53－5⑫　清－暢ニソ23－
13④　清重56－21⑨　清－塵33－5⑳　清泥1－6⑥　清H－渟ムニソ7－15⑱　○清H－朝38－2⑮　清調8－6⑪
清徹スルカ10－6⑫　清－砧13－6⑰　清－簟33－7②　清頭陀20－17⑥　清徳66－11⑤　清－寧ニス50－1⑰
清－方ニソ59－13⑭　清－望57－14⑦　○清－白42－8⑩　清－班51－10⑮　清斑17－19⑩　清氷2－22①
○清－風1－11⑰　清H－文31－5⑰　○清－平36－6⑭　清(人名)－平－官57－20⑯　清－平信－惠ニソ48－1⑱　清
－廟48－11⑪　清颸1－22⑮　清－茂ニソ54－15①　○清－明17－3①　清－明勁－正ニソ49－12⑭　清－問40－
9③　清門69－12⑩　○清－夜34－13⑨　清陽46－3⑨　清洛26－3⑳　清瀾38－12⑯　○清－流31－15⑯
○清－涼1－6⑪　清－涼－山20－2⑫　清－羸ナラ24－3⑫　○清－冷ニソ70－14⑭　清－唳35－11⑳　清－列
65－3②　○清－廉64－4⑤　清－廉簡－直ニソ50－9⑭　○清連1－6⑧　清－露24－14⑲　清渭(地名)6－9⑩
清－越34－9①　淨41－9⑪　淨スル69－3⑥　○淨－戒31－15⑬　淨－潔ナリト4－11⑭　○淨－財43－8⑯
淨牀37－3⑲　淨－石24－16⑳　淨－名68－4⑧　淨－名31－16⑫　淨－名－翁24－20②　淨－淥3－8⑯

淨｜緑39｜9⑦凄｜トメ21｜14⑯凄｜其トメ22｜5⑮凄｜清タル33｜12⑧○凄｜凄タリ2｜5②○凄｜風25｜
6⑪○凄｜涼タリ27｜14⑥濟42｜5⑩濟ス57｜11①濟(地名)源70｜6⑭濟源荘25｜17⑩濟偈39｜8⑦濟
口27｜15①濟｜時57｜12⑥濟(地名)上27｜14⑯濟(地名)水15｜19⑮○濟｜世33｜11⑧濟｜成ス52｜6⑧濟｜濟｜
然トメ48｜7⑬濟(地名)｜川27｜13⑪濟H(人名)度68｜15⑮○濟｜美70｜19⑥○牲47｜8⑩牲｜盛布｜帛47｜8⑭
牲｜牷65｜12⑯牲H｜豆49｜13②牲｜牢71｜4⑯犀(人名)3｜10⑪犀伽42｜3⑪犀兕38｜9⑮犀｜帯23｜
1⑧猩｜猩32｜2①○生｜8｜2⑨生｜ス1｜10⑤雑マシハリ｜生ス43｜5⑲○生H｜意9｜2⑳生｜衣34｜10
⑲○生育2｜8⑪○生育ス66｜1⑦生｜涯14｜14②○生H｜梗ニメ18｜1⑩生｜梗｜ニメ18｜1⑩生｜降
46｜7⑥生降スモ46｜7⑥○生｜花12｜18⑪○生｜計6｜2⑪○生｜業47｜8⑭生｜口56｜18⑳生H
｜菜12｜18⑪○生｜殺21｜4⑳生｜事35｜6⑳○生｜死1｜3①○生死セ69｜11⑳○生HK｜齒48｜5
②○生｜者65｜2⑭○生｜人29｜8⑱生芻39｜2①生｜成2｜15③○生｜成メ18｜14⑯○生生ノ1
｜20⑧生生｜縁45｜13⑥生｜生劫｜劫ニ39｜9⑧生｜生刦｜刦71｜7⑰生｜全51｜7⑯○生｜
前21｜16⑪○生｜和42｜6①○生｜長メ59｜15④○生｜徒65｜7⑥生｜盲22｜2③生蠻57｜13⑧
○生｜物47｜14②○生｜民1｜2⑳○生｜命29｜9⑧生HK｜老｜死9｜4②生｜老｜病35｜2⑪○生
｜理1｜21⑯○生靈61｜2⑧○生｜路56｜13④甥｜舅56｜5⑯甥｜姪36｜14①盛53｜10⑥盛47｜

5②　○(K)盛-夏2-7⑩　盛姫(H)(人名)4-4②　○盛-業47-2⑥　○盛-壯(ニソ)21-9④　○盛-事68-19

⑥　○盛-時23-4⑩　○盛-衰62-7⑳　盛聖34-12⑱　盛(H)-製30-14④　盛治38-13⑧　○盛-

典59-17⑮　○盛-德34-1⑦　○盛-服(ソ)22-2⑱　盛-明58-11⑦　盛-禮47-3⑮　盛-王65-22④

眚-災(アヤマチワサハイ)47-9⑬　省(地名)25-14⑦　省67-9⑱　省(ソ)11-7⑮　省印19-2⑥　省-閲(ソ)56-13⑰　省(HK)-官48-3

④　省事60-5⑨　省司66-16⑥　省-寺53-6③　省寺軍府43-1⑩　省(HK)-署50-3⑧　省-置43-5③

省-置(ス)52-1⑧　省(H)-壁27-8⑲　省-郎17-15⑨　省-覧56-3⑥　省覧(ソ)56-25④　省吏19-10⑮　砌2

-4⑮　砌(ス)36-2②　○砌-下7-8⑤　砌-月15-4⑭　砌-臺14-6⑯　砌(ノ)-桐16-12⑭　○税|23-11

⑰　税(シテ)58-8⑧　○税-額68-9④　税(H)-書71-5⑲　税-籍70-3⑭　税-租58-10⑰　税-麥68-18⑥

○税-賦(スル)58-8②　税米70-5⑲　靖安(地名)10-18⑳　靖(H)(地名)-安-里42-5⑦　靖安院(H)(建物)17-17⑳　靖之(人名)70-18②

靖節先生(人名)30-5④　筌3-4④　筌竿16-2⑩　筌-歌17-18⑳　筌簀29-2⑰　筌籥23-11②　○筮70-17

⑱　筮|(スル)63-18⑫　筌-仕48-11⑫　○精|(ノ)(タマシヒノ)4-4⑦　精(シテ)49-12⑱　精-意69-8⑨　○精-鋭(ナル)60-6⑭

精剛(ニソ)1-5⑯　精嚴57-23⑰　精鑒44-5⑩　○精-義47-14⑮　精-求63-19⑪　○精-究47-5⑪　精

-強(ナル|)57-23③　精-強博-敏(ニソ)48-9⑤　○精-勤70-12③　精-光30-2⑱　精-潔(ナリ)56-5⑬　精-

堅(ナリ)30-1⑲　○精-彩38-8⑧　精-爽52-11⑬　精-思67-6①　○精-舍29-13④　精-詳(ニシ)60-1⑪

○精-神20-6⑭　○精-進41-12⑪　精-粹辯-博ニメ50-3⑩　○精-誠12-11①　精-専ナレ6-12⑳　精
-粗22-14⑫　精H麤63-8④　精-珍56-24⑫　精-通スセリ41-4②　精-博ニメ55-14②　○精-微ニメ17-1⑭
精微専-直ニメ48-12⑥　精-敏48-11⑳　精-敏剛-正ナル50-4⑩　○精-兵57-21⑪　精-茂ナリ51-7①
○精-力62-1⑨　○精-靈4-14⑯　細ナラ51-7⑱　細-雨38-12⑰　細-腰26-12③　細-行66-15⑧
細-吟37-4⑥　細-故22-19⑯　細H-侯25-2⑮　細碎タル31-4⑳　細作59-9⑨　細-水27-12④　細H-
雪16-12⑱　細泉2-19⑥　細-大48-7①　細-軟ニメ12-19③　細-蟲12-6①　細-馬4-5③　細-薄て
32-11 251　細-微37-13⑯　細-妙32-9 166　細-蓬24-13⑳　細-浪29-5⑰　○聖-1-2①　聖渥60-4
③　○聖-意58-3⑮　聖-憂58-7⑨　○聖-運61-2⑨　○聖-鑒58-7⑭　○聖-躬59-8⑯　○聖-
教70-24⑪　○聖-賢30-5⑬　聖-裁60-30⑥　聖-造59-15⑤　○聖策47-7⑧　聖-慈58-2①　○聖
-旨58-8⑦　○聖-日57-17⑦　○聖-上56-18⑤　○聖-主12-10⑪　聖酒15-3①　○聖-人3-2⑩
聖-心58-2⑪　聖-神44-8⑤　聖水67-12⑧　聖-政59-1⑭　○聖-善50-6⑭　聖善寺(建物)39-6⑳
○聖僧6-13②　聖-宗57-4⑰　聖-聰58-6⑩　○聖-代15-1⑧　聖-唐68-10②　○聖澤17-17⑤
聖達71-11⑥　聖智63-3⑲　○聖帝38-3⑱　聖-聽60-2⑩　○聖體29-10③　○聖-朝62-2⑤　○聖
-哲16-3⑭　○聖-天57-17⑲　○聖-德58-5⑯　聖-念18-15⑦　聖武38-8⑫　聖-文61-8④

○聖謨(人名)3－9④ ○聖－明3－12⑮ ○聖－覧58－5① ○聖－慮59－5④ 聖－力70－12⑦ ○聖－王47－
9⑱ ○聖H－恩58－8⑲ ○聲|67－15⑮ 聲猷53－4⑪ ○聲－音25－14⑤ ○聲K－韻6－8⑩ ○聲－楽21
－9⑱ ○聖妓H36－10⑱ ○聲－氣22－10⑱ 聲－華35－7① 聲－教53－14⑦ ○聰－色1－14⑳ 聲－聲
2－13⑦ 聲－績56－13⑯ 聲－塵70－14② ○聲－貌22－11⑮ ○聲－名15－11⑬ ○聲－明65－9⑰
○聲H－聞57ゾ－10⑬ 聲－利55－4⑫ 脆－管21－6⑥ 腥－鹹①18－15⑩ ○腥－血24－14⑪ ○腥－臊34－
1⑰ ○腥－羶8－10⑯ ○萋－萋タル20－15⑰ 菁17－20⑥ 菁英67－6⑥ 薺－花27－16⑱ 薺麥10－4⑪
蜺21－12⑫ 蠐－螬34－2⑦ ○製65－15⑲ ○製|ゾ28－15⑫ 西－邑13－2⑭ 西－掖19－2⑬ 西簷5－
4⑤ 西家5－12④ 西河30－9① 西海20－10⑫ 西－街9－6⑰ 西(地名)－江12－7⑱ 西行30－6⑩ ○西(地名)
郊51－3③ 西－角23－14⑰ 西－閣40－8⑪ 西坎42－10⑳ 西岍13－6⑬ ○西－岸25－12⑲ ○西漢(地名)3
－7⑲ 西H－澗69－4⑦ 西丘寺(建物)24－15⑱ 西－宮12－10⑯ 西－疆57－25⑦ 西H－郭11－10⑧ 西－闈22－
3① 西原(地名)6－6③ 西京(建物)23－17⑤ 西渓(地名)30－8⑱ 西－撃47－16⑱ 西－軒5－9④ 西－午－橋32－9 180
西HK－戸32－14⑦ ○西(地名)－湖23－5① 西－齋18－2⑦ 西－曹32－11 232 ○西H－山16－12⑪ 西市5－15⑭
西－寺22－18⑦ 西子1－20⑦ ○西施(人名)2－22⑪ 西州23－2④ 西－州城下23－2⑥ ○西－戎55－5⑩
西－室71－4⑪ 西－日11－10⑬ 西舎5－15⑮ 西－上31－14⑨ 西－墻30－12⑳ 西人71－4④ ○西－

陲64-13⑩ 西-成63-2⑲ 西省(地名)19-2⑬ 西川(地名)26-5④ 西-旋9-10⑮ 西楚13-16⑪ ○西-窓5-
4⑳ 西-村10-5⑲ 西(H)-内12-13⑧ 西堂41-8⑩ 西塘36-9⑯ 西-道57-8① 西-宅69-9⑨
西-池33-1⑦ 西亭25-11① ○西湖36-18⑫ ○西天2-18⑫ 西-天-竺68-15⑬ 西東1-3④ 西
東(セ)2-15⑰ 西-頭14-3⑳ ○西(地名)-南48-4⑮ 西-坊32-5⑪ ○西(地名)-方70-11⑰ 西-方極-楽世-
界71-8⑩ 西-舫12-17⑩ 西伯(人名)65-21⑬ 西鄙4-3⑩ ○西-風5-13⑰ 西平橋(ノ)69-4⑬ 西壁34-
15⑦ ○西-偏40-7⑰ 西-邊54-9⑥ 西(HK)-母22-2⑨ ○西-北10-19③ 西明寺(建物)9-1⑥ ○西-面(メ)
63-13⑮ 西-門36-17③ 西-來33-11⑭ 西來(メ)(ハ)25-14⑱ 西-廊14-10⑮ 西涼(地名)4-3⑮ 西涼-伎4-
3② 西涼州29-8⑯ 西陵(地名)2-12⑭ 西陵驛23-1⑰ 西(H)-林16-4⑱ 西林寺(建物)7-5⑤ 西-鄰5-6⑥
西-嶺29-12③ 西-樓11-2⑰ ○西-夷49-3⑮ 西-院10-19① 西-園13-6⑦ 西-垣19-5⑰
誠(人名)41-6④ 誠22-15⑩ ○誠-意56-6④ 誠-幸61-5⑨ 誠-効52-6⑧ 誠喜61-4⑬ 誠-兢61-
3⑧ 誠-欣61-5⑨ 誠懼61-6⑲ 誠-懷56-2③ 誠-惶誠-恐61-2④ ○誠-欸56-4② 誠-歡
61-1⑨ 誠-歡誠-幸68-8⑱ 誠-願61-3⑤ 誠-僞38-7④ ○誠-敬57-17⑯ 誠-懇57-9⑩
○誠-信2-9⑧ ○誠-心38-5⑥ 誠-惕61-3⑨ 誠-望47-18⑦ 誠美46-10③ 誠-忭61-4⑭
誠-明56-19⑧ 誠-躍61-4③ 誠-諒49-3⑯ ○誓-願71-6⑬ 誓志1-4① 請51-11⑨ 請(シ)43-

8⑰ 請(K)－獻56－1⑬ 贄68－17⑤ 躋攀20－15① 躋－攀(スル)「8－11③ 逝(HK)9－13⑧ 逝｜(メ)20－1⑯ 迎(HK)－者
9－13⑨ 逝－水33－14③ 逝(地名)－川40－9⑮ 逝－波34－2⑭ 醒31－12⑧ 醒(スル)20－12⑱ 醒－醒(タリ)17－16
⑦ 霽色18－15⑩ 霽－月34－14⑤ 霽－景28－11③ ○青13－3⑦ 青－衣35－7⑳ 青烏66－16② ○青
－雲16－8⑤ 青－煙21－13⑩ ○青－蛾4－12⑨ 青崖6－10⑮ 青－蒿30－12⑤ 青－角28－7⑰ 青巖
13－12⑩ ○青－眼17－2④ 青－竿16－8① 青簡13－14⑩ ○青－旗20－11⑭ ○青－宮15－5⑥ ○青
－玉25－3⑧ ○青衿(キム)1－2⑧ 青瓦11－12⑫ 青槐6－16③ 青桂7－15⑤ 青溪7－10④ 青－谿22－11
⑤ 青鏡10－3⑩ 青－縑5－5⑩ 青菰16－1⑳ 青笻6－16⑧ 青(H)－黒(ニソ)4－14⑧ 青－瑣19－9⑩
○青－草16－11⑦ 青－草－湖20－16⑩ 青－蒼(タリ)2－18① ○青－山9－3⑥ ○青－衫12－18⑦ ○青－
史12－2④ ○青－絲32－12⑪ ○青紫21－12② 青州(地名)32－10⑰ 青甃25－10⑬ 青(H)－實8－8⑮ 青莎臺31－
6⑯ 青－髻17－7③ ○青－嶂14－9⑳ 青－雀28－6⑧ ○青－春15－4④ ○青－松17－4⑮ 青－松
樹15－9⑲ ○青－翠26－5⑬ 青－嵩23－15⑯ 青(地名)－城人71－9⑭ ○青－青31－18⑥ 青－綃31－17⑱
青(H)－霽7－6④ 青－石24－15③ 青－氈21－17⑬ 青－氈－帳31－9⑱ 青－箭36－12⑩ 青邅31－10⑧
青(H)－錢19－4⑩ 青－樽18－16⑪ 青(H)－蚍1－10⑦ 青－蛇7－15⑲ ○青－苔11－9⑯ ○(H)青－黛24－4⑲
青－雉尾26－2① 青－帳37－10⑫ 青－長32－11④ 青－竹19－6③ 青－泥11－8⑱ 青－塚2－22⑥

青-條15-18⑩ ○青-鳥14-17⑩ ○青-天27-8⑤ 青田21-10⑨ 青-兎34-14⑲ 青-幢40-8⑬
青-桐1-6① ○青-銅9-12⑲ 青-梅6-15⑥ 青-房11-14⑳ 青-袍7-4⑤ 青幕23-18⑨ 青K
-麥35-13⑳ 青板舫69-4⑭ 青-盤36-3⑭ 青布-衫12-2⑮ 青-蕪16-11⑭ 青楓10-16⑲ ○青
-苗58-8⑧ 青薜21-2⑥ 青-篋35-10⑤ 青H-蒲16-2⑨ 青-鳳10-17⑩ 青-冥14-1⑦ 青門(地名)8
-1⑲ 青-楊15-6⑳ ○青陽26-8⑩ ○青蘿23-6⑧ 青萊登海密五-州42-3⑮ 青琅玕1-22⑪
○青嵐15-4⑫ ○青鸞2-17⑮ 青H-稜28-12⑰ 青-菱16-8⑯ 青龍岡ノ19-5③ 青龍閣11-10⑨
青(建物)-龍-寺28-8⑪ 青HK-林24-17⑮ 青鱗37-10⑤ 青-蓮71-7④ ○青-樓12-15⑯ 青-籠18-6⑧
○靜|38-2② ○靜安13-3⑲ 靜-巷19-10⑥ 靜好ナル26-15⑲ ○靜-居26-2⑯ 靜-恭ナル28-8⑨
靜-興30-4⑱ 靜-境18-13⑱ 靜-室25-14⑫ 靜心13-15⑬ 靜-専55-4⑫ 靜-然トシ29-1⑰ 靜
-中19-11⑱ ○靜-謐ナルハ40-8② 靜理46-8⑱ 靜-侶34-12⑯ 靜-緑ニシ35-14③ 錫2-13④ 錫
-粥35-15⑲ ○齊(国名)30-10⑱ 齊竽15-2⑥ 齊雲21-11⑦ 齊雲樓(建物)24-18⑥ 齊經(書名)71-10⑪ 齊-橈26-12
① 齊冠52-1⑲ 齊國(国名)62-11⑪ 齊州50-13⑨ 齊-粥71-8⑯ 齊-衰67-7⑨ 齊照H(人名)49-10① 齊H-體
66-20⑱ 齊鼎2-16⑭ ○齊レヒトシクス-眉ノ66-13⑤ 齊-物32-1⑩ 齊魯(国名)62-11⑲ 僬-僥ス19-14④ 召-對セ
56-6⑭ 相召ヒ-匹セ22-5⑨ ○召-募64-8⑥ ○召-募セラレテ53-3⑯ ○咲言69-8⑦ ○嘯-咏68-

2⑦　嘯-傲6-8④　宵宴34-15⑩　宵-征66-15⑯　宵燈11-2⑲　宵-遁13-6①　宵[HK]-分[マテ]30-8②
○小1-3⑫　○小-惡22-7②　小-有洞[ノ]16-12⑩　小邑27-14⑱　小-隠14-8③　○小-飲16-2⑬
○小-飲[ス]19-6②　小[H]-雨9-5⑯　○小-宴25-16⑰　○小-宴[ソ]27-2⑮　○小-家4-9⑳　小瑕67-
4⑰　小-害63-9⑯　○小-康47-17⑧　小-航24-4⑳　○小樂26-8⑤　水-閣31-15⑯　小-榼26-
8③　小醢16-9⑦　小澗36-8⑨　小-眼24-13⑳　○小-器27-12①　小-妓15-22⑤　小姫26-18⑩
○小魚23-20⑩　○小[H]-曲18-15⑨　小(人名)-玉21-6⑱　○小-火17-5⑱　小-花26-18⑮　○小-過65-4
⑩　小-外-孫36-24②　○小-官63-15⑱　小-娃24-14⑨　○小-惠7-12⑮　小-君52-10④　○小-
郡16-11⑭　○小-徑6-16⑪　小溪16-16⑧　○小[H]-計63-9⑲　小[H]-迎70-4③　小-嬌[ノ]孫35-9⑥　小-
橋23-5⑥　○小-絃12-7⑥　小[HK]-軒6-14⑰　○小姑25-15⑰　○小-戸19-3⑳　小-寇57-20⑧　小
-紅23-6⑤　小虹橋8-9⑮　○小[HK]-才38-3④　小-災62-17⑱　○小齋11-9⑧　小巣28-14④　小艸
亭33-1⑯　小[HK]-山30-1⑬　小盞16-6⑮　○小-事59-7⑪　小使3-13②　小-兒69-6⑱　小司-徒
48-5②　○小-子20-2⑰　小-字28-11⑦　小[H]-枝11-9④　○小疵65-15⑱　小-詩34-15③　小-繡
28-3⑮　○小-舟36-14⑨　小-疾34-3⑱　小[H]謝19-13⑱　小謝娘19-18⑰　○小車26-11⑮　小-將49
-11⑥　小-祥62-17⑱　小-粧25-16①　○小酌15-10⑨　○小-酌[ソ]25-3⑲　○小-樹1-7⑧　小-

珠12—17⑥　○小—術64—12⑩　小—書—樓20—18⑩　小胥23—17⑭　○小—乘31—6②　○小(書名)—乘經70—15
⑰　小—蠅2—22①　○小—人1—18⑧　○小[H]—心67—11④　○小—臣47—18⑯　○小—水32—5⑳　小—瑞
62—17⑱　小—歳34—3⑧　小—聲2—6⑧　小—青衣28—8⑮　○小—小56—20③　小—石17—15①　○小
—節61—3①　○小[H]—説65—8④　○小—善66—2⑰　小—泉68—15⑩　○小—船16—11⑫　小[H]—鮮49—11⑬
小[H]—宗41—8⑩　小—宗—伯55—2⑫　小—窓19—6③　小—大2—2⑯　小—大中—乘68—4⑫　小[H]—臺29
—3⑧　小—堂34—14⑯　小[H]—塘25—5⑬　小[H]—桃—閑28—7⑭　○小盗2—18⑭　小宅34—14⑱　小—男—
兒35—9⑨　小—潭28—4⑲　小—灘36—2⑥　小—簟11—13⑤　小尼19—15⑲　小—池1—21⑦　小[H]—池—
館30—13②　○小—知(ナルニ)38—15③　小—耻59—11⑯　小—中大—乘70—21②　小—酎15—10⑥　○小—竹23
—16④　○小—女12—18⑨　小女子15—7⑩　小—女—兒31—14⑤　小—鎮59—1⑬　小[H]亭19—6①　小庭14
—5⑭　小[H]—弟40—4⑨　小[H]—艇32—11⑬　小—鳥38—5④　水(人名)—姪24—19⑰　小—姪—甥24—10⑮　小—蝶
12—6①　小—殿58—12⑬　小[HK]—奴30—10⑫　小—僮32—13⑤　○小童21—7④　小—頭3—5⑩　小—能63
—15⑫　小舷24—11⑭　小—白11—8⑲　小白馬25—7④　小麥1—4⑨　小[H]—蠻33—17⑱　小—婢30—10⑬　○小—
婦26—12①　小—務56—19⑯　小舞筵(ノ)31—10④　○小[H]—忿59—11⑮　小[H]—屏27—11⑬　小平臺(ノウテナ)11—7⑧　小
—弊62—22⑰　小—萍7—8⑫　小[H]—墓14—12⑮　小面(ナリ)25—15⑫　○小—用60—3⑲　小郎31—19⑦　○小

—吏24—7⑱　○小—利57—20⑥　小—律45—8①　小律詩15—16⑯　小綸23—18⑥　小令21—14⑪　小^H—佮
27—5⑰　小—沴62—17⑱　小—蓮28—7⑭　小爐33—2⑮　小—樓19—2⑰　小—院14—5④　○小—園19
—13③　小怨1—5⑰　○少66—9⑦　少尹(人名)55—10⑤　少—夭28—8①　少學士36—11⑬　少—閒34—16⑥
○少—許27—11⑥　少華(地名)25—11⑳　少—過42—7②　少卿46—10⑤　少健(ナリシ)7—4⑯　○少—壯1—14⑯
○少—師70—5⑪　少—室24—18⑲　少—日39—5⑪　○少—者65—22③　少—信—物56—6⑰　○少—小6
—7⑤　少—多64—5⑤　少—苔—信56—18⑪　○少—長2—13⑰　○少—年10—2⑧　○少府13—10③
○少—府—監50—1⑲　少—府少—監50—1⑳　少—物57—23⑳　少傅(人名)35—16⑥　少傅分司33—1⑦　○少—
保70—17⑯　少保分司31—7②　少—保傅70—17⑬　少—陽26—1⑫　○少—牢40—11⑳　少林寺(建物)27—13⑮
少姨27—14⑧　峭(ニソ)26—9④　○峭—絶(トソ)21—8⑬　峭頂34—8⑲　岧嶤1—6⑪　悄(トソ)7—4⑫　○悄—
悄(タリ)8—12①　悄寂(タリ)8—3⑪　○悄—然(タリ)3—5⑧　○憔悴15—3⑦　○憔—悴(ス)1—18⑯　招(レ)—隱31—10
⑦　○招客28—16⑩　招—邀70—6⑭　招—討60—6④　招—討—使41—1⑫　招—討判—官41—1⑱　招提(地名)
36—21⑱　招—諭57—15①　招—諭(セン)60—5⑭　○擾—擾8—1④　○擾—亂55—3⑭　昭(人名)—義56—14⑲
昭義縣(地名)70—7⑧　昭義軍(人名)56—10⑧　○昭君(人名)2—22⑧　昭君村^H(地名)17—22⑩　昭君怨16—20⑰　昭^H—國6—14⑳　昭^H
—國—星6—14③　昭國坊(人名)44—1⑨　昭^K—國—里45—8①　昭—彰(ナリ)2—23②　昭成69—16⑩　昭成皇帝(人名)70—

2②　○昭－昭タリ22－4①　昭－昭－然トシ47－10⑳　○昭－然タリ57－23⑬　昭K－蘇テリトシ4－15①　○昭H－代62－
4③　昭－泰57－8⑱　昭德王后18－15③　○昭穆(人名)56－4⑫　昭陽(地名)4－8⑳　昭－陽殿12－11⑩　○昭應9－
1⑬　杪H－忽47－15①　杪－秋17－6⑰　樵2－21⑧　樵－子31－7⑯　○樵－人24－6⑱　○樵蘇16－2①
樵斧16－8①　樵－牧24－6⑭　沼K－沚29－11⑳　消9－6⑥　○消|シ10－7⑫　消|シ－歇ヤムツク11－5②　消歇9－
4⑥　消－屈63－11③　○消－散メ25－10⑰　消釋メ7－14⑦　○消－息アリサマ4－3⑤　○消－長49－3④　○消
－除シ35－11⑫　○消－沉ス11－13⑦　消－停メ26－2⑲　○消－磨シ15－12④　消H－没メ12－15①　○瀟－洒タリ
33－11⑨　○瀟－灑タリ30－1⑲　瀟－湘17－6②　瀟瀟(地名)タル12－16⑨　焦穀14－19⑨　焦－勞メ37－8⑪　照H(人名)
49－10④　○照－影20－11⑤　○照耀3－1⑱　○照－耀ス5－5⑬　相照ヒ－耀ス15－2⑲　○照公(人名)71－9⑬　照灼トシ25
－16⑦　照－燭ス22－2⑭　○照－然タラ58－8⑬　照－地34－1⑲　照密閒實H(人名)31－6④　○照－臨61－5⑯　○照－臨メ
60－4⑤　○燋爛セラル2－16⑭　燒－乾メ11－6⑦　燒レ－金ヲ17－2⑩　燒灼メ11－1⑳　○燒酒18－12⑫　燒－丹
20－18⑪　燒丹經1－4⑥　燒－漂スル｣69－3⑮　○爕－理44－12⑥　稍－食44－10⑥　稍－稍トシ9－3⑩
○笑－歌17－12⑫　○笑－歌メ5－2⑰　笑－傲6－8④　笑－教メ40－5⑯　○笑－謔ス9－4⑩　相H笑－謔テ
16－19⑩　○笑－語7－10⑫　○笑－語スル20－5②　○笑－言18－4⑰　笑－口32－13⑲　○笑－殺ス11－11
⑰　笑－資22－9⑩　笑－哂70－17⑥　○笑－談スル35－7⑱　笑－容4－4⑳　笑－樂32－7⑮　笑－裏27－

10⑦　○簫4-2⑮　○簫鼓70-13⑫　紹(人名)69-12⑫　○紹(H)-復(ソ)40-1⑮　紹明71-10⑪　綃45-15⑬　綃-
巾22-17③　綃-衫30-8⑧　翛-然(タリ)6-14⑭　蕉-衣27-7⑥　蕉-葉31-5①　蕉-紗34-9⑭　蕭(人名)12-
8⑰　蕭殷12-18⑱　蕭悦12-8⑰　蕭京(カ)(輩)1-9⑤　蕭協律(人名)23-16⑭　蕭五18-2⑰　蕭曹33-1⑮
蕭-相19-13⑯　蕭相公(人名)19-13⑭　○蕭相公19-13⑭　○蕭-索(タリ)13-3⑱　○蕭-颯(タリ)22-14⑲　蕭山縣46
-9⑪　○蕭-散(トシ)15-10⑤　蕭侍御(人名)9-11⑪　蕭史14-18③　蕭士清43-7⑩　蕭寺(建物)20-3⑪　○蕭瑟(タリ)4
-9⑫　○蕭灑(トシ)16-19⑪　蕭尚書(人名)13-4⑧　蕭墻4-12⑬　蕭朱16-2⑥　蕭庶子(人名)11-3⑯　蕭處士(人名)11-3
⑯　蕭辰32-6③　蕭正字(人名)43-11⑧　○蕭-蕭(タリ)19-6⑰　蕭籍33-16⑨　○蕭-疎(ニシ)18-1⑪　蕭娘14-18
⑦　○蕭-條9-4⑫　蕭望(人名)2-10⑮　蕭俛(人名)51-14⑬　蕭俛等(人名)56-25⑥　蕭郎(人名)12-9①　蕭郎中存(人名)43-10⑪
蕭蘭15-3④　蕭寥(トシ)5-6③　蕭鍊師(人名)17-14⑫　蕭員外14-12⑤　蕭翁(人名)20-16②　○蟭-螟37-13⑤　蠨-
蛸37-13⑦　○詔44-1⑨　詔(ソ)42-1⑩　詔-下(ソ)70-3⑥　詔言48-6⑬　詔-旨62-1⑰　詔示(書名)
56-14⑰　詔-賜61-10⑦　○詔-書21-4⑱　詔-選62-2⑦　詔-中68-9③　詔-條48-6⑦　詔-批
47-16⑨　○詔-命23-10⑨　詔-問(ス)3-9⑳　○詔-令40-8⑪　誚(K)-咲(揺本旡を)35-1⑭　譙-鄲53-2⑳　躞
蹀(トシ)22-11④　軺-車49-10⑱　○逍-遙20-11⑩　○逍-遙(ス)33-5⑳　逍-遙篇(ノ)30-5⑲　邵同(人名)52-7④
醮郡69-14⑦　醮-壇26-5②　釗(H)(人名)71-8⑭　銷27-7①　銷(ス)13-3⑯　銷-得(シン)34-8⑩　○銷-化(ソ)29-

8⑮ 銷-摧ス15-3⑥ 銷盪セ65-8⑪ 銷-停シ37-9⑤ 銷-擲ソ37-6⑮ 銷-慝ス61-5⑨ 銷-磨ス15
-18⑳ 銷-亡シタリ61-4⑰ 銷HK-落シヌ12-8⑭ 銷鑠シ9-12⑰ 霄26-2② ○霄-漢20-6⑭ 韶70-18
③ 韶-夏15-2⑥ 韶-顔17-10⑰ 韶華36-11⑮ ○韶-光13-14⑦ 韶H-濩9-11⑥ 韶-護38-15⑳
韶H-武65-11⑯ ○頗-頷タリ1-6⑧ ○頗-頷スル「18-13⑪ 饒H|63-6⑯ 饒H舌ニ25-14⑮ 饒-風32-3⑦
饒(地名)陽縣56-7⑲ 饒陽縣等56-8① ○鵁H-鶄11-6⑭ 隻-日16-6⑳ 夕-陰10-7⑯ 夕-焰
34-7⑯ ○夕-暉6-12③ 夕鼓5-2① 夕-爨29-7⑤ 夕-雀10-2⑫ 夕-寢29-4④ 夕-吹16
-5① ○夕-照8-6⑬ 夕H-旦66-8② 夕-鳥7-4⑨ 夕-惕マテニ64-3⑬ 夕H-惕ソ57-9⑧ 夕-殿
12-10⑱ 夕-望16-18⑥ ○夕-陽5-13⑫ 夕K-陽-開35-18⑳ ○夕-郎4-15⑨ 夕-漏9-9⑯
寂(人名)41-8⑧ ○寂|トメ30-3② 寂H-兮トメ45-7③ ○寂-靜ナル4-2⑯ 寂-寂タリ6-15① ○寂然(人名)68-16⑨
○寂-然トメ22-14⑪ ○寂-寞6-7③ ○寂-寥18-4⑰ 寂H-歷トメ16-15⑨ ○尺|10-17⑮ 尺-有-咫
69-3⑭ 尺-蠖38-2④ 尺-五22-3⑦ ○尺-書23-5⑨ ○尺寸68-7⑥ ○尺-素17-8⑥ 尺-
組12-13⑥ ○尺-度38-10⑥ 尺-波8-2③ 尺-餘1-21⑥ ○席6-4⑧ ○席-上16-9⑮ 席H(人名)八
16-3⑳ ○戚-屬56-12⑲ ○戚-戚イタム「タル「39-1⑩ 戚-促トメ29-6⑥ 戚夫人2-16⑳ ○戚容67-7⑬
○戚-里58-7① 昔-賢21-11⑩ 昔壯11-14② ○昔H-日9-8⑫ 昔圍11-6④ 晰-晰タル36-5⑩

析毫63－6⑫　枡[K]－毫48－11⑰　械－械[タリ]17－15③　淅江[地名]40－11⑰　淅－淅[タリ]11－13③　石[人名]51－11⑧　石68
－5⑲　石隠金等46－9⑯　石甕寺[建物]12－2⑳　石下6－12①　石－家23－17⑥　石－鎛2－19⑦　○石[H]－崕11
－11⑲　石－壕吏45－3⑬　石溝渓5－10⑤　石窌57－2④　石－閣30－5⑧　石－凾68－8⑥　石－岸36－
18⑫　石[H]－嵌43－3④　○石巖43－1⑱　石[H]－澗43－2⑳　石[地名]－間43－9⑥　○石龕6－10⑭　石[K]－奇22－4
⑭　石[地名]－渠26－3⑳　○石－火17－4⑨　石桂19－16⑫　石[H]－渓7－7⑯　○石－經69－4③　石－逕30－11
⑰　石[地名]－橋68－15⑩　石[地名]－橋－渓68－15⑩　石鼓[地名]68－15⑧　石[ノ]－孔6－12⑲　石厚[H][人名]67－13⑰　石士倹[人名]52－13⑤
○石州[地名]51－7⑱　○石－上11－3④　石上人23－8⑬　石尚書37－10②　石首縣[地名]41－2④　石－笋27－6⑱
石神69－3⑮　○石－水36－21⑭　石－井28－12⑪　○石－泉22－11⑯　石樽69－4⑫　石[H]－堂6－14⑱
○石－塔41－10③　石－灘37－2⑮　○石－竹31－4⑳　石－亭36－16⑭　石斗63－2⑯　○石－磴18－1⑪
石－楠10－16⑧　石[H]－髪6－10⑮　○石婦1－9⑱　石[K]－墳[の]41－10⑨　石奮15－2⑫　○石－壁28－11②
石[地名]－壁－經69－2⑱　○石－片16－20⑫　石－盆－泉35－12⑮　石[ノ]－面23－2⑥　○石門7－7⑧　石間澗[地名]7
－7⑦　○石－榴15－15⑫　石稜21－15⑰　○石－緑13－1⑰　石－蓮69－3⑭　○石－樓22－20③　石樓潭
22－17①　碩｜41－1⑮　碩－鼠65－17⑤　碩－大[ニメ]41－5⑪　裼－襲65－10⑱　積[人名]42－5⑬　○積47－13⑮
○積陰40－2⑨　積－慶52－7②　積[Kセキ][入]－甃[去]6－12⑩　○積－習38－6⑬　○積－水17－3④　積－成[ス]52－10

⑧積(H)－石43－3④ ○積－善40－5⑥ 積(H)－滞(セ)42－4② ○積－弊47－15⑲ 簀67－19⑫ 籍(K)(人名)30－4④
○籍2－5① ○籍－甚(ナル)20－15⑩ 籍税70－2⑨ 籍－籍(トソ)31－5⑰ ○績|50－10⑭ 績(セ)47－8⑪ 績－
効56－3⑮ 績之(人名)15－14⑨ 績用57－13⑳ 腊66－10⑬ 舄－弈46－3⑦ 藉6－5② 責60－1⑫
責|(H)(ス)66－15⑱ 責－課(ソ)47－2⑥ 責言66－6② 赤烏21－16⑪ 赤－羽31－4⑮ 赤－英4－4⑯ 赤－鴈2
－18⑧ 赤－驥34－5⑫ 赤－玉18－11⑪ 赤筅38－11⑩ 赤縣51－13⑦ ○赤子65－21⑨ ○赤－日28－9
⑪ 赤－珠6－11⑪ 赤(K)(人名)－松30－2① 赤松8－10⑱ 赤幟34－1⑭ ○赤－心52－6⑪ 赤－水38－8⑨
赤城(地名)5－10⑨ ○赤－誠58－2⑫ 赤－箭28－13⑰ 赤－族52－2⑧ 赤(HK)－墀6－1⑧ 赤(HK)－帝38－9⑬
○赤－土3－8⑦ 赤－憧17－22⑥ 赤(K)－藤－枝3－12② 赤－筆27－10⑩ 赤－紱27－1⑪ 赤－茀40－8
⑬ 赤－豹24－1⑭ 赤－嶺19－6⑳ 蹙－促(ス)17－3⑯ 迹41－11⑬ 釋巖(H)(人名)68－4⑦ 繹晤(H)(人名)68－4⑧ ○繹
－典68－3② 錫(K)|(入)22－18⑭ 錫－貢66－14⑮ 鵲18－16⑫ 鵲－脚24－8⑬ ○切|(ナリ)3－1⑧ ○切(H)(レ)－言(セ)
59－9⑳ 切－事61－10⑳ 切－切12－17⑥ 切－直58－4⑫ ○切－論(セ)59－12⑫ ○刹－那14－19⑪ 刵。(K)(セツ)
－劓。(キ)64－18⑪ ○屑－屑(タル)27－2⑳ ○屑屑(セン)7－9② 截64－20⑧ 截(ス)23－8① 截肪1－21⑤ 折25－
3⑥ 折－腰30－8① 折－腰菱69－4⑭ 折(H)－毫63－8⑭ ○折－檻62－1⑳ 折－剱頭1－10⑥ 折(HK)－損
58－8⑪ 折－竹10－15③ 折－翟58－7⑰ 折－磨(セ)35－8⑨ 折臂翁3－6⑥ ○拙6－9② 拙(ソ)29－11

①拙－音21－1⑩　拙－宦20－1⑦　拙－詩14－9⑬　拙－什^HK 6－8⑧　拙^H－政11－9⑩　拙－直69－10⑨
拙－薄(ニソ)19－11①　拙－劣(ニソ)15－3⑩　浙石(地名)27－2①　浙－河50－8⑮　○浙江(地名)22－6⑱　浙江樓(地名)20－12⑧
浙(地名)－水24－5⑫　浙西(地名)69－13③　浙－西－道69－1⑮　淅－淅(タリ)7－2⑦　浙東(地名)23－5⑭　淅－瀝(タリ)15－4⑫
竊竊^K(切揩本)12－17⑯　○節－51－5①　○節－(シ)64－2⑰　節－効55－3⑭　○節行41－5⑦　節^H－限68－7⑥　○節^H
儉(ナリ)18－15⑦　○節－儉(スル)59－8⑰　節－候13－2⑤　節冊51－2①　節^H－使66－2⑯　節－將58－5⑬
○節－制49－8⑪　○節－制(ス)54－7⑬　節－歳37－11①　○節－節12－9②　○節－奏65－10⑫　節－鎮48
－6⑲　○節－度41－1⑪　節－度要籍(書名)52－12⑲　節度行－營兵－馬－使52－8⑫　節－度管－内支－度營－
田觀察處－置等使(ノ)54－3⑤　節－度－觀－察使55－6①　節－度觀－察處－置等使(ラノ)49－2⑦　節－度觀－察等(ノ)
使56－16⑮　節度參謀42－4⑭　○節－度－使42－4⑫　節－度處－置等使(ラノ)70－1⑮　節－度推官50－6⑩
節－度推－巡50－6⑤　節－度都－押－衙52－9⑥　節－度等(ノ)57－16④　節－度等使(ノ)55－11⑪　節－度判－
官52－4⑭　節－度副－使52－6⑥　節－度留－後55－6⑩　節－度－留－後起－復55－6②　○節^H－婦42－
10⑭　○節－物6－8⑰　○節－文58－14⑩　節－旄61－9⑳　○節－目1－21⑭　○節－鉞15－8⑧　○絶
70－7⑫　○絶－(ス)62－15⑯　絶^HK－豔12－8⑪　○絶－交14－7⑭　○絶^H－學47－11③　絶－澗33－7⑭　○絶
－句14－1⑳　○絶－境28－12⑰　絶藝13－1⑲　絶絃14－14⑳　絶－國55－6⑤　○絶－俗66－18⑰　絶－

俗殊－鄰50－4⑳
絶H－席19－15③
○絶－頂34－8⑬
○絶－筆34－4⑫
○絶－滅65－17⑲
○絶－域50－4⑮
○絶－粒8－10⑰
○絶倫34－8⑰
絏34－11⑥
舌語16－20⑮
○舌K－根6－13⑥
舌－上19－14⑲
舌樞2－16⑮
○舌－頭18－5⑱
薛家28－9⑨
薛光朝57－2①
薛元賞（人名）52－3⑬
薛君1－18⑨
薛兼訓H（人名）42－8⑩
薛公幹H（人名）50－12⑤
薛鯤H（人名）49－11⑮
薛之縦等H（人名）48－6⑰
薛氏（人名）21－7⑥
薛戎（人名）52－5⑤
薛秀才（人名）20－8⑫
薛常翽（人名）53－9⑤
薛昌朝（人名）56－2①
薛從（人名）52－8⑧
薛稷（人名）39－3③
薛萃（人名）57－1⑩
薛存誠（人名）55－2⑱
薛台（人名）13－17④
薛中丞1－18③
薛放H（人名）50－3①
薛伯高H（人名）49－8⑳
薛伯高等53－3④
薛伯蓮（人名）41－6⑬
薛伾H（人名）55－13⑪
薛夫人（人名）70－9⑮
薛平（人名）52－11①
薛平等H（人名）50－10⑱
薛陽陶（人名）21－7④
薛劉（人名）23－16⑰
爇8－8④
設59－15③
設－色56－26⑨
○説2－12⑰
説－化41－9③
○説H－話26－14④
説－著13－13⑧
○説HK－法45－11⑦
雪雨43－8⑬
○雪－花20－17④
○雪－月－花25－10⑱
雪－頸36－23⑰
○雪－後28－8⑥
雪－霜27－9⑱
○雪山14－5⑦
雪－水33－4④
雪－髯36－16⑮
雪－堆－莊28－9⑨
雪隊26－15⑬
○雪－中13－4⑮
○雪－白24－7⑪
雪－髪20－7⑥
雪－鬢32－4⑥
雪－風15－20⑰
○雪－片18－12⑰
雪暮35－17⑰
雪－夜28－18④
雪－浪20－12④
震－裏31－11⑲
雪裡13－19⑯
雪樓23－5⑯
囁－嚅16－2⑮
○妾H22－8⑪
妾媵29－10②
婕妤57－7⑦
屧（地名）－廊21－8④
懾－服47－16⑱
接13－3⑯
○接32－13⑦
相－接33－17⑨
○接－戰59－8④
接輿（人名）34－3⑤
接羅29－12⑲
接－

連ス11-2⑫　捷56-8③　捷ソ46-6⑱　○捷書56-5①　攝9-1⑬　○攝ス42-3⑭　○攝生13-15⑦
攝H-太-尉57-8⑤　○攝-動32-1⑮　棲-遲セリ28-7②　歙70-5⑰　歙州(地名)70-5⑯　浹-洽ス26-10⑦
涉-江28-9⑲　○燮-理57-19②　躞-蹀25-3②　鑷16-10⑥　○千1-19⑯　幾-千32-9⑬　千-有
八-百-日1-11⑪　千-有餘-祀64-18④　千葉1-5⑳　千-家16-12⑪　千-柯21-14⑯　千-歌-百
-舞21-5⑩　千-介Kチ、ノコフアル3-8⑯　千-界22-2④　千蕚31-4⑭　千-巖28-11③　千-竿20-18⑩　千-
龕70-23②　千-騎25-3②　○千-金4-6⑰　○千-鈞13-3③　千-花13-19⑮　千-宮12-2⑳　千
拳36-2②　千-莖16-6⑭　千-頃24-8④　○千-言2-5⑮　○千-古24-6⑫　千-呼萬-喚ソ12-
17②　千-功21-4⑯　千-斛69-4⑮　○千-載18-14⑳　千倉67-7②　千-箱28-14⑯　千三百里11-
1⑨　○千-山22-4⑩　千-姿萬-狀21-6⑫　○千字12-5⑩　千-枝11-7⑥　千-祀69-12⑪　千-
愁15-19②　○千-秋26-16⑨　幾ク千-秋1-5⑭　千日5-8⑭　千車13-11⑯　千將42-10③　千章4-
15⑥　千-樹25-15⑩　千-炷25-16⑨　千-首17-2④　千-乘12-10⑦　千HK-尋30-8⑳　千HK-針39-9
④　千-數12-11⑳　○千-歳2-15⑫　千-聲4-6⑱　千-千32-12⑬　○千-僧24-15⑮　千-叢25-
16⑦　千-艘37-3⑤　千-朶16-5④　千-帙28-13⑩　千-丈2-2⑯　千-重15-13⑦　千-條19-16
⑲　千-點24-8⑫　○千-燈16-14⑲　○千-人68-5⑤　○千-年2-22⑬　千-念39-8⑰　千馬26-

11⑰ 千-杯1-19⑦ 千-房12-8⑦ 千-拍31-3② 千-帆69-7⑤ ○千百44-10③ 千-百點シ16-

19⑮ 千H-百-人49-8② 千-百-年45-7⑰ 千百輩1-11⑲ 千-品46-3⑰ 千-夫24-1⑲ ○千

佛70-23⑫ 千-佛-堂70-22⑰ ○千分テメ17-12⑭ 千H-遍24-20⑧ ○千-變39-5⑲ 千-變萬-狀43

-3⑫ ○千-變萬-化44-4① 千-片4-4⑯ 千-畝26-5⑫ 千H-峯7-10⑱ 千-峰5-3⑭

○千-萬3-11④ 千H-萬-影28-5⑧ 千-萬億-佛71-12⑩ 千-萬-家22-6⑭ 千-萬-竿32-4⑭

千萬-騎4-1⑪ 千-萬-化ノ22-2① 千-萬-顆24-14④ 千-萬-卷68-11⑤ 千-萬-莖ノ33-13④

千-萬-拳36-9⑩ 千-萬-尋22-13⑱ 千-萬-朶33-15⑩ 千-萬-人68-13⑲ 幾ク千萬-年71-5②

千H-萬-峰10-12④ 千萬里9-7③ ○千H-門19-4⑯ 千藥14-13⑧ 千-餘41-9⑯ 千-餘-竿45-

14⑰ 千-餘-騎32-11 232 千餘斤4-7⑥ 千-餘-頃68-7⑩ 千H-餘-章8-12⑭ 千-餘-首70-21

⑮ 千-餘-人41-10⑦ 千餘篇45-3⑪ 千-餘-里14-13⑯ ○千-里8-6⑨ ○千兩4-5⑲ ○千H

-慮47-8④ 千-齡10-3⑫ 千僚13-2⑫ 千-聯54-6④ 冉(人名)-有68-11① ○冉求(人名)7-14⑫ 冉牛(人名)40

-5⑦ 冉-冉タリ21-10⑲ ○冉伯牛(人名)68-10⑳ ○仙|6-14⑱ 仙-遊9-2③ 仙遊山13-13⑭ 仙遊寺(建物)5

-9③ 仙遊洞11-3③ ○仙娥(地名)10-12⑧ 仙娥峰(地名)10-12⑦ ○仙-駕56-26⑤ ○仙-客33-12③ 仙龕36

-24⑪ ○仙居23-2① ○仙禽32-12⑤ ○仙H-窟27-2⑨ 仙-果69-7⑤ 仙H-才19-1⑨

仙－山12－11③　仙事23－12⑲　仙－子12－11④　仙氏(人名)22－1⑳　仙[H]－祠6－12⑯　仙[H]－舟25－2⑭　仙－上
56－26⑬　仙倡15－3①　仙－掌22－13⑲　仙[H]人19－16①　仙[H]－臺16－12⑫　仙－桃13－7⑰　仙－棹22－18
⑫　○仙－道29－10④　仙壇20－19②　仙[H]－中22－2⑬　仙－仗15－2⑯　仙－亭22－4⑫　○仙洞13－7④
○仙－方21－12⑰　仙－袂12－11⑧　仙－木23－17①　仙－藥26－9④　仙郎(人名)20－17⑮　○仙－樂12－10⑤
仙－列68－13⑨　仙翁36－13⑤　○全69－2⑪　○全－家37－1⑱　全匡31－5③　全－活24－10⑫　○全－
軍56－11⑯　全－呉24－20⑭　全－才42－10①　全－材47－16⑮　全師56－13⑫　全－眞66－18⑱　○全－身
69－15⑧　○全－盛31－14③　全略51－16①　全－署[ニメ]57－15③　全－越50－8⑮　○僣－66－19④　○僣[ス]67
－19⑩　僣差52－6②　僣－奢63－10④　僣－賞63－11⑨　僣－亂[ス]64－14⑰　僣－濫65－12⑧　僣－濫[メ]66－
4⑯　○先52－9⑭　○先－塋40－4⑮　○先－考71－4⑬　先－考府君71－2⑤　先格王46－1⑨　先[H]－廻
16－18④　○先皇(人名)44－7⑥　先皇帝(人名)44－7④　先－願69－17⑬　○先賢5－13⑮　○先－后56－26⑪　先[H]－
姑42－5⑧　○先－後12－5⑪　○先－後[ス]40－1⑨　先－始57－17⑬　○先－師41－10⑧　先－志49－7⑥
○先－儒50－3⑩　○先－人22－8⑪　○先－臣48－2⑲　○先－生17－14⑩　○先[H]－聖47－14⑰
○先－祖53－6⑭　先那(人名)41－8⑤　○先－代68－2⑳　先－大－父71－13⑯　先[HK]－太－君41－2⑳　先[H]
－太－師49－1⑯　先太夫人41－6⑦　先宅兆70－4⑦　○先－達44－9⑧　○先－知[ニメ]65－7④　先

—疇57—25⑲ 先—足56—5⑲ ○先帝48—1 107 ○先—朝49—3③ 先—霈[ッ]58—2② ○先—徳51—6⑩
○[H]先—輩12—3⑱ ○先—妣71—2⑧ 先祕書42—4⑰ 先—府君41—6⑦ ○先—父50—7⑫ 先—廟71—
1⑫ 先[H]—鳴[ナリ]38—11⑦ 先—王54—16④ ○前33—16⑧ 前[H]—楹10—9⑲ 前檐11—14⑱ 前[H]—簷8—7⑬
前階1—19④ 前岡15—1⑮ 前—効51—17⑰ 前—好50—2⑬ 前靳69—9⑤ ○前—期1—4③ 前—規
2—14⑥ ○前—驅19—3⑨ ○前—驅[ソ]26—9⑤ 前[H]—悔[クイヲ]56—16⑯ 前—會71—9⑨ 前舘8—2⑮ ○前
—月21—12⑰ 前—訓62—3⑧ 前—境23—12⑳ 前[H]—形36—11⑭ 前—溪13—17③ ○前—件59—16⑭
○前—言48—4⑱ ○前—賢43—5⑥ 前—軒23—6① ○[H]前—古11—13⑤ 前戸8—10① ○前—功43—8
⑱ ○前—後6—8③ 前—鴻36—15⑪ 前[H]—齋7—10① 前[HK]—山6—17④ ○前—事17—4⑩ ○前史38—
12⑪ ○前—志45—8⑱ 前—時19—4⑩ 前—修56—20⑳ 前—秋9—6⑬ ○前—失63—16⑰ ○前—日
19—13⑫ ○前集21—1⑪ ○前—車65—20⑤ 前—狀59—10⑳ 前—守49—12⑰ 前句10—5⑲ 前—春23
—3⑲ 前—序69—5⑯ ○前—人54—9② 前—心10—3③ ○前—身16—17⑧ ○[H]前—世18—2③ 前—
歳21—9⑧ 前—星18—14⑱ 前—生23—13⑦ 前—聲18—9⑥ 前—詔56—18⑱ 前—夕30—6⑲ ○前—
代49—4⑭ ○前—堂33—1⑫ 前—墀11—4④ 前—池1—18⑬ ○[H]前—知66—13⑫ 前塵24·—20① 前亭
5—4⑩ 前—定59—4⑬ ○前—庭27—14⑫ 前—程10—11⑩ ○前[HK]—哲30—5④ 前典67—5⑱ 前—殿

18－17⑧　○前－途28－14⑧　○前－頭33－13⑲　○前－年19－6⑳　前－輩17－9⑭　前H－芳42－10②　前
茅66－12⑨　○前－非17－20⑲　前－分70－13①　前－弊64－6⑳　前病2－12⑦　○前篇24－3⑪　○前H－
門14－15④　○前－約7－11⑮　前－勞56－26②　前H－林20－9⑲　○前列51－14①　前－烈54－1⑨　○前
－路25－16⑭　前－王39－3⑩　剡(地名)68－15⑳　剡H(地名)－溪8－15⑩　○剪綵25－16⑨　○剪－截ツ26－5⑦　○剪
－刀12－8⑧　○剪－除セ60－6⑤　○剪伐56－5⑧　剬－割シ13－5⑮　占H－常ニメ68－1⑱　占－物33－4⑳
○單于46－7⑤　單父(人名)69－12⑮　喘セ21－7⑧　喘－鳶36－23⑮　喘－牛16－1⑲　喘－急メ30－8⑥
○喘－息スル26－6⑩　○善｜49－3⑤　○善－惡22－4⑪　善游67－8④　善－巧12－12⑭　善權(人名)71－
1⑯　善－慶69－13⑳　善H(人名)經41－7⑥　善－繼57－10⑲　○善H－言62－3④　善根69－15②　善H－旌
38－14①　善聲51－13⑦　○善－道63－5⑬　善－地52－14⑱　○善知識41－10④　善H－馬19－15⑫
善－法45－12⑪　○善－否62－2⑲　善－謀57－18⑫　善H－應47－12⑩　善良61－4⑲　僉54－14⑯
僉－諧57－16⑭　○僉H－議54－5⑨　僉－屬55－2⑤　僉望54－1⑲　○塼塔69－15⑧　壖36－13⑩
嫖15－7⑪　○蟬－娟タリ6－11⑯　宣54－14⑩　○宣58－4⑮　宣徽1－1⑬　宣教里(地名)70－16⑯　宣－
贊47－17②　宣子66－18⑩　○宣旨59－17⑨　○宣－示メ59－3⑦　宣州(地名)4－5⑰　宣室9－3②　宣
上人14－9①　宣城(地名)4－5⑰　宣政19－4③　宣歙H(地名)70－16⑥　宣歙翟中(人名)－丞13－4⑬　宣歙等州H(地名)ノ56－23⑱

宣尼(人名)38-6⑭ 宣帝(人名)H 54-8④ ○宣-傳59-3⑥ ○宣-傳ソ31-6① ○宣布61-8① 宣武(地名)24-3②
宣武軍(人名)71-1⑩ ○宣HK-撫56-11⑩ 宣父(人名)H 66-7④ 宣-風57-3⑰ 宣平13-8⑮ 宣平里46-11④ 宣H-報59-6① 宣-報セン59-3① ○宣-揚50-9⑪ ○宣-諭セヨ56-12③ 宣-與ソ59-5⑯ 宣H-力57-2⑧ 宣-令59-4⑬ 宣-令ソ58-12⑧ 宣王(人名)42-2⑳ 宣-慰59-16⑥ 宣-慰ス47-17⑱ 宣-慰副-使69-1⑯ 宣越(地名)70-5⑪ ○專64-3⑧ 專-殺64-18⑧ ○專-使57-19⑬ 專-司ス52-12⑩ ○專-心ニソ21-4⑥ 專城(地名)52-7⑤ 專-城34-6⑰ 專-征67-3⑲ 專-精ナラ63-14⑯ 專-專-然トソ44-7⑰
專-對50-4⑯ 專-達67-11⑩ 專-場13-2⑪ 專-逞ニソ70-2⑱ 專利64-17③ 專-領57-19⑦
光H-火20-9⑧ 尖-纖タル31-5④ 孱-微59-15⑤ 羼提波-羅密68-11⑧ ○山海經39-2⑨ 川-游ス67-7⑳ 川H-巘6-16⑪ 川-上33-14③ 川K-守35-15⑫ 川-水40-4⑪ 川-澤63-11⑳ 川-梁67-3② 惴慄6-1⑭ 憯H-悽セ9-10⑥ 憯惻スル68-2① 憯-濫67-2⑭ 憸-人70-3⑥ 戔-戔タル2-6⑳ 戰-汗59-15⑨ ○戰K=艦°17-3⑳ ○戰-兢タル42-7① ○戰-勳46-6⑳ ○戰-功46-7⑬ ○戰-功セ47-18⑯ ○戰國62-8② ○戰爭64-12⑧ ○戰H-士66-9⑥ 戰-者56-11⑲ 戰車-陣57-25⑥ 戰-將24-3⑤ 戰-灼61-6③ 戰卒64-9⑤ ○戰場2-22⑳ ○戰-陣49-11⑦ ○戰-馬25-1⑰ ○戰-袍30-1⑱ 戰-伐56-22⑩ 戰-文16-2⑤ 戰-鋒54-7⑮ 戰-越ソ59-14⑬ 撰59-12

⑪ ○撰ス57-18③ ○撰-進ス35-9⑬ ○撰-錄ス56-23⑬ 旋H-旋トソ20-8⑭ ○旋-風1-3⑤ 染-
愛29-10② 染-人12-19② ○梅H-檀6-11⑧ 氊30-3⑮ 氊裘3-9⑧ ○氊褥26-12⑦ 氊毯31-16
③ 氊-帳26-18⑮ 氊-履36-4⑱ ○泉17-21⑳ ○泉-下16-4① 泉岩26-9① 泉-魚33-19⑪
泉-貨47-14④ 泉-窟16-1⑱ 泉H-戸68-3⑱ 泉HK-室38-12⑰ 泉H上32-11 239 泉-壤40-6⑰ ○泉
-水67-12⑪ ○泉-聲16-17⑬ 泉HK-沼30-9① ○泉-石8-3⑩ 泉臺14-11⑭ 泉池17-6⑬ 泉H-
中8-3⑬ 泉-竹31-3⑮ 泉-底4-13⑲ 泉朝賢42-4⑬ 泉H-洞20-15⑩ 泉-脉13-14⑤ 泉-脈
29-7⑪ 泉-布63-3⑪ 泉-邊11-3④ 泉H-門14-11⑭ 泉-用68-8① 泉-流12-17⑦ 洗H-拭27
-4⑩ ○洗-雪56-20⑭ ○洗K-濯29-6⑤ 洗竹36-4⑰ ○洗HK-滌56-16⑭ 洗-馬50-7⑪ 洗-
抜シテ8-1⑧ 洗HK-沐22-17⑦ 淺14-12⑳ 淺渠28-7⑤ ○淺-紅24-20⑪ ○淺草20-9⑤ ○淺酌8
-9⑭ 淺-沮23-14⑱ 淺-色15-11⑱ ○淺-深6-12⑨ ○淺-水24-11⑮ 淺-檀22-20⑲ 淺-池
33-6⑱ 淺HK-圖64-11⑯ ○淺-薄ナリ22-3⑬ 淺-碧16-7⑯ ○淺HK-瀬38-7⑩ 淺-劣ニソ60-2⑭
淺陋44-5⑩ 漸H(人名)49-9② ○漸4-5⑦ 漸ス62-13⑰ 漸-中44-12⑦ 漸-門39-7⑤ ○潺-湲17-
22⑤ 潺湲潔澈ニソ43-12⑫ 潺-潺36-8⑱ 潛H(人名)48-9⑩ 潛-魚11-14⑮ 潛-師66-15⑮ 潛H-蚪27-2
⑩ ○潛-伏ソ55-7③ 潛-謀67-12⑤ ○潛-殁69-9⑮ 潛-利43-12⑭ 澶H(地名)52-6⑯ 澶州(地名)52-6⑬

濺－濺36－9⑨　○煎|(スル)20－2⑳　煎－和42－6③　○煎藥33－9⑪　煎錬(シ)4－8⑯　牋－紙24－20⑪
甎6－12⑭　痊－復56－23③　○瞻－仰57－17⑱　○瞻－仰(シ)57－11②　○瞻－望29－10⑨　○禪|32－1⑮
禪(シテ)32－2⑱　○禪－菴20－17⑦　○(H)禪－悦(ト)10－4⑤　○禪客10－17⑰　禪(H)－觀35－1⑩　禪－經14－19⑧
禪－功15－20⑰　○禪師15－7⑤　○禪室15－12⑫　禪－心24－21⑦　禪－生35－13⑬　○禪－僧20－3⑨
○禪－定22－7⑩　禪－定波－羅－密68－11⑨　禪德大師(人名)71－9⑬　○禪－那29－16⑤　○禪－房15－12⑬
禪－風68－16⑨　○禪味21－15⑧　○禪－門15－19②　○禪－院68－16⑦　禪院(建物)(ノ)記68－16⑬　穿(H)－衣11－6
④　○(H)穿－窬65－5⑯　筌18－5④　○筌－蹄56－25③　○(K)箭|3－9⑥　箭(HK)－羽12－7⑮　箭鏃2－18⑥　箭
頭2－18⑮　○線21－7⑲　線－矢63－12⑱　線－頭23－6⑧　○線－縷25－15⑱　繕－完68－16⑦　繕－
修(ス)57－25⑧　○纖－埃21－11④　○纖－毫60－2⑯　纖－垢22－18⑫　纖－草2－1⑲　○(H)纖－手33－7①
○纖－纖(タリ)24－1⑱　纖－穠12－12④　○纖塵5－12⑯　羨鹽63－8⑥　羨－耗(ノ)63－11③　羨－財23－18⑮
羨－食70－23⑩　羨－餘44－10⑳　羶－膩15－8⑰　羶食21－19⑦　羶腥1－4②　扇32－13④　扇－誘(セ)56
－14⑭　扇－間26－12⑧　翦(人名)42－7⑳　翦－拂38－9⑳　○膳|13－5⑭　○膳羞1－10②　膳－娘69－9⑧
○膳－部70－5⑬　膳部員外郎49－13①　○船－脚22－4⑰　船－師32－8⑳　○船－中10－13⑪　○船－頭
23－18⑨　舩背10－13⑪　舩舫16－7⑱　船－筏37－2⑯　○船尾16－6⑪　芊(H)芊(タリ)6－10⑱　苫－城26－10

⑧　苒－苒タリ2－20⑰　苒蒻タル11－1⑩　茜－衫23－20⑤　茜－綬19－4⑥　菼－草19－8⑧　蕈－菜36－17⑬　蕈－
絲27－2⑲　薝－蔔41－11⑯　薦13－2⑩　薦H－延52－10⑭　薦－獻セシ57－7④　薦H－時59－17⑯　薦－論ス68－19③
○蟬－聲13－20①　○蟬－鬢25－9④　○蟾－蜍17－20⑭　詹尹11－10⑰　詹H－事52－1⑰　詹－事等52－12⑫　詹－
府41－1⑮　○訕HK－謗45－5①　詮ソ69－3⑩　詮－次21－15⑦　詮－較ス22－7⑦　譔｜セシメテ69－9⑬　譔－述41－7⑫
譔錄69－15⑬　○賤2－7⑲　賤－穀58－7⑲　賤－弱65－3⑮　○賤－臣46－4③　賤小44－5⑲　賤－冗ナル44－1
⑳　賤糶58－8⑫　賤－糶セ58－8⑧　○賤－微59－17⑪　賤－貧15－20⑩　賤－隷61－4⑱　○賤－陋44－2⑤
贍州31－7⑬　贍(地名)－部24－12⑥　○踐－祚47－3④　踐－歷55－5①　踐－歷スル52－11⑩　軟Hセン－轝4－5③　輭－暖17－
16③　遷(人名)71－1⑱　遷スル56－2⑲　○遷－移セラル、｜18－1⑮　遷易ス10－11③　○遷－延69－6②　○遷－延スル60－6①
遷－延進－退ソ59－8⑤　○遷－客12－7④　○遷－化41－13④　○遷－化ス41－11⑪　遷－護46－10⑫　遷－次10－18
④　遷－次ソ2－8⑥　遷－臣32－2⑪　○遷H－謫10－14③　○遷－謫セラル18－14⑧　遷－轉53－11⑩　遷－轉スル｜55－
2⑮　遷H－變スル｜47－12⑦　遷貶13－3⑰　○選40－5⑭　選｜ス49－4⑯　○選－擧67－15②　選－次49－13⑧　選HK－事
41－3④　○選者67－14⑬　○選HK－奬55－12⑫　選HK－將64－9⑰　選－授48－6⑥　○選－人45－5⑬　○選－
任48－12⑩　○選－任スル｜49－5⑨　選－進セン58－11⑭　○選－擇51－5⑥　○選－擇スル59－14⑯　選H－中42
－9⑰　選－補54－13②　選－部41－2⑬　選H－郎尚－書49－7⑩　選－命54－14①　○選H－用63－16⑤

選吏67—12⑰　鄯51—13⑥　○銓—衡63—18⑧　銓—次45—7⑨　銓69—1⑫　錢(人名)22—10②　○錢2—3⑯
錢學士1—12④　錢(地名)虢州18—11⑯　錢(人名)徽H55—15⑩　錢(人名)華州H25—11⑳　錢兄15—2⑥　錢(地名)—湖23—5⑮　錢(人名)湖州20—5①
○錢穀64—3⑯　錢(人名)左丞25—6⑯　錢(人名)侍郎20—3④　錢(人名)侍郎使君19—8⑳　錢舍人14—15⑮　錢蕭二—舍—人45—9⑭
○錢—刀51—8⑤　錢(地名)塘20—4⑩　錢塘郡20—5④　錢(地名)塘湖20—4⑯　錢(地名)塘湖ノ石68—7①
錢(地名)塘太守20—16⑮　錢二十七八—萬—貫60—7⑫　○錢—帛15—1⑯　錢—物58—13⑦　錢—米58—10⑭
錢米等57—24⑥　錢鑪2—7⑱　錢(人名)員外12—5⑬　閃—倏タル14—19⑨　○闡—提45—10⑳　闡—場56—25⑨
闡—揚ス68—10⑥　阡|42—2③　○阡—陌22—9⑤　陜(地名)25—15③　陜(地名)州52—7⑧　○陜—西26—2④
陜(地名)府25—12③　陜府院官52—5⑱　餞71—4①　餞—筵21—12③　○餞—送シキ17—18⑯　○饌|59—15⑦　饍66—20⑰
髯38—12⑰　髯H—髯トメ10—12⑮　鮮1—6⑥　鮮(人名)于3—11⑰　鮮奇ナル20—14②　鮮—華ニメ59—15⑭
鮮—鱠37—8⑫　鮮兄H67—5②　鮮—妍9—12⑮　鮮—鮮タリ30—9⑲　鮮—穠ニメ24—14④　鮮—肥22—4⑱
○鮮—明ナリ19—4⑨

ソ

徂—暑64—20③　愬48—6⑱　梳掌14—17⑭　梳洗14—17⑫　梳—理10—3⑭　措K|64—20⑦　○楚(国名)3—4⑦
楚(人名)68—19①　○楚67—16⑩　楚艷31—2⑱　楚—客13—6⑦　楚(地名)鄉9—11④　楚(人名)懷16—18⑮　楚—紘14—9⑦
楚(国名)—國46—5⑫　楚(国名)國王51—1⑩　楚(地名)—山2—13④　楚(人名)子46—5⑫　楚(地名)—思15—17⑲　楚H—絲7—14⑲

○楚囚(国名)H 67－7⑰
楚州(地名)21－13②
楚－袖18－6③
楚匠33－10⑮
楚城驛(地名)16－15⑧
楚接輿(人名)28－10⑲
楚水(地名)33－20④
○楚－楚トソ25－14①
楚－調31－8⑮
楚舞2－16⑳
楚ノ－風16－4⑳
楚－老24－3④
楚－柳26－10①
楚醴(地名)H 33－11⑲
楚王(人名)5－15①
○楚越(国名)8－1⑮
○殂シタリ16－3⑳
殂－謝シヌ51－13⑰
沮－洳タリ22－4⑧
俎羞46－－⑬
○俎－豆65－10⑰
○疎28－13⑫
疎－韻3－11①
○疎－雨20－14③
疎家25－4⑯
疎－棄ス58－3⑩
○疎－狂20－3⑯
疎－愚ニソ61－6⑳
疎－愚鈍滞33－13⑩
疎－頑11－10①
疎－索ニソ15－9⑥
○疎－散29－1⑲
○疎－散ス32－13⑪
疎受(人名)33－1⑧
疎HK－親39－1⑫
疎－數56－20②
疎－賤24－8⑩
疎－窓15－7⑳
疎－遲ナリ27－16⑦
疎－稠15－4⑪
疎－竹28－7⑥
○疎－放ニソ15－3⑫
疎－網67－7⑱
○疎－密65－4⑬
疎傅(人名)33－13⑬
○疎－野25－14⑥
疎－慵17－13②
疎－懶28－17⑨
○疎－籬32－13⑦
疎－涼タル24－5⑭
○疎－簾16－12⑭
疎－圓ニソ16－9④
○疎H－遠8－7⑦
○疎－遠ス48－12⑪
疎－遠賤－徵ニソ58－8⑰
○疏|22－8⑳
疏|ソ41－4⑮
疏－數65－12⑨
疏－通知－遠65－7⑱
疏－理ス8－14⑮
疽疣8－6②
○祚3－2⑰
○祖41－1⑧
祖ソ40－9⑰
祖－筵27－3⑯
○祖－考70－17①
祖H－高－上57－7⑯
祖H－訓57－2⑮
○祖業56－12⑳
○祖－師69－16⑰
○祖宗(人名)58－4⑬
○祖－述ソ62－14⑭
祖－帳17－18⑳
祖禰71－4⑯
祖－奠70－13⑬
祖－德53－12⑬
祖－美52－9⑬
○祖－妣71－2⑮
○祖－父55－6⑤
○祖母51－14⑩
○租ソ2－8①
租セシ37－2⑤
○租－税4－

6⑧　租―賦61―1⑫　○租―庸42―8⑦　租庸使42―3⑮　粗65―7⑨　粗―豪16―11⑳　粗―才(ナリ)24―2
⑮　○粗―細(ニソ)16―9④　素(人名)41―8⑫　○素1―12⑰　素(H)―帷28―17⑰　素―艶20―10⑮　素(H)―黵11―5⑯
素(H)―舸8―8⑥　○素―行55―12⑥　素―緘6―14⑬　素―琹69―2⑧　素―琴20―11⑨　素―華20
―12⑮　○素(H)―懷57―4⑪　素騣12―6⑨　素(H)―指14―17⑰　素―絲22―3⑤　素(HK)―秋38―5⑤
素―袖14―11⑦　○素質1―21⑮　○素―車21―16⑬　素―手33―5⑨　素―書(H)33―8⑲　素―誠57―19⑮
素牋21―5⑦　○素―飡59―18⑮　○素―飡(ソ)11―12⑤　○素―飧20―1⑦　素(Kソ)―泥(テイ)4―10⑩　素(K)―葩6―12
⑬　素(H)―房26―16②　素―板27―13⑨　素布13―5⑬　○素封67―1⑨　素風52―11⑨　素―屏37―10⑫
素(HK)―屛―風39―3⑱　素(H)―壁20―7⑯　素毛31―12⑩　素(HK)―浪38―12⑯　素(H)―履54―3⑳　素立(人名)68―2⑫
素龍38―8⑧　素(HK)靈38―9⑬　組(H)|(クミテ)6―6⑦　○組―綬19―11④　組―紃42―1⑰　組珮13―4⑭　○組―練
25―9④　胙(シ)42―2⑬　○葅醢30―10⑲　蔬35―13⑭　蔬食1―12⑮　蔬―食(ス)28―12④　蔬素(ナル)36―11⑳
蔬―飯5―4⑭　○蘇(地名)24―6⑭　蘇68―9④　○蘇|(スル)11―11⑦　蘇家(地名)12―18⑨　蘇杭24―16④　○蘇―合31―
4⑰　蘇遇等69―14⑫　蘇(地名)―外69―9②　蘇君67―6⑰　○蘇州(地名)6―8⑪　蘇州(人名)21―12①　蘇庾子(人名)25―8⑤
蘇人(地名)21―11⑮　○蘇秦(人名)17―17⑰　蘇小(人名)20―11⑬　蘇小小26―12⑪　蘇少府(人名)8―12⑲　蘇臺(地名)18―16⑮　蘇長(地名)39―
3⑩　蘇頲48―2④　蘇兆(人名)52―2③　蘇田23―14⑤　○蘇武(人名)15―8⑫　○蘇民22―4⑩　蘇(K)―門29―6⑱

蘇六(人名) 27-7⑧
蘇李(人名) 36-19⑲
蘇洌(人名) 53-7⑧
蘇錬師(人名) 20-11⑦
詛[HK] 22-4⑲
踈[H] 6-1⑬
踈-棄(セラレテ) 20-9⑪
踈廣[H](人名) 52-4⑦
踈-頑 23-14⑧
踈-賤 42-6⑰
踈-泥 5-4⑳
踈傅 35-16⑧
踈-蕪(ス) 11-13⑨
踈-慵(ナル) 35-15②
○踈[H]-籬 14-6⑳
踈-越(ソ) 3-11⑨
○疏 49-2⑭
疏鑿(スルヲ) 8-15⑰
疏涼(ナリ) 6-8③
酥[H] 30-5②
酥-顆 28-3⑮
阻(ニ) 56-9⑱
阻[HK]-艱 22-2⑳
阻-飢(セ) 40-2⑪
阻-修(ス) 27-3⑤
阻[H]-辱 32-11 231
阻-難(ナリ) 20-15①
駔-壯駿-穏(ニソ) 71-10⑳
麁-豪 32-9 166
麁-狂(ス) 27-1⑱
麁狂 28-1⑲
麤[HK]-衣 45-10⑦
麤歌 34-5⑤
鼠-肝 35-7⑧
鼠-中 37-9⑬
○齟-齬(ニソ) 70-4⑯
○齟-齬(セン) 7-15⑪
○僧[HK] 6-12⑳
○僧-家 26-13⑳
僧-夏 69-16⑮
僧皎 69-16⑧
僧[H]-行 27-15⑪
○僧-祇 14-19⑪
僧[H]-居(ヲリトコロニ) 6-4⑨
僧言 37-3②
僧晤 69-16⑧
○僧齋 27-5⑩
僧[H]-社 17-8①
○僧-舍 68-16⑧
僧儒[H](人名) 49-10⑭
僧儒[H](人名) 48-1⑦
僧孺等(人名) 58-4⑤
僧崇[H](人名) 41-8⑯
僧如[H](人名) 41-8⑯
○僧-正 69-14②
僧-道 56-24⑰
僧-壇 69-17③
○僧-尼 69-15⑪
僧智(人名) 25-6③
僧-中 31-6⑥
僧冲虚等(人名) 56-24⑨
○僧-都 23-10⑨
僧-庭 24-3⑯
○僧-徒 65-15②
僧曇[H](人名) 41-8⑮
○僧-坊 43-8⑭
○僧-房 15-3②
僧-風 69-16⑬
僧寶 26-9⑦
僧-盟 68-4⑪
僧-臈 69-15⑧
僧-臘 41-8①
○僧-律 30-5⑫
僧亮(人名) 69-15⑬
僧-爐 10-14①
○僧-院 26-13⑲
匆-匆(トソ) 15-10②
○叟(人名) 1-16④
叢 19-6③
叢-山 43-12⑮
叢-翠 30-8⑱
叢萃(ソ) 62-18⑳
叢-竹 25-14⑫
叢畔 12-8⑭
○增-加 27-13④
○增-加(セン) 64

−8⑫
○増−減45−11⑮
増−修ス45−9⑫
○増−上スル71−10②
○増上−慢69−16⑫
○奏2−12⑬
○奏ス34−9⑰
奏シ−乞テ69−14⑯
奏シ−罷テ1−17③
趣スミヤカニ−奏ソ70−3⑬
○奏ソ65−11⑭
合セ奏ス34−12③
奏−記51−16③
○奏−議48−12⑦
奏−課52−3⑯
奏−告48−1⑰
奏−事−官51−17⑤
奏−事−官衛推51−17⑩
奏H−謝スル56−23⑭
○奏−上ス59−4⑨
○奏狀58−1⑤
奏−章56−5⑯
○奏HK−書48−7⑨
○奏−請57−24⑩
○奏−請セリ58−10⑩
○奏−彈スル48−5⑲
奏HK−陳56−10⑥
奏−陳ス59−6⑬
○奏聞56−20⑪
○奏−聞ス56−7⑥
奏−報51−17⑫
奏−報ス52−10⑬
奏H−來セン59−2⑮
奏−論ス4−8③
○宋(国名)45−2⑱
宋郁(人名)43−10②
宋−家26−11⑤
宋開府(人名)3−7①
○宋玉(人名)15−22⑦
宋景(人名)61−5⑦
宋州(地名)41−6⑮
宋常春(人名)56−8⑧
宋昌H(人名)48−10⑩
宋申錫(人名)48−1⑥
宋朝榮(人名)53−4⑲
宗(人名)43−3⑮
○宗46−6⑫
宗H−セン66−17⑭
宗惟明等(人名)52−9⑤
宗一H(人名)41−10⑤
宗河49−9⑮
宗簡H(人名)68−1⑪
宗−兄39−2⑱
宗卿29−6⑩
宗H−寺57−9⑨
宗−枝47−17⑩
○宗−師45−13⑭
宗周(人名)65−9③
○宗室57−4③
宗實(人名)71−10⑨
宗實(人名)上人27−15⑲
○宗−社57−1⑦
宗儒(人名)59−12⑦
○宗−親57−9⑦
宗−臣71−4⑨
宗(地名)−城−縣57−18⑳
宗正(人名)56−2⑪
宗正卿(人名)57−22⑪
宗正李卿29−6⑨
宗H−戚57−25③
宗−祖57−8⑪
○宗−族29−4②
○宗秩(人名)56−12①
宗密上人31−5⑳
○宗−廟46−1⑫
宗律師(人名)69−7⑳
層崖43−3④
層城(地名)16−17⑳
憎−嫌60−10⑩
憎−慢41−12⑬
○搜−索ソ29−11⑳
搜−揚ソ62−4⑲
摠53−12⑪
○摠統54−9⑥

○揔–統(セシム)52–1⑨　○揔–領(シテ)56–11⑤　曽元(人名)H 67–19⑫　○曽子(人名)1–16②　○曽參(人名)1–16②　○曽–祖41
–1⑨　曽祖伯叔41–8⑬　曽–祖府君71–1⑲　○曽–孫41–3⑯　曽王父41–3⑰　淙淙(タリ)7–8⑪
湊(人名)H 43–4⑥　潄–滌(ス)7–3⑪　甑29–7⑦　甑上36–22⑧　甑–中12–18⑳　痩1–5⑦　痩–客34
–10⑫　痩堅(ナリ)6–10⑱　痩地27–9⑯　痩–竹43–10⑥　痩–人23–14④　痩=消(ス)22–10⑮　痩=
損(セリ)24–14⑪　痩–馬12–4⑧　痩薄27–16⑩　矰–弋63–12②　矰繳1–11④　○總(人名)H 50–7⑭　總(人名)–章71–
1⑲　繒12–19⑤　繒絮1–12⑯　繒帛2–4⑧　罾繳8–4②　罾網24–17⑫　翶H 50–10⑤　聰49–6⑬
○聰察62–11⑧　○聰–明2–11⑮　聰明文–思(ナルタモ)54–9⑳　膆H–理56–21⑳　葱壠33–4⑤　蔥–龍(タリ)32
–6⑧　蓀31–4⑯　○贈15–5⑨　贈某–官53–12⑭　贈某–夫–人53–4②　贈|潁川郡ノ太夫–人71–13⑱
贈潁(地名)川郡ノ夫人70–18⑥　贈濠州刺–史53–1⑲　贈給–事–中53–1⑭　贈–官69–13⑯　贈刑–部尚–書
42–2⑲　贈姑臧郡ノ太夫人70–16⑤　贈戸–部侍–郎69–12⑦　贈|工–部尚–書40–8⑧　贈左散–騎常–
侍51–3⑲　贈左僕射53–1⑬　贈|贊–善大–夫70–5⑨　贈|司空(人名)46–11⑧　贈司–徒56–8⑭　贈尚–書69
–10⑲　贈|尚–書右–僕–射70–18⑤　贈尚–書工–部侍–郎41–5⑮　贈商鄧唐隋等ノ州刺史52–8⑳
H贈汝州(地名)ノ刺–史70–16④　贈–飾51–7⑪　贈|晉陽(地名)郡ノ大–夫–人70–5⑩　贈蒭66–7⑤　贈|清河郡ノ太君42
–4⑧　贈婕(人名)妤孟氏57–7⑤　贈|太–子ノ少–師70–5⑩　贈|太–子ノ少–保70–5⑨　贈|太子ノ太–保51–6

8③　○賊－軍12－7⑭　賊－境56－14③　賊－骨30－1⑭　○賊－衆56－7⑲　賊(人名)帥56－4⑱　賊－城56－
8④　賊－中53－1⑥　賊HK－庭41－6⑬　○賊－徒46－9⑱　○賊－徒46－9⑱　○賊－壘30－1⑭　趨Hソク－數サクス
48－11⑳　○足71－12⑧　足－33ス－12⑬　○足－下2－11⑦　○足下46－2⑱　足－距38－10⑲　○足疾35－
10⑬　○足迹43－7⑬　○足H－力39－5④　速|ニ44－11⑳　速－尤ナル61－3⑫　速－用44－7⑪　鏃2－18⑦
○卒|38－8⑰　○卒|シ53－5⑥　卒H－屬67－2⑧　卒－歳27－2⑱　○卒－然トシ44－13⑳　卒－卒タル22－5⑬
○帥11－8⑩　率|タリ42－4⑮　率Kシ38－3③　○率－爾ニメ62－2⑦　率H－屬54－2⑰　率－然トシ45－7⑦　○率H
－先49－13⑧　○率－土57－1⑬　率－府曹70－18⑧　○存61－5②　○存|ス12－3④　存H(人名)－一70－11⑥
存活34－14⑫　存K－者9－13⑩　○存郵スルコト3－13⑭　存H(人名)誠55－4⑱　存H－亡17－14⑦　存－亡ス36－12⑤
存－亾13－17⑭　存HK－撫56－8⑧　存－歿34－4⑩　○存－没2－1⑩　○存－問18－3①　○存－問ス57－
18⑱　○孫34－3⑨　孫簡53－8⑩　孫(人名)簡等ラ53－8⑭　孫(人名)興公27－2③　○孫(人名)呉52－11⑰　孫H(人名)－公－度22－6
②　孫弘閣26－3②　孫H(人名)士政56－8⑬　○孫(人名)－子34－14⑧　孫(人名)氏39－1⑱　孫K－枝35－9⑩　孫(人名)璹57－25⑤
孫H(人名)綽68－15⑯　孫H(人名)俊42－3⑩　孫－心24－10②　孫－稚34－14⑪　孫－謀52－9⑬　○尊20－8①　尊－榮35
－17⑬　○尊－號61－2②　○尊HK－儀56－26⑨　尊－皇22－2⑦　○尊－貴44－6⑧　○尊－嚴65－6⑯
○尊－崇ナリ52－4⑦　尊勝經69－16⑤　○尊－長66－17⑲　○尊－卑44－6⑲　○巽41－6⑭　巽－風70－23

⑮ ○忖－度59－17④ ○損67－9⑧ ○損｜ス29－4⑮ ○損－益32－8⑰ ○損－益ス65－10⑱ ○損－傷35－6⑥ ○損－傷ス18－1⑳ ○村(地名)11－1⑭ 村－塢16－8⑦ ○村HK－家6－4⑧ 村－歌29－2⑱ ○村巷5－13⑰ 村－杏32－10⑧ 村－客15－5③ 村－妓29－3⑪ ○村－居14－16⑦ 村－花12－5⑨ 村橋10－7⑰ 村HK－齋6－7⑦ 村－市24－19⑯ 村樹15－1⑲ ○村－酒6－10④ 村－胥15－1⑱ 村－人27－15① 村雪6－6⑳ 村－中1－5⑦ ○村－女11－1⑳ 村HK－笛12－18③ 村－田14－4⑰ 村東(地名)10－4⑯ ○村－童25－3⑫ 村－南13－8⑱ 村－北3－6⑬ ○村－婦14－12⑰ ○村－老1－8⑮ ○村－落7－2① ○村－閭58－8⑭ 村－隣23－11⑯ 村－鄰10－5⑳ 村－路20－2⑬ 村－園13－20④ ○樽2－2⑳ 樽H－杓9－4⑪ ○樽－酒16－5② 樽－前15－14② 樽－中5－14① 樽－罍15－3① 樽－裏31－12⑰ ○飡－13－4② 飡｜ソ34－9⑭ 飡H－食10－2⑯ 飡歡36－2⑪ 飡飯10－6⑥ ○飧1－4② 飧ソ26－6⑩ 罇32－9 180 罇罍2－6③ 遜H(人名)41－1⑪ ○遜－讓50－5⑭ 蹲－蹲タリ11－8⑮

タ

○他｜33－19⑩ ○他郷42－3⑤ 他－官49－5⑤ 他－郡55－7⑬ 他－劫68－17⑲ 他－才2－22⑩
○他－事60－10⑤ 他－時ユトノキ17－11⑱ 他州49－12⑱ ○他－日6－10⑤ 他｜春34－8⑩ ○他－人2－11⑬
○他－生20－16⑯ 他族67－16⑰ ○他－年17－21⑭ ○他念5－5⑱ 他賓45－5⑲ ○他物39－2⑨
○他－聞58－8⑱ 他篇45－8① 唾27－16① ○墮ス33－4⑥ 墮－頑ナル8－13⑲ 墮業スル47－9① 墮替

50-5⑳　○多|ナリトス48-11⑬　多憂8-4⑲　○多雨5-12⑥　○多-幸30-3⑪　多-歎クム25-15①　多感ノ
11-5③　多及セ47-18⑧　多-興20-9①　多-虞47-7⑱　○多-藝31-8⑬　○多-才28-9⑱　○多
事7-11④　○多-士63-14⑭　○多-時17-16⑬　多-祉41-5⑬　多愁13-11⑲　○多-情14-9⑬
○多-生23-12⑳　○多-少18-1⑱　○多-端16-18⑯　○多-難56-2⑩　○多-年12-9⑯　○多-
能ナラ24-19⑲　多-法45-11⑱　○多-福57-20⑫　○多-病13-15⑦　○多寶43-8⑩　○多K-寶-塔6-
11④　多H-略49-11⑩　多-壘51-2④　多路31-7⑧　姹-女17-12⑯　柂-樓4-10⑤　汰ソ31-9⑳
糯米32-13⑯　○茶-毗69-17⑧　茶67-19⑪　虵38-9②　虵H-岡18-2④　虵K-虺45-14⑫　虵豕69-12
⑱　虵蟲32-1⑪　○蛇1-15④　蛇-鼠1-3⑧　蛇-尾37-10⑤　蛇-皮8-15⑫　酡|タタリ36-4⑤　酡-
顔21-1⑳　酡-顔13-2③　陁羅尼門69-16④　陊-洳68-17⑬　○駝-馬57-13①　鼉16-1⑱　乃武38-
9⑧　乃文38-9⑧　○代H(地名)52-3⑧　代-及55-6③　○代クノ官54-9①　代-業57-12⑮　代-嗣56-4⑰
代-州52-3⑦　代宗46-3⑥　代-徳42-1⑪　代H(地名)-北52-3⑦　○台-階33-11⑩　台-衡61-11⑥
台HK-鉉55-9⑮　台-衮57-16②　台司54-3⑱　台H(地名)州41-3⑰　台-庭51-7⑧　○台鼎51-14⑳　○台-
輔56-10④　台(地名)明26-8⑪　台蒙克恭操等52-6③　○堆15-4⑦　堆スル28-1⑲　堆-案24-17④　堆シ-盈
65-3⑫　堆金1-14⑳　堆-土15-9⑬　○大1-3⑫　大H(人名)醫信41-8⑥　大醫-王45-11⑤　○大H-憂

47-9⑱　○大-猷61-3②　大(K)-有(アラムこと/ニラムコト)-爲(ナスコト)22-3⑮　大-邑49-11⑬　大尹21-19③　大-隱22-12⑪　○大
大雲寺(建物)16-6⑥　大-盈38-10⑫　大-妖62-17⑪　大易(書名)(H)47-9⑫　○大-屋68-17⑩　大哥40-6⑨　○大
-家3-5⑩　○大-河70-17⑰　大迦葉(人名)22-2①　○大-駕ノ12-13⑦　○大-害63-9⑯　○大-海2-
13⑥　○大-巧38-9⑯　○大-江7-1⑧　大-號57-4③　○大-綱52-6②　○大-孝52-6⑲　大行(人名)(H)
皇帝35-9⑬　○大(HK)-較64-11③　○大-學-士71-1⑳　大(人名)-學博-士55-14②　○大-樂47-3⑭　大樂師
2-13②　大-寒1-17⑮　大(H)-幹11-9④　大漢46-7⑤　大-諫70-7⑲　大鑒能(人名)41-8⑥　○大-儀49
-6⑭　○大-義46-5①　大裘12-19④　大-香-水68-5⑧　○大-獄70-6⑦　○大-化40-1⑳
大和(年号)70-13①　大和九年(年号)70-14⑩　大和皇帝(人名)68-13⑦　大和元(年号)-年70-13⑯　大-和三(年号)-年27-2①　大和七
-年36-12⑮　大和七-年正-月某ノ日70-9⑬　大和二(年号)-年21-1⑨　大和八(年号)-年70-11⑦　大和六(年号)-年70
-12⑩　大窠28-11⑦　○大-過59-6⑧　○大塊6-4⑭　○大-會63-9⑲　大-光71-7④　大-荒62
-22⑰　○大-官2-4⑯　○大(H)-患71-3⑮　大(H)-還(ワン)-丹27-15⑤　○大-願61-2④　大-館21-3⑲
大-危62-22⑰　大(H)-鬼-主57-13⑧　大-惠54-10⑯　大-慧45-10⑲　大原縣ノ開-國-男51-4②
大-權44-7⑥　大-紘12-17⑤　○大-君5-10⑧　○大-勲54-10⑥　○大-軍3-6⑫　○大-郡50-
12⑫　○大兄13-17⑳　大圭1-7⑬　○大-慶49-8⑤　大溪71-5⑦　○大-計54-9④　大京兆49-5

⑧　○大業(年号)4－12⑥　○大－業61－8⑤　○大－賢63－13⑨　○大古1－5⑩　大－湖－石69－4⑭　○大－賈63－8
⑧　大侯38－5⑨　○大－功46－8⑤　大(人名)－弘－可41－8⑥　大－紅26－15⑫　大－鴻－臚47－4⑤　○大－國51－14⑪
大采21－14⑪　大災71－3⑮　大－罪59－6⑧　大莖40－9⑯　○大－葬70－7⑦　○大－事44－5⑰　○大－司－馬
52－9②　○大－寺68－4⑩　○大－師69－15⑯　○大兕12－13⑥　○大－志69－13⑲　大H－慈－悲39－8⑧　○大－
旨71－9⑰　大－時47－14⑰　大觜烏2－15⑧　○大－衆41－12⑫　○大H－敕61－7⑳　○大－敕ス61－1⑦　大者36
－5①　大－車1－20⑩　大－商4－9⑳　○大－將29－12⑬　○大－將－軍49－2⑪　大－將－軍－事50－8⑦
○大－祥69－8⑯　大－祥－齋69－9⑦　大寂大師H(人名)41－12④　○大－守18－2⑫　大－手－筆48－2④　○大－樹11－
7⑬　大－珠12－17⑥　大宗(人名)3－3⑨　○大宗46－3⑤　大－宗－正50－10④　大－順49－1⑨　大－署2－13⑬
○大－乘45－11①　大－乘－法41－8⑯　大乘本生心地觀經56－24⑲　大H－鐘65－12①　大－燭60－2⑳　○大－人4
－11⑤　大－信47－14⑰　大璡H(人名)42－8②　○大－臣3－12⑤　○大－水1－22⑲　大－瑞62－17⑧　大－制65－2⑱
大－征－鎮51－16①　大－情ナリ45－7⑩　○大－成65－15⑰　○大－政54－9①　○大－聖57－7⑯　○大－聲2－6
⑦　大－誓－願70－11⑩　○大－小19－14⑱　大－小－屋68－17⑩　大H－小－姑16－3⑥　大－小－乘68－10⑧　大H－
小－斂42－2⑦　大寂(人名)41－8⑦　大寂道一H(人名)41－8⑰　○大－石3－6⑮　○大－節47－17①　○大－雪11－12⑭　○大HK
－仙22－2⑬　大僊56－25⑧　○大－息63－21⑳　○大－族42－6⑤　大虵38－8⑦　○大内26－6⑭　大－

帯21－13⑯　大－愍56－8⑦　○大－體58－11⑯　○大(国名)－唐42－1⑥　大(国名)－唐－國70－11⑥　○大－道2－4
⑫　大－宅1－3④　大－澤11－14⑮　大－端45－1⑪　○大－智42－9⑫　大－池32－5⑳　大－中46－4
⑪　大－忠48－9⑰　大－畜14－18⑮　大－丈－夫31－9⑮　大－直47－14⑰　大－鎮59－2⑨　大[K]－弟－子
45－12⑤　大－定3－2⑭　大庭2－12⑱　大[HK]－抵32－2⑮　大－鳥62－16⑥　○大－敵22－1⑫　大(人名)徹禪師
41－7⑲　大－田43－4⑫　大－動54－15⑱　○大－同46－3⑰　大－寶70－23⑱　○大－統50－1⑬　大－
通中－散14－4⑱　○大－德45－13⑬　○大－任48－5④　大－馬15－13⑲　○大－旆32－10⑱　○大－方ニソ
63－18①　大－方廣(書名)－佛華嚴經68－5③　○[H]大－邦56－17⑯　大－防66－2⑱　大[K]－漠3－13⑪　○大－白47
－14⑰　○大－半18－14⑥　大幡71－8⑪　大－蕃56－5⑭　○大(地名)藩57－16⑦　○大－悲22－2③　大－美65
－15⑰　大－費60－3⑲　大謬10－1⑯　大(人名)苾蒭70－11⑥　○大－夫2－6③　○大－府48－1 108　大－怖70
－8⑥　○大父41－1⑩　大[HK]－夢22－2⑩　○大[HK]－兵41－6⑯　○大－柄45－2⑧　○大廟46－3⑩　大－編
24－14②　○大－寶46－6⑨　大－寶－藏ナリ71－12⑪　○[H]大－鵬11－6⑭　大－樸62－3⑧　大－法－輪ニソ71
－12⑩　○[H]大－名25－4⑮　○大－明61－1⑩　大[K](建物)－明－宮3－10⑨　大[H]－夜66－16③　大－野14－19⑤
大[H]藥11－6⑦　○大－用54－10⑧　大－羅56－26⑬　大－羅－天57－17⑤　大(人名)－羅天－尊56－26④　大－劳48
－7⑦　大輅39－4④　○大亂44－12⑪　○大－理41－5⑯　大－理－卿49－3⑧　大－理－寺60－9⑱

大-理-丞52-3⑭　大-理少-卿42-10⑩　大-理評-事69-1⑬　○大-利63-9⑬　大(Hヲホムネナリ)-率22-5⑥
○大-署45-15⑬　○大-林43-10⑤　大林寺(建物)16-15①　大-僚49-7④　大-暦58-11②　大暦元(年号)-年70-
8⑧　大暦三(年号)-年十一月八日41-5⑯　大暦十(年号)-一-年71-5②　大暦十二(年号)年二月十五日42-4①　大暦十二
年六-月十-九-日46-9②　大暦中(地名)42-8⑨　大暦年(年号)-中36-19①　大暦八(年号)年41-12⑤　大暦八-年五月三
-日46-8⑳　大暦六年正(年号)-月二-十日71-14⑨　○大路10-14⑥　大-位61-2⑮　大-圓-鏡39-8②
大圓大(H人名)-師41-11①　大-恩49-9⑦　○太-一(ノミヲ)-3-3⑯　○太-陰40-2⑨　太易等(H人名)41-10⑥　○太(K)-
液(エキ)12-10⑮　太行(地名)3-7⑧　太行山34-8②　太行峯1-16⑳　太行路(地名)1-16⑲　太學(人名)65-7④　太學博士67
-15⑩　太-丘53-6⑮　○太嶽69-12⑨　太和(年号)68-10②　太和39-6⑥　太和元(年号)-年69-14⑳　太和元(年号)-年
十-月68-9⑬　太和五(年号)-年69-10⑯　太和五(年号)-年69-10⑯　太和五(年号)-年七-月二-十二-日70-3⑲　太和(年号)
三-年69-3⑰　太和四(年号)-年69-10②　太和七年七(年号)-月十-一-日70-6⑯　太和長-公-主53-4⑬　太和(年号)
二-年69-8⑬　太和八(年号)-年十-二-月十九日69-15⑥　太和八(年号)-年十-二-月二十三日69-16⑭　太和六(年号)-
年36-12⑭　太和六(年号)-年八-月一-日68-18①　太和六(年号)-年六-月二-十六-日68-19⑩　太-官59-18⑱
○太原(地名)4-5⑯　太原(地名)-人70-8⑯　太原府(地名)41-4⑦　太君(人名)48-10⑭　太君鄭氏(人名)42-5⑥　○太古5-8⑮
太古-時42-7④　○太湖(地名)24-8⑯　太湖山(地名)21-3⑪　○太-湖-石34-8⑰　○太(人名)-公2-5⑮　○太后48

－1 107
○太宰50－8⑲
太倉1－18②
太[H]－壯(タリ)7－8⑮
○太－子46－8③
太子－左－右庶－子70－16⑨
太子左－諭－德51－10⑬
太子贊善(人名)大－夫等52－2④
太－子司－議－郎50－7②
太子晋42－7⑲
太－子少－保49－1⑦
太－子少保分－司70－16⑬
太(人名)子少－傅52－4⑥
太－子詹－事49－3⑬
太子太－師49－9③
太子太－師致－仕55－1⑮
太子太－保70－16⑭
太－子賓－客33－16⑨
○太史3－8①
○太－師49－1⑧
太社47－18⑭
太(人名)上皇12－13⑦
○太(人名)常3－4⑦
○太－常－卿52－1⑱
太－常少－卿41－1⑰
太－常博－士48－9⑮
○太－守21－9①
○太(人名)宗3－2⑪
太(人名)宗文皇帝48－5⑫
太(人名)眞3－6①
太(建物)眞院12－13⑯
○太歲1－18⑱
太(建物)清宮57－7⑭
○太－簇22－4⑧
○太－息(ス)47－2⑩
太長公主12－12⑯
○太寧62－2⑱
太(人名)伯46－5⑦
○太(人名)白5－4⑤
太－半25－18④
○太－傅41－3⑬
太－夫－人50－6⑫
太－府－卿54－17②
太－府少卿53－1⑳
○太－平(ナリ)25－4②
太平樂－詞18－15⑥
太廟3－3⑧
太[H](人名)－戊62－16⑥
○太保50－13⑨
太－保府－君70－16⑱
太－僕－卿52－9⑤
太－僕－丞49－3⑪
○太－陽12－1⑦
太陵4－9③
太(年号)曆3－13⑥
太－尉50－13⑨
○對10－7⑦
○對(ス)36－7⑮
相－對(メ)5－5⑨
開－對(スル)26－10⑰
召(メシ)－對(ムカヘシム)3－12③
對－敭68－15③
對－御(メ)68－9⑭
對鏡27－8⑩
對鏡吟21－16⑲
○對－策58－4⑫
○對－策(スルすニ)42－9⑮
對－答(セ)69－5⑭
對－問(スル)44－3⑤
○對－揚(スルニ)62－2⑦
岱[H]－北11－1⑱
○帶(スル)22－16⑧
帶－索29－11②
待(スルニ)1－17⑧
待價34－12⑮

待-制64-1⑮
待-制ス19-1⑧
○待-詔19-1⑨
待-漏9-7⑦
怠棄67-11⑯
○態2-18②
戴33-11③
戴君56-23⑬
戴岌57-5⑲
戴逵王(人名)H 68-15⑯
戴公(人名)70-16①
戴氏(人名)H 67-15⑯
戴-勝13-20④
戴HK レ-星タリ66-18⑩
載冑(人名)48-5⑭
擡擧19-4⑪
擡-擧スル21-7②
替68-18⑧
棣州50-13⑧
泰11-10⑯
泰H-階2-15⑤
○泰山(人名)15-20⑪
○泰-然タリ19-5③
○泰平H 18-15⑦
泰倫(人名)52-7⑯
滞48-8⑧
滞-淹50-11⑭
滞-淹セリ49-10⑬
滞礙スル29-12⑦
○滞-積66-8⑧
滞H-念8-6⑩
滞-用63-17③
○玳-瑁26-18⑪
積-俗44-3⑮
○胎-卵22-2②
○臺3-8③
○臺H-閣18-13⑥
臺-綱55-3②
臺H-議55-4⑰
臺H-轄49-13⑬
臺-官53-7⑬
臺H-憲53-9⑯
○臺H-榭8-6⑧
臺-上36-4⑨
臺H-丞55-11③
臺-省63-15⑲
臺-駘34-1⑯
臺中5-3⑱
臺中推院15-10⑦
臺K-亭35-4⑦
臺-殿22-8④
臺HK-府55-2⑥
臺-郎54-8⑤
臺-郎憲吏49-8⑰
苔雨36-9⑯
苔-石5-10⑫
苔H-文25-3⑨
苔-壁26-9②
苔面19-10⑥
帯31-14④
退ヲ35-5⑱
退-間7-8⑯
○退-居5-11④
○退-居メ15-1⑥
○退軍60-7⑱
○退-藏50-5⑮
○退藏メ66-18⑭
退-之29-9⑨
○退-朝45-9⑮
退馬37-8⑧
退傳35-10②
○退-老30-9②
醍-醐19-14⑯
隊19-1⑰
頽-簷6-13⑱
頽-綱61-1⑬
頽H-玉16-2⑱
頽-俗63-21⑫
○頽-然タリ6-1⑭
頽-然嗒-然トメ43-2⑱
餒|5-3③
餒-殍47-13②
○黛34-9③
○倒-影29-12②
○倒-懸58-4①
倒-戴22-6⑬
倒流

1－5②　儻－言（シテ）58－7⑬　党項（人名）57－14⑯　○刀29－9⑲　刀－机1－21⑦　刀－火40－4⑬　○刀－圭16
－19⑦　○刀－劒6－12②　刀－槍23－5⑩　刀－鎗12－17⑨　刀－尺12－19⑤　○刀－筆22－7②　刀－斧
2－14⑰　刀－斧等56－17⑥　○到－頭36－18⑳　○到－來（セハ）58－7⑦　○唐（国名）3－2⑰　唐－人47－8②　唐－
雅46－4⑤　○唐虞（国名）47－10⑬　唐衢（人名）1－13⑬　唐－堯（人名）47－6⑯　唐言（国名）68－11⑨　○唐國（地名）59－17⑨　唐國珎（人名）H 59－
17⑨　唐州（地名）35－8②　唐昌（人名）3－1⑪　唐臣67－5⑪　唐生（人名）1－12⑲　○唐朝70－18③　唐典43－1⑳　唐鄧行
軍（ノ）司馬16－14⑫　唐（地名）－文69－2⑳　唐臨49－4①　唐禮（地名）65－9⑪　○堂|1－21⑭　○堂宇40－7⑰　○堂－
下3－4②　堂（H）－搆49－4⑲　○堂－上29－2⑳　堂室4－10⑨　堂前13－12⑭　○堂堂3－2⑰　堂－堂巍
－巍（トソ）71－12⑦　堂中43－2⑭　堂－亭69－14⑰　堂－弟68－18⑬　導－呵（セ）70－3⑩　導（H）－騎11－5⑩
導－師68－17⑫　島－樹32－4⑬　○島夷11－8⑩　忉－忉34－1⑪　忉－利27－13⑳　悼－亡14－11⑧
戇愚（ニソ）8－1⑨　掉19－8⑦　○桃－夭15－4⑰　桃－葉23－9⑦　桃核10－3⑰　桃（H）－杏11－5⑮　桃杏梅
11－7⑤　○桃－花4－4⑱　桃－根28－8⑮　桃－樹2－22⑱　桃（H）－島8－15⑤　桃浦26－11⑭　○桃－李
12－10⑯　桃李院31－10⑭　桃－梨27－16⑱　桃（H）－柳16－14⑳　○桃林67－9⑦　棹謳27－2⑬　棹－風29－
12⑧　棹－郎31－7⑯　棠26－10⑳　棠－樹27－5⑭　○棠－梨12－16⑧　棠棣（人名）43－12⑰　淘（スル）31－15⑱
相－淘（シテ）31－18⑲　○淘－汰（ス）38－16①　○湯（人名）46－1⑦　湯－火22－10⑰　湯若（人名）（シャク）46－1⑧　湯征46－1⑦

湯-泉16-9⑪　○湯-沐12-12②　○滔-滔タル40-11⑳　○當59-6⑩　當營56-14⑬　當-筵23-15⑩
當-家25-2⑮　○當局14-19⑫　○當-今39-4⑭　當-管57-21⑫　當管南-界57-13⑧　當-軍56-10
⑨　當軍大-將56-2⑥　當-午2-3⑥　○當-山41-8⑫　○當-寺69-14⑨　○當-時58-4⑩　○當
-日61-6⑱　○當-世39-4⑲　○當-代44-5⑩　○當-道46-10⑤　當-宁57-17⑱　當-頭13-8⑯
○當年24-7⑬　○當否44-1⑱　當-不45-8⑯　當陽（地名）42-4⑮　○當來70-11⑫　當來-世71-7⑯
○盗1-13②　盗食46-1⑭　○盗泉1-11②　○盗-賊63-11①　盗奔21-17⑳　盪ス57-22⑬　碭山41-
6⑲　禱62-20⑤　禱シ26-10⑥　稲-水21-10⑲　稲-穗20-2⑮　稲-穟21-3⑪　稲-田2-7⑭
稲-飯36-12①　稲苗1-8⑧　稲-粱25-9⑯　稲壟16-15⑩　○纛24-1⑮　纛-鉞71-4⑯　罩-縛ス
7-12⑫　腦タウ6-12⑨　○蕩ス20-2⑪　蕩析スル40-12⑤　蕩-柎ソ54-16⑨　○蕩-然トソ56-20⑮　蕩滌51
-11②　○蕩-滅セリ47-18②　蕩-漾トソ12-3②　蕩-颺ス22-9①　討52-1⑲　討スル12-12⑳　進ミ-討セ60
-7⑩　討-逐シ60-5⑬　討-除57-20⑧　討-除ス56-5⑧　○討-伐スル59-7⑱　○討-論68-13⑥
○討-論シ68-16⑨　謟-成45-2⑫　謟-黷65-13①　謟佞65-19⑨　○讜-議62-10⑨　○讜-言42-6
⑪　讜-正ナリ55-3①　○讜-直47-1⑧　蹈-舞シ59-18②　蹈-舞歡-呼ス61-1⑧　○道27注46-1⑧　道31
-13⑥　道60-7②　道一（人名）41-8⑦　道友7-9⑧　道猷（人名）68-15⑱　道-引6-15⑮　道益71-10⑨　道縁37

－1⑰
道－家22－7⑨
道－行67－12⑲
道氣19－12⑭
道光(人名)[H]71－10⑩
○道觀5－2⑬
道[H]－徑16－15⑨
道[H]－經27－11⑥
道建(人名)41－13①
道－護70－4⑭
道根5－7⑳
○道－士22－11⑤
道州(地名)2－13⑳
道州民(地名)3－9⑰
○道－者28－13⑲
道－繹二－教65－14⑦
道宗上人21－14⑲
○道術10－11⑲
道－從3－12①
○道書69－2①
○道－俗40－7⑯
道－屬41－8⑭
○道－人8－10⑬
○道心68－13⑧
道深(人名)[H]41－10⑤
道崇(人名)70－11⑥
道樞26－9⑦
道性13－13②
道－情15－20⑭
道－説37－12⑥
道則(人名)69－3⑱
○道－場18－2⑧
○道－程15－9①
○道－途12－2⑩
○道－德ナリ38－14⑮
道德經37－11⑳
○道－傍20－2⑤
道扶(人名)70－4④
道保(人名)28－9⑬
道峯(人名)68－5②
道北41－12⑨
道本56－25①
○道－門68－13⑥
道－用57－10⑯
○道－理5－15④
道－里9－2⑫
道－侶24－15⑪
道－力69－15⑨
道林(人名)28－4⑳
○道－路3－11⑭
道威(人名)71－10⑩
道衛(人名)70－4③
○鏜鞳タリ38－13⑮
鐺－脚20－7⑩
陶(人名)7－1⑫
陶｜ソ26－16⑭
陶家(人名)34－13②
陶－休ソ27－14⑱
陶巾(人名)26－12⑯
陶－琴37－9⑮
陶鈞(人名)34－12⑰
陶－鈞25－13⑭
陶－鈞スル17－10⑭
陶元亮36－22⑤
陶－甄シ46－2⑭
陶公(人名)7－1⑪
陶巷16－11⑰
陶謝(人名)11－6⑳
陶靖節(人名)7－1⑮
○陶潛(人名)1－12⑫
○陶－然タリ34－14①
陶－陶9－6⑧
陶－陶－然タリ70－22⑫
陶徵君(人名)5－14⑮
陶彭澤7－1⑦
○陶－冶62－2⑱
○陶－冶スル62－16⑬
陶令(人名)31－18④
陶廬(人名)33－18⑤
○陶淵明(人名)5－11⑥
閙處34－7①
○閙[H]－熱ナリ30－4⑬
韜－鈐52－6⑮
韜略51－14②
○黨｜66－10⑬
相－黨ソ58－9⑬
黨庇60

−2⑩ ○卓63−21⑨ ○卓−然(タル)41−3③ ○卓−犖(トツ)27−12⑨ 啄木曲21−7⑯ ○啄−木鳥2−9⑲ 啅|(フカ)2−22④ ○宅|10−12⑯ 宅(ス)40−3⑧ 宅相(H)(人名)40−7① 宅−第4−10⑩ 宅(H)−兆42−10⑲ 宅−門29−3⑤ ○度−支49−1⑲ 度−支鹽−鐵使59−4⑨ 度−支河−北榷−鹽−使53−2① 度−支−使53−12⑦ 度−支郎−中70−18⑭ 度−支員−外−郎49−11⑩ 懌59−16⑪ 托(スル)68−1⑲ 拓跋忠敬等(ラ)57−14⑱ 櫂−管56−24③ 擢−授(ス)52−6⑧ ○濁−酒26−14⑫ 濁−暑29−5⑩ ○濁−水23−11⑳ 濁泉1−19⑯ 濁−醪70−1⑨ ○澤|57(注47)−1⑱ ○澤46−4① 澤−國21−3⑲ ○澤(地名)−畔18−6⑮ 澤潞(地名)56−11⑯ 濯−纓15−13⑯ 琢(H)−刻68−4⑯ ○託41−7⑪ ○託|(ス)19−6③ ○託−寄44−7⑫ ○謫|(スル)12−8⑬ ○謫−居17−1⑥ 謫−去(ス)19−4⑩ 謫−宦20−2⑰ ○謫(HK)−仙12−8⑧ 謫−逐17−4③ 謫吏10−6⑦ 翟氏1−12⑬ 奪擊(セシ)4−2⑩ ○奪−攘64−12⑱ ○奪−情52−7⑱ 欸(タツ)−歎65−5⑯ ○脱|(ス)36−13⑧ ○脱−屣(メ)69−12⑲ 脱(K)(ヲトシ)(ヌキ)−置6−6⑦ 脱−放(シ)8−13⑩ 達|30−2⑧ ○達|(ス)21−15⑨ 送−達(メ)45−14④ 導(キ)−達|(メ)46−4② ○達−官45−5⑩ ○(H)達−士7−3⑰ ○達−識44−13⑭ ○達−者69−2⑰ ○達−人5−2⑧ 達−嚫70−23⑩ ○達−道29−4① 達摩(人名)41−8⑤ ○達磨(H)(人名)31−15⑫ 達覽將軍57−23⑨ 達覽將−軍等(ラ)57−23⑥ ○達理7−15⑦ ○塔3−1⑪ 塔|(ス)71−10⑧ 塔西69−16⑰ 塔−石71−8⑪ 塔−陂69−16⑯ 塔−廟68−4③ 塌−然(トツ)21−13⑱ ○榻5−8④ 榻−席71−8⑪ ○答2−12② 答|(H)(シ)56−17⑪ 答貺(スル)

12-8⑲　答謝26-5⑥　○納采67-17⑲　○納-徵66-20⑪　納連(人名)H68-18⑫　荅|(シキ)26-5⑯　荅-詩等47-
16⑨　荅然(トツ)30-12⑨　蹋(レ)青(ノ)26-10④　霅-溪20-5③　丹(人名)69-1⑩　丹(注48)51-8⑲　○丹51-8⑲
○丹43-2⑬　○丹8-13⑱　丹禁19-14⑭　丹-華36-13⑭　丹K-訣29-9⑪　丹-桂28-2⑲　丹-慊56-
24⑭　丹H-字6-14⑬　丹州51-8⑱　○丹-漆43-8⑩　○丹-砂11-6⑦　○丹-心27-11⑳　丹-制66
-12⑮　○丹-誠26-10⑧　○丹-青4-8⑮　丹HK-霄17-15⑥　丹-赤56-4③　丹-素71-7⑬　丹臺1
-4⑥　○丹-墀14-2⑥　丹庭2-15⑦　○丹-頂31-12⑩　丹(人名)-旐30-11⑳　丹H-殿9-1⑭　○丹-田
69-2②　丹-竈5-10⑪　丹-腦68-6⑰　丹-筆27-1⑪　丹-府56-18⑱　丹H-陛16-10⑮　丹H(建物)-鳳-
樓19-10⑭　丹(地名)陽郡57-12③　○儋-石29-11②　○男(注49)40-7①　○男52-11②　男56-17⑤　男(人名)阿武20-16
⑰　○男-子34-3⑪　○男-兒10-19⑧　○男H-爵48-7④　○男-女2-5⑳　男-女等56-20⑧　啖異
51-5⑱　啖異等51-5⑳　○單(ナル)15-4⑲　○單-衣24-9⑤　單-衫23-17⑭　○單-絲14-17⑬　單H-
車7-11⑨　單-牀30-12⑳　單-床13-18⑰　單-疎(ナレトモ)25-5⑱　○單獨14-19⑩　單-薄(ナリ)6-7⑭
單-幕16-12⑭　單-貧27-16⑪　單醪34-1⑮　○嘆51-14⑥　○嘆|(ス)10-19⑦　嘆-矚57-23⑤　○嘆息(ス)
12-17⑲　○團(ト)16-5④　團|(スル)23-4①　○團-扇34-10⑲　○團-團(トツ)45-15⑪　團-練-使50-3⑯
團-練判-官46-10⑤　團-練副-使49-12⑥　○團-圓(ナラン)60-4⑳　○坦-然(タル)55-10⑮　○坦-坦(トツ)22

ー2⑳　坦[H]ー途56ー18⑤　○壇41ー12⑪　○壇[H]ー上70ー8②　○壇ー場27ー16④　弾6ー5⑬　○弾|[ス]12ー17
④　○弾弓2ー16④　弾ー碁26ー12⑤　弾ー吹21ー5⑭　○弾ー奏58ー3③　○弾ー奏[セム]58ー14⑫　○断60ー
10⑱　○断[ス]56ー22⑱　断鴈31ー3①　○断ー金70ー12⑯　○断ー絃66ー1⑧　断[H]ー絲14ー14⑳　○断絶12ー
1⑱　○断ー絶[ス]10ー13②　断ー送[ソ]34ー14⑪　○断ー腸32ー8⑩　○断ー滅71ー9⑱　断ー落[シ]|40ー6⑳
○旦[H]ー日12ー14①　○旦ー夕60ー4⑱　○旦ー暮21ー2⑫　旦[K(去)]ー暝[(去)]22ー10⑦　○暖2ー4⑨　暖ー簷20ー5⑰
暖閣26ー2⑮　暖脚36ー7⑨　暖[H]ー光14ー16⑫　暖ー活31ー13⑪　○暖[H]ー室8ー15①　暖ー牀37ー5⑪　暖樹
20ー9④　暖ー水29ー9⑤　○暖ー熱[ス]21ー17⑬　相[ヒ]暖熱[ス]26ー13⑬　暖ー泉19ー11②　暖[H]ー被33ー9⑱
暖ー霧17ー8⑫　暖ー帽32ー15②　○暖爐33ー20⑭　檀龕69ー4①　檀ー經23ー12⑳　○檀ー施41ー12⑮
檀[H]ー主70ー22⑲　○檀ー波ー羅ー密68ー11⑧　檀ー欒15ー4⑫　○歎|28ー9⑮　○歎|[ス]68ー12④　歎[K]ー詠45ー
6⑰　○歎嗟1ー14④　○歎ー嗟[スル]34ー15⑨　歎[HK]ー咨30ー3⑦　歎[K]ー至56ー4④　○歎[HK]ー賞45ー10④　歎ー
矚[ソ]56ー12⑨　○歎惜[スル]37ー6⑪　歎羨31ー10⑦　○歎ー息[ス]2ー20⑪　歎ー息鬱ー悼[ソ]47ー1⑫　歎ー拜[シ]21ー
4⑭　段(人名)祐等56ー5②　段(人名)公51ー14⑩　段谷普57ー20⑯　段(人名)相61ー10②　段史倚57ー20⑰　段(人名)氏4ー2⑧
叚諸突57ー20⑯　叚(人名)斌52ー9⑤　叚平仲57ー21①　叚良玭57ー12⑥　毯[K](上)24ー1⑯　○淡|[ニソ]28ー10④　淡[ソ]1ー
5⑩　○淡ー交22ー13①　淡ー江22ー20⑲　淡ー蚶70ー3⑫　○淡ー水23ー2⑫　淡清21ー18③　淡ー寂7ー

4⑱
○淡－然トシ50－5⑳
淡蕩タリ12－12②
淡－泞8－15⑫
○淡－泊ナリ22－13③
○淡－白タル24－5⑭
淡－薄タル21－15⑰
湛|トシ39－7⑯
湛然タリ1－5⑮
○湛－湛タリ7－10③
湛－露18－15⑧
潭(地名)4－13⑬
潭岸(地名)4－13⑰
潭月5－4⑧
潭－上ノ28－13⑳
○潭－水24－8⑬
潭－島29－2⑥
潭－邊31－11⑩
澹|タリ13－15⑨
澹－灔タル1－8⑥
澹煙20－14③
澹－然タル20－4⑳
澹－蕩トシ20－11②
澹－澹トシ18－3⑤
澹－泊7－5⑨
灘6－10⑫
灘聲36－19②
灘－頭31－19③
○煖15－8⑱
煖－簷19－5④
煖－閣34－15⑩
煖－寒32－9 170
相煖ヒ－熱セ33－10⑳
煖－帳30－3⑭
(上)煖K－被シテ35－14⑯
○煖－爐28－8⑩
○短|H 63－15⑩
○短－謌12－1⑧
○短－歌ソ29－14⑨
○短謌行12－1⑥
短綆47－14⑤
○短－靴34－11⑰
短H－貫26－8⑲
短景28－15⑩
短檄16－13⑪
短－紅ノ－袖29－3①
○短－才12－5④
短－什20－1⑰
短墻4－11③
○短－章24－3②
短－松43－10⑥
○短－小ニシ17－9⑬
短少10－17⑮
○短－長63－14⑱
短H－竇ナリ16－2⑮
短－舫－艇29－6⑯
短H－鬓10－17⑬
短屏－風33－2⑫
○短－命ナリ9－1⑪
短－用63－15⑬
短李3－1⑬
短H－羽9－6⑰
短HK－轅41－5⑫
襌ソ41－6⑦
○端47－5⑫
端－憂ハ16－3⑰
端－居ソ30－8⑧
端－拱ソ63－15④
端－拱凝－旒ソ47－6⑦
端－和ニシ51－6⑳
端－揆52－11⑬
○端溪(地名)48－1 107
端溪縣(地名)48－1 107
○端－嚴ナリ69－16⑲
端－厚和－敏ニシ54－11⑫
端－愨ニス59－13⑭
○端－坐ス

6-9⑲
○端-坐ス 6-9⑲
○端-莊ナリ 48-11⑪
端-士 48-9④
端詳ニソ 14-18⑮
○端-肅スル 55-2⑳
○端緒 2-10⑥
○端-正 2-14④
○端-然トソ 11-3⑱
端-直ニソ 55-8③
端-方 48-2⑧
端-方廉雅ニソ 68-3⑧
端H-標 7-6④
端-明ニソ 53-4⑮
端-明愼重ニソ 50-3⑪
端-明精-實ニソ 55-4⑭
端黙ナリ 4-15⑧
端H-諒 55-15⑪
端諒勤-敏ニソ 48-5⑯
簞 6-10⑧
簞色 26-1⑰
○簞食 1-4⑩
簞-瓢 15-7⑯
簞醪 71-4①
○膽 61-8⑲
○膽-力 57-18④
蒼蔔 41-9⑰
袒-跣ニス 36-12⑪
襜-襜タリ 24-1⑭
誕シテ 57-16⑱
談H(人名) 54-12⑤
○談 68-10①
○談|セ 36-22①
談家H(人名) 35-9⑩
談校書 13-6⑯
談客 33-8⑦
談弘暮 71-13⑳
談弘篡等H(人名) 33-16⑭
談氏(人名) 35-9⑦
○談-笑 5-1⑭
○談笑ス 27-2⑮
談-端 68-9⑳
○談-柄 59-12⑧
○談-論 68-9⑭
○貪 14-19⑬
貪鳥 2-16①
貪-殘ニソ 58-14③
○貪心 4-8⑤
貪K-泉 17-4②
貪K-饕レ刀 30-10⑩
貪K-忙ニソ 33-9③
貪-冐 63-5⑦
貪暴 1-2⑥
貪HK-夫 22-15⑩
貪H-兵 64-7⑰
貪庸ナリ 2-15⑨
○貪-欲 63-5⑱
○貪-吏 2-4④
貪虜 4-7⑰
貪H-康 65-5⑮
鍛錬ス 6-9⑮
默Kタム-々とて 38-12⑫
躭-酒 28-17⑲

チ

○地H| 6-14⑰
○地-下 36-24⑳
地-芥 70-19②
○地角 3-9③
地-宜 47-8⑮
○地-氣 11-5⑥
○地-祇 47-11⑩
○地K-獄 45-11⑬
地H-隅 8-8⑬
地光 1-16⑰
地-黄 24-11⑲
○地-官 42-8⑬

○地形33―4⑤　地―財63―10④　地―産67―18⑪　○地―上1―21⑥　地―主27―2④　地―訟66―6
⑥　地[H]―色19―4⑤　○地―心ノ27―15⑫　地―征66―5⑪　○地勢1―15①　○地―籍47―15⑰　地―
仙27―6⑦　○地―道62―5③　○地軸3―6③　○地圖31―7⑬　地末10―12⑲　地―府12―13⑬
○地―物62―16⑰　○地―利47―9⑥　○地―力11―7⑥　○地[HK]―爐32―15②　坻[K]チ29―12⑥　墀7―11⑰
疐尾67―18⑩　尼父(人名)[H]66―9⑭　尼―院4―2⑰　徴―調19―19⑨　○持71―7⑮　○持|ス49―10④　相―ヒ
持ノ37―13⑦　○持―戒41―12②　持―護ノ69―8④　○持―齋ノ33―10④　○持―齋ノ34―5⑰　○持[HK]―節
50―2①　持―節同州諸―軍―事49―13⑮　致|シ54―5⑥　致[HK]―果校―尉48―10⑫　○致―仕34―15⑲
○致―仕ス2―5⑦　致―政55―7⑪　致―理57―16⑫　○智5―5⑦　○智―勇54―9⑤　智[HK]―隱30―11⑦
智―巧25―6⑤　智凝法師(人名)[H]71―9⑭　智興52―8③　○智愚1―19⑰　智周(人名)70―18⑨　○智―者37―8⑪
智全(人名)71―10⑪　智禪師(人名)16―17②　智則(人名)[H]41―10⑥　智大師(人名)71―9⑧　智[H]―燈14―19⑭　智如(人名)68―4⑮
智―如和尚(人名)69―16②　○智―能48―4⑧　○智―謀40―1⑬　智滿(人名)43―10③　智明(人名)[H]41―10⑥　○智―畧55
―8⑫　○智―力68―13③　○智―慧22―2④　梔38―2①　池13―4⑲　池[H]―宇40―7⑨　池―荷
32―9⑤　池―鶴36―22⑭　池―岸33―4⑧　○池―魚2―22⑲　池―館11―9⑳　池―月32―7⑰　池―

藕28-10⑮　池-草29-15⑳　池舟(H)33-6⑨　○池(地名)-上28-4⑫　池-上-篇(ノ)69-5⑥　池-色34-11③

○池-心15-2⑬　○池-水25-9⑱　池西36-19⑯　池西亭23-16①　○池(H)-沼31-3⑲　池-雪21-15⑰

池-窓25-17⑤　池-臺23-19⑭　○池-塘23-18⑫　○池-中8-5⑧　池(K)-竹29-15⑪　○池-

亭27-11⑨　池-鳥21-2⑤　池-東13-14⑤　○池-頭27-6⑯　池-南21-16⑤　池芳8-15②　○池-

畔7-5③　池風69-5①　○池-邊22-12⑨　池-北28-12⑮　池(H)-鶩(ボク)14-18⑩　地-面27-5⑳　池-柳

25-10①　池-涼29-13⑨　池籠36-21⑫　池位28-14⑬　池-苑12-10⑭　○治62-16⑲　○治|(スル)14-5①

○治-世35-9⑲　○治道5-7⑩　治-中53-9④　○治-亂4-2②　○治-療24-15⑨　○癡15-3⑮

○癡-人26-13⑫　癡心20-1⑦　(ヲロカニ)癡-小(ニソ)(ヲサナク)40-7①　癡-男18-12④　癡鹿14-19⑫　癡(人名)王湛27-3②

置|(ス)41-4⑧　○置-酒2-3⑰　○置-酒(ソ)5-7②　置-制(ソ)52-1⑫　置(H)-奏(ス)49-5⑯　置-醴61-9⑩

○知43-3⑭　○知-音17-16④　知-感(ス)56-16⑯　○知-已5-1⑬　知恭(H)(人名)41-10⑲　知-欽-州-事51

-11⑱　○知-遇(ノ)44-7⑪　○知-遇(シ玉フ)44-7④　知-軍-事48-10⑥　知-軍-事-賜48-10⑫

○知-見(シ)69-3②　知左-藏-庫(ノ)出納53-1⑳　知(K)-雜-事58-3④　知-止66-11⑮　○知(HK)-識9-13⑨

○知-悉(ス)56-2⑧　知(HK)-柔41-5④　知-奬53-7⑥　知-瀼-州-事51-12③　知-制-誥19-2⑦

○知-性69-15⑳　知-節-度-事54-5⑬　知HK-足24-18⑱　知-足-吟22-13⑨　知(人名)退43-9④　知-田
州-事51-12②　知轉-運永豐院53-6⑥　知-賓-州-事51-12①　知-府-事49-5②　○知-分スル34-
11⑭　知H-聞16-17⑱　知-聞ス12-3⑳　知(人名)-汴州院-官52-5⑰　○知-命24-7③　知繼州事51-11⑲
知(人名)滑橋院官53-7⑧　○知H-慧27-10④　知(人名)遠71-10⑩　○稚子5-8③　稚-齒21-7⑭　稚-女14-11⑮
稚-姪69-2③　耻-格64-19⑤　耻-格ス71-3⑭　苔島29-7⑫　蚳蝝H(チエン/アリノ「)63-12③　○蜘蛛16-3⑰　豸Hチ-
角14-18⑰　踟-蹰ス2-3⑯　○遲-延ナリ29-9⑫　○遲-疑セハ59-8⑫　遲-廻セ56-6⑮　○遲-速61-
4⑮　○遲-遲タリ14-3⑯　遲-晩ナラン60-8⑫　遲-暮ナル28-3⑫　雉-堞25-6⑯　○雉-兎1-15⑪
雉媒2-17⑨　馳-驛メ52-7⑦　馳-騖63-18⑤　馳-騖メ67-15⑥　馳-騁39-3⑧　○魑-魅25-1⑭
○中|13-18⑯　○中-シテ37-11⑩　○中-央20-11③　中-允41-1⑨　○中HK-隱22-12⑩　中掖23-17②
○中-夏54-5⑱　中高橋69-4⑭　中H-眼27-13⑩　○中-間8-7③　○中-氣5-2⑲　中-規66-6
⑭　中-廐58-2②　○中-宮4-9⑩　○中-興54-14⑪　○中-興スル69-15④　中-禁56-25⑧　○中-
和18-11⑰　中和友-孝65-7⑮　○中(地名)華56-18⑥　○中-外42-6⑤　中-懷2-13⑦　中-官59-6⑮
中-徽28-3⑨　中-貴15-2⑳　中-逵47-9⑤　○中(地名)-原3-5⑲　中-權47-16⑰　中-涓謁-者52-
7⑮　○中-軍31-9⑮　中-橋33-5④　中-憲55-8②　中-兼52-1⑯　○中-古65-14⑤　中-庫59

－16①　○中－國59－5②　○中－山26－11⑲　○中－散32－3②　○中－散大－夫42－5⑤　○中－使3－
12①　中－司13－4⑳　中秋5－13③　中－室71－4⑫　中－執－憲48－1⑦　中謝61－8②　○中－傷44－
2⑪　○中[K]－酒32－11③　○中宗(人名)3－9⑫　中－序21－5⑯　中[H]－庶8－12⑨　○中書(人名)22－20⑩　中－書侍－
郎54－1⑥　中－書舎－人40－8⑥　前ノ中－書舎人33－16⑩　中書制誥48－1⑤　○中－書－省60－1⑳
中－書門－下60－1⑧　中書郎2－9②　○中－書令49－4⑭　中書韋相21－15①　中書韋相公(人名)69－7⑨
○中－丞48－3②　中乗45－11①　○中－人2－7③　○中－心1－11⑳　○中－樞16－2⑱　中誠29－5②
○中－宵16－15⑬　中－節－目58－10⑩　○中－絶ソ10－13⑧　○中－太－夫41－1⑲　○中－台34－1⑨
中－第19－11⑫　中－第ス41－6⑥　○中－臺40－8⑫　○中－堂34－2⑰　中島亭(建物)69－5③　○中－道51－
9⑳　○中－腸22－11②　中－長－兄45－10⑤　○中[H]－丁16－3④　中[H]－底7－3⑧　○中－庭5－4⑪
中[K]－汀29－5⑳　中[K]－頂6－12⑫　○中－朝45－5⑨　中[K]－適。22－11⑥　○中－天15－9⑥　中－塗61－10③
中－渡27－12⑬　○中－途39－5②　中－都63－9⑩　○中－等41－12⑥　○中－年20－3⑱　中－否66－13
⑫　中牟[H](地名)70－7⑥　○中－部55－13⑫　○中－分スル35－8⑧　中[H]－峯27－15④　中－面22－15⑦　○中－門22
－2⑱　○中－夜21－10⑧　中－臆5－5⑲　中郎36－24④　中李原(地名)41－4⑱　○中流34－8①　○中－立67
－11②　○中－立ソ43－5⑩　○中林13－19⑫　中－路25－13⑯　○中尉1－8⑲　中－闈52－7⑰　中－園

2－3⑥ ○仲（人名）46－8⑦ 仲由（人名）44－3⑱ ○仲－夏24－14⑩ ○仲弓（人名）68－10⑳ 仲－月48－7⑮ ○仲（人名）－兄
40－4⑩ ○仲－春46－3⑨ 仲端（人名）70－18⑥ ○仲尼（人名）2－5⑮ 仲通（人名）3－11⑰ 仲－弟69－2⑪ 仲方（人名）70－18
②仲孚（人名）70－18⑦ 仲連2－18⑬ 仲遠（人名）16－8② ○住13－13⑤ ○住｜ス7－15④ 住寺8－3⑪ ○住處36
－21③ 倜タク－儻マシ15－8⑧ 偷間ナヲサリカテラニ31－1⑮ ○儔（人名）H41－3⑰ ○儔侶5－11⑰ 冲55－1⑬ ○冲ス31－12②
冲－融ナリ11－6⑬ 冲－襟69－7⑮ 冲羿（人名）H41－10⑤ 冲－讓56－18⑱ 啁－啾ソ1－16⑪ 廚－廐69－14⑬
忡－忡5－4① 忠（人名）71－9⑮ ○忠｜48－7⑦ ○忠－勇51－5⑯ 忠－益スル55－3② 忠－効51－17⑧
○忠－孝51－14① 忠－孝智－勇46－6⑨ 忠杭（地名）H70－12⑳ ○忠－義50－11⑱ 忠－規HK56－3⑥ 忠－恭50－
7⑮ ○忠－勤51－2⑥ ○忠－謹52－6⑮ 忠－欵57－23⑤ 忠－勲51－6⑨ 忠－敬62－15⑫ 忠－敬恭
－順ニソ54－1⑬ ○忠－賢52－13⑭ 忠－功54－7⑥ ○忠－厚50－5⑭ 忠－愨ニソ54－4⑩ 忠－懇57－3
⑧忠－壯57－18⑥ 忠州（地名）8－14⑲ 忠－實有－常ニソ55－8③ 忠－質ナル39－2⑫ ○忠－邪1－9③ 忠－
順50－8① ○忠－恕65－14⑱ ○忠－信50－11⑳ 忠－藎56－2④ ○忠－臣46－10⑦ 忠HK－正56－11⑪
忠－正恭－愼ニソ54－13⑯ 忠－正恭－肅ナル54－8⑯ 忠－誠56－25④ 忠H－蕭49－7⑦ 忠－赤59－5⑧
○忠－節57－6⑱ 忠－讜47－2⑰ 忠H－腸49－2⑥ ○忠－直38－13⑦ ○忠－貞52－10③ 忠萬樓（建物）18－9
⑭忠－武57－18⑦ 忠－武－將51－4② ○忠－憤51－7⑯ 忠－謀46－10② 忠－勞51－8⑯ 忠亮（人名）57－

12③　○忠-良40-2③　忠-諒55-9⑦　忠-畧(ナリ)48-6⑳　忠-力53-5⑬　○忠-烈4-2⑨　忠-
廉(ニソ)47-18①　○惆-悵(ノ)20-17⑰　○惆-悵(ス)9-3③　晝-刻10-5⑦　○晝-夜32-3⑰　柱-國19-7
②　○柱根26-2⑭　柱(H)-史42-5①　○柱-石51-1⑱　柱礎19-6⑭　沖融1-1⑯　沖-人57-4⑨
沖(HK)-蒙50-3⑤　○注(人名)49-10④　注(H)-擬63-16⑭　注-望56-22⑳　爞爞1-1⑦　疇　庸52-8⑩　盩厔
12-14⑱　盩厔縣(H)(地名)13-9⑮　盩厔廳9-2⑱　稠15-18⑥　稠桑(ニソ)32-10⑩　稠桑驛(地名)25-7④　稠-直(ナル)10-
3⑭　稠-疊(タリ)6-15⑧　○籌13-2②　○籌-策66-4④　籌-謀49-12⑫　○籌(H)-略57-12⑯　○紂(人名)47
-15⑤　○綢-繆40-9⑥　○綢-繆(ス)36-24⑰　肘-腋22-5⑧　肘後21-18⑤　肘上28-11⑦　胄70-18
⑧　○胄(H)子67-15⑩　虫獸2-21⑯　虫鳥11-8⑬　蟲38-1⑳　蟲-蝗62-21⑨　蟲-聲26-4⑭　蟲-蛇
10-15⑩　蟲-虵6-10⑱　蟲鳥37-12⑤　蟲蠹2-9⑰　蟲臂35-7⑧　○衷(HK)-懷56-9⑬　○衷-心56-
18⑰　衷-情56-6②　衷-誠56-17②　衷-腸14-14⑳　○誅16-3⑤　○誅(ス)49-1⑨　毆(カリ)-誅(セン)69-12
⑰　○誅-求58-14④　○誅-求(セ)67-7③　誅-擒(セ)59-11⑩　誅-囚(セ)53-1⑥　○誅-鋤(ス)22-7②　誅(H)-
放(ノ)65-19⑭　誅(シ)-放(ル、)65-19⑭　○誅-罰62-20⑫　○誅-戮(セ)52-2③　○誅-夷57-3⑬　○誅-夷(スルニ)
60-6⑦　躊-躕(ス)21-2⑤　○躊-躇(ソ)12-10⑬　鑄63-4③　鑄(レ)-器63-4⑤　鑄(H)-鼎18-14⑰　恧-然(トソ)
45-5⑭　○畜65-21⑳　竹70-20⑲　竹-鞋36-21⑲　竹-意25-17⑥　○竹-陰5-5①　○竹-葉15-

16①　茶果等59-18⑤　茶H-竈27-11⑧　茶-山24-8⑭　茶H-中25-2⑩　○H茶-法70-6②　○茶-毗69-16④　茶-毗-幢69-16③　茶-藥35-12⑦　茶郎69-9④　○茶-椀26-7②　○茶園16-16⑧　○丈-43-12⑧　丈-有三-尺71-6⑲　○丈室5-7⑩　○丈-夫1-20②　丈-餘6-10⑭　仗3-12⑨　倀-倀(トン)24-19⑪　○場6-7⑪　場官69-9⑥　場-上37-10⑯　場-苗22-3⑮　○場-圃1-18⑳　娘26-10④　○定66-17⑩　○帳1-8⑨　○帳-下28-18②　張(人名)16-4⑧　○張17-14⑥　○張鵶九4-14⑯　張(人名)惟素53-6⑪　張(人名)聿55-13⑦　張(人名)允中43-4⑤　張(人名)殷衡等51-11⑤　張可續33-16⑫　張嘉泰51-8⑰　張(人名)嘉和56-9⑨　張(人名)家32-10③　張(人名)賈12-4④　張(人名)行成50-4⑧　張翰16-10⑪　○張H(人名)儀67-6⑰　張(人名)屺51-15⑤　張(人名)居士24-19⑳　張(人名)旭39-4⑳　張(人名)謹3-2②　張觀主19-15⑯　張(人名)元夫49-4⑦　張(人名)君1-2④　張(人名)敬則57-12⑩　張(人名)公41-3⑫　張(人名)弘靖54-8⑭　張H(人名)洪48-9⑭　張(人名)渾37-7⑪　張-蒼29-10②　張(人名)藻39-4⑳　張(人名)尚書15-14⑤　張(人名)常侍23-16⑳　張H(人名)十五31-6⑧　張十五仲元5-1⑧　張(人名)十八6-13⑬　張(人名)十八博士19-14⑧　張(人名)十八秘書19-1⑪　張十八員外23-2⑨　張(人名)十八員外籍20-2④　張(人名)深之43-4⑤　張H(人名)正甫49-13⑦　張H生6-16③　張H(人名)正一55-7⑧　張(人名)籍1-2③　張(人名)大12-3⑰　張(人名)太祝9-6⑯　張(人名)大夫17-11⑤　張(人名)態21-7②　張-湯15-2⑫　張(人名)道士36-8⑰　張(人名)道士抱元37-6④　張(人名)値51-9⑫　張(人名)仲素績之15-14⑦　張H(人名)昶41-4⑧　張(人名)陳2-17⑪　張(人名)庭珪41-5③　張(人名)徹48-1⑥　張H(人名)特43-10③　張(人名)敦簡

13−8② 張南簡13−8② 張(人名)博士19−10⑩ 張(人名)范34−2⑧ 張(人名)(H)賓客29−5⑭ 張(人名)諷等51−5⑪ 張(人名)文24−10
⑰ 張(人名)(H)文瓘49−4① 張(人名)(H)平叔48−3⑲ ○張−本17−21⑮ 張(人名)奉國59−1⑱ 張(人名)(K)−愉50−3⑰ 張(人名)雷17−10⑭
張郎19−1⑫ 張(人名)陸41−5④ 張錄事33−8⑳ 張(人名)韋30−4⑯ 張(人名)偉等52−12⑫ 張−帷66−15③ 張(人名)員外20
−14② ○悵−然タリ25−11⑤ 悵−望18−4⑧ 悵−望ス5−4② 打13−2② 暢(H)71−8⑭ 暢(人名)師房35−12
⑪ ○杖30−7⑥ ○杖(H)−屨22−14⑭ 杖−履43−3⑩ ○腸1−19⑬ 腸間10−10⑥ 腸斷2−12⑮ 腸−
中21−7⑱ ○長−20−8① ○長−ス4−10⑬ ○長(地名)−安27−8⑧ 長(建物)(K)−安−宮4−12⑫ 長(地名)安縣55−3⑥
長(地名)安城5−3⑨ 長−吁ス2−2⑳ 長−吁太−息ソ70−22⑤ 長(H)−纓16−13⑪ ○長−幼36−5⑪ 長(K)−夏−
門32−10⑤ ○長歌21−6⑪ ○長(H)−歌ス8−10⑥ 長−河17−5① 長−キケ毫ナリ38−10⑱ ○長(HK)−江17−6③
長−旱2−19⑧ 長竿3−4① 長−閒31−17① 長−閑13−13③ ○長−久63−9② 長−裾27−2⑯
○長−句12−5⑬ 長(H)−衢25−7② ○長−驅64−11③ ○長−驅ソ64−12⑲ 長(H)−歸27−4⑱ 長−源69−
12⑩ ○長−兄45−14⑩ ○長慶(年号)36−15⑩ 長慶(年号)元−年39−2⑲ 長慶元−年歳次辛−丑51−18④ 長慶(年号)元−
年四−月某日ノ51−1⑦ 長慶元−年二月二十三日41−1⑫ 長慶(年号)五−年69−14⑲ 長慶(年号)三年68−1⑭ 長慶(年号)三
年八月十三日43−12⑳ 長慶(年号)四−年40−11⑰ 長慶四−年三月十日68−8⑫ 長慶(年号)四−年二月十三日68−3⑳
○長慶集(書名)69−5⑭ 長慶(年号)二−年20−15⑧ 長慶(年号)二年七月8−1⑥ 長慶(年号)二−年七−月三十日20−1⑱ 長鯨2

－18⑬
長(HK)－公－主48－1 107
長－告35－16⑦
長－轂55－11①
○長－恨16－21⑨
○長－恨歌45－5⑲
長－恨－歌－巳－下45－7⑭
長－佐51－8⑲
長－才12－5④
長－材53－9⑧
長－齋33－11①
長－齋ス26－8②
長(H地名)－山52－5⑮
長山縣(地名)52－5⑬
長－史37－7⑧
長－姉70－12②
○長－子42－4⑨
○長－枝26－8⑲
長至13－18⑯
○長州(地名)21－12②
長州苑21－18⑪
長－愁17－1⑨
長洲(地名)18－16⑭
長洲曲(地名)34－17⑰
長洲苑(地名)18－16⑬
○長－秋42－1⑬
○長沙(地名)16－8⑤
○長－者68－17⑫
長－者－子70－23⑰
○長壽27－16④
長(建物)－壽－寺70－11⑥
長－松17－15①
長－松－樹16－16⑧
長繩12－2③
長－人66－6⑥
長(H)－津16－6⑪
○長水(地名)48－1 107
長(H)－率スイ54－15④
長－征2－1⑧
○長城(地名)69－13⑨
長城縣69－12⑦
長情10－16⑭
長(H)－成40－5⑭
長－成メ10－9⑫
○長－生15－9⑥
長－生－久－視68－13⑫
長生殿(建物)12－3⑦
長聖善寺(建物)69－16②
長(HK)－川38－12⑫
長孫鉉(人名)51－10⑲
長孫司戸(人名)17－16⑤
○長－蛇67－8⑪
○長－大ニソ1－22⑤
○長(H)太息43－9⑮
○長(H)－大－息スル63－21⑳
○長－歎ス1－6⑤
○長男(人名)70－7⑪
○長－短7－13⑥
長(H)－簞10－3⑥
○長女(人名)42－6⑫
○長汀71－5⑦
長－條19－17③
○長(H)－途8－2⑮
○長－年6－15⑧
長(H)－坡9－5⑯
○長－波8－5⑮
長房(人名)38－12⑳
長－貌23－15⑫
長武(H地名)47－18①
長－風9－10⑤
長－福27－16⑪
○長－物29－4④
長－兵2－18⑧
○長－命35－17⑫
○長－夜15－7⑮
長－楊38－15⑰
長楊賦ノ20－4⑦
長－廊25－18①
長－老34－7⑯
○長樂(地名)18－16④
○長樂61－2⑲

長(建物)-樂亭27-3⑭
長(地名)樂坡18-16②
長(人名)吏3-8⑦
○長-吏2-8⑤
○長-流11-7⑧
長-署69-13⑲
長H-路9-5⑨
長淮13-19⑧
長K-徃を35-7⑨
長遠ナラン5-3②
鬯Kチャウ56-5③
鍚22-19⑦
○着|スル25
-1⑨
飲-着ン35-5⑯
著|スル13-20⑦
廚42-6⑰
廚HK-傳50-10⑥
廚K-燈6-4⑨
种H(人名)暠55-11⑨
黜辱14-19⑳
黜HK-責58-5④
黜-退ス58-3⑪
○黜-陟44-9⑯
○黜-陟ス63-17⑥
黜(人名)陟使42-4⑫
黜-落セハ60-1⑭
屯シ6-9④
屯H-蒙16-13⑲
椿-菌36-13⑬
○椿壽7-13⑩
窀-穸26-1⑫
迍1-7⑩
迍セリ15-17⑪
迍-窮45-6⑥
迍-邅ス17-2②
迍-剝シテ45-6⑦
儲26-1⑩
○儲-皇
15-2⑱
○儲-貳57-6⑮
儲-祉71-2⑪
儲H-積47-13⑮
○儲-蓄43-4⑰
儲-寮52-2①
儲闈
57-8⑧
○K女(上浊)12-12⑱
女-家67-16⑬
女孩34-3⑧
○女-學26-11④
女-几30-1⑬
女(地名)几山30
-1⑥
女湖34-17⑱
○女-工4-6⑩
○女-子10-19⑧
女師32-5⑥
女H-沙-彌19-15⑳
女H-牆
20-7③
女HK-墻-城22-4⑦
女手35-9⑨
女-壻等53-5⑭
女-仙17-5⑮
女-道-士57-10⑫
○女-中22-8⑩
女-弟-子39-8⑭
女-美42-7⑦
女-婦42-6⑳
女(地名)-墳-湖24-18⑦
女羅草12
-6⑰
○女郎20-10⑯
宁50-12②
徐(地名)40-2①
徐(人名)凝山人34-13⑫
徐泗15-14⑤
徐泗濠等州ラノ52-7
⑳
徐泗濠等觀ラノ-察處-置等使ラノ51-4⑩
○徐(地名)州9-9⑩
徐(地名)州刺-史51-4⑪
徐州ノ諸-軍-事51-4⑪

徐處士34―13⑬　徐宣70―12⑲　○徐―徐ニゾ37―10⑰　徐登H(人名)50―9⑬　徐方46―10⑦　徐復H(人名)56―6⑮　徐郎中
29―11⑨　杍25―1⑫　樗35―14⑤　滁州(地名)42―2⑲　滁州(地名)ノ長史51―5⑱　猪羊36―12⑭　筯25―3④　紵43―
2⑭　紵―衫31―15⑪　苧―蘿21―6⑳　著スル13―12⑦　著作郎1―9⑮　著―述50―11⑭　○著―述セル70―
7⑰　著HK―姓41―3⑬　○著―明47―1⑪　貯―中63―7⑨　○貯―畜ス50―6⑨　○除54―15③　○除|ス49―
13①　改メ―除セハ59―13③　除―改58―3⑬　除―改ス59―13②　除―却スル33―2⑯　○除―去ル37―2⑳　○除
日21―13②　除―授59―1⑮　除―授ス58―1⑨　○除―書17―2⑬　除―非ゾ6―14⑦　○除―夜22―6⑮
冢―卿55―2⑨　冢宰57―2⑨　冢―墓33―5⑤　塚間1―5⑥　塚―墓12―2⑥　○寵|12―11⑲　○寵|ス48
―3⑰　寵|シ―用ラル、65―19⑭　○H寵―愛12―10②　寵―渥56―8⑰　○寵幸2―22⑪　寵―行25―11⑦　○寵―
姫2―10⑮　寵―寄スル52―11⑱　○HK寵―遇55―13⑮　寵―光20―1⑨　寵―示ス52―11⑲　○寵―賜59―16⑧
寵H―者7―11⑱　寵―章48―10①　○寵―辱17―4⑧　寵辱憂喜21―12⑪　寵―飾スル49―1⑰　○寵―任50
―8⑧　○寵―任ス53―5②　寵―數49―10⑥　寵―旌57―1⑱　○寵―錫49―6⑭　寵H―贈52―7③　寵―
擢44―7⑫　寵―擢ゾ61―3⑧　寵―澤56―20⑱　寵―秩51―8⑮　寵―重タリ36―1⑫　寵―重セラル48―5④
寵HスルレＩ徳ヲ64―16⑦　寵H―名49―6③　寵―命24―4③　寵益ゾ44―9①　寵H―用ノ65―19⑭　寵―用ス50―13⑫

寵祿51－7⑤ 寵(HK)－位58－11⑯ ○寵(H)－榮52－3④ ○徴62－16⑦ ○徴|(ス)66－5⑩ 徴－還31－9⑨ 徴(HK)－
催58－8① 徴－事－郎51－5④ 徴－祥61－5⑮ 徴(HK)－書64－17⑤ 徴拜2－9② 徴迫(セン)58－10⑰ ○徴(HK)
－發64－9⑤ ○徴|(ス)66－20⑳ ○懲惡63－17⑩ 懲－惡勸－善65－14⑲ ○懲－戒65－4⑳ 懲－勸44－9
⑳ 懲－勸(スル)65－16③ 懲－罰59－7③ 澄(H)(人名)41－8⑪ 澄－(トノ)22－7⑩ 澄(地名)－江45－3⑥ 澄(H)－凝(トノ)22－7⑩
澄－城50－12⑫ 澄－清53－4⑤ 澄－清(シ)55－5⑳ 澄－鮮22－17⑭ 澄－汰(ス)48－11④ 澄渟(ソ)37－4⑬
○澄－徹10－13⑭ 澄－波24－9② 澄瀾30－8⑳ 澄(H)泓(ワウ)(下上)36－14⑩ 澄－灣(トノ)22－18⑪ 穠(ナル)14－17⑯
穠－華53－4⑯ 穠(H)－姿4－5① 穠－茂(ニソ)18－3⑪ 醲37－4⑥ 重19－15② 重－易70－14⑥ 重－衣12
－19② 重(人名)胤52－14⑪ 重－裀28－8⑮ 重(H)－雲10－14⑨ 重詠24－16⑦ 重－宴25－8⑧ 重(H)－江47－17⑩
重(地名)－江複－山55－10⑳ ○重器51－4⑫ ○重－寄56－23⑰ ○重－九24－18⑮ 重－裘32－15② 重(HK)－衾30
－4⑧ 重－光46－3⑦ 重－官50－4⑤ 重玄36－13⑫ 重(建物)玄寺69－2⑱ 重－輕51－6② 重－困(シ)48－
11① 重－士31－9⑮ 重(H)(人名)耳67－6⑯ 重－試60－2⑲ 重－賜61－9⑮ 重序69－5⑬ 重－職58－9⑯
○重－任47－16⑮ 重愼(ス)59－1⑮ 重－臣57－14④ 重(H)－城12－6⑩ 重泉13－17⑤ ○重－選(ナリ)54－11⑳
重－膇(ス)38－4⑦ 重－秩48－7⑧ 重－杖60－11④ ○重－重32－8⑦ ○重－鎭52－4⑨ ○重－疊(タリ)23

－11①　○重疊(セル)23－13⑲　重－德56－10④　重－望(ナリ)56－22⑩　重(H)－罰59－6⑩　重－藩59－1⑬　重－
務(ナリ)52－10⑳　重賦2－3⑳　重－柄54－5⑰　重(地名)壁臺4－9②　重明等53－13⑰　○(H)重－門65－5⑳　○重
－陽18－5⑦　重籬36－16⑦　重－斂47－1⑳　重(人名)蓮26－7⑦　重－位58－6⑧　○重圍60－6③　重(H)－委56
－10①　○勅4－7⑤　勅|(ス)49－1⑦　○勅－旨60－9⑮　○(HK)勅書56－12⑥　勅置69－16⑪　勅－牒4－6⑧
勅－文67－17⑨　○敕35－9⑬　敕|(ス)48－7⑤　○敕書47－17⑤　○敕－命58－9②　○直|66－9⑬　直|(ス)4－
12⑩　○直－下(ニ)1－3⑰　○直下(スレハ)8－6⑨　○直－行(アリテ)48－2⑲　○直－諫2－14③　直－氣14－18⑱
直－躬21－4⑳　○直－言42－8⑱　○直－言(メ)66－9⑭　直－言危行(ノ)63－21⑮　直－士1－5⑯　直(H)－指
66－12⑫　直－詞62－2④　直辭13－5③　○(H)直－日8－7⑲　直(H)－宿8－5⑪　直－心2－21⑫　直－臣
38－13⑬　直城13－1⑯　直－清55－2⑫　直－清貞－諒(ナリ)70－19⑧　直－聲70－6⑪　直折1－10⑨　○(H)直
－道40－1⑩　○直－直(トン)21－7⑪　○直－筆65－15⑩　直(H)－文10－9⑭　直名2－12⑲　直夜11－12③
直－廊21－2⑦　○(H)直－廬14－7⑬　陟－岵66－10⑧　陟－明52－5③　塵－1－3⑰　○塵－埃5－3⑧
塵－纓22－18⑫　塵(H)－鞅7－9③　塵衣7－11⑤　塵(H)－架10－2⑤　塵－街33－17⑥　○(H)塵－囂7－6⑥
塵客13－12⑱　塵－機23－13③　塵襟5－2②　○塵外5－10②　○(H)塵－灰4－7①　塵－曠58－2③　○塵

−垢10−9⑦ 塵−滓14−9③ ○塵−事16−17⑩ 塵−沙37−3⑥ 塵−壊43−7⑬ 塵−牀10−2⑱
塵蹤5−10⑫ ○塵−俗8−10⑭ ○塵−心13−13② 塵−薛32−10⑫ ○塵−中5−4⑥ 塵−泥11−12⑫
塵−忝59−14⑮ 塵−忝29−3⑬ ○塵−土7−4⑤ 塵−黷65−3⑪ 塵−黷68−19⑨ 塵−黷60−4
⑥ ○塵−念45−15⑤ 塵−妄7−11⑬ 塵−網5−9⑮ ○塵−務21−2⑤ ○塵−霧12−11⑪ 塵壁
13−17⑫ ○塵−勞35−5⑫ 塵−路19−2④ ○塵−穢44−6③ ○塵−汚23−11⑩ 枕37−9⑲
○枕−籍22−6⑧ ○枕−上16−10② ○枕−席17−3⑬ 枕前35−6⑬ 枕−中35−6⑦ 枕−帙6−9①
枕−簟20−4⑭ 沈(人名)19−14⑫ 沈−吟1−19⑱ 沈−痼40−4③ 沈−厚和−易46−8⑱ 沈子明(人名)21−16
④ 沈−愁15−13⑯ 沈−舟69−7⑤ 沈−實55−2⑬ 沈謝(人名)23−16⑱ ○沈潛38−11⑳ 沈−嘆41−7
③ 沈−斷51−1⑫ ○沈−沈19−9⑯ 沈傳師54−12② ○沈−痛40−5⑬ 沈平(人名)21−6⑤ 沈−謀42
−8④ ○沈−没44−8⑳ 沈−冥17−1⑦ 沉2−10④ ○沉−痾6−6⑪ ○沉−吟36−7⑮ ○沉−
吟9−12④ 沉−舟27−9⑲ ○沉−醉23−17⑩ ○沉−靜55−13⑯ 沉−然10−8⑲ 沉賤6−
6⑬ ○沉−重21−7⑪ ○沉−沉5−11② 沉−奠40−12⑥ 沉−浮7−6⑱ 沉−冥7−8② 沉−
冥37−5⑤ ○沉−湎67−8⑰ ○沉−淪17−8⑯ ○珍|24−1⑱ ○珍−奇15−8② 珍義(人名)70−16③
珍玉(人名)41−1⑨ 珍−和56−18⑫ ○珍−羞61−9⑲ 弥就(人名)59−17⑨ ○珍−重9−7① ○珍−重17−2

⑰
○珍寶（ナリ）41—9⑬
○砧—杵10—3⑦
砧—砗33—9⑦
○朕47—1⑦
賃（ス）26—10⑮
賃舂（シ）5—15⑮
○鎮（地名）26—3⑭
鎮|（ス）25—13⑩
鎮遏使53—3③
鎮冀H（地名）48—8⑪
鎮冀深趙等州ノ觀ノ—察處—置等使ノ51—3⑳
鎮—國軍判ノ官54—13②
鎮（地名）—州60—4①
鎮州大ノ—都督—府ノ長—史51—4①
○鎮守57—19①
○鎮H—守（セ）56—8⑧
鎮—綏（セ）71—3⑪
○鎮—星57—7⑳
○鎮—靜57—14⑪
鎮節度—使47—16⑮
鎮—帥51—8⑧
鎮—寧（ス）52—12⑯
鎮備（セ）56—5⑦
○鎮—撫57—15⑧
○鎮—撫（セ）48—3⑥
鎮陽H（地名）49—2⑩
鎮—臨（メ）54—3⑧
鎮—壘64—9⑦
○陣12—5⑳
陣—圖57—25⑧
○陣—亡53—1⑮
陣—亡—軍53—5④
○陳（地名）43—4⑪
陳（人名）26—12⑭
○陳|（ス）3—1⑯
陳—家27—6①
陳—賀57—22⑭
陳—賀（スル）57—3⑪
陳孝山（人名）69—4⑯
陳給（人名）事44—4⑮
陳許H（地名）41—1⑪
陳許高僕射H（人名）31—9⑭
陳君賞53—10⑪
陳兄（人名）6—15⑤
陳H—啓（ス）61—11②
陳結H（人名）之35—5⑥
陳協律23—7⑲
陳—獻（ス）58—8⑱
陳—乞49—7⑨
陳—乞（スル）┐55—1⑫
陳K—居—士9—7⑨
陳—根29—8⑮
○陳蔡H（地名）16—11⑮
陣K—山—人9—7⑤
陳二（人名）19—16②
陳氏（人名）42—10⑥
陳—室19—11③
陳日榮等H（人名）52—8⑲
陳（人名）—謝56—7⑩
○陳—謝56—18⑮
○陳—謝（ス）57—2④
陳—讓56—22⑰
陳—讓（スル）56—22⑨
陳主簿（人名）25—17⑬
陳叔達H（人名）48—2④
陳—式14—4②
陳寔53—12⑬
陳子昂（人名）1—6⑯
○陳—情22—4③
陳生36—8②
陳—請（スル）57—6⑫
陳楚53—10⑨
○陳—奏57—19③
○陳—奏（ス）58—4⑲
陳村（地名）10—1⑩
陳榻（人名）33—12⑱
陳倓51—11⑲
陳中師51—9⑰
陳籠（人名）21—6⑤
陳—朝46—10⑬
陳杜（人名）1—14⑤
陳樊H（人名）

36－19⑲
陳府君（人名）42－10⑤
陳夫子（H人名）17－2⑥
○陳平（人名）64－3⑯
陳郎中34－6①
陳郎中使君（人名）8－8①
陳留（地名）70－2⑦
陳留郡70－2②
陳H－露57－6⑨
陳－露ス58－2⑫
鴆鳥5－16④

ツ

○頭－陀18－11⑭
頭陀經（書名）ノ2－13⑥
頭陀寺15－17⑳
頭－陀－會19－3④
堆ツイ－髻ケイ4－8⑩
墜髻13－1⑳
墜－軸71－8③
墜履15－4①
追遊2－6⑭
追－遊メ34－12⑳
追－遊集－宴57－8⑯
○追－號69－8⑯
追－勘スル59－6⑩
○追－悔ス27－1⑮
追－歡34－16⑤
○追想スレハ10－5③
○追－思スレハ21－14③
○追－崇50－12⑬
○追－崇メ53－1－⑫
追－尋メ7－11⑮
○追－随ス37－4⑧
○追－贈61－6⑫
追－歎メ20－1⑯
○追－逐ス29－5⑱
追－寵50－6⑲
追－封ス69－13⑦
○追－捕スル┐66－20①
追－命49－1⑱
追－榮52－6⑲
追－榮スル53－4①
○追－遠57－1⑱
鎚－鍜メ16－3⑮

テ

○丁10－1⑨
丁H－酉40－6⑧
丁－亥57－7⑥
丁－鶴26－4⑱
丁公著（H人名）50－3②
丁口2－8①
○丁壯1－4⑩
丁H－氏66－19⑥
○丁H－丁タリ39－2⑳
○丁－寧ナリ27－11⑬
○丁H－年66－10⑧
○丁－未57－12⑪
○亭7－7⑯
亭H－育68－9⑧
○亭－午21－11⑤
○亭子13－4⑨
亭－上5－4⑭
亭－障64－12⑧
亭西（地名）36－8⑪
亭－臺33－15⑫
○亭－亭タリ2－14⑩
亭毒46－4②
低－鶡33－5⑳
低－歌31－10④
仾H－昂カウ4－4⑲
低－昂ス19－15⑤
低－花25－16①
○低迴メ26－13⑥
○低濕12－18①
低－斜メ19－14③
低－墻31－15⑯
低－垂メ27－8⑤
低－窓32－15②
低－亭32－5⑳
低－帽34－11⑰
低－風25－10⑩

低-屛35-3⑪　低-平[ニメ]33-15③　低-密[ナリ]36-3⑭　低[HK]-廊22-19⑮　○停-滯56-6⑭　○停-年63-
18⑳　○停-泊[ス]8-5③　停-罷68-18⑩　停歩10-11⑩　剃-削22-17⑨　剃-落[ス]41-11①　呈34-3②
○呈｜[ス]24-3⑳　寄[H][セ]-呈｜[ス]30-14④　呈-謝[ス]32-11⑲　啼-眼28-13⑤　啼-蛍6-8⑯　啼-襟23-11⑭
○啼-哭[セル]17-12⑬　啼蟄15-2①　○啼-聲28-3⑰　啼-鳥17-5①　啼眉13-1⑳　坻11-9③　堤[H]-[ノ]
決68-8⑧　堤[H]-[ノ]上9-7③　○堤-塘70-6③　堤柳33-15⑩　娣姒40-4①　定15-19②　定光上人(人名)9-
11⑥　定偈39-7⑮　定國13-2⑳　○定-根41-10⑭　定州53-10⑨　定裏郡王54-6①　定-心-石6-
12⑮　定水6-16⑦　○定-數62-20⑩　定[H]-情12-12⑦　定-中15-7⑥　定[レ][テ]-塲[ヲ]16-2⑪　定-難52-
8⑲　定-約[スル]57-23⑬　○定-慧39-8②　○帝｜[タリ]47-6⑯　帝郷(地名)16-5⑨　○帝京(地名)61-8⑯　帝功46-
3⑥　○帝座18-14⑱　帝-子13-7④　○帝-者56-20⑮　帝[HK]-心38-13⑮　帝[H]辛62-16⑥　○帝城(地名)5-10
⑰　帝-籍23-17①　帝孫26-16⑥　○帝都(地名)5-1⑨　帝[H]-德將軍57-23⑱　帝[H]-里20-17①　帝力28-14⑯
○帝王(人名)35-9⑰　○帝位3-1⑱　幀70-11⑤　○底34-6⑬　底｜[H]63-21⑯　庭[ス]58-1⑫　庭-宇19-15⑧
庭[H]-葉9-5⑥　庭-訓67-13⑯　庭花13-12⑬　庭[H]-槐11-4①　庭-徑21-2⑬　庭-戶35-12③　庭-
際33-10⑱　庭-草26-18④　庭[HK]-諍38-13⑳　庭-霜21-15⑰　庭實43-5⑬　○庭[H]-樹8-14⑩　庭-
松-11-12⑨　○庭-前9-13①　庭湊(人名)60-8⑦　庭-臺20-15⑦　○庭[H]-中18-7⑪　庭東36-11⑲　庭-

蕪34-11② 庭-蘭30-5⑪ 庭[K]-柳32-9⑤ 庭-闈2-8⑬ 庭[H]-院6-14⑤ 廳|[H]12-8⑥ 廳-記41-
3④ 廳事43-4⑱ 廳-前16-12⑥ ○廳-堂69-14⑬ 廳壁32-10⑩ 廳簾18-18⑯ 廳院28-12⑪
○廷-尉2-6⑯ 廷尉寺吏52-12⑩ 廷-尉丞ノ52-3⑮ ○弟40-3⑩ 弟-兄2-9⑧ ○弟-子12-13
⑨ 弟-姪23-11⑰ 弟[H]-姪等24-10⑬ ○弟-妹24-10⑮ 㒹2-21⑮ ○悌42-6① 替-處59-2⑨
抵-滯23-2⑧ ○挺|トソ2-8⑯ 挺|ソ38-5⑨ 挺シ出ルニ51-1⑨ ○挺-身ニソ51-8⑨ 提-擧ス25-10⑦
○提-挈ソ45-14⑪ ○提-携スレハ13-5⑩ 提-攜ソ14-18⑨ 相ヒ提-攜シテ2-5④ 提壺16-7⑥ 提壺鳥
16-7⑤ 提-振ス41-11⑦ 提-抜ソ17-17⑪ 提[K]垣因22-2① 梯5-15⑧ 棣[H](地名)56-15⑳ 棣等[H](地名)56-16⑮
棣[K]-蕚35-9⑰ 棣華驛(地名)20-2⑦ 楨13-5⑲ 楨幹40-8⑩ ○汀洲(地名)29-12⑱ 汀[H]-沙20-7⑰ 汀-樹7
-2⑮ ○泥(地名)33-17② 泥-蛙19-6⑱ 泥-雨24-20⑮ ○泥-金62-2⑱ 泥-垢22-20⑭ 泥-滓58
-1⑳ ○泥-沙1-21⑩ 泥[H]-雪25-9⑪ 泥[H]-泉7-9⑪ 泥-壇21-4⑬ 泥-中17-11② 泥塵1-
2⑩ ○泥-土12-10⑬ ○泥-塗5-11⑯ ○泥-濘26-1⑰ 泥-鋪26-11⑪ 渟-渟トシ43-12⑩ 涕66
-7④ ○涕-泗2-23③ ○涕-涙15-6⑩ 町-疃67-17⑪ 砥67-17⑬ 禎69-10⑳ 禎-祥57-8④
禰衡(人名)28-9⑱ ○程2-13③ 程行25-15① ○程-限58-8① 程[H]羣(人名)48-8⑩ 程[H]秀才(人名)28-6⑥ 程執恭(人名)54
-4④ 程執撫(人名)51-6④ 程[H]昔範(人名)49-12⑦ 稊-米39-5⑮ 第|31-9① 第|スル44-3⑤ ○第-一3-11①

第｜一｜座68｜9⑮
第｜一｜室71｜2②
第｜一｜聲24｜14⑲
第｜一｜道47｜8⑨
第｜九層(ノ)24｜20⑱
第三道
第五道47｜12⑰
○第｜五60｜3⑪
○第｜三19｜1⑨
第｜三｜室71｜2⑧
第(H)｜三｜聲28｜18②
第三道47｜11①
○第｜四26｜13⑯
第四道47｜12①
第｜七29｜9⑮
第七集11｜13⑲
第｜七｜句36｜18⑲
第七｜秩31｜1⑱
第十二妹等48｜1 107
第｜宅2｜6⑭
○第｜二3｜11①
第｜二室(ノ)71｜2④
第二道47｜9⑫
第(タ丶)｜二｜年21｜6④
第｜八秩37｜9⑯
第(H)｜判42｜6⑨
第(H)｜品48｜7⑨
第門44｜8⑲
○第｜六46｜8⑪
第六祖71｜9⑯
○綈(K)｜袍12｜19①
綴(Hテイ)｜旒4｜12⑪
緹縈(K人名)42｜7④
聽44｜7④
聽｜看(ス)25｜15⑧
聽｜採(ス)58｜5①
聽｜取(セヨ)12｜1⑨
○聽｜從66｜15⑨
聽｜法6｜12⑱
聽覽44｜6③
荑(テイ)32｜8⑤
詆訐45｜4⑳
詆｜忤(ス)60｜4⑮
詆(K)｜。訊45｜4⑳
詆｜殺(セン)33｜5⑫
○諦｜観(スルニ)71｜6⑨
蹄｜汗19｜1⑬
躑躅18｜5⑮
遞(H)｜夫27｜2⑬
遞｜互(ニ)23｜3③
○貞｜1｜17⑤
貞｜行66｜1⑮
貞苦1｜12⑰
貞和53｜4⑨
○貞觀(年号)2｜8④
貞觀中(H年号)48｜5⑲
○貞元(年号)2｜3⑨
貞｜元(ナラン｜ヲ)18｜14⑳
貞元十｜有五｜年46｜2④
貞元十(年号)｜九｜年39｜6⑳
貞元十九年冬十月一日(年号)43｜5⑦
貞｜元十五年(年号)38｜4①
貞元十(年号)｜五｜年七月七日40｜5⑤
貞元十七年(年号)40｜2⑰
貞元十年五月二十八日(年号)46｜10⑩
貞元十六年夏四月一日(年号)42｜10⑯
貞元中(年号)42｜1⑬
貞元二十年十一月十三日42｜8⑯
貞元二年(年号)41｜5⑳
貞元八(年号)｜年九月42｜11⑪
貞元｜六｜年41｜8⑰
貞｜勁秀｜異(ナル)1｜21⑲
貞操等(人名)(ラ)68｜4⑯
貞｜姿1｜11②
貞修41｜9⑮
貞｜松5｜10⑩

2 ⑫ 題-答(シルヲ) 34-4 ⑲ 題-贊(H)(ソ) 39-2 ⑲ 題-贈(H) 16-12 ⑨ ○題-目(K) 29-1 ⑨ 題-輿 51-8 ⑲ 題-錄(ソ)

17-9 ⑬ ○體| 20-18 ⑦ ○體|(ス) 38-13 ⑫ 體-要(H) 54-11 ② ○體-氣 30-2 ⑥ 體-元(HK) 64-2 ③ 體-骨 56

-6 ⑫ ○體-裁 2-11 ⑫ 體-道(H) 57-4 ⑪ 體-中 32-4 ⑤ 體-望(HK) 55-12 ⑦ 體-物 70-19 ⑯ ○體-用 47

-1 ⑬ 鶗-鴂(H) 16-3 ⑩ ○鼎 62-16 ⑳ 鼎-魚 61-4 ⑲ 鼎-鑊 61-9 ① 鼎湖(地名) 35-9 ⑱ 鼎-盛(H) 47-7 ⑱

鼎-門(K) 29-5 ⑱ 佻-然(タル) 70-23 ⑮ ○兆| 67-4 ⑭ 兆-庶 62-5 ⑫ 兆-人 65-14 ⑫ ○兆-民 3-8 ⑫

○兆域 46-11 ⑫ 凋-瘵 61-9 ③ ○凋-殘 57-3 ⑯ 凋-疎 15-21 ⑱ 凋-年 22-9 ⑱ ○凋-弊 57-5 ④

○凋-弊(スル) 65-15 ⑥ 凋-零 9-13 ⑫ 凋-零(ス) 2-15 ⑥ ○刁-斗 37-10 ⑦ ○嘲|(ソ) 32-15 ⑤ 嘲-詠(ス) 31-5

① 嘲-噪(ス) 36-22 ⑮ 嘲哳(タリ) 16-1 ⑫ 嘲-哳(ソ) 12-18 ④ 嫋 21-2 ⑥ 嫋-紅 21-18 ③ 嫋-娜 32-8 ⑤

○嫋-嫋(タヲヤカナリ)(ト) 15-12 ⑦ ○弔|(セ) 40-2 ⑫ 相-弔(ス) 70-6 ⑱ 弔-影 13-18 ③ ○弔-客(H) 40-3 ③ 弔-祭冊-立-

使 50-4 ⑬ 弔-奠 49-1 ⑭ 弔-伐 53-1 ⑧ 彫-章 65-16 ⑥ ○彫-鐫 6-11 ⑧ 挑 69-6 ⑦ 晁錯(人名) 64-

10 ⑮ 晁董(人名) 13-2 ⑩ 晁朴 53-8 ⑫ ○朝| 26-3 ⑭ ○朝|(ス) 1-3 ⑲ ○朝-衣 14-1 ⑫ 朝-右 52-11 ⑨

朝雨 26-16 ⑲ ○朝-雲(HK) 12-18 ⑰ ○朝-謁 6-14 ⑦ ○朝-謁(セン) 55-1 ⑮ 朝-煙 34-7 ⑯ 朝-衙 20-9

⑰ 朝霞亭(建物) 71-5 ⑨ 朝-薤 66-10 ⑯ 朝-綱 48-12 ④ 朝-行 28-7 ② 朝-客 19-3 ⑪ ○朝-儀 18-14

⑯ 朝-曦 29-12 ③ 朝-氣 21-2 ⑰ ○朝議 1-6 ⑮ 朝-議大-夫 40-10 ② 朝-議-郎 40-10 ④ 朝飢

5-4⑭ 朝-享3-3⑧ ○朝-觀47-18④ ○朝-觀58[セ]-5⑰ 朝-光20-9⑲ ○朝-官36-17⑪
朝闕8-7③ 朝-景36-3⑱ 朝-經61-3⑫ 朝-脛37-3⑧ ○朝憲54-10⑭ 朝-賢17-16④ 朝昏
5-12⑰ 朝鎖8-8⑥ ○朝[H]-參6-15① 朝-散19-3⑮ 朝-散贊-善二-大-夫50-10① ○朝-散
-大-夫19-6⑲ 朝-散-郎51-15⑳ 朝-市16-16⑤ 朝-士31-6⑤ ○朝-旨49-10⑳ ○朝宗(人名)56-
22⑩ 朝-車22-7⑳ ○朝-奬49-12⑬ ○朝-章56-17⑧ 朝-序55-2⑧ 朝-鐘21-6⑧ 朝眞15-
19⑱ ○朝-臣68-15③ 朝[H]-水27-9⑭ 朝-睡35-7⑲ ○朝-政59-12⑪ 朝-請52[ス]-7⑰ 朝-請
大-夫46-8⑩ ○朝-夕67-5⑰ 朝[H]-籍49-8⑫ 朝-選55-13① 朝湌10-5⑥ 朝-飧29-4③ 朝
大夫8-3⑲ 朝帶37-1⑨ 朝-端55-3② 朝簞9-12④ 朝-中33-13⑬ 朝中親故(人名)36-21⑨ ○朝廷(地名)
6-3⑦ 朝-聽48-6⑤ 朝[H]-朝9-5⑱ 朝朝暮暮13-14② ○朝暾7-12⑩ 朝那(地名)90-16② 朝佩36-
15⑱ 朝[K]-盤24-17⑫ ○朝-服22-3① ○朝-聘57-23④ 朝-晡15-2⑧ 朝簿28-4⑦ ○朝-暮18
-10⑪ 朝奉大-夫71-13⑯ 朝-眠28-10② ○朝-命47-17⑪ 朝-夜15-1⑧ ○朝-野22-11⑥
○朝來13-8⑮ ○朝-陽2-17⑲ 朝履清等[H](人名)56-7⑳ 朝-列55-13⑧ ○朝露1-18⑨ ○朝[H]-恩42-2
⑧ ○條21-7⑪ 條-貫45-13⑨ ○條[HK]-章55-9⑨ 條疏59-4⑨ 條制51-2⑫ 條-對62-1⑳
○條目47-9① ○條-理65[スル]-3⑫ 條-錄56[ソ]-2⑦ 潮洲(地名)35-17⑭ ○潮州37-5③ 潮宗1-5②

潮信27-2⑬　○潮-水13-19⑩　潮-濤40-12②　潮-頭20-6⑲　潮陽(H)35-17⑮　肇等(H)(人名)(ラ)50-13⑱　蜩鶊2
-22③　蜩-甲36-7⑳　祧70-7⑫　梟-梟(トソ)36-3⑬　○調36-23⑨　○調(セラル)41-4②　調-沃36-12①
調氣31-12⑳　調-馭58-5⑱　調-勻24-10⑦　調-和(シ)27-11⑨　調-護52-4⑫　調-護(ス)54-3⑩　調(H)
-柔(セ)35-1⑲　○調-習57-15⑰　調-食48-4④　調-笑13-2②　○調-節(ニス)63-2⑪　調(HK)-攝56-22①
調(H)-選67-16⑦　調(HK)-判41-6⑥　調(H)-判(ソ)70-2④　調(HK)-品12-18⑩　○調-伏27-8③　○調-伏(ソ)7-5
⑯　調-慢(シテ)7-14⑲　豸冠5-6⑬　貂48-11⑬　貂-冠32-4⑨　貂-裘25-9④　貂(人名)-蟬4-4⑫　貂
-蟬29-12⑮　超-軼(セシム)38-15⑳　超-升52-2⑭　○超-然(タリ)36-13⑬　超-遷(スル)53-5⑫　超-擢(ニシテ)59
-13⑰　超-拜(ス)50-3⑨　○趙(H)(地名)56-15⑳　○趙高(人名)2-10⑮　趙季(H)50-7⑲　趙原(地名)42-2⑨　趙郡(地名)68-2⑫
趙弘亮(人名)52-14⑦　趙弘亮等(人名)52-14⑧　趙國公(人名)71-2①　趙國夫(国名)-人51-14⑦　趙氏(人名)70-2⑭　趙州(地名)52-5⑭
趙宗儒(人名)59-12⑤　趙秀才13-11⑫　趙-瑟31-3①　趙昌(H)(人名)54-3②　趙襄(人名)2-17⑫　趙叟2-6⑦　趙村(地名)29-
16⑪　趙璧(K)(人名)3-10⑳　跳-蛙26-10③　○跳-躍(ソ)1-20⑰　迢-遥(タリ)14-16⑤　沼-遞(タリ)10-14⑭　迢-遞(トソ)
17-21⑲　○迢-迢(タリ)5-13④　釣6-1⑰　釣-竿35-10⑳　○釣-魚20-4⑮　釣-絲16-8①　釣-舟
16-8⑮　釣-人16-8⑪　釣-船36-16③　○釣艇33-11⑫　釣網1-4⑱　釣翁34-13⑬　雕-金70-15
⑰　雕-弧38-5⑩　雕(H)-墻31-4⑯　○雕(K)-鐫35-14⑥　雕-鎪38-10⑦　雕-蟲45-6②　○雕-鏤(セン[コト]ヲ)

4－2⑧　鳥語ノミナリ5－8⑤　鳥翅21－2⑦　鳥觜31－13⑰　○鳥－獸15－8②　鳥－獸蟲魚39－3⑦　○鳥
－雀15－18⑰　○鳥－聲20－9⑳　○鳥－跡26－6⑲　鳥－迹38－11⑲　鳥－目37－10⑥　鳥曆37－12⑫　鳥HK
－路17－8⑳　鵰2－19③　齠H－齔10－5⑭　齠－齓セリ70－4④　齠－容36－13⑥　○倜－儻ナリ69－13⑧　嫡
－庶66－20⑨　○惕－然タリ44－7⑭　惕－厲57－1⑪　○敵13－2⑪　○敵｜ス16－2⑤　○敵－國46－7④
○敵H－手33－10①　敵－人67－3⑦　樀－樀タリ6－4⑧　滴－瀝飄灑トメ43－3⑩　○滌－蕩スル61－8③　滌
濯スル「42－6③　狄兼謩（人名）37－7⑮　玓－瓅タリ31－2⑲　○的－然トメ40－9⑭　甋15－3⑪　笛－中32－8⑨
笛－竹16－9⑭　籊籊タリ36－4⑳　○翟H｜63－9⑤　翟Hテキメ63－8⑲　翟－比セハ58－8④　○荻－花12－16⑱　荻
－竹29－4⑱　荻簾33－16④　蓨－人57－18④　○躑躅31－16④　迪簡H（人名）54－16⑦　適｜22－11⑥　○適｜ス22－19
⑯　○適H－意8－15⑥　○適H－歸66－20⑫　○適－從スル「67－9⑭　適－然タリ30－5⑱　哲｜ニン47－9⑮　哲K－
匠35－11⑮　○哲－人50－6⑰　○哲－婦ナリ42－7⑤　哲王（人名）57－8⑰　垤塊43－3④　○姪31－14⑯　姪某49
－6⑫　姪－兒22－10⑭　姪－孫42－8⑮　○徹｜ス62－22⑮　徹H－警セン66－12⑪　○徹HK－底38－7⑨　綴セリ39
－9②　綴H－兆65－7⑮　迭－救62－15⑫　○轍5－9⑧　轍－迹63－4⑳　○鉄馬34－2⑱　○鐵1－7⑬
○鐵－騎12－17⑨　○鐵牛26－2⑥　鐵（地名）－牛－城25－12④　鐵－冠67－17⑭　鐵－檠31－10⑤　鐵鑿37－3④
○鐵馬37－8⑮　○鐵H－鉢6－11⑤　帖｜シ68－7⑧　牒3－6⑭　牒H－中45－9④　○蝶4－5④　諜42－8

⑬　○貼ス32－8④　○傳H｜35－10②　傳ス12－15④　○傳家35－9⑭　傳－教－主－院71－10⑥　○傳－寫39－

2⑱　傳－舎67－2⑫　○傳－授41－8③　傳－授誘－誨69－16⑬　○傳－説58－13⑯　○傳法H(地名)41－10②

傳K－法－堂41－7⑱　○典｜47－9⑩　○典シ68－8②　典校13－1⑦　典－校ス52－10⑱　典－樂65－9⑪

典－訓50－5⑧　典H－刑28－16⑮　典H－午17－19⑱　○典－故48－5⑰　○典－常57－24⑰　○典－章55－14

⑮　典－職スル49－6⑬　典－制47－13③　○典H－籍68－10⑩　典K－存シ64－6⑲　○典－賣58－12⑭　○典－

賣ソ58－12⑪　典－墳38－15⑧　典－謨46－3⑲　○典－例51－14⑮　○典－禮55－2⑯　○典H－麗54－11②

○典－論41－12⑤　典彝67－5③　甸H－縣49－9⑯　○甸－服52－3⑭　輾－然29－3⑪　墊セン40－2⑨

墊－溺69－14⑭　塡｜セリ26－8⑫　塡－納ス59－3⑰　塡－陪ス59－3⑮　○天1－1⑨　天－閑1－11⑫　○天

－意15－21②　○天－衣22－2⑧　○天－運62－5②　○天－下1－9⑭　○天－下－一71－13⑩　天可度4

－13⑳　天－戒57－22⑰　○天H－海7－3⑲　○天－涯3－9②　○天－界12－13⑬　○天H－樂6－11⑳

天旱58－4⑧　○天－鑒58－2⑫　○天－顔12－13⑩　○天－氣6－16⑤　○天HK－機39－3②　○天宮H(建物)28－17

⑪　天(建物)－宮－閣28－17⑩　天宮寺(建物)41－9①　天H－香25－16⑩　天－衢27－10⑨　天－和9－6⑦　○天－火2

－19③　○天－外26－13⑥　○天－官40－8⑩　天－官侍－郎タリ68－2⑬　天－驥70－19⑰　○天闕18－14⑯

○天－工27－2⑪　○天－功57－1⑨　○天神－災3－8⑩　○天－際14－1⑮　○天－造34－8⑮　天－姿22

｜13⑳ ○天｜子1｜13⑧ 天｜慈59｜15⑥ ○天｜時27｜11⑮ ○天｜賜66｜12⑯ ○天｜日1｜10⑪
○天｜上1｜22⑤ ○天｜壤36｜12⑫ ○天｜授(ナリ)22｜5⑳ 天｜酒61｜9⑨ 天(HK)書12｜4⑲ 天｜縦(ナリ)38｜
14⑥ ○天｜色7｜12⑱ ○天｜爵27｜6⑦ ○天｜人3｜7⑱ 天｜人交｜感44｜11⑩ ○天｜眞38｜10⑬
○天｜心25｜11⑲ ○天津(地名)23｜17④ 天津橋(地名)33｜6⑫ 天津橋上13｜7⑳ ○天｜神47｜11⑨ 天｜親57｜20
⑤ ○天｜水20｜12③ 天水郡開｜國｜公54｜3⑥ ○天(H)数10｜18④ ○天｜性66｜20⑯ ○天｜仙12｜18
⑬ 天｜聽58｜8⑰ 天(H)｜族66｜17⑳ 天｜尊56｜26⑬ ○天台(地名)41｜10④ 天台山(地名)27｜2③ 天台峯(地名)5｜10⑧
天台嶺(地名)16｜12⑦ 天｜討61｜4④ ○天｜道2｜10⑯ ○天｜壇22｜20⑬ 天壇子36｜9② 天壇峯下(地名)27｜15
③ ○天｜地1｜9② 天｜地神｜明62｜21⑧ 天｜池16｜10⑧ 天｜厨15｜2⑧ ○天｜柱31｜7⑬ ○天(地名)
竺8｜12⑤ 天竺山(地名)8｜11⑨ 天竺寺(建物)22｜16⑱ 天竺石(地名)69｜4⑫ ○天｜帝28｜2⑨ ○天｜庭62｜4⑥ ○天
｜聽59｜4⑦ ○天｜德42｜9⑳ 天｜德｜軍｜使55｜5⑨ ○天｜南17｜15⑳ ○天｜年32｜2⑭ ○天｜
馬4｜3⑱ ○天｜罰57｜1⑫ 天｜畔17｜12⑫ ○天府(地名)64｜13⑯ ○天｜風1｜22③ 天｜覆地｜載61｜4⑯
○天｜文3｜8② ○天｜兵47｜18⑯ 天｜平｜軍48｜10⑧ ○天｜邊16｜9⑤ 天(年号)｜寶46｜9⑩ 天寶十(年号)｜
載12｜14⑧ 天寶十三載正月二十一日41｜4⑰ 天寶十四年(年号)12｜14③ 天寶中(年号)42｜8⑤ 天北26｜17⑪ 天(H)｜
魔｜女20｜10⑥ ○天命26｜1⑬ ○天｜明3｜6⑱ ○天目(地名)20｜15② 天門街13｜11⑮ ○天｜籟16｜2⑩

天(H)(地名)-姥68-15⑫　天姥岑(地名)68-15⑦　○天-狼37-10⑦　○天-倫40-5⑪　天-厲40-2⑪　天-憐(ナリ)32-12
⑰　天-祿26-6⑮　○天-祿閣23-17①　○天-威38-9⑩　○天-維3-6③　○天-恩59-14⑱　奠40
-3⑮　奠-筵69-9⑲　奠-次(メ)69-10⑦　奠-設69-8⑱　奠文69-11⑯　奠(H)-酹(ライ)57-7⑪　奠-酹(ス)40-
5②　奠(H)-禮57-11⑰　展禽2-13①　○展(H)-轉12-11①　○展-轉(ソ)38-4⑮　展(H)-養59-15①　○巓36-
13⑦　巓山(地名)11-2④　店(K)-(ノ)前(ニ)3-6⑦　店-女25-3⑫　店壁11-11⑱　店-門25-15②　忝(スル)20-3⑦
忝(HK)冒58-1⑩　恬38-1⑬　恬-和(ナリ)36-4⑨　恬-曠(ナリ)6-15④　○恬-然(タル)31-17⑭　恬-泰(ナリ)22-13③
○恬-淡(タリ)5-9①　恬-智55-4①　拈(ソ)21-9⑫　殄-瘁(ソ)43-5⑯　○殄-滅(ス)57-20⑨　殄-夷(シヌ)57-
1⑦　○殿|50-2⑦　○殿|(セリ)48-3⑯　殿角5-2⑯　○殿-閣69-14⑰　殿監15-6⑬　殿-最44-9⑮
殿-最(シ)63-7⑲　○殿-中70-18⑬　殿(人名)-中-監70-18④　殿-中侍-御-史41-1⑯　殿-定48-6⑲
殿(H)-庭65-18⑧　殿-内53-9③　殿-内御-史49-4⑨　殿-邦57-16⑧　殿(H)-門19-17⑭　沾(ソ)2-18⑭
沾-濡10-17④　添硯(ノ)26-10⑯　澱-水56-11⑳　○田1-4⑩　田(H)(セ)63-1⑧　田-衣27-13⑯　田穎53-
2⑮　田家23-14⑩　○田家1-4⑨　田興(人名)55-8⑧　田羣(人名)52-6⑬　田-戸48-5②　田-氏49-2⑭
○田-舍2-7②　田畯66-20⑰　田順兒(人名)26-7④　田盛(人名)53-10④　田蘇(人名)35-16⑰　田(H)-(ハ)卒(コトゴトク)63-2⑦　田-
宅23-14④　○田-地7-4⑪　田-中4-5⑧　田疇(人名)53-12⑳　○田-疇44-10⑱　田畜蠶績47-8⑲

⑰　○點｜10－12⑬　○點｜ス20－18⑮　○點－額ソ31－8⑬　點－額－魚17－7②　○點－檢ス27－5②　點粧12
－18⑨　點竄15－2⑪　○點－綴ソ6－11⑪
ト
兎HK－毫38－11④　○兎－園35－16⑤　兎苑37－6⑨　○兜率（地名）ノ71－7⑫　兜率寺34－7⑤　兜（地名）－率－陁天－
宮70－11⑧　兜率天（地名）69－8⑩　兜率天宮H（地名）71－7⑫　○努－力ス25－16⑭　吐－茹22－4⑩　○吐（地名）－蕃56－5⑪
○吐キ－露ス68－9⑨　○圖1－21⑦　圖｜ソ36－11⑬　○圖畫57－10③　○圖－像57－10⑯　圖寫シ20－14⑤　○圖
－書23－17①　○圖－籍56－2⑲　圖－軸43－7②　圖H－諜43－5④　○土4－12⑰　○土H－芥65－21⑨
○土－階33－1⑰　土－膏67－1⑲　土H－宜11－5⑥　○土－牛22－4⑨　土－疆53－3⑪　○土－鼓38－13
⑪　土－功2－7⑩　○土－貢54－6⑰　○土－産16－1⑫　○土－壌49－2⑪　○土－俗24－5③　○土－
地67－1⑮　土－田42－2③　土－風15－9①　○土－物43－4⑱　○土－墳4－12⑬　○土－木1－3⑧
○土－民17－3⑲　土－門56－7①　○土－龍62－22⑭　土－爐21－8⑱　○堵33－16⑱　○堵－墻38－5①
塗53－8⑱　塗江11－8⑪　塗谿（地名）18－5⑤　塗－山25－5⑤　塗山寺（建物）25－5④　○塗炭69－12⑯　塗中25－7
①　奴16－1⑳　奴－藏54－17⑧　奴－子33－6⑳　○奴－婢22－6⑳　○奴僕36－10⑱　屠H－門7－12⑬
○度－62－15⑨　○度｜ス10－17⑯　度了シル27－16④　度H－關16－2⑤　度－者スヘク39－8⑫　○度－數47－12⑦
度－脱ス10－10⑨　相度ヒ－脱スル69－8②　度H－程54－17③　度等H（人名）ラ48－7⑥　○度－量59－17③　弩Kト38－1⑨

○徒｜11－6⑳　徒ス67－11⑬　徒－言62－20④　○徒爾タリ19－6⑫　○徒－然ナリ9－1⑪　○徒－歩メ48－8⑥
徒－侶23－19⑬　怒67－8⑱　○怒－號ス17－9⑤　○抖－擻8－15⑬　○抖－擻ス19－9⑤　○斗｜3－8⑧
斗17－17⑪　○斗牛1－5⑭　○斗－酒12－5⑧　斗水43－3⑱　○斗筲38－14⑰　斗－儲5－7⑩　斗亭28
－11⑳　斗－門66－7⑧　杜(人名)16－4⑧　杜佑(人名)55－9⑫　杜佑等(人名)57－22②　杜郵(人名)46－8⑥　杜康(人名)26－4⑫　杜(人名)
羔52－11⑦　杜羔等ラ55－3⑧　杜－曲70－13③　杜－曲－花25－15⑨　杜元頴等(人名)52－13⑰　杜兼(人名)56－3⑭
○杜－鵑12－7⑱　○杜－鵑－花12－8④　杜相公(人名)26－5④　杜三十一(人名)28－14⑰　杜子(人名)K29－9⑩　杜子美(人名)10－
2⑦　杜氏(人名)39－8⑭　杜式方51－7④　杜十－四拾ノ－遺16－1⑧　○杜－若3－8⑰　杜原(人名)71－6⑰　杜正倫(人名)H
48－5⑭　杜南(人名)1－6⑮　杜文清(人名)59－18⑥　杜母34－9⑱　○杜(人名)－甫45－6⑦　杜梨リ2－20⑬　杜陵(人名)4－6②
杜陵叟4－6①　杜錄事(人名)27－14⑬　渡26－12①　○渡口15－17②　○渡－船23－1⑲　○渡HK－頭32－8⑲
菟－裘31－8①　茶54－15⑲　茶－蘗22－10⑯　茶蓼66－3⑩　○蠹15－3⑳　蠹スルヲ2－13⑲　○蠹HTシミ－魚14
－14⑩　蠹－驢50－4②　蠹椽19－10⑬　○途(地名)26－9②　途(人名)68－1⑮　○途－中13－17⑦　○都K(平)12－13⑦
都－押－衛53－13⑧　○都邑(地名)70－21⑫　都－監58－9⑱　都H－監－軍－使57－19⑬　都－畿48－11①　都虞候
53－11⑧　都－官42－10⑧　都－官郎－中42－11⑦　都官駕－部郎－中69－1⑭　都－官員－外－郎60－4⑩
○都－護68－2⑬　○都市2－23①　都子(人名)35－18⑨　都昌70－18⑥　○都－水55－13⑩　都－數57－23⑩

○都城(地名)36－5⑰　都－團－練56－23⑱　都－團練判－官48－9⑮　○都－統59－4⑳　○都－督42－10⑦
○都－鄙64－16⑫　○都－府50－9④　○都門(地名)4－1⑩　都－尉17－16⑦　○駑－駘24－8⑨　○駑－鈍44－
5⑤　偸薄(ナル寸ハ)62－9⑥　○僮－僕23－6⑱　冬衣10－3⑦　冬(HK)－夏38－12⑩　冬－裝33－6⑪　冬－官49－
3⑦　○冬－月66－5⑨　冬－卿55－6⑳　冬－景20－15⑰　冬－計25－6⑫　冬－獻67－18⑪　○冬－至18
－8⑮　○冬－日11－11⑯　冬春2－7⑬　冬渉67－13⑩　冬－夜26－4⑬　冬凌(H)18－8⑬　凍5－3③
○凍－雲26－18④　凍－航21－17⑭　凍－花27－11⑫　○凍－死2－6⑰　凍(HK)－死－骨45－3⑭　凍－翅26－
4⑧　凍－水20－7②　凍－餒22－12⑰　○凍墨31－10⑥　○動｜38－2②　○動－42(ス)－6⑪　○動－揺2－21
⑥　○動－揺(セハ)59－11③　動(H)－言4－12①　○動－作(ソ)28－14④　動(K)－者6－14⑨　動－植3－8⑰　○動－
靜37－11⑦　動－靜進－退62－19①　○動－息41－12⑯　動－蕩(ソ)19－14②　○動－天57－22⑯　○同46(ス)－4
⑫　同－惡60－8⑦　○同－異62－14⑫　同－遊7－8⑳　同－遊(ソ)10－15⑲　○同－一40－9⑨　同－一(ノ)－
法27－16①　同－一－樊7－12⑫　○同－音(ナリ)58－2⑰　同飲(ソ)31－12④　同－穎47－18⑩　同－讌34－14⑦
○同－學19－12⑭　○同－氣40－5⑪　○同－衾33－6①　同(H)－官9－12②　同(レ)－歸(ナリ)66－17③　同(K)－軌35－
9⑳　○同穴1－12⑪　○同(K)－縣12－3⑳　同－群37－11⑲　同(K)－群37－11⑲　同憲(H)(人名)48－1⑳　○同－座20－
15⑥　○同(H)－坐(ニ)20－8⑲　同儕2－22⑪　○同－事56－14⑪　○同(H)－志10－17⑨　○同－時3－5②　同枝

19-2⑩ 同-謚ナル46-5⑯ 同州(地名)32-14① ○同-色21-3⑨ ○同室1-12⑪ ○同-日3-1⑦ 同舎
郎69-2⑫ 同-匠13-4⑤ 同-牀25-15⑲ 同賞3-1⑩ 同K-賞セシ6-8⑯ ○同-宿36-17① ○同
-宿セン22-19⑪ 同-出ソ68-11⑮ ○同-心1-7④ 同-心同-道44-6⑰ 同レ-儕ナリ67-14⑳ 同H-制
49-11⑯ 同城縣46-11⑨ ○同姓56-2⑪ 同-歳10-10② ○同聲36-23⑥ ○同-族2-17⑭ 同-中
32-1⑩ 同-中-書54-3⑰ 同-中-書門-下61-10⑫ 同-中-書門-下平-章-事57-16④ 同-塵
66-18⑱ 同-同70-3⑨ 同徳寺(建物)28-14⑲ ○同-年12-5⑯ ○同-輩25-18④ ○同-伴3-13⑤
○同-平-章-事58-13⑨ ○同-病26-17⑤ ○同-門2-4⑳ 同-門-生66-6⑱ ○同-夜1-9①
同H-老36-11① ○同-類16-7⑬ 同-寮23-13⑩ ○同-列56-15⑨ ○同-位70-3⑦ ○憧-幢タリ45
-14⑥ 彤H(人名)49-8⑮ 彤-雲19-14④ 彤-襜25-11⑱ 彤庭51-9⑧ 憧-憧7-11④ 慟40-4⑦ 慟ス
70-14⑥ ○慟H-哭ス12-6⑪ ○投|ス31-7⑲ 投-和ソ17-16⑨ ○投-壼26-12⑤ 投H-分ナラン28-18⑭
投-林35-11⑲ ○瞳-曨トゾ2-3⑤ 東|ス71-3⑳ 東菴(建物)6-4⑥ 東HK-牖22-6① ○東遊9-10⑮ 東掖
10-16⑩ 東HK-屋22-16⑪ 東HK-夏55-2⑧ ○東-海15-20⑨ 東H-涯6-12⑩ 東H皇34-2① ○東郊(地名)11
-3⑱ 東-閣2-2⑦ 東-岍33-8⑭ 東H-巖7-15④ 東潤11-9② 東H-畿52-10⑰ ○東宮(人名)15-12
① ○東-宮23-13⑯ 東-去ハソ25-14⑱ 東-御-史-府70-2⑪ 東墟(地名)12-5⑲ 東H-極イタッテ12-13⑭ 東

歸30－6⑮　東－隅70－13⑧　東(地名)郭16－12⑪　○東[K]－君22－2⑨　東[HK]－軍56－6④　東[HK]－郡55－11⑯　○東(地名)京25－15③　東坰11－5⑪　東溪－野17－10⑨　東[H]－軒20－12⑥　東(地名)呉24－14④　東齊21－8⑱　東(地名)曹51－4⑮

○東－作63－2⑳　○東(地名)－山34－5⑫　○東－使25－7⑩　東[K]司29－3⑭　○東[H]－寺10－17⑰　○東(地名)周35－10②　東－室71－4⑬　東床14－18①　東－墻17－7⑪　東牀36－24⑤　東[H]－署33－1⑦　東－諸－侯71－3⑱

東(地名)蜀34－2⑬　東巡26－7⑱　○東－人71－4④　○東－晉7－7⑩　東(地名)津郷46－10⑪　東－城11－4⑳

○東－征スル24－1⑩　○東－西3－5⑨　東－西間71－8⑧　東西川38－17⑧　○東－西南－北18－9⑫　東西府4－11⑳　東(地名)川17－8⑲　東船12－17⑩　東窓7－4⑭　東－牕23－8⑧　東岱10－7⑨　○東(地名)臺2－11④

東島29－12②　○東－道55－12①　東－宅34－1⑬　東池11－8⑰　東－亭18－4⑯　東鄭1－13⑰

東(地名)－朝55－8⑲　○東土69－13⑫　○東(地名)－都69－7⑪　東(地名)都城70－11⑥　東－都留ノ－守55－2－③　東－頭32－10⑮　○東－南9－2⑪　○東－方21－15⑳　○東(人名)方朔15－13⑮　東(人名)方曼倩69－2⑮　○東(人名)－坡11－7④

東(人名)陂6－8⑭　東[H]－扉8－10①　○東(建物)－武22－6⑬　東武－丘寺24－15⑬　○東－風9－12⑫　東平46－9⑫

東[H]－壁16－16①　東[H]－偏6－11⑲　○東－北14－12⑨　東溟26－10⑤　○東－面14－3⑳　○東－門2－5⑪

東[H]－陽22－8⑰　東[H]－牖68－2⑨　○東[K]－萊(南イ)3－5⑲　○東(地名)萊20－15⑩　東－廊8－2⑩　東(地名)－洛40－6②

○東－籬32－7⑥　東－里28－17⑰　○東[H]－流11－2⑰　東(地名)－淩57－13⑧　○東(地名)－林1－22⑭　東(建物)－林－寺16

－20⑫　東林精舎41－11⑪　東鄰5－15⑬　東(地名)－隣25－8⑮　東－樓18－8③　東(地名)王城69－17①　東－灣24－
8⑫　○東(地名)－夷70－4⑪　○東闈2－16⑲　東K－院(エン)4－5④　東－園19－13⑦　東垣13－2⑭　桐H－葉9－3
⑲　桐K－花9－7⑪　桐枝2－15⑥　桐樹18－14⑦　桐H－樹－館8－3⑥　桐H－柳9－10⑱　桐－尾17－17⑫
桐H(建物)廬16－10⑲　桐廬館13－16③　棟－宇2－4⑬　棟間20－15②　○棟－梁K17－15④　○洞21－5③　洞H－花
8－5②　○洞－穴26－9③　洞－戸12－13⑮　洞－主17－3⑲　洞H－水7－5⑭　洞－中65－14⑪　○洞(地名)－
庭24－8⑥　○洞(地名)庭湖8－5⑭　○洞－徹(メ)6－12⑨　○洞－天12－13⑲　○洞－房19－17⑯　洞北43－2⑫
○洞－門14－2⑫　洞－裏17－4⑭　潼H－關12－13①　潼－關吏45－3⑬　滕－家41－8⑱　勝H(地名)薛67－15①
○滕(建物)王閣17－18⑰　滕殷晉51－12③　○燈13－18⑪　燈－焰10－14①　○燈－下13－19③　○燈－火9－2⑥
○燈－燭24－7⑳　○燈－前19－3⑰　○燈－前19－3⑰　疼－痛31－14⑮　痛67－19⑪　痛－飲26－11⑱
痛－飲(スルヤ)23－4⑱　痛－苦40－5①　痛－言(スル「)59－5⑫　痛－哭58－4④　痛－哭(ス)47－2⑨　○痛H－恨40
－6⑯　痛酸8－13⑨　痛－心69－9⑳　痛－心(ス)59－7⑦　痛－惜(ス)59－8⑫　痛－憤44－1⑯　痛－憤(スル「)
69－10⑪　登H50－9⑭　登HK－歌4－15⑤　○登降63－2⑯　○登－高24－16⑱　○登－科58－2⑱　○登－科(ス)
38－2⑫　登－仕－郎49－5⑲　登(地名)州42－3⑫　登－車55－15⑥　○登H－進(ス)48－6⑯　○登科(ス)－第(ス)46－2⑤
○登－壇(ス)20－16⑭　登－眺(ス)22－4⑫　登H－封36－17②　登－聞64－1⑯　○登－庸(セラレテ)70－－12⑲　登里羅

羽ー録没密施ー句主ー錄毗ー伽可ー汗50ー1⑮　○童ー女12ー13⑯　童童2ー21①　○童(H)ー僕10ー15⑳
○童蒙(ナリ)2ー15⑮　○等49ー6⑮　○等ー級63ー5④　○等ー差47ー17⑱　等衰13ー2⑫　○等ー第(ノ)57ー13
⑥　等ー頭28ー2③　○等ー倫53ー14⑧　等ー列64ー6⑱　等夷2ー13⑯　等ー夷(ス)1ー9②　筒23ー9⑲
筒(H)ー中16ー9⑮　○統(N)52ー3⑮　○統ー一(セ)60ー6⑮　統ー家48ー10⑰　○統ー御(ノ)48ー7⑧　統ー馭54ー4⑳
統ー軍59ー12⑳　統ー護(ソ)54ー3⑧　統(HK)ー序56ー5③　○統ー帥55ー6⑧　○統ー制(ス)56ー20⑱　統ー牧(ス)61ー
2⑧　○統ー理52ー3⑰　○統ー領(セ)59ー4⑱　統(Kスヘ)ー衛(マモル)(ス江)22ー2⑦　○董ー狐38ー11⑮　董公1ー2⑥　董昌(人名)
齢51ー4⑱　藤(ノ)ー陰5ー8④　藤ー葉1ー15⑤　藤架33ー1⑱　○藤ー花16ー21⑭　藤(H)ー枝18ー10⑤　藤(H)ー
床35ー11③　藤(K)ー牀22ー19⑩　藤ー帯31ー15⑪　藤杖13ー16⑲　藤帽20ー12①　藤(H)ー轡27ー4⑱　豆(H)ー區47ー
13⑲　豆ー觴69ー10⑩　豆苗10ー15⑲　通(人名)50ー4⑱　通(H)6ー4⑮　通(ス)3ー1⑨　相(ヒ)ー通(ス)68ー8③　通(K)ー家
35ー7⑫　通ー介66ー18⑫　通ー好56ー17⑱　通ー江24ー10⑪　通ー學(ス)70ー21②　通ー規55ー2⑥　通ー議
大ー夫41ー3⑫　通衢44ー1⑬　通果澧鳳州9ー13⑪　通ー慧45ー12⑤　通偈39ー8④　通ー徑15ー7⑮　通
ー經(ト云ヲ)41ー6⑥　通ー計(スルニ)70ー10⑥　通ー曉(スル)45ー5⑨　通ー健(ニソ)69ー9②　通(HK)ー侯12ー12⑮　通ー塞69ー
11⑥　通ー才56ー6⑨　通ー事舍ー人50ー9⑧　通ー子23ー3⑥　通州(人名)12ー8⑪　通ー識54ー1⑭　通ー詳(スル)
50ー10⑮　通ー儒50ー3⑤　通ー守50ー8⑪　通津37ー3⑦　通ー粹68ー4⑩　通ー制71ー1⑨　通ー濟55ー

9⑭通－犀26－10⑱通川(人名)17－21⑯通－奏50－9⑪通－達ス8－4⑭通－知スル55－12⑫通－中5－
5⑩通－天3－10⑧通－統スル52－13⑭通－班52－13⑪通－敏54－17④通－聘52－2⑲通－明55－
6⑥通－理1－6②通－理スル寸ハ68－8③通－流セハ47－14④通－力39－8⑧通－和セント57－3③
○逗－留ス60－8⑧逗－遛59－8⑤鄧家(人名)33－3⑱鄧－国夫－人52－14⑲鄧子成(人名)70－22⑲鄧州(地名)51－13
⑮鄧攸(人名)19－19⑬鄧犀伽(人名)42－3⑩鄧(人名)－魴ト云45－5②鄧魴張徹(人名)1－17②鄧伯道(人名)30－7⑰鄧翁35－12⑳
○銅K|39－2⑨銅(書名)－印69－13⑲銅－街32－9 186銅－錯70－23④銅魚21－3⑲○銅－鼓17－4②○銅
－山2－7⑱銅－雀2－12⑬○銅錢2－7⑱銅－駝28－15⑲銅駞34－10⑮銅－鐵39－2⑫銅－符
24－4⑨銅－瓶19－11②銅－缾19－7⑮銅－墨50－11⑭銅－利63－4①銅－龍26－1⑫銅－爐22
－16⑪銅樓27－4⑦○頭21－9⑰頭－巾18－1⑱頭－上10－14⑬頭－雪27－13③○頭－髪21－9
⑧頭鬢3－6⑦頭－風28－11⑥頭－風ノ31－3⑬頭－邊28－3⑩騰－驤ス38－12⑯騰－騰7－4⑤
騰－騰兀－兀トゾ23－8⑭骰－盤16－2⑯鬭38－11⑫○鬭－殺60－10①○鬭爭60－9⑱鬭－班ノ19－
7⑦鬭廉66－13⑥鮭Kトウ－鱑3－12⑨○鼕鼕タル20－9⑰鼕－鼕トゾ22－7⑲匱66－15⑰○得10－7⑪
得－一56－25①○得－喪6－1⑭○得－失29－14③得雋68－20④○得－心9－10⑦○得度69－3⑤
○得－度ス41－21⑥得H－樂セン71－7⑫德50－2③德裕H(人名)49－13⑲德－音56－5⑥○德－行42－9⑬

○徳—義63—13①○徳—教65—1⑲徳州(地名)52—3⑥○徳宗(人名)3—9⑪徳宗皇帝(人名)42—2④徳宗聖文神武皇
帝42—1⑦○徳—政4—2⑦○徳—星34—1⑰徳—善(アル)51—45①○徳—澤62—8⑫徳棣兩—州56—
2①○徳—望59—1⑨徳門(人名)42—4⑳徳[H]—容57—11⑫徳—威61—5①○毒|69—12⑮○毒(セリ)14—19⑥
○毒[K]—艸17—4②○毒—沙15—9②毒[H]—螯38—9②毒暑21—19⑤○毒[HK]—蟲38—4⑤毒[H]—蟒11—7①
○特(ニ)56—2⑥○特—異59—17⑯特—奬61—6⑱○特—進49—1⑦○特—達38—2⑯特—地59—10
⑨○特—立(セリ)56—7⑪獨—異(ニメ)44—2⑩獨—遊31—6⑬○獨[H]—行68—18⑳獨酣(メ)5—13⑫獨[H]—鑒
63—19⑥○獨居2—1⑧○獨—吟24—11⑪○獨—吟(メ)37—12⑩○獨—見56—16⑬獨—孤44—3⑤
獨孤郁(人名)[H]54—11⑰獨孤涇(人名)49—12⑥獨孤操(人名)52—5⑲獨孤二—十—七14—1⑥獨孤朗(人名)60—4⑩獨孤朗等(人名)60
—4⑨○獨坐5—6③○獨—坐(ス)37—3⑱○獨—自(ナリ)19—10④獨—愁9—6⑲獨—賞32—12③
○獨—酌32—9⑦獨樹浦15—21⑦獨—宿(セル)22—15①獨[H](リ)—寝(ネテ)6—2⑧獨—棲12—16①○獨—善29—6
⑤獨善(スルニ)45—7④獨[H]—盤14—18④獨[H]—美(ナルハ)(ヲハ)11—1⑯○獨—幅33—7⑰○獨—歩(ス)23—12⑪獨—
眠7—4③獨眠吟18—16⑤獨—夜34—13⑧○獨[H]—立25—17③○獨—立(シテ)54—2③○獨—往28—14①
○督—責(メ)47—7②○禿—頭33—6⑳○篤—行50—7⑲讀—諷(ス)70—23⑬黷(セ)65—12⑨○咄—咄(タル)「32
—3⑤突21—1⑰突[H]—厥等(ラ)57—13②○突兀(タリ)1—4⑰○突—出(メ)12—17⑨○訥[H]41—1⑮○屯|(ス)50

－3⑱屯－聚64－9⑪屯－聚(セリ)(ス)12－7⑭○屯－田54－15⑱屯－田貝－外－郎42－3⑬嫩－紫12－8
⑦嫩－樹20－15⑱嫩(HK)－笋30－12⑮嫩－緑醅28－8⑮敦1－2⑦敦(セシメン)66－1⑫敦－愛(ナル)68－2⑦
敦故10－14⑰○敦厚(人名)52－11⑧敦詩(人名)26－17③敦質13－1⑬敦(H)－責(ス)41－5⑨○敦－睦48－1 107 ○敦
－諭49－7⑨曇濬律師(人名)69－16⑱曇禪師(人名)17－10⑧窀－穸66－15⑨○豚－魚45－2②遁－遺29－11⑳
遁－逃(ソ)52－5⑭○鈍29－9③鈍－頑(ナリ)19－5⑲○頓－挫(トン)21－7⑩鈍－人31－4⑨鈍－拙12－19
⑤○頓(ハヤク)(ニ)－10－11②○頓－首45－15⑨

ナ

○内14－12⑯○内－憂70－18⑪○内(H)－宴12－4⑱○内－宮70－11⑩内－厩16－2⑱内郷縣(地名)20－1
⑱○内－供－奉37－7⑩○内－外12－12①内－外(ノ)官58－2⑮内(H)－景19－5⑯○内(人名)－侍52－
14④内－侍－省56－8⑬内－侍省内－謁省－監52－7⑭内(H)－司52－14⑤○内－史42－5①○内子
17－3⑪内(H)－修70－8③内衆70－11⑨内(人名)－常－侍52－14⑧内－署52－7⑰内－従表－弟52－14⑧
内－署52－7⑰内－屬(ス)52－13③○内－職57－7⑨内－人15－2⑳○内－臣2－6②○内－則51－
14⑧○内(建物)－道－場20－16⑫○内－地47－16⑳○内寵1－7⑰内廳34－15⑦○内－庭40－8⑪○内
－延50－5④内(H)－邸42－2⑦○内－朝54－11⑬○内－殿20－16⑭内－坊59－16①○内－府61－9⑲
内府－局56－8⑬○内－附64－12⑬○内－附(ス)44－12⑰内(H)－理42－1⑯内－園19－14⑮内－園－使

70－2⑬　○惱－殺(ス)26－10④　○惱－亂(スル)28－9①　囊37－8⑤　囊－資43－11⑲　○囊中19－10⑪　囊(H)－
袤45－6⑫　囊(H)－歳70－15①　○囊－時68－6⑨　納(K)－欵56－16⑩　納粟1－17⑱　南－移31－9⑳　南－
遊(シ)13－8④　南印71－9⑮　南音3－12⑨　南(地名)塢6－4⑥　南－雨26－9⑯　南簷5－6⑬　南(K)－家30－4
⑧　○南－海17－6⑧　南岡1－4⑩　南(地名)岡石墳(ノ)41－11⑫　南－崗68－4②　南(K)－巷32－13⑦　南－行(ス)20－
1⑯　南(地名)－郊57－7⑰　南－岸40－3⑨　南(地名)澗12－6②　南－鴈21－8⑳　○南(建物)宮8－12⑬　南－宮－郎51－
13④　南－去33－11⑮　南去(ソ)8－2⑩　南(地名)嶽41－11①　南(H)－金9－7①　南(H)－隅11－11⑥　南(H)－花25－8⑬
○南(書名)華6－13⑩　南華經(ノ)7－6⑯　南－館20－12⑮　南(地名)原40－6⑮　南(地名)郡22－8⑭　南溪29－12①　南(地名)荊2－
13②　南－筧68－8⑩　南(H)－軒7－16③　○南－國16－18⑬　南(人名)操68－5②　南－莊34－6⑥　○南(地名)－山5－
12⑤　南(地名)山大師(ノ)41－10⑱　南－侍御36－15③　南－寺23－13⑯　○南－枝11－2⑰　南(地名)州18－9⑮　○南－宗
45－9⑫　南庄33－15⑨　南－巡18－14⑰　南(H)－蜀14－18⑱　南－人12－7⑥　南(H)(地名)秦14－9⑮　南(地名)城41－10⑳
南－征北－伐53－3⑯　南(地名)－省19－5⑬　○南－西50－1⑩　南－詔57－20⑮　南(建物)－禪－院70－22⑰　○南(地名)－
瞻部－洲71－7⑩　南遷2－12⑰　南阡10－8⑦　南祖31－7⑱　南僧寶71－12⑭　南牕9－13⑮　○南窓10
－9⑰　南(HK)－窗6－7①　南－村22－18⑦　南塘29－7⑩　南－道59－10⑨　南宅13－3⑳　南(H)－塔6－11⑮
南潭30－8⑱　南－池29－15③　○南(H)－中17－9⑱　南－亭26－2⑩　南(H)(地名)鄭48－1⑫　南(H)－土12－3④　○南

—東(タツミ)71—10⑮
南東北廊(H)43—8⑫
南頓縣(地名)70—1⑳
南—巴19—2⑳
○南坊(人名)36—14②
○南—方16—11⑥
南—望(ソ)19—5⑥
南—蕓(H)43—2⑫
南—邦51—6⑳
南—幕(HK)22—12⑳
南—陌19—13①
○南—蠻(地名)70—4⑪
南賓(人名)11—3⑩
南賓郡41—9⑲
○南部71—7④
○南—風16—8⑳
南—服(HK)56—21⑤
南—偏42—10⑱
南浦(地名)16—12⑰
○南—北10—10⑥
南—北—軍50—8④
南—北東—西37—2①
南—北兩—道59—10⑧
南牧64—11⑲
○南—面17—3⑰
○南—面(ソ)17—3⑰
○南陽(地名)43—4⑤
南陽(人名)40—1⑪
南陽縣(地名)開(ノ)—國—男
51—7⑧
南容(人名)69—3⑱
南(建物)—龍—興—寺28—17⑦
南洛陽36—20②
南—鄰28—17⑰
南—隣33—9⑫
南—路57—13⑩
南(H)—樓16—6⑥
南(H)—威16—9⑱
南(HK)—夷64—10⑰
南(H)—院25—3⑬
南(地名)—園23—16⑬
南(HK)—苑12—10⑯
○喃—喃(トソ)1—16⑨
楠—樫69—14⑬
軟—火22—14⑳
軟—褥(ニソ)35—3⑪
軟沙16—8⑭
軟—砂18—10⑱
軟車26—11⑬
○軟—弱9—12⑮
軟—暖(ニソ)31—10③
軟—美(ナリ)16—2⑭
輭—綾33—9⑭
○難|1—17①
○難|(セヨ)68—14⑤
難(K)—詞35—19④
難—制58—5⑰
難—重(ナリ)49—5⑨
難—奪56—18⑳
難—報58—13⑱
難—理50—4⑥

二

○二—2—1⑤
二(H)—牖6—8②
二—融66—8⑧
二—邑69—13④
二—邘16—3③
二—家70—7⑬
二賈(K)(人名)12—4⑨
二—妓31—9⑧
二—紀38—3②
二—義45—12⑬
二—玉(ナリ)40—8⑭
二—願36—6⑭
○二—月1—11⑧
二—月—一30—5⑪
二—月一日30—5⑩
二—月五—日20—10⑩
二月十九日44—6⑥
二—月

十二日41－4⑱ 二－月辛未朔二日壬－申56－8⑫ 二月二36－4⑪ 二月二日33－4⑯ 二月二十五日40－
7⑫ 二－月二－十二－日61－7⑫ 二－君19－12⑫ 二[H]－君－子38－2⑨ 二－偈37－7⑰ 二－經71－6
⑱ 二協律(人名)12－18⑱ 二－賢38－3③ 二－五－年21－14⑫ 二[H]－公38－2⑬ 二－孔63－7⑬ 二－國56－
18④ 二－載57－8⑱ 二－相－公37－11⑯ 二相府34－12⑮ 二－三3－6⑫ 二三月21－8④ 二－三－
子29－13⑰ 二－三－州27－2⑤ 二－三－升26－18⑤ 二[H]－三－寸7－8⑫ 二[H]－三－尺9－12⑮ 二三千
36－14③ 二－三－千－里68－20① 二－三－年18－8④ 二－事55－2⑫ 二－四68－4⑱ 二－子42－6
⑧ 〇二－字45－3⑲ 〇二－師52－10⑫ 二志29－6④ 二[K]－時39－3⑱ 二－詩69－11⑳ 二周歳28－10
⑭ 二－州68－6⑦ 二－秀－才20－6③ 二－室28－13⑳ 二－日43－3⑰ 二什28－2⑬ 〇二－十－8－
6⑰ 二十有九(ニメ)3－1⑰ 二－十－有五－年70－17⑥ 二－十有－三－年43－11⑳ 二－十有－四71－8⑪
二[H]－十－有二－人43－4⑥ 二十有六年46－2⑨ 〇[H]二－十－一－42－2⑭ 二[H]－十－一－日40－7⑤ 二[H]－十－一－
代42－7⑲ 二[H]－十－一－年41－8⑳ 二－十－韻43－9⑱ 二十九63－14⑨ 二－十－九－日69－15⑦ 二－
十九－人50－6⑫ 二十句21－15⑤ 二十畦10－9③ 二十巻69－9⑩ 〇二－十五70－19⑪ 二[K]－十－五－紘
3－11⑪ 二[H]－十－五－日40－4⑩ 二－十－五－首23－2⑨ 二[H]－十－五－年42－6⑲ 二－十－五－篇23－2⑫
二－十－五－萬－匹57－23⑨ 二－十－五－六－年39－6⑬ 二－十－口11－12⑮ 二－十－截21－12⑪ 二十三

63-7⑮ 二-十-三-首22-1⑥ 二-十-三-年25-3⑥ 二-十-三-郎69-8⑭ 二K-十-四3-6⑭ 二
-十-四-韻24-3⑲ 二H-十-四-葉41-8⑤ 二H-十-四-廻25-13③ 二-十-四-縣57-25⑯ 二-十-四-日
70-12⑩ 二H-十-四-人52-8③ 二-十-四-年47-13④ 二十四萬八千48-1 107 二-十-七45-4⑥ 二
-十七-日57-12⑪ 二-十七-代46-8⑧ 二-十七-年18-14⑯ 二-十-日18-3⑩ 二十章2-11⑨
二-十-首44-5⑱ 二-十-春23-11⑯ 二-十-人41-4④ 二-十-任71-14③ 二H-十-政36-18⑪
二H-十-歳24-6① 二-十-場21-4③ ○二十二63-6① 二十二韻15-7⑱ 二-十二-日68-4①
二-十二-年40-4⑰ 二-十-年21-16⑳ 二-十-年-前31-5⑨ 二-十-輩41-10⑥ ○二-十-八
70-2⑤ 二-十八-日58-1⑧ 二-十-篇22-1⑧ 二H-十-萬10-6⑦ 二-十-餘71-10⑲ 二-十
餘-年64-8⑪ 二-十-里19-16⑲ 二-十-里-餘45-8② ○二-十六21-18⑱ 二-十六-韻29-11
⑭ 二-十六-日57-7⑤ 二-十六-軸45-1⑮ 二-十六-年39ナリ-6⑫ 二十六峯35-2⑳ 二舎人19
-14⑫ 二-首14-7③ 二-旬21-12⑰ ○二-乗41-9⑭ 二-升7-7⑬ 二-從-事22-6③ 二-
職49-8⑰ ○二-人3-6① ○二-心56-11⑯ 二-臣53-12⑤ 二-帥53-13⑥ 二-寸26-15③ 二
-姓66-1⑦ 二-成62-3⑱ 二-歳28-10⑮ 二(人名)少尹22-19② 二-尺餘4-8② 二-絶31-6⑫
二-絶-句34-17⑪ 二-説62-8② ○二-千24-13⑫ 二-千九-百六-十四-首70-14⑳ 二-千五-

百38-4②　二千三-百三-十五人51-17⑲　二-千若-千百-十-間69-14⑱　〇二-千-石32-3④　二
-千-匹49-1⑲　〇二-千-里14-3⑳　二-千-餘-戸57-13⑨　二-先-塋71-14⑫　二-宣54-14⑲
二-選49-4⑩　〇二-祖70-5⑧　二-疎2-5⑪　二[H]-宗47-3⑫　二[H]-叟6-12⑱　二-代64-2⑪
二-大-士71-6⑲　二-大-夫69-2⑯　二道46-8①　二-端58-8⑦　二-池34-8④　二-蟲37-12
⑳　二[H]-張12-4⑨　二-女41-1⑭　二[H]-重4-12⑱　二-鎮69-13⑪　〇二天67-13⑩　二-都38-15⑯
二-途47-7④　二同年28-15⑱　〇二-年8-12⑬　二年三月五日36-11⑯　二年七月十日11-14③　二-
年十-月十-五-日69-6⑨　二-邦50-2⑧　二-八2-3⑭　二判官21-3⑦　二[H]-婢36-11⑱　二-美
54-15⑤　〇二-百3-3⑦　二-百-間69-14⑬　二[H]-百-言30-1⑩　二-百五-十有-六70-23⑤
二-百五十五-言71-11⑤　二-百五-十八-言69-3⑫　二百三-十八字29-5⑮　二-百-祀61-1⑬
二-百十-聖47-1⑮　二百石5-7①　二百-段51-7⑫　二-百張12-5⑥　二-百丈2-8⑯　二-百
-年45-3⑧　二-百-歩71-4⑳　二-百萬4-7⑩　二-百-餘30-6②　二-百餘-載65-15
⑨　二-百餘-年65-15⑯　二-品33-1⑨　二賓客29-16⑦　二夫子1-17⑤　二-夫-人70-16
⑭　二-婦43-7⑳　〇二-府70-5⑪　二-部侍-郎55-12⑤　二-物21-4⑭　〇二-分13-8⑫　二-
屏39-4⑫　二-病41-9⑭　二-柄40-8⑫　二篇75-9⑮　二-毛10-10①　〇二本69-6⑱　〇二-萬

46—9⑯ 二—萬七—千—九—十二—言69—3④ 二—萬—匹57—23⑦ 二—門70—23③ 二—楊尚書（H人名）33—17⑧
二—翼54—2⑰ 二—老夫33—2⑱ 二—老翁35—16④ 二—郎（HK）17—7⑥ 二—良（H）40—1⑱ 二—林43—10⑤
二—林—寺（建物）43—1⑲ ○二—王（H）3—3④ 二—園71—5⑦ 膩—理（リニメ）12—12④ ○貳70—13② 貳—（Hスルニ）54—10⑥
貳—師17—14⑱ 貳—志56—13⑭ 貳—職57—19⑥ ○褥（Hニク）14—19⑰ 如建（H人名）41—10⑤ 如上人（人名）25—1⑯ 如—然
71—9⑰ 如大師27—15⑨ ○如—來68—11⑪ 任（人名）2—5⑤ ○任—48—6③ ○任（メ）67—15⑥ 忍（人名）41—8⑥
○忍—辱68—11⑩

ネ

涅—槃69—15⑦ ○涅槃（シ玉ハント）41—8③ ○涅槃經69—16④ 佞64—2⑪ ○佞—巧1—18⑥ 佞—言65—20
⑭ 佞順2—19⑭ ○佞—臣2—14④ 寧子（人名）15—19⑲ 寧—壹（ナル）65—3⑥ 寧—居（Hセ）40—10⑲ 寧塞郡（人名）56—17⑫
寧塞郡王54—5③ 寧—泰（ナリ）56—24⑫ 寧—貼（ナラ）59—11② ○熱1—4⑪ ○熱—（スル）39—6⑧ 熱飲32—9⑳
熱—飲（ス）35—18② 熱—行（メ）43—7⑨ 熱旱（ス）21—19④ 熱—月27—6⑳ ○熱地15—5⑥ 熱惱21—19⑥ 熱
物29—9⑭ 年—顔11—3⑦ ○年—紀（K）29—4③ ○年—華33—1⑬ ○年—光9—4⑥ ○年—月4—9⑧
○年—月—日（H）40—2⑦ 年—月名氏43—5⑦ ○年—功21—9⑧ ○年—壯67—4⑭ 年—事34—15⑳ 年—
祀71—6③ ○年—齒10—14⑯ ○年—壽（ナリ）37—6⑰ 年—世11—8④ ○年—歳51—16⑦ ○年—少12—1
⑫ ○年—長（メ）6—7⑥ 年—登（ナル）55—1⑪ 年—徳54—3⑪ ○年—年4—5⑦ ○年—輩37—11⑮ ○年—

芳1－11⑪　年－貌30－12⑧　年－鬢9－5⑱　年豐59－18⑱　○年－來23－17⑳　年－禄1－3⑩　○念|HK39－8⑧　○念ス34－16③　念－功47－18③　念－心28－4⑲　○念－念31－6①　○念－慮30－10⑭　○然－燈ノ記41－－9⑳　粘|ソ31－14④

ノ

○濃ナリ5－10⑫　濃－酎35－8⑩　濃露31－18⑭　能(人名)H41－8⑦　○能23－13⑨　能飲スル33－12④　能－効49－5⑦　能－行27－8③　能－言17－21①　○能才53－12⑦　○能－事43－12⑲　能－詩35－10⑲　能七倫5－9⑯　○能－者31－4⑨　能－政53－2⑳　能生5－9⑱　能聲31－5⑰　能HK－斷55－8⑫　能－木38－14⑱　○能－否63－15⑦　○能－文36－24④　能－名51－3⑤　○農Kナリハイヲ ノウヲ(平)3－8⑦　農スル29－15②　農－牛30－8⑪　○農H－隙43－4⑱　農候67－1⑮　○農業2－7⑫　○農－功57－24⑧　○農－桑63－1⑥　農HK－作6－7⑮　農－者1－17⑮　農HK－商64－17⑬　農－商工賈47－8⑬　○農－書26－10⑦　○農－書26－10⑦　○農－人8－5⑲　農－戰47－1⑱　○農－夫13－20④　○農父3－12⑭　○H農－圃10－15⑳　○H農－畝47－12⑳

ハ

巴(地名)11－7⑩　巴－人11－2④　巴(地名)－歌11－7⑱　巴－江11－3⑪　巴漢49－11⑱　巴(地名)－宮11－7⑲　巴(地名)邛1－1⑩　巴曲18－13⑱　巴(地名)－郡8－12⑬　巴H－徼(古弔反)11－10③　巴(地名)－峽45－15⑪　巴－紘18－6④　巴(地名)山33－13⑭　巴子城11－13⑪　巴(地名)子臺11－4⑮　巴字18－2⑤　巴(地名)州52－5①　○巴(地名)－蜀40－6⑰　巴(地名)蜀軍ノ55－10⑫　巴－水14－19⑥　巴(地名)西18－9④　巴(地名)－蟬11－4⑧　巴蛇19－8⑦　巴(地名)臺11－4⑬　巴(地名)女11－8⑭　巴(地名)東6－4⑫

巴-童18-4⑧　巴南(地名)11-3⑦　巴蠻11-6⑫　巴-民18-3⑦　巴庸1-3⑥　巴(地名)-城18-10⑧　巴(地名)-夷52
-13⑦　○巴(地名)-猿28-12⑦　坡ハ34-2⑮　坡上11-7⑤　坡-前18-16③　婆-娑37-3⑫　○婆-娑ス36-
8⑱　婆-娑世-界69-14④　把|10-17⑮　把酒29-3⑲　○摩Hス11-6⑭　摩娑3-12①　摩-娑ス27-5①
播(人名)42-8⑱　播-等42--9②　播ニソ51-9⑦　播ス24-3②　○播H-遷テ16-3①　播-揚シ69-7①　波-
眼25-17⑲　波-月32-13④　○波上8-3②　○波-濤23-2⑦　波-風32-4③　波-文33-18⑪　○波H
-浪7-3⑩　○波瀾2-19⑪　波離H(人名)41-10⑱　派ノ如ニ38-6⑲　○派2-19⑪　灞H-滻27-3⑮　灞陵(地名)27-
9⑩　灞陵原(地名)4-13②　皤-然タリ34-16②　破H-豔14-7⑥　○破-屋14-14⑥　○破-顔ス34-15⑯　○破
壞ス29-9⑭　○破-鏡7-15⑲　○破-碎ス21-12⑩　破-齊34-6⑪　○破-産67-10②　○破傷スル37-2
⑯　破K-扇32-13④　○破船20-2⑪　○破-窓14-13⑰　破-村2-4⑥　○破-竹52-8⑱　破-袍32-
11
252
○破-滅メ7-11⑫　破-漏シ27-14⑪　磨メ5-14③　磨-盡メ25-13⑮　磨-憂ス36-4⑥　磨-瑩シ4
-1⑱　磨笄山(地名)2-17⑬　磨-揣ス16-2⑦　磨-折セヨ24-3⑩　相磨ヒ-折メ23-2⑱　磨H-梅57-14⑳　磨-
礪メ69-5⑱　磨H-圍-山18-9⑨　笆籬2-7①　簸1-17⑲　○芭-蕉36-7②　蟇HK-池22-8①　跛-
鼈25-13⑯　○覇タリ63-13⑲　○覇者2-16⑯　○覇道62-15⑯　○覇王(人名)5-16③　頗H|66-9⑦　頗-邪63-
13②　頗牧H(人名)54-6②　馬56-18⑨　馬H-家4-10⑮　馬銜34-11⑯　馬-牛67-9④　馬-駒21-13⑭

馬屈(人名)H 56－18⑫　馬嵬(地名)3－6③　馬－軍先－鋒兵－馬－使54－6⑬　馬造13－9⑦　馬策15－4⑯　馬侍御(人名)H 14－
7⑪　馬周(人名)9－5⑩　馬舎(人名)－人19－12⑰　○馬－上13－17⑧　馬常侍(人名)37－8⑭　馬首H 14－11⑳　馬植(人名)H 49－12⑦
○馬H－政52－10⑳　○馬前12－13②　馬遷(人名)7－14⑫　馬揔52－11①　馬總H 50－10⑱　馬H－畜56－7⑳　○馬－蹄5－10
⑱　馬－頭25－3②　馬伏波(人名)15－13⑮　○馬－鞭20－6⑱　馬－歩60－6⑭　馬鳴(人名)H 41－8⑭　○馬－鬣26－11
②　○麻－衣42－1⑲　麻－縗66－9⑳　麼蟲11－10⑤　佩37－1⑧　○佩HK－玉6－5⑩　○佩－劍15－1⑭
佩－服2－9③　佩－服ス40－8⑨　俳－徊す5－3⑭　○倍｜ス62－7⑮　倍－稱ソ63－2③　倍レ－息64－6②
倍－百ナリ40－6⑯　倍－萬ナリ61－2①　倍－萬ス59－17⑦　倍－利64－6③　吠犬H 71－3⑳　培－塿ス2－22⑦
媒2－17⑮　媒－蘖44－2⑧　媒－孼スル58－3⑭　媒－氏66－16⑤　○廢ス31－9⑫　廢－宮9－5⑨　○廢－
興9－10①　廢琴1－5⑨　廢－曠21－2⑨　○廢－棄セラレテ1－5⑪　廢－事64－2③　○廢－井14－18⑪　廢
－村2－18⑯　○廢－退37－10①　廢－墜セ69－8⑦　廢HK－田64－9⑧　○廢－忘ス15－2③　廢－病35－6⑮
○徘－徊11－4⑯　○徘徊ス4－9⑪　悖－慢63－13②　○悖－禮56－13②　○拜ハ66－11③　○拜ス44－7⑩
羅ツラナリ－拜ス70－13⑬　拜舞シテ15－2⑯　拜－起50－9⑪　拜－慶5－6⑳　拜－迎セルニ24－17⑲　○拜－跪スル「31－
1⑰　拜H－告ス40－11⑪　拜H－哭スル40－3⑩　拜－賜スル「25－3⑲　○拜－辭シテ22－8⑳　○拜－手ソ13－5⑬
拜－手稽－首46－3⑱　拜H－手蹈－舞鞠－躬59－18②　拜K－請シて41－2⑩　拜－表23－17⑭　拜H－表ソ31－15

⑪拝[H]－恩59－13⑫○排|[シ]15－2⑬排－勘31－4⑱排－比[ス]21－18③排－北[ス]22－5⑬擺－落[ス]21－3
⑮斐(人名)[H]洽33－16⑬斐均等58－6③斐(人名)弘泰51－2⑩斐(人名)[H]藏68－15⑮斐敝53－13③斐(人名)晋公30－1⑥斐－然71－9
④斐(人名)[H]注49－9⑳斐(人名)度53－5⑭斐美列32－11 244 斐(人名)武54－17②斐(人名)[H]廣[ヨク]50－4⑦旆18－14⑱旆－旌13
－6②○杯1－8⑩杯[H]－盂8－4⑥杯－讌33－16④杯香16－9①杯－觴18－3⑥杯－觴諷－詠70
－22②杯－杓32－7⑤○杯－酌22－18⑳○杯－酒1－7④杯－前23－15⑲○杯－中23－1⑬○杯
－盤33－5⑯杯－裏26－11⑱○枚33－12⑰枚[K]叟35－4⑦梅[注46]12－1⑭梅10－16③梅[H]－櫻11－5⑮
○梅－雨15－13⑪○梅－花20－8⑫梅－房11－8⑲梅－嶺23－3⑲沛縣46－9④沛公2－16⑭浼
－浼11－13⑧玫瑰[トン]19－14⑥珮7－11⑰珮－響26－3⑯珮[HK]－玉12－4⑯珮[H]－環25－11⑩珮－服48
－12⑪珮－尾19－4⑤廢|[ソ]47－2⑲○盃5－14⑪盃飲26－15④盃－觴35－6⑩盃杓5－12⑲
○盃－酒32－11 262 ○盃－中14－19⑤○盃－盤4－13⑯○肧34－9①○肧－渾21－8⑩肧－渾[ソ]46－
4⑥○背1－15⑬○背－後10－8⑮○肺20－5⑧肺－神32－11④肺腸69－9⑫肺石1－9⑪肺
腸15－2⑫○肺－腑53－4⑫莓－苔70－14⑬裴(人名)48－11⑥裴[トン]38－13①裴(人名)惲33－16⑪裴[H]家27－5
②裴堪55－9④裴垍56－21⑱裴(人名)垍等58－3⑬裴(人名)向55－10③裴(人名)均59－2⑳斐(人名)君68－2⑪裴五15－
6⑱裴(人名)弘泰53－1⑳裴(人名)克諒55－13③裴(人名)使君36－18⑩裴侍中30－4⑱裴－侍－中晋公29－11⑭裴(人名)侍

郎27-11⑱　裴氏(人名)70-4②　裴淄州(人名)H33-15⑭　裴常侍(人名)17-16⑳　裴敝等53-13⑤　裴相(人名)26-3⑩　裴相公(人名)10-

4⑳　裴相(人名)H-國6-2⑮　裴庶子(人名)43-12⑯　裴少尹侍郎(人名)30-14④　裴濤使君37-4⑳　裴度(人名)H54-11①　裴儔(人名)H33

-16⑬　裴通(人名)H50-1⑳　裴侔53-13③　裴賓客(人名)35-17⑰　裴夫(人名)-人70-4⑤　裴玢(人名)59-7①　裴令公(人名)29-16⑱

裴員外(人名)H32-7⑪　貝-葉18-5③　貝-丘53-10⑲　貝錦13-3④　貝州53-10⑱　○敗44-11③　敗スル寸ハ46

-6⑮　敗-闕68-9①　敗-軍22-7⑭　敗-牲60-7⑯　敗-事50-11⑮　○敗-衂スル60-5⑳　買67-

12⑥　買臣2-10⑱　○賣-却ス37-9②　○賣炭翁4-6⑳　踖地57-4⑫　○輩1-3⑲　吾輩カ36-23⑳

輩-流48-1 108　○配ス71-2②　○配偶2-22⑫　醅ハイ24-1⑱　○陪ス31-6⑨　○陪-臣42-9⑪　霈-

然タリ57-24⑨　霈禪師(人名)69-14⑦　霈H-足シ40-11②　○亡61-5②　亡スル67-7⑮　○亡-友17-7⑱　亡-弓

61-7⑱　○亡-兄56-4⑪　○亡-國3-3⑩　亡曹43-8③　○亡H-者64-8②　○亡-妻57-12⑥　亡

-祖53-6⑪　亡-祖-母52-6⑱　○亡-卒3-1⑲　○亡-弟40-4⑪　亡-伯61-6④　亡-妣61-6

④　○亡-父49-9④　○亡-母48-7⑪　亡-母等51-9⑦　○亡-命ゾ56-18①　亾13-17④　亾ゾ65-4

⑦　亾-戶70-3⑧　亾-母50-10⑱　亾-命70-2⑭　丯-茸5-10⑪　傍-徨ス38-4⑧　傍-助57-20

⑨　傍-人25-16⑬　傍-達ス38-7⑪　傍H-邊19-15⑱　傍H-喩14-19⑫　罔-極39-8⑱　罔H-象38-7

⑰　罔-人64-18⑮　罔H-冒66-20⑬　剖竹43-3⑧　包-桑63-3⑤　○包-藏ス56-11⑯　包-山24-8

①○包裹スルニ8-12⑥ 匏[H]ハウ-瓜32-1⑲ 卯1-11⑧ 卯飲36-18⑦ 卯-飲シテ28-6⑩ 卯-後28-11⑩
卯-時17-11⑨ 卯-酒28-13① 咆-哮タリ38-9⑪ ○坊5-8⑥ 坊-曲27-12⑭ 坊-口22-18
⑨ 坊州(地名)46-10⑭ ○崩-壞ス64-14⑰ 疱30-4⑩ ○疱厨28-10⑯ 疱-童30-2⑪ 龐閣老26-
7③ 7龐少尹(人名)26-6⑳ 彭[K]-殤35-7⑧ 彭澤(地名)5-14⑯ 彭蠡湖(地名)16-19⑭ ○彷-徨59-5⑰ ○徬-
徨セン15-3⑦ 彷徨抑-鬱シテ45-2⑮ ○忘-憂20-7⑩ 忘期69-9⑳ 忘機33-11⑱ ○忘-却ス18-12⑥
忘-懷10-7② 忘筌20-15⑦ 忘筌亭20-15④ 忙8-7② 忙-客31-7⑫ 忙苦35-19⑨ 忙-官27-
8⑪ 忙[H]-事26-12⑱ 忙-人23-17⑤ ○惘-然タリ15-6⑳ 房(人名)68-6③ ○房13-17⑥ 房家18-12⑭
房式(人名)56-23⑮ 房孺(人名)68-6② 房[H]-蕊18-3⑨ 房[H]-星4-4⑦ 房宋(人名)54-1⑩ ○房杜[H](人名)54-1⑦ 房杜姚宋[H](人名)
62-8⑫ 房竇[H](人名)31-9⑧ 房門37-9⑩ 房-廊31-7⑮ 房-櫳18-8⑱ 抛[H]-却メ27-14⑲ ○抛-擲ス29
-7⑬ ○方21-18⑤ ○方|44-13⑧ 方-響24-7⑯ ○方[H]-今65-5⑮ 方-隅52-1⑧ ○方-外ナリヤ71
-5⑫ 方逵[H](人名)42-4⑭ 方-圭55-4⑪ 方元蕩等(人名)ラ57-22⑮ 方-潔貞-廉ニシテ54-1⑬ 方冊46-4⑯ ○方
-策62-5⑳ ○方-士4-8⑯ 方-州53-11① ○方-術63-12⑯ 方[H]-書8-9⑩ ○方-寸5-5⑰
方[K]-寸-心9-2⑤ 方尺6-12⑭ ○方-正ニシテ63-21⑰ 方-折38-7⑨ 方池43-2⑲ ○方-丈30-8
⑳ 方[H]-丈餘7-10③ 方-長69-4⑱ 方-直強-毅ニシテ48-1⑨ 方-鎮26-10⑱ 方-瞳36-13⑥ ○方

等41-11⑨　○方-袍30-11⑰　○方-伯22-6⑲　○方-便45-10⑳　○方-便ス69-15⑯　方K-便-教45-
11②　方K-便-智45-10⑲　○方-藥24-15⑫　方-域44-11①　方HK-流38-7⑧　○方-畧48-6⑫　○方
-圓36-17⑫　旁-求62-1⑱　旁-人22-14⑩　(人名)放50-3⑦　○放佚1-2⑥　○放-逸ナラ69-17⑳　○放
-逸シ34-7⑮　○放K-歌シテ29-7⑧　(地名)放鶴峯68-15⑨　放-狂15-21⑤　放-狂ソ15-21⑨　放K-懷22-8⑰
○放-還セリ37-9③　放-歸セン57-23⑳　○放H-棄62-20⑲　○放-棄セラル61-8⑯　○放-言70-24⑩　○放
-散ノ31-9⑨　○放-散ソ24-17⑯　放K-醉35-13⑨　○放-逐18-6⑫　○放-逐セラレテ23-17⑧　○放-免シ
57-24⑥　放-慵タル18-11⑭　放HK-懶30-4⑨　○昂H-宿50-2⑮　○暴62-8⑥　暴\|セリ56-13②　○暴-雨
62-9⑨　○暴-客67-2⑥　○暴-虐2-16⑫　○暴-君65-2④　(人名)暴氏69-14⑦　暴H-疾70-3⑲　暴秦5
-16③　暴水71-3⑮　暴卒1-8⑯　○暴-殄ス56-10⑫　暴-悖47-4⑪　○暴H-風62-19⑥　暴狼2-19
⑮　暴-亂47-4⑰　○暴H-戻71-4③　暴40-10⑪　暴スル40-10⑥　曓47-16⑲　曓スル47-18④　曓-征
65-2①　○望2-12⑭　望H-驛-臺14-11②　望-海-樓20-11⑫　(地名)望江縣2-5⑰　望江樓7-11②　○望
-郷16-4⑮　○望-外59-16⑨　望-月橋36-19⑰　○望-闕13-3⑦　望H-實54-12⑮　望秦8-2⑭
(地名)望秦嶺15-14⑳　望-崇シ52-11④　望仙宮ノ18-14⑰　(建物)望濤樓36-18⑬　(地名)望亭驛24-19⑭　望Hレ-梅ニヲ66-9⑦
望-梅-閣-老37-6⑬　望夫1-10⑤　望夷宮1-3⑬　望H-苑33-11⑨　榜\|セリ4-2⑰　氓K-俗35-9⑮

○泡影HK 17―11⑮ 泡幻14―9③ 滂|タリ26―10② 烹炙10―15⑭ 烹燀ス43―3⑥ 牓14―6③ 牓ス4―6⑧
䀜―俗11―7⑯ 網65―5⑤ 網セシム16―3⑰ 網―外37―8⑫ 網罟2―10⑧ 網HK―羅9―6⑨ 網―羅シ38
―16① 紡―花15―11⑱ ○紡―績47―12⑱ 舫27―5② ○芳|29―8⑭ 芳―意20―17⑤ 芳―猷57―11⑭
芳艶1―17⑤ ○芳―香22―19⑱ 芳―氣11―9⑮ 芳華2―2⑪ 芳―景26―7⑮ 芳―馨1―12⑤ ○芳HK
―魂32―10⑮ ○芳―草22―6⑦ 芳―時31―4⑬ 芳―滋36―3⑨ 芳―樹32―12⑤ 芳色8―10⑬ ○芳HK
―信9―11⑬ ○芳―辰33―14⑯ ○芳―情20―9⑧ 芳―歳13―7② 芳―節21―10⑲ 芳―叢36―20⑦
芳―直2―21⑪ 芳―杜13―5⑦ ○芳―味2―20⑱ ○芳―菲13―10⑨ 芳―物11―8⑳ ○芳―名15―12
① ○芳―林18―5⑬ 芳榮2―15② ○芒|トソ16―2⑪ 芒K―碭タウ38―8⑯ 苞―藏ソ47―17⑧ 茅―庵31―10
⑦ 茅H―宇7―8④ ○茅―屋5―1⑪ 茅H―家16―11⑱ ○茅―茨5―7⑱ ○茅―舍17―18⑭ 茅城(地名)驛23
―11⑱ ○茅H―亭7―2⑥ 茅棟2―9⑭ 茫トソ43―8⑥ 茫H―乎43―8⑥ 茫―蒼1―11⑩ ○茫―然12―
2② 茫―昧タル69―9⑰ ○茫―茫タリ4―12⑰ 莽―蒼トソ14―16⑧ 莽―鹵タル26―4⑰ 虻―蝝63―12③ 蚌
28―2⑱ 蟒―虵17―4② 袍|29―16③ 袍H―被6―9⑨ 訪宿6―4⑦ 訪―敘45―9⑤ ○訪HK―問50―5
⑩ 謗HK―木38―14① ○豹13―4⑥ ○豹―尾34―1⑱ ○貌14―18① 輞溪(建物)2―8⑦ 輞川寺(建物)11―12⑳ 迸
―竹18―13⑭ 邙―阜70―19⑲ ○邦1―3⑬ 邦―邑62―22⑰ ○邦―家1―20⑫ 邦―君53―12⑪ ○邦HK

ー憲55ー14⑬　邦ー彦48ー5⑤　○邦ー國2ー2⑰　邦ー政44ー10⑥　邦ー賦66ー7⑭　邦HKー柄カヒヲ54ー1⑲
邦ー部57ー18⑫　邦HKー本64ー15⑯　防64ー16④　○防ー遏57ー25⑭　防ー禦ー使50ー9①　防Hー禦巡ー官52ー
10⑰　防ー禦判ー官42ー8⑦　防ー禦副ー使41ー1⑱　防ー虞56ー7④　防ー提68ー8⑩　防ー狄兵ー馬ー使
51ー13⑮　○防ー備ス3ー13⑭　防ー慮58ー9⑭　雱ー霈タリ61ー4⑦　飽1ー12⑮　飽ソ36ー12⑤　飽ー餐ソ16ー
6④　○飽ー食26ー14⑬　飽ー飡37ー2②　飽ー暖30ー2⑭　飽ー煖ナル29ー7⑦　飽ー饜ス19ー14⑳　○髣ー
髴タリ43ー6⑪　魴(人名)45ー5③　魴H30ー2⑪　魴(人名)謝70ー10③　魴鱗36ー11⑳　鮑H(人名)魴45ー3⑨　鮑明遠2ー21⑳
鮑H(人名)永67ー4⑰　○伯8ー6③　伯(人名)益30ー4⑪　伯(人名)禽62ー11⑲　伯(人名)氏65ー4⑥　○伯Hー叔41ー8⑫　伯Hー叔祖41
ー8⑬　伯(人名)宗42ー7⑤　伯ー祖70ー19⑤　伯(人名)道16ー17⑲　○伯(人名)仲70ー13⑳　○伯Hー父70ー19⑨　○伯HKー勞6ー
2⑪　○伯樂13ー3⑫　伯(人名)倫26ー12⑬　伯(人名)賽44ー3⑱　伯(人名)蓮41ー6⑬　○伯(人名)夷5ー16①　剝ス31ー2⑱　剝ー
削58ー6④　剝ー蕙27ー9⑧　○剝ー落タル13ー17⑪　○博ー奕26ー12④　○博ー雅49ー4④　○博ー學ニソ70ー
18⑪　博學宏ー詞ノ科42ー8⑳　博ー軍48ー6⑰　○博ー士19ー11⑦　博ー捜精ー掇ソ45ー8⑩　○博徒1ー14
⑲　○博ー通49ー3⑯　博ー望57ー12⑮　博ー望ー苑23ー19⑬　○博Hー聞イ文64ー18④　博(人名)野鎮都虞候52ー3③
博(地名)陵42ー4⑧　博(地名)陵郡夫ー人70ー18⑦　博(人名)陵崔府君69ー12⑦　博(地名)陵人70ー5⑧　○帛12ー17⑩　幕9ー4③
○幕11ー3⑦　幕ー燕61ー4⑲　○幕HKー下17ー19⑥　○幕ー上32ー2①　幕ー席ニソ70ー22⑫　○幕中20ー16⑪

○幕－府51－15⑨ 拍(コト)28－4③ ○博撃(ストモ)1－15⑮ 博－扶15－3⑨ 擘－鬐(トソ)21－5⑯ 擢(トソ)38－5⑪
○暴－露54－7⑭ ○暴－露(ス)61－7⑮ 柏2－21② 栢1－7⑧ 柏耆(人名)51－6⑤ 柏郷縣(地名)56－9⑮ 栢－杵
19－11② 栢署19－15② 栢城(地名)35－10① 栢H－殿16－2⑨ ○栢梁15－2⑮ 栢H－梁殿18－14⑮ ○漠－然(トソ)
40－9⑬ ○漠－漠9－12⑯ 漠－漠凄－凄(トソ)18－6⑮ 漠－漠班－班(タル)35－14③ 漠漠紛－紛(トソ)16－5⑰
瀑－水45－10⑨ ○瀑－布33－1⑭ ○璞－玉55－4⑪ 濮57－3④ 白(人名)34－17③ ○白K39－4⑪ 白47－
15④ 白19－6⑪ ○白－衣30－11⑰ 白乙(H人名)22－5⑦ 白－尹27－14⑥ 白－烏57－7⑲ 白－羽32－11④
○白雨6－11② ○白－雲14－2⑫ ○白煙4－6⑫ 白－煙16－18⑧ 白－鹽22－18⑲ 白H－甌7－6⑬
○白－鷗10－17⑨ ○白－屋24－3⑧ 白－家26－3⑬ 白昊(人名)39－2⑱ 白－毫71－7④ 白學士(人名)45－5⑯
白角33－15③ 白－鶴1－3⑯ ○白－眼26－11⑬ ○白監(人名)25－9① 白－竿15－2⑰ 白簡51－13⑥ 白－
雁17－6⑥ 白－裘36－5④ 白H－菊27－11① ○白居易(人名)3－1⑮ 白藁21－2⑥ ○白魚43－2⑳ ○白－
玉18－5⑯ 白玉墀(人名)2－14③ 白槿花18－6⑳ ○白－金15－9⑲ ○白－銀59－17④ ○白－駒68－19④
白－藕25－8③ 白－花15－17⑳ 白－花－蓮27－6⑱ ○白光1－5⑭ ○白－月24－15⑲ 白君巳(H人名)－下68
－19⑫ 白－輕褣17－2⑮ 白H－頸8－2② ○白H－虎16－2⑨ 白公(人名)46－8④ 白狗峡18－13⑯ 白狗18－
13⑰ 白H－狗－崖17－22④ ○白－虹38－8⑦ 白－黒36－23⑤ 白－黒衆－中68－5④ 白－衫4－7⑤

白賛善15－12①　白（人名）H－使－君24－21⑦　白（人名）H侍郎28－1⑱　白（人名）H－司－馬17－2⑭　○白氏（人名）42－10⑤　白氏（人名）叟69－
4⑦　白氏長慶集（書名）21－1⑦　○白氏文集（書名）70－14⑯　白氏洛中集（書名）71－8⑳　白氏六帖（書名）71－14⑦　○白－紙6－11
⑱　○白H－絲9－12⑲　○白－瓷30－7⑪　白H－髭10－17⑥　白（人名）－髭鬚24－5⑩　○白－日1－19⑤　○白－
質39－2③　○白－沙20－9⑥　白（地名）－社24－9④　白－紗16－13⑯　白－舍－人32－11 242　白－射17－20④
白－尚書37－1⑲　白－粧14－11⑦　白－雀57－7⑳　白酒10－1⑫　白－珠6－11⑪　○白－首1－11⑲
○白－鬚15－11⑫　白庶子23－13⑯　○白－刃22－8⑫　○白－水2－9⑧　白水－塘34－8⑤　白－犀34－
1⑲　白－小魚18－5⑪　白少（人名）H－傅70－23⑨　白－綃36－21⑲　白－蕉35－10⑤　白蕉衫34－11⑰　白寂然（人名）H68
－16④　○白－晳21－4⑥　○白－石7－7⑳　白石先生16－12⑩　白－石－灘36－21⑦　○白－雪2－20
②　白－雪－樓15－17②　白H－接－䍦32－11④　白梅檀21－19⑥　○白－髯31－6⑤　白奏67－1⑨　白叟27
－7③　白太守（人名）21－11⑨　白濤1－4⑳　白道猷（人名）68－15⑬　白道士（人名）36－18⑥　○白－晝15－13⑧　○白HK－蛇38
－9⑤　白－紵19－5⑯　○白帝（人名）38－9⑤　○白帝城（地名）18－8⑳　○白－鳥36－12⑩　白氎37－9⑭　白－氎求
衣36－18⑧　白－點28－7⑰　白－兎21－16⑪　白－藤30－7⑥　○白－頭9－5①　白頭吟2－21⑳　白頭
陀19－11⑲　白－頭浪13－18⑳　○白－頭翁14－4⑯　白二十二郎（人名）45－14④　○白－波1－23①　○白－馬9
－12①　○白麻4－6⑦　○白H－梅8－8⑤　○白K－白たる29－8⑬　白－幕27－12⑦　○白－髪3－5①　白

髪人3－4⑲　白版15－1⑫　H白賓客（人名）33－8⑥　白蘋（地名）71－4⑳　白蘋洲（地名）34－3⑲　白蘋亭（建物）71－5⑦　白－鬢20
－3⑱　○白－布16－16⑧　白府君（人名）39－8⑳　白－芙－蓉16－10②　K白－佛6－11⑥　○白－粉17－15⑩　白
－粉ノ－墻28－12⑪　○白－片18－10④　白－蝙－蝠35－14⑫　白牡丹1－12②　神白－旄3－1⑯　○HK白－鳳38
－15⑯　白－茗16－8⑯　○白－面10－7⑲　白面郎1－16⑰　○白楊（人名）15－14⑱　白楡4－4⑭　白－舉21－
16⑬　白餘盛（人名）51－6⑤　白－螺30－4②　○白－浪15－17⑪　○白老（人名）33－11⑱　白－郎中－集69－9⑪　白醪
13－3⑨　○白樂天（人名）12－14⑰　○白－龍7－15⑲　白－綸31－15⑪　H白－綸－巾24－19⑬　白輪5－12⑯　白
－鱗30－2⑪　白－琉璃6－11⑫　白－翎68－6⑰　白－練17－22⑥　○白－蓮18－2⑥　白－蓮－花14－9
②　白蓮池（地名）27－6②　H白－路11－9⑯　○白－露5－12⑳　○白－鷺15－16⑤　白鹿原15－3②　白鹿原－頭
13－7⑪　○白（地名）－鹿－洞20－4④　○白－猿34－14⑲　HK白－翁30－9②　○縛｜ス10－10④　縛戎人3－12⑳
脉ノ加ニ38－6⑲　脉－脉11－2⑲　○脈24－4④　○脈－脈29－7⑮　○膜45－15⑫　○莫－逆40－9②　莫－
黒38－12⑮　莫愁19－13⑨　莫走柳條詞ノ19－12⑳　○莫－大57－17①　莫－智38－12⑭　○莫－耶22－4⑭
薄ソ6－9④　薄－効59－15⑬　薄宦13－14⑩　薄言67－12⑤　薄－産36－14②　薄－紗33－6⑰　○薄－酒
34－5⑤　薄－蝕61－5⑲　薄－食ソ30－8⑦　H薄－莫40－4⑧　薄田4－6②　○薄－徳57－6⑬　HK薄－晩
12－5⑮　薄夫1－2⑦　○薄－暮16－6⑲　○薄－俸7－3⑤　○薄－命2－1⑨　薄－緜33－9⑭　薄酹

57－11⑱　○藐－然トン40－5⑨　○貘39－2⑥　迫－躄58－8⑮　迫－躄鞭－撻スル58－8②　迫－促スル18－

13⑱　迫－促驚－忙ソ60－2⑳　邈[H]トン8－5⑳　邈－矣トン22－13⑲　○邈－然タリ10－15⑦　○邈邈タリ5－13④

○鏌鋣[HK]4－14⑰　陌6－16⑳　陌－上27－13③　陌路15－6⑦　霢－霂タリ22－17②　霢コサメフリ－霖ナリ61－4⑥　○駮タ、ス

41－4④　○駮－議52－11⑩　○駮－議セ54－16⑰　駮－正48－12④　駮－正セル48－2⑮　駮－落タリ31－14

⑤　○魄23－4⑮　魄（人名）－兆69－11⑮　麥－麯70－1⑨　麥－禾47－13②　麥傷26－10⑦　麥－粟58－8⑫　麥

－風24－4⑪　麥[H]－苗4－6②　○伐櫻ノ賦2－20⑧　○伐[K]－性29－9⑲　○伐檀2－10⑨　伐[H]－木70－12⑯

○八30－2⑮　○八－音38－13⑲　八－韻9－7①　八－詠26－9⑦　○八－戒34－16③　八－行25－11⑨

八[H]－行詩33－7⑳　八角亭71－5③　○八－寒37－3⑧　○八－極4－3⑳　八－九1－17⑭　八－九－曲34

－2④　八－九－日43－3③　八－九－頃15－18⑫　八[H]－九－載30－13⑬　八九子2－15⑱　八－九－枝7－

8⑫　八九日44－7⑬　八－九－十68－16⑧　八九－樹10－8⑪　八－九－春33－13⑧　八－九－歳41－3①

八－九－聲28－3⑩　八－九－尺22－13⑱　八－九－丈22－15⑧　八－九－年21－6③　八[H]－九－坊6－16④

八－九－萬22－9⑯　八－九－里43－7⑰　八－區16－3⑫　八－苦四－惡ノ道71－6⑦　八－科27－5⑮

○八－荒46－3④　八－關27－15⑬　八－關－戒69－17①　八－關齋戒69－17⑫　○八－月2－17⑳　八月三

日33－9⑤　八－月十－一－日39－8⑮　八－月十－五ノ夜17－13⑪　八－月十－五－日14－3⑱　八－月十七

日45-9④　八K-君-子41-5④　八-莖12-9⑦　八-言39-7⑤　○八-座51-7⑫　八-載43-3⑳
八爪39-2⑳　八(人名)使君18-5⑫　○八-字4-8⑨　八-子28-2⑲　八H-日41-8⑲　○八-十18-2⑫
八-十有-三年41-4⑲　八-十有六-旬10-7④　八-十-一-68-5⑪　八H-十-一-車4-1⑪　八-十家
1-9⑪　八-十-九37-7⑥　八-十-三41-4⑲　八-十-三-年27-15⑪　八十四37-7⑧　八十字9-8
③　八-十-人70-11⑦　八十二37-7⑨　八-十-二-歳69-2⑨　○八十八3-6⑦　八-十-八-家70-2
⑨　八-十-萬60-5⑯　八-十-餘-家59-6⑳　八-十-餘-歳66-12⑬　八-十-六37-7⑦　八章2-19⑲
八首2-19⑬　八-旬5-14⑯　八-駿4-3⑱　八駿圖4-3⑰　八-種69-3⑫　八-人13-6⑮　八-
水38-12⑤　八-陲2-17⑦　八-歳42-11⑩　八-聖46-3⑦　○八-節37-2⑮　八-節-灘37-7⑲
八-絶-句36-22⑭　八H-千7-13⑩　八-千-人60-6⑲　八-漸偈39-7⑥　八-灘31-7⑭　○八-代
71-1⑯　八-長-老71-8⑭　○八-珍2-6④　八-弥37-12⑨　八-貂52-5⑪　八HK-疊35-19②　八
-屯51-11⑯　○八難2-16⑮　八-年55-9⑯　八-年三-月晦29-8③　八年十二月五日1-17⑬　○八
-方70-4⑪　八百言2-13⑭　八-百-首71-9③　八-百-年65-9⑤　八-風17-1⑮　八-病38-15
⑨　○八-表61-4⑯　八-萬四千41-10⑬　八-溟36-13⑫　○八-面13-1⑮　八-門21-3⑯　○八-
龍40-5⑯　拔-刺(トツ)24-8⑲　○拔-萃38-2⑫　撥12-17⑨　撥|(ツ)35-5⑤　撥刺1-21⑥　○撥(H ハツ)-刺(ラツス)17

－17⑥　撥－撥26－7⑧　末65－7⑧　末減67－12⑤　末－句30－1⑦　末－業57－24⑪　末(K)－工(本摺本)38－10⑬
末－作63－1⑩　末(K)－疾35－4⑮　末章47－7⑦　末代46－4⑳　末－法－中45－12⑥　末(H)－利63－7⑭　末(HK)
－聯24－12⑤　沫46－7③　潑(ス)34－15④　潑－醅33－12⑭　○發12－6⑥　○發|(ス)36－4⑥　○發－狂(スルヲ)52
－1⑲　發(H)－願71－7⑯　發－顧(スラク)68－5④　○發－揮38－13⑲　○發－揮(ス)38－16②　○發－遣48－1 107
○發－遣(ス)52－7⑦　發－護(ノ)46－9⑦　○發－生(ス)57－9⑨　發－赴(セン)58－9⑳　○發－明(スルニ)56－10⑬　○發
－問(ノ)68－10⑩　○發－揚(ス)55－4⑰　○罰46－2①　○罰|(スル)24－2⑦　○跋扈2－19⑯　○跋－渉57－13⑤
○跋渉57－13⑤　○跋渉(ノ)47－18⑥　跋－滞53－6③　蹳－刺(ス)17－17⑥　醱|(ス)36－20⑧　鉢闡布(人名)56－5⑪　鉢(建物)－
塔－院69－16②　○髪21－19⑧　髪肉44－1⑬　○髪|(H)－膚49－2②　[馬犮][𠦝](入馬)24－18⑥　鱍鱍(トソ)3－8⑰　乏42－
10①　○法|2－8③　法－音70－23⑭　法昴(人名)42－8⑯　○法－學65－3⑧　法－供69－16⑫　法－曲3－2⑮
法曲歌3－2⑬　○法|(H)－科65－3①　○法官65－4③　法－卿49－3⑱　法弘(人名)70－22⑳　○法－曹66－16⑲
法－曹參－軍53－11⑫　法－司66－2⑫　○法－施43－8⑯　法－衆68－4⑭　法(HK)－將41－12⑫　法－酒21－
18③　法－乘56－25⑧　法振21－15⑤　法－制63－11⑲　法－性(ナリ)45－11⑭　法－祖71－10⑮　法－孫71－10
⑮　○法堂21－14⑳　法－直65－3⑬　法塵69－3⑪　法－天57－4⑫　法－度12－19⑤　法－法31－6①
法－部70－21⑩　法|(K)－用32－3⑨　○法－吏65－3⑧　○法－理70－4⑰　○法－力70－23⑭　凡(ニソ)1－20⑤

凡[HK]−客9−5⑰ 凡−才59−16⑩ 凡−草35−14③ ○凡−人1−5⑦ 凡聲21−2⑰ 凡−濁[ナル]26−12⑯
凡鳥2−15⑫ ○凡−百50−12⑳ ○凡−夫12−18⑬ ○凡−夫−生70−23⑰ ○凡例46−5⑳ 凡−陋61−
10⑬ ○伴15−5⑪ ○伴[H]−侶26−9⑬ ○判66−1⑤ ○判−官48−3③ ○判−事66−11⑰ 判−司21−
4⑤ 判−入[ス]42−3⑤ 判−度−支41−6② 判−度支−案51−13③ 相[ヒ]−半[スル]62−7⑧ ○半[H]−價63−2
③ ○半−開31−14② 半−江18−12① 半格詩36−1⑤ 半−酣33−19⑱ 半−酣半−飽[ノ]36−5⑤ ○半
−空[ニソ]1−3⑰ ○半−月8−11② 半[H]−月餘8−9⑩ 半−紅輪[也]16−17⑮ ○半時33−20⑪ ○半−日1
−19④ 半−床14−10⑮ 半−牀5−4⑱ 半−出32−6⑧ ○半人37−11⑪ ○半−身30−2⑭ ○半−醉
13−10⑱ ○半−歳21−11⑭ 半−張37−11⑤ 半−頭19−13⑯ ○半−年8−12⑬ 半−年餘44−1⑧
○半−白[ニソ]1−13⑤ 半−百18−11⑳ 半−疋4−7⑥ ○半分33−19⑥ 半[K]−瓶35−15⑮ 半[H]−壁6−12⑭
半俸37−1⑱ 半−峯19−15⑰ ○半−面27−9⑪ ○半−夜5−6④ 半−爐22−9⑭ 半−路27−9⑦
半−禄36−13⑲ ○反−[ス]59−7⑥ 相[ヒ]−反−[シ]62−14⑬ 反−虜26−16⑩ ○反−魂−香4−8⑰ ○反−照23−
17④ 反−聽[ソ]62−20⑰ ○反−復2−10⑬ ○反−覆3−7⑯ ○反−覆[ソ]10−16⑮ ○反−哺1−15⑲
○反−哺[セン]28−3⑰ ○叛56−8① 叛[H]−換[ス]49−1⑧ ○叛−逆57−20⑧ ○叛−逆[ス]49−1⑧ 叛−人61−
4⑱ ○叛−亂68−18⑬ 叛−離[ス]52−7⑥ 樊21−18⑦ 樊家(人名)35−18⑪ 樊姫1−8② 樊子35−8⑬ 樊(人名)

素(ト云)71―10⑱　樊宗師(人名)2―11⑭　樊大(人名)H14―14⑤　樊著作1―9⑧　樊蠻34―15⑮　樊李(人名)45―8②　帆9―13⑦
帆―影6―16⑥　○帆檣10―13⑯　幡H―竿(ハタサヲノ)6―10⑬　○挽―歌18―14⑭　挽歌詞(ノ)12―6⑧　挽―詞26―16⑤
攀―縁25―6⑦　攀―翫(ス)29―7⑳　攀―折20―17③　攀H―餞71―4①　攀―援(ス)2―2⑦　○晩16―10④
○晩H―鶯8―10⑤　晩―陰21―2⑰　晩―葉16―10①　晩燕7―12⑥　○晩―夏34―10⑩　晩―衙15―10⑩
晩―荷9―6⑬　○晩H―霞14―4⑥　晩―開28―3⑤　晩寒25―6⑩　晩―起28―10②　晩輿20―6⑦　晩H―
吟27―12⑪　晩―遇11―13⑦　晩H＝瓜6―5⑲　晩―花20―10⑧　晩―蕙24―5⑮　○晩景13―12⑩　晩―鼓
14―7⑨　晩―紅21―10⑳　晩H＝山6―16⑪　○晩―秋14―6⑲　○晩―春31―15⑲　晩樹23―16②　晩―松
12―4⑲　○晩―歳14―13⑥　○晩H―照(ニ)26―16⑲　晩H―熱17―13⑲　○晩―節22―14③　晩HK―雪22―19⑪
晩HK―叢9―6①　晩―牕9―6⑳　○晩滄33―2⑭　晩H―桃花28―3④　○晩―稲(ヲクテ)26―1⑨　晩―籜15―4⑮
晩―池11―13⑧　晩―亭20―5③　晩―庭19―16⑤　○晩―潮23―9①　晩―眺(シ)20―14②　晩―燈16―17⑯
○晩―年70―8④　晩―望10―8⑥　晩―望(ス)34―14①　晩泊13―15⑧　晩―風6―8⑳　晩―來16―5⑰
○晩―涼16―11②　晩―院19―15⑰　板―屋43―10⑥　○板―橋19―16⑳　○板K―輿35―8④　梵家20―19②
播―稙57―25⑰　般H―次(ニ)52―23⑳　般若波羅密多心―經69―3⑪　汎―舟63―9⑱　汎―然5―6⑫　○汎
―汎(タリ)7―8⑫　汎―拂(シ)3―14⑲　汎―文(ナリ)67―6⑬　○泛H(タル)―6―3④　泛―艶(タリ)34―14③　○泛―然30―

8⑳　○泛—泛タリ28—12⑳　泮—林47—11⑤　潘24—6①　潘安H(人名)28—12⑧　潘—駅32—11 236　潘監42—2⑨

潘亭H(建物)70—13③　潘孟陽(人名)57—21⑯　潘楊(人名)33—17⑩　潘H—郎18—6①　○煩24—4⑤　煩—簡62—12②　煩—襟11

—12⑯　煩—倦ナリ10—18③　煩—倦ス28—5⑭　煩—碎54—12⑬　煩—暑5—2⑲　煩—數58—5⑲　煩—擾

62—9⑱　煩—切ニソ49—7⑨　○煩—熱1—6⑫　煩—鬧ナル32—13⑩　煩—黷スル60—2⑨　煩—暴62—10⑱

煩—費57—22⑦　煩—費ス36—3⑳　煩—冤ス40—5①　○煩—慮33—3⑲　燔—柴15—19⑳　燔燒スルカ1—6

⑩　○版—圖24—4②　○斑33—11⑭　○斑—竹25—15⑫　○斑—白ニソ28—7②　○斑—駮タル30—7⑪　○斑

—駮ソ26—8⑥　○斑—斑トソ32—10②　○斑—鹿胎16—16⑧　○斑—鹿皮29—6⑯　○班19—4③　班—行25

—6⑦　班級53—10⑭　○班固(人名)38—15⑮　○班次1—6⑲　班—師47—18⑮　班—氏57—7⑫　班—資53—14

③　班—序55—13⑨　班倕38—10⑮　班—籍23—15④　班H—扇14—9⑦　班中(人名)19—1⑧　班—秩51—12⑬

班K(人名)—鳥55—14②　班—望51—10⑧　○班—白21—12③　○班—班タル9—12⑲　班孟堅(人名)46—6⑭　○班—列6—

3⑦　班—榮52—2⑫　畔67—17⑬　○番64—9④　○番語26—7⑧　○瘢H—痕コン戸恩反11—2①　皤—然タル35—

3⑮　皤—叟36—11⑮　○盤6—12⑤　盤—紆セリ26—9③　盤—筳32—12①　盤K—下に24—12②　盤歌25—3

④　○盤—桓9—5⑤　○盤H—桓ス6—13⑤　盤—根34—8⑳　盤酒31—3⑧　盤蔬37—10⑳　盤—心24—1

⑱　盤H—水12—13③　○盤—折ソ6—10⑬　盤—飧36—17⑥　盤—中37—8⑫　盤—薄ナリ2—20⑬　盤H—龍10

-8⑮　磻溪[H(地名)]35-10⑳　○盤-石30-9⑳　○範38-5⑯　範[メ]70-12③　絆-惹[メ]20-7⑰　繁[H(人名)]48-9⑪

○繁51-13⑦　繁-雄[ナリ]20-5④　繁-艶[トメ]31-16④　○繁-簡45-8⑯　○繁-華[ニメ]36-3⑦　繁-會[ス]56-

26①　繁-刑62-9⑧　○繁-劇[ニメ]60-1⑩　繁-紘21-18⑬　繁[K]-霜[オホウシ]12-18⑫　繁[HK]-雑45-9①　繁-絲

24-17⑬　繁[H]-詞48-5⑥　繁-省65-2⑥　繁-聲19-6⑭　○繁-多[ナリ]66-10⑥　繁重51-15⑰　繁-緑

30-11⑯　繁漏13-6⑰　翻[メ]-傳[ヘハ]21-7①　翻覆[メ]35-14⑨　翻|[メ]12-18⑤　翻[HK]-曲35-18⑯　翻[H]-出[ス]32-

5⑧　翻-然[トメ]46-10③　翻-翻[タリ]12-6①　范季睦[H(人名)]49-9③　范希朝[(人名)]58-10②　范喬53-12⑭　范叔[(人名)]17-17

⑯　范[H(人名)]-處-士22-6③　范黍[(人名)]26-12⑮　范傳正[H(人名)]54-15③　范-陽[(人名)]70-7④　范陽[(人名)]-人70-18②　范[H(地名)]-陽-縣

39-8⑭　○范蠡[(人名)]22-5③　相[ヒ]-萬|[セリ]63-19⑦　○萬[HK]-有6-3⑬　○萬-一27-1⑮　萬-葉12-8⑦　萬

-縁10-5④　萬-家17-18⑰　萬-壑16-16⑳　○萬-感12-10①　萬-竿21-16⑤　萬-幾65-18⑨

○萬-機21-12⑩　萬-騎12-10⑦　萬-曲3-4③　萬-金17-7⑩　萬句4-15⑥　○萬化5-15⑰　萬

-巻26-6⑮　萬-莖7-6⑫　○萬-頃23-3⑮　萬-計69-14⑰　萬-言20-8⑩　○萬-古21-8⑩

○萬-戸21-9①　○萬-國12-2⑳　萬[H]-劫11-15⑧　○萬-事14-18⑧　萬-枝29-6⑩　萬-死61-6

⑬　萬祀46-3⑯　萬-蹟2-5⑮　萬州[(地名)]11-2⑥　萬[HK]-室24-9⑨　萬事26-11⑰　○萬-象71-5⑩

○萬-壽21-4⑯　萬-株20-6⑱　萬-樹21-18⑪　○萬-乘61-2⑲　萬鍾2-8⑬　○萬-人1-23③

○萬－仞15－13⑩　○萬－尋7－9①　萬－心1－1⑰　萬－數69－16⑮　萬－摳64－3⑫　萬－井23－4②
○萬－姓8－5⑯　○萬－歲58－13⑲　萬－聲19－16⑰　○萬千10－10⑱　萬錢1－21①　萬僧69－17②　萬
－族1－18⑲　○萬－朶25－16⑦　○萬－代59－5⑪　○萬－態(ナリ)12－12⑨　○萬－端14－3⑯　○萬－丈17
－22⑥　萬－重14－9⑳　萬重皓53－11⑧　萬－條25－7⑥　萬－鐵衣26－14⑯　萬點38－6②　○萬－年15
－2⑭　萬年(H)(地名)49－8⑩　萬年縣(地名)42－1⑩　萬－念15－19②　萬－念千－憂21－8②　萬馬13－11⑯　萬－輩69
－15⑦　萬(H)－房31－4⑭　○萬－方14－13⑧　○萬－邦46－4⑫　○萬－法22－2⑤　○萬－萬24－11①　萬(K)
－萬－葉(ナリ)(人)3－2⑱　萬－疋56－7⑫　萬－品59－15②　萬－夫38－9⑪　萬－佛69－3⑬　○萬－物15－18
⑯　○萬－分44－9①　○萬分之一(カ)47－3③　萬(H)－病10－3⑬　○萬－變(ス)7－9⑨　○萬－木69－7⑥
○萬－民62－9④　萬－餘－里25－18⑧　○萬－里3－6⑪　萬里餘3－5⑲　萬－慮26－2⑲　○萬－縷39
－8⑰　萬累5－12⑬　○萬－類39－6⑨　萬－靈57－17⑬　萬－齡22－2⑭　萬六千5－1⑫　萬－彙46－
3⑰　蕃(地名)57－19⑳　蕃3－11⑯　蕃－界57－13⑩　○蕃－客19－6⑱　蕃(H)－漢54－5⑰　蕃侯(人名)3－13⑩
○蕃(地名)－國52－1⑲　蕃艸18－5⑥　○蕃－使56－20⑤　蕃－戎57－25⑭　蕃(K)－中3－13⑧　蕃東(地名)3－9⑤　蕃
蠻51－12⑫　○藩40－1⑧　藩(人名)68－2⑭　藩(ス)58－6⑦　○藩(H)－輸57－16⑬　藩－隅53－4④　藩(H)－守50－5⑲
○藩－臣52－9⑱　藩－盛(ニメ)57－23③　藩－宣51－4⑬　○藩(地名)－鎮55－9⑮　○藩邸52－4⑯　藩－條52－11

⑤
藩-方51-17⑮
○藩-府53-11⑭
藩-封(セル)26-1⑭
○藩-屏57-15⑥
藩-輔(タリ)50-9③
藩-輔(シテン)40-1⑯
藩-部70-12⑭
藩-維55-2⑦
藩営13-6①
藩-垣52-11⑱
蟠-木6-3⑩
○蠻(人名)3-11⑳
蠻-榼19-11⑨
蠻旗34-7⑥
蠻荒51-6⑯
蠻鼓(地名)11-8⑭
蠻子(人名)3-12①
蠻子朝(人名)3-11⑬
蠻-兒3-10⑰
○蠻觸37-13⑤
蠻阢17-13⑲
蠻態16-1⑫
○蠻(H)-貊11-1⑪
○蠻夷(地名)1-13③
蠻越(地名)53-10②
販(H)夫16-1⑮
鄱溪(地名)2-7⑫
鄱陽(地名)9-9⑩
鄱陽坑(地名)3-9②
頒-賜66-12⑭
頒-條61-8⑨
頒-氷59-17⑮
飜-譯56-25②
○飯(H)|30-2⑤
飯|(シ)10-15⑭
飯(HKイン)-食(シ)4-10⑥
飯-飡5-7⑪
飯爐25-15⑫

ヒ

丕-訓50-3⑦
○丕(HK)-業55-10⑩
○丕圖54-1⑨
○匕首5-14③
仳-離66-20⑪
仳離(ス)67-4⑯
備(H)(人名)48-9⑫
備(H)-旱57-22⑯
備-禦54-5⑲
備-禦(スルハ)52-10⑲
備(H)-察(シ)38-13⑲
備(H)-物50-2①
備(HK)-邊64-12⑰
○卑30-8⑭
卑(セン)67-14⑱
卑高12-2⑬
卑-巖68-15⑩
○卑-濕16-11⑭
卑-冗疎-賤(ニソ)61-7①
卑崇51-10①
卑-小(ニソ)23-7④
○卑-賤44-6⑨
卑吏15-9③
卑-位40-4⑯
亹-亹(タル)33-8⑧
○匪(スル)54-10⑨
匪-我51-9⑮
匪-莪57-24⑱
匪(H)-懈42-1⑲
○匪(H)-躬54-10⑨
○否11-10⑯
否-藏55-1⑯
轡32-7⑬
轡-鞭31-3⑧
妃(人名)42-1⑨
○妃3-6②
○妣39-8⑭
媚狐2-20⑬
媚(H)-神65-13⑥
○婢16-1⑳
○婢-僕33-14⑲
帔-裾21-5④
○尾36-18⑫
尾-曳34-16⑪
彌-篤(ス)68-1⑭
○彌-縫(ス)29-10⑳
彌-留66-16⑱
彌(H)-留(ス)68-1⑭
彌-綸49-13

②弥—綸ソ59—13⑮ ○庇—蔭セン28—13⑩ ○彼岸H 18—5④ ○彼—此8—14⑬ 微（人名）42—4⑪ ○微ナリ16—

8⑳ 微Hヤク ヤハラカニソ—闇ニメソ3—7⑲ ○微—雨11—12⑬ 微—効58—2③ 微H—寒14—9⑥ 微—躬29—16⑰ ○微K—香

29—5⑩ ○微軀46—7③ 微—和22—6⑯ ○微—官14—19④ 微宦13—6⑭ 微—月36—8⑮ ○微—言

47—11⑳ ○微—才19—7⑧ 微之（人名）10—12⑱ 微子（人名）2—11④ ○微旨46—5⑳ 微—尚22—15⑰ ○微—臣46

—4⑫ ○微—細ニソ11—10④ ○微小44—5⑱ ○微—笑ス30—3⑦ ○微雪34—15③ ○微H—賤59—16⑯

○微衷69—10⑬ ○微—塵32—12⑦ 微H—念16—17⑤ 微—茫ニソ24—15⑨ ○微—微タリ14—15⑬ ○微—風7

—8⑪ 微—颭68—6⑱ 微陽（人名）29—15⑮ 微—涼5—7⑭ ○微—力59—15① ○微HK—禄38—4① 微緑36—

9⑯ 微—陋68—8⑳ 微—婉36—24⑲ 悲39—8⑪ 悲憂10—10⑪ ○悲—歌28—6③ ○悲H—歌ス20—14

①悲—吟16—6⑧ 悲—吟ス2—10② 悲火10—2② 悲K—悔ス6—1⑭ ○悲—懐36—12⑰ 悲—歡ス33—

5③ 悲—計69—11⑭ 悲懇40—7② 悲—嗟ス2—2⑪ 悲哉行1—14⑬ ○悲—愴セリ21—13⑰ 悲H—酸シュンスル「

12—12⑱ 悲—愁27—11⑯ ○悲—傷22—3⑧ ○悲—傷ソ14—13⑥ 悲心H 32—9 197 悲辛10—7⑥ 悲—辛セリ

36—13③ 悲—情69—11⑮ 悲HK—誠39—9④ 悲—喘2—4⑦ 悲—吒ソ30—13⑮ 悲—端1—13⑮ 悲智37—

2⑱ 悲—知68—17⑦ 悲—腸28—13⑤ ○悲—啼26—16⑰ 悲H—鬢22—10⑮ ○悲—風13—11⑯ ○悲—鳴ス

26—16⑩ 悲—涼ス40—6④ 悲—唳21—10⑨ 悱（人名）70—1⑳ 批|ソ69—5⑰ 披13—2⑬ ○披|H—閲57—10③

○披-閲スル70-14⑱　披-閲嘉-歎ソ56-5⑰　披K(建物)-香-殿4-5⑭　披-尋スル56-25⑩　○披-陳ソ61-6⑭
扉35-8⑫　○未H-央12-10⑮　○未HK-行64-1⑫　未H-冠ソ41-3⑳　未H-悟45-10⑱　未-篡15-20⑥
○未-鑿ノ29-16⑤　○未-濟ノ卦17-7⑨　未H-措62-3⑩　未レ-服タ64-12⑭　未H-流62-3⑩　○枇-杷17-
10⑨　楣Kヒ12-12⑲　○比45-2⑰　○比ス19-19⑬　○比-屋4-2⑱　○比-興2-11⑨　比丘-衆71-8
⑭　○比丘尼42-5⑭　○比色13-16⑯　比H-方25-16⑥　比-方セン68-11③　比-附65-3⑯　比-部
41-1⑯　比H-部府-君42-5⑱　比-部郎-中55-14①　比-部員外-郎70-16⑨　○比H-目27-2⑪
○比-諭ソ19-14③　○比H-翼ソ12-11⑭　○比-倫59-1⑳　○比-類36-18⑳　○獼猴15-8②　○琵-琶
12-17①　琵琶引12-16⑩　○琵琶行12-16⑰　毗-尼41-11⑰　毗-耶長-者37-1⑲　毗-梨-耶波-羅
-密68-11⑨　毗-陵24-9⑲　毗陵ノ舘8-8⑤　毗(人名)盧-遮-那如-來68-5⑧　疲H-ヲ1-16⑧　疲-困58-
10⑲　疲-困セリ49-11⑲　○疲Hヒ-瘵サイニ55-10⑬　疲-人4-2⑱　疲-頓セン64-10⑱　○疲馬20-2⑭　疲-
岷57-12⑭　疲-甿47-1⑲　疲-病47-3⑩　疲-民8-5⑫　○疲-勞ソ6-7⑭　疲HK-羸58-10⑰　痺-ソ
35-1⑰　痺-藤33-6⑱　皮H-裘ヲ(ノフスマヲ)3-13⑦　皮上29-6⑯　皮-幣63-13⑯　眉-眼19-15⑳　○眉-月
28-11⑳　眉首2-22⑬　眉-鬚3-6⑦　眉-心25-16①　○眉黛33-17⑭　○眉H-目68-15⑫　○碑K-2-
5⑬　碑セ68-4③　碑-記57-3⑥　○碑-碣65-15⑲　碑誌21-1⑧　碑-背19-18⑱　碑HK-表41-7⑨

○碑銘[HK]41-3⑫ 碑-誄65-16⑩ ○祕[メ]1-4① ○祕閣19-1⑫ 祕[H]-監25-11⑮ ○祕-藏[メ]59-15⑮
祕[H]‖思[ナヒタル]38-15⑯ ○祕書1-2⑩ ○祕-書-監51-4⑨ 祕-書-丞49-13③ 祕書省42-6⑨ 祕-書-
郎42-3④ 祕-著校-正畿-赤簿-尉63-16② ○裨-裨[タリ]22-9③ ○[H]秘-閣12-4⑮ 秘[H]-監25-3⑲
○秘-藏69-3⑬ ○秘-藏[スル]69-7⑦ 秘書[(人名)]19-9⑭ ○秘書5-1⑪ 秘-書校-正63-16⑥ ○秘-書
-監37-7⑭ 秘-書-監分-司70-16⑪ 秘-書-省42-10⑪ 秘-書-省-書-郎70-5⑪ 秘書省中13-14⑨
秘-書-省秘-書-郎51-15⑳ 秘-書少-監70-6④ 秘書少監兼滁[H]-州刺-史本-州團-練-使42-3⑳
秘-書-郎70-16⑦ 秘-省70-2④ 秘著63-16④ 秘-重[メ]12-8⑰ 秕-稗62-9⑤ ○秘[H]-府49-4
④ 秘-文49-6① 紕繆11-6⑥ 紕纇[ナリ]18-5⑩ ○緋17-17⑯ 緋-魚袋69-13① 緋[H]-花25-3①
緋-衫11-8⑪ 緋紫49-8⑨ 緋-紗28-12⑫ 緋-袍19-6⑨ 罷-人63-2⑤ ○翡-翠14-17⑮
○美|41-7⑯ 美[ス]41-6⑲ 美-惡65-20⑳ 美-醞37-10⑰ 美[H]-號57-1⑧ ○美-顏2-22⑫ ○美
-景13-5⑤ ○美-事25-2⑮ 美-刺45-6⑬ ○美-酒70-21⑥ ○美-食4-10⑥ ○美-食[メ]32-
12⑱ ○美-人2-20⑪ 美人賦[K(書名)ノ]3-5⑬ 美疹65-20⑭ 美-政66-2⑫ ○美-少-年35-6⑰ 美-遷
50-8⑮ 美[HK]-退12-4⑫ ○美-談47-2⑭ ○[H]美丈夫26-9⑤ ○美-服16-2⑧ 美利47-13⑥ ○美
-麗[ニメ]21-3⑬ 肥47-3⑫ 肥[ス]42-7⑨ 肥-墝64-6⑱ 肥-瓠29-10④ ○肥-壯36-17④ 肥-膩

25-12②　肥-醲29-10①　肥-遁69-2④　○肥-馬2-5③　○脾22-10⑬　臂ニス1-7⑱　罷HK-竭シ64
-11⑥　○罷-㞋70-6③　○菲H-德57-6②　菲-菲トメ38-3⑥　蘼蕪20-17⑰　菲H-葑66-2⑨　○被5
-5⑩　被-衣33-12⑨　被幞10-18⑯　裨メ1-2⑦　○裨-將48-10⑧　裨-助スル51-8⑮　裨H敗67-14
③　裨-販63-8⑨　○裨-補シ45-4⑬　○誹-謗58-3⑳　○譬喩ス7-4⑲　貔虎69-12⑰　貔武34-1
⑯　郫H(地名)71-4⑫　郫縣(地名)71-2④　○鄙ニメフメ7-11⑩　鄙意35-17⑥　鄙-夭62-19⑲　鄙介1-10⑨　○鄙語
1-15⑯　鄙-況45-9⑥　○鄙HK-懷24-2⑯　鄙志44-4⑭　○鄙-人44-5⑩　鄙誠17-16⑳　鄙-拙70
-15②　鄙H-賤7-3③　鄙-昧59-18⑬　○鄙-夫59-15⑤　○鄙H-悋サン9-11⑯　○鄙劣45-10⑬　○鄙陋
70-8⑪　費-省63-21⑥　○贔屭1-4⑲　○避-忌22-7⑨　避賢驛2-13⑬　霏-微タリ6-11①　○霏
-霏タリ20-12①　陂3-1⑪　陂-堰57-24⑦　陂-塘57-24⑪　陂K-池本作波29-8⑳　陴-湖12-4③　○非|19
-9⑤　非|スル36-23⑭　相-非スル66-2③　非意44-3⑲　○非-據25-13⑮　非-語44-1⑰　非-偶66
-20⑪　○非-想15-19②　非-想-頂22-2②　非-次44-2⑤　○非-常1-20⑲　○非H-人41-8⑲
○非-望61-10⑬　○非法53-8⑦　○非HK-命17-6⑳　非-類41-2⑩　○非-禮70-3⑫　飛38-1⑲
飛|セン⌐ヲ24-16⑰　飛煙36-13⑥　○飛燕31-4⑲　飛葢13-6⑦　飛蓋27-14③　飛-騎-尉50-11⑤　○飛
-語シテ70-3⑥　○飛-禽30-8⑤　飛-蝗62-21⑦　飛瓊21-5⑳　飛-鴻68-19④　飛-絮26-10⑱　飛

-蠅45-4④ ○飛-泉16-16③ 飛-雉62-16⑳ 飛-沉2-3② 飛-塵31-19⑦ ○飛-鳥31-17⑲
○飛K-天4-1⑳ ○飛電2-18⑳ ○飛-白ナリ20-8⑱ 飛H-蓬31-3② 飛-鳳67-9⑫ 飛-鳴ス7-
6⑭ 飛-輓64-9⑫ ○飛-揚38-4⑬ ○飛-揚ス12-6⑨ 飛HK-翼30-13① ○飛-龍61-10③ 飛-
龍-使70-2⑭ 飛H-龍-馬61-10② ○飛廉1-5① 飛-鷺24-8⑲ ○髀-肉30-1⑲ ○麋-鹿10-
15⑩ 麋竺43-8② 縻HK-費58-11③ 靡鹽66-20⑥ 靡-涬ス28-13⑳ 靡-靡30-9⑲ 鼻中2-4⑦
鼻頭10-10⑥ 彪H(人名)50-10⑫ 謬-官41-2⑪ 繆-舛スル40-5⑧ 繆-濫セルヤ62-16⑨ ○匹4-8① 匹-
段58-8⑩ 匹-段等57-13④ ○匹-馬16-9⑦ 匹-帛18-1⑦ ○匹-夫63-2⑰ ○匹-婦5-15⑮
佖(人名)56-17⑰ 弼-諧57-14⑩ 弼-諧ス57-22⑧ 宓H(ヒツ/フツ)-賤62-11⑩ 宓妃57-7⑫ ○密-ナリ12-19③ 密H(地名)70
-5⑭ 密H(地名)-人70-5⑯ ○密-雲61-5⑫ ○密H-葉10-15⑪ 密H宴33-11⑬ ○密行69-17① 密-機58
-7⑩ ○密-語メ29-8④ 密HK-近12-4⑲ 密HK-欸56-1⑭ 密縣(物名)41-6⑮ ○密-勿ニメ14-18⑰ ○密
-座16-18④ 密-參ス56-18⑰ ○密事67-11⑥ 密-邇セリ55-10④ ○密州(地名)70-5⑬ ○密樹36-8⑭
密-職59-16⑩ 密H(人名)歙70-6② 密H(地名)歙湖70-7⑱ ○密-奏ス60-2⑰ 密H-竹8-14⑯ 密-陳ス58-12⑤
○密-謀61-11④ ○密-命40-8⑫ ○必-セリ44-4⑨ 必K-諫58-1⑱ 必K-規すに58-1⑰ 必-興53-12
⑬ ○必-至ル62-5⑲ ○必-勝44-5⑦ 必-遂55-1⑬ 必ス-成テ62-5⑲ ○必-然58-1⑮ ○必H

-中55-8⑪　毖(タル)67-12⑪　○畢-1-18⑱　○畢-竟15-10⑲　畢卓[H](人名)22-6⑦　畢貞[K](人名)29-10⑭　疋-2-4⑤
疋-馬9-11④　○筆-硯2-12④　○[H]筆-彩6-13④　○筆-削41-2⑬　筆-精43-6⑱　○筆-迹39-
4⑳　○筆頭25-2⑭　○筆-力38-11⑲　○篳-栗32-9 166　苾69-16⑱　苾蒭41-11⑰　苾蒭衆70-23⑫
謐-然(トソ)51-6⑲　觱-栗21-6⑤　觱-篥25-15⑬　○百23-4⑩　百-憂13-19②　百-億22-2①　百[H]
-億千6-13②　○百-骸7-14⑬　○百-行46-11③　百-竿26-5⑩　百[K](人名)-巖-暉41-8⑩　百-和-香
16-14⑲　百-果11-7⑤　○[H]百-花6-3⑲　百-花-亭43-1⑱　百-貨63-2⑪　百-巻28-2⑯
○百-官54-8⑬　百卉14-8⑤　百-揆47-16⑮　○百-計58-13⑦　百-結5-13⑭　百犬2-18⑩　百
-戸22-13⑪　百-口20-8①　○百工49-3⑦　百-刻25-13⑥　百-斛14-18④　○百-穀2-17②
○百-草13-19⑮　○百-事20-16⑦　○百-司4-1⑪　百-四-十70-11⑭　○百-子31-9⑲　百-志
45-2⑦　百(人名)-氏65-8④　百-枝4-4⑯　百衆69-17②　○百獣3-4⑦　○百-日21-11⑫　百-疾35
-1⑯　百-十(スト)45-3⑲　百[K]-執(の)64-3⑲　百-執(ノ)-事61-1⑦　百-祥57-16⑲　○百首52-10⑩　百
-處19-18⑫　百-勝69-6①　百-職47-6⑥　○百-人1-18④　百-尋38-4④　百-神26-2⑲　百
-身14-18⑨　百-數(ナリ)41-8⑱　○百-世38-5⑲　○百-姓2-5⑲　百-姓等(ラ)57-13⑨　百-情29-15
①　百-歳5-7④　○百-尺20-7⑮　幾(ク)百-尺43-3①　百-舌22-9③　○百-千31-8③　百[H]-千竿

8－15⑪　百－千官33－1⑨　百－千－人68－5⑰　百－千條31－18④　百－千－燈31－6②　○百千萬27－
9⑲　百－千萬－億41－9⑤　百－千萬－劫19－9⑤　百－川17－5⑨　百－戰百－勝64－7⑲　百泉5－
3⑭　百－層18－1⑪　百－族69－12⑪　百－朶2－6⑳　○百－代46－1⑰　百－納18－11⑭　○百端63－
5⑥　○百－中38－5⑥　○百－丈2－1⑳　百－直1－18④　百－體6－2③　百－鳥1－15⑳　百囀18
－15⑬　○百－度54－1⑨　百－膢62－17⑫　百－二－十－人71－8⑮　○百－年10－8⑤　幾百－年來
21－8⑤　百－杯22－7⑭　百－倍60－6⑨　百－筏37－3⑤　百－法17－12⑯　百－匹43－8⑯　百－品53
－2③　百－夫4－5⑱　○百－福57－18②　○百－物17－3⑨　百－病21－17⑦　○百－辟3－12⑫　百－
篇45－1⑧　百－歩26－6⑯　百－部經37－8①　○百－萬2－4⑬　百萬戶8－6④　百－餘5－5⑩　百－
－餘－莖9－1⑲　百餘人3－5③　百－餘－歳29－10③　百餘篇43－11①　百－餘－歩30－3①　百－餘里
12－10⑦　百牢關（地名）14－10⑳　百－吏22－7①　○百－里2－7⑨　百－里餘9－9⑳　百－兩67－9⑫　百－
慮70－1⑬　百－齡8－2⑱　百寮（建物）57－8⑯　○百－鍊15－3⑥　百－鍊－鏡4－1⑰　百－祿50－1⑦
○百－王46－3⑪　○馮－河67－8②　馮翊（地名）33－9⑲　馮翊縣（地名）70－15⑥　馮翊使君32－9②　氷－下12－
17⑦　氷－玉10－5②　○氷－霜14－8⑥　○氷－雪7－5⑦　冰－雪29－7④　氷－泉31－3②　氷－塘
29－6⑳　○氷－炭37－12③　氷－池36－4⑱　氷－凍22－4⑦　僶俛25－6⑦　僶－俛61－10⑲　○品

33-10⑯　品階67-10⑭　品-秩47-15⑱　品-物21-13⑩　品-量67-9⑤　○品-彙47-12⑬　嚬-伸[ス]
36-12⑨　嬪[HK]-御2-2③　嬪-婚63-10⑲　嬪-嫱62-10②　嬪妃1-7⑰　嬪[H]良-人40-3⑯　○賓｜5-
7⑤　賓｜[ス]50-2⑦　賓-友35-8⑤　賓[H]-筵22-12⑮　賓介53-13⑤　賓階13-4⑬　○賓-客12-19①
賓[H]-客等[ララ]48-3⑭　賓-閣35-11⑪　賓貢46-4④　賓[H]-佐52-4⑯　賓[H]-主66-12⑥　賓-従23-10⑩　賓
-席22-8⑱　賓-薦[ス]22-3⑮　賓榻25-9③　賓澄繼横貴等五[ラ]-州都遊弈使51-12①　賓-典53-6④
賓-明69-4⑪　○賓-旅24-11⑩　賓-僚28-6⑱　賓[H]-寮48-3⑩　○賓-位3-3⑧　賓位亭6-10⑳
賓-院68-17⑩　岷8-5⑯　豳-人67-2①　豳-土12-3③　○愍-然[ト]71-11④　愍[H]黙[ト]71-11④　憫
-凶55-6⑦　○憫-然[タリ]56-15⑰　憫[HK]-惻56-16⑨　憫-黙[ト]9-8⑲　○旻(人名)50-10⑮　斌(人名)52-9⑧
○敏｜[ナル]55-7⑱　敏-行寡-言[ナリ]54-11⑱　敏口43-9⑬　敏巣(人名)13-19①　敏-手44-4④　敏[H]-識55-15⑩
敏-心43-12⑲　敏(人名)-中70-9⑪　○彬-彬[タル]38-12⑤　○檳-榔18-5⑮　殯66-10③　○殯｜[セ]70-5⑮
濱2-7⑫　瀕淮(地名)51-5⑤　緡36-14③　緡[H]-錢63-2③　蘋1-18⑮　蘋-藻66-4⑮　蘋(地名)-洲24-11⑪
○蘋[H]-蘩4-11⑥　蘋-風16-4⑭　○貧1-12⑰　○貧[メハ]5-8⑳　貧-友17-2⑰　○貧-家13-17②
○貧-客23-14③　貧-間34-10⑳　貧-閑[ニソ]6-15①　○貧-窮27-11⑯　○貧-居12-4②　貧-御-史
35-5⑨　○貧-苦64-17⑧　貧竭[セ]22-14⑥　貧-健[ナリ]34-15⑮　貧-戸64-6⑧　○貧-困63-4⑮

○貧−困(セリ)63−2⑥ 貧(H)−司33−11⑨ 貧州16−10⑤ 貧−室16−3⑰ ○貧−者37−2⑲ 貧(H)−静(ナル―ニシ)6−4
⑨ ○貧−賤6−3⑳ ○貧−僧31−10⑦ ○貧−地28−6⑳ 貧−中32−15⑥ 貧−厨7−9⑮ 貧−泥31
−8⑬ ○貧−乏57−25① 貧−薄(ナル)20−8⑪ 貧婦−人1−4⑪ ○貧−富63−1⑨ ○貧−病37−8⑨
貧−僻(ニシ)6−16③ 貧−褊(ナラン―ヲ)10−6⑦ 貧(H)−冷7−16④ 貧−翁35−9⑪ 邠(H地名)州67−1⑭ 邠(H地名)−州刺−吏54
−6⑥ 邠(H地名)−州諸−軍−事54−6⑥ 邠寧(地名)54−13⑳ 閔子騫(人名)68−10⑳ 閩越(H地名)41−8⑰ 頻34−4⑯ ○鬢4−
7① 鬢間15−8⑲ ○鬢(H)−絲8−10⑲ 鬢−上31−12③ 鬢−雪28−13④ ○鬢−髪19−3① 鬢邊26−12
⑥ ○鬢−毛23−4⑩ 鬂14−2⑤ 鬂−雪18−8⑰ 鬂−髪16−18⑬ 鬂−毛16−11⑪ 髩10−2⑦ 髩間
10−5⑮ 髩根10−2② 髩−髪12−2① 髩毛10−3⑯

フ

○不(HK)−一55−11⑥ ○不−意(ニ)58−4⑲ 不−異−語45−13② ○不−易45−11② 不−悦68−14⑳ ○不−可36−
14⑥ ○不−可−思−議69−3④ 不−可−思−議品(書名)68−12⑰ ○不−可−説(ナリ)29−16⑤ 不−諧66−18② ○不−幸40
−3⑧ ○不−孝(ニシ)40−4⑰ ○不(H)−行65−23③ 不−恪66−11⑨ ○不合8−6⑬ 不−器38−14⑥ 不忌67−18⑰
○不−義46−6③ ○不−覊69−13⑧ ○不−朽47−9④ 不−誑−語45−13② 不去67−9⑮ 不−矜38−
10⑥ ○不−虞62−20⑦ 不−偶(ナリ)70−4⑮ ○不−空71−9⑰ 不空三藏(H人名)41−9② ○不遇7−3⑤ ○不
−和62−19⑧ 不−壊45−11⑲ ○不−快(トス)41−4⑭ 不−官43−1⑮ 不(H)・貫66−1⑫ ○不−軌59−7⑧

不－龜59－16⑰　不H－局65－6①　不－倦47－2⑳　不羣1－11②　○不－敬66－11②　不－竭62－22⑧　不
－健12－8①　不レ－嚴65－2⑲　不－涸62－22⑧　不H－惑7－11⑤　○不－才8－8⑲　○不－材39－4⑥
○不－二56－25①　不－二門ノ69－3③　不－慈67－13⑰　○不－次43－11⑯　○不－死3－3⑬　不－襲56－
9④　○不－祥64－7⑩　○不出26－14⑲　不准擬28－12③　○不HK－食64－3⑭　○不H－仁65－5⑫　不仁者
1－9⑩　○不－臣67－5⑫　不睡19－19⑭　不H－隨－應－心45－12⑳　○不－生29－8④　○不－肖62－17
⑩　○不－宣44－6③　不－禪32－1⑮　○不－善2－17⑬　不－聽メ62－16⑲　不－息62－14④　○不－測
47－12④　○不－足58－6④　○不－遜42－7⑯　○不－退－輪41－12⑪　不－逮54－1⑰　○不－當63－14
⑳　○不－道46－6③　不－奪47－17⑯　不－致－仕2－5⑥　不－中62－19⑧　○不－忠4－2⑫　○不－
弟66－8⑭　○不－悌66－3⑰　○不適43－1⑮　不Hスレ－天ナラナリ40－4⑭　○不－動15－3⑯　○不－等45－10
⑲　○不－德46－5⑨　不－如－法70－2⑰　○不－佞42－7⑫　○不－能2－22②　○不－抜64－15②
○不－法59－7⑧　不－敏44－3⑳　○不－平2－17⑫　○不－滅56－25⑩　不－勉47－8⑪　不H－奉65－23
③　○不－明62－5②　不－踰54－6⑱　○不K－用なり32－9 176　不H－用－處7－4⑳　不流28－4⑲　○不－
類ナリ68－6⑬　不了義(書名)－經45－12⑪　不烈4－2⑫　不－諱62－4①　○付フス5－5⑥　相－付36－13⑭
○付－囑69－4④　○付－囑シ玉フ45－11⑩　○付－與ス33－14⑳　俛－仰5－10⑨　○俯メ29－15⑪　○俯－伏シメ

59-13⑲
俯-傴ヌ59-14⑬
○俯-仰65-10③
○俯-仰ヌ7-1⑩
俯H-察ヌ59-14⑲
○俯H-伏59-13⑲
○俯H-伏ヌ59-15⑥
俯-伏拜-表ヌ3-12⑬
俯-僂ヌ61-9⑧
俘-獲56-14③
○俘-囚56-8④
○俘-虜46-6⑳
○傅|タラ55-1⑭
○傅説H(人名)24-1⑳
傅義等(人名)52-8⑬
傅良弼(人名)51-2②
夫|67-16⑲
夫-家24-5③
夫H-義66-9⑳
○夫-君11-3⑮
○夫-子2-17⑦
○夫-人4-8⑭
夫HK-井64-17①
○夫-妻21-10⑧
○夫-婦4-7⑬
○婦|62-7⑤
婦儀53-3⑤
婦-姑2-15⑮
婦H-兒65-6⑥
婦-順42-8⑯
○婦-人12-15⑩
婦-嫂2-10⑲
○婦H-道66-17⑫
○婦-女43-7⑧
婦房26-9⑲
婺州(地名)42-8⑥
孚69-12⑨
孚|K(平)-伊(平)38-7⑨
○布-施68-11⑩
○府(地名)28-12⑭
○府-尹28-16⑤
府印28-17⑤
府掾53-11⑮
府-醞26-14⑧
府界(地名)68-19⑧
府-監52-2①
○府HK-官64-9⑩
○府-縣58-1⑳
○府君39-9①
○府-庫59-8⑰
府齋28-13①
府事49-12②
府-寺63-18⑮
府酒28-16⑥
府-署55-14⑧
府-西28-12⑮
府西池(地名)28-11⑯
府-池32-11 261
○府-中22-20⑥
府-亭28-15⑲
○府廳31-2⑤
府-邸53-6④
府-兵64-9①
府門(建物)28-15③
府吏10-18⑯
府(人名)-伶28-13⑬
府僚23-18⑮
府寮8-13①
○巫2-15⑮
巫-家ニヌ67-12⑯
巫峡(地名)3-7⑧
○巫(地名)-山35-4⑲
巫-史65-13⑤
○巫-女18-4⑧
巫H(建物)-女-廟17-22⑩
巫馬66-18⑩
巫陽(地名)18-7⑳
武H(人名)49-3⑯
○武38-4⑳
武安(人名)46-8⑦
武安君(人名)46-8⑤
武安君起H(人名)70-8⑯
武-毅56-7②
武-義56-22⑯
武-騎-尉70-16⑳
武丘(地名)20

－15②
武丘寺(建物)24－15⑰
武丘路(地名)ノ21－12④
武強(人名)69－12⑫
武皇(人名)25－1⑭
武關(地名)15－15⑫
武－決勇健ナリ50－2⑩
武元衡(人名)55－10⑨
武－經51－8⑭
○武－藝52－13⑥
○武庫51－10⑪
○武－功42－9⑲
武公(人名)55－11⑲
○武－相44－1⑯
武相公(人名)15－11⑭
武士曹13－14⑭
武寺(建物)24－4⑫
武－子50－7⑱
武－昌－軍70－1⑮
武淑妃(人名)12－11⑲
武俊(人名)56－4⑤
○武臣3－4⑮
武昭(人名)51－7⑭
○武帝(人名)4－8⑭
○武德(年号)3－1⑮
武－寧(地名)52－1⑲
武寧軍(地名)52－1⑰
武寧軍節度(地名)ノ51－4⑩
○武－夫HK30－1⑧
武牢(人名)55－6⑬
武－里(地名)12－5⑨
○武－畧54－6⑮
○武力53－11⑨
○武－烈50－1⑩
○武陵(地名)20－3⑮
武夷36－13⑮
扶－揺13－5⑯
扶－牀18－4④
扶－樹ス48－5⑱
扶－疎5－5⑬
○扶－持69－10⑨
○扶－持シ40－7⑦
扶H－侍35－3⑮
拊－循50－12①
撫スル46－10⑱
撫H－訓メ42－10⑭
撫－字63－19⑪
撫－視40－7①
撫州(地名)41－10③
○撫－恤32－9⑩
撫－循54－3⑧
撫－哀メ42－11⑭
○撫－綏57－5④
○撫－綏セン63－21⑧
撫H－備54－5①
○撫養8－8⑲
撫－慰57－13⑬
敷H－求67－16⑦
敷－水25－15②
○敷－奏セリ51－17⑦
斧63－15⑬
○斧斤2－18③
斧－斫11－9③
斧藻2－14⑲
斧藻セン46－2⑭
○斧鑕47－8⑥
斧－斨61－4⑳
普濟寺(建物)21－14⑳
○普－天61－4⑬
普寧(人名)58－11⑱
普寧公主(人名)58－11⑭
普H－恩49－8⑤
母丘元志H(18－3⑪)
浮ニメ63－1⑩
○浮－雲2－3⑤
浮－雲－然タリ71－14⑱
浮煙5－11⑪
浮－休5－3①
浮－磬3－4⑭
○浮K－言58－12④
浮－屍1－8⑬
浮－詞58－12④
浮－俗21－4⑳
浮－心64－17⑱
○浮－世

9－13⑫ ○浮－生9－4⑯ 浮－石－潭20－8⑨ 浮－惰(セン)63－2⑳ ○浮－沉12－5⑪ ○浮－沉(ス)13－12
② ○浮－圖(ト)10－10⑦ 浮－圖敎69－16④ 浮－萍17－3④ 浮－名13－14⑧ 浮－陽51－16① 浮梁(地名)38－4
① 浮梁縣(地名)71－13⑲ 浮－榮5－7⑤ 滏水(地名)70－8⑬ 滏陽(地名)70－7② 無－隱62－1⑲ 無－厭63－8②
○無－限12－17④ 無忌(人名)67－4⑨ ○無窮4－12⑪ ○無－疆57－16⑳ ○無－極61－3④ 無－虞57－9⑤
○無－隅67－15⑭ 無－過47－6⑦ 無－荒57－9⑧ 無－媿42－2① 無－紘8－8④ ○無－告56－15⑮
無－相56－25⑩ ○無－事31－7⑯ ○無－二67－5⑩ 無－字45－3⑱ ○無－私47－12⑳ ○無－上70－
24② 無－上－尊57－17⑤ ○無－常66－18⑧ ○無－狀56－9⑱ ○無－人7－15⑥ ○無(レ)－數11－14⑨
○無－情(キ)9－12④ ○無－生63－11⑫ 無－生－念9－9③ ○無－生－忍9－9③ 無擇(人名)41－3⑲ 無塵8
－12⑧ ○無－敵56－9③ ○無－能7－6⑯ 無－廟67－10③ 無－滅5－9⑩ ○無邊69－3② ○無－
名60－4⑤ 無－餘69－3⑤ 無－壅64－2⑱ ○無－用60－7⑱ ○無－欲64－2⑰ 無－利63－1⑭ ○
○無－祿(ニゾ)53－1⑰ ○無－爲47－6② ○無－畏69－17③ 父70－16② ○父－兄3－16③ 父－兄等60－
3④ ○父－子44－7⑥ ○父－祖29－8⑦ ○父－母1－16⑫ 祔(シヌ)41－12⑨ ○合(セ)－祔(ス)46－9⑦ 遷(シ)－
祔(メ)69－16⑰ 祔－莖(ス)70－4⑥ ○祔－廟56－4⑮ ○祔－禮56－4⑭ 符(人名)43－11③ ○符24－7⑪ 符－印
70－12⑲ 符載(人名)43－10⑱ 符－章32－15⑬ ○符－節66－12⑩ 符－竹52－6⑰ 符(人名)－離40－3⑨ 符離縣(地名)42

-10⑱　符|[HK]-鉞55-11⑤　篚-簋65-10②　舞[ス]62-22⑭　舞[H]-衣8-10②　舞[HK]-茵24-4⑬　舞-腰16-5

②　舞-筵24-14①　舞-香21-1⑳　舞-汗16-2⑫　○舞-妓24-9⑩　舞巾15-8④　舞-鬢21-3⑮　舞-拍

舞-鏡38-11⑳　舞釵13-2①　舞衫32-13⑯　舞-袖28-12⑫　舞-榭14-18⑫　舞-人4-6⑯

21-18④　○舞[レ]-丈65-4⑤　脯32-14⑳　腐|[スル]29-9⑲　腐[K]-腸29-9⑲　膚-革70-20⑤　膚血3-11④

○膚[H][ニ]-受[ル]11-10④　膚-體70-7⑳　芣-苢35-9⑨　芣-苡57-12⑧　○芙-蓉12-9⑳　芙蓉山(地名)71-13-

⑦　芙-蓉-池28-7⑮　○蒲[K]-萄45-15⑫　蕪43-9⑨　蕪城賦33-11⑰　蕪[HK]-絶[ス]12-6⑫　蕪[H]-没[シニタリ]

6-7④　○蜉-蝣6-14⑲　誣58-2⑱　○誣-謗59-6⑤　○負-荷[ヲ]55-6⑥　負[K]-笈[てを]29-14④　負-

暄[ヲ]21-8⑲　負-舟66-5⑫　○賦2-7③　○賦|[ス]20-7⑬　賦得13-14⑳　○賦-役24-4⑤　賦[H]-

格律-詩71-9⑫　賦-句15-8⑭　賦-入62-20⑳　○賦-税62-1⑥　賦-籍49-9⑰　賦-租61-8⑦

賦-納66-5⑩　賦-判45-5⑭　賦-命40-7⑦　賦[ノ]-力16-2⑤　○賦-斂11-9⑲　○賻52-5⑪　郛

16-1⑰　鄜時(地名)55-13⑫　鄜(地名)-州3-9⑩　鄜城府君46-10⑮　鄜-坊70-18⑫　○趺-坐41-13①　阜-安[ナリ]

63-2⑫　阜-蕃[シ]57-10⑪　○附|[ス]69-17⑫　相[ヒ]-附[シ]21-1⑧　附-入[セシメン]56-2⑨　附-難44-5⑪

附-馬58-7⑥　附-離[スルニ]1-18⑯　○鈇-鉞54-5⑰　霧鳥16-8⑪　霧-豹15-1⑩　○駙-馬

66-17⑯　駙馬都尉53-4⑦　麩-炭22-⑨⑭　鳧26-9⑥　鳧鷖33-17③　鳧-鴈7-12⑩　馮尹(人名)27-

16⑬ 馮(人名)伉57―4⑦ 馮(人名)學士26―3⑲ 馮閣老19―5⑩ 馮(H)―公25―11⑮ 馮(人名)侍御24―20⑲ 馮(H人名)氏52―9⑳
馮(H人名)宿49―9⑳ 馮(H人名)宿等49―10③ 馮緒51―12② 馮(人名)少尹25―17⑬ ○馮唐15―1⑨ 馮(人名)李22―19② 富2―6
⑭ 富63(スル)―6⑭ 富―安(ナリ)62―8⑧ ○富家2―3⑭ 富―豪63―2⑤ 富―強64―17⑨ ○富―貴15―8
⑨ 富―貴強―大(ナラ)59―8⑰ 富(地名)州60―4⑩ 富室33―2① 富―壽35―17⑬ 富―庶57―25② ○富(H)―人30
―6⑬ 富―貧63―5⑪ 富(H地名)―平―縣42―9③ 富―陽26―11⑰ 富(地名)陽山20―16⑨ ○富(人名)樓那45―12③ 富榮
21―13⑨ ○楓―葉12―16⑱ 楓(HK)―人17―4④ ○楓―林38―4④ 渢(H)―渢(トソ)70―19⑮ 灃(地名)上17―21⑪ 灃(地名)水
17―21⑯ ○諷41―3① ○諷(ス)35―1⑪ ○諷―諫57―1⑪ ○諷―諫(スル)38―13⑨ 諷―議65―18⑨ 諷―
吟(ス)22―2⑧ ○諷―刺65―16⑰ 諷―讀(セシム)71―8⑯ ○諷―諭45―7⑤ ○諷―詠(セシム)70―4⑩ ○風1―
13④ ○風36―21⑭ 風―案23―20⑨ 風―猷56―2⑰ 風―逸67―9⑤ ○風―韻36―8⑧ ○風―雨6―
15② ○風―雲15―2⑤ 風―影2―21⑨ 風―煙2―20① 風―煙70―13⑬ 風(H)―鷰8―10② 風―架35―
10⑤ 風―荷5―1⑳ ○風―雅38―15⑧ 風雅比興1―2⑤ 風―號62―7① ○風―寒20―9⑪ ○風―
儀37―1⑨ ○風―氣16―9⑱ ○風―規54―11④ 風―馭21―5④ ○風―琴24―6⑪ 風―襟6―5⑱
○風―化62―7⑳ 風(HK)―花6―6⑭ ○風―光14―6⑩ 風―幌5―4⑪ 風篁43―1⑱ 風―翮13―3⑨
○風―月11―2⑧ 風―眩24―15⑨ 風―眩(セリ)36―14⑤ ○風―景14―7⑩ ○風―教63―19⑯ 風(H)―絃8―

13⑬　風－梧19－9⑭　○風－候11－5⑦　風－后32－4⑮　○風－骨27－12⑨　○風[K]－灾35－2⑤　風－彩

16－7⑦　風－操48－11⑪　○風－霜15－4③　○風－騒37－12⑤　風－霰22－9⑳　○風－姿31－12⑩

○風－枝15－2⑭　風－袖12－18⑪　風－日1－8④　○風[K]－疾35－1⑲　○風－疾[スト]35－2③　風－沙23－

2①　風－牀29－8⑥　○風－樹30－12⑤　風－松22－11⑯　○風－俗11－8⑮　風－燭25－14②　風－人2

－19⑲　○風－神71－13⑪　○風－水27－9⑱　風|[HK]－水－輪22－2②　○風－情17－15⑮　風[HK]－聲55－2⑦

風－磧13－12③　○風－雪2－1⑲　風－雪－中30－3⑬　○風－前21－17⑬　風[K]－扇29－4⑱　風－蟬6－

6①　風－態15－14④　○風－濤20－12③　風[HK]－澤50－1⑪　○風[H]－鐸[タク]6－11④　風－痰15－8⑱　風－池9

－13①　風馳13－6②　風[HK]－中6－10⑲　風－竹5－4⑬　風－躅68－3⑰　○風－塵13－20⑧　風[H]－亭19－

2⑤　風－庭36－10⑥　風－條32－8④　○風－調19－19③　○風－土69－4⑥　風－頭10－18⑨　○風－波

15－16⑨　○風－貌27－8⑤　○風[H]－伯11－5⑨　○風[K]－發[に]35－7⑨　○風－帆16－8⑫　○風[H]－範52－6

⑳　風－痺35－1⑧　風[H]－賦65－7⑫　○風－物11－14①　○風－病32－9 196　風－袂22－5⑭　風標26－13

②　風[HK]－鵬45－7②　風－雷62－17⑫　○風－浪10－13⑪　風－裏28－7⑳　○風－流13－1⑳　風－簾14－

8⑪　○風－露19－15⑧　○伏67－1⑦　○伏|[ス]33－11⑱　伏－陰62－19⑤　伏－火17－11⑭　伏－火爐33－

13⑤　伏－熱22－16⑲　伏－臘13－5⑭　○副41－2⑩　副[H]－元－帥判－官42－3⑲　副－相49－13⑱　○副

－乘ナリ45－12⑲
佛－人69－15⑰
○佛－心23－12⑳
○佛HK－身45－11⑫
○佛－性70－8⑨
佛－聲68－16⑩
○佛－説35－3②
○佛－前71－7②
佛－僧68－16⑱
佛(人名)駄先那41－8⑤
○佛－堂14－14⑰
○佛－道69－14⑤
○佛H－塔25－1⑧
○佛－智69－3⑪
佛－頂－呪69－16④
佛－頂尊勝陀－羅－尼68－4④
佛(書名)頂尊－勝陀－羅尼經69－3⑦
○佛－弟－子68－16⑲
佛－庭69－17③
○佛－土71－6⑥
佛涅槃69－3⑳
○佛－法21－12⑦
○佛－法－僧71－12④
○佛－名32－9 190
○佛－名－經35－5⑯
佛H命68－4⑪
佛－滅－度41－11⑯
佛－理13－1⑭
○佛－力24－15⑨
佛令68－4⑪
○佛－恩27－15⑫
○H拂－拭27－11⑨
○拂－拭ス13－5⑪
拂－拂タリ4－5⑮
HK沸－鼎30－10⑱
物1－3⑪
物H－役7－8⑲
○物－議56－11⑰
○物故33－14⑱
物－狀27－2⑪
物－性33－2⑥
○物－情34－9⑯
物節1－19④
物HK－土50－10⑮
物－表27－2⑳
○物－理5－16④
物－力47－8⑮
○物－類3－5⑱
物－厲61－8③
○物－論49－13⑪
紼70－14⑤
黻－冕71－4⑦
○分｜7－13⑧
分－憂17－19⑲
○分限36－6⑥
分－義30－12②
分－訣セリ10－5⑩
○分－散33－3②
○分－散ス22－9⑨
分－司22－17⑱
分－司東(地名)－都51－4⑨
分H－施ス68－3①
分－守トメ34－1⑥
分H－守シテ64－13④
分－水3－8⑯
○分水嶺2－19⑤
○分－數24－16⑰
分－寸20－1⑨
○分－折メ59－4⑤
分－秩トメ(タツシ寸)27－8⑮
分－張メ16－19⑥
分Hレ－半9－6⑥
分－飛29－7⑯
分－飛メ15－10⑤
○分－付30－7⑱
○分－付ス57－24②
○分－別19－2⑭
○分－別ス58－11

⑨　○文-場12-4⑪　文暢上人13-12⑥　文(人名)帝4-4⑤　文(人名)貞44-12⑪　文-頭17-1⑯　○文H-德65-15
⑮　○文房70-16③　文(人名)伯42-7⑥　文柏牀1-21⑫　○文-法5-5⑯　文(人名)弼42-4⑮　○文-筆71-12⑫
文-布17-2⑰　文(人名)-武63-18⑫　○文-武29-12⑫　文(人名)武孝-皇-帝陛-下61-4⑮　文-武ノ官43-1⑩
文-武-常-參60-2②　○文-物65-6⑯　文H-篇7-1⑨　○文H-墨19-11⑬　○文-明46-4③　○文
-理52-10⑬　文-律24-1⑬　○文署13-11⑩　文-力55-14②　文(人名)王6-1⑲　○文H-苑9-3③　文(人名)翁
55-11⑧　氛HK-埃38-3②　氛-氳10-13⑧　氛|HK-孽56-13⑨　棼(フン)H-絲54-1⑱　汾-雲34-1⑱　汾晉1-
22⑪　汾-水33-19⑳　焚-燒2-9①　焚H-溺20-2⑪　粉|H7-3⑮　粉|(セ)H22-8⑨　粉H-霜8-9⑥　粉H
-牆25-16⑧　粉H-色12-12③　粉-蘂19-14②　粉-節23-8①　○粉-黛13-1⑲　○粉HK-壁6-13③
粉片23-6④　粉闈8-9⑲　糞H-壤43-6①　○糞-土1-19⑯　紛|(トメ)9-12⑯　○紛-紜(タル)8-4⑮
○紛-擾51-2④　○紛-然(タリ)58-13③　紛-阻40-9⑤　紛-拏22-6⑬　○紛-紛1-9⑫　聞5-15⑱
聞|(ス)3-9⑥　○聞-見44-14①　聞薦60-2⑥　聞-薦(スル)「63-14⑬　聞-奏(セシム)58-14⑫　○聞-達71-2
③　○聞-知70-17⑭　○聞-知(セハ)59-6⑮　聞-望57-5⑳　聞H-望(ス)26-9⑤　聞-訃51-7⑪　聞-鞞
53-13⑱　聞-奉(シ)17-2⑬　奮-呼(メ)42-3⑪　○奮-迅(メ)4-3③　○奮-發(ス)57-8⑫　奮飛(スルニ)2-10⑦
○奮-勵(メ)59-13⑱　胸-然(タル)44-6⑮　蚊-巣37-13⑤　蚊-蚋15-13⑧　蚊-螟11-10③　○芬22-2⑬

芬－華(アリ)30－13⑬　芬馨2－15①　芬馥(メ)12－4⑬　賁－然(トメ)38－12⑥　雰－雰34－6⑩　聞郷2－6⑯

ヘ　丙(H)－寅41－11⑫　○丙－午70－13⑯　丙－申朔40－8⑤　並－命55－3⑫　併(K)－憂9－9⑩　○兵2－8②
兵－要54－15⑯　兵－合59－11⑩　○兵－甲62－22⑩　○兵－革47－4⑤　○兵－機24－1⑬　○兵－氣59－
9③　○兵－丈49－11⑱　○兵－權64－9⑩　兵－寇47－3⑲　兵－後57－3⑱　兵－災救－療44－11⑩
○兵－曹46－9⑪　○兵－事55－12⑫　○兵－士56－7①　○兵－戎64－5⑦　○兵(H)－書49－7⑯　○兵－刃
39－2⑭　兵－數59－10⑪　○兵－籍24－4②　兵－力10－11⑩　兵－田64－17⑯　○兵－馬52－6⑥　兵－
馬－使51－17⑮　兵－馬留－後50－3⑯　兵－馬留－後判－官51－5⑥　兵－符66－12⑧　兵－賦62－19⑳
○兵－部3－6⑭　兵－部侍－郎50－12⑮　兵－部尚－書56－23④　兵部楊(人名)侍郎29－15⑦　兵－部郎－中48－
12②　兵－部郎－中知－制－誥48－2③　兵－部李(人名)尚書45－9⑭　兵－部員－外－郎48－4⑪　兵(H)－柄49－7
④　○兵－略26－9⑧　○兵－力59－9⑩　○兵(HK)－威56－9⑤　兵－衛68－6⑪　娉(H)－財67－16⑱　娉－婷10
－13⑯　娉－婷(ス)24－15⑳　○嬖(ヘイシ玉フ)12－12⑩　嬖惑4－8⑬　○嬖寵2－16⑰　○屏|12－11⑦　屏－翳61－5
⑬　○屏－障22－13⑧　屏－除56－16⑦　屏－除(メ)19－11③　○屏－風17－9⑭　屏帷34－14⑳　屏－幃17－
3⑬　屏－營58－2⑬　屏－營(ス)2－14⑫　○幣66－13①　平52(注47)－8⑨　○平(K)(平)55－8④　○平－安23－4⑰
平－安－好47－17⑲　平允53－8⑦　○平－易67－17⑫　平河(地名)27－2⑤　平－江11－4⑦　平－岸33－6⑱

平簡公(人名)42-3①　平季(人名)41-7⑤　平居2-12⑫　○平-均(ナリ)24-3⑩　平-均調-節63-2⑮　○平-和56-
22②　○平-滑(ナリ)36-3⑭　○平原(H)(地名)33-11⑤　平-刑52-11⑨　平-橋25-16⑰　平-湖8-11③　平齊(地名)53
-5⑩　平子(人名)42-5⑪　平-施(ソ)48-11③　○平(H)-時4-3⑪　○平-沙31-19①　平昌縣(地名)56-15⑤　○平-
章48-6⑯　平-章-事54-9⑲　平叔(人名)41-7⑤　○平-人59-6⑲　○平(H)-津68-15⑲　平(K)-津池(の)29-11⑰
○平-生1-19⑥　平善(ナル)69-9⑦　○平(地名)-泉36-3⑧　平-泰(ナリ)64-20⑧　平|(H)-臺11-7⑧　○平-旦7-1⑨
○平-地1-23④　平-池23-16④　○平-治(セ)27-6⑯　○平仲(人名)41-7⑤　○平-定64-20①　平-羅62-
22⑦　平(地名)-塗70-2⑨　平-等(ニソ)45-11⑳　平頭28-11⑮　平-判60-1⑦　平-蕪24-17⑪　平封1-14⑲
平-分1-11⑫　○平-分(ス)23-1⑨　○平-明14-10⑱　○平陽(地名)4-2⑱　平流28-4⑬　平涼(H)(地名)56-6⑩
平-路26-10⑮　○平(H)-遠7-11③　平-穏(ナリ)31-16⑰　幷(ス)2-12⑭　幷州(地名)25-9⑬　幷-知本-州鑄-錢(ノ)
事51-8⑥　幷(H)(地名)-汾26-14⑯　幈-風31-5②　○弊|62-4⑰　弊|(ス)65-3⑩　○弊‖(タル)衣13-5⑬　弊-裘12
-4⑧　弊居(地名)27-6⑮　弊-句50-5⑦　弊(H)-事57-25②　○弊-政62-9⑧　○弊-宅23-18⑮　弊-法63
-8⑭　弊(K)-袍35-7④　弊(H)-文70-24⑭　○弊廬(HK)22-15⑮　弊帷25-7⑭　批河(地名)(ノ)(中)47-18⑨　斃67-9⑥
斃|(ス)25-7⑤　柄(イヲ)22-10⑤　栟(H)-櫚20-11②　潎-潎(タリ)38-3⑭　○炳|(H)(タル)38-15⑲　○炳-焉(タリ)57-10⑳
炳-然儼-然(トソ)43-6⑳　○瓶5-12⑥　瓶-中30-4⑨　秉(スルニ)38-11⑤　○秉-燭67-6⑥　秉-持(セ)27-

15⑪ 病-15-16⑳ 病-2[ス]-10⑭ 病-假2-11⑳ 病-駭15-2② 病-客5-1⑲ 病[H]-鶴20-6⑭ 病
-眼6-4⑱ 病-間34-6⑮ 病起17-7⑮ 病[K]-脚35-7⑤ 病居士23-8⑨ 病-苦45-5⑥ 病懷35
-4② 病官23-17② 病患8-10⑰ 病-形10-9⑧ 病-口21-9⑳ 病-後30-6③ 病-根24-15⑩
病[H]-者49-11⑰ 病-雀15-3⑦ 病-樹69-7⑥ 病-心11-5⑰ 病-身10-9⑤ 病-醉35-4⑮ 病
-妻17-2⑱ 病-拙23-15⑮ 病-僧31-7⑫ 病叟33-4⑭ 病-中14-5① 病-痛32-4⑤ 病|[HK]-肺
17-2⑩ 病-判32-14③ 病-痺[ス]70-7⑩ 病-髩14-15② 病-鬢15-10⑯ 病-夫14-14② 病|[HK]-腹
30-5③ 病-癖43-3⑱ 病-木29-13⑯ 病-眠22-10⑭ 病[H]-免27-3⑪ 病[H]-兎[ス]36-7⑳ 病[HK]-藥
45-11⑮ 病-餘36-18⑳ 病-容5-10③ 病-來35-2⑧ 病-老70-10⑤ 病棃34-14⑥ 病-羸21-
17⑧ 病-翁17-15⑥ ○睥-睨[ス]8-12⑯ 箄-篁[メ]17-19⑲ ○米-粟49-1⑲ 米-泉70-1⑨ 米椀20
-8⑱ 鉼26-12⑰ 聘67-12⑳ ○聘|[セラレタルハ][ムカヘヨハレタルハ]4-11⑥ 聘-財66-13⑦ 萍2-9⑪ 萍[H]-梗16-2
② 蔽-蕩66-14① 薜[Kコケノ]-衣[ハ]6-4④ 薜葉26-11⑫ ○薜[HK]-蘿32-12⑳ 薜-荔20-4⑦ 蔽-宅
22-15⑫ 袂71-11⑭ 評41-7⑭ 評|[スル]52-3⑮ 評-事41-5⑦ 評-奏[メ]55-4⑰ ○迷-執14-19⑫
○迷-執[メ]11-6① 迷者1-3⑩ 迷-塗17-20⑱ 迷-復47-17⑩ 迷-蒙[セル]6-4⑬ ○迷路37-1⑰
迷[HK]-樓4-12⑩ 邴(人名)22-13⑤ 邴吉(人名)55-10⑪ 閉66-20⑤ 閉-否[ルニ][メ]64-14② 陛70-6⑨ ○陛-下47-

3① 餅18-4⑪ 餅-果37-11⑥ 餅-果等61-9⑦ 餅-餌37-10⑳ 騁ス38-10⑲ 鼊-卵63-12③
○鼙HK-鼓50-12③ ○鼙-鼓12-10⑥ 彪H(人名)48-1⑱ ○廟|71-4⑨ 廟セ68-4③ 廟-饗ス70-17① 廟H-
居40-10⑧ ○廟-筭56-4① 廟HK-主56-4⑭ 廟前(地名)4-13⑰ 廟貌69-2⑮ ○廟謨ニハ26-9⑧ 廟謀3
-9⑫ 杓直(人名)20-1⑰ 杪K|39-6① ○標37-8⑲ 標セリ68-11⑱ 標格29-4⑲ ○標H-榜8-9⑰ 標-
表ス52-7① 淼-茫タリ26-10① 漂-寄セリ10-18⑩ 漂-棄セラレテ40-6⑱ 漂水(地名)70-8⑳ 漂水縣(地名)70-8⑮
漂-水-府-君70-9⑱ ○漂-蕩ソ1-22⑳ ○漂-泊16-12④ ○漂-泊ス11-4⑮ 漂漂トソ13-16④
○漂-流ノ11-1⑫ ○漂-流スル19-4⑳ 漂-淪ス17-19⑮ 漂-淪憔-悴ソ12-16⑮ ○漂H-零19-8⑨
渺|トソ29-4⑮ ○渺-茫タリ15-1⑯ 渺-瀰13-3⑧ ○渺-渺タリ7-2⑮ ○渺-漫トソ1-23①
○眇タリ8-2③ 眇-身57-5⑦ ○眇-然タル9-13⑪ 眇HK-茫12-11⑨ ○眇眇ノ1-1⑪ 眇H-
黙トソ16-3⑫ 縹-囊38-11⑲ ○縹-緲タリ14-17⑫ ○縹-緲ソ4-8⑱ 膔19-1⑫ ○苗H(地名)64-13⑯ 苗
-人64-18⑫ 苗愔H(人名)33-16⑫ 苗H-人8-5⑳ ○表|29-9③ ○表|スル56-17⑨ ○表-賀ス3-11⑮ 表-
函56-6⑬ 表H-旗66-15⑭ 表-誌68-3⑭ 表-餌64-10⑮ 表-章56-8⑤ 表-疏56-22⑳ 表-正ス
44-3⑮ ○表-旌シ70-23⑯ 表-請ソ69-13① 表-奏56-9⑳ 表-奏ス42-8⑩ 表則51-3⑤ 表-
率71-2⑲ 表-率スト55-4⑦ 表-分35-8⑲ ○表-明スル｢56-6⑫ 表H|-來章59-11⑦ ○表-裏22-17

⑭ ○表-裏(メ)39-4⑬ 豹虎13-5⑲ ○豹-尾25-8⑳ 鄜41-2⑩ 鄜-帥41-2⑨ 鄜城(地名)42-10⑨
鄜[H]-城-縣42-10⑤ 鄜[H](地名)-城府(ノ)-君42-10⑬ 飄|(トメ)17-7⑬ 飄|(セリ)29-6⑳ 飄-飖(タリ)2-21⑨ 飄-飖(ス)38
-15⑭ 飄[H]-忽(タル)|6-6⑭ 飄-燥(セ)43-8⑬ 飄[H]-灑(シ)26-9② 飄-蕭(タリ)21-7㉑ ○飄-然(タリ)69-5⑨
飄-然悦-然(トメ)71-5⑫ 飄-蕩(トメ)17-12② 飄-墜(ス)6-17⑤ 飄-泊(タリ)11-3⑥ ○飄-風62-9⑨
○飄-飄(タリ)1-3⑰ 飄-落(メ)23-20⑨ 飄-零(トメ)16-1⑪ 飄-零(メ)32-3④ 驃樂3-12⑰ 驃騎太將軍(人名)4
-7⑨ 驃國樂3-12⑦ 驃國王(地名)57-18⑪ 驃人3-12⑬ ○僻|(ナリ)6-15④ ○僻-處19-11⑦ ○僻-陋64
-14⑪ ○壁-上32-10⑫ ○壁-立(メ)22-20③ 嬖妾67-19⑮ ○汨羅(地名)2-10④ ○璧2-7⑰ 璧臺4-
4② 璧瑠15-2⑮ 癖28-13⑬ 癖-習(カ)69-6④ 碧13-1⑰ 碧-衣12-13⑳ 碧-油18-11⑦ 碧油
幢33-4⑩ ○碧-雲15-5⑲ 碧-雲-英14-4⑳ 碧-葉20-12⑯ 碧[H]-煙11-4③ 碧[H]-牙27-2⑮
○碧-海23-7③ ○碧-玉19-18③ ○碧-空14-6⑳ 碧-幌36-1⑧ ○碧-梧19-15⑤ 碧[H]-股19-
14② 碧[HK]-草22-9⑤ 碧[H]-滋9-10⑲ 碧-毿17-12④ 碧-紗18-17⑤ 碧-紗-窓19-18⑥ 碧嵩26-
4① 碧-砌4-10⑨ 碧[H]-綃14-10② 碧氈-帳26-18④ 碧線23-9⑪ 碧鮮1-22④ 碧[H]-窻8-10①
碧桃8-10⑤ 碧-毯23-6⑧ ○碧[HK]-潭6-12④ 碧-簟18-15⑪ 碧-籌20-8⑱ ○碧-天29-13⑮
碧-幢24-1⑬ 碧波亭(建物)71-5⑨ 碧[H](タマノ)=珮(オモノ)6-11⑩ 碧[H]-芳9-6① 碧峯1-10⑦ 碧-腴垂雲-膏14-

4⑱　○碧-落14-1⑦　○碧落ノ16-4⑪　○碧HK-流24-8⑬　○碧-琉-璃24-8⑱　碧-龍30-8③
碧縷19-4⑤　碧-黄17-7⑬　羃[片+恩]43-2⑭　羃羃タリ15-4⑮　辟穀1-4⑥　辟-士17-6⑩　辟H-命17
-8⑲　辟-雍65-10②　○別5-9⑩　○別-意27-5⑱　別-葉45-3⑥　別筵17-22④　○別-駕41-
1⑩　別-駕府君46-10⑲　別-鶴-操21-10⑤　別H-牽(乍拘)6-14⑦　別Hノ-曲16-4⑳　別-境35-10⑲　別-
計27-7⑨　○別-業23-11⑯　○別-後12-5⑪　別-鵠67-9⑫　別恨5-10⑱　○別-使56-6④
○別-時13-14⑯　○別-紙57-20⑭　別-資21-5⑦　○別-墅14-8⑦　○別-人36-19⑮　別-臣59-
13②　別-數56-18⑪　別情13-15②　別-詔23-13⑨　別-屯53-2⑱　別H-物27-6⑱　別容23-9⑮
別-來9-2⑩　○別-離70-10⑤　○別-離ス9-9②　別-録56-6⑰　別-録ス2-12②　○滅ス4-2
⑦　撇-嘗31-14⑯　撇蔔26-12⑮　瞥トン2-9⑤　瞥-然タリ39-6⑭　瞥-瞥トン29-7⑪　瞥-瞥-然トシ45
-4④　○蔑-如タリ46-10⑥　○鼈26-9⑪　○卞和(人名)6-12⑩　○便1-5①　○便ス54-15⑪　便押ノ68-7
⑦　便-安51-4⑮　○便-宜50-4⑰　便-近56-6⑦　便H-道54-15⑪　○便-佞ナリ12-12⑭　○便-門
70-23⑰　俛H(人名)49-7⑨　俛ノ44-13⑬　俛-僶トン29-12⑭　○偏69-4⑥　偏師51-5⑯　偏將52-2⑭　偏
-說65-8⑨　偏-裨55-8⑪　偏梁閣(建物)ノ15-11⑥　偏-憐14-11⑱　○勉-強ス23-4⑯　勉-勤ス56-16⑰
勉-贊セヨ52-10⑳　勉-諭49-2⑫　勉-諭ノ56-15②　○勉-勵シ56-2⑤　○弁H(人名)48-2①　偏シ5-15④

扑45－9⑤ 扑－會ス68－19⑭ 扑－舞歡－呼メ61－7⑱ ○扑－躍59－15② 梗－枏11－9⑤ ○扁－舟16－
9⑦ ○扁H－鵲10－3⑬ 片29－15⑪ ○片－雲5－12⑯ 片K－玉35－8⑰ 片HK－藝38－3④ 片－心34－2
⑮ 片H－石36－18⑯ 片－善38－16② ○晃－旒3－12④ ○變｜44－12② ○變｜ス10－18④ 變シ－換ヘタリ23－11⑯
變－雅38－15⑩ ○變－改60－6⑦ ○變－改スル｜36－17⑪ ○變－革64－16⑨ ○變－化10－7⑲ ○變－
化ス15－19① 變－相39－8⑧ ○變色67－7⑬ 變｜H－衰65－20⑯ 變－衰セリ15－16⑲ ○變－遷メ7－15⑬
變－通52－1⑫ 變－通健－決ニメ48－9⑥ ○變法28－16⑦ 變－滅35－3② 變－滅シヌ70－20④ 變H－理61
－5⑲ 汴H(地名)71－3⑪ ○汴河(地名)4－12⑥ 汴泗55－14⑧ 汴州24－1⑨ 汴水10－8⑨ 汴路H(地名)61－8⑫ 砭－石
66－3⑤ 窆ス68－4② ○篇2－13⑥ ○篇H－什8－4⑥ ○篇－章19－14⑨ 篇－數25－5⑨ 篇末30－
1⑩ 篇－篇26－5⑰ 篇－詠11－6⑳ 籩15－8① 編メ－11－13⑱ ○編－纂70－4⑫ ○編－次70－15①
○編－次ス69－9⑩ ○編－集スル45－7⑨ 編房15－21⑲ 編－錄セシム69－6⑰ 翩翾タル1－11③ 翩－翻タル32
－7⑧ ○翩H翻スル32－7⑧ ○翩－翩9－13⑯ ○蝙－蝠35－14⑪ ○褊－狹ナリ61－6⑳ 褊怯5－8② 褊Hヘン
－陋ロウト11－5⑩ ○辯3－4⑭ ○辯ス38－6⑳ 辯－慧15－15⑯ ○辯－識50－4⑯ ○辯－論シ48－11④
○貶｜スル46－6④ 貶－降セハ67－14⑭ 貶－官18－1⑭ 貶－官セラル59－6⑮ 貶－省57－22⑯ 貶－損ス71－
14⑭ ○辨シ70－3⑭ ○辨－明ス68－11③ 辨味28－16⑬ 辨－爲セ59－10⑦ ○返HK－照17－6⑤ 返H－哺66－

1⑧ 遍32ゝ-8⑦ ○邊64-11⑤ 邊H-雲16-20⑮ ○邊HK-要55-5⑩ 邊角25-1⑰ 邊-鴈34-1⑭
○邊-彊56-24⑫ ○邊-隅57-14⑯ 邊郡53-4⑳ 邊-候47-18① ○邊-功3-7④ 邊鴻15-8⑩
○邊H-際19-8⑯ 邊H-事55-13⑬ 邊州(地名)51-9② 邊HK-將56-18⑨ 邊-人64-11⑫ ○邊-陲44-11①
○邊H-城25-1⑯ 邊雪2-22⑦ 邊-鎮56-17⑱ 邊-頭56-20④ ○邊-防57-19⑯ 邊-畔22-8③
○邊H-備54-2⑭ ○邊HK-鄙64-10⑱ 邊H-封54-16② ○邊H-民54-5⑩ 邊鸞(人名)39-4⑳ 邊-柳31-9⑲
○邊H-壘66-14⑦ 鞭31-11⑰ 鞭スル36-7⑪ ○鞭-刑64-18⑧ 鞭責1-17⑳ ○鞭-撻ゝ58-8⑯ 鞭-
笞ゝ21-9⑲ 鞭-弭櫜鞬53-7⑰ 鞭|H-朴14-19②

ホ

傳52-4⑫ ○匍-匐ス71-2⑰ ○哺36-12③ 哺2セン-16③ ○圃2-20③ 圃-囿61-4⑦ ○墓-誌
誌68-17④ ○墓-誌銘42-5④ 墓-樹21-17③ 墓-松32-9 198 ○墓H-石42-4⑲ ○墓-前71-14⑯
墓HK-田9-10① ○墓碑41-1⑥ 墓-廟69-13⑮ 墓門26-16⑧ 嫫1-20⑦ 嫫母(人名)2-22⑪
布H(人名)49-2⑩ ○布-衣38-9① 布-褐1-19⑬ 布-裘35-4⑮ 布裙1-12⑬ ○布-護ス61-5⑫
○布-施43-8⑱ 布-絮1-17⑭ 布-帛44-10⑲ 布-被15-7⑯ 布-被ゝ31-4⑧ 怖-厄71-6⑪
慕巢(人名)70-13④ 慕巢(人名)尚書35-5⑱ 捕K-蝗3-8④ ○戊43-9⑤ 戊己37-12⑫ ○戊-子57-11
⑩ ○戊-戌69-10② ○戊-申26-1⑥ ○戊H-辰40-10⑮ ○歩5-13⑲ 若干(ソコバク)歩69-2⑳ ○歩|ス7-

12⑱ 歩－搖21－5⑫ ○歩－行6－4① 歩－虛17－14⑫ 歩－虛詞ノ15－16⑰ 歩虛辭ノ21－5⑧ 歩K－塞セ
35－4④ ○歩－障39－4⑭ 歩H－驟62－14⑰ ○歩卒46－6⑰ ○歩－兵32－3② ○歩－歩8－11⑬
○歩廊31－4⑯ 暮33－16⑯ ○暮－雨12－16⑨ ○暮雲26－16⑳ 暮K－衙の22－20⑥ 暮－江19－17⑦ 暮－
角21－6⑧ 暮僞15－19⑱ 暮H－晷47－12⑫ 暮歸19－8⑪ 暮－月4－12⑧ 暮H－景47－12③ ○暮－山16
－20⑤ 暮－齒34－5⑮ ○暮－秋15－5② ○暮－春15－5② 暮節16－3⑩ 暮程13－12③ 暮－潮23－
1⑲ ○暮K－年28－7⑫ ○母－儀50－6⑭ 母－訓42－8⑯ ○母－兄2－3⑭ 母H－雛4－14⑩ ○母子
4－7⑬ 母H－妻66－17⑩ 母道53－3⑤ 母－弟42－2⑳ 母別子4－7⑧ 浦27－9⑮ 浦－嶼28－12⑯
浦(地名)中15－17⑭ 浦－派30－8⑲ 甫(人名)70－16② ○簿－書21－2④ 簿－領21－1⑮ 脯醢36－12① 茂スル11
－7⑮ 茂(人名)異47－1⑪ 茂－學54－11② 茂H(人名)玄70－18⑨ 茂－勳50－7⑬ 茂－功56－20⑰ 茂草21－19⑤
茂－實54－7⑭ 茂H－樹7－8⑧ 茂－政57－13⑱ 茂(人名)昭56－3⑲ 茂－績42－4⑳ 茂(人名)先38－12⑳ 茂H(地名)陵70
－16② 茂H(地名)－苑20－5④ 茂－遠ナリ56－2⑰ ○菩－薩22－2① 菩薩行ノ31－6③ 菩－薩僧69－14⑤ ○菩
－提18－5③ ○菩(建物)提寺30－5⑥ ○菩－提－心69－17⑮ 蒲23－19⑭ 蒲H(地名)50－9⑮ 蒲K－岸29－7
⑫ 蒲HK－黃24－12④ ○蒲H－葵7－10② 蒲K－藻29－2⑬ 蒲萄18－12⑯ 蒲池村15－10② 蒲帛67
－12⑳ 蒲H－坂54－8⑰ 蒲K－稗29－12⑳ ○蒲鞭31－2⑥ 蒲H－浦8－15⑮ ○蒲－柳35－1⑦ 蒲－輪

5-10⑧　○補タラ52-4⑯　○補|スル48-2⑥　○補レ遺ノ46-1⑥　○補-益11-12⑥　○補闕44-3⑥　補
-察65-16⑤　補-察ス65-16⑭　補拾ス59-13⑱　補-署51-5⑥　補-署セル58-9⑫　補-貼ソ34-16⑥
補亡8-12⑰　補-養29-9⑲　暮セ69-11①　謨猷(人名)57-9⑮　譜21-6⑪　賻-贈70-4①　○輔42
-2⑭　輔興18-4⑫　輔光(人名)58-9⑨　○輔-佐52-10③　○輔-佐スル70-4③　輔-相ス57-10⑩
輔-贊ソ56-5⑭　○輔ホ-車ツラカマチ70-20⑤　○輔H-助ス65-14⑪　輔-臣51-14⑮　○輔-成シ52-14⑰　○輔HK
-導50-3⑩　○輔-弼49-7④　○輔-弼スルニ70-19⑥　逋|H57-24⑩　逋-客15-21①　○逋-債64-6③
○逋-租57-21⑤　逋-賦70-3⑮　酺15-2⑳　鋪26-8⑯　鋪-設ス34-14⑯　鋪-陳ス1-2⑤
餔-歠ソ26-11⑱　黼-黻38-15⑳　○保52-4⑫　○保ス41-7⑬　相ヒ-保ソ44-10⑪　○保-安ニソ57-10⑪
保-家70-7③　保K-和45-6⑯　保子(人名)70-4②　○保-障54-2⑮　保H-綏シテ54-2⑧　○保-全ス69-12
⑰　○保-持シ56-2⑤　保-傅49-1⑫　保釐29-12⑮　保-釐ソ34-1⑬　○俸|23-12⑰　俸-錢5-1⑫
○俸-祿23-15⑤　俸H-料59-14⑱　剖Hホウ|ヲ-魚18-2②　○報|31-16⑭　○報ス18-14⑯　相-報|ス30-6⑤
○報HK-効24-4⑥　報-語22-1⑭　○報-國17-20⑪　○報HK-賽30-14⑧　報-事58-14⑥　○報-施1-
18⑧　報-示ス26-5⑤　報-辭22-10⑱　報HK-章45-10⑱　○報-身39-7④　報-政50-8⑰　○報-答ス
33-16④　○報-知シキ17-2⑯　報-牒ス57-20①　報-年41-8①　○報命44-6③　報-應65-14⑱　報(建物)

恩寺24－16⑲　夢H－魂12－13⑪　奉65－23③　○奉|ス2－4②　○奉－行ス2－7⑦　奉－議－郎50－11⑤　奉
－御42－10⑦　奉賢鄉(地名)42－5⑧　奉國59－2③　奉－國－寺(建物)71－9⑬　奉H－葬67－9⑯　○奉－謝メ27－11⑲
奉H－誠－園4－10⑮　○奉HK－詔56－4⑦　奉先縣(H地名)52－9⑪　奉先寺(建物)68－4③　奉－宣ス59－13⑪　奉－薦メ71－
4⑬　奉－荅メ23－4⑭　○奉天(地名)5－8⑲　奉天縣(地名)51－13③　奉－天－丞52－2⑰　奉－天定－難50－11⑱
奉－報ス45－15②　奉－揚メ55－6⑨　奉－揚宣－布シス61－1⑦　○奉H－養40－3⑧　○寶|K55－4⑪　○寶HK－器
45－11④　○寶玉4－12⑳　寶－刹30－5⑦　寶－瑟32－11 249　寶稱寺(建物)16－7②　寶－剪刀ノ21－7⑰　○寶|H－
刀26－10⑲　寶H－堂6－11⑭　寶應寺(建物)71－10⑦　○寶曆(年号)1－1⑦　寶曆元(年号)－年68－2⑨　寶曆元(年号)－年
七－月二十－日68－6⑭　寶曆元(年号)－年某月某－日68－4②　寶曆元－年六月某日ノ69－1⑰　寶曆三(年号)－年三－月
一日68－3③　寶曆二(年号)－年九－月二十五日68－5⑲　寶曆二(年号)－年八－月三十日24－20⑬　寶|H－蓮68－5⑧　彭|H
－果42－3⑧　彭城(地名)15－14⑩　彭城縣(地名)46－9⑫　彭生5－9⑨　彭澤(地名)6－2⑩　○封5注48－5⑫　○封6－9⑭
○封|ス2－7①　○封－邑48－10⑰　封圻49－9⑰　封－畿32－11⑦　封－丘53－4②　○封－疆3－4⑯
○封－境56－20③　○封－建64－15①　○封HK－侯12－12⑱　○封HK－事17－2⑫　封豕34－1⑪　封－賜51－3
⑥　封州51－17⑭　封－執37－12⑧　封上15－11⑰　封－壤57－20⑩　封－章23－3①　○封－爵52－11③
封樹46－11⑫　○封書23－2①　封－植2－20⑲　封－植ス43－6④　封－陲56－17⑲　封H－崇セ48－7⑮　封

－奏ス48－1⑧　封H－贈57－6⑧　封レH－杖メヲ59－7②　封長樂郡夫ノ－人52－9⑳　封－題45－15③　封－題メ18
－6⑱　封德彝(人名)44－12⑭　○封－服50－13⑦　封－瓶32－11⑳　○封－閉68－8⑦　封－部57－20⑲　○封－
域50－13⑫　封－略57－13②　封レ－王64－16⑥　峯攢13－1⑰　峯－上5－4⑥　峯－頭20－12⑤　峯H－巒6
－10⑰　峰－曉21－14⑯　峰頂43－10⑤　峰－頭10－12④　○峰－巒8－1⑭　○崩－壞ス64－17⑦　崩剝タリ
7－7⑩　○帽8－3⑬　懵－然トシ45－5⑧　掊－刻65－4④　捧－メ51－1⑬　捧－受59－17⑦　捧－戴歡－
縈メ61－9⑲　○捧－持ス59－18③　捧－擁メ29－9⑧　旄鉞26－4①　冐66－20⑦　冐－名66－2⑪　暴－天メ
29－9⑫　朋70－10⑯　○朋－友27－12⑦　朋－執70－7⑫　朋H－侶16－3⑲　朋－僚17－8⑯　朋寮70－9
④　某郡71－1⑰　某公主53－4⑰　某H－氏ノ61－6④　○某某71－1⑱　澧州(地名)16－13⑭　澧水橋15－10②
焙ノ－茶13－20⑦　○烽－火13－6②　烽－戍34－1⑰　○牡－丹2－4⑮　牡丹花13－9③　牡丹叢9－5⑳
牡丹芳4－4⑮　○眸－子45－4④　瞢－然トシ7－15⑩　絳H(人名)54－10⑦　絳－點4－4⑰　耄1－11⑳　耄シヌ
36－24③　耄－昏シ43－1⑪　芃－芃タリ1－1⑰　菶H－(菶)茸(蓉)43－5⑲　蓬(地名)－山70－19⑱　蓬－瀛71－5⑬　○蓬
－蒿10－4⑩　蓬K－丘29－5⑱　蓬(地名)－宮24－12⑦　蓬H(地名)壺20－15①　蓬(地名)－山25－8⑦　蓬州51－16⑲　蓬莠5－
11⑯　蓬－首42－1⑲　蓬－心36－11②　○蓬華7－3③　蓬－鬓17－18④　蓬－鬢21－3⑨　○蓬K－門29－
3①　○蓬萊(地名)36－1⑪　蓬萊宮4－1⑲　褒51－5⑧　褒ス54－5⑧　褒－優71－14⑭　褒氏(人名)64－3①　褒斜

26－10⑮ 褒－奬52－12⑪ 褒－奬ス53－7⑬ ○褒賞53－3⑰ ○H褒－賞ス55－11⑱ 褒－崇55－1⑭ 褒－
崇ソ51－4⑦ HK褒－升55－14⑤ 褒－升ス51－17⑧ 褒陞セ51－2⑥ 褒－飾54－13⑱ H褒(地名)－人64－2⑬ H褒－
善52－9① 褒－贈49－11⑦ 褒贈スル57－1⑰ H褒妲ホウタツカ4－13⑩ 褒－德61－1⑫ ○褒－美65－15⑩ ○褒
－美ス41－4⑦ ○褒－貶55－2① ○褒－貶スル46－6⑤ ○H褒－揚49－7⑪ ○褒－揚セ53－1⑪ 褒－揚寵
－飾ソ49－2⑤ 褒－榮55－9⑰ ○蜂巢11－8⑯ ○蜂－蠆64－12⑦ 蟛蚏26－8⑬ 蠭蠆52－2⑥ ○謀
64－11③ 謀－猷54－3⑲ 謀－猷啓－沃ソ62－8⑫ ○謀－議56－6⑰ 謀－畫52－4⑮ ○謀臣2－16⑬
謀－身1－21③ 謀－帥54－6⑯ 謀－勢60－7⑯ 謀－慮22－14⑨ 賵－賻49－1⑭ 豐1－1⑱ H豐－盈
10－17⑤ 豐－屋2－4⑫ ○豐－凶62－20⑥ 豐獄15－3⑳ H豐－潔スル42－6② 豐－儉65－12⑨ 豐財67
－18⑰ 豐－草10－15⑩ 豐－殺43－2⑫ 豐州(地名)55－5⑨ 豐－熟セル58－7⑱ 豐－穎39－5⑫ 豐－歲26－
1⑧ 豐－足19－2② H豐－登11－9⑲ ○豐－年57－3④ 豐－稔62－22⑧ ○豐樂(地名)36－21⑱ 豐－約22－
12⑱ 部|12－17② 部－下67－17⑮ 部伎3－4① 部－曲39－5② 部伍21－7⑭ H部－人57－19② 部－
内21－6⑩ 部－落57－13⑤ H部－落等57－14⑳ 部吏17－10⑥ 部－領シテ56－7⑱ H鄷(地名)－城14－18⑳ 逢21
－17⑲ 逢－迎ス10－9⑱ 相逢－迎ス6－5⑲ 逢山(地名)33－12③ ○鋒25－13⑮ 鋒－鋭12－4⑪ 鋒毫13－2
⑧ H鋒－鍔38－11⑱ 鋒－刃44－9⑪ ○鋒－鏑2－18⑦ ○鋒－鋩22－8⑬ ○鳳1－9⑭ 鳳－羽47－11

④ ○鳳(建物)-閣19-3⑭ 鳳-閣42-8⑮ 鳳閣郎(建物)8-7⑤ ○鳳-凰25-5⑭ 鳳皇13-7④ 鳳-皇-池20-1⑪ 鳳凰池28-2⑰ 鳳凰樓31-10⑮ ○鳳H-闕20-3⑯ 鳳-口23-18⑩ 鳳翔(地名)4-3⑪ 鳳翔尹51-2⑲ 鳳翔隴州節(地名)-度観-察處-置等使鳳-書26-11② ○鳳雛23-19⑧ ○鳳-詔15-4① 鳳鳥12-14② ○鳳-池19-12③ 鳳兆14-17⑳ 鳳-樓33-17⑦ ○鵬2-9⑨ 鵬-鶚16-7① ○僕2-11⑧ 僕-御63-10⑱ 僕-使22-3⑰ 僕-射47-16⑭ 僕-射府-君70-2② 僕-乘43-11⑲ 僕-人67-6⑮ ○僕妾67-6⑩ 僕H-馬8-5① 僕-夫5-1⑫ ○卜6-6⑯ ○卜|ス33-7⑫ 卜英琦(人名)57-9⑲ 卜-歸46-11⑩ ○卜者(人名)6-4⑰ 卜式(人名)58-4⑨ 卜宅67-9⑱ 卜-兆シ71-10⑦ 卜-鄰70-9⑲ 北-牖24-12④ 北-塢24-8⑫ 北簷11-13② ○北-家28-4① 北H-崖43-3⑧ ○北H-海42-3⑨ 北-街32-10① 北岡(人名)42-11⑬ 北-巷12-5⑧ 北-客16-7⑰ ○北-岸20-4⑪ 北HK-檻24-5⑳ 北HK-閈22-3① ○北(地名)-曲23-16⑬ ○北-郭36-18⑪ 北K-舘29-12② 北-歸25-7⑩ ○北闕(地名)28-2⑨ 北(地名)-原69-1⑱ 北-境24-2⑳ 北橋29-7⑩ 北軒5-7⑭ 北-戶16-6⑭ ○北-齋(建物)70-8⑯ 北-山14-6⑦ 北市23-3⑲ 北H-次40-4⑮ ○北(地名)-州18-9⑮ 北-渚17-20④ 北-人12-7⑥ 北-湑17-3⑰ ○北-辰3-7⑲ 北-城24-18⑧ ○北征13-6③ 北-省17-8⑯ ○北イヌイ-西71-10⑮ 北-製31-9⑳ 北齊(地名)42-3② 北-阡70-19⑲ 北-牕18-7⑭ 北-窓29-9④ 北村1-8⑭ ○北H-堂9-

10⑱ 北(地名)-塘1-22⑭ 北(地名)-道56-17⑪ 北-地45-14⑭ 北暢師33-7④ 北鎮22-12⑳ 北H-亭7-4②
北-庭54-2⑩ ○北斗2-15⑬ ○北(地名)-都25-9③ 北-頭23-14⑰ ○北-方38-12⑮ ○北(地名)邙12-2⑥
北-邙山ノ33-5④ 北-邙-原30-11⑳ 北-陌10-8⑧ ○北-伐50-2⑧ 北峰43-9⑳ 北風H(書名)65-17④
○北-風1-17⑭ 北(地名)-平70-1⑲ ○北-邊51-8④ ○北-面24-18⑫ ○北-面62ヅ-12① 北-門34
-1⑬ 北-鄘40-2⑦ 北來10-14⑥ 北-廊15-3② 北-落55-6⑧ 北K-里6-7⑱ ○北-虜55-
5⑩ ○北HK-林24-6③ 北樓13-9⑮ 北-院19-6① 北-園22-6② 北-垣69-4⑦ 北-轅54-5
⑦ ○墨67-12④ ○墨客13-12③ 撲1-6⑥ 撲-撲タリ12-8④ ○木65-18⑪ 木芽31-5⑬ 木H-鷹
66-13⑮ 木-器43-10⑦ 木-槿14-8⑧ ○木H-偶-人19-4⑳ 木H-雞47-11⑤ 木HK-實41-6⑫ 木
-人38-10⑭ 木H-性7-14⑲ ○木-石4-9⑤ 木ノ-榻シチ43-2⑮ ○木-筆コフシ31-13⑮ 木H-芙-蓉20-13
⑮ 木-綿29-8⑪ 木-蘭16-11③ 木-蘭-花31-15⑦ 木-蓮18-3⑦ 木蓮花18-4⑲ 木-龍22-
4⑨ 朴H(人名)41-1⑮ 朴62-2⑮ 朴-厚62-9⑭ ○朴-素62-8⑱ 朴-忠沈-厚ニノ55-12⑤
○朴H-直47-3④ 朴-略62-8③ 樸62-3⑮ 樸-復62-3⑮ 沐|10-17⑪ 沐|ス62-3⑰ 沐
-浴10-9⑦ 沐-浴ス36-5② 濮-上65-11⑮ ○牧|タラ50-10⑤ 牧宰(人名)63-19⑱ ○牧-宰63-19⑨ 牧H(人名)
子67-9⑭ ○牧-守24-16④ ○牧野5-16① 穆34-2⑥ 穆K(人名)12-16⑬ 穆三十六地主13-10⑳ 穆K(人名)-

質58−4⑧　穆−如タリ57−17②　穆清2−14⑭　穆生(人名)33−17⑤　穆−然トシ46−3⑨　穆宗(人名)70−2⑲　穆伯(人名)70−
5⑦　穆−穆タル46−4⑦　穆王(人名)4−3⑱　目3−1⑦　睦シ65−22⑦　睦州(地名)42−5⑩　睦−鄰50−2⑬　樸14
−17⑯　醭35−6⑬　○勃−焉トシ62−13⑱　○勃−興ス69−16⑬　○勃−然トシ45−7②　○勃−勃タリ19−8⑥
勃−亂64−15⑪　○没|ス11−7⑲　没|H シ−來レル|56−19⑩　○没−後ニハ69−17⑥　没−在セ45−13①　○没−入センヲ
45−11⑳　○没−落セリ3−13⑥　○渤(地名)−海52−13③　渤−海−公46−2④　○法21−15③　法裔(H人名)41−10⑤
○法−要41−10⑫　法演(人名)43−10③　法凝大師(人名)69−16⑨　○法−句14−19⑮　○法華(書名)45−12⑫　○法華經(書名)45−11
⑧　法(建物)−華−院69−2⑲　○法藏69−17①　○法事69−1⑲　○法−師68−11⑱　法貞(人名)41−10④　法寶嚴持院(建物)
69−15⑪　○法H−樂20−16⑯　○法−門41−10⑬　○法−輪27−16⑤　○法王(H書名)45−12⑫　法王經(書名)45−11⑪
法王寺(建物)27−13⑲　法王等三−經45−12⑱　○法−會68−4⑪　奔競67−15⑥　奔−激ス40−12②　奔−散セハ60
−9⑩　奔−車3−5⑱　○奔−走ス17−19⑦　奔−走來−賓ス61−2⑱　奔−逃59−10⑳　奔−逃スル59−9⑦
○奔|H−湍タント6−12⑥　奔−馳ス61−8⑬　○奔−注ソ11−6⑤　○奔−騰スル1−1⑭　奔−波15−4⑤　奔−迫
2−19⑨　○本24注49−6⑦　○本38−7④　○本−意2−4②　本H−韻18−11⑯　本−界60−7⑦　本−行41−
12⑩　○本覺69−3⑩　○本−鄉15−19⑧　○本−官50−12⑮　○本HK−貫56−20⑨　本−貫經−略招−討左−
押−衙51−12⑤　○本−願70−24⑮　本K−惠64−18⑨　本−原60−10⑪　○本源11−11①　本−軍59−11⑦

本(地名)－郡69－14⑦
本－境60－7⑬
本－經70－11⑪
本H－教68－11③
○本H－業63－7⑭
本H－戸66－12⑬
本H：功－德56－26⑧
○本－國57－23⑳
本－國－土70－12②
本H－根65－22⑬
本罪67－11⑦
本曹(地名)35－11⑬
○本K－草35－6⑫
本－使66－8⑤
本－司59－4⑤
○本－寺69－15⑥
○本H－師71－6⑥
本－技45－15⑭
○本州(地名)42－8⑥
本州團(地名)ノ－練使53－9⑤
○本－書70－2⑤
○本－職44－8⑨
○本－心24－18⑰
○本數67－18⑭
○本－性1－5⑯
本－情49－11⑱
本－生56－25⑩
本宗71－10⑯
○本H－態タイ4－8⑩
○本－道41－11⑥
本－鎮57－5④
○本－傳68－5⑱
○本－邦52－14⑱
○本－末30－1⑪
本H－府54－13③
○本－部67－17⑱
本－物37－13⑨
○本－分31－10⑪
○本篇2－12③
○本－命31－2①
○本－來13－11①
○本－院68－4⑧
○梵閣34－14②
○H梵－行14－16⑲
○梵－宮4－2⑲
梵－塔27－2⑬
梵－部19－11⑥
湓江(地名)12－18①
湓(地名)－魚45－14⑬
湓口(地名)15－21⑱
湓H－草17－3⑤
湓H(地名)－上17－9⑩
湓(地名)－水7－2⑪
湓(地名)－城7－9②
湓亭(建物)17－13⑩
湓浦1－21⑱
焚－燒17－10⑨
焚－爇ソ2－22⑲
○煩－惱10－10⑪
○H煩－惱ス19－5⑲
○盆23－19⑧

マ

摩詰(人名)19－19⑬
○摩訶迦葉(H人名)41－8④
○摩－天29－14⑯
摩尼師等57－24①
摩摩帝70－24③
摩－綿35－4⑮
○麻姑(人名)22－2⑩
麻－粥30－10①
○魔14－19⑭
○魔－女33－10⑯
魔物H33－11⑱
埋－閉スルコト2－22⑧
○埋－殁ソ29－8⑰
○埋－没ス10－7⑨
妹壻33－14⑫
○昧－死ソ47－3⑥
○每－月2－7⑦

○毎－日15－19④　○毎－歳27－15⑬　○毎－年30－10⑤　○毎－毎45－6①　○毎－夜31－16⑪　○妄ナリ10

－7⑤　妄H－有39－7⑬　妄－縁25－1⑥　妄HK－懐17－16⑯　○妄－想アリ20－14⑮　○妄－進38－7②　妄中

25－1⑨　○妄－動48－5⑰　○猛40－10⑪　○猛雨33－9④　猛焔2－8⑱　猛H－氣38－9①　○猛－虎41

－8⑱　○猛－獸40－8②　○猛－將53－1⑱　猛－噬38－9③　猛－政65－23⑨　猛－風2－20⑳　孟嘉H(人名)22

－6⑦　○孟－夏43－10⑦　○孟軻(人名)43－10⑳　孟郊(人名)32－3③　孟簡(人名)55－14⑰　孟光(人名)1－12⑬　孟元陽(人名)56－11⑦

孟功曹(人名)17－9④　○孟浩然(人名)10－2⑦　孟山(地名)39－2①　孟司功(人名)17－9③　○孟子H(人名)47－11⑮　孟氏(人名)9－10⑨　○孟(人名)

甞2－12⑫　孟存(人名)52－13⑫　○孟－冬14－8②　孟陽(人名)57－21⑰　孟門H(地名)38－4④　萌11－10⑤　萌ス1－9⑫

○萌－芽46－4⑪　萌H－草4－15②　萌－動ス10－17③　慢タルト67－7⑮　○慢H－易52－7⑦　慢－鞚ニメ25－7

⑧　慢－瞼21－18⑬　慢－使25－7⑳　慢水28－7⑥　慢－慢タル14－10⑰　慢H－流6－12⑥　曼倩19－14⑱

滿(人名)19－3③　○滿8－13⑳　○滿ス24－16⑩　滿－眼18－16①　○滿月23－19⑨　滿公(人名)43－8⑰　滿坐28－10

⑪　○滿－座12－18⑥　○滿－山13－10⑦　滿－盞27－12⑳　滿－衫27－9⑫　滿子H(人名)35－19②　滿H－巵16－2

⑰　滿－枝13－8⑮　滿上人(人名)16－6⑰　滿－城44－1⑰　○滿H－歳52－8④　滿－船20－10③　○滿－堂37－

12①　○滿－地2－3⑦　○滿池31－13⑳　○滿－庭10－13⑯　滿－頭9－3⑯　滿－杯11－3⑲　○滿滿ナル

13－19⑱　○滿－面19－13⑯　滿－園27－11②　漫H－糊タリ26－9②　○漫－漫6－2④　縵37－11⑥　○萬39

―8⑨ 萬五千七十二人41―11⑩ ○蔓(HK)―草6―12⑯ ○蔓―菁(ナツナ)25―12⑪

ミ

○味|32―4⑦ 味道(人名)71―13⑳ ○彌勒(人名)70―11⑤ 彌勒上(人名)―生71―7⑨ ○未7―4⑮ ○未―然38―7⑤
○未―來37―2⑳ ○未―來―際71―7⑤ 密(HK)―印41―8④ ○蜜12―1⑯ 民(H)―曹17―19③ ○民―望25―
11⑱ 眠睡(スル)29―13⑫

ム

○夢(H)―遊14―17③ 夢―遊―春14―16⑬ ○夢―幻22―2⑭ 夢悟36―10⑬ ○夢―想18―1⑲ ○夢(H)―想(ス)
24―17⑪ ○夢(HK)―思(シキ)30―11② 夢―兒20―13④ 夢仙1―4⑦ 夢澤(H)(地名)17―21④ ○夢―中10―5① 夢―
蝶39―5⑳ 夢得(人名)21―13② 夢得閣(人名)―下68―19⑫ 夢得尚書(人名)35―3⑭ 夢得賓客34―3② ○夢―寐22―11⑫
○無(H)|38―8④ 無(H)―央―數(ナリ)41―11⑧ 無(H)―有―郷(ノ)7―4⑳ 無―何15―3⑯ 無―何―郷(ノ)29―2⑥
無何本郡42―3⑤ 無―虛―日(ノ)29―3⑭ ○無―形38―8⑨ ○無―才20―18① 無―材35―14⑥ 無―
始―劫71―12⑲ 無(K)―修41―9⑬ ○無―色38―8⑨ ○無(H)―上―道71―12⑭ 無―上―法(ノ)69―3⑯ ○無(H)―
錫(ニゾ)71―2⑳ 無―生三―味―觀(ノ)17―15⑧ 無―生忍―觀39―7⑤ ○無―心38―10⑦ ○無―稅68―8④
○無―念28―4⑦ ○無―明14―19⑬ 無―明行―行―緣45―13④ 無(H)―明緣行―行緣45―13④ 無夢28―4⑮
○無―量39―8⑱ ○無量壽(H)(書名)71―6⑱ ○無量壽佛(H)(人名)71―7⑧ 霧(H)―雨11―3⑬ 霧(H)―雨(シテ)11―2⑦

メ

○瑪―瑙34―9④ 冥|62―17④ 冥―鵶5―7⑭ 冥―祐70―12③ 冥化62―15⑨ 冥―鴻29―13⑰ 冥搜

5－3②　冥－數47－10⑱　冥－然ト〆9－11⑩　冥－同44－6⑮　冥－茫タリ1－18⑧　冥－莫タリ25－3⑪　冥
－漠タル12－16⑧　○冥－福39－9⑤　○冥－冥1－3⑰　冥－濛ト〆16－15⑩　○名5－3⑧　名－價29－5②
○名號37－1⑨　名[H]－行43－5⑫　名－銜37－1⑲　名－姬13－1⑲　○名[H]－義40－8⑨　名－兢69－2⑤
○名花2－21⑲　名－宦6－4④　名－郡8－1⑪　名境6－13④　○名－教42－4⑬　名[H]－業50－7⑭　名[HK]
－檢9－4⑨　名－賢68－3⑨　○名[HK]－相55－10⑰　○名士33－12④　名字3－6⑭　名[HK]－尸64－7⑮　名－氏62－2
①　名[K]－謚4－2⑩　名－色名色－緣45－13⑤　○名－實38－11⑫　○名－狀スル43－9⑬　○名－將54－9⑤　○名－
爵71－1⑮　○名[H]－儒32－4⑦　○名－稱55－12⑥　名[H]－職41－6⑲　○名－人68－15⑯　○名－數43－8⑲
名－制64－16⑫　名－姓2－13⑪　○名－聲16－2⑥　○名籍37－9⑬　名[HK]－績48－1⑱　名－迹41－7⑳
○名－節41－6⑭　名－秩48－3⑰　○名－德41－7⑮　○名－望65－14④　名－藩48－2①　名－
父41－7⑮　○名－物53－2④　○名分53－8⑮　○名－聞41－12⑭　○名－目24－3⑮　○名－譽
50－10⑦　名－理56－25②　名－利1－11⑱　名－略55－1⑧　○名[HK]－王50－1⑩　名[HK]－位41－7⑨　○命｜34
－17⑥　○命｜ス48－7①　命駕5－8⑧　○命－數44－4③　命－秩54－4⑭　命－薄70－10⑪　命－婦12－
12①　命－服19－6⑥　命[H]－分7－8⑯　明[H（人名）]41－1⑨　○明｜2－10⑯　明スルニ59－17④　明－河19－4④　明
－効56－9⑥　明－義57－18⑫　明－晦38－1⑭　明光ノ2－9⑫　明[K（建物）]－光－殿3－8②　明皇帝（人名）70－19⑥

明－慧12－12⑭
○明－月4－2⑱
明[H]－月－峽18－9⑨
明月灣(H 地名)24－8⑪
○明－君63－7⑭
○明－訓57－5⑧
明偈39－8①
明[H]－刑66－1⑧
○明－經46－8⑫
○明－鏡5－2④
明－驗(ナリ)64－17⑭
○明－察(ニメ)65－4③
明－旨47－3①
明－時12－4⑮
○明－視38－11②
明－州(地名)70－3⑪
明－日5－1⑰
明－賞46－1⑲
○明－主65－20④
○明－珠1－21⑪
明－粛56－25⑭
明準上人(人名)9－10④
明－識56－8⑮
明－愼49－4③
明－神57－20④
明進(H 人名)43－7⑳
明－水26－12⑰
明－正55－2⑬
明－盛68－8⑰
明－聖47－2⑯
明－誠49－3③
明－詔61－5⑪
明[H]－節57－7⑨
○明－堂3－3⑧
○明－達(ナル)40－9①
○明(アクル)－旦(コロ)10－14⑩
明－暖(ニメ)30－10⑫
○明－智57－7⑫
○明－徵67－4⑱
○明－徵(ス)66－7⑭
明－敇59－3⑤
明－庭62－4③
明－朝3－8①
○明－哲47－10⑩
○明[K]－天－子3－10⑧
○明－德47－3③
明－年6－5⑨
明－年二月十五日42－5⑦
○明－白65－5⑱
明－發(メ)56－26⑥
明[H]－罰66－15⑤
明妃(人名)17－16⑦
明－備47－3⑮
○明文2－5⑦
○明[H]－滅(ス)30－5⑧
相(ヒ)明－滅(シ)43－9⑫
明－辯(セ)58－3⑯
○明－明(ノ)1－2⑰
明－署47－16⑯
明－靈51－18⑬
明[H]－僚40－6⑩
○明－王61－2⑬
明遠69－14⑦
明遠大師69－14③
瞑10－11⑥
瞑－鶴23－15⑫
瞑－興32－13③
洺－州53－2⑰
溟－漲(メ)53－14⑦
○盟2－9⑧
盟－會56－6⑩
盟[HK]－誓64－10⑲
盟－誓(セ)64－12⑬
○盟－約56－6①
瞑－拜(メ)22－2⑨
○茗3－9②
茗芽7－5⑦
蓂35－9⑯
○酩－酊6－4①
○酩－酊(ス)27－2⑱
○銘

1－9⑲　○銘ス42－4⑲　銘HK－碣41－13③　銘誌42－2⑩　銘－旌26－1⑮　鳴－珂26－11①　鳴玉谿（地名）
18－3⑪　鳴－琴70－21⑥　○鳴H－禽8－10⑬　○鳴－鶴67－12⑱　鳴－雞22－7⑱　鳴－顧ス25－9⑭　鳴H
－鼓65－12②　鳴－吼ソ71－10⑫　鳴H－騶25－3⑪　鳴鳥13－15⑫　鳴－鳳66－16②　○妙ニソ21－4⑩　妙－有
38－14⑯　妙－選ナリ54－8⑤　妙－能38－5⑮　妙法蓮華經（書名）69－3②　妙喜寺（建物）70－23⑧　妙－然71－9⑰
○滅5－7⑮　○滅ス21－11④　○滅－後41－12②　○滅－盡ソ15－7⑥　滅－除ソ18－1⑲　○滅－度69－15
⑳　○免ス36－7⑳　免－歸ス70－10⑬　○免－職55－3⑩　眄（人名）－眄ト15－4④　○綿衣25－12⑭　綿－袍17－
17⑯　○綿－綿タリ6－12⑯　○緜25－6⑫　緜－勻28－15⑬　緜州（地名）41－1⑨　○緜－緜タリ14－15⑰　緜－歷ヘタリ
55－13⑭　緜－歷ソ52－10⑦　○面19－4⑯　面顔6－6⑪　面H－欺66－18③　○面－相69－16⑲　面－赭4
－8⑫　面－上27－10①　面－傷セハ64－18⑱　○面－色1－19⑪　○面－從38－13⑯　○面從スル65－22⑳
○面H－奏ス58－9⑨　面H－白18－6①　○麵17－4①

モ

○模－様59－8⑳　○糢－糊タリ23－3⑱　○毛61－5④　毛（人名）48－11⑥　○毛H－衣26－13⑥　毛－羽3－7
⑨　毛－下63－7⑧　毛玠（人名）H50－9⑤　毛－龜37－9⑬　毛－群39－2⑱　○毛（書名）－詩68－10⑬　毛－色26－12③
毛－質39－2①　毛仙翁36－13④　毛帯3－13⑦　毛－道70－23⑰　○毛－頭19－1⑫　○毛－髪22－6⑰
毛髫10－17⑤　○朦－朧タル14－10⑰　濛K－氾35－9⑲　○濛－濛35－16④　蒙22－13④　蒙莊15－3⑫　蒙－

山25－2⑩
蒙－茸1－15③
蒙－然(トン)61－5⑫
蒙－茶19－11⑨
蒙(H)－恬38－10⑲
蒙(H)－蒙(タリ)8－4⑩
蒙－籠(タリ)24－15⑦
○目71－8⑥
○目｜(ス)71－11⑱
目－眩28－11⑥
○目(H)－撃(メ)20－15⑪
目撃指－顧(ソ)68－12⑦
○目乾連(人名)68－11⑫
○目(H)－前59－11⑥
○黙｜(ス)32－1⑦
○黙坐(ソ)8－13⑧
○黙－然(トソ)8－12③
○黙－黙5－5⑦
黙－黙兀－兀(トソ)45－9⑥
○文－字18－5③
○文殊(人名)35－2④
○文(HK)－選30－14⑦
問｜1－7⑫
問－客32－7⑰
○問(H)－訊70－13⑦
○問－訊(ス)27－3④
○問－荅(ソ)29－12⑩
問法32－8⑲
問－遺61－9⑮
○悶｜(H)32－2⑰
悶(スル)13－1⑭
悶－時32－3⑧
捫(モンテ)21－12⑬
紋｜38－7⑩
○聞－法71－10⑬
○門｜10－10⑧
門蔭子(人名)69－12⑭
○門－下61－3⑦
門－下侍－郎54－3⑰
門－下侍－郎平－章－事54－8⑪
門－下平－章－事54－3⑰
門－巷70－13⑨
○門－客13－15⑲
○門－外4－7④
門－館2－2⑦
門戟18－8⑧
○門－戸6－10⑭
門－者65－4⑦
門－上12－12⑲
○門－人41－11⑭
○門－生25－4⑬
○門(H)－籍16－2⑳
○門－前2－9④
○門－地63－16⑥
○門柱43－7⑩
門－庭23－16⑪
○門(H)－弟－子41－12⑲
○門－徒68－16⑫
門(H)東25－11⑱
○門－内2－2⑫
○門閥31－2⑲
○門楣2－13⑬
門－屏44－4⑰
○門－廊69－14⑬
門闌2－17⑰
○門柳16－3⑨
○門－閭19－10⑭

ヤ

治(H)長66－9⑭
○夜(H)－飲(ス)18－8⑨
夜－雨9－13③
夜－號66－15⑰
夜(ニ)－合(レノ)17－7⑪
夜－合花(ノ)32－6⑭
夜(H)－寒10－12⑬
○夜－氣6－12④
夜－碁7－16③
夜琴7－14⑱
夜衾9－8⑦
○夜－火13－20⑦

夜-話29-6③　夜-話(スルヤ)7-7⑬　○夜-光38-8②　夜-歸33-17⑦　○夜-月3-1⑪　夜-境22-
17⑬　夜-鏡8-13⑰　○夜-坐14-16⑭　○夜-坐(ス)28-6⑭　夜-霜27-9⑭　夜-舟37-3⑦　夜箏19
-7⑰　夜-酌19-9⑪　野[HK]-茹17-20⑥　○夜-色15-16⑪　○夜食23-13⑱　夜柝34-1⑯　○夜-雪10
-15②　夜泉36-14⑤　夜襌13-12⑰　夜-牕23-12⑮　夜滄10-4⑪　夜-臺35-11④　夜-茶29-4⑲
夜-直(シテ)5-5⑤　夜砧19-16⑮　○夜-泊15-17⑭　○夜-半2-6⑯　○夜-分38-3⑨　夜眠33-9⑯
○夜-夜32-8⑫　○夜-來12-16④　夜[H]-醪14-18④　夜裏13-13⑦　夜涼35-12②　○夜-漏20-17⑩
○揶-揄(セ)16-3⑱　爺[Hヤ]-娘(シャウ)3-6⑬　耶-溪26-9②　○野[H]|63-15③　野[H]-意14-8④　野-衣26-11⑫
野[H]-雲11-12⑥　野-煙13-9⑱　野行18-10⑳　○野-客14-1⑫　○野-鶴15-18⑬　野葛2-20⑲　野
居8-2①　野巾37-1⑨　○野-禽22-17⑮　○野-火2-20⑯　○野-花29-6③　○野-外13-10③
野卉43-2⑳　○野-徑25-5⑤　○野-逕20-15⑤　野-狐32-11 239　○野菜31-13④　野棗32-11 251
○野草13-15⑲　野-寺31-16⑳　野-思10-7⑯　野-壤65-11⑳　○野[H]-色9-9⑲　野食31-5⑬　野
-食(メ)30-2⑦　○野-人14-6⑱　○野-心32-14④　野-水10-18⑧　○野-性9-12②　○野-情23-
5⑦　○野[H]-生7-7⑩　野船36-15⑱　○野[K]-叟29-6⑰　野-塘12-9④　野-桃19-2⑮　野-澤63-
12①　○野-中66-15⑤　野-艇11-13⑧　○野-店32-10⑮　○野-田13-17⑨　○野[K]-渡35-9⑤　野[HK]-

陂6-8⑮
○野-望12-16⑥
野H-飯7-6⑫
野-扉31-3⑮
野-麋16-16⑨
○野-夫20-6④
野-物19-9⑱
野-萍22-3⑭
○野-老17-16④
野-綠6-11②
野-路20-2⑭
○野-猿16-7③
○野-翁36-17⑪
揚(人名)難6-13②
○揚-名57-2⑧
○揚-揚タラ30-2⑱
揚(人名)19-14⑫
○楊H雄43-10⑳
楊(人名)K尹30-9⑪
楊隠士5-10①
楊(人名)-顗-士9-11①
○楊(人名)家16-8⑭
楊(人名)H澥70-18⑨
楊(人名)孝直51-8⑬
楊(人名)衡43-10⑱
楊H-閣老28-8⑨
楊幹57-3②
楊(人名)九11-11⑱
楊九弘貞5-8⑰
楊虞卿44-1⑥
楊-花14-1⑬
楊(人名)H冠俗52-9⑪
楊(人名)H歸厚50-10⑨
楊(人名)君71-5⑭
楊君靖57-1⑯
楊(人名)H君馮41-11⑥
楊(人名)H景復49-12④
楊(人名)H景復等49-12⑨
楊(人名)瓊19-19⑤
楊(人名)玄琰12-12③
楊(人名)玄諒等51-16⑦
楊(人名)戶部33-9⑬
楊(人名)湖州34-13⑰
楊(人名)H工部31-15⑲
楊(人名)弘元68-9⑯
楊(人名)弘元法師68-13⑧
楊(人名)弘貞9-1⑩
楊國忠3-7④
楊(人名)穀51-11⑤
楊相公繼之37-5③
楊(人名)造51-9⑦
楊(人名)造等51-9⑥
楊(人名)三18-2⑲
楊侍郎25-4⑬
楊(人名)使君18-6⑤
楊(人名)H嗣復60-2①
楊-子-津25-11⑬
楊(人名)子48-1⑪
楊(人名)子渡33-17④
楊(人名)師皐26-18⑩
楊志和等52-14④
○楊-枝16-17⑦
楊(人名)氏12-12⑳
楊(地名)州4-1⑲
楊(人名)十二17-15⑨
楊(人名)十二博-士17-13③
楊十二員外18-2⑲
楊(人名)舍人19-12②
楊(人名)尚書35-11⑬
楊(人名)常州31-15⑲
楊(人名)主簿16-17①
楊(人名)主-簿兄-弟43-11⑨
楊(人名)H汝士50-11⑦
楊(人名)生9-1⑪
楊(人名)潛48-9①
楊(人名)大使18-4⑪
楊(人名)貞一69-4⑱
楊(人名)H同懸等ラ48-7⑪
楊H-同-州30-7⑧
楊東川34-7④
楊-馬16-2⑥
楊梅舘13-18⑮
楊(人名)八18-11③
楊八給-事

31-8② 楊八使君(人名)11-2⑥ 楊萬州(人名)11-3⑩ 楊妃(人名)3-5⑤ 楊秘書巨源(人名)15-11⑩ 楊夫人(人名)40-3⑫ 楊K-
府24-18⑨ 楊平公遠H(人名)41-1⑧ 楊HK-慕-巣30-7⑬ 楊慕巣侍郎H(人名)33-6② 楊慕巣尚書(人名)34-2⑪ 楊僕射(人名)25
-4⑬ 楊於陵(人名)52-6⑱ 楊於陵等(人名)48-7③ 楊郎中(人名)25-4⑬ 楊郎中兄(人名)-弟25-4③ ○楊-柳2-21④
楊-柳曲ノ32-7⑭ 楊柳枝(書名)35-8⑳ 楊H-六10-10⑳ 楊六兄弟13-10⑭ 楊六侍御(人名)33-5⑱ 楊六侍郎H(人名)32-
14⑥ 楊六尚書(人名)35-17⑤ 楊琳庄69-9⑧ 楊魯士(人名)33-16⑭ 楊員外(人名)10-19⑩ ○様|18-4⑪ ○洋-洋タリ3
-2⑯ 洋-洋-乎トメ71-8⑰ 漾-漾タリ22-20⑪ 煬H-天-子4-12⑦ 癢「15-17⑫ 秧-稻13-20⑦
羊H-角17-8⑳ 羊-祜29-12⑰ 羊公H(人名)24-1⑲ 羊叔子(人名)71-9⑨ ○羊HK-腸17-1⑪ 羊杜(人名)48-10② ○陽H|
63-22⑨ 陽3-10⑤ 陽塢(地名)24-8⑪ 陽-焔32-1⑭ ○陽-焱14-19⑫ 陽-和17-17⑦ 陽貨2-21⑭
陽H-山ノ懸41-6⑮ ○陽-光33-4④ 陽關(地名)33-16⑤ 陽侯1-5① 陽公(人名)2-13⑮ 陽子江H(地名)66-14⑫ 陽H-
日43-2⑬ ○陽-春23-2⑫ 陽城驛(地名)20-1⑩ 陽H-叢7-5⑦ 陽臺22-20⑫ 陽道州(地名)2-13⑪ 陽陶(地名)21
-7⑭ 陽H-武-縣開-國-侯54-3⑱ 陽明洞天(人名)26-8⑨ 養K|38-4⑫ 養-活44-3⑫ 養-活メ19-11
⑭ ○養子70-2⑭ 養拙5-7⑯ 養H-竹43-6⑥ 養竹記43-5⑧ 養馬坡(地名)68-15⑨ 養-文65-16⑨
○養-理ス52-4① ○颺-言メ46-3⑱ ○厄|10-17⑯ 厄|セラル、「16-3⑭ 厄-窮41-5⑤ 約H(人名)50-13⑩ 約H(人名)
等50-7⑩ ○約K(入)29-5④ ○約|ス26-9⑭ 相約ス5-14⑪ 約義セント56-15⑥ ○約-言66-13④ 約心7

ー4④　○約ー束49ー5⑩　○藥27ー7⑥　藥21ー10⑳　○藥效13ー14⑦　藥誤10ー7⑩　藥ー債35ー4⑫
藥(H)ー菜16ー17⑪　藥竈21ー4⑱　○藥草37ー9⑳　藥ー餌59ー14⑥　○藥ー樹14ー3⑭　○藥ー酒35ー7④
藥(H)ー術19ー12⑩　藥ー性37ー13⑫　藥(H)ー銷31ー16⑩　○藥ー石59ー14⑰　藥錢37ー10⑬　藥ー牕36ー18④　藥(H)
ー臺20ー4②　藥(H)ー堂16ー12⑨　藥ー銚14ー14③　○藥ー物15ー3⑧　○藥圃16ー16⑧　○藥(H)ー欄14ー8⑫
○藥(HK)ー力24ー15⑨　藥ー爐17ー4⑮　○譯56(ス)ー25⑨　譯ー語ー官56ー18⑫　譯ー刻69(ス)ー2⑳　軛36(ルーヲ)ー7⑪
ユ
諭69(スル)ー7⑱　庾(H)(人名)16ー2⑮　庾家(人名)25ー6②　庾敬休(人名)48ー12②　庾敬休等(H)(人名)54ー15①　庾公(人名)7ー6⑲　庾三十
三10ー18⑱　庾三十二(H)(人名)16ー14⑨　庾三ー十ー二補(ノ)ー闕16ー1⑰　庾三十二員外17ー2⑨　庾侍郎21ー15⑮　庾
ー氏1ー9⑫　庾七6ー4⑪　庾順之14ー4⑤　庾承宣(人名)48ー5⑪　庾信(H)(人名)32ー13⑦　庾亮(人名)15ー21⑱　庾樓16ー14
⑨　愉(H)(人名)49ー9①　揄揚26ー10⑦　楡26ー8⑲　楡ー英32ー11 236　楡ー莢27ー16⑱　楡ー柳10ー15⑱
幾　由(ハク)ー旬34ー8⑭　腴(H)48ー9⑧　臾(H)ー駢66ー3⑳　○輸56(シテ)ー4⑩　○輸ー贏15ー20③　輸(HK)ー贏17ー20⑰
○輸ー納44ー12⑭　諛64ー2⑲　諛ー佞1ー15⑥　諭妓28ー16⑲　諭德51ー10⑭　○踰ー越63(メ)ー10⑭　唯ー
然(トソ)70ー14⑲　○維摩(書名)45ー12⑫　○維摩詰(人名)45ー12③　○維摩經(書名)20ー16⑫　維摩等(書名)三ー經45ー12⑳
ヨ
○予(K)41ー9⑰　予躬1ー1⑪　豫樟2ー8⑯　○余1ー17⑳　旟20ー9⑥　淤(K)(去)22ー4⑮　璵(H)ー璠6ー12⑩
瘀°(K)(ヨ)ー絮(ショ)22ー1⑦　畬(H)(人名)68ー2⑭　畬ー煙18ー3②　畬ー粟22ー4⑮　畬ー田2ー7⑭　舁70ー21⑬　舁ー竿70

－21⑬　與－果上人17－8①　○與－奪59－9①　與儔1－5⑯　輿22－6⑲　輿－馬68－17④　菸22－4⑯

舉28－17⑧　預(人名)69－12⑬　飫|(セシム)51－2⑮　飫－賜59－16⑩　○餘1－14⑳　○[H]餘(シノ)－殃40－3⑤　餘勇69－5

⑱　○餘＝裕41－2⑰　餘姚69－13③　餘姚縣(地名)42－8⑩　○餘－暇16－6④　餘－霞22－9⑤　餘杭(地名)8－1⑪

餘杭縣(地名)40－10⑥　餘杭郡(地名)43－12⑥　餘－枅61－4⑲　餘[K]－興°29－3②　餘－曲26－16⑮　○[H]餘(シノ)－花9－4⑫

餘歡13－3⑱　餘慶48[注54]－7⑫　餘慶57－14⑬　餘－慶51－15⑨　餘[H]－景7－10①　餘[K]－霰27－6⑳　○餘－事

27－11⑩　餘－思23－2⑳　餘滋5－12⑦　○[H]餘－資7－9⑰　餘[HK]－室64－17③　餘習21－1⑪　餘－酌22－

9⑲　餘趣5－13⑫　餘[HK]－春30－11⑯　○餘人5－6①　餘－刃49－11⑬　○餘－情28－5⑧　餘清5－5①

餘－生40－7⑳　○餘聲6－4⑩　○餘－熱30－10④　餘－柞36－24④　○餘樽5－12⑰　○餘－地51－2⑬

○餘塵23－3⑥　○餘田64－17③　餘－適29－15④　○[K]餘－年35－4⑯　○餘－波26－11⑰　餘[HK]－葩30－13⑮

餘－盃26－14⑳　○[H]餘－芳9－10⑪　○餘味6－2⑬　餘－物5－7⑥　餘俸19－10⑪　餘涼36－1⑨　餘糧

1－4⑭　餘－力21－4⑥　餘[H]－累43－4①　餘－咞29－4⑧　餘－論68－13⑥　餘－温1－17⑰　○傭2－

7⑳　傭|(シ)26－10⑮　傭書(ス)5－15⑯　傭－保42－6⑱　嗈－嗈5－10⑩　埇(地名)－橋23－11⑮　埇口46－9⑬　埇

－口等46－9⑲　埇(地名)－城23－11⑯　墉5－11⑯　壅64－2⑩　壅|(スル)47－14④　壅－蔽64－1⑮　壅－蔽(スル)65－

17⑲　庸|(ニツ)8－1⑧　庸－虚62－2⑤　庸－淺(ニツ)61－11③　庸[H]－調66－5⑧　庸－奴66－10③　庸[H]－味59－14

⑭容(人名)21-9⑫容51-12⑦○容-易ナランヤ46-6⑤相容ヒ-隱セン59-6⑨容H-艶20-10⑤○容-顏26
-6⑪○容H-儀20-7⑥容H-光10-10③容HK-管41-1⑫容H-輝18-9⑱容-隙45-1⑫○容-止
38-5⑰容州(地名)51-12⑤○容-質11-13⑧○容-捨56-15⑭容-恕30-12⑪容-恕ス57-14⑲○容
-飾3-7⑫容-貸61-7②容貸スル47-17⑩容-德2-2②○容-忍シ57-9⑯○容-貎15-6⑦
容-鬢21-14⑪○容-與21-2⑥○容HK-與ス22-20⑤容衛13-2⑫慵H6-9⑮慵ソ5-7⑨慵間35
-9⑥慵-饞ソ28-10③慵饞33-2⑯慵H-墮19-8③慵惰6-5⑧慵-中36-20⑪慵-慢13-14
⑦慵懶ナル33-15⑤應16-3⑭○應ス5-11①相-應ヒス31-6①應K-須6-6⑲○應-接ソ43-2⑯
○應-對55-15⑩○應-對スル62-1⑧應-兵64-7⑯應-辨48-8①○應-用38-15②○擁ス19-
7⑥擁-遏スル22-6⑬擁-腫トソ39-4②擁-腫ス12-9②○溶-溶5-8⑫用(人名)71-6③○用スルヲ
50-9③用-師56-5⑨用-捨64-7①○用-捨スル38-14④用-舍63-9⑫○用-心47-10⑫
○用-度59-8⑬用置ソ1-9③用H-否モ66-13⑧○用-兵56-16⑥用-表テス66-18⑪○用-命60-
6⑨膺2-22⑤踊ソ69-15⑯○踊-躍61-7⑲○踊H-躍ソ4-14⑰踊-躍欣-喜シテ45-8⑪鄘H(地名)40
-2⑬鎔25-13⑭○鎔範4-1⑰鏞(人名)70-15⑳雍2-8⑦雍-熙47-18⑫雍-熙セン62-10⑪雍(人名)
羌3-12⑧雍-門2-12⑬鷹爪1-15⑫鷹-翅1-15⑫鷹-隼63-12①鷹猜5-5⑯鷹-鸇68-

14⑲　弋羅37－8⑨　○億－兆61－1⑧　億－萬(ニセン)57－10⑭　域11－10⑲　域－中56－26⑪　域－堡64－12
⑱　○慾|5－7⑳　○憶－念15－12④　○抑－揚(ス)42－9⑳　○欲|63－6⑰　欲|(ス)20－7②　○欲－界35－2④
沃(メ)5－14⑤　沃州(地名)68－15⑪　沃洲山(地名)68－15⑥　沃－壤(地名)27－2⑤　○沃－瘠64－6⑱　浴|12－9⑱　○浴|(ス)22－
17①　浴罷(シャム)35－9⑨　浴－日12－12①　浴－堂26－11④　浴－殿14－3⑳　○翌－日40－1⑪　翊(トン)42－9⑳
翊－佐(メ)56－17⑯　翼67－8⑪　翼－戴57－3⑦　翼－戴(メ)57－21⑨　翼孟(H)(書名)43－11①　○翼－翼(トン)71－4⑭
臆|(K)(入)38－11⑪　薏苡(人名)15－13⑮　蜮10－2⑮

ラ

羅21(注55)－18⑦　○羅1－7⑱　○羅27－7⑯　羅(ス)33－14⑤　○羅衣33－14⑪　○羅－漢69－15⑫　羅－漢－
僧68－15⑬　○羅－綺16－4⑳　羅巾18－17⑧　羅(HK)－裙12－17⑭　○羅睺羅(H)(人名)68－11⑬　羅袴18－11⑫　○羅－
刹23－2④　羅(H)－子16－20⑧　羅兒7－10⑪　○羅－袖22－19①　羅(H)－紈30－12⑭　羅－裳31－5④　羅－雀
21－15⑫　羅－襦(ウハキ)2－3⑭　羅(H)－綃4－6⑪　羅(H)－扇14－18①　羅－薦35－9⑨　羅－帯33－18⑪　○羅－布(ス)
52－6①　羅敷(H)(人名)24－5⑨　羅敷水32－10⑭　羅－弋30－5⑱　○羅－列(ス)36－4④　蘿13－19⑫　蘿(H)－蕙6－
1⑮　○蘿徑20－4②　蘿(H)－蔦43－3②　蘿(H)－薜25－17⑪　蘿蔓31－5⑬　○螺35－4⑮　○螺－髻39－8⑱
○螺－盃37－1⑧　螺母37－13⑨　覼－縷(スルニ)45－3⑫　躶－跣(シ)37－2⑰　騾(H)－軍30－1⑮　嵓(H)－嵬(トン)6－11
⑲　○來47－3⑧　○來(HK)－意56－19⑨　○來－由18－8⑥　來(H)－緣68－5⑲　來－効51－8⑤　來－

告50ス－1⑱　來－降53メ－8②　○來－客HK6－4⑨　來－感71シ－7④　來－儀22－5⑩　來－儀70スル」－8③
○來－去23－4⑧　○來－去2ス－20⑥　來－果69－17⑬　來H－業70－24⑫　來－使57－23⑩　來－思47－18
⑦　○來H－旨45－1⑩　來－時6－11③　來－詩34－14⑦　○來－日36－17⑲　來－者49－7⑥　來－章22－
1⑭　○來－春16－16④　來－序2－12⑥　○來－書45－9⑬　來－人56－18⑪　來－尋セヨス11－4⑳　○來－
世68－5⑦　○來－歳21－18⑱　來H－生36－24⑨　來－請57－8⑪　來－奏56－15⑩　○來－朝54－4⑯
○來－朝52セ－13③　來H－哲47－2③　○來－年32－6⑬　○來賓36－12⑨　○來－賓57ス－13③　來－表56－
7⑯　來－篇23－4⑭　來－暮53－11⑥　來－問57－19⑮　來路33－12⑬　○來－往10－1⑳　○來－往30ス
－7⑦　磊－砢ナル8－8⑧　○磊－磊トメ44－3⑤　○磊H－落タルナシ江22－7④　○禮H（書名）48－7⑤　○禮記（書名）62－9③
○籟32－11⑮　○罍70－21⑨　○耒67－1⑳　○耒Hライ－耜シ6－5⑥　萊H63－2⑦　萊H（地名）－州42－3⑭　萊妻16－12
⑯　萊蓬51－17②　雷（人名）43－3⑮　○雷|47－14⑲　○雷－雨65－6③　雷－車26－9⑰　○雷HK－霆38－9③
○雷－同67－15⑮　類26－8⑱　○勞|8－6⑦　○勞|ス24－14⑭　○勞－逸21－1⑯　○勞－逸53ス－2⑲　勞
－効52－14⑨　○勞－苦10－12⑥　○勞－苦セリ22－3⑬　勞－謙56－18⑱　勞－謙57ス－16⑳　勞止36
－9⑳　勞－止53ス－2⑳　勞H－者36－2⑰　勞－臣53－2⑪　勞－瘁メ56－4③　勞生13－15⑦　勞－
擾64－5⑱　勞－績53－3⑰　勞－旋57ス－16⑧　勞－動15ス－21⑳　勞－頓スラシ57－3⑲　勞－費56－20

④ 勞費[セ]3-8⑨ 勞[H]-問[ス]27-5⑦ 勞-俫22-4⑫ 勞-俫[ス]3-12④ 勞-來48-9⑨ 勞-來[セシム]53-3①
姥70-20⑪ 牢䜌36-12③ 牢-堅[ナリ]1-22⑤ 牢-固[ナラ]12-9⑬ 牢-閉[シタルニ]24-20⑥ 牢-落[タル]16-13⑭ 牢-
落[スル]33-2⑱ ○牢-籠[シテ]50-12⑱ ○廊2-4⑭ 廊宇13-15⑬ ○廊[HK]-下6-14③ 廊-室71-5⑥ 廊-庖69
-14⑱ ○廊-廟30-4⑪ 悢-悢[タラ]8-12⑮ 朗[H]（人名）19-3③ ○朗-詠[メ]28-16④ 朗之（人名）35-15⑭ 朗州（地名）60-4⑪
朗上人10-17⑪ 榔26-8⑭ 浪-心25-17⑲ 浪-淘-沙31-18⑱ ○浪-浪[タルヲ]38-4⑯ 狼[H]-顧66-8② 狼星
2-18⑫ 狼-籍[ミタリカハシ]14-7⑳ ○狼-藉[ミタリカハシ]14-3⑦ 狼曋46-6⑯ 琅-玕29-11⑱ 瑯[H]-琊12-14⑱ 桹-莠62-9⑤
老[K]（人名）29-9⑱ ○老1-3⑪ 老-遊15-5⑭ 老-尹22-18⑩ ○老-幼8-9① 老葉13-9⑱ 老[H]-何19-14⑨
老[H]-駕-兄19-15⑮ 老戒26-14② 老-皓31-17⑫ ○老-鶴31-12⑩ ○老-眼28-4⑯ 老-監25-4⑨ ○老
-菊34-13⑪ ○老-狂31-9⑰ 老居士36-11⑬ 老去32-8⑮ ○老-槐36-1⑱ 老黄綺32-9⑦ 老-龜27-
16⑪ 老元（人名）16-21⑨ ○老[K]-君32-1⑦ ○老[H]-兄7-13⑰ 老-計33-7⑬ 老-雞37-8⑫ ○老-健[ナリ|モ]28-15
⑥ 老崔郎（人名）19-18⑰ 老-桑26-8⑲ ○老莊（人名）35-1⑨ 老[H]-杉43-3① 老-使-君24-14⑯ ○老子（人名）47-6⑨
老-思31-13⑰ 老-時35-8⑨ ○老[H]-死10-17⑯ ○老-死[セン]30-8⑬ 老-死病-苦45-13⑥ 老氏（人名）36-6⑩
老-耳21-9⑲ 老-髭鬚69-11⑫ 老-愁31-1⑦ ○老-醜19-2⑩ 老-日39-5⑪ 老-柘20-15⑱ ○老-
者36-10⑮ 老狀68-17⑭ 老-將16-19③ 老-株20-17⑤ 老[HK]-樹9-8⑫ 老-丞-相33-19⑤ 老-松樹8-
3⑦ 老-色10-9⑦ ○老-人5-13⑫ 老[H]-人-星57-8② 老-心20-9② ○老[H]-臣19-3⑤ ○老-身26-

14⑳ ○老歲30-13⑳ ○老-小9-4⑯ ○老-少25-8⑰ 老(人名)蕭郎18-7⑲ 老熱29-14⑳ ○老[H]-僧9-5⑰
○老叟12-2⑱ 老-瘦34-10⑳ ○老-大15-17⑬ 老(人名)湯師16-20⑬ 老-㥾(ナル一ヲ)35-14⑥ 老(人名)陳19-16④ 老(人名)張17
-2① 老桐樹18-14⑧ 老(人名)鄧攸27-3② 老[H]-頭36-24⑱ ○老-年58-10⑦ ○老[HK]-農6-5⑦ ○老-馬27-4
⑪ 老彭15-20⑪ 老-蚌20-16⑱ 老-柏1-21⑬ 老-伴22-13② 老[H]-賓-客28-5② 老-鬢15-2② ○老
-夫24-12⑩ 老-巫2-15⑪ ○老-病9-4⑳ ○老-病(ソ)19-2① 老-病-苦71-7⑭ 老-病人35-18⑭
○老-母4-9⑩ ○老-僕22-1⑭ 老-命29-9⑫ 老-面10-17⑬ 老-容-顏10-16⑲ 老-慵16-7④
老-慵(ソ)28-2⑤ ○老來33-3⑯ 老(人名)萊41-6④ 老郎36-15⑩ 老(人名)劉28-18⑩ 老柳19-12⑤ 老-柳-樹20-17
② ○老-涙26-17③ 老-令26-13⑤ ○老-翁26-4⑭ 莨[H]-蕩-花9-12⑰ 郎(人名)4-5③ ○郎8-12⑬
何-郎32-3⑪ 郎-官11-11⑰ ○郎[K]-君29-15⑭ 郎州50-13⑮ 郎-將4-12⑨ 郎(地名)署8-9⑰ 郎(人名)-中19-11
⑦ 郎-吏12-13② 郎-位55-8④ 醪67-3⑫ ○樂22-4⑲ 樂[H]-遊19-7⑪ 樂(地名)遊園19-7⑩ 樂(書名)[H]遊園(ニ)寄(ソ)足
下45-4⑱ 樂-逸(ソ)36-8⑳ ○樂-事18-10⑥ ○樂人26-12⑲ 樂-世35-18⑬ ○樂(人名)天7-8③ 樂天行36-
13⑰ 樂天君34-4⑫ 樂天白22-1⑱ 樂-輸66-12⑲ ○洛(地名)22-11⑳ 洛(地名)-人71-9⑲ 洛[K]-尹30-4⑭ 洛-
堰37-4⑰ 洛(地名)-下25-2⑳ 洛(地名)河23-13⑬ 洛(地名)-郊70-19⑲ 洛-客32-6⑱ 洛-隅53-11⑩ 洛(地名)京41-6⑩
洛(地名)景36-21⑥ 洛(地名)-橋33-19⑳ 洛[H]-師57-2⑦ 洛(地名)州70-5⑧ ○洛(地名)-水25-6⑧ 洛-汭45-2⑨ 洛(地名)-城27-4
⑥ 洛(地名)石36-2② 洛(地名)川32-11⑦ ○洛(地名)-中23-14⑤ 洛(地名)-都68-16⑰ 洛-童21-18③ 洛-茫25-14⑱ 洛[H](地名)濱33-

16⑧ 洛(H・地名)-浦31-9⑨ ○洛(地名)-陽22-13⑮ 洛(地名)陽堰32-10⑤ 洛-陽縣49-11⑨ 洛(地名)陽城28-15⑰ 洛陽(ノ)橋31-18⑤
洛苑26-1⑭ 絡-絲24-5⑯ 絡-絲蟲31-10⑮ ○落(H)-英36-14⑩ ○落-葉9-13⑯ ○落-句15-12⑯ ○落
-花13-7④ ○落(K)-暉29-12③ ○落-月22-2⑳ 落-景36-25② ○落-日9-9⑲ 落-絮31-5⑬ 落-
盡(スル)13-11⑳ 落-生-石32-14⑪ ○落-照33-6⑬ 落-然(タリ)8-4② ○落-第31-14⑨ ○落-第(セル)31-9①
落(H)-拓20-14⑦ ○落-梅18-10④ 落-箔(タル)33-12⑫ ○落魄(トシ)20-14⑦ ○落-魄(スル)5-15⑥ ○酪66-5⑯
○酪漿36-12① 雒邑31-7⑬ 雒都70-23⑱ 駱35-3⑥ 駱(人名)山人8-2① 駱-口14-9⑯ 駱(地名)口驛9-11⑪
駱(H・人名)峻50-7② 駱(H)-處-士8-1④ 駱(人名)全儒等60-10⑰ 駱-馬37-9② 糲(アラキ)切郎達30-2⑤ 糲食45-10⑥ ○臈-月
69-8② 臈-酒36-5⑩ ○臘13-12⑰ ○臘-月22-4⑦ 臘月九日31-12⑥ 臘(HK)-侯17-8⑫ 臘-後17-8⑫
臘(人名)子24-19⑱ ○臘日59-16⑬ 臘(H)-節59-16⑮ 臘(人名)娘24-19⑰ 臘-天22-18⑱ 蠟-燭9-7⑦ 蠟69-4①
蠟炬26-11② ○蠟-燭20-6⑳ ○亂3-1⑫ 亂(ソ)42-3⑨ 亂-鶯22-6⑧ ○亂-階12-5③ 亂(H)-花4-5①
亂-危55-7③ 亂後13-11⑮ ○亂-山11-4⑦ 亂-書(ス)45-15③ 亂松園15-10⑨ ○亂-心56-13② ○亂-
臣59-2⑤ ○亂世2-10④ ○亂-政55-8⑪ 亂-石18-3⑰ 亂-雪24-1⑦ 亂泉36-15⑳ 亂-代
65-19⑪ 亂(K)-竹6-11⑯ 亂-藤23-18⑨ 亂-亡65-11⑯ 亂-亾65-9① 亂(H)(レ)法(スヲ)66-2⑫ 亂-峰23-6⑦
亂蓬20-14⑰ 亂(H)-落(ソ)27-14⑮ ○亂離2-16⑫ ○丱(ニ)39-3① ○卵-胎62-19⑦ 嵐陰25-10⑪ ○嵐-氣33-
4① 嵐-色32-4⑬ 嵐-霧18-7⑬ 嬾(ニソ)16-10⑤ 嬾出35-13 250 彎-彎(タリ)38-5⑩ 懶29-9③ 懶(ソ)69-

6⑥　懶靜ナリ33－13⑫　懶－放ナル｣21－13①　懶H－病ニメ6－8⑨　懶－慢ナル23－14⑪　孏－斑トメ11－8⑪　欒櫨
6－11⑭　○欄2－4⑮　欄HK－下24－3㉗　○欄干16－5④　欄－杆37－8⑲　欄堂28－12⑪　濫Hラン63－8②
濫－貨63－8⑥　濫－死64－18⑧　○濫－觴63－16⑤　○濫－觴メ71－5⑰　爛｜タル｣31－4⑯　爛椹27－9⑧
○爛－熳タリ12－8⑥　○H爛－爛タリ38－12⑬　爛－爛煌－煌トメ71－7①　瓓－珊タリ24－13④　籃1－21⑥　籃HK－
昪30－11⑳　籃－昪メ35－15⑯　籃－輿26－17⑦　籃－轝22－5③　籃－轝メ23－19④　纜27－2⑥　○襤褸
15－1⑰　藍Kラム－（平）溪6－10⑪　藍橋（地名）15－15④　藍橋驛（地名）15－15③　藍H－谷6－11⑰　藍－衫13－3⑪　藍水（地名）6－6
⑱　○藍（地名）－田43－11⑨　藍田（地名）－人41－12③　藍田山（地名）4－2⑤　○藍－尾31－1⑲　藍－輿16－17⑩　藍－轝33
－10⑧　○蘭1－14⑩　蘭芽31－13⑭　蘭H－陔49－9⑪　○H蘭－膏9－10⑯　蘭－錡52－10⑱　蘭菊1－3⑤
蘭－缸22－19⑭　蘭索26－11⑫　蘭芷21－2⑬　○蘭－麝14－17⑫　○蘭－省17－15⑥　蘭－船18－1⑪　蘭H－
臺38－3⑤　蘭－塘26－18⑮　蘭－湯35－9⑨　蘭－澤27－2⑧　○蘭（建物）－亭24－5⑨　○蘭－若71－13⑦　蘭－房22－
11⑮　○蘭陵（地名）20－15⑨　蘭K－路35－10①　覽69－1⑪　○闌1－7④　○闌－干12－17⑱　闌－珊タリ24－16⑥　闌－亭
23－2②　○鸞7－9⑫　鸞－歌14－17⑳　鸞－鶴22－20⑫　鸞－鶴－群36－23⑭　鸞－凰29－12⑮　鸞H－皇26－13⑩

り

○吏10－17⑨　吏－隱24－6④　吏H－隱メ24－14⑭　吏－役5－4④　吏－掾55－3⑳　吏－課49－13⑨
吏才52－7⑩　吏－材68－18⑰　吏－曹50－9⑤　吏HK－事50－10⑮　吏－胥63－2②　吏HK－屬50－6⑥　吏－

職44-1⑦
○吏-人15-6⑬
○吏-道53-12⑯
吏-治55-10⑥
吏H-途57-10⑤
吏-能54-6⑮
○吏-部41-1⑯
吏-部侍-郎48-10⑲
吏-部尚-書41-4⑧
吏-部選-事41-1⑲
吏部鄭相21-15①
吏H-部-郎-中41-2⑪
吏-部員-外-郎55-4⑭
吏-兵22-2⑦
吏民46-9⑯
吏-理50-8⑯
吏H-列54-15①
吏-禄1-4⑭
○吏員64-5⑥
履46-1⑰
履綦10-16⑬
履信(人名)27-14⑨
履信池(地名)29-6⑧
履-聲26-3⑯
履-舄22-6⑫
履道(地名)23-16⑧
履道居28-17⑭
履道第29-1⑦
履道宅37-7⑭
履道池(地名)27-13⑧
履(人名)-道里30-9⑱
履道里(地名)70-14⑩
履道里第(地名)70-10⑭
履-端59-18③
履-薄59-17⑲
李(人名)5-13④
李晏(人名)68-18③
李异傍57-20⑰
李佑(人名)51-6④
李尹(人名)33-13⑮
李尹侍郎(人名)33-6⑫
李演(人名)51-11⑪
李暈(人名)55-14⑥
李益(人名)51-16⑬
李益等(人名)51-16⑭
李家(人名)11-13⑬
李人50-9⑥
李開府4-10⑨
李康(人名)58-9⑱
李校書(人名)20-10①
李浩(人名)42-3⑱
李絳(人名)59-5⑳
李絳等(人名)59-4⑫
李翺等(人名)51-9⑫
李扞(人名)57-9④
李扞等57-4①
李H(人名)簡59-13④
李蘄州34-9⑰
李玘H(人名)49-9⑬
李李立(人名)52-2⑰
李義府(人名)4-14⑤
李錡(人名)1-1⑩
李頎(人名)5-19⑮
李H吉甫54-9⑭
李給事H(人名)36-16⑲
李顒51-11⑳
李虞仲48-4⑪
李懷金等(人名)(ラニ)52-3②
李光顔(人名)60-5⑬
李景讓H(人名)52-郭27-13⑪
李娟(人名)21-7②
李愿(人名)52-6⑦
李君(人名)19-16⑨
李景儉(人名)60-4⑮
李景儉等60-4⑱
李公(人名)41-1-10⑯
李景亮(人名)51-13⑩
李協律(人名)20-16⑱
李建(人名)55-4⑳
李彦佐51-12⑯
李玄成等53-12⑥
李相公(人名)18-11⑦
李公佐等(人名)59-6④
李公杓直(人名)40-8⑧
李弘慶(人名)44-3⑧
李克恭H(人名)52-5⑱
李衮(人名)21-7⑥

⑥ 李相公留守37‐8⑰ 李三(人名)6‐10① 李山人(人名)8‐11⑳ 李侍御(人名)18‐4⑦ 李侍郎(人名)19‐12⑩ 李侍郎公垂(人名)33‐2⑦ 李侍郎杓直(人名)36‐12⑭ 李使君(人名)18‐10⑭ 李次13‐19⑭ 李司徒(人名)69‐10① 李司徒留守(人名)35‐18① 李司(人名)録9‐1⑬ 李士良(人名)16‐20⑭ 李師道(人名)61‐7⑭ ○李斯(人名)2‐10⑮ 李氏(人名)46‐7⑲ 李自明(人名)53‐1⑮ 李詞(人名)56‐5⑥ 李詞等(人名)ラ57‐22⑪ 李七(人名)10‐18⑱ 李十15‐6⑯ 李十建(人名)5‐8① 李十使君(人名)20‐4① 李十使君員外(人名)20‐3⑬ 李十一(人名)13‐19⑳ 李十一侍郎20‐1⑫ 李十一舎人(人名)16‐1⑥ 李十九使君34‐6⑯ 李十九郎中(人名)35‐17① 李十三判官(人名)16‐17⑳ 李拾遺13‐9⑬ 李舎人7‐12⑱ 李尚書(人名)15‐13⑫ 李常侍(人名)19‐6① 李昌元(人名)53‐2⑨ 李H‐樹57‐7⑱ 李綬49‐12④ 李循53‐6⑰ 李序53‐1⑥ 李恕H(人名)52‐9⑰ 李仍叔(人名)48‐6⑨ 李H(人名)賓48‐7⑲ 李紳H(人名)70‐15⑮ 李進賢53‐11⑰ 李遂(人名)68‐2⑰ 李勢(人名)22‐8⑧ 李晟H(人名)50‐9⑧ 李正己(人名)68‐18⑫ 李正卿(人名)53‐7③ 李正(人名)7‐6⑧ 李少君(人名)12‐13⑫ 李少府(人名)9‐11⑰ 李勣(人名)3‐2⑥ 李石(人名)48‐6⑨ 李石等(人名)51‐11⑥ 李淅東H(人名)32‐13⑯ 李銛H(人名)56‐20⑪ 李愬(人名)52‐11① 李愬等(人名)ラ52‐11④ 李蘇州(人名)19‐19⑤ 李原何H(人名)49‐9⑬ 李宗何等H(人名)49‐9⑭ 李翺(人名)55‐12⑮ 李遜(人名)55‐3⑱ 李遜等(人名)56‐2⑨ 李大13‐10⑤ 李大夫(人名)20‐14⑲ 李待價33‐16⑦ 李道士(人名)16‐11⑯ 李道樞(人名)33‐16⑪ 李謫仙(人名)17‐2⑥ 李知柔(人名)41‐4⑭ 李中丞(人名)36‐16⑲ 李長官(人名)28‐15⑱ 李滁州H(人名)33‐20② 李程(人名)54‐12⑰ 李肇H(人名)50‐13⑮ 李肇等H(人名)50‐13⑱ 李杜(人名)15‐20⑲ 李都尉1‐5⑬ 李彤H(人名)49‐8⑦ 李徳循H(人名)49‐13① 李二十(人名)16‐21⑦ 李二十三H(人名)31‐6⑧ 李二十侍郎H(人名)31‐5⑪ 李二十尚書(人名)36‐

1⑦　李二十常侍(人名)31-8⑧　李二-十助-教員-外16-1⑧　李二十文署13-11⑨　李二賓客(人名)33-4⑫　李馬(人名)

15-22①　李放6-1⑦　○李白(人名)17-11⑩　李判官17-19③　李繁(人名)48-9①　李泌(人名)相-公68-8②　李-夫-

子9-11⑳　李夫(人名)-人12-12⑤　李武(人名)49-3⑪　李附覧57-20⑯　李文悦(人名)52-11①　李兵(人名)馬使17-14⑰　李勉(人名)

41-6⑱　李補(人名)闕渤43-10⑫　李澧(人名)州18-5②　李絳(人名)54-9⑲　李褒(人名)等51-5⑤　李僕射37-11⑭　李睦(人名)州34

-13⑫　李陽(人名)氷39-4⑲　李(人名)-膺33-17⑤　李邕(人名)41-5③　李鄘(人名)56-25⑱　李郎(人名)中25-17⑬　李樂(人名)山等56-4

⑱　李悝(人名)62-22⑦　李留(人名)守相公36-16①　李良(人名)僅57-25⑪　李諒(人名)50-3⑯　李諒(人名)等50-12⑥　李陵(人名)46-6⑧

李錬(人名)師16-17⑰　李盧(人名)二中丞36-9③　李六(人名)18-1⑨　李六(人名)景倹16-14⑫　李六(人名)使君26-5⑯　李六拾遺13-

7⑯　李六(人名)郎中15-21⑦　李六(人名)員外28-6①　李夷(人名)簡55-10⑲　李夷(人名)道13-15③　李洧46-9⑭　李-員-外

20-3⑲　梨-葉8-2⑳　○梨-花4-9⑬　梨-花-園3-6①　梨-桃43-10⑧　○梨園(地名)12-13⑨　梨

-脯等59-18⑦　○理29-10⑤　理22-20⑲　理-安70-10⑦　理-行48-6⑥　理-合67-4⑯　○理-

化50-12⑲　○理-化50-10④　理-課50-12⑨　理-劇49-8⑮　理-辭44-8①　理-戒50-20⑩

理-人63-21①　○理-世70-11①　理代18-14⑳　理-道57-2⑫　理-平56-3⑨　理-柄64-15⑯

理-本65-16⑲　理-名48-8⑲　理-名48-8⑲　理-命68-4⑰　理亂38-6⑪　理-亂62-3④

○利1-3④　○利38-10④　相-利63-13④　○利-益56-25⑧　○利-益69-17⑨　○利-害44-10

⑦ ○利-害44-10⑦ 利-喜69-15② 利-距38-10⑱ 利-穴63-6⑫ ○科權2-8③ ○利-劍1-
7⑬ 利州（地名）46-10⑭ 利人58-8⑥ 利-仁32-10① 利[K]-仕-坊32-10② 利[HK]-仁-里41-4⑰ ○利-刃
48-11⑫ 利-涉66-5㉒ 利-足44-4④ ○利[K]-刀30-10⑱ ○利-澤30-1⑳ ○利[H]-鈍25-13⑭ 利
-物57-21⑥ ○利-兵38-8⑮ 利-病44-9⑪ 利辯（人名）41-13① 利辨（人名）43-10③ ○利-用46-2⑯ 籬23
-17⑯ 籬-下ノ15-13⑩ ○籬菊16-12⑭ 籬根10-8⑨ 籬邊14-8③ ○籬-落14-16⑧ 褵7-14⑥
螭-頭17-2⑫ 醨13-3⑫ 邐-迤タリ21-5⑭ 酈其2-16⑭ 貍-首1-21⑭ 釐[K]リ。-纓エイ。12-13③ ○里30
-7④ 里[HK]-巷12-4④ ○里-人43-7⑱ ○里-閭21-3⑰ 釐[H]-降66-18① 離69-10⑩ 離スル「19-
8⑩ 離[H]-憂9-11④ 離[HK]-宴17-22③ 離[K]-筵32-14⑪ ○離-合存-歿69-8⑧ ○離-居ス2-2⑲
離襟10-4① ○離[H]-苦71-7⑪ 離-花45-3⑥ 離-懷25-13⑨ ○離-隔ソ58-11④ 離-闊45-13⑲
離偈23-9⑮ ○離-恨15-10③ ○離-騷16-21⑮ 離索スル「21-11① ○離-散ソ13-17⑲ 離思15-18⑱
離-人70-1⑩ ○離-心15-12④ 離[H]-情17-17⑮ 離-聲23-10⑭ 離-石51-7⑱ 離-折セ2-1⑨
離-念14-9④ 離抱5-4① 離-披9-6⑬ 離-披ス6-17① ○離-別12-1⑱ ○離客9-4⑫
離-域41-7⑱ 離-亂10-14③ 離亂ソ10-8⑩ ○離-離22-20⑪ 離-衛48-10⑪ 鯉6-1⑰ 驪姫（人名）
46-4⑮ 驪[HK]-宮12-10④ 驪[H]-宮-高4-1⑭ 驪-駒25-7⑦ 驪山（地名）3-3⑰ ○驪山宮（地名）12-14⑧ 驪-

珠23－8③
○驪－龍30－14⑦
劉(人名)25－9⑭
劉(人名)幽求41－4④
○劉(人名)禹錫21－11⑨
劉(人名)姚41－5④
劉(人名)家35－15⑤
劉(人名)(ト云モノ)軻35－15⑤
劉H(人名)戒之14－8⑦
劉(人名)綱16－17⑲
劉－學－士26－1⑲
劉韓37－11①
劉泊輩(ラニ)48－5⑭
劉H(人名)－向48－11⑩
劉(人名)和州24－9⑭
劉H(人名)恢68－15⑯
劉H(人名)元鼎49－3⑧
劉H(人名)元鼎等49－3⑬
劉(人名)阮10－7⑫
劉(人名)君21－11⑮
劉(人名)兄12－13⑲
劉五13－10⑧
劉五司－馬31－17⑬
劉五主－簿12－3⑰
劉(人名)悟48－10⑧
劉(人名)公幹35－1⑫
劉(人名)弘57－18⑳
劉項2－16⑬
劉(人名)緄56－7⑱
劉(人名)濟56－7⑰
劉三－十－二14－13⑮
劉三十二敦質5－1⑧
劉(人名)士元59－6⑫
劉(人名)士信60－10⑰
劉(人名)師老49－3⑩
劉(人名)氏63－14③
劉十九17－5⑰
劉十五公輿5－1⑥
劉(人名)尚書夢得36－12⑮
劉(人名)－遵古48－11⑱
劉汝州32－11⑤
劉(人名)處士17－8⑧
劉(人名)従周55－7④
劉(人名)従周等55－7①
劉悚52－11⑮
劉H(人名)縦48－8⑤
劉(人名)眞37－7⑨
劉(人名)成師56－20⑨
劉(人名)清潭57－18⑳
劉(人名)薛20－6③
劉(人名)全節59－18⑪
劉(人名)蘇州26－17②
劉(人名)叟1－16③
劉(人名)曽11－13⑮
劉(人名)総51－1⑥
劉(人名)太白17－7⑱
劉大夫13－5⑱
劉(人名)泰倫52－7⑬
劉－道士22－2⑥
劉(人名)忠謹57－12⑳
劉(人名)長卿68－16③
劉(人名)楨17－20⑬
劉(人名)貞亮59－4⑰
劉同州夢得33－2⑪
劉H(人名)得威49－4①
劉徳惠57－25⑥
劉(人名)敦質1－7⑦
劉H(人名)二18－2⑱
劉(人名)二十八30－5⑳
劉二－十－八使君25－3③
劉(人名)方輿20－15⑩
劉(人名)伯芻55－5⑤
劉(人名)伯倫70－1⑦
劉(人名)白22－5⑰
劉(書名)白呉洛寄－和巻68－20⑦
劉白唱－和－集68－19⑯
劉(書名)白唱和集解69－6⑪
劉(人名)白二狂翁33－16①
劉H(人名)－賓－客33－10⑦
劉H(人名)旻50－10⑩
劉H(人名)文璨等56－6⑯
劉(人名)－闢59－4⑰
○劉(人名)夢得29－15⑬
劉(人名)明府31－12④

劉約(人名)[H]50—13⑧　劉約等(人名)[H]50—7⑫　劉郎(人名)21—18⑮　劉郎中(人名)22—13⑭　劉郎中學士(人名)26—6⑬　劉李34—4⑭　劉令(人名)—
璆52—12①　劉伶(人名)5—15①　旒[HK]—扆58—1⑧　○柳7—15⑫　○柳—陰29—8⑥　柳惲(人名)29—12⑰　柳惲洲(地名)20—
9⑭　柳—影27—6⑭　○柳腰36—20③　○柳—葉12—18⑨　柳家13—5⑦　柳巷13—8⑯　柳—岸19—16⑨
○柳眼26—8⑱　柳—杞1—20⑨　柳[H]—曲14—12①　○柳—花31—5①　柳經(人名)51—5④　柳—橋21—2⑥
柳傑等(人名)[H]50—6⑤　柳—湖20—11①　柳公綽(人名)55—8①　柳—彩11—8⑲　柳使君34—13⑳　柳枝(人名)35—3⑦　柳—
枝18—15⑳　○柳—絲28—12①　柳州(地名)53—7⑭　柳守(人名)[H]71—5⑰　柳—宿37—5⑱　○柳—絮24—13①　○柳[H]—ノ
色14—6⑨　柳晟(人名)57—9⑱　柳—梢34—15⑱　柳大13—12④　柳亭31—15④　柳[H]—隄20—12①　○柳—條13—
18⑦　柳某(人名)[H]50—12⑯　柳—惟59—13④　柳—園34—6⑩　柳宛13—1⑰　梳—掠22—17⑦　榴花15—15⑭
○流38—15⑦　流—セ38—2⑯　流[H]—溝—山12—5⑨　流溝山下13—11⑯　流溝寺13—11⑮　○流—行ス62—10⑩
流—議58—11⑱　○流—光57—10⑬　流[HK]—景22—5⑩　○流—言46—7⑮　流レ[Hツタハルノ]—根ノ57—6⑥　○流—竄44—
3⑪　流—澌27—12⑬　○流沙(地名)[K]4—3③　○流—水18—16③　流—世18—11⑳　○流—星38—5⑪　流—歳25
—11②　○流注7—15⑱　○流涕ス47—2⑨　○流—傳59—3⑥　○流—傳セン60—5④　○流—轉ソ16—12⑮
流—遁38—6⑫　○流—年11—6⑤　○流—輩35—3⑮　○流—亡ソ63—5⑦　流—亡轉—徙47—4⑬　流—
品48—11④　○流[H]—風36—3⑩　流—庸42—8⑫　○流—庸42—8⑫　○流—落スル17—19⑪　○流—離ス13—

18③　○流―例26―13⑰　溜25―7⑰　瀏―亮ﾒ(タリ)38―15⑭　硫[K]―黄29―9⑩　留客20―5⑩　留[HK]―獄48―5⑦
留花―門45―3⑬　留(人名)侯29―12⑯　留[HK]―後48―1⑪　留―事50―4④　留―司22―12⑫　留―止ス21―13⑪
○留―守26―7⑰　○留―守ﾒ29―3⑨　留守牛相公37―1⑳　留守斐令公33―16⑧　留―取セヨ31―18⑮　留―
宿スル34―15⑩　○留―滞ﾒ18―13⑨　留―著ﾒ31―5⑥　留―鎮55―2④　留[H]―傳セリ32―9⑭　留―府55―6⑧
留[H]―務54―16⑥　○留[HK]別9―12③　○留―別ス13―10⑭　留―與ﾒ28―14⑬　留戀スルニ31―12⑮　○留―連12―
9⑭　○留―連ス6―7⑤　畱―聽61―10⑮　霤19―10⑧　隆―暑41―12⑰　隆[H]―盛40―8⑫　○力―役63―
21⑥　力―穡63―3⑩　力―文45―4⑤　○六53―1⑤　六一ニ21―4⑩　六―姻42―6⑭　六―韻23―2⑳
六―么12―17⑤　六―譯3―10⑩　六―家65―8⑤　六―學―士36―16④　○六―合6―6⑦　六―眼40―9
⑧　六―間68―17⑨　○六―氣2―7⑧　六―紀50―2⑧　○六―義1―2⑤　六―義―四―始45―5④
○六―宮4―1⑪　六―極62―18③　六―句39―7②　六―隅68―4⑤　六[H]―翮カク6―9⑥　○六―官49―3①
六―月10―16⑧　六―月五―日57―7⑲　六―月三―日24―14⑱　六月十日43―7③　六―月十―三―日57―
8②　○六リク―軍12―10⑧　六―郡26―9⑨　六偈71―12④　六―兄40―2⑱　六―卿49―3③　○六―經45―
1⑲　○六―藝38―16①　六―言25―11⑫　六―賢37―6⑰　六―根39―7⑯　六―材66―6⑭　六―載55―
15⑩　六―曹50―6②　六―藏71―8⑦　六讃偈71―12①　六―事26―15⑨　六[H]―刺タリ70―19⑰　六―司44―

10③　六－州56－15⑳　六－七27－1⑦　六－七－行31－1⑬　六－七－月45－3⑱　六－七－賢27－13⑯
六－七－日59－2⑬　六－七－十－萬68－17⑤　六七十里70－21⑤　六－七堂2－4⑬　六－七－人42－3⑥
六－七－年14－11⑩　六－七－篇20－11⑩　六－七畝8－15⑪　六－入六－入－縁45－13⑤　○六－十21－17
⑦　六十一65－8②　六－十有－四70－23④　六－十有－二70－23③　六－十有－七70－22⑭　六－十有－八
35－1⑦　六十九65－16⑭　六－十－九－御42－1⑬　六－十－巻30－14⑦　六－十－五69－16⑮　六－十五
－夏41－11⑬　六－十五巻70－15⑩　六－十三31－14⑰　○六－十四30－3⑥　○六－十四－卦16－18⑳　六
－十四－年32－9 196　六十字36－11⑫　六十七65－13⑳　六－十七－巻70－24⑨　六－十－二21－18⑱　六－
十二－三人31－13⑱　六－十－人70－11⑦　六－十年3－6⑰　六－十八35－1⑯　六－十餘－年70－20⑨
○六－十－六29－15⑲　六－十六－年33－18③　六－尚52－13⑩　六首31－18⑱　六－聚26－12④
六－句27－1⑩　六－順65－22⑯　六－所69－14⑪　六－職40－8⑪　○六－人49－12⑧　六－井68
－8②　六－歳71－2⑫　六－詔3－11⑮　○六－尺7－7⑬　六－節16－9④　六絶句35－18⑧　六千九
百九－十言69－3⑨　六－千五－百－匹57－23⑦　六－千餘人56－9⑩　六－千里10－15⑦　○六宗2－15⑯
○六－賊35－5⑫　○六－代41－1⑧　六－纛26－14⑯　○六－韜34－1⑩　六－壇71－9⑲　○六－畜43－
6⑬　○六－塵22－2⑬　○六－條67－11③　○六－典58－1⑪　○六－度68－11⑦　六－年1－11⑧　六－

年七－月26－16⑦　六－年七－月十二日70－4⑥　○六－波－羅－密68－11⑧　六波羅密法(HK)45－11①　六－轡
49－3①　六－百一十二－言12－16⑰　六－百－日23－10⑧　六百石21－11⑩　六腑36－10⑳　六－傳52－4
⑧　六－部－落57－13⑧　六－萬60－8②　六－萬九－千五－百五－言69－3③　六－命71－4⑰　六(H)－沴(レイ)38
－3⑥　六(H)－聯57－15⑯　六(H)－翮39－2⑳　○戮(ス)14－19⑭　戮－勇53－5⑩　戮－辱53－1⑩　戮－辱(セラレン)
71－3②　蓼－蕭51－9⑨　陸(人名)40－2①　○陸24－1⑱　陸賈(人名)37－8⑤　陸抗(H)(人名)67－3⑭　陸翰(人名)42－5⑭　陸
刑部21－15①　陸渾(人名)41－6⑲　陸渾山(地名)41－6⑪　陸氏(人名)41－5⑳　陸象先(H)(人名)41－4⑨　陸庶57－13⑯　陸中丞(H)(人名)68－
16⑥　陸長源(H)(人名)40－1⑦　○陸沉5－9⑳　陸瀍(H)(人名)50－13③　陸賓虞(人名)70－18⑩　陸補闕13－8⑤　陸郎中(H)(人名)18－2⑱
○陸－離(タリ)38－12⑨　○陸－路57－13⑰　○律7－15⑧　○律(セル)70－4⑭　律－講69－16⑫　○律儀69－15
⑱　律句13－1⑮　律－句－中17－9⑬　律庫70－24⑬　律座69－15⑩　○律師21－15⑥　○律－詩21－1⑦
律－手26－5⑦　律－疏70－15⑪　律－僧18－8⑬　律大德湊公(人名)41－12①　律－大－德上弘和尚41－10③
律大德宗上人(人名)21－14⑳　律(H)－典67－9⑧　律－度43－6⑱　律德沙－門69－3⑰　○律(K)－呂3－4⑬　○律－
令40－11⑯　○慄－然(トメ)62－14⑤　栗－如(タリ)38－5⑭　栗里(地名)7－1⑬　慄－慄(タリ)29－2①　立(H)－家67－17④
立－功56－22⑪　○立－秋19－7⑩　○立－春14－6⑧　立碑2－5⑬　○立部3－4②　立－部－伎3－4
①　○粒68－19①　粒－食69－2②　亮－節57－12②　○兩11－11⑮　兩韻36－4②　○兩－曜46－4⑥　兩

－腋19－8⑮　兩[HK]－驛9－1⑰　兩－葉17－10①　兩－橡1－16⑥　兩－甌7－13⑤　兩－家15－5⑪　兩－
河34－1⑫　兩－衙21－1⑮　兩－崖36－2④　兩－界56－19⑳　兩－考63－17⑫　兩－行17－6③　○兩－
角35－7⑳　○兩－岸23－1⑨　兩－漢58－4⑨　○兩－眼9－9①　○兩－儀46－3⑰　兩岐4－5⑨　兩
－畿63－16⑭　兩－騎4－7④　兩[フタリノ]－宮－相23－19⑮　兩裘12－19②　兩－郷23－9⑰　兩－興22－15⑬　兩[H]
－銀－榼27－11⑱　兩－句20－9①　兩－和58－7⑳　兩－蝸ノ角27－10⑥　兩－顆32－6⑫　兩[K]－巻29－7①
兩塋46－11⑪　兩－月60－8③　兩－縣57－4⑭　兩－軍59－8③　兩－郡24－21③　兩(地名)－京25－14⑱　兩－
境56－18④　兩－莖57－8②　兩－頃14－4⑰　兩－口22－5④　○兩－國56－6①　兩廂15－2⑯　兩－
三ノ甕33－13④　兩－三－間15－18⑬　兩[H]三廻20－8⑮　兩－三－莖14－4③　兩－三ノ枝19－2⑱　○兩－三－
日27－1⑦　兩－三－章33－12⑫　兩－三－株24－14⑤　兩－三－人32－6④　兩－三聲10－16⑧　兩－三－
隻32－4⑭　兩－三－仙16－12③　兩－三ノ叢19－14①　兩－三－艘34－2⑤　兩－三－束14－14⑨　兩－三－
場27－1⑲　兩－三－條31－18⑮　兩[K]－三－杯17－13⑲　兩－三－倍31[ス]－17⑭　兩－三－盃6－10③　兩－
三－坊33－15⑤　兩－事25－3⑱　兩－侍－郎32－11 232　兩－寺23－10⑦　兩－字60－10⑦　兩－枝35－3⑧
兩－紙14－3⑯　兩－翅22－7⑮　兩－耳24－2④　兩[H]－肢22－10⑯　兩－州18－9⑮　兩－日5－4④　兩[H]
－膝6－2⑭　兩(地名)朱閣4－2⑬　兩[HK]－株24－7①　兩－樹20－12⑮　兩－首32－9⑭　兩[H]－旬40－6⑫　兩－

春16-20⑨ 兩-處14-11③ 兩[K]松-樹9-2⑳ 兩-人14-3⑭ 兩[HK]-任30-4⑭ ○兩-心9-11⑳ 兩
-姓10-1⑪ 兩情13-7① 兩星37-5⑱ ○兩-省60-4⑯ 兩-税2-4② 兩-税(スル)58-6③ 兩-
聲28-5③ 兩浙27-2② 兩-絶18-13⑧ 兩-節-度-使58-9⑱ 兩-川23-4⑧ 兩-叢12-9④
兩[H]-叢竹25-14⑫ 兩-牕25-5② ○兩-足10-11⑩ 兩[H]-飧19-16③ 兩[K]-帶32-8④ ○兩-道59-11
①兩榻33-2⑩ ○兩-端7-9⑥ 兩-地9-7④ 兩-柱43-2⑪ 兩-重30-3⑭ 兩-弟34-12⑥
兩條33-15⑦ ○兩[H]-點25-16① ○兩-度13-8⑮ 兩-途22-7⑯ 兩-都23-16⑨ ○兩-頭24-15⑨
兩盃5-12⑫ 兩杯9-6⑦ 兩-般15-22④ 兩-轓20-8② 兩[K]-扉6-8② 兩[HK]-匹30-14① 兩-鬢
16-11⑳ 兩髩6-3⑲ ○兩-鬢1-14⑮ 兩-幅23-18⑨ 兩-瓶20-18⑬ 兩(フタリノ)-病-身35-4③ 兩-
片17-21⑩ 兩片石8-11⑨ ○兩-邊21-3⑨ ○兩-目44-8⑩ ○兩-面31-7⑬ 兩夜5-4⑧
○兩-翼26-5① ○兩兩2-17⑳ ○兩[HK]-輪17-19⑯ 兩-碗37-5⑪ 涼-風69-11⑯ ○梁(地名)24-1⑪
梁-燕20-14⑭ 梁-下20-2⑧ 梁(人名)高士36-12⑥ 梁漢31-14④ 梁(人名)希逸51-7⑳ 梁冀2-19⑯ 梁(人名)華等(ラ)
70-22⑲ 梁(人名)鴻1-12⑬ ○梁(地名)州33-18⑮ 梁[K](人名)肅41-3④ ○梁[H]-上8-5⑥ 梁(人名)璲等52-12⑲ 梁(地名)隋62-8
⑩ 梁(地名)楚71-4④ 梁(地名)宋57-15⑥ 梁[HK]-柱24-11⑭ ○梁-塵29-12⑧ 梁棟2-21② 梁-飯30-8⑧
梁(人名)必復43-10③ ○梁木4-4⑩ 梁(人名)王25-9⑦ ○梁(地名)園25-8⑲ 梁(地名)苑城19-16⑲ 梁-苑26-3⑯ ○涼[K](平)

29-15⑦
涼(メハ)15-4⑱
涼-陰11-12⑬
涼-雨21-14⑯
涼-葉13-3⑩
涼-月14-3⑬
涼原(地名)3-13⑮
涼-國公49-1⑦
涼州(地名)4-3④
涼處27-6⑥
涼-德62-9⑧
○涼-風12-5⑳
涼-飈21-3①
○涼-夜13-14⑫
涼-冷(タル)33-9⑭
涼-露14-15⑬
○粮-道60-9③
粮料60-7⑳
粮-路60-6③
糧14-1⑰
糧-儲28-3⑳
糧-料56-7⑨
良(H)(人名)41-3⑬
○良|(ナル)26-10⑩
○良(H)-友40-8⑲
良-友-朋39-5⑦
良-姻14-19⑩
良-胤51-4⑤
○良-家52-2⑮
○良(人名)-器51-6⑤
良-久(ニシ)12-18⑤
良玉(人名)6-12⑪
良-驥44-13⑪
良-月59-15⑳
○良(H)-工38-10⑳
○良-才56-23⑯
良-宰50-10⑦
良(HK)-史38-11⑮
○良-士48-2①
○良-師55-11②
良-時2-10④
良(K)-者55-11⑬
○良-將5-14①
○良-人51-14⑨
○良-臣52-10②
○良-辰6-6⑨
良-帥54-9⑥
良-田68-5⑨
○良-圖56-5⑮
○良|二千石50-3⑳
○良-能53-3⑫
○良媒2-3⑯
良-璞38-7⑨
○良-弼44-11⑪
良(H)-輔54-10③
良-謀63-18⑧
○良-冶35-11⑮
○良-夜5-13⑥
○良-藥65-20⑭
○良-吏3-8⑩
良(H)-窳62-2⑱
○諒(H)(人名)50-3⑳
○諒闇18-14⑰
諒陰44-7⑨
諒-直41-5③
量-移(セラレ)17-4⑨
量-折(メ)58-8⑪
量-留55-13③
閭-宮22-2⑧
○靈鷲山(地名)69-8⑩
○畧13-2⑪
○略|(メ)43-5④
略-略24-20⑧
侶2-17⑯
呂(人名)2-17④
呂安2-23①
呂晃等(人名)(ラ)48-3⑬
呂-君14-11⑳
呂四頬5-1⑦
○呂尚(人名)3-5⑫
呂漳州(人名)29-13⑱
呂處士(人名)35-10⑰
呂叟(人名)35-10⑳
呂南二郎中37-6

⑩　呂二(H人名)14—11⑲　呂二炅5—1⑦　○呂梁(人名)47—12④　○旅51—9③　旅—游10—1⑱　旅—游(ソ)68—12⑨
○旅(HK)—客6—3②　旅(H)—鴈12—7⑧　旅懐13—18⑤　旅—宦12—5②　旅恨31—14⑨　旅—思20—2⑤　○旅
—次66—10⑯　○旅—次(ソ)5—8⑪　○旅愁13—16⑦　○旅(H)—宿(ス)9—2⑥　○旅宿18—14③　旅(K)—食24—9⑤
○旅—人26—6③　旅—進(ス)56—13⑧　○旅情13—6⑩　旅(H)—燈9—10⑬　旅—望15—18⑮　旅(H)—貌16—13⑭
○旅泊13—13⑤　旅—殯(シ)40—6③　旅鬂11—4⑮　濾(ス)13—12⑱　膂—然(タリ)6—15⑱　○膂(H)—力47—17⑭
○虜2—23①　虜—(ソ)49—1⑩　虜—郊37—10④　虜(H)—氣56—9⑬　虜(H)—態54—6②　虜(H)—庭16—20⑲　虜廷2
—18⑬　虜塵13—16⑧　虜居67—9⑲　盧四周諒13—9⑥　盧(Kリヨ)—將—軍4—10⑩　閭—閻1—22⑳　○閭(HK)—巷
12—6⑨　閭—井10—12⑰　○閭—里32—9⑩　倰(H人名)48—7⑳　○凌(K)—雲17—1⑧　凌煙—閣33—13⑤　凌—
兢(ソ)59—15⑥　○凌—辱59—6⑰　凌(H)—(レ)晨(テ)(ヲ)16—6⑳　○凌霄2—21⑤　凌—僭(ソ)65—13⑰　凌—替(ス)62—8⑤
凌(H)—遲(スル)38—7⑨　凌—亂(ソ)38—7⑨　凌—厲(ソ)32—3④　凌—礫(シ)38—15⑳　壠26—16⑧　壠—上32—9
○楞伽(書名)9—6⑤　楞伽寺24—17⑥　楞伽思益69—16⑨　淩(H)—烟7—13⑱　稜節21—7⑩　稜—稜2—19⑥　稜
襖28—15⑫　綾—軟28—15⑬　綾—袍24—7⑤　綾—帛68—17⑤　菱(H)葉19—18②　菱荄68—7⑱　菱(K)—角29—
2⑯　○菱(H)—花20—18⑮　菱(H)芡(ケン)(ミツフキ)16—1⑳　菱—池28—7⑰　菱—風22—12⑤　菱片26—13⑥　陵(人名)46—6⑬
○陵15—4③　陵(地名)—谷70—19⑳　陵州(地名)53—7⑦　陵上1—21⑬　陵—寢50—12⑰　陵(H地名)—陽40—6②　○陵—

夷ス2−5⑬　陸園（人名）4−9⑯　陸園妾（人名）4−9⑥　○隴1−4⑨　隴−右57−25⑥　隴−外16−19②　隴−上25
−1⑰　隴蜀59−1⑧　隴水2−12⑮　隴西（人名）40−1⑩　○隴西（地名）40−8⑧　隴西縣（地名）41−1⑲　隴西公（人名）40−1⑦
○龍1−7⑩　○龍[HK]−顏38−9③　○龍[H]−宮8−6④　龍−馭12−10⑫　龍興寺（建物）68−5②　龍[H]−椁4−12⑳
龍花寺（建物）19−15⑲　龍[K]−見66−8③　龍州（地名）52−13⑤　○龍舟4−12⑨　龍昌寺（建物）18−4⑤　龍昌上寺11−10⑦
○龍−象71−10⑫　龍[H]−樹論24−15⑪　龍−鍾タリ5−10⑬　○龍神4−13⑰　龍[H]−節26−3⑰　龍泉[H]（地名）34−7⑲
龍−髯35−10②　龍−虵43−3②　龍−蛇11−14⑮　龍[HK]−斷22−8②　龍−潭11−3③　龍潭寺（建物）27−13⑮
○龍−頭24−8⑬　○龍−尾22−8④　○龍尾道（地名）19−5⑥　龍逢（人名）47−15⑤　龍−鳳22−2⑧　龍鵬2−22④
○龍門（地名）21−10⑯　龍門堰[H]（地名）33−8⑬　龍門山8−13②　○龍門寺[H]（建物）35−12⑪　龍門祖−師69−16⑯　龍門潭（地名）37−2
⑯　龍門潭上31−17⑤　龍[H]−輿16−12③　○龍[H]−鱗16−9⑮　○龍樓5−6⑬　淥36−22⑧　淥−水25−2⑩
○綠13−3⑧　綠−秧26−8⑯　○綠−衣26−4⑰　綠−油23−19⑭　○綠−陰2−14⑲　綠醞34−6⑩　綠
−雲26−11⑤　綠[H]−英7−9⑯　綠[H]−芽16−19⑦　綠[HK]−江17−1⑬　綠−綺26−18⑲　綠−螘17−5⑱　綠−蟻16−
8⑳　綠筠15−7⑳　○綠−玉23−14⑲　綠[K]−槐4−11⑫　綠−鬢19−18⑧　綠−桂18−4⑰　綠[H]−蕙7−13⑧　綠[H]−
芺11−13⑩　○綠草26−9⑳　綠藻潭31−6⑯　○綠−衫16−13⑳　綠姿5−4⑬　綠−絲17−2⑰　綠−絲−
布17−2⑮　綠昌−明36−20⑳　綠−觴36−18⑫　○綠[H]−樹33−6⑰　綠−樹−陰33−6⑰　○綠−酒17−5

⑤緑H-醑31-1⑩緑H-茸11-14⑳○緑色8-15②緑H-蓐14-17⑨○緑-水15-12⑯緑-窓19-8

③緑-樽36メ-16⑥○緑HK-苔12-3⑦緑-塘36-14⑨緑-餳23-7⑦緑-竹27-6⑥緑-篠8-

15⑩緑-藤23-10⑮○緑K-波32-12⑪緑杯16-18④緑-醅13-7⑭○緑-袍16-4⑳○緑-蘋29

-10⑦○緑蕪10-18⑬緑粉15-2⑮緑-萍22-15⑦緑蒲2-3①緑-盆25-7⑰○緑-野2-1

⑪緑野(地名)堂33-4⑲緑-楊20-9⑥緑-蘿-潭36-21⑥緑-浪24-10⑲緑HK-醪30-10⑨緑-嵐19-

16⑫緑-李18-6⑱緑-泓36-14⑩倫23-3①倫ス19-14⑰倫-擬40-9②相Hヒ倫-擬スル22-15⑪

倫-次45-13⑧倫序15-1⑨倫H-輩49-10⑬○倫H-理47-14⑬○凜-乎トメ69-17③○凜-凜タリ5-

5⑨○凜-冽13-2⑰○吝-惜メ56-20①廩29-7⑤廩-藏69-14⑱廩人51-13⑧廩-積62-21

⑬廩H-祿64-6⑭林-鴉28-10⑮林-鸎28-17⑫林-犺26-9①○林K-邑3-10⑯林英(人名)56-12⑰

林-葉20-2⑤○林-下5-12⑯林H-壑7-15⑤林-鶴16-16⑨○林-閒14-2⑫林丘5-6⑮

林渠2-3①林恭(人名)56-18⑫林外33-7①林紅26-16⑳林-笋30-12⑭林-墅28-7②林-梢33-

10⑱○林泉(地名)25-11⑤林鼠4-13⑰林H-宗25-2⑮林-塘15-10⑲林池19-12②林-中8-9⑧

林-亭28-17⑮林挺53-4⑨林-鳥31-16⑭林-風26-8⑱林H-杪六眇11-2⑯○林-木7-14②

○林-野36-21⑲林H-巒11-2⑦林路36-3⑬○林-麓14-19⑬林H-院25-3⑭林-園23-14⑰淪

18⑲　鱗ー甲38ー8⑧　○鱗次21ー3⑰　鱗ー皴(ソ)2ー21②　○鱗ー蟲38ー3⑦　鱗鬣19ー6⑳　鱗1ー9⑭
麟閣(地名)27ー9⑳　麟ー趾65ー22⑬　○麟臺15ー4⑥　麟德殿(H)(建物)68ー9⑬　麟ー鳳63ー11⑯

ル

慺ー慺63ー12⑫　慺ー慺ー然(トシ)44ー7⑰　○琉ー璃12ー18⑭　縷(K)(シ)39ー9②　縷ー句65ー16⑥　○縷陳(スル)56
ー18③　○壘19ー10⑭　○涙ー眼13ー18⑬　涙ー臉25ー15⑱　○涙痕12ー8⑦　涙ー酒9ー12⑨　○累5ー7
⑲　○累ー葉56ー24⑩　累(K)ー身9ー5⑬　○累ー歳45ー1⑪　累ー聖64ー1⑰　○累ー代56ー1⑩　○累朝60
ー1⑫　累土山15ー6⑫　○累ー年15ー14⑨　累ー百70ー10④　縲ー囚14ー19②　○縲ー紲29ー14⑱　○縲ー
絏66ー16⑰　○纍ー囚22ー20⑥　○纍ー纍(タリ)32ー8⑥　羸27ー7⑥　羸餓(ソ)1ー5⑤　羸牛27ー9⑯　羸殘(ソ)37
ー11⑪　羸駗13ー14④　羸駿1ー5④　羸然(タル)28ー3⑫　羸ー惙(テツナラ)22ー14⑥　○羸馬10ー1⑲　○羸ー病66ー
11⑬　○羸ー病(ソ)43ー11⑤　羸ー劣(ニソ)22ー3⑥　○類ー2ー21②　○類ー(ス)37ー12⑦　相ー類(ス)10ー17⑤　○類集(H)(書名)70
ー4⑧　○類ー例(ソ)51ー12⑬

レ

○令ー(注56)1ー11⑫　○令(K)(去)48ー1⑪　○令(シ)62ー13③　令ー猷54ー6⑤　令(H)ー顔57ー7⑨　令ー儀38ー5⑦　令(H)ー
器49ー4⑰　令狐家31ー15⑦　令ー狐(人名)ー相ー公24ー3②　令狐尚書27ー6⑮　令狐章46ー8④　令狐僕射33ー
19⑫　令狐留(ノ)守27ー4⑤　令狐令公(人名)24ー1⑨　令公(人名)33ー9⑲　令ー史40ー9①　令ー子53ー2⑪　令(H)ー稱49ー
12⑬　令ー式66ー11⑱　令ー節59ー16⑦　令ー宣59ー2⑬　令族40ー8⑬　○令ー長52ー3⑭　○令ー弟52ー

⑱○禮-拜ス6-11⑥○禮-法44-3⑭○禮-物50-2⑭○禮-部41-1⑰禮-部高侍郎44-5⑫
禮部貢-擧46-2④禮-部侍-郎55-2⑪禮-部尚-書41-1⑪禮-部郎中49-9③禮部員外郎49-
4⑦○禮-聘ソ50-6⑦禮-命68-19⑤○禮-容48-11⑪禮吏部45-5⑬禮-闈ノ郎15-3⑨翎19
-8⑧○荔-枝18-12⑫荔枝樓(建物)18-12⑪○藜K-藿30-10⑧○藜-杖6-7⑬藜K-茹29-14⑤蠡(人名)
46-7②酈K(人名)-其30-10⑱醴15-7⑳○醴H泉(地名)50-9⑮醴泉縣H(地名)50-9⑰醴-膳49-13②醴H-幣40-2⑦醴H-幣
羊-豕40-12⑤鈴-閣32-9 184鈴-鍵55-3⑲鈴-杯14-5⑩○隷ス-41-12⑦隷HK-子-弟39-5⑦隷-
名63-8⑨○零-碎ソ20-17④零-散シ23-16⑱零H-傳40-5⑭○零-落3-5③○零-落ス15-7
⑤○靈|50-1⑩靈祐(人名)57-17⑲靈裕(人名)41-10④靈-一21-15⑤靈隱(地名)23-10⑦靈隱寺(建物)43-12⑥靈-烏71
-2⑱靈-運34-7⑱○靈H-液12-12②靈鹽豐等56-17⑫靈-鶴68-6⑯靈巖寺(建物)21-8③靈HK-儀
35-7⑯○靈-氣7-1⑨靈均(人名)16-18⑮靈-旂22-2⑦靈-襟29-11⑳○靈H-光36-20①○靈-龜1
-20⑫○靈-境68-16②靈H-坐42-1⑳○靈山(地名)7-5⑥靈山會(地名)41-9⑳○靈-芝41-4①靈-州ノ大
-都-督府ノ長-史54-5⑫靈H-珠8-8⑧靈-勝43-3⑳靈-櫬46-9⑦○靈-跡68-16⑳靈HK-仙6
-11⑬○靈-泉28-9⑩靈-虵38-16③靈-蛇38-8⑬靈達等H(人名)43-8⑱靈-壇62-22⑭○靈-池
3-8⑮○靈H長ナリ42-9⑲靈徹H(人名)16-20⑪靈都(地名)22-20⑫靈H-洞7-3⑭○靈H-府9-11⑯靈武(人名)12-

13⑥ ○靈－物69－7⑦ 靈H－鳳7－1⑮ 靈穆律師69－14⑧ ○靈H－藥25－2⑰ 靈H－輿42－2⑰ 靈應臺(建物)
25－5⑨ 靈王H(人名)42－7⑲ 領｜ス24－2⑮ 領シ－得ルヤ69－9⑭ 遷シ－領｜メ51－17⑯ 兼－領セ51－8⑤ 領－郡28
－9⑦ 領－袖13－5③ 領－綴ス34－16⑪ ○麗｜ニメ29－10⑦ ○麗－句13－7⑬ 麗K－龜30－14⑧ 麗－藻
65－16⑦ ○麗H ウルハシキ－質ヲ スカタナレハ12－9⑰ ○麗K－色29－9⑲ ○麗HK－人17－3⑩ 麗H－牲71－1⑮ 麗HK－譙24－9
⑨ 麗－絶ナル17－9⑬ 麗－利ナリ68－1⑩ 黎(人名)2－5⑤ ○黎元(人名)63－19⑱ 黎－獻57－5⑧ 黎－黒ナリ18－
14⑫ 黎州(地名)57－13⑨ ○黎－庶21－9⑲ 黎－人55－5⑦ 黎H－甿モウ17－21① ○黎－民2－14⑫ ○了｜スル32－
5⑤ ○了－義69－3② 了義經(書名)45－12⑩ 了－却ス28－11⑫ ○了－悟41－13① ○了－然タル7－4⑲
○了－了タリ22－2⑮ ○僚－友70－14① ○僚佐42－3⑨ 僚吏42－3⑪ 嘹－唳20－6⑮ 寥H－兮トメ45－7③
○寥廓トメ2－22④ 寥－然トメ31－16⑩ 寥K－天32－6⑧ ○寥HK－落9－9⑤ ○寥－落ス32－9⑥ ○寥－寥タリ
33－8⑧ ○寮｜48－3⑰ 寮－友23－17① 寮H－佐52－12⑨ 寮H－寀50－6⑧ 寮H－屬49－9⑮ 寮－吏54－
8⑱ 瘳立H(人名)65－4⑦ 潦－倒タル23－4⑰ 潦－倒メ31－2⑥ ○燎－火36－5⑩ 瘳51－4⑯ ○療｜ス67－7⑩
料合H スルニ33－17⑰ ○料－人64－17⑥ 料－錢26－2⑤ ○料－理セ35－6⑥ 繚－繞タリ17－22⑤ 繚綾4－6
⑩ 蓼蕭H(書名)65－17③ 遼H－廓25－14⑤ 遼H(地名)－水68－6⑰ 遼城15－11⑪ 遼－然タリ7－10⑳ 遼天28－6⑱
○遼－東26－13⑤ ○遼－陽19－18⑧ ○曆－日31－1⑬ ○曆－數38－9⑫ 歷H－事54－4⑪ 歷－試54－

－⑱ 歴－試ス 67－6④ 歴－踐ソ 52－4⑩ ○歴－代41－3⑭ ○歴－朝55－7② 歴陽(地名) 24－2⑥ ○歴－歴
タリ 33－19⑭ 櫪14－18⑩ ○櫪－馬29－1⑱ 轢－轢轔－轔トソ 21－7⑩ ○列 38－16② ○列｜ス 33－11⑫ 列－
邑42－8⑫ 列－岳1－3⑱ 列－郡52－1⑭ ○列－國62－17③ 列－侍ソ 1－3⑲ 列－岫71－5⑧ 列－
狀52－4⑮ ○列－宿17－2⑫ 列－臣51－4⑤ 列－城48－12⑨ ○列－聖3－2⑬ 列－鎭55－4⑥
○列傳2－19⑭ 列－土12－10③ ○列－藩57－15⑯ 列－部54－15⑥ 列－辟61－2⑭ ○烈－火2－22①
○烈－士52－3⑪ 烈－臣49－2⑮ ○烈－祖54－1⑨ ○烈－女ナリ 42－7⑤ ○烈風2－18⑳ 獵スル 39－3
⑩ ○獵師1－15⑯ ○廉｜ナラ 34－16⑳ 廉－幹40－6⑩ 廉－潔直－方ニソ 55－4⑬ 廉－察49－8⑪ 廉－
察セラル、 71－3⑨ 廉－使24－14② ○廉－讓47－4⑳ ○廉－節50－9⑤ ○廉－恥63－10⑥ ○廉－直ニソ 49
－5③ 廉－貞50－7⑤ 廉－能51－5① 廉－平49－3⑤ 廉平易－簡ニソ 41－2⑰ 廉－平簡－直ニソ 50－8
⑫ 廉－平淸－簡ニソ 55－7⑮ 廉－明ナル 49－12⑯ 廉－問52－11⑩ ○廉－吏68－18⑰ 廉－稜34－9①
○憐－察セヨ 59－10① ○憐－憫スル｢ 53－1⑬ 戀57－7③ 戀－闕57－16⑦ ○戀着13－13⑮ 戀－著41－12
⑲ ○戀－慕セリ 69－16① ○戀－戀トソ 43－2⑩ ○戀－戀ス 41－13⑥ 斂｜63－3① ○斂－葬ス 1－2⑳ 斂－
散47－16⑤ 斂－散ス 62－22⑤ 斂－羅63－9⑫ 漣｜トソ 68－18① ○漣－漪7－8⑪ 漣－洏タリ 22－9⑧ 漣
－洳タル 22－10⑲ 漣水69－13① ○漣－漣タリ 40－4⑱ ○瀲－灩11－8⑱ 磏－石65－6⑤ ○簾18－17⑮

簾－下21－16⑤　簾－旌19－8⑱　○簾[H]－箔7－2⑦　簾－幕22－14⑳　簾－帷27－10⑯　簾[H]－幃8－9⑳
練23－4①　練[HK]－紙45－4⑫　○練－達ス49－9⑯　○聯17－1⑮　聯－行ヲ37－12⑯　○聯[HK]－句12－4②　聯[H]
－唱ヲ42－4⑥　聯墻26－8⑮　○聯－緜トメ26－7①　蓮15－22③　蓮－花18－5③　蓮花經(書名)[H]68－4⑦　蓮(建物)－
花寺20－11①　蓮花性(人名)70－12①　○蓮－子20－5⑫　蓮心27－2⑪　蓮石24－15②　蓮芳25－17⑥　○輦[H]レン12－
14⑧　○輦－轂55－4⑧　○連－陰33－5⑪　○連雨19－6⑯　○連－延タリ2－4⑬　○連[H]－行ヲ27－14⑭
○連－坐ヲ67－14⑫　○連－山8－5⑮　○連－枝25－15⑰　連州(地名)52－7④　○連－日66－14⑮　連－春17－
11⑳　連[H]－心18－5⑮　連－帥52－1⑩　○連－宵15－11⑤　連－夕5－12⑨　○連－錢26－14⑧　連－地35
－18③　連－柱30－14⑧　連歩ヲ5－8③　連－浦20－4⑨　○連－峯68－15⑲　○連夜23－3⑱　連－廊68
－17⑨　○連－理12－16①　連－理ノ－樹57－7⑱　○連[H]－累スセリ42－3⑧　連[H]－領セル54－15⑥　○連－連33－11
⑮　連營67－4①　○鍊シ70－21⑳　鍊[H]－盡35－6⑰

ロ

○盧|7－12④　盧|ス41－3⑳　盧(地名)[H]－江49－12⑰　盧宮(建物)7－2⑤　○盧(地名)－山25－6⑧　盧州(地名)51－15⑤　○盧－
舍29－1⑦　盧[H]－墓42－4⑫　盧峯(地名)16－3⑦　盧陵53－11⑤　○魯(国名)46－7④　魯(人名)[H]63－21⑨　魯(人名)[H]－恭65－23⑨
魯侯(国名)[H]32－4⑱　魯國(国名)20－18⑱　魯[H]－策66－8⑱　魯(人名)[H]－山7－11⑪　魯史(人名)1－11⑬　魯士34－12⑥　魯酒2－22⑲　魯(人名)[H]
陽47－12③　魯衛(国名)66－6⑧　魯衛(人名)33－17⑩　○櫓24－18⑭　潞(地名)71－10⑩　潞州(地名)56－15①　潞城縣(地名)57－3②　潞[K]－

府56―12②　瀘(地名)水3―6⑪　○爐10―4③　爐―煙19―4⑤　爐K―香29―7①　○爐―火33―12⑨　爐―中18

―8⑯　爐(地名)峰17―18⑪　盧16注57―2⑯　盧28―3⑲　盧(人名)尹35―15⑪　盧(人名)尹中丞36―14⑲　盧(人名)夏3―9⑨　盧(人名)賈20

―15⑨　盧(人名)昂51―10⑲　盧(人名)昂等51―11①　盧校57―8⑧　盧(人名)校等ラ56―3⑳　盧橘15―19⑪　盧(人名)給事元輔43―12

⑰　盧(人名)元勲51―8①　盧(人名)元輔55―15③　盧君36―16⑩　盧虔56―2⑭　盧言33―16⑫　盧―胡タリ26―9⑩

盧(人名)恒郷56―24①　盧H(人名)―克―柔9―11①　盧H(人名)載49―12⑤　盧(地名)山17―18⑳　盧(人名)侍御15―17⑰　盧侍郎44―3⑥

盧(人名)士玫52―1⑥　盧H(人名)子蒙侍御36―16⑧　盧(人名)氏42―5⑪　盧H秀―才22―6③　盧衆等52―12⑦　盧H商50―11⑥

盧H(人名)商等50―11⑩　盧(人名)従史56―11⑯　盧(人名)眞37―7⑩　盧少卿29―9⑰　盧生15―4⑩　盧(人名)先生29―10④　盧(人名)巽41

―6⑪　盧H(人名)台52―5⑱　盧担58―3④　盧(人名)仲通42―9②　盧女21―18④　盧H(人名)縝32―11 241　盧(人名)貞37―7⑮　盧貞

和37―6③　盧八等フハ69―9⑤　盧判官25―12⑮　盧(人名)秘書15―12⑥　盧(人名)夫人39―8⑮　盧HK―明―府32―10⑧

盧H(人名)蒙52―5⑰　盧(人名)郎中33―19⑲　盧(地名)龍52―12⑧　盧(人名)龍軍52―12⑭　盧(人名)龍軍節―度判―官51―15⑥　盧龍軍兵ノ―

馬―使51―13⑲　盧(人名)員外12―5⑬　○蘆―葉26―11⑮　○K蘆―花17―13⑯　蘆―管32―9 165　蘆篁15―4⑱

○蘆荻15―17⑯　蘆K―簾6―8②　蘆―葦16―12⑲　蘆葦叢15―21⑩　賂44―2⑨　賂HK―遺64―11④　路驛18

―14⑦　路―岐13―2④　路―隅18―14⑧　路貫等53―4③　路―左66―15④　○路―上20―2⑯　路K―恕41

―2⑨　○路・―人17―18⑰　路HK―塵38―9⑥　○路―傍2―1⑬　路旁2―5⑬　路(人名)泌56―20⑦　罏16―2⑭

①　陋スル-45-7⑩　○陋-巷31-3⑱　○陋-室39-3⑳　○陋-質40-7⑧　○六(人名)-祖70-8④　○勒71-11④　○勒|ス69-13⑰　勒シ-成ソ69-6⑰　勒-潭41-8⑩　淥タル「36-2⑫　漉酒5-14⑰　○碌-碌タリ1-17⑨　○祿|51-9⑮　祿セラレ4-4⑪　祿山(人名)3-6①　○祿-仕6-7⑭　○祿-賜42-6⑯　祿-食51-4⑮　禄-秩64-5⑯　○禄米16-6③　禄-俸7-11⑧　祿-養50-6⑮　禄-稟48-1 108　禄-料29-9③　禄-位13-2⑱　簶19-5⑮　轆H-轤16-2⑤　趢-起タル46-4⑨　錄2-14⑦　○錄ス50-13⑪　兼-錄ソ15-12⑱　○錄H-事41-4②　錄-事參-軍68-2⑰　錄-事府君70-8⑱　鹿邑46-8⑰　鹿邑縣46-8⑬　鹿鳴1-20⑯　鹿門山(地名)H9-10⑪　崙郎69-6⑱　○論13-8③　○論|ス67-9⑦　○論衡68-1⑤　○論議21-15⑥　論結都離等ラ57-19⑨　○論語(書名)68-17⑬　論公(人名)H56-17⑬　論贊勃藏(人名)H56-17⑪　論思諸悉(人名)H56-19③　論H-枝68-4⑨　論悉吉贊(人名)H56-20⑤　○論-者49-4④　論-情陳-獻スル56-3⑳　論-請セ44-1⑲　論-薦ス68-19⑨　論-譔68-3⑭　論-譔セル70-19⑬　○論-奏ス59-4⑫　論與勃藏(人名)56-19⑮　論與勃藏等(人名)H56-6⑫　論-列ス56-3⑪

ワ

窪H-拗7-15⑱　蛙37-12⑭　蛙角26-8⑭　淮(地名)24-2⑨　淮-右10-14⑳　淮海(地名)57-16⑧　淮涯(地名)21-12⑰　淮H-口8-11⑭　淮-寇52-2⑤　淮蔡30-1⑨　淮山(地名)42-9⑲　淮-泗ノ(地名)-間69-14⑪　淮上(地名)16-14⑭　○淮-水24-2⑩　淮西12-7⑬　淮楚10-16⑳　淮南33-11⑥　淮南諸-道ノ71-3⑲　淮氷21-13④　煨H

－燼43－4⑫　矮(ワイ)K－奴(ト)3－9⑱　矮民3－10②　穢(エヲ)H56－20⑲　穢－食45－11④　○徃28－9⑤　往因69－17⑬
往－効51－6⑳　往－行66－19⑰　徃－義57－23④　○往－還10－6①　○往－還(ス)23－8⑭　○往－古62－
2⑩　往－恨20－2⑧　○往－事15－2③　○往－時57－23⑮　○往－日24－7⑰　○往H－者11－1⑳　往－
世35－3⑱　○牲－生(スルニ)70－11⑲　○往－年35－17②　○往－復51－10④　○往－復(ス)8－4⑯　○往－返68
－17⑦　○往－來2－20⑭　○往－來(ス)44－1⑪　往勞53－7⑲　徃HK－例58－4⑫　○徃－徃28－4③　枉64
－15⑬　枉－撓(ス)67－11③　枉－死(セリ)16－18⑲　枉－直38－2④　○枉－法2－4③　泓－澄(タル)7－3⑨　泓
－澄(セリ)29－12④　○王|(タリ)38－5⑰　王H(人名)31－14⑯　王35－3⑲　王|(ス)37－7②　王怡53－1⑥　王怡等(人名)53－1⑨
王意5－3⑮　王鎰(人名)53－8⑤　王尹(人名)23－18⑭　王尹(人名)－橋27－5②　○王胤(人名)43－7⑯　王諲(人名)70－16⑯　王H－徭66
－10⑩　王－屋36－8⑰　王H(地名)－屋－縣42－8②　王家(人名)31－15④　○王－家31－10⑧　王涯(人名)58－4⑱　王涯等(人名)58
－4⑭　王校書13－11⑱　王考(人名)42－3③　王鍔(人名)57－16⑥　王閣老23－15⑲　○王畿11－3②　○王H義之68－15
⑱　王起(人名)51－16⑬　王起等49－6⑰　王起居(人名)5－7⑬　○王－宮53－4⑧　王吉H(人名)66－1⑧　王洽H(人名)68－15⑯　王
居士9－3⑦　○王－化57－18⑫　王恢(人名)64－10⑭　王官51－17⑬　王H－姫66－17⑲　王H元輔48－8⑯　王源中
等49－8⑩　王卿使君36－19⑧　王H(人名)敬仁68－15⑰　王計(人名)51－16⑲　王計等(人名)51－16⑳　王－教65－14⑯　○王業
3－1⑫　王陝州(人名)27－5⑫　王建(人名)48－1 108　○王言70－3①　○王－侯2－2⑦　○王(人名)－公64－13⑫　王K－公

ー主48ー1 107
王ー公縉 H（人名）42ー3⑲
王公亮（人名）48ー11⑮
王克謹（人名）56ー15⑤
王國清（人名）57ー5⑲
○王ー佐（人名）5ー15⑥
王璀53ー7⑭
王ー相26ー12⑭
王山人（人名）26ー6⑨
○王粲13ー3⑤
王之煥 H（人名）42ー4⑥
○王ー事52ー3③
王侍御（人名）15ー10⑱
王侍中32ー12⑦
王司馬27ー4②
王司馬建 H（人名）26ー2③
王士則（人名）52ー2⑨
王士則等（人名）56ー5⑥
○王ー子3ー12⑪
王子晋 H（人名）28ー4②
○王ー師53ー5⑤
王師閔（人名）52ー7⑳
○王氏（人名）6ー12⑯
○王ー室50ー7
⑭
王日興（人名）56ー13⑳
王日簡（人名）52ー3⑥
王質夫（人名）5ー3⑩
王十一（人名）19ー2⑦
王十一起5ー1⑥
王十五16ー12
⑰
王十三（人名）25ー8⑮
王十七庶子（人名）28ー6①
王十八13ー10⑤
王十八質夫13ー11⑨
○王ー者38ー4⑳
王尚（人名）
書27ー13⑧
王昌渉等53ー3⑮
王昌齢 H（人名）42ー4⑥
王衆仲（人名）53ー9⑲
王順山 H（人名）6ー10⑩
王承宗（人名）56ー1⑥
王承（人名）
林52ー3⑲
王處士（人名）1ー17⑦
王 H ー職49ー12⑭
王申伯 H（人名）49ー10⑦
○王ー臣56ー14⑪
○王ー城41ー7⑱
王 H（人名）
正雅49ー9②
○王ー政65ー17⑧
王生1ー17⑨
○王昭君 H（人名）14ー19⑰
王紹（人名）59ー6⑳
王勣 H（人名）17ー14⑧
王績（人名）53
ー7⑧
王潛（人名）52ー11①
王孫13ー15②
王大父41ー3⑱
○王大夫（人名）25ー12③
○王ー道47ー10①
王道士 H（人名）16ー
12⑨
王ー度47ー13②
○王ー澤47ー15⑫
王丹 H（人名）66ー7④
王智興（人名）52ー6⑤
王仲宣（人名）30ー7⑱
王庭（人名）47ー16⑧
王庭湊（人名）51ー3⑱
王 H ー廷42ー9⑮
王 HK ー程17ー21⑧
王二十二14ー9⑤
王播（人名）58ー3③
○王覇64ー7⑥
王八使君（人名）20ー3①
○王ー法39ー2⑬
王佖書（人名）19ー9⑬
王秘（人名）54ー5④
王夫子（人名）12ー2⑨
王ー府50ー10⑨
王 H 府君42ー7⑱
王府諮ー議參ー軍53ー10⑨
王府長ー史（地名）53ー6⑰
○王ー父42ー11⑦
王ー父府君71ー2②

王(人名)無功70-22③ 王H-賦18-5⑳ 王風2-7⑨ 王H(人名)文度68-15⑰ 王H(人名)汶50-9⑱ ○王(人名)母4-4① 王(人名)某55
-5⑮ 王僕射37-11⑭ 王(人名)莽15-20⑥ ○王民3-9① ○王-命48-2⑤ 王H(人名)蒙68-15⑰ 王-門51-9
④ 王(人名)留守僕射35-13④ 王(人名)錬師22-11③ 王H-樓24-4⑫ 王(人名)員外19-13⑧ 彎-彎タリ38-5⑩ 椀13-2
② 灣-環トン22-15⑧ 盌32-14⑯

ヰ

位-望49-13⑨ ○位祿6-15⑩ 偉H-卿11-8③ ○偉-人41-6⑱ 圍-棊17-8⑨ ○圍-繞ス71-
6⑳ ○夷38-3② 夷ノ-音16-1⑫ 夷(地名)-夏54-5① 夷-險43-5⑫ 夷H(人名)吾47-2② 夷(人名)齊7-1⑯
○夷-狄46-6⑲ 夷-貊55-10⑬ 夷-門24-1⑩ 夷-落56-21⑥ 夷-虜51-11⑥ 夷(地名)陵17-21⑫ 夷
-陵セル31-17⑯ 夷隷66-17⑤ 委39-6④ ○委|ス2-19⑥ ○委-曲ニ58-3⑭ ○委-棄シ44-8⑲ 委
-化從-容ニソ39-5⑯ 委-形70-20⑬ 委(人名)順11-11⑨ 委-順ナラクノミ69-2⑩ 委-順スル39-6④ ○委-
任スル52-11⑱ 委-積ス8-5⑰ ○委-細59-4⑤ 委-蛻トン21-13⑪ 委-蛻スレハ37-12② 委-蛻-然タリ
71-14⑱ 委-擢61-8⑨ 委-置43-9⑮ 委Hステ=置ケルコト スル⌐22-9⑭ 委-重ス52-11④ 委-望54-5⑫ 委H
-轡65-6④ ○委-付メ49-2⑪ ○威|50-1⑨ ○威-儀3-3⑧ 威-虐47-15⑩ 威-惠42-3⑰
○威-權22-14⑨ ○H威-嚴65-7⑲ 威-制58-10⑥ 威-聲56-7④ ○威-重41-12⑬ ○威-德51-
14⑩ ○威-武54-9⑦ ○威-福63-21③ ○威-名54-9⑦ ○威-容24-1⑭ 威-略51-18⑩ ○威

｜稜28｜16⑧　○威｜令58｜10③　○威｜靈61｜2⑱　威蘊(人名)H 68｜15⑮　○尉｜(タリ)12｜14⑱　尉HK｜侯64｜9⑦

○帷13｜5⑤　○帷｜幄56｜18⑰　帷H｜蓋45｜15⑪　○帷K井｜幕(ハク)4｜5⑤　幃｜帳69｜9⑲　幃H｜屏16｜20⑲

幃｜幔22｜8⑤　彝章67｜5⑨　惟｜一無｜二65｜14⑮　惟明(人名)52｜9⑩　○慰｜(ス)36｜2⑧　同｜慰(ス)35｜7⑬

自慰｜(ス)35｜11⑧　○慰｜安(ノ)56｜12③　慰｜愜(ス)56｜5①　慰｜悚56｜17⑭　慰｜薦52｜4⑭　慰｜薦褒｜升(スル)┐

51｜16④　慰｜望56｜17⑰　○慰｜撫(ノ)56｜22⑰　○慰｜問59｜16⑮　○慰H｜問(スル)56｜7⑩　相(ヒ)慰｜問(ス)34｜3

⑱　○慰｜諭56｜7⑭　○慰｜諭(ノ)70｜3⑰　○慰｜勞(セリ)50｜14②　暐｜曄(タル)2｜10⑪　○洧(人名)68｜18⑬　渭(地名)

38｜2⑩　○渭河(地名)16｜15⑰　渭江(地名)9｜8⑩　渭｜曲(地名)23｜12⑯　渭源縣(地名)41｜1⑪　渭H｜橋27｜12⑬　渭上(地名)5｜11

④　○渭水(地名)6｜11②　渭域(地名)26｜8⑦　○渭川(地名)7｜1⑫　渭村(地名)10｜7⑭　渭浦(地名)12｜6③　渭北(地名)6｜4⑫　渭南H(地名)49

｜9⑬　渭南縣(地名)54｜15①　渭HK｜陽6｜1⑲　爲｜姦66｜3⑤　爲(レ)｜教65｜16⑯　爲H｜佐7｜4⑤　○爲｜政65

｜16⑮　爲｜霖57｜3⑰　熨(シテ)4｜6⑮　猥K〻倭｜子41｜2③　○畏｜愛64｜10⑥　畏H｜愛悦｜服(セ)65｜4⑩　畏

｜忌44｜9⑤　畏｜忌因｜循63｜22②　畏｜景35｜16⑪　畏｜天35｜18③　畏H｜途(ハ)18｜13⑱　畏｜侮44｜7

⑳　○畏｜伏(ス)54｜15⑰　痏11｜10⑤　維H｜(セ)38｜3⑦　相(ヒ)｜維(シ)64｜17⑰　維｜私52｜2⑦　緯｜(セ)65｜7②　○胃｜

48｜9⑲　萎｜紅31｜5③　萎｜蕪(アリ)71｜5④　葦茗10｜7⑮　○葳｜蕤13｜2⑰　蔚章14｜13⑬　逶｜迤13

｜1⑰　逶｜遲(ノ)22｜20⑤　違59｜6⑪　相(ヒ)違｜反(ス)45｜12⑩　違｜謬51｜13⑦　○違｜命56｜16⑥　違｜濫(スル)┐

63-14⑰
違-越58-14⑪
違-越ソ52-7⑥
闈17-15⑩
韋(人名)22-10②
韋尹常侍(人名)34-15⑦
韋悦57-6⑤
韋K-家17-6⑬
韋開州(人名)18-5②
韋江州H(人名)7-1⑦
韋覬(人名)48-12②
韋貫之(人名)55-2⑬
韋貫之等(人名)58-3④
韋君(人名)43-8⑬
韋君丹H(人名)41-11⑦
韋H-荊-南32-12⑰
韋-弦24-4⑥
韋賢妃(人名)42-2⑤
韋公徳載69-7⑬
韋弘景H(人名)50-13③
韋左丞(人名)25-13⑬
韋山人(人名)17-14⑨
韋之晉(人名)42-8⑥
韋侍御(人名)17-16⑫
韋侍郎(人名)17-10⑥
韋氏(人名)42-1⑥
韋七(人名)30-5⑭
韋七庶子K30-5⑩
韋H-尚-書30-11④
韋綬H(人名)50-3①
韋綬等H(人名)ラ50-3④
韋絢(人名)70-4②
韋處士(人名)21-19④
韋庶子(人名)30-4⑤
韋審規H(人名)48-3②
韋域H(地名)42-5⑬
韋楚68-18⑲
韋蘇州(人名)45-7⑪
韋大H(人名)18-2⑱
韋大員-外16-1⑦
韋丹(人名)57-24④
韋長史(人名)29-11⑨
韋徵君拾遺H(人名)32-6⑳
韋同憲(人名)48-1⑫
韋房(人名)68-6④
韋八(人名)17-15⑰
韋賓客H(人名)32-4④
韋文恪H(人名)49-9②
韋彪H(人名)50-10⑨
韋彪等50-10⑪
韋弁(人名)48-1⑫
韋門H(人名)14-17⑳
韋令公(人名)15-11⑭
韋錬師H(人名)17-5⑭
韋應物(人名)68-6②
韙ス67-15⑰
餧馬15-21⑲
○員43-1⑨
○員外(人名)40-1⑫
員-外置-同正-員51-5⑳
員-外-郎41-3④
龥HKイン-淪リンタリ3-8⑮
筠71-13⑩
筠-風36-9⑯
筠-粉12-9⑤
○院4-9⑭
院H-事52-5⑳
○院-主69-17⑨
院堂69-9⑨
○院-中59-14⑦
○院-長45-10⑫
院-塲63-7⑱
院-門21-2⑫
院H-落25-16⑰
院H-柳8-9⑳
院-院ニ24-14⑰
隕-越ス68-10⑧

ヱ

○廻-向ス71-12⑪
惠恭等H(人名)70-11⑥
慧遠(人名)7-7⑨
慧遠寺(建物)7-6⑲
咏スル24-19⑰
○榮|13-14⑯
榮|セン34-2⑯

○榮－耀30－9⑩　○榮－耀(メ)37－5⑱　榮－幸59－15①　○榮喜32－11231　榮期(人名)27－7⑮　○榮－遇22－3
⑯　○榮(サカヘテ)－華19－13⑮　榮－貴23－1⑧　榮(H)－顯7－11⑲　榮啓(人名)30－2⑧　榮啓期(人名)70－22⑥　榮啓先(人名)－生24－
6⑪　○榮－枯16－3⑳　榮－公31－17⑮　榮－滋(シ)11－9⑤　榮－賜59－15⑮　榮(H)－奬55－15⑩　○榮(HK)－辱6
－5⑮　○榮－進24－10⑦　榮－衰7－9⑱　榮－衰(ス)16－7⑮　榮(H)－悴(スイ)11－13⑤　榮－顇45－9⑯　榮盛34
－17⑥　榮(H)－鬧36－17⑳　榮先生(人名)28－10⑲　榮－賤18－11⑦　榮(K)－秩29－1⑳　榮－寵20－5⑦　榮－重(ナラ)48
－12⑩　榮重(スル)53－10⑤　榮－班59－13⑰　○榮－名22－3⑫　榮陽(地名)42－5④　榮陽縣(地名)42－5⑥　榮－陽－
縣ノ開－國－公50－9②　榮陽縣君(地名)42－5⑮　榮陽郡(H)(地名)48－10⑭　榮陽人(H)(地名)42－2⑳　榮陽夫(人名)－人71－2④　○榮－
落29－8⑩　○榮－利7－11⑫　榮－路33－11⑨　○榮－祿52－11⑪　榮夷公(人名)64－2⑫　永43－3⑮　○永安(H)(地名)
35－11⑬　永嘉(年号)70－18②　永謹上人(人名)20－16⑫　○永和(H)(年号)14－7⑰　永(K)(年号)－徽3－2⑭　永州(地名)37－7⑪　永州司(地名)－戶
51－5⑱　永－日36－12⑨　永壽寺(建物)9－7⑫　永崇里(地名)5－2⑱　永(H)(年号)－泰中42－8⑧　永貞元年十月二十五日(H)(年号)42
－9②　永(HK)－圖50－5⑪　永通(地名)29－16⑧　永寧15－6⑪　○永－年70－14④　永豊37－6①　永豊坊37－5⑭
永穆公主(人名)42－1⑨　○永夜36－17⑮　○永(HK)－樂30－1⑰　○永－永45－13⑮　○永(H)－遠18－2⑥　永遠宗雷(人名)40
－7⑯　禜(ス)40－2⑧　○衛(地名)68－12⑨　衛(H)＝人6－9⑮　衛玠(人名)44－3⑲　衛－官51－13⑭　衛公(人名)4－5③
衛國寺(建物)41－8⑳　衛－佐50－7⑪　衛州(H)(地名)52－7⑤　衛叔(H)(人名)14－18③　衛叔寶(人名)70－22⑥　衛紹則(人名)51－17⑤

衛｜尉｜郷37｜7⑦　衛H｜尉少｜郷42｜3⑲　○詠6｜4⑪　○詠｜ス18｜10⑤　○抒ノヘ｜詠｜ス35｜1⑬　○詠
｜歌ス30｜1⑩　○詠HK｜謌38｜2⑯　詠興29｜1⑥　○詠H｜懐11｜14⑬　○詠史30｜10⑯　詠｜詩8｜8⑳
○詠｜歎メ22｜20⑯　○越(国名)1｜8④　越(国名)｜人70｜3⑭　越｜娃32｜13⑲　越H｜遊22｜8⑰　越(地名)｜艶21｜6⑲
越｜客24｜13⑰　越郡(地名)21｜11①　越(地名)｜渓4｜6⑬　越(地名)｜嶠21｜5①　越｜徼57｜13⑱　越國(国名)23｜7③　越｜思
69｜2⑧　○越州(地名)24｜16⑯　越｜城22｜4⑳　越H｜蕉6｜5⑱　越｜棹26｜18⑮　○越中23｜4④　越｜調24
｜10①　○越鳥32｜9 168　越H｜府42｜8⑧　越王(国名)1｜8⑦　鉞｜H22｜14⑨　園1｜20⑥　園｜否30｜5⑪　園｜
曲22｜15⑳　園｜外19｜10⑪　園｜葵30｜12⑭　園公(人名)27｜3⑲　○園｜疏16｜6④　園H｜寝42｜1⑲　園｜桃
36｜3⑨　園｜中37｜5⑭　○園｜林10｜5⑳　○圓｜ナル4｜8⑩　圓覺達摩(人名)41｜8⑤　○圓H｜丘57｜2⑬
○圓鏡H(人名)41｜9⑰　○圓教69｜3②　圓H｜蓋27｜2⑮　圓｜珠55｜4⑪　圓H｜首61｜1⑪　圓恕(人名)68｜4⑯　圓昭(人名)
68｜4⑯　○圓｜轉タル｢6｜11⑫　○圓轉メ19｜14④　圓｜方63｜15⑮　圓滿忍(人名)41｜8⑥　圓明10｜6⑫　圜｜
土67｜7⑮　垣｜翰51｜7⑨　垣｜中16｜17⑦　婉｜軟タル21｜17⑭　○婉｜娩67｜4⑮　○婉｜麗ニシ ナリ15｜14⑧
婉｜孌57｜7⑧　宛｜トシ29｜12⑤　宛K｜丘38｜13⑭　○宛｜然タリ25｜1⑳　○宛｜轉タリ26｜1⑳　○宛｜轉メ2
｜6⑦　○寃2｜16⑦　寃｜セラレテ60｜11①　寃｜苦コスルヲ4｜14⑬　寃｜事70｜2⑩　寃｜滞48｜2⑮　寃｜耻49
｜2⑩　寃｜憤痛｜酷スル｢69｜10⑦　寃民4｜14⑦　寃｜濫62｜20⑫　怨56｜13⑬　怨｜咽18｜4⑧　怨｜咽ス

31－11⑬　怨H－偶66－1⑧　怨－曠58－11④　○怨H－言65－4⑥　○怨－恨ソ2－22③　○怨－嗟62－21⑫
怨－咨ス5－12⑤　怨－思45－2⑮　怨－詞19－17⑬　怨－傷70－10⑥　○怨憎2－22⑤　怨－歎15－3⑫
○怨HK－女ウラミナケク3－2③　怨K－調32－8③　怨怒60－10③　怨－讟62－17⑭　○怨－望58－6⑰　怨－謗ソ58－2⑱
怨－抑ソ21－10⑪　○淵水21－17⑭　淵雲H(人名)45－6③　淵明(人名)29－4⑩　淵－淵緜－緜トソ38－7⑬　○炎－暑70－
14⑪　猨－峽32－9 165　猨H－鳥7－15⑤　猿狖11－2⑤　猿H－叫ノ14－9⑱　猿H鳥7－8②　苑－中27－16⑱
○蜿－蜿トソ38－8⑨　袁安(人名)51－3④　袁右丞(人名)5－8⑪　袁高(人名)42－4⑬　袁幹(人名)51－17⑭　袁彦伯H(人名)68－15⑰　袁公(人名)
5－8⑯　袁相H(人名)14－13⑨　袁滋(人名)55－11⑫　袁州(地名)41－3⑱　袁州司(地名)－馬51－5⑳　袁州府君41－3⑳　袁門33－
12⑱　・遠(人名)43－3⑮　遠30－6②　遠HK－遊30－3⑯　遠葉13－5⑪　○遠－行2－1⑥　遠H－客11－5②　遠
－雁33－12⑧　○遠－近7－9⑥　相ヒ遠－近ト38－6⑤　遠HK－空38－6③　遠－郡11－5⑱　○遠－計56－13
⑥　○遠H－計ソ33－11⑱　遠K－橋29－12⑦　遠公(人名)70－15③　遠草33－4①　○遠－山4－11②　遠H－使14－10
⑳　遠師19－13⑯　遠思(人名)42－5⑨　遠－思12－9⑧　遠－旨47－11⑳　○遠－邇52－6①　遠－岫35－10⑩
○遠－日57－12⑯　遠上人(人名)28－4⑱　○遠－樹24－2⑩　遠處33－1⑪　○遠－人11－8⑩　遠禪－師23－13
⑯　○遠H－村7－12⑪　遠大師(人名)70－14⑱　遠－到31－16②　○遠H－道10－15⑫　遠H－謫17－16⑰　○遠－地23
－5⑧　遠程5－10⑱　○遠－圖54－1⑯　遠レ－年ス64－6②　遠－泒69－12⑩　遠－坊15－5⑦　○遠－望スレハ

2-21①
○遠-方2-2⑥
遠芳13-15①
遠-藩51-7⑩
遠蠻3-12④
遠-風31-17⑲
遠-壁19-8⑱
遠-別9-3⑰
遠-貶60-4⑮
遠-峯36-8⑬
○遠-謀64-10⑳
遠-部70-12⑳
遠H-慢ナルヲ8-8⑩
○遠-來(キタス)ノ31-12⑪
○遠-略54-7⑰
遠-遠タル10-2⑳
轅H-輪63-15①
○轅H-門27-9⑳
○閻浮提70-11⑰
○鴛-鴦32-13⑤
鴛H-鸞19-4⑦
鴛H-鷺9-3⑦
鵷-行22-8④
鵷H-鶴16-17⑱
鵷-雛28-2⑯
鵷-鸞16-6⑲
鵷-鷺28-6⑱
藹-藹トメ38-13⑪

ヲ

○嗚咽2-19⑨
○嗚-咽ス21-10⑩
嗚咽流-涕スル」71-4①
嗚-嗚タリ16-3⑨
於潛13-17⑳
於陵52-9⑭
汚-溝1-6⑤
汙-萊41-6⑰
汚-萊メ63-2⑦
烏4-7⑬
烏(ヲウ)兎(ト)4-12⑲
鄔達干等57-23⑱
○翁8-3⑬
甕5-15⑫
甕間5-15③
甕中30-4⑩
甕-頭31-14⑯
○蓊-鬱トメ17-3⑱
○恩K(ヲン)4-6⑨
○恩-愛12-11⑩
恩-渥57-20⑩
恩HK-意56-11⑬
恩-加セル」31-12①
恩幸3-7④
恩H-寄68-9②
恩外56-15⑯
○恩-光18-13②
恩-輝59-17⑬
恩-結35-9⑳
恩-私56-17⑨
○恩-賜ス60-3⑨
○恩-讐28-10⑥
○恩-赦57-11④
○恩-獎52-5⑮
○恩-信22-8⑭
恩-制58-1⑨
恩-勢1-18⑯
○恩-情21-17⑮
恩-貸51-6②
○恩-澤58-6⑦
○恩寵56-10⑪
○恩-德61-10⑲
恩德寺(建物)20-15⑩
恩德洞H(地名)ノ20-15⑭
恩-難66-6⑦
○恩-波56-20⑱
恩-分2-9⑩
恩-令56-2⑨
恩-禮49-2⑰
恩-榮58-7⑬
慍57-9②
氳-氳トメ36-5⑩
温ニメ47-16⑯
温(人名)42-10⑧

温等H（人名）49―9⑧　温―裕端―明ニメ48―12⑧　○温―雅ニメ54―1⑮　○温―顔39―3⑫　○温恭46―5⑪　温―恭
信―厚ナリ70―9②　温K（人名）―會等48―3③　温―恵40―3⑮　温―敬忠―實50―4⑯　温H（人名）堯卿等49―7⑬　温―厚
靜―専ニメ48―9①　温H―谷22―20⑩　温―荘潔―白ニメ49―10⑫　温H（人名）造49―10⑰　○温柔5―6⑭　温―柔敦―
厚65―7⑰　○温―室26―11④　温（人名）尚書27―14⑳　温―樹15―2⑭　温―潤6―12⑩　温―如タリ38―5⑭
○温色13―5②　○温―水ユ16―9⑪　○温H―清38―4⑫　温HK―席9―9⑮　○温―泉4―1⑧　○温―然タリ31
―10②　○温H―湯12―3①　○温―暖ニメ17―8⑩　温―酎36―17②　温―重40―6⑪　温―重明―正ニメ54―14
⑫　温―天18―10①　温―暾タリ11―8⑱　温―飽63―11④　温―敏靜―専ニメ53―8⑧　温―風17―8⑫
温K―瓶33―9⑱　温―涼63―22⑩　温―良冲―淡ナリ70―19⑧　温―爐18―12⑮　温―温タル21―8⑱　温―温郁
―郁トメ40―8⑨　熅（人名）70―7⑤　熅等（人名）70―7⑥　瘟39―2⑦　穏―臥メ27―10⑦　穏―快ニメ29―5⑲　穏―事37
―8⑧　穏枝34―14⑳　穏―處27―8⑫　穏善ナリ34―16⑩　穏―暖1―20③　穏―煖15―8⑦　穏―馬27―4
⑭　○穏―便58―5⑬　穏―平ナリ27―3⑳

注

1　巻第四十八、中書制誥一の第一道と第二道の間に、「蓬左文庫本」では、「郭景（人名）貶康州（地名）端溪（地名）尉制」「第十二妹等四人各封長公主制」「王建（人名）除秘書郎制」の三制を、別紙に書写して挿入してゐる。この三制は、「立野春節本」には欠く。この三制を「48－1 107・108・109」とした。「金澤文庫本」では、第十六道「李寘授成陽令制」に次いで、右三制がある。

2 前項と同じ。

3 巻第三十二の九丁の「冬初酒熟二首」の次に、「金澤文庫本」では「聽蘆管吹竹枝」以下九首があるが、「立野春節本」には欠く。185は、九首分の、「金澤文庫本」での所在行数である。「蓬左文庫本」では、八首分、別紙に書写して、挿入してある。

4 前項に同じ。

5 人名である。

6 巻第三十二の十丁「路逢青州王大夫赴鎮立馬贈別」の次に、「金澤文庫本」では「和楊同州寒食乾坑會後聞楊工部欲到知予与工部有敷水之期嘗喜雖多歓宴且阻辱示長句因而答之」以下七首あり、「蓬左文庫本」では、別紙に書写して挿入してある。「立野春節本」では欠く。254は、「金澤文庫本」の、所在行數である。

7 注1に同じ。

8・9 注6に同じ。

10 注3に同じ。

11 人名「簡易」。

12 注6に同じ。

13 巻第三十五の十三丁の「山下留別佛光和尚」の詩の次に、「金澤文庫本」「蓬左文庫本」では、「嬾出」一首あり、「立野春節本」では欠く。その詩の、「金澤文庫本」での所在行數である。

14 注1に同じ。

15 「金鑾」二例は、第一例は女性「金鑾子」、第二例は宮殿「金鑾殿」である。

16 注3に同じ。

17 「和韻」の意。
18 「唱和す」の意。
19 注6に同じ。
20 人名。
21 注3に同じ。
22 注1に同じ。
23 元微之とは別人。
24 注1に同じ。
25 人名。次項の「經」等」も同じく人名。
26 注6に同じ。
27・28 注3に同じ。
29 項羽。
30 注6に同じ。
31 注3に同じ。
32 注6に同じ。
33 「師」二例は、第一例は「教師」、第二例は「いくさ」の意。
34 注1に同じ。
35 注6に同じ。
36 「秋思」二例、第一例は「秋愁」、第二例は「曲名」である。
37 「商」三例、第一例は「商賣」、第二例は「星座」、第三例は「音律」の意。

38 「象」二例、第一例は「動物の象」、第二例は「すがた」の意。
39 注3に同じ。
40 「序」二例、第一例は人名「李序」、第二例は「順序」の意。
41 「勝」三例、第一例は「すぐれる」、第二例は「勝つ」、第三例は「人名」。
42 「信」三例、第一例は「人名」、第二例は「まこと」、第三例は「通信」の意。
43・44 注3に同じ。
45 注6に同じ。
46 「道」三例、第一例は「道路」、第二例は「道士」、第三例は「道州」の意。
47 「澤」二例、第一例は「水澤」、第二例は「恩澤」の意。
48 「丹」三例、第一例は「丹州」、第二例は「丹色」、第三例は「丹藥」の意。
49 「男」三例、第一例は「男子」、第二例は「男爵」、第三例は人名「男紹」である。
50 「梅」二例、第一例は「木の梅」、第二例は「梅雨」の意。
51 「平」二例、第一例は人名「薛平」、第二例は「平らたい」の意。
52 「封」二例、第一例は「封土」、第二例は「密封」の意。
53 「本」二例、第一例は「書物」、第二例は「根本」の意。
54 「餘慶」三例、第一例は人名「鄭餘慶」、第二例は「地名」、第三例は「餘福」の意。
55 「羅」三例、第一例は「妓名」、第二例は「羅衣」、第三例は「網」の意。
56 「令」二例、第一例は「法令・命令」、第二例は「役人・長官」の意。
57 「盧」二例、第一例は「釆の名」、第二例は「田犬」の意。

文選読

一、はじめに

文選読は、平安朝の漢文訓読の際に読み出された特殊な読み方、訓法である。

関々(ト)(ヤハラキナケル)　雎鳩(ノ)(ミサコハ)在(ニ)河之洲(スニ)　（道春点）①

詩経の巻第一の国風の最初の詩を、林羅山はこんなに読んでゐる。「関々(クワンクワン)ト」と先づ音読みにして、次にその訓の和語「ヤハラギナケル」と読み、音と訓とを「ト」で媒介する訓法、これが文選読である。また、「雎鳩(シヨキウ)」と先づ音読し、次にその訓「ミサゴ」と読み、音と訓を「ノ」で続け、「シヨキウノミサゴ」と読む。これも文選読である。

このやうに、同じ語を、漢字の字音で音読し、次いで助詞「ト・ノ」を媒介として、和語の訓読みに続ける、こんな特殊な訓法、音訓複読の読み方が、文選読である。

この文選読は、中古から中世にかけての仮名文学・戦記物語の作品にも、出てくる。

琴(キム)のこと　箏(シヤウ)のこと　笙(シヤウ)のふえ（枕冊子・源氏物語）　簫(セウ)ノフエ（色葉字類抄）

佛の安祥とよそほしく歩ませ給に従ひて…（榮華物語巻第廿二とりのまひ）

街衢(ガイク)ノ巷(チマタ)　睚眦(ガイシ)トニラメル（海道記）

千草にすたく蟋蟀(チヨツカ)のきりぎりす（平家物語巻第七福原落）

海漫(ミ)々ト〆直下(チヨク)ト見下(ヲロ)セバ底モナシ（源平盛衰記巻第廿八経正竹生島詣事）

以上の文選読は、それぞれ、漢文訓読に由来する。そして、文選読を研究した人は、訓点語の研究者である。現在までの主要な文選読の研究文献を、次に掲げる。

筑島　裕　「『文選読』考」昭二九（増補して次へ収録）
『平安時代の漢文訓読語につきての研究』昭三八
寿岳章子　「抄物の文選読」昭二八
中田祝夫　『古点本の国語学的研究　総論篇』昭二九
柏谷嘉弘　「醍醐寺本遊仙窟の漢語」昭四一
「足利本文選の文選読」昭五六（以上二編増補して左へ収録）
『日本漢語の系譜』昭六二
中村宗彦　「文選読み」昭六二（『漢字講座3』）

二、名　称

文選読の名称は幾種類もある。現在の「文選読」といふ名称の初出は、十八世紀中葉の『夏山雑談』に見えるものである。

鄙しき詞にへら・へいとうといふは文選読の如く平等（へら）・平等（へいとう）なるへし（『夏山雑談』平直方　寛保元（一七四一）年序）

これよりも古く、「カタチヨミ」といふ名称で呼ばれてゐた。

厥冷厥逆ト云モ、何ヲモ皆ヒヘアカルト読マセタソ、福田方ハ文選ノ様ニカタチヨミヲツケタソ[2]（『史記抄』瑞山桃源　延徳元（一四八九）年没）

我馬虺隤トヤミヌ江　江家ニハクワイタイトヤミヌトカタチヨミニスルソ（『毛詩抄』清原宣賢　天文十九（一五五〇）年没）

室町時代には、この「カタチヨミ」の方が一般的である。「カタチヨミ」と読む理由は、文選の注に

偃蹇高貌　猗猗美貌（文選西都賦）

のやうに「□□貌」としたものが多く、「貌」を「カタチ」と訓よみするので、「偃蹇トタカウシて」「猗猗とウルワシ」を「カタチヨミ」と名づけられたといふ築島説が有力である。

また、「両点よみ」といふ名称も、江戸時代には行はれた。

かたちよみとは両点よみの事歟（『一話一言』太田南畝　寛延二（一七四九）年没）

「両点よみ」の「点」は、平安時代の漢文訓読の際に付けたヲコト点に由来するもので、江戸時代の頃は漢籍の読み方を意味する。文選読は、字音よみと訓よみと両方の訓み方をするので、「両点よみ」と名づけられたものである。

また、「音訓両読」といふ名称もある。

倭読ノ法ニ、毛詩文選等ニハ音訓両読ヲ用ルコトアリ。音訓両読トハ音ニテ読テ、又倭訓ニテ読ムナリ。關關タル睢鳩ヲ、關關トヤハラギナク睢鳩ノミサゴト読ミ…（太宰春台『倭読要領』巻中　享保十三（一七二八）年刊）

この「音訓両読」と「文選読」の二つの名称は、江戸時代になつて現れるものである。

文選には、他の文献——詩経・白氏文集・法華経など——とは比較にならぬほど多く、文選読が使用されてゐるので、「文選読」と呼ばれるやうになり、それが現今の普通の名称になつてゐるのである。

三、定義

文選読の定義をするのは困難らしく、誰も明確には示してゐない。それぞれ実例を示して、このやうなものが文選読だと述べてゐるに過ぎない。

そこで、国語辞典などで、どんなに説明してゐるのか、規定してゐるのかを見る。『広辞苑（初版）』では、次の通りである。


文選をよむのに文字を音読し、更に同じ文字を訓読する読方

これは「文選をよむのに」といふ点が不適当である。前述の通り、文選読は詩経・白氏文集・法華経などにも見られる。「關々トヤハラギナケル睢鳩ノミサゴ」は詩経、「直下ト見下ス」は白氏文集、「琴のこと・箏のこと・笙のふえ」は法華経の文選読である。

また、「文字」を音読する・訓読するの「文字」も不適当で、漢語とか語とかを使用すべきである。

次に『新潮国語辞典（初版）』には

同一の漢字・漢語を音で一度読み、さらに訓で読む方式

とある。「漢字・漢語」の「漢字」は不適当であるが、「漢語」は改良されてゐる。しかし、媒介する「ト・ノ」の説明が欠けてゐる。この規定では、「ヒニチ」は文選読から除外できるが、「欲バル・氣随きまま・切迫つまる」は文選読に入りそうである。

次は『日本国語大辞典』のものである。

一つの語をまづ音読し、さらに同じ語の訓を重ねていう読み方

これも、媒介の「ト・ノ」についいては依然として触れてゐない。

本年十二月十一日発行予定の『漢字百科大事典』のパンフレットに、文選読の項目がある。それを次に引用する。

「浩汗」を「カウカントオギロナリ」、「豺狼」を「サイラウノオホカミ」のように、最初に字音で読み、次に助詞「ト」又は「ノ」を付して修飾語格とし、次に和語の用言又は体言（多くは一語）の被修飾語として続けるもの。

これは、用例を示し、その用例のやうにと述べてゐる点、安易である。また、「最初に字音で読み」は、「何」を読むのか記してゐない。「修飾語格・被修飾語」と文法用語を使用して一見学問的な装ひを持つが、脈絡が混乱して文意が理解できない。

以上、すべて欠陥があり、適当なものがない。そこで、次に私案を記す。

日本漢語の音と訓を、助詞などの媒介で、一続きに読む漢文訓読法。

「日本漢語」は、日本語にとっての外来語である。これまで普通「漢語」と呼ばれてゐるが、「漢語」は漢民族の言語である。

それが蒙古語に借用されると蒙古漢語、ベトナム語に借用されると安南漢語、又は越南漢語、朝鮮語に借用されると朝鮮漢語と呼ばれる。日本語に借用されたものだけは、「漢語」と呼ぶので、本来の漢語と区別できず、屢屢混乱する。英訳する場合には、本来の「漢語」は、

Chinese 又は **Chinese Language**

であり、日本の「漢語」は

Chinese Loan Words in Japanese

である。それで、蒙古漢語・安南漢語・朝鮮漢語と同じ方式で、日本漢語と呼ぶやうにした名称である。まだ使用する学者は少いが、語意に紛れがないので、将来は一般に普及してゆくと期待できる。

また、「助詞などの媒介で」と「など」を入れてゐるのは、次の「文選読の形式」で明らかとなる。

四、文選読の形式

四・一　中古の形式

築島氏は、平安時代の訓点本を多数調査して、文選読約二〇〇例を採録した。内訳は、初期約五〇例、中期約

四〇例、後期・院政期約一〇〇例である。それを検討して、構成から、次の二形式に分類できることを明らかにした。

A形式　字音語 ――ト―― 和語（属性概念を表はす語）例、浩汗（カウカン）ト（オギロナリ）

B形式　字音語 ――ノ―― 和語（実体概念を表はす語）例、豺狼（サイラウ）ノ（オホカミ）

平安時代の文選読は、すべて、このA・Bの二形式に分類される。この二形式が、文選読の基本形式である。そして、二形式ともに、字音語、即ち、日本漢語は、「浩汗・豺狼」などのやうに、漢字二字から成る熟語が殆どである。前掲の「琴のこと」「箏のこと」「笙のふえ」など、漢字一字の場合は、非常に稀である。

以上が平安朝の文選読であるが、中世には新しい形式と変容が現れる。

四・二　中世の形式

「醍醐寺本遊仙窟」は、正安三（一三〇〇）年に加点されたものを、康永三（一三四四）年に摸写したものである。この「醍醐寺本遊仙窟」には、三二五例の文選読がある。一つの作品に、こんなに多数の文選読があるのは、平安朝では見られないものである。

この三二五例の日本漢語も、殆どが漢字二字の熟語であり、漢字一字のものは四例、漢字三字のものは三例、漢字四字のものは二例である。漢字三字のものは、平安時代には見られないものであるが、次の三例が醍醐寺本遊仙窟に見られる。

長－々－馨（と）（ミトロメカセリ）　101③　　細－々－許（と）（ナリ）（サヽヤカニナマメキ）　101　　咥－々－然（トヲカシク）（とホヲエンテ）　368

この三例すべて、畳語を構成要素とする日本漢語である点と、擬態語・擬声語に属する点とに特徴がある。その点、特殊な日本漢語である。

また、四字語は次の二例である。

絳－樹青琴と（云シヲンナイロコノミモ／云シカホヨヒ人モ） 34　韓（カン）°－娥（カ）°° 宋°－玉と（云シヲトコイロコノミ／云シカホヨイヒトモ） 34

それぞれ、二人の人名を続けてゐるので、仮りの四字語である。媒介してゐるのは「ト云（イヒ）シ」で、平安朝には見えぬものである。

この「ト云シ」を媒介としてゐる文選読は、この他に

張－騫°（ケントテ云シ／カンナキヒトノ） 6　西－施と（云シカホヨキヒトヲ） 61　南－国と（トイヒシカホヨキ人） 62

の三例ある。また、「トイフ」を媒介にしてゐるものに、次の一例がある。

香－兒（タホカウシトイフナカタチヲ） 192

また、「イフ」を敬語にした「キコユ」を媒介にした次例もある。

禹（トキコヘシ／ミカト） 6

これらは、中世に出来た新しい文選読の形式である。

今一つの新形式の文選読として「ニ」を媒介とするものが、四例ある。

故－々に（ココニネタマシカホニシテ） 38　忽－然（にタチマチニして） 316　安－穏（イム／にイマセヨ） 500　方便（ニツキくシク／とアタカニ） 478

このうち、三例の日本漢語には「ト」を媒介とする文選読がある。

従つて、「ニ」を媒介とする文選読は、「ト」を媒介とするA形式から派生したものと見られる。

故ー々（とネタマシカホニ）　69　忽ー然（トタチマチニシテ）　531　方便（とツキ〳〵シウシテ）　464

また、A形式の文選読の和訓は動詞・形容詞など属性概念を表はす語であるが、醍醐寺本遊仙窟には、次例のやうに、体言や副詞のものがある。

機ー警（とソヘコトヲ）　323　薫ー穿（セントカホリタキモノニ）　484　造ー次（とシハラクモ）　35　姿ー首（シシュとカホヨキモノ）　271　坂ー磴（とイシハシトナリンタリ）　7　貪ー生（とムクツケキ人ナリ）　286

これは、A形式の和語の変容である。

以上、中世の南北朝の頃には、文選の新しい形式が生れた。

C形式　字音語 ―― ニ ―― 和語（属性概念を表はす語）例、方便ニツキ〳〵シク

D形式　字音語 ―― ト云フ（云ヒシ・聞エシ） ―― 和語（固有名詞）例、西施ト云シカホヨキヒト

A′形式　字音語 ―― ト ―― 和語（実体概念を表はす語）例、機警トソヘコト

次に、寿岳章子氏は、室町時代の抄物の文選を調査して、A形式・B形式併せて約三五〇例を採録した。それ以外に、文選読類似のもの、即ち、字音語の次に和語が来て、その両者の間に意味が重なり合ふ部分があるものを、亜文選読としてゐる。その中には、C形式・D形式に相当するものがあり、また、A形式と認めることができるものもある。以下、順次考察する。

衛ノ君ノ昏暗ニクライ君デイラレタ程ニ（毛詩抄）

分明ニキツカト見ユル也（三体詩絶句抄）

これらは、C形式の文選読である。

名馬モアタイモヤスシテ奴隷ト云テ下部ニ引アルカレタマテソ（古文真宝抄）

これは、D形式の文選読である。醍醐寺本遊仙窟では、日本漢語は固有名詞であつたが、これは普通名詞の「奴隷」である。固有名詞といふ特殊な日本漢語から、普通の日本漢語へと変容してゐる。

道士ノ姓名ヲ坡カ問タレトモ俛ゞト云テウツフイテ返事ヲモ云ハヌソ（古文真宝抄）

この例では、日本漢語が混種語の漢語サ変動詞であり、平安朝の文選読には見当らない。しかし、こんなサ変動詞は、日本漢語の日本語化の程度が進化したもの故、この例も、D形式の文選読と認められる。

また、次の例は、日本漢語が漢字三字語である為、亜文選読とされたものである。

碧－嵯－峨トミドリニサカシク連テ。山ヤ。峯ヤ。ナドノ如クニシテ（三体詩抄）

三字語は、遊仙窟にもあるが、遊仙窟では疊字を含む特殊な日本漢語である。しかし、「碧－嵯－峨」は疊語ではない点、特殊な日本漢語から、普通の日本漢語へと変容してゐるものである。

漢字四字語の場合も、平安時代にないので、次例のやうに亜文選読に入れられる。

博学洽記ノヨクヒロク物ヲキ、ミタ君子アラハ（三体詩絶句抄）

四字語の例も遊仙窟にあるので、これも文選読と認めてよいと思はれるが、和語にあたる部分が日本漢語の「意味」といふよりも、むしろ「解繹」に当るものなので、文選読とは認められない。文選読の和語は日本漢語の「意味」④に相当するものである。

右と同じ理由で、亜文選読の次の二例も、文選読から除外される。

檉陰ノ。カワヤナギノシゲリ。アヒタルコカゲニ（三体詩抄）

濃抹トネンコロニアツクヨソヲヒシタ時（燈前夜話）

また、次の例は、和語が二語である上、擬態語・副詞が含まれるので、亜文選読とされたものである。

宛轉トクルリ〳〵トタテマワシ（帳中香）

酩酊ト。メタト。ヨツテ（三体詩抄）

しかし、平安朝の文選読に、次例の如く、和語が二語のものがある。

匹(のナラヘル)–珪(タマ)（弥勒上生兜率天経賛）

細–軟(と（ホソ）クナタラカなり)（弥勒上生兜率天経賛）

それ故、和語が二語である点は、文選読と認める上で障碍にはならない。

また、「匹珪」では、和語の「ナラベル」が「匹」の意味に、「タマ」は「珪」の意味に相当する。それと同様に、「宛轉」では、「クルリ〳〵ト」が「宛」の意味に、「タテマワシ」が「轉」の意味に相当する。それで「宛轉トクルリ〳〵トタテマワシ」は、かつがつ文選読と認められる。

「酩酊」は「甚しく酔つた状態」なので、「ヨツテ」だけでは不十分と考へて、程度の甚しい意の副詞「メタト」を加へたものである。副詞が使用された例は平安朝に見当らないが、「細軟トホソクナダラカなり」のやうに、形容詞を修飾語とする例があるから、修飾機能を本来の性格としてもつ副詞が使用されるのは、自然のなりゆきである。従つて、「酩酊トメタトヨツテ」もA形式の文選読になる。

以上、中世の文選読には、C形式・D形式の新しい形式が現れ、A形式の変容のA′形式も現れる。さらに、同じ中世の中でも、醍醐寺本遊仙窟で特殊な日本漢語にだけ現れた文選読が、一五〇年～二〇〇年後の抄物では一般的な普通の日本漢語に現れるといふ変化がある。

しかし、全体として見れば、A形式・B形式の文選読が大多数を占めてゐて、C形式・D形式は極く少数である。

四・三　近世の形式

足利学校蔵の「足利本文選」は、北宋版で六臣注文選の最古の刊本である。永禄三（一五六〇）年に北条氏政から、足利学校の庠主玉崗字は九華に贈られたもので、⑤足利学校九世の庠主三要、即ち、閑室元信が朱墨点を加へた由緒ある書籍で、国宝に指定されてゐる。

この足利本文選では、一二九四例の文選読がある。日本漢語の漢字一字語は一一四例、二字語は一一五九例、三字語は三例、四字語は一八例である。二字語が九〇%を占め、平安朝以来主流の座を保つてゐる。三字語・四字語の文選読は、すべてA形式のものである。

形式別では、A形式一一六三例、B形式一二八例、C形式二例で、D形式のものはない。

これ以外の形式と思はれる「モ」を媒介とする文選読が一例ある。

評議モ（アキラカニハカリテ）⑥　2455　（□（アキラカニハカリテ）□モ）

（　）内の例は、慶安五（一六五二）年刊の和刻本のものである。この例は、A形式に強めの助詞「モ」が添へられ、もとの媒介する「ト」が省略されたと見られる。孤例ではあるが、慶安板本も同じなので、新形式の文選読として認めたい。

次に、足利本ではA形式の文選であるが、慶安板本では媒介することばが「トシテ」となつてゐる例がある。

洞達と（トホリヒラケ）　92　（□（トヲリヒラケ）□とシ）　紛と（サカリニ）　280　（□（サカリニ）□とシ）　陸梁と（ヲトテ）　199　（□（ヲトテ）□とシ）　宛轉と（メクリて）　717　（□（メクリ）□とシ）

これらは、媒介語が、足利本の「ト」から慶安板本の「トシテ」に変化したと見られる。このやうな例は約六

○例あり、江戸時代になつて出来た新形式の文選読と認められる。そして、この形式の文選読は、『通俗酔菩提全傳』⑦に、次の二例があり、十八世紀中葉には或程度普及してゐたと考へられる。

佛前(ブツゼンノ)香烟(カウエン)靄々(アイくトシテ)。(タナビク) 22　氣(キ)狠々(コンくトシテ)(モトリ)終ニ一計(イツケイ)ヲ生(シヤウ)ジ 171（『通俗酔菩提全傳』宝暦九〈一七五九〉年刊）

以上、近世には、次のE形式・F形式が新しい形式として加はる。

E形式　字音語 ―― トシテ ―― 和語（属性概念を表はす語）例、紛トシテサカリニ

F形式　字音語 ―― モ ―― 和語（属性概念を表はす語）例、評議モアキラカニハカリテ

文選読は、平安朝にA・B二形式があり、基本形式として、江戸時代まで主流の地位を占め続ける。中世には新しくC・Dの二形式が生れ、A′形式も現れるが、例数は少い。近世には、E・Fの二形式が生れるが、C・D・E・F・A′の新形式は、すべてA形式から派生したものである。

五、文選読の意義

文選読は、日本漢語の音と訓を、媒介のことばと共に、一続きに読むといふ特殊な訓み方であるので、今日から見ると、大変煩らはしい感じがする。それにも拘らず、こんな複雑な訓み方がされたのには、それなりの目的・意義があつたと考へられる。

江戸時代の漢学者日尾荊山は、『訓点復古』の中で、音と訓とを同時に学習させる手段だと述べてゐる。⑧

また、築島裕氏は、「典雅な訓法を企圖したのではなく、難解な漢語を平易に解釋しようとした結果生じたものである」⑨と述べる。

そして

漭沆（マウカウトヒロクシテ）　（慈恩傳巻第五　永久四〈一一一六〉年点）

の例を挙げて、「字音は漢語の真横に附いてゐるのに、和語は下の隅の方にせせこましく、しかも字音に続けて、その下に書き続けてあるのが常である」といふ根拠から、「字音語を大きく和語を小さく記すといふことから、当時の加点者の意識に在つては、和語は附けたりで、字音語の方が主であつたと推測される」⑩と主張する。

しかし、この後半の主張は妥当ではない。築島氏の挙げた平安朝の文選読を調べると、字音が記してあるのは凡そ三三％で、全体の三分の一に過ぎない。これは、漢字二字の熟語の場合、一字だけでも字音が記してあるものを含めての割合である。二字全部に記してある例に限定すると、約二〇％になる。従つて、字音語に重点があるといふのは、実情に合致しない。

これと逆に、訓に重点があると説くのは中村宗彦氏である。中村氏は、

降（ルトキハ）　周流（トメクリテ）　以彷徨（トタチモトホル）　（西都賦）のごとく、音は表記せず、訓が右傍に記され、重点は訓表示にある。⑪

と、述べる。築島氏も「難解な漢語を平易に解釈しよう」とするのが文選読であるとするのだから、訓も軽視するのではないであらう。

文選読が訓を重視してゐると思はれる例を文選の中から次に示す。

容－與（と・ウテル）　294　容－與（ホシイマヽニ）　117（□－□（ト・ホシイマヽニシ））　容與（と）　1001（□－□（ト・ヤスラヒテ））　容－與（とユタカナル）　1041（□－□（ト・ユタカニメ））

窈―窕と（ミヤヒカナル）　104　　窈―窕と（フカクシツカナリ）　712　　窈―窕と（ハルカナリ）　689

繽紛とマカヘリ　104　　繽―紛と（オホシ）　93　　繽紛とて　903（□―□ト（ミタレテ））

經營とイトナム　771　　經營（メクリテ）　107（□―□ト（メクリテ））

これらの文選読は、同じ日本漢語に対して、別々の個所で異なつた和語が附けられてゐる。これは、それぞれの文脈で、最も適当な和語を選んだもので、非常に工夫を凝らしたものである。そして、それだけ、和語に重要性を認めたものと言へる。

このやうに、文選読の和語の訓に重点がある点は首肯できるが、それだけが文選読の目的とは考へられない。

中村氏は、この点について、文選読は

音訓同時習得という実用性と、耳に快い朗誦という審美性の二つの基盤の上に生まれた。⑫

と、述べる。

「朗誦という審美性」が重視されるのであれば、法華経などの経典には、もつと多く現れてしかるべきだと思はれる。が、実際は経典には少いので、この点は疑問である。

「音訓同時学習」といふ実用性は、日尾荊山以来言はれてゐることで、常識的である。しかも、次の例のやうに、同一の日本漢語に同じ和語が続けられるものが多数ある。

崔―嵬と（タカクサカシク）　6例　　參―差と（カタヽカヒナリ）　6例　　蒙―籠と（ヲクラウシテ）　4例　　萋―萋とサカナル　4例　　蕭―條と（カスカナリ）　4例　　灌―叢と（アツマて）　4例

このやうに、同じ和語六回のもの二例、四回のもの八例、三回のもの一二例、二回のもの九〇例も、足利本に現れる。

しかしながら、些細に検討すると、その実用性では説明できない例が、数多く出現する。

次の表は、足利本文選によるもので、「文選読出例度数」とは、例へば「鬱」では「ウツトサカリニシ」「ウツトイキドホリ」などと文選読されたものが六回ある、その回数である。「非文選読出例度数」は、「鬱」が文選読されてないもので、巻十九までに八回、巻二十以後に一九回あるといふ回数である。

巻十九で分けたのは、文選読が巻十九までに集中してゐて、巻二十以後では僅か一六例しかない。一六例は一二九四例の一・二%に過ぎないので、巻十九を境とした。

日本漢語	文選読出例度数	非文選読出例度数	
		巻十九まで	巻二十以後
鬱	6	8	19
經營	3	5	2
參差	6	8	16
髣髴	4	8	14
繽紛	3	6	5
紛	2	29	51
駱驛	3	6	2
流離	3	4	8

「音訓同時習得」の目的であれば、巻二十以後も文選読で読まれるべきであるのに、同じ日本漢語を、巻二十

以後では、文選読にしてゐない。巻十九までで も、文選読に読まれたり、読まれなかつたりする。就中、「紛」は文選読が二回、非文選読が二九回も出現する。

これらの事例は、「音訓同時習得」とか、「難解な漢語を平易に解釈する」とかの実用的な目的では、説明出来ないものである。

そこで、さらに、文選読が使用されてゐる個所は、どんな個所かを検討する必要がある。

次の表は、巻十一「魯霊光殿賦并序」を、段落に分け、各段落の概容と、その漢字数、文選読の例数、及び文選読の密度を示したものである。段落は、小尾郊一氏[13]のものを参考にした。

段落	概要	字数 A	文選読列数 B	密度 A／B
I	序、霊光殿の紹介と、この賦を作つた事情	555	0	
II	漢代に恭王が霊光殿を作つた事情（前半）	105	0	
	霊光殿の華麗な結構（後半）	130	14	9.3
III	宮殿の丹塗りの柱、白壁の美しさ、玉の階段や石畳、金色の扉、廻廊の美麗を叙す	191	26	7.0
IV	建物の構築のすばらしさ、棟木や柱の彫刻（動植物・神仙・聖賢・忠臣・孝女・烈女）の美事さ	464	50	9.3
V	霊光殿に連なる王宮の美しさ	253	9	28.1
VI	人工と思へない霊光殿の華麗は漢室の不朽の象徴	86	11	7.8

第一段落は、霊光殿は漢の五代景帝の子恭王が造営したものであるとの紹介と、作者の王文考が荊州から魯に旅行して、霊光殿に驚嘆してこの賦を作つたとの作賦事情が述べられてゐて、555字で最も長い段落であるが、文選読は一例もない。

第二段落の前半は、恭王が霊光殿を建造した事情を述べた部分で、字数105であるが、文選読は一例もない。後半は、霊光殿の宏大な結構の美を叙べた部分で、130字、文選読14例がある。

第一段から第二段の前半までは、霊光殿についての知識が述べられた部分で、文選読はない。第二段の後半は、霊光殿の建築美を讃美する部分で14例の文選読がある。密度は9.3である。つまり、知識を客観的・記録的に述べる部分には文選読はなく、美的感動を叙述する部分に文選読が集中すると、一応言へる。

この規準で、第三段以下を検討する。

第三段落は、霊光殿の建物の華麗美を述べた段落で、朱塗の柱と白壁との鮮かな色彩、玉の階段や石疊の豪華さ、金色に輝く扉や廻廊の建築美を述べ、191字と短いが文選読は26例ある。密度は7.0で最も高い。

第四段落は、建物の構築のすばらしさ、棟木や柱の彫刻の美しさを讃美してゐる部分で、464字と多く、文選読も50例ある。密度は9.3で、第二段後半と等しい。

第五段は、霊光殿に附属する王宮などの叙述部分で、華麗ではあるものの、核心からは外れる部分なので、感動も薄れるのか、253字で文選読は9例である。密度は28.1で、最も低い。

第六段は、全体の締めくくりとして、霊光殿の宏壮華麗な美を讃へ、漢室の永遠を祝福して結びとしてゐる。86字と短いが、文選読は11例ある。密度は7.8で、第三段落に次いで高い。

感動の中心である第三段・第四段に文選読は多く使用され、やや感動の薄れる第五段は文選読が少く、結びの第六段は再び感動が高まり、文選読は11例と少いものの、密度では第三段に次ぐのである。

以上の検討で、感動を表現する部分に文選読が集中し、知識を叙述する部分には文選読がないことが了解できる。

感動を叙べる場合には、自然と誇張し美化した表現となり、修辞を工夫し、文学的藝術的な文章になる。原文のこの修辞的文学的叙述の醸し出す雰囲気を反映しようとしたのが、文選読ではないかと、私には思はれる。文選読の日本漢語には、難解なものが多いことも事実である。しかし、同じ難解な語が、ある段落では文選読され、別の段落では文選読されないのである。それ故、文選読は、難解な語の理解といふ実用性以上に、遊びの要素とも言へる文学的・修辞的な性格を色濃くもつものである。

この点を、他の巻の賦で確かめると、巻二の西京賦では、後宮の美景を叙述したり、戯れ遊ぶ鳥獣の様子を述べる段落に、文選読は集中して現れる。巻四の西都賦では、天封山・大孤山の壮大な景勝を述べる部分に、文選読は集中する。また、蜀都賦では、水陸の景観の美を讃へる段落に、文選読は集中する。上林賦では、上林苑の美観を述べ、青琴・宓妃の二神女を叙述する部分に、文選読は集中する。巻十二の海賦では、霊海・水府の怪異を叙べる部分に、文選読は集中する。また、江賦では、三江五湖の美景を述べ、珍魚の楽しく遊泳する部分に、文選読は集中する。

このやうに、原文が美的感動を叙述してゐる部分と密接な関連をもつて、文選読がなされるといふ事実は、文選読が、原文と同様、修辞的・文学的な性格を備へてゐるものと言へる。

ただこんなに文選読の性格を規定する時、次の疑問が湧く。感動を表現する文学の代表は詩である。その詩は、文選では、巻十九の後半から、巻三十一までに収められてゐる。その範囲で、文選読は僅か2例、巻十九の後半にあつて、巻二十以下の十二巻には、一例も現れない。これは、修辞的・文学的表現の部分に文選読が現れるといふ、私の主張と一致しないものである。

しかし、これについては、次のやうに考へる。巻十九までの賦は、叙事詩的な散文詩であり、修辞的・文学的表現の部分と、客観的・記録的記述の部分とがあり、その対比を際立たせる為に、修辞的・文学的表現の部分に、文選読を使用するのである。それに対し、詩は、全体が修辞的・文学的表現であるので、対比し、際立たせる対象がなく、文選読をする効果が見出せないのである。この点は、さらに考察の範囲を広くして、確める必要がある。

が、少くとも、文選においては、原文の修辞を凝らした感動的部分に対応して、文選読が集中して使用され、原文の文学的・芸術的な雰囲気を反映させせようとしたものだと考へられる。

そのやうにして文選読がなされ、後から、音訓同時学習が自然の結果ついて来たものと考へられる。

注

① 林羅山（一五八三〜一六五七）の訓読したもの。

② 室町前期の医書で、「細急（セッキウ）トヒキツメ」などの例がある。

③ 数字は行数。

④ 意味と解釈とは、共通する部分があるので、明確に分けることはできない。しかし、意味は、「ことばの表してゐる内容」で、理解の最初の段階であり、意味が分つた後での、次の段階の理解が解釈である。

⑤ 奥書に詳しい事情が記されてゐる。

⑥ 数字は、勉誠社刊「文選」全六冊のページ数。

⑦ 宝暦九（一七五九）年刊。

⑧『訓点復古』には「往時経典ヲ両点ニ読マシメタリシモ、音は某、訓ハ某ト知ラスル手段ニテ…」と記す。

⑨『平安時代の漢文訓読語につきての研究』二六二ページ。

⑩ 注⑨二八一ページ。

⑪ 注⑨二八二ページ。

⑫『漢字講座3』二九三ページ。

⑬『全釈漢文大系26文選』集英社刊。

（本稿は、神戸女子大学国文学会―平成七年十一月廿五日―での講演に加筆したものである。）

編者略歴

柏谷嘉弘（かしはだに・よしひろ）

神戸女子大学・名誉教授。
専門は日本漢語の研究。主な著書に『日本漢語の系譜』（東宛社、昭和62年）、『續　日本漢語の系譜』（東宛社、平成9年）などがある。

鶴岡昭夫（つるおか・あきお）

山口大学・名誉教授。
専門は計量国語学・語彙論・文字表記論・日本語文法等の研究。主な著書に『あなたも漢字大博士』（実業の日本社、昭和56年）、『漢字熟語の辞典』（こう書房、昭和62年）、『たけくらべ総索引』（笠間書院、平成4年）などがある。

日本古典漢語語彙集成（にほんこてんかんごごいしゅうせい）
第三冊 研究篇 續（だいさんさつ けんきゅうへん ぞく）

2015年11月10日　初版発行

編　者　柏谷嘉弘・鶴岡昭夫（柏谷嘉弘 著）

発行者　池嶋洋次
発行所　勉誠出版株式会社
〒101-0051　東京都千代田区神田神保町 3-10-2
TEL：(03)5215-9021(代)　FAX：(03)5215-9025
〈出版詳細情報〉http://bensei.jp

印　刷　平河工業社
製　本　大口製本印刷

© KASHIWADANI Yoshihiro 2015, Printed in Japan

【三冊揃】ISBN978-4-585-28022-4　C3080

本書は『續 日本漢語の系譜』（東宛社）をもとにしております。